POR LA
CORONA
DE LA VIDA

Leonel Ottin Pecchio

*365 hechos deportivos
que cambiarán tu vida*

Copyright © 2020 by Leonel Nicolás Ottin Pecchio .

POR LA CORONA DE LA VIDA
365 hechos deportivos que cambiarán tu vida
de *Leonel Ottin Pecchio*

Publicado por

Todos los derechos reservados
All rights reserved
Publicado en los Estados Unidos por ISACAR Ediciones, un sello editorial de JuanUno1 Publishing House, LLC. ISACAR Ediciones, los logotipos y las terminaciones de los libros, son marcas registradas de JuanUno1 Publishing House, LLC.

Ninguna parte de esta publicación puede ser reproducida, almacenada o transmitida de manera alguna ni por ningún medio, sea electrónico, químico, mecánico, óptico, de grabación o de fotografía, sin permiso de los editores.

ISBN 978-1-951539-70-2
Ebook ISBN 978-1-951539-71-9

BISAC: REL022000 - REL036000 - REL034010 - REL077000 - REL070000

Arte de Portada, Diagramación
Equipo Media JuanUno1 Publishing House LLC

Library of Congress Cataloging-in-Publication Data
Name: Ottin Pecchio, Leonel, author
Por la corona de la vida: 365 hechos deportivos que cambiarán tu vida / Leonel Ottin Pecchio.
Published: Miami : ISACAR Ediciones, 2020
Identifiers: LCCN 2020951286
LC record available at https://lccn.loc.gov/2020951286

Primera Edición - Miami, FL - U.S.A.
ISACAR Ediciones. Facebook, Instagram @isacarediciones
www.isacar.info - editorial@isacar.info

ÍNDICE

Día 1. Las Medallas - La gloria de Dios en el ser humano 17
Día 2. Pierre de Coubertin - Reunidos 18
Día 3. Anthony Ervin - El hombre propone y Dios dispone 19
Día 4. Bob Beamon - Encuentro con Jesús 20
Día 5. Chris Brasher - Las consecuencias de nuestros actos 21
Día 6. Dave Wottle - La carrera imposible 22
Día 7. David Beckham - El éxito 23
Día 8. El Milagro de los Andes - Alabar en todo momento 24
Día 9. Hamadou Issaka - Nuevos héroes 25
Día 10. David Nalbandian - Donde estés 26
Día 11. John Shuster - Golpeados pero no destruidos 27
Día 12. Emilce Sosa - Prejuicios 28
Día 13. Jerzy Pawłowski - Espías 29
Día 14. Lebron James - Gloria 30
Día 15. Oscar Figueroa - Vencer el dolor 31
Día 16. Amaury Escoto - Despertarse 32
Día 17. Lawrence Lemieux - Salvar una vida 33
Día 18. Neymar Jr. - Pequeños Jesuces 34
Día19. Usain Bolt - Etapas 35
Día 20. Rudy Garcia - Libre albedrío 36
Día 21. Niki Lauda y James Hunt - Fanatismos 37
Día 22. Roger Federer - Reavivamiento y reforma 38
Día 23. Gilda Montenegro - Gracia y manera de vivir 39
Día 24. Rei Lida - Rodillas 40
Día 25. Simone Biles - Dios no abandona 41
Día 26. Vladimir Smirnov - Espada de dos filos 42
Día 27. Amuletos - Superstición 43
Día 28. Kokichi Tsuburaya - Perdonarse a sí mismo 44
Día 29. Fabricio Oberto - La risa 45
Día 30. JJOO Desorganizados - Excelencia 46
Día 31. Lindsey Jacobellis - Anti-timing 47
Día 32. Shuhei Nishida y Sueo Oe - Compañerismo 48
Día 33. Fernanda Russo - Contentarse con lo que uno tiene 49
Día 34. Johann Trollmann - Saña del Maligno 50
Día 35. Nadia Comaneci - La perfección 51
Día 36. Stsiapan Papou - Las buenas obras 52
Día 37. Kentavious Caldwell-Pope - Pasiones 53
Día 38. Alex Zanardi - Ángeles 54

Día 39. Helsinki 52 - Paz celestial 55
Día 40. Noriaki Kasai - Constancia 56
Día 41. Abebe Bikila I - Las sandalias del evangelio 57
Día 42. Diego Maradona I - Voluntad divina 58
Día 43. Vanderlei de Lima - Tentación 59
Día 44. El Peor Equipo - Juzgados por el conocimiento 60
Día 45. Eddie 'Canibal' Merckx - Sobrenombres 61
Día 46. Omar Linares - Santidad 62
Día 47. Slobodan Jankovic - Inteligencia y sabiduría 63
Día 48. Kazuki Kazawa - Servicio 64
Día 49. Károly Takács - Alegría 65
Día 50. Julio Iglesias - Cantar 66
Día 51. Lucas Lima - Otro y no yo 67
Día 52. Om Yun-Chol - Disculparse y perdonar 68
Día 53. Gal Fridman - Primogenitura espiritual 69
Día 54. Manny Pacquiao - Economía 70
Día 55. La Carrera Surrealista Parte I - Sin vergüenza 71
Día 56. Konrad Reuland - Trasplante de corazón 72
Día 57. Andrés Escobar - Venganza divina 73
Día 58. Mark Allen - Superación 74
Día 59. Keshorn Walcott - Redes sociales 75
Día 60. Cristiano Ronaldo I - Sacrificio y sangre 76
Día 61. Greg Louganis - Pedro 77
Día 62. Donald Trump - La lengua 78
Día 63. Michael Phelps - A semejanza de Dios 79
Día 64. José Castilho - Sacrificios 80
Día 65. Popole Misenga - Secuencia de vida 81
Día 66. Fair Play - Fair play cristiano 82
Día 67. Maria Ines Mato - Calientes espirituales 83
Día 68. Noah Lyles - Juntos 84
Día 69. Olivia McTaggart - Comienza tu imposible 85
Día 70. Oksana Chusovitina - Inconformismo 86
Día 71. La Carrera Surrealista Parte II - El agua 87
Día 72. Dean Karnases - Descanso 88
Día 73. Nairo Quintana - Ejercicio físico 89
Día 74. Frank Dancevic - Luz solar 90
Día 75. Juan Manuel Fangio - Aire puro 91
Día 76. Novak Djokovic - Nutrición 92
Día 77. Mike Tyson - Templanza 93

Día 78. Javier Mascherano - Esperanza 94
Día 79. Annette Kellerman - Ser aborrecidos 95
Día 80. Sam Willoughby y Alise Post - El amor de la vida 96
Día 81. Anthony Nesty - Dios detallista 97
Día 82. Lasse Viren - Levántate 98
Día 83. Daryl Homer - Instrucción del niño 99
Día 84. Rocky Marciano - Tentaciones 100
Día 85. Zoe de Toledo - Misterio de piedad 101
Día 86. Renaud Lavillenie I - Segunda oportunidad 102
Día 87. Un Penal Nunca Cobrado - Autoridades 103
Día 88. Michael Jordan I - Proceso de santificación 104
Día 89. Shizo Kanakuri - Procrastinación 105
Día 90. Ammar Ali - Pensamientos divinos 106
Día 91. Heidi Krieger - El mayor problema del cristiano 107
Día 92. Yulia Rusanova - La conciencia 108
Día 93. Luciana Aymar - Talentos 109
Día 94. La Bandera Neutral - Neutralidad espiritual 110
Día 95. Shin A-lam - Tristeza 111
Día 96. Gianluca Pessotto - Tocar fondo para levantarse 112
Día 97. Mhlengi Gwala - Salvación del injusto 113
Día 98. John Weissmuller - Relaciones rotas 114
Día 99. Kerri Strug - Ceder 115
Día 100. Dream Team - El cuerpo de Cristo 116
Día 101. Santiago Lange - Dios vs. Satanás 117
Día 102. Bethany Hamilton - El todo 118
Día 103. Iósif Stalin - Prohibido predicar 119
Día 104. Rocky Balboa - Falsa luz 120
Día 105. Vadim Gorbenko - Vivir y morir para Cristo 121
Día 106. Attila Petschauer - Alimento maduro 122
Día 107. Rinku Singh - Misioneros 123
Día 108. Dora Ratjen - No todo conviene 124
Día 109. Carlos Monzon - Violencia de género 125
Día 110. Zinedine Zidane - Chocarse la cabeza 126
Día 111. Carlo Airoldi - La ley no salva 127
Día 112. La Máquina - Prepárate para ir al Cielo 128
Día 113. Los Hermanos Brownlee - Sopórtense 129
Día 114. Andy Murray I - Retiro 130
Día 115. Sasa Curcic - Transformaciones milagrosas 131
Día 116. Ludmila Brzozowski - Teología de la espera 132
Día 117. Finanzas - Amor al dinero 133

Día 118. Alexandr Karelin - Como ovejas 134
Día 119. Abdón Porte - Rechazar a Jesús 135
Día 120. Yoshinori Sakai - La gran trompeta 136
Día 121. Angel Matos - Reacción ante las decisiones de los demás 137
Día 122. Gino Bartali - Fe en acción 138
Día 123. Naim Süleymanoğlu - Tu cruz 139
Día 124. Amie Salé y David Pelletier - El juez 140
Día 125. Oscar Pistorius I - Dios te eligió 141
Día 126. Diego Maradona II - La mano de Dios 142
Día 127. Betty Robinson - El bautismo 143
Día 128. Manute Bol - Enfrentando gigantes 144
Día 129. Oreste Puliti - Buscar peleas 145
Día 130. Ryan Lochte - Efecto mariposa 146
Día 131. Michael Johnson - Pasión y compasión 147
Día 132. Aaron Ramsey - La suerte 148
Día 133. Michael Schumacher - Hoy es el día de salvación 149
Día 134. La Casa de David - Voto de nazaerato 150
Día 135. Gilmore Junio y Danny Morrison - Amistad 151
Día 136. LZR Racer - Relativismo 152
Día 137. Virgil Van Dijk - Saber lo bueno y no hacerlo 153
Día 138. Ashleigh Moolman-Pasio - Tratar a Dios 154
Día 139. Im Dong-Hyun - Lo que tienes en tu mano 155
Día 140. Anastasia Myskina - Ansiedad 156
Día 141. Carlos Roa - Perdidos 157
Día 142. Hicham El Guerrouj - Ganadores inesperados 158
Día 143. Los Juegos Olímpicos - Todo para la gloria de Dios 159
Día 144. Ara Abrahamian - La carne 160
Día 145. Bob Anderson - El lado oscuro 161
Día 146. Eric Moussambani - Hospitalidad 162
Día 147. Emanuel Ginobilli - Actitud 163
Día 148. Didier Drogba - La oración 164
Día 149. Boris Onishchenko - Hipocresía espiritual 165
Día 150. Horóscopo - Futuro 166
Día 151. James Connolly - El primero 167
Día 152. Fatalidad - Muerte cerebral 168
Día 153. George Ruth - La piedra angular 169
Día 154. Osvaldo Suarez - El maratón bíblico 170
Día 155. Verónica Campbell-Brown - Educación 171
Día 156. Len Bias - Persuasión 172
Día 157. Aros Olímpicos - El logotipo celestial 173

Día 158. Lionel Messi - Los nuevos en la fe 174
Día 159. Anton Geesink - Solo contra todos 175
Día 160. Marcos Milinkovic - Llorar 176
Día 161. Mauro Icardi - Adulterio 177
Día 162. Joannie Rochette - La muerte 178
Día 163. Ivan Fernandez Anaya - Guiar 179
Día 164. Rafael Nadal - Bajo la sombra de Jesús 180
Día 165. Antiguedades - Generaciones 181
Día 166. Vinny Pazienza - Los pensamientos de Dios 182
Día 167. Fernando Gago - Rotos espirituales 183
Día 168. Dorando Pietri - Exceso de trabajo 184
Día 169. Annemiek Van Vleuten - Someter, resistir, huir 185
Día 170. Oscar Swahn - Viene pronto 186
Día 171. Alejandro Mazza - Disculparse 187
Día 172. Dick Fosbury - El legado 188
Día 173. Jung Suh Bok - Justificación por la fe 189
Día 174. Ayrton Senna - Paciencia interpersonal 190
Día 175. David Cal - Pérdida de objetivos 191
Día 176. Reggae Boys - Reclutamiento celestial 192
Día 177. Flying Fijians - El número perfecto 193
Día 178. Suzy Favor Hamilton - La prostituta 194
Día 179. Muhammed Ali - Un Dios cercano 195
Día 180. Vincenzo Iaquinta - Compañias 196
Día 181. Tiger Woods - Sexualidad 197
Día 182 - Heung-Min Son - Ley de libertad 198
Día 183. Charlotte Cooper - Mundo competitivo 199
Día 184. Ramadán Parte I - Ayuno I 200
Día 185. Jorge Rodríguez - Salvar al prójimo 201
Día 186. Kathrine Switzer - Crítica 202
Día 187. Wimbledon - El banquete de bodas 203
Día 188. Owen Swift - Adoración correcta 204
Día 189. Baño de Sangre - Imposición religiosa 205
Día 190. Alexis Acosta - Dios y el sufrimiento 206
Día 191. Mike Powell - El record 207
Día 192. Rafaela Silva - Paso de fe 208
Día 193. Pelé - Rey de reyes 209
Día 194. Dipa Karmakar - Lo malo, bueno 210
Día 195. Bayan Jumah - El método de Cristo 211
Día 196. Capitanes - Jesús, el capitán 212
Día 197. Diego Maradona III - Idolatría 213

Día 198. Kaori Ichō - Dios no se contradice 214
Día 199. Blanca Manchón - Aborto 215
Día 200. Bruno Boban - ¿Estás preparado? 216
Día 201. Campo de Golf Richmond - Zona de guerra 217
Día 202. Julian Yee - Los padres 218
Día 203. Mohamed Salah I - El Mesías 219
Día 204. Usman Ahmed - Jugar con el pecado 220
Día 205. Las Trillizas Luik - Santa Trinidad 221
Día 206. Yusra Mardini - Dar 222
Día 207 - Elite - Desecharlo todo 223
Día 208. Lance Armstrong - Saldrá al descubierto 224
Día 209. Carlos Tevez - Nombre nuevo 225
Día 210. Marjorie Gestring - Juventud 226
Día 211. La Carrera Surrealista Parte III - Comida espiritual 227
Día 212. Barbara Krause - Maldicion o bendición heredada 228
Día 213. Kieran Behan - Situaciones problemáticas 229
Día 214. Louis Zamperini - Pasado, presente y futuro 230
Día 215. Nelson Mandela - Unidad universal 231
Día 216. Álex Alfonso Cujavante Luna - Confianza propia 232
Día 217. Abanderados - Linaje escogido 233
Día 218. Ronaldinho - Ganar el Cielo 234
Día 219. Nick Kyrgios - Desobediencia 235
Día 220. Alberto Demiddi - Angustia 236
Día 221. Radamel Falcao - Tristeza de Dios 237
Día 222. Dikembe Mutombo - Vestiduras blancas 238
Día 223. El Penal Más Largo de la Historia - El día más largo 239
Día 224. Kelly White - Confesion de pecados 240
Día 225. Clara Hughes - La Biblia resumida 241
Día 226. George Díaz - Trigo y cizaña 242
Día 227. Mathias Steiner - Vida, muerte y resurrección 243
Día 228. Ivan Persic - Multiplicar los talentos 244
Día 229. Julio Velasco - Pérdida de control emocional 245
Día 230. Emil Zatopek - Antes y después de Cristo 246
Día 231. Dick y Rick Hoyt – compañeros 247
Día 232. Maaren Van der Weijden - Naturaleza pecaminosa 248
Día 233. Marcelo Bielsa I - Estudio 249
Día 234. El Haka - Oración grupal 250
Día 235. Juan Aguilar Gomez - Yin Yang espiritual 251
Día 236. Vuelo 2933 - ¿Dónde está Dios? 252
Día 237. Jurado Exótico - Jesús como juez y abogado 253

Día 238. Orenthal James Simpson - Momentos del juicio 254
Día 239. Yelena Isinbáyeva I - Reforma de la reforma 255
Día 240. Birgit Fischer - El ejercicio NO beneficioso 256
Día 241. Juan Curuchet - El éxito 257
Día 242. Dorothy Kamenshek - Iguales pero diferentes 258
Día 243. Engaños de Beijing 2008 - Engaños de Satanás 259
Día 244. Mario Balotelli - Bullying 260
Día 245. Ingenio Oriental - Recibir al Espíritu Santo 261
Día 246. Bernard Tomic - Por los panes y los peces 262
Día 247. Michael Edwards - Corazón dispuesto 263
Día 248. Oksana Masters - Aumentar la fe 264
Día 249. Floyd Mayweather - Riquezas 265
Día 250. Ramadán Parte II - Ayuno II 266
Día 251. Stephen Curry - Conocer vs saber 267
Día 252. Cristiano Ronaldo vs. Lionel Messi - Rivalidades 268
Día 253. Propaganda Nazi - Satanás cómico 269
Día 254. Khalid Skah - Distinción de profetas 270
Día 255. Beatrice Vio - Dios te toma como eres 271
Día 256. Gaston Gaudio - Paz 272
Día 257. Petra Majdic - Motivación 273
Día 258. Los Sincronizados - Imitadores 274
Día 259. Oscar Pistorius II - Infierno 275
Día 260. Christian Chavez - Respeto a los líderes 276
Día 261. Mohammed Alkrad - Peregrino 277
Día 262. Steven Holcomb - Aceptar la derrota 278
Día 263. Rohullah Nikpai - Carácter positivo 279
Día 264. El Partido Interminable - Dios no tarda en venir 280
Día 265. Religiones - Una sola religión 281
Día 266. Renaud Lavillenie II - Lista de deseos 282
Día 267. El Batallón del Futbol - Provocación 283
Día 268. Hamza Labeid - Culto personal 284
Día 269. Ali Khousrof - La importancia de los niños 285
Día 270. Alejandro Villanueva - Reconciliación 286
Día 271. Olga Fikotová y Harold Connolly - Yugo desigual 287
Día 272. Luka Modric - Pacto 288
Día 273. La Antorcha Olímpica - Fuego 289
Día 274. Gustavo Fernández - Gracia 290
Día 275. Marjorie Jackson - Espectáculo universal 291
Día 276. Kristina Vogel - Aparentes injusticias 292
Día 277. La Rojiblanca - En boca de todos 293

Día 278. Michael Diamond - Auto tentarse 294
Día 279. Gabriel Batistuta - El camino estrecho 295
Día 280. Michael Jordan II - Limitaciones emocionales 296
Día 281. Paavo Nurmi - Influencia 297
Día 282. Steven Bradbury - Concepción de la vida 298
Día 283. Ricardo Dos Santos Leite - Virginidad 299
Día 284. Múnich 72 - Advenimiento de Cristo individual 300
Día 285. German Lauro - Lanzamientos de piedras 301
Día 286. Rubin Carter - Soledad 302
Día 287. Robert Enke - Suicidio 303
Día 288. Soraya Jimenez - Aprovechar los problemas 304
Día 289. Christian Ahlmann - Cuidado de la creación 305
Día 290. Cristiano Ronaldo II - Ofrendar 306
Día 291. Josey Barthel - El himno del Cordero 307
Día 292. Actitud de Campeones - Unidad 308
Día 293. Alfred Asikainen - Independencia espiritual 309
Día 294. Gabriela Andersen-Schiess - Planificar 310
Día 295. Los Murciélagos - La Fe 311
Día 296. Paradorn Srichaphan - Congregarse 312
Día 297. Adriano Leite - Pecado contra el Espíritu Santo 313
Día 298. Paula Pareto - Apariencias 314
Día 299. Dennis Kimetto - Servicio 315
Día 300. Mohamed Salah II - Disciplina 316
Día 301. Anastasiya Kuzmina y Anton Shipulin - El pueblo de Dios 317
Día 302. Andy Murray II - I'll Be Back 318
Día 303. Cathy Freeman - Formas de adoración 319
Día 304. Martin Palermo - Oportunidades 320
Día 305. Dieta - Control de apetito 321
Día 306. Ben Johnson - La mentira 322
Día 307. Bennett Omalu - Armadura del cristiano 323
Día 308. Shiva Keshavan - Matrimonio feliz 324
Día 309. Franck Ribéry - Cicatrices del pecado 325
Día 310. Liu Xiang - Jesús, el líder 326
Día 311. La Antorcha Falsa - El engaño 327
Día 312. Las Hermanas Williams - Salvación personal 328
Día 313. Keylor Navas - Biblia = Palabra de Dios 329
Día 314. Philip Boit - Zona de confort 330
Día 315. Entrenadores - Discipulado 331
Día 316. Muggsy Bogues - Entre gigantes 332
Día 317. Bobby Clay – Autodestrucción 333

Día 318. Andrew Kerins - Amar a Dios = Amar al prójimo ... 334
Día 319. Orlando Ortega - Nacionalización ... 335
Día 320. Molly Bloom - Distracciones ... 336
Día 321. Nombres - Nombres de Dios ... 337
Día 322. Sebastián Crismanich - Levántate ... 338
Día 323. Julen Lopetegui - Ladrón en la noche ... 339
Día 324. Mo Farah - Perfeccionando la fe ... 340
Día 325. Richard William - Naufragio de la fe ... 341
Día 326. Black Power - Dios con nosotros ... 342
Día 327. Nelson Cardona - Desprendimientos ... 343
Día 328. Diego Maradona IV – Satanás ... 344
Día 329. Los Juegos Paralímpicos - Dios elige a los más débiles ... 345
Día 330. Abbey D'Agostino - Influencias de santidad ... 346
Día 331. Ágnes Keleti - Juicio ... 347
Día 332. Chris Benoit - Hogar cristiano ... 348
Día 333. Heung-min Son II - Fuego y pruebas ... 349
Día 334. La Raza Superior - Una nueva raza ... 350
Día 335. Marko Cheseto - Conocer a Dios ... 351
Día 336. Mourad Laachraoui - Dejarlo todo ... 352
Día 337. Gaston Sessa - Mal ejemplo ... 353
Día 338. Jackson Follmann - Pedir la salvación ... 354
Día 339. Abebe Bikila II - Cambios drásticos ... 355
Día 340. La Tregua Olímpica - El conflicto cósmico ... 356
Día 341. Jason Brown - La siembra y la cosecha ... 357
Día 342. Anyika Onuora - Misterio de Iniquidad ... 358
Día 343. Ariel Giaccone - Santa Cena ... 359
Día 344. Richard Kierkegaard - Impotencia humana ... 360
Día 345. Mike Tomlin - Apurar los planes de Dios ... 361
Día 346. Kipchoge Keino - Reformadores ... 362
Día 347. Ulf Timmerman - Las 5 Solas ... 363
Día 348. Mohamed El-Shenawy - Púlpito viviente ... 364
Día 349. Derek Redmon - El Mesías ... 365
Día 350. Jesse Owens - Todos en contra ... 366
Día 351. La Perfección Futbolística - Temperamentos ... 367
Día 352. Caterine Ibarguen - Convicciones ... 368
Día 353. Maryan Nuh Muse - Lo poco ... 369
Día 354. Dutee Chand - Obediencia en prueba ... 370
Día 355. Maria Lorena Ramirez - Dios capacita ... 371
Día 356. Wojdan Shaherkani - Hombre vs. Mujer ... 372
Día 357 - Jackie Robinson - No con ojos humanos ... 373

Día 358. Elbert González - Matrimonio celestial 374
Día 359. Yelena Isinbáyeva II - Arcoíris 375
Día 360. Marcelo Bielsa II - Trabajo 376
Día 361. Eric Lidell - Día santo 377
Día 362. Adil Rami - Misma recompensa 378
Día 363. Instalaciones - Nueva Jerusalén 379
Día 364. John Akhwari - Termina la carrera 380
Día 365. La Corona de Laureles - Corona Celestial 381

PRÓLOGO

Maratón de Buenos Aires, Argentina. Ya en el km 39 y luego de varias horas de carrera, las piernas casi no responden. Durante esos 3 km finales pasó por mi mente cada entrenamiento realizado, ya sea en días de frío, calor, o hasta incluso bajo la lluvia. Hacía tres años que había comenzado a incursionar en el mundo del *running*. Mi primera competencia fue de apenas 5km de distancia y, al terminar esa carrera, me hice una pregunta trascendental en mi corta trayectoria como corredor amateur: ¿Seré capaz, algún día, de correr la *madre* de todas las distancias?

Con esfuerzo, disciplina y el deseo de alcanzar un objetivo de tal magnitud, me preparé para ese gran día. Fue así como pude cruzar la línea de meta y recibir mi medalla. En ese momento la alegría tomó el lugar del dolor, y la satisfacción el de la fatiga. Correr 42km 195m no fue fácil, pero valió la pena. Esa experiencia me llevó a hacerme una pregunta muchísimo más importante: ¿Seré capaz, algún día, de alcanzar la corona de vida?

El apóstol Pablo dice en 1 Corintios 9:24, 25: *"¿No sabéis que los que corren en el estadio, todos a la verdad corren, pero uno solo se lleva el premio? Corred de tal manera que lo obtengáis. Todo aquel que lucha, de todo se abstiene; ellos, a la verdad, para recibir una corona corruptible, pero nosotros, una incorruptible"* (RVR60).

Alguien dijo una vez que el éxito se produce cuando la preparación se mezcla con la oportunidad, y en la historia nos encontramos muchas personas que combinaron sabiamente ambos factores.

En este libro, escrito por un querido profesor de educación física, amante de los deportes, vas a encontrar historias de atletas que supieron aprovechar las oportunidades pero, sobre todas las cosas, se prepararon al extremo para lograr sus objetivos.

Es mi deseo que cada relato te inspire y ayude a entender que, como hijo de Dios, estás llamado a ser un atleta para Cristo, alguien que luche a diario para permanecer en él y pronto recibir la corona de la vida. Ningún logro humano, por más grande que sea, será mayor al galardón que recibiremos en ocasión de la Segunda Venida de Cristo.

La promesa para ese día es una hermosa corona, pero sin duda que el mayor premio será vivir eternamente con el gran atleta de todos los tiempos, nuestro Señor Jesucristo.

Ptr. Fernando Iriarte

ABREVIATURAS Y NOTAS DE AUTOR

Versiones de la Biblia

- DHH – Dios Habla Hoy
- LBLA – La Biblia de Las Américas
- NTV – Nueva Traducción Viviente
- NVI – Nueva Versión Internacional
- RVR60 – Reina Valera Revisión 1960
- RVR95 – Reina Valera Revisión 1995
- TLA – Traducción Lenguaje Actual

Otras abreviaturas

- CIA – Agencia Central de Inteligencia (de Estados Unidos)
- COI – Comité Olímpico Internacional
- KGB – Comité para la Seguridad de Estado (Unión Soviética)
- JO – Juego Olímpico
- JJOO – Juegos Olímpicos
- JJPP – Juegos Paraolímpicos
- NBA – Asociación Nacional de Basquetbol (liga profesional de Estados Unidos)

PALABRAS DEL AUTOR

"Al leer cada meditación diaria te invito a que lo puedas hacer con tu Biblia. Tomando el consejo bíblico de 2 Timoteo 3.16-17 te motivo a que la abras (o enciendas), la estudies y la pongas a prueba; escucha la palabra de Dios hablándote en cada línea, permite que te eduque, que te corrija y te capacite; ten un encuentro personal con Aquel que está más que dispuesto a colmarte de bendiciones; acepta el llamado que te hace por medio de su Santo Espíritu; ábrele la puerta de tu corazón para que juntos puedan transitar un nuevo camino hacia el Cielo."

Leonel Ottin Pecchio

"Por medio de las historias contadas en este libro no se pretende tipificar a ninguna persona, sino utilizarlas como un hecho aislado de la vida del deportista a fin de desencadenar una reflexión espiritual".

"Los detalles expresados por el autor respecto de algunas anécdotas corresponden a su apreciación personal de las mismas o bien han sido modificadas para proteger la identidad de las personas"

DÍA 1 - LAS MEDALLAS

"Levántate, resplandece; porque ha venido tu luz, y la gloria de Jehová ha nacido sobre ti"
(Isaías 60.1 RVR60)

En la actualidad es sabido que los tres primeros puestos, en un JJOO, reciben una medalla en reconocimiento a sus esfuerzos. Medalla de oro, de plata y de bronce para el primer, segundo y tercer puesto respectivamente.

Si bien en la antigüedad solo recibían una corona de laureles y olivo, y reconocimiento político y económico, no fue hasta los JJOO de Atenas de 1896 que comenzaron a implementarse. Estas eran solo de plata y tenían grabada las imágenes del dios Zeus, la diosa Nike y la acrópolis de Atenas. A partir de los JJOO de San Luis 04 se implementaron las preseas doradas.

Así el dorado representaba al "tiempo de los dioses", la plata a la "juventud" y el bronce a los "héroes".

La gloria que un deportista puede llegar a obtener por medio de las medallas, copas, trofeos y/o cualquier otro tipo de reconocimiento es efímera ante un punto de vista cósmico. De hecho el apóstol Pablo, haciendo referencia al deporte de su época, lo catalogaba como un premio "corruptible" (1 Corintios 9.25), es decir, como un reconocimiento que se echa a perder (marchita) al saber que, cuando Cristo vuelva por segunda vez, nada se llevará al Cielo (2 Pedro 3.7).

Ahora bien, si como cristianos no se nos aconseja buscar la gloria terrenal, entonces ¿será posible obtener la gloria de Dios? Y si es así ¿de qué manera podría llegar a suceder esto? En Juan 17.22 Jesús le dice al Padre: *"la gloria que me diste, yo les he dado, para que sean uno, así como nosotros somos uno"* (RVR60). Esto revela que el hombre puede recibir la gloria de Dios como un don preciado del Cielo (ver meditación *Lebron James*).

Algunos interrogantes:
- ¿Qué genera dicha gloria adjudicada por la divinidad a un ser caído como nosotros? Humillación, adoración y reconocimiento como único Salvador (Ezequiel 3.23).
- ¿Qué se necesita para tener la gloria de Dios? Creer (Juan 11.40)
- ¿Podemos ser transformados en gloria? Por medio del proceso de santificación, permitiendo el milagro que solo el Espíritu Santo puede hacer en nuestra vida (2 Corintios 3.18)
- ¿A qué se refiere Romanos 3.23? ¿Qué tipo de gloria ha dejado de tener contacto el ser humano? Aquí el autor hace referencia a la gloria esencial de la persona de Dios; aquella que es revelada en la materialización misma de su ser. Desde que Adán pecó, esta fue ocultada por amor a la creación; ya que si se revelara nadie quedaría con vida (Éxodo 33.20), pues su pureza es demasiado sublime para ser soportada por seres caídos como el hombre.
- ¿Podrá verse la gloria perdida como en el Edén? Sí, Isaías 60.1, Romanos 8.18, 1 Pedro 5.4 declaran que cuando Jesús regrese, y nuestros cuerpos sean transformados (1 Corintios 15.52), todo será restituido, incluyendo la posibilidad de contemplar a Dios tal cual es.

Hoy motívate al pensar que algún día verás al Señor cara a cara. Mientras tanto pide en oración poder recibir la gloria que puedes llegar a obtener del Cielo. Utilízala para hacer el bien a los demás y testificar de Jesucristo.

DÍA 2 - PIERRE DE COUBERTIN (FRANCIA)

"Los sacaré de entre las naciones, los reuniré de entre todos los pueblos, y los haré regresar a su propia tierra" (Ezequiel 36.24 NVI)

Aunque su padre tenía la idea de impulsarlo en la carrera militar, Pierre, a quien no se le daba bien las armas, decidió inclinarse hacia la pedagogía, filosofía e historia. A partir de esta última fue que la acentuación sobre la cultura griega comenzó a echar raíces en sus pensamientos, los cuales se encontraban inundados de la concepción que tenía Grecia sobre la actividad física (principalmente los juegos celebrados en aquellas épocas) y cómo intervenía en la vida social y particular de cada persona.

Pasó el tiempo y el *Barón* de Coubertin fue nombrado "secretario de la asociación para la reforma escolar en Francia", cuyo motor se remetía a la Educación Física como principal impulsor del desarrollo holístico del alumnado.

Así, a partir de 1982, comenzó a realizar sendos esfuerzos para reorganizar eventos competitivos que reúnan a deportistas amateurs de los distintos rincones del mundo y, dos años más tarde, celebrar el primer Congreso Olímpico Internacional, aunque no sin la ausencia de todo tipo de oposición que tildaban al deseo de Coubertin como un sueño, una ilusión utópica y, por lo tanto, improbable.

De esta manera, el 6 de Abril de 1986, se daba inicio a los JJOO de la era moderna con las palabras del *Barón*: *"Mantengo la convicción de que los Juegos deben servir al mundo como sirvieron a la Grecia Antigua, para borrar las diferencias de razas, religión y política... que deben unir a los pueblos de los cinco continentes de igual forma que unió a argivos y mesenios; a espartanos y atenienses. Unidos todos por el deporte; compitiendo todos por la grandeza de la humanidad".*

Una de las profecías bíblicas más impresionantes, que se encuentra declarada en la Santa Palabra, se encuentra dentro del contexto de la Segunda Venida de Cristo, la cual está referida a la reagrupación de todos los salvos de todas las épocas y de todas las culturas de este mundo. Cuando Jesús vuelva en busca de sus redimidos ya no importará la ciudadanía, el idioma, la etnia o, incluso, la religión, sino que primará la justificación por medio de la sangre del Salvador crucificado.

En ese momento todos serán llamados, desde los distintos puntos de la Tierra, para conformar la nueva nación celestial. En Deuteronomio 30.3-4 encontramos la siguiente cita: *"Entonces el Señor tu Dios restaurará tu buena fortuna y se compadecerá de ti. ¡Volverá a reunirte de todas las naciones por donde te haya dispersado! Aunque te encuentres desterrado en el lugar más distante de la tierra, desde allá el Señor tu Dios te traerá de vuelta, y volverá a reunirte"* (NVI) ¡Qué grandiosa promesa saber que podrás encontrarte con quienes se encuentran lejos de donde tú te encuentras en este momento y de quienes, quizás, nunca hayas conocido!

Hoy, a pesar de que muchos rechacen la idea de un mundo perfecto, imagínate cómo será vivir en esa nueva nación. <u>Recuerda</u>: Jesús mismo será quien lo inaugure.

DÍA 3 - ANTHONY ERVIN
(NATACIÓN – ESTADOS UNIDOS)

"El hombre propone y Dios dispone" (Proverbios 16.1 NVI)

En los JJOO de Rio 2016 Anthony se convirtió en el nadador más rápido del planeta en recorrer 50m estilo libre. Pero la historia de reivindicación que vivió fue lo que lo llevó a sentirse ganador aun antes de disputar la competencia por una medalla.

A sus cortos 19 años su talento natural (junto al esfuerzo personal) le permitió ganar dos medallas olímpicas en los juegos de Sídney 2000. La joven promesa comenzaba a ser vista por todo el mundo esperando un futuro de mayores logros. Pero la realidad lejos estuvo de lo esperado. Con todo por delante, el nadador estadounidense sorpresivamente se retiraba de las piscinas a sus 22 años, eligiendo abrir otras puertas. Entre ellas abrió la del mundo de los tatuajes, marcando grandes porciones de cuerpo, abrió la puerta del rock and roll integrando una banda llamada "Armas de Destrucción Masiva"; también se entregó a episodios de delincuencia, lo que lo llevó a estar en la cárcel por un lapso de tiempo y, para completar el panorama, también abrió la de las drogas, situación que lo llevó al borde de la muerte tras una sobredosis.

La religión resultó ser su refugio como así también el mantener sus pensamientos ocupados en el estudio académico. Así, y tras disponer de una gran fuerza de voluntad, luego de 12 años volvió a enfocarse en su talento deportivo para volver a nadar de manera competitiva y clasificar a la cita olímpica de Londres 2012. Aunque no obtuvo medalla (pero sí un digno 5to puesto), en los siguientes, los de Rio 2016, y a los 35 años, se coronó campeón tras 16 años de su primera medalla, adjudicándose el plus de ser el nadador más longevo en ganar una medalla de oro en un JO.

Qué seguro y lleno de felicidad es el camino que Dios tiene planificado para cada uno de nosotros. El problema es que nosotros, seres caídos e imperfectos, nos olvidamos que nuestro Creador puede ver el futuro y nos desesperamos al no poder visualizar lo que vendrá. Esa incertidumbre hace tambalear la fe, produciendo que se tomen otros caminos, derivando al sufrimiento. En contraposición, qué triste es el camino cuando se toma una decisión contra lo que Dios hubiera querido para uno.

El versículo clave del día es sencillo y al punto. Cuando el hombre propone en su corazón llevar a cabo determinados planes Dios bien puede bendecirlos como no ¿De qué dependerá esto? Pues si se cumple con la voluntad divina o no (ya puedes imaginarte para qué lado caerá la bendición) ¿Cómo saber qué es lo que quiere Dios de mí? Orando y estudiando la Biblia. Ahora bien ¿qué sucedería si invertiríamos el caso? Si diríamos que *"Dios propone y el hombre dispone"* colocaríamos enteramente al Todopoderoso como aquel que nos muestra el camino a la felicidad, y al ser humano en la posición de elegir si seguirlo o no. Visualizar la vida de esta manera nos deja en un plano de seguridad sabiendo que Dios eligió lo mejor para cada uno de nosotros; solo queda avanzar.

Hoy ora profundamente deseando que Dios te muestre cuáles son los planes para ti. Recuerda: la elección será siempre tuya, de eso se trata el libre albedrío; aun tienes tiempo para volver a Él y triunfar.

DÍA 4 - BOB BEAMON
(ATLETISMO - ESTADOS UNIDOS)

"Pero los que confían en el Señor renovarán sus fuerzas; volarán como las águilas: correrán y no se fatigarán, caminarán y no se cansarán" (Isaías 40.31 NVI)

Habiendo pasado parte de su juventud en un reformatorio nadie imaginaria que Bob llegaría a la final de un JO. De hecho fue en aquel establecimiento, destinado a jóvenes que atraviesan diversos infortunios, que descubrió su talento en el atletismo; más precisamente en el salto en longitud.

A sus 15 años de edad logró realizar un salto de 7.34m de largo, superando a un arco de futbol once (7.32m). A los 22 ya saltaba 8.33m convirtiéndose en el segundo salto más distante de la historia.

Ahora se encontraba en la final de los JJOO de México 68, compartiendo la disputa por la medalla, con dos atletas que habían impuesto 8 records mundiales: su compañero Ralph Boston, ganador del oro en Roma 60, y la estrella soviética Igor Ter-Ovanesyan. Cuando llegó el momento de concretar su primer salto sucedió algo inusual. De hecho aconteció lo que nunca antes había sucedido. El juez no pudo medir la distancia del salto con la cámara que se utilizaba en aquel entonces, por lo que fueron a buscar una cinta métrica.

Ya con esta en posesión, comenzaron a realizar las mediciones pertinentes. Debieron comprobarlo varias veces, pues realmente algo fuera de serie estaba ocurriendo. Les tomó un total de 20min para dar el veredicto final: Beamon había saltado 8.90m de largo. El estadounidense rompía el record mundial por 55cm más y lo mantendría por unos prolongados 22 años. Su reacción fue de un llanto prolongado mientras se mantenía arrodillado en el suelo.

En Juan 9 se nos presenta a un hombre que, al igual que Beamon, había pasado toda su vida siendo un desechado social. En esa época era común relegar la responsabilidad de tener una discapacidad al pecado propio o al de sus progenitores. Según la creencia, este tipo de personas ya no tenían salvación.

En tal contexto Jesús lo ve y sale a su encuentro para sanarlo. Producido el milagro es llevado por los dirigentes de la iglesia a un interrogatorio. Lo que sucedería a continuación seria de lo más bizarro e inoportuno:
- No creían que era aquel ciego que pedía limosnas y ahora veía.
- Le preguntaron quién lo había sanado y qué método había utilizado, mas no le creyeron.
- Interrogaron a sus padres, pero ellos le dijeron que le preguntaran a él.
- Volvieron a interrogar al buen hombre porque seguían sin creer.
- Insistieron en saber cómo lo sanó.
- Lo insultaron y expulsaron de la sinagoga.

Al poco tiempo Jesús, que siempre sale al encuentro, se le presenta como el Mesías, como Aquel de quien estaba escrito. La reacción fue inmediata: se puso de rodillas y lo adoró. Jesús le había llevado luz a su vida para que volase como nunca antes, para que sea libre y salvo.

Hoy Dios te ofrece levantarte, dejar el estado de ceguera donde estabas y abrir los ojos en la plenitud en Cristo. <u>Recuerda</u>: Quizás haya personas que no podrán creer los cambios que Dios hizo en tu vida.

DÍA 5 - CHRIS BRASHER
(ATLETISMO – GUYANA BRITÁNICA)

"Miren, hoy les doy a elegir entre la vida y el bien, por un lado, y la muerte y el mal, por el otro" (Deuteronomio 30.15 DHH)

Nacido en Guyana Británica (hoy la nación independiente de Guyana) Chris Brasher se encontraba participando en los JJOO de Melbourne 56. Era un atleta dedicado a correr 1500 y 5000m en pista, pero ahora el equipo británico lo requería para participar de la prueba de los 3000m con obstáculos.

Dicha disciplina atlética se caracteriza por correrse en pista, donde los competidores deben pasar por encima de diversas vallas y pasar por una fosa con agua.

Hecha la aclaración, y ya en la final de la prueba, a falta de 300m Brasher logra pasar a sus contrincantes y ganar la carrera. Ni bien pasó la línea de meta fue descalificado porque, según los jueces, había interferido en el avance de otro competidor. Inmediatamente, tanto él como su equipo, realizaron la protesta incluyendo al mismo atleta que en teoría "había sido perjudicado". Finalmente el jurado lo dio como ganador, pero no fue hasta el día siguiente que le otorgaron la ansiada medalla.

¿Cuánto estarías dispuesto a pagar por saber las consecuencias de una decisión que tienes que tomar? ¿Qué estarías dispuesto a hacer para saber el futuro? Economistas, políticos y estadistas, entre otros, intentan dar indicios de cómo repercutirán las decisiones que se toman en un país. Estas se encuentran basadas en las probabilidades, por lo que nunca podrán brindar el 100% de seguridad.

De manera contraria, en la Biblia se nos muestran las consecuencias de nuestras acciones. Es simple: si entendemos que hacer el bien es seguir la voluntad de Dios, se nos dará la vida eterna; de lo contrario, hacer el mal es llevar a cabo la voluntad de Satanás (todo lo que no provenga de Dios) recibiendo la muerte eterna.

Quizás sea uno de los textos más directos. Sin embargo cuando se trata de decisiones que influyen en los demás, el panorama no queda muy claro. Darle comida a una persona en situación de calle, invitar a un amigo a la iglesia, entregar un libro misionero en una plaza, hacer una visita en un hospital, orar por quien se haya apartado de la fe o dar un abrazo consolador son situaciones donde se ha alcanzado con el bien al otro, pero que se desconocen las futuras reacciones. Lo que sí sabemos es que, gracias a estos gestos, el Santo Espíritu puede trabajar en el corazón de aquellas personas.

Acaso te preguntas de qué ha servido hablar tanto de Dios si nunca has visto el resultado en ello. Quien sabe, quizás los veas en semanas, meses, años o solo en el Cielo cuando te encuentres con aquel que recibió algo bueno de ti.

Hoy entregate al Espíritu Santo para que pueda guiarte hacia las personas que necesiten que les hagas el bien. Acércales el evangelio a través de tus manos ayudadoras. Recuerda: el bien que hagas hoy repercutirá en la eternidad.

DÍA 6 - DAVE WOTTLE
(ATLETISMO - ESTADOS UNIDOS)

"Faraón dijo también a José: Mira, te he puesto sobre toda la tierra de Egipto"
(Génesis 41.41 LBLA)

En la catalogada como "la carrera imposible" Dave Wottle protagonizó una remontada épica, digna de ver una y otra vez. Era la final de los 800m en pista en los JJOO de Múnich 72.

Al iniciarse la carrera Dave quedó inmediatamente en el último lugar del pelotón, aproximadamente 10m atrás. Cumplida la primera vuelta el estadounidense seguía manteniendo la misma posición. Las probabilidades disminuían cada vez más con corredores de semejante talla. En los 300m finales podía verse como se les acercaba, aunque a los corredores que tenía por delante, aunque seguía siendo el último. Pero lo que sucedería después sería algo atípico. Dave comenzó a rebasarlos uno a uno. Faltando 200m se colocó en cuarto lugar. Y en los últimos 100m avanzó con tal determinación que logró ganar el primer puesto a menos de un paso.

Míralo por YouTube y tú también te sorprenderás como lo hice yo.

Hubo un personaje que vivió una vida imposible de creer. Fue secuestrado por su propia familia, vendido a extranjeros y, siendo víctima de la *trata de personas*, se lo expropió de su ciudad para volver a venderlo a otro país que ni siquiera era limítrofe. Eso empeoraba aún más la situación ya que hacía más dificultosa su futura búsqueda.

En aquel país tuvo que aprender la cultura e idioma propios. Pasó a ser parte de la propiedad de un gobernador de una provincia. Ya ejerciendo como sirviente fue seducido a acostarse por su mujer y, por haberse negado, se lo condenó a la cárcel. Estando en aquel sitio apestoso conoció a dos personas a las cuales les interpretó sueños que los perturbaban. Pasó el tiempo y, habiendo sido afectado por el abuso de poder, se lo podía ver desmejorado, con la barba y el pelo desaliñado y largo, sucio y famélico.

Luego de dos años de aquel episodio, un llamado inesperado lo rescató del estado en el cual se encontraba. El mismísimo presidente quería verlo. Para esto se lo preparó para tal ocasión, aseándolo y logrando una estabilidad saludable. Una vez que tuvo el momento compartido con el representante de todo el país, fue nombrado como vicepresidente.

Así es, de ser una persona sin estudios a vicepresidente. De ser un extranjero a nacionalizarse y dirigir una nación. De hablar con otros presos a presidir el congreso de la nación. De ser abusado por distintas fuentes de poder a poseer todo el poder.

Tal fue la historia de José registrada en el libro de Génesis. Una carrera imposible de creer. Ambos empezaron desde el fondo, desde bien abajo, siendo "don nadies". Ninguno daba nada por ellos pero, sin importar su posición, Dave tomó la decisión de no quedarse atrás, de avanzar por la victoria y lo logró, mientras que José tomó la decisión de no quejarse por todo lo que atravesaba, se aferró a Dios y fue gobernante. Tú ¿qué decisión tomarás?

Hoy toma la decisión de confiar en el Todopoderoso sin importar donde estés. Ponte en movimiento y prepárate para recibir sus bendiciones.

DÍA 7 - DAVID BECKHAM
(FUTBOL - INGLATERRA)

"Sirve solamente al Señor tu Dios. Si lo haces, yo te bendeciré con alimento y agua, y te protegeré de enfermedades" (Éxodo 23.25 NTV)

Considerado uno de los mejores jugadores de la historia del futbol, el inglés ha sabido ganarse los corazones de los amantes del deporte alrededor del mundo. Se ha transformado en una figura social que ha logrado trascender el mundo deportivo. En EEUU, por ejemplo, se le adjudica la "imagen del soccer" propiamente dicha ya que, luego de su paso por el país, la liga futbolística dio el salto cuali y cuantitativo que tanto esperaba. Solo con decir que el promedio de simpatizantes que acudían a los estadios antes de Beckham era de 15.196 personas y, tras firmar el contrato, aumentó a 26.622 boletos. Es que no solamente los aficionados del club en el cual jugaba asistían, sino también los del equipo contrario y otros tantos. A esto se lo denominó "Fenómeno Beckham".

Como dato de color, luego de su casamiento con la ex "Spice Girl", Victoria Adams, el estrellato extradeportivo mediático fue en ascenso descomunal. David se transformó en la imagen de la moda, la estética y la cultura pop del momento.

¿A qué se le puede adjudicar el éxito? ¿Es acaso al talento deportivo? ¿O a su mujer que lo acompaña? ¿O será su fortuna, elegancia y carisma? Lo cierto es que el éxito puede deberse a una innumerable lista de cualidades, generalmente positivas, que suele tener cualquier persona. Sin embargo la clave del éxito real, aquella que hace de la felicidad el sello sagrado, no se predica de los ítems mencionados con anterioridad. No. La única fuente del verdadero éxito proviene del Cielo, de Dios.

Dios quiere que tú seas exitoso. Aunque el mismo no depende del dinero o la fama sino de las decisiones que tomes en tu vida con respecto a Él. Él quiere que prosperes en todas las cosas (3 Juan 2), que tengas trabajo, que llegues alto en tu profesión, que tengas tu propia casa y tu propio automóvil, que conformes una familia y que puedas viajar. Si, creemos en un Dios que ama hacerle mimos a sus hijos, pero no consentirlos. Lamentablemente el ser humano tiende a intentar ir por caminos opuestos a los de su Creador para lograr el éxito y, aunque a veces lo logra, el mismo termina siendo pasajero.

Es que con Dios no tenemos techo, podemos llegar a donde queramos y obtener cosas que nunca antes hubiéramos imaginado, quizás por medio de caminos que van en contra de nuestros planes, pero en definitiva, cumpliendo la voluntad divina. Al mismo tiempo así como no tenemos techo en la consejería divina, podemos hacernos uno bastante sólido cuando dejamos de tener fe en Él.

Hoy anímate a soñar en grande. Se ambicioso en el nombre del Señor. Confía en Él. Deposita tus planes en oración. Ora para saber su voluntad. Acepta los desafíos que tiene para ti. Vamos, levántate y se valiente, no dejes de perder el tiempo. Ve en busca de lo que más anhelas. <u>Recuerda</u>: Hagas lo que hagas, hazlo para la gloria del Dios (Colosenses 3.23-24).

DÍA 8 - EL MILAGRO DE LOS ANDES
(RUGBY - URUGUAY)

"Más para mí, estar cerca de Dios es mi bien; en Dios el Señor he puesto mi refugio, para contar todas tus obras" (Salmos 73.28 LBLA)

El 12 de Octubre de 1972, la delegación de rugby *Old Christians Rugby Club*, partía en un vuelo directo desde la ciudad de Montevideo a Santiago de Chile donde se disputaría el encuentro.

El avión debía atravesar la Cordillera de los Andes. Al pasar por un cielo cargado de nubes y vientos que rotaban de dirección constantemente los pilotos realizaron un mal cálculo de su ubicación, ¡un error de más de 100km!

Así, y sin percatarse, se adentraron entre los picos altos de las montañas. El piloto pudo maniobrar de tal forma que evitó impactar la trompa del avión con uno de ellos, pero no así la cola, la cual sufrió 2 impactos que llegaron a desprenderla del cuerpo del avión (fuselaje). Ya sin la cola ni el ala derecha, el avión volvió a impactar con otro pico de montaña perdiendo el ala izquierda, para luego caer al terreno lleno de nieve y deslizarse paulatinamente hasta lograr detenerse.

72 días pasaron desde el momento del accidente hasta el rescate donde cada día era una pesadilla. Vivieron en un clima totalmente hostil, con temperaturas que rondaban entre los -25 a -42°C. Para sobrevivir lograron confeccionar, de forma rudimentaria, anteojos de sol, botas y guantes; por las noches se daban masajes entre sí para reactivar la circulación y dormían uno al lado del otro con el fin de evitar la hipotermia.

A los 8 días, gracias a una radio a pilas que tenían, pudieron escuchar que se había suspendido la búsqueda de parte del gobierno, tras 66 misiones sin resultado.

A los 16 días un alud sepultó al avión, llevándose la vida de 8 compañeros más.

Llegó un momento donde la comida se había agotado y no existía ninguna fuente de alimento, pues convivían con las *nieves eternas*, por lo que tomaron la decisión de alimentarse con los cuerpos de los fallecidos, los cuales se mantenían en estado por las bajas temperaturas.

El 12 de Diciembre tomaron la iniciativa de ir a buscar ayuda. 10 días más tarde, y tras recorrer 59km, se toparon con un arriero que les brindo su ayuda. El equipo de rescate nuevamente se puso en marcha llevándose a uno de ellos como guía para encontrar a los sobrevivientes de tremenda tragedia, los cuales saltaban de alegría al ver a los helicópteros llegar. Solo 16 sobrevivieron, de un total de 45 pasajeros.

Un mes más tarde, los restos de los fallecidos fueron sepultados a 800m del hecho, sin riesgo de aludes. Se colocó una cruz de hierro sobre la tumba la cual tiene grabado de un lado "El mundo a sus hermanos uruguayos", y por el otro "Más cerca, oh Dios, de ti".

¡Qué historia tremenda! ¿Cómo alabar a Dios ante semejantes momentos? ¿Cómo no dudar de su mano protectora? ¿Por qué unos sobrevivieron y otros no? Cuántas preguntas quedarán sobre el papel sin respuesta. Quizás el mayor desafío que tiene el ser humano es ver la obra de Dios en todo momento y sin cuestionarlo. Y cuando digo todo momento me refiero a TODO momento.

Hoy pide en oración ver a Dios en los momentos buenos y malos del día.

DÍA 9 - HAMADOU ISSAKA (REMO - NÍGER)

"Por lo tanto, ya que estamos rodeados por una enorme multitud de testigos de la vida de fe, quitémonos todo peso que nos impida correr, especialmente el pecado que tan fácilmente nos hace tropezar. Y corramos con perseverancia la carrera que Dios nos ha puesto por delante" (Hebreos 12.1 NTV)

La prueba individual de los JJOO de Londres 2012 recibió a los atletas de más alto nivel del momento, como el noruego Olaf Tufte (2 veces campeón olímpico), el neozelandés Mahe Drysdale (5 veces campeón mundial) o el checo Ondrej Synek (campeón mundial de aquel entonces). Con semejantes palistas las pruebas eran reñidas a tal punto que difícilmente los entendidos del tema arriesgaban pronosticar al ganador de cada carrera.

Pero lo más llamativo del certamen no fue la calidad de las carreras a disputarse sino el personaje que deslumbró a todo el público en cuestión. Se trató del nigerino Issaka, cuya historia preolímpica había sido un tanto particular (y que lo es hasta hoy día). Proveniente de un país que solo cuenta con una medalla olímpica en su haber, cuyo 80% de tierra es desierto y que, por lo tanto, es dificultoso hallar una amplia superficie lineal de agua (de origen natural), y que lejos estaba de contar con un club de remo, y menos aún con embarcaciones pertinentes, Hamadou (quien era jardinero y empleado de una piscina), había subido a una piragua solo 3 meses antes de los JJOO de Londres, hecho que no le impidió convertirse en el campeón nacional y, por consiguiente, conseguir una plaza para la cita olímpica.

Conocido como "El perezoso del remo" o "la Nutria", logró transformarse en el primer remero en representar a su país en tal evento más allá que, en sus 3 carreras clasificatorias, hubo realizado los tiempos más lentos del certamen. Así *"demostró al mundo que no hay que ser un atleta de elite, o un buen atleta... ni siquiera ser un atleta para convertirse en una leyenda de los JJOO"*.

Hebreos 11 es conocido como el salón de la fama de los "héroes de la fe", donde se encuentran Abel el primer mártir, Noé quien construyó el arca para salvar a la humanidad, Abraham el padre de la fe, Isaac, Jacob, Samuel, David... y tantos otros. Hombres y mujeres con distintos currículums, con distintos antecedentes espirituales (algunos con un mayor camino recorrido con Dios y otros con menos), de distintos contextos y experiencias personales, reyes, pastores de ovejas, estudiosos, campesinos, profetas y desechados sociales. Pero había algo que los unía: la misión encomendada por Dios.

Todos ellos dejaron una huella imborrable. Así Pablo introduce el siguiente capítulo llevando el protagonismo a nosotros, concluyendo con la idea anterior, realizando un llamamiento para que se levanten nuevos héroes de la fe; aquellos que continúen con el trabajo realizado por las personas de antaño.

Hoy Dios quiere escribir nuevas historias de fe y coraje a través de ti. Por medio de tu vida, estés o no capacitado, hayas conocido hace mucho o poco el evangelio, si te colocas en sus manos Él podrá hacer que la gente vea el Dios del ayer operando milagros en el presente.

DÍA 10 - DAVID NALBANDIAN (TENIS – ARGENTINA)

"Después llegó el Señor, se detuvo y lo llamó igual que antes: '¡Samuel! ¡Samuel!' - 'Habla, que tu siervo escucha' - contestó Samuel" (1 Samuel 3.10 DHH)

El Torneo de Maestros (Masters) de tenis, reúne a los 8 mejores tenistas del año. El mismo se realiza a fin de la temporada regular, en el mes de Noviembre. Es uno de los torneos que cualquier tenista profesional aspira a ganar, debido a que, bien como lo indica su título, lo consagraría como una suerte de "maestro de todos los tenistas del año".

Fue en aquel 2005 donde David gritaría victoria derrotando en la final al mejor tenista de todos los tiempos, Roger Federer, cortándole una racha de 24 finales sin conocer la derrota.

En realidad lo curioso de esta historia es que a Nalbandian no le correspondía disputar aquel torneo, ya que no se encontraba en el top 8 del ranking (solo había ganado un solo título en ese año), por lo que ya había comenzado sus vacaciones en el sur argentino, yendo de pesca con sus amigos. Pero un llamado sorpresa le informaba que un tenista (Andy Roddick) no disputaría el torneo por una lesión, por lo que la plaza la podría ocupar él. Así fue que, cambiando la caña por la raqueta, el "Rey David" se embarcó en una aventura que terminó en un sueño cumplido e impensado.

A decir verdad, algo similar sucedió con Samuel cuando era niño. Él había sido dejado en el santuario, por su madre, para que sirviese en los labores del mismo. Instruido por el sumo sacerdote de turno Elí, Samuel llevaba una vida dedicada a Dios.

Cierta noche escuchó una voz que lo llamaba. Luego de resolver de dónde procedía la misma, respondió al llamado del Cielo con una humildad llena de grandeza. Dios lo estaba llamando para que sea su portavoz, para que cumpliese con su propósito. Samuel aceptó su llamado desde donde se encontraba.

Así se convirtió en un hombre que cumpliría la triple función de ser profeta, sumo sacerdote y juez, algo sin precedentes.

"¿Dónde estás?" ¿Puedes escuchar la voz del Cielo que te llama con una pregunta cariñosa? "Quiero que seas mi instrumento". Ese es el deseo que Dios tiene para ti y para mí. Las líneas del coro, del himno adventista 497, dicen *"manos ocupadas en la causa del amor. Manos consagradas al servicio del Señor. Manos preocupadas por asirse de Jesús. Manos que no temen el encuentro con la luz"*.

Hoy acepta el llamado que Jesús te hace al corazón. Pon al servicio tus manos pecadoras, para que Cristo haga el milagro de capacitarte para la predicación del evangelio. Y no te olvides de decir *"habla Señor, que tu siervo escucha"*.

DÍA 11 - JOHN SHUSTER
(CURLING – ESTADOS UNIDOS)

"'¿Cómo que si puedo? Para el que cree, todo es posible' — '¡Sí creo!' — Exclamó de inmediato el padre del muchacho— '¡Ayúdame en mi poca fe!'" (Marcos 9.23-24 NVI)

La historia que te traigo hoy es de esas que parecieran salirse de un cuento fantástico. John Shuster pertenecía al equipo olímpico de curling de su país pero, luego de cosechar derrota tras derrota, su equipo (*Rink*) se consagró como el más perdedor de casi una década, por lo que fueron expulsados del programa de alto rendimiento deportivo. Muchos comenzaron a utilizar su apellido en forma de burla: así, cuando alguien fracasaba se decía que había cometido un *shuster*.

A pesar de todo pudieron ganar el torneo nacional, logrando su clasificación para participar de los JJOO de Pyeonchang 2018. Era la última oportunidad para demostrar algo. John perseveraba junto a su equipo, ahora denominado *Los Rechazados*.

El calendario competitivo comenzó y, de los 6 primeros encuentros, solo pudieron ganar 2. La situación era aún más complicada pues debían enfrentar y ganar a las potencias de este deporte (Canadá, Gran Bretaña y Suiza), que eran los partidos que le correspondían disputar. Todo indicaba que harían un "*shuster*" nuevamente... aunque algo distinto sucedería. Uno a uno fueron ganando los enfrentamientos y, de repente, se encontraron de cara a la final con Suecia, como la máxima favorita. En plena final y, tras ir perdiendo, John logra redimirse generando una jugada totalmente inesperada, logrando una amplia ventaja en puntos y convirtiéndose en el campeón olímpico. Y no solo eso, sino que pasaron a ser los primeros en ganar un oro, en dicho deporte, para Estados Unidos.

¿En qué momento de tu vida te encuentras? ¿Es uno triste o uno feliz? Sabes algo, Dios ve más allá del presente. Es una de sus características divinas. Si viera el presente de cada uno de sus hijos, y solo se quedara con él, entonces la mayoría no tendría esperanza. Debido al don de su gracia, Él coloca el énfasis en lo que podemos llegar a ser en sus manos ¿No es maravillosa esta promesa?

Haciendo eco de la vida de Shuster, el apóstol Pablo declara: *"Así, aunque llenos de problemas, no estamos sin salida; tenemos preocupaciones, pero no nos desesperamos. Nos persiguen, pero no estamos abandonados; nos derriban, pero no nos destruyen"* (1 Corintios 4.8-9 DHH). Con los ojos de Cristo siempre podremos tener fe en lo que vendrá, sin importar cuál sea nuestro presente, sin importar cuántas veces tengamos que comenzar, sin importar lo que digan los demás, sin importar lo que pensemos de nosotros mismos.

Hoy pídele al trono de gracia que te aumente la fe. <u>Recuerda</u>: proponte dejar el pasado atrás para iniciar un futuro que, aunque con dificultades, tiene rumbo seguro en las manos de tu Creador.

DÍA 12 - EMILCE SOSA (VÓLEY – ARGENTINA)

"Si alguien afirma: 'Yo amo a Dios', pero odia a su hermano, es un mentiroso; pues el que no ama a su hermano, a quien ha visto, no puede amar a Dios, a quien no ha visto"
(1 Juan 4.20 NVI)

Criada en la comunidad aborigen *Wichi* (del norte de la Argentina), Mimi, como le suelen decir los más allegados, aprendió a valorar lo poco que tenía por el costo de mantenerse unidos en familia. Su madre era maestra y su padre profesor en la comunidad, pero en colegios distintos; su lugar de juegos era el monte y carecían de electricidad y gas, por lo que su precaria casa se iluminaba con velas y calentaban la comida con leña.

A sus 14 años comenzó a transitar por el camino del vóley en el club de su pueblo. Al destacarse en talento, fue invitada a jugar en clubes de distintas provincias del país, en la mayor liga del mismo.

En la actualidad ha logrado profesionalizarse en el mundo y ser la capitana de la selección de vóley argentina (Las Panteras). En su brazo lleva tatuado *"Otetsel ta n'am talakis"* que, traducido del idioma aborigen, significa *"Mis raíces. Mi historia"*.

¿Por qué te arreglas de la manera que te arreglas? ¿Por qué cuidas tu imagen de esa forma? ¿Por qué te gusta estar perfumado/a o vestido/a a la moda? ¿Por qué te duchas diariamente? ¿Por qué consideras que es importante el cuidado de la imagen personal diario y aún más el día que asistes a un lugar importante? ¿Sabes por qué las personas hacemos esto? Por la sencilla razón de que nos resulta más fácil tratar a alguien que huele bien, que está correctamente vestido, que cuenta con un título profesional o que utiliza un lenguaje académico. De lo contrario genera rechazo acercarse a una persona desaliñada, que huele y/o se ve mal, que está sucia o que pertenezca a alguna comunidad de desechados sociales.

Lamentablemente la generalidad del ser humano actúa así. Actuamos así. Pero lo increíble es que el Señor Jesucristo, en su infinito amor, nos amó cuando olíamos muy mal, cuando no había nada digno en nosotros, cuando éramos como trapos sucios (Isaías 64.6). Qué amor tan grande el de venir a morir por seres que no merecíamos más que la muerte (Juan 3.16).

Quizás hoy te encuentres en un momento de tu vida donde te veas "muy digno" de ser saludado y tratado por los que te rodean; pero debo decirte que Dios te miró, y me miró, cuando no había nada digno en nosotros. Nunca olvides tus raíces, nunca olvides de dónde te sacó tu Salvador.

Al recibir, aceptar y reconocer el amor de Cristo no hay más alternativa que la de llevar el mismo amor que se nos fue otorgado a otros.

Hoy agradece por el don del amor en tu vida y pide para que el Espíritu Santo te coloque un corazón de carne (Ezequiel 3.26). <u>Recuerda</u>: Dios nos amó primero, por eso lo amamos (1 Juan 4:19).

DÍA 13 - JERZY PAWŁOWSKI
(ESGRIMA – POLONIA)

"Los envío a dar tu mensaje a la gente de este mundo, así como tú me enviaste a mí"
(Juan 17.18 TLA)

Considerado el mejor esgrimista de la historia y el mejor deportista polaco de todos los tiempos, Jerzy supo vivir una doble vida que le costó muy caro. Tanto que fue condenado a pena de muerte.

6 medallas olímpicas, 7 campeonatos mundiales y decenas de otros premios conformaban parte de su biblioteca de talentos, pues supo ser una personalidad que incursionó en distintos ámbitos, como una celebridad televisiva, autor de diversos libros y abogado. Pero un día... desapareció.

En 1974 fue arrestado por *delitos contra los intereses de Estado*. El polaco había sido espía de la CIA, donde trabajó como agente infiltrado para brindar información sobre movimientos soviéticos y sobre sus propios compañeros de esgrima, por lo que fue juzgado y condenado a muerte. Sin embargo "solo" fue sentenciado a cumplir una condena de 25 años en la cárcel.

A los 11 años del veredicto, Powłowski fue liberado tras un intercambio de prisioneros espías entre la CIA (Estados Unidos) y la KGB (Unión Soviética) en el puente de Berlín.

La Biblia enseña que tanto Dios como Satanás tienen sus infiltrados, sus espías. En cuanto al primero de los dos, Jesús mismo dijo *"¡Miren! Yo los envío a ustedes como ovejas en medio de lobos. Sean, pues, astutos como serpientes, aunque también sencillos como palomas"* (Mateo 10.16 DHH). Los cristianos son llamados a trabajar en la obra del evangelio dentro del mundo, en favor de las personas que actúan como el mundo, es decir, bajo los valores de Satanás. Lamentablemente aún existen personas bautizadas que no terminan de entender cuán importante es poder llevar a cabo el "método de Cristo", donde Él mismo se interiorizaba con hombres y mujeres para hacerles el bien, como parte de la predicación. También agregó *"no ruego que los quites del mundo, sino que los guardes del mal"* (Juan 17.15 RVR60) haciendo referencia al trabajo minucioso que debería llevar iglesia.

Por el otro lado, el Enemigo también tiene a sus hijos aunque, a veces, ellos mismos no saben que lo son. La parábola del trigo y la cizaña nos muestra cómo el Diablo inserta a personas que tienen su fidelidad en él dentro de grupos de creyentes, con el fin de que esparzan su falsa doctrina y generen confusión... y división. Esta parábola, de carácter escatológica (eventos que sucederán en el tiempo del fin), muestra a los mismos cristianos divididos antes de que Cristo venga, donde estarán, por un lado, los seguidores reales de Dios y, por el otro, los espías de Satanás, o falsos cristianos.

Hoy reflexiona sobre el estado de tu iglesia o grupo de cristianos. Si piensas que existen "espías", pregúntate cómo puedes ayudarlos para que se entreguen al camino de la vida. <u>Recuerda</u>: tú ¿te has transformado en un infiltrado de Cristo para salvar almas?

DÍA 14 - LEBRON JAMES (BÁSQUET – ESTADOS UNIDOS)

"Den al Señor, familias de los pueblos, den al Señor el poder y la gloria" (1 Crónicas 16.28 DHH)

"Me siento seguro porque soy el mejor jugador del mundo". Esas fueron las palabras dirigidas a un periodista que le preguntaba cómo se sentía mentalmente para la final que disputaría en pocos días.

Dicen que Lebron James es considerado el jugador de la NBA más odiado de todos los tiempos. Esto producto de, preponderantemente, un comportamiento egoísta, y competitivo en exceso, buscando el protagonismo continuamente y que lo hace creerse como el mejor jugador de todos los tiempos, incluso desestimando a los grandes jugadores contemporáneos y retirados como Michael Jordan.

Gloria. Una palabra que encierra diversidad de conceptos. Una palabra que relaciona tanto a la divinidad como a la malignidad e, incluso, a los seres humanos.

En el Antiguo Testamento la palabra gloria (*kabod*) se la utilizaba haciendo referencia a "importancia", "honor" y "majestad". En el Nuevo Testamento (*doxa*) también se la vinculaba con "buena reputación". En relación al ser humano y la gloria divina representa un estado de felicidad plena y verdadera para quien es fiel a la voluntad de Dios y goza de intimidad con él.

En la Biblia puede encontrarse distintos tipos de gloria que se manifiestan de distintas maneras con significados diversos. Entender tal cuestión posibilita comprender a qué se hace referencia, como en los siguientes ejemplos:
- ✓ *Alabanza (1 Crónicas 16.28)*
- ✓ *Poder sobrenatural divino (Éxodo 24.16-17)*
- ✓ *En relación al hombre (Levítico 9.6,23)*
- ✓ *Regalo/don del Cielo (Isaías 42.8)*
- ✓ *Lugar físico de poder (Jeremías 17.12)*
- ✓ *Engrandecimiento humano – para bien y para mal – (Juan 5.44)*
- ✓ *Distinción de seres (1 Corintios 15.40)*
- ✓ *Santidad (Salmos 149.5)*
- ✓ *Juicio (Ezequiel 39.21)*
- ✓ *Salvación (Colosenses 3.4)*

Gracias a este panorama, puede percibirse que: 1) existen distintos tipos de gloria (aun divina); 2) un ser viviente mortal e inmortal puede tener gloria; 3) seres caídos tienen gloria (incluyendo a Satanás); 4) el ser humano puede ver cierta gloria de Dios; 5) el ser humano podrá ver Su gloria (en su mayor esencia) en el Cielo.

Curiosamente, creo que lo has notado, nos encontramos rodeados de personas que pretenden ser objeto de gloria. Ellos anhelan ser glorificados, alabados, por los que los rodean. Esto no solo sucede en el ámbito deportivo, sino también en el profesional, laboral, familiar e, inclusive, eclesiástico. El claro ejemplo de este último puede verse en la petición de Jacobo y Juan a Jesús (Mateo 20.21).

No hay ningún tipo de sentido en esto pues solo Dios es quien merece todo tipo de alabanza. De Él procede la gloria que puede llegar a obtener el ser humano. Cualquier otro tipo de gloria proviene del Maligno que, lejos de estar acompañada de un espíritu humilde, busca la ganancia personal e interesada.

Hoy concéntrate en darle gloria a tu Creador. Pídele poder verla en algún momento del día. Ora para recibirla como señal de santidad.

DÍA 15 - ÓSCAR FIGUEROA
(HALTEROFILIA – COLOMBIA)

"El Señor atiende al clamor del hombre honrado, y lo libra de todas sus angustias. El Señor está cerca, para salvar a los que tienen el corazón hecho pedazos y han perdido la esperanza" (Salmos 34.17-18 DHH)

Todo comenzó en la final de halterofilia (levantamiento de pesas) de los JJOO de Beijing 2008 cuando, sin resultado, Óscar empleaba sus 3 intentos procurando levantar la barra. Sin explicación aparente, su mano derecha se soltaba. El pesista abandonaría el suelo competitivo llorando y preguntándose *"¿Dios mío que es esto? ¿Qué es lo que me está sucediendo?"*.

Al poco tiempo le detectaron dos hernias de discos cervicales, pudiendo haber quedado cuadripléjico. Prácticamente todo el equipo de entrenamiento le dio la espalda, como así también los médicos que visitaba. Se decía ser un caso perdido.

Faltando poco para rendirse, Óscar conoció un médico que decidió realizarle una cirugía para que vuelva a competir. Ya en los JJOO de Londres 2012 logra ganar la medalla de plata y en el 2013 se consagra campeón del mundo. Pero una sensación vuelvió a sentirse.

Los dolores, ahora en la zona lumbar, eran tan fuertes que le costaba caminar, no lo dejaban dormir e, incluso, le hacían querer retirarse. El cirujano lo volvió a operar realizándole un reemplazo de disco vertebral. Faltando 7 meses para los JJOO de Rio 2016, el colombiano comenzó a entrenarse con una barra de 20kg sabiendo que, en la cita olímpica, debería levantar más de 175kg (y con 7 cirugías en su cuerpo).

En la final logró adjudicarse la medalla de oro y, según cuenta en primera persona: *"oí una voz que me decía 'Oscar no más dolor, lo has logrado'"*. En ese momento, entre lágrimas, se quitó el calzado y lo dejó debajo de la barra, símbolo del retiro.

Un famoso programa deportivo titula la vida de Óscar Figueroa como *"vencer al dolor"*. En la Biblia se nos muestra la historia de un hombre que lo tenía todo y que, de un día para el otro, lo perdió todo. Job nunca hubiera imaginado que la vida lo golpearía tan fuerte y tan duro a la vez. Perdió sus propiedades, sus negocios, sus empleados y su familia; y, para colmo, los más allegados a él lo despreciaron. No había futuro... donde antes lo había.

Hoy en día muchas personas sufren pérdidas muy significativas. Personas que pierden su casa por acumular deudas con el banco; personas que pierden a la familia en un accidente; personas que son desempleadas en momentos de crisis gubernamentales; personas que son abandonadas en cualquier circunstancia...

¿Cuál es el futuro para ellos? ¿Puede haber luz ante tanta oscuridad? ¿Pude existir una sonrisa frente a tantas lágrimas? Job, llegando al final de su discurso, dice *"Yo sé que mi redentor vive, y que al final triunfará sobre la muerte. Y, cuando mi piel haya sido destruida, todavía veré a Dios con mis propios ojos"* (Job 19.25-26 NVI).

Quizás hoy estés pasando por cualquier tipo de circunstancia sin ver esperanza, quizás todos te dieron la espalda y no tienes fuerzas para seguir. Pero recuerda que tienes un Dios que está cerca, que te escucha, que te librará de tus angustias y que pronto se verán cara a cara.

DÍA 16 - AMAURY ESCOTO (FUTBOL - MÉXICO)

"Esto es aún más urgente, porque ustedes saben que es muy tarde; el tiempo se acaba. Despierten, porque nuestra salvación ahora está más cerca que cuando recién creímos"
(Romanos 3.11 NTV)

¿Alguna vez te has quedado dormido y llegaste tarde a un compromiso? ¿Qué tipo de sensaciones recorren tu cuerpo, y tu mente, cuando sucede esto? ¿Cuáles fueron las consecuencias de tal descuido? Pues déjame decirte que para Amaury los resultados no fueron tan buenos.

El vuelo que el equipo debía tomar estaba programado para que el equipo de Tigres despegue rumbo hacia Brasil donde se disputaría el encuentro. Aunque todo el plantel se vio obligado a esperar unas largas dos horas, por el retraso del avión, el joven futbolista no llegó a tiempo para subirse al mismo, como así tampoco el cuerpo técnico lo siguió esperando. El motivo: se había quedado dormido. Las consecuencias: perdió el vuelo, por lo que no pudo disputar el encuentro de la copa más importante de América, sufriendo, además, una sanción por parte del club al cual pertenecía.

Y ahora hablando desde una perspectiva espiritual ¿te has quedado dormido alguna vez? ¿Te encuentras dormido ahora? ¿Te has despertado? La Biblia menciona, en reiteradas ocasiones, la necesidad de despertarse del sueño espiritual. Algunos ejemplos los encontramos en la parábola del dueño de la casa y el ladrón (Mateo 24.42-44), el mayordomo fiel (Mateo 24.45-50) o la parábola de las 10 vírgenes (Mateo 25.1-13). La necesidad de despertarse es imperiosa, recordemos que uno se despierta de un sueño y, simbólicamente hablando, el sueño en las Santas Escrituras representa a la muerte (Job 14.10-12 – Juan 11.11-14).

¿Ahora entiendes la seriedad de este asunto? Las consecuencias de no despertarse, de seguir durmiendo, no se refieren a perder un compromiso con otras personas, sino un compromiso con lo Inmortal. Las personas que se encuentran dormidas, espiritualmente hablando, están muertas; por lo tanto dejan de entender qué es lo que sucede a su alrededor culpando al Creador de todo lo malo que sucede; se hacen insensibles a la presencia divina de Dios; dejan de planificar su vida junto a Él; los sentimientos se tuercen y confunden; el amor se desvanece como la bruma; y hasta pierden la sabiduría de elegir los mejores caminos, pues estas no son características de alguien vivo (Eclesiastés 9.1-10).

Paralelamente el Santo Espíritu funciona como una alarma que intenta despertar con ruidos ensordecedores y hasta movimientos abruptos pero que, si la persona decide apagarla continuamente, la misma irá perdiendo su efecto.

Hoy es el día para que despiertes del sueño espiritual. No reniegues más, deja de apagar la alarma del Espíritu Santo que te llama, deja de dar vueltas y preséntate ante los pies de tu Salvador Jesús ¡Rápido! Aun estás a tiempo de llegar temprano a la salvación que solo Él te puede dar. <u>Recuerda</u>: como bien ha dicho el salmista, la salvación solo vale si estás vivo (Eclesiastés 9.4).

DÍA 17 - LAWRENCE LEMIEUX (YOUTHING – CANADÁ)

"Nadie tiene un amor mayor que éste: que uno dé su vida por sus amigos"
(Juan 15.13 LBLA)

Se disputaban dos competencias de vela al mismo tiempo. La clase *Finn* (modalidad individual) y la *470* (en parejas). El canadiense se encontraba compitiendo en la primera de estas ubicándose en la segunda posición, y peleando por la medalla, cuando de repente hubo un cambio de viento que hizo volcar la embarcación del equipo de Singapur (de la otra modalidad). Con tal violencia sucedió, que uno fue arrojado a una veintena de metros, mientras que el otro colgaba del casco de la misma.

Lemieux no lo dudó. Rescindió la posibilidad de subirse al podio y se arrojó al agua para salvar a ambos competidores que se encontraban en grave estado.

Cuando trabajaba como guardavidas en la costa argentina me tocó experimentar distintas situaciones donde se podía ver cómo las personas, que se estaban ahogando, libraban una lucha entre la vida y la muerte. Ya sea gritando, levantando las manos o intentando mantenerse a flote, su desesperación marcada en el rostro definía un momento cúlmine en su vida. Lo curioso es que cuando llegábamos a rescatarlas reaccionaban de dos maneras; un grupo se dejaba controlar por los rescatistas, mientras que el otro se ponía aún más nervioso al punto de no escuchar las órdenes que se les daban.

Cuánta relación existe con la obra salvífica que realiza Jesús por toda la humanidad. Todos nos encontramos en una situación de vida o muerte (Romanos 6.23). A nivel universal, y hace más de 2000 años, dejó su puesto, prefiriendo perder, momentáneamente, el lugar que tenía para salvar al mundo.

A nivel individual, cuando Él ve que la persona se está "ahogando" en el pecado, en la muerte, se lanza de su embarcación a buscarla. Ahora bien, al igual que en la vida real, también puede llegar a suceder dos reacciones; la primera es que la persona se entregue a la mano salvadora de Dios para poder ser llevada al barco, cuyo capitán es Él mismo; y la segunda es que la persona, por más que sepa que aquel que viene hacia ella lo hace para rescatarla, se niega y hasta pelea con el mayor Rescatista de todos, prefiriendo hundirse.

A todo esto hay que sumarle que aquellos individuos que ya se encuentran en el barco, bien pueden quedarse allí confiando en quién lo dirige, a pesar de toda tormenta que pueda avecinarse, o pueden arrojarse nuevamente al mar, pensando salvarse cuando ven semejante cosa. Lo curioso es que Dios vuelve a tirarse a buscarla.

Hoy déjate rescatar por el Señor donde quieras que estés. Y si ya lo has dejado, sigue confiando en Él. No te arrojes de la embarcación, pues no hay otro lugar más seguro que teniendo a Jesús como tu capitán.

DÍA 18 - NEYMAR JR. (FUTBOL - BRASIL)

"Porque así nos lo ha mandado el Señor: Te he puesto como luz para los gentiles, a fin de que lleves la salvación hasta los confines de la tierra" (Hechos 13.47 NVI)

Corrían los JJOO de Rio 2016. El futbol brasilero tenía la oportunidad de reivindicarse luego de la bochornosa actuación dada en el pasado mundial de la FIFA (Brasil 2014) donde fue eliminado por la Alemania campeona tras un 7-1.

En aquel mundial Neymar había sufrido una lesión en su columna, producto de un traumatismo producido por el impacto de la rodilla de un contrincante. Dos años más tarde el mismo país era anfitrión de la cita olímpica, generándose la chance de ganar la medalla de oro.

Así fue que, sin mayores sobresaltos, Brasil vence a Alemania en la final y por penales (cabe destacar que no es el mismo nivel que se puede apreciar en un mundial de futbol) pudiendo haberse sacado aquel "peso de encima".

Al subir al podio Neymar sacó una bincha de su campera y se la colocó en la frente. En la misma se podía ver la inscripción *"100% Jesús"*. Luego publicaría en las redes sociales una fotografía suya arrodillado y señalando al cielo, acompañada de la frase *"A ti, toda la honra y toda la gloria"*; esta no sería la primera ni la última vez que el brasilero la utilizaría.

Ante este hecho el COI intervino enviando una carta de protesta frente a tal manifestación del jugador, debido a que el ente organizador prohíbe el proselitismo religioso y político bajo cualquier circunstancia.

Situaciones similares han experimentados distintos héroes de la fe, mencionados en Hebreos 11, con mayores o menores consecuencias al respecto. Saber que no puedes hablar de Cristo pero hacerlo porque sientes la voz del Espíritu Santo, es un acto de fidelidad a Dios mismo.

Jesús desea que sus hijos sean sus representantes en la Tierra. Él vino a mostrar al Padre (Juan 14.6) y nosotros debemos mostrar al Hijo, reflejar su Luz. De esta manera, los hermanos de Jesús se transforman en representantes del Cielo en este mundo y, por lo tanto, en pequeños *"Jesuces"*.

¿Y por qué digo esto? Porque para el mundo aquellos que se dicen ser cristianos, que asisten a una iglesia, que profesan una fe religiosa... que hablan del evangelio, vienen a ser el reflejo de Dios para ellos. Aquellos que no conocen, piensan que Dios, la iglesia y todo el mundo creyente, es tal y como lo muestra el cristiano. De ahí la importancia del testimonio, de la influencia hacía el otro, de la importante que es tomar conciencia de cómo a uno lo ven y perciben.

Hoy proponte en tu corazón ser como Cristo, reflejarlo y pedir al Espíritu Santo que te moldee en un pequeño Jesús. <u>Recuerda</u>: lo que ven los demás de ti puede ser determinante para aceptar la Luz proveniente de lo Alto.

DÍA 19 - USAIN BOLT (ATLETISMO - JAMAICA)

"Todo tiene su momento oportuno; hay un tiempo para todo lo que se hace bajo el cielo [...]" (Eclesiastés 3.1 NVI)

Todos quedaron con sus bocas abiertas en un grito ahogado de admiración. El estadio no podía entender lo que acababa de suceder. Aquel hombre acaba de dejar demasiado distantes los records logrados por sus antecesores.

Sucedió en los Juegos Olímpicos de Beijing 2008. Usain Bolt había corrido de tal manera que el resto de los competidores quedaron en ridículo. Aquella noche batió el record mundial en recorrer 100m llanos en 9.69 segundos, convirtiéndose en el hombre más veloz de todo el planeta, y de todos los tiempos.

Lo más anecdótico de esta historia es que, en realidad, Bolt no era corredor de los 100m llanos, sino que corría 200 y 400m. Sin embargo, tomó la decisión de correr los 100m porque era lo que le apasionaba. Lo curioso fue que la primera vez que los corrió profesionalmente (en Grecia) lo hizo con el fin de convencer a sus entrenadores de cambiar de disciplina atlética. La segunda para batir el record de su país, y la quinta en una competencia en Nueva York (rompiendo el record mundial), antes de viajar a los JJOO. Un año más tarde, en el campeonato mundial de atletismo, registró una marca de 9.58s. Marca que al día de hoy no ha vuelto a superarse.

En el capítulo 3 de Eclesiastés el sabio Salomón habla sobre las etapas de la vida. Hay tiempo para destruir, y construir; tiempo de llorar, y reír; tiempo para entristecerse, y saltar de alegría; tiempo para despedirse, y abrazarse; tiempo para callar, y hablar; entre otras muchas cosas que pueden realizarse "bajo el sol" (expresión que indica a la vida en sí misma).

¿Conoces de aquellas personas que van tan rápido en su vida que "queman etapas"? ¿Que viven momentos que no concuerdan con la edad? Esto les sucede, generalmente, a los jóvenes. Lamentablemente Satanás se ha ocupado de contaminar sus pensamientos convenciéndolos de tomar ciertas decisiones que se encuentran fuera de los tiempos planificados por Dios. La lista es larga: mirar ciertos programas de televisión, vestimenta inadecuada, desatender a los consejos de los padres, deserción escolar, trabajar, sexo prematrimonial, entre otros. Más preocupante es el hecho que, muchas de estos actos, cuentan con el aval de los adultos mayores.

Dios, en su eterno amor, ha determinado que el ser humano viva las distintas etapas de su vida (niñez, adolescencia, juventud y adultez) desarrollando distintas actividades que estén a tono con dichos momentos. Por lo tanto, acelerarlos, prolongarlos y/o retardar su aparición, afectaría el estado de salud de cualquier individuo.

Hoy piensa, de forma realista, en qué etapa de tu vida te encuentras y pregúntate si la estás viviendo bajo los planes divinos. Recuerda que todo lo que hagamos en esta vida tiene su tiempo. Cuéntale a Dios cuáles son tus anhelos y pídele que te guíe de la manera adecuada, cumpliendo su voluntad.

DÍA 20 - RUDY GARCIA-TOLSON
(NATACIÓN/TRIATLÓN – ESTADOS UNIDOS)

"Dios bendice a los que soportan con paciencia las pruebas y las tentaciones, porque después de superarlas, recibirán la corona de vida que Dios ha prometido a quienes lo aman"
(Santiago 1.12 NTV)

Síndrome de Pterigium Poplíteo. Ese era el diagnostico de Rudy. A los 5 años ya había atravesado por 15 cirugías que pretendían corregir sus piernas. Por lo que decidió que los médicos se las amputaran por encima de la rodilla. Él mismo declararía años más tarde que fue a partir de aquel momento donde realmente comenzó a vivir.

Gracias a tal decisión logró cosechar cuatro medallas en JJOO Paralímpicos en natación, y hoy día se dedica al triatlón.

<u>Libre Albedrio</u>: Frente a la segunda plaga de Egipto, la invasión de ranas, el faraón se sentía totalmente estresado por la encrucijada que estaba atravesando. Su diosa (Heket) quien era la encargada de hacer subir ranas del Nilo, aparentemente no tenía poder... o mejor dicho nunca lo tuvo. Su paradigma religioso se derrumbaba al acudir a Aarón y a Moisés para que rogaran al Dios de Israel que quitase las ranas de su país. Moisés le preguntó cuándo quería que orara por Egipto (Éxodo 8.9 NVI).

Si tú estuvieras en el lugar del faraón ¿qué le hubieras respondido a Moisés? Si Dios hoy se te presentara y te dijera cuándo quieres que te den el título universitario que tanto esfuerzo te está costando, o que desaparezca la deuda con el banco que tienes, o que te den el trabajo que tanto necesitas, o te cure de la enfermedad que te está matando... ¿qué le responderías?

El faraón le dijo "mañana". Los egipcios hacia días que estaban plagados de ranas por todos lados. Ranas en el baño, ranas en el colegio, ranas en el trabajo, en la cama, en la masa de la pizza... ranas, ranas, ranas... y el rey decidió quedarse un día más con la maldición. Libre albedrio.

Lamentablemente al cristiano le sucede exactamente lo mismo con respecto a esos pocos pecados concientes (porque los hay inconcientes). Estos son los que mayor condenación tienen de parte de Dios, pues se desobedece adrede *practicando el pecado*, sucediendo lo que está escrito en Juan 16.9: pecar es no creer en Cristo, es negar lo que hizo por cada uno en particular al morir en la cruz. Qué terrible uso del libre albedrio, de nuestra capacidad de decidir. Lo mismo les sucedió a Eva y luego a Adán al comer del fruto prohibido.

Pecar es una decisión. Por mayor o menor que sea la tentación, el diablo no puede obligar a ningún individuo a desobedecer.

Hoy pide al Espíritu Santo que te muestre en qué estás fallando (Juan 16.8-9) para deshacerte de esas prácticas, comienza a vivir una vida en el Espíritu (Gálatas 5.16), reclama el dominio propio como parte del fruto divino (Gálatas 5.22-23) y sométete como siervo de Dios (Romanos 6.16-18). <u>Recuerda</u>: "No dejes para mañana lo que puedas hacer hoy"; Dios te está preguntando "¿Cuándo quieres que te libre del pecado?", ¿qué le responderás?

DÍA 21 - ANDREAS NIKOLAUS LAUDA Y JAMES HUNT (AUTOMOVILISMO - AUSTRIA/INGLATERRA)

"Si el Señor no construye la casa, el trabajo de los constructores es una pérdida de tiempo. Si el Señor no protege la ciudad, protegerla con guardias no sirve para nada" (Salmos 127.1 NTV)

La Fórmula 1 experimentó una de las rivalidades más impactantes del deporte. De un lado el austriaco "Niki" Lauda, un empedernido de la mecánica automotriz de carrera, quien desafiando a su equipo contratista se adjudicó el puesto de piloto oficial. Del otro el inglés James Hunt, un piloto que se lanzó a la Fórmula 1 por el deseo de ganarle a Lauda.

Ya habiendo ganado un título mundial, Niki sufriría un accidente en el Gran Premio de Alemania de 1976, produciéndole quemaduras graves en su rostro y resto del cuerpo. A las 6 semanas, y viendo cómo su rival sumaba puntos en el circuito, el austriaco volvió a las pistas, haciendo caso omiso a la recomendación médica, para competir y seguir ganando, aunque no lo suficiente para que el británico se llevara el título mundial de aquel año. Sin embargo volvería a repetir los títulos en 1977 y 1984.

Con una carrera muy irregular (que provenía de su propia vida personal) James se retiró tras los pocos años de haberse coronado campeón, y su vida de excesos lo llevó a una muerte prematura, a los 45 años de edad.

"Todos los excesos son malos". La mayoría conoce muy bien esta frase, pero ¿pueden existir excesos en el cristianismo? y ¿de qué manera identificarlos?

Los excesos se asocian al fanatismo, pues ambos denotan sobrepasar valores normales de comportamiento, dejando la racionalidad de lado y marcando dos polos.

En el ámbito religioso y eclesiástico, pueden encontrarse ambos extremos. De una punta el cristiano que ha aceptado las verdades bíblicas, que tomó la decisión del bautismo pero que, al poco tiempo de haberlo hecho, desaparece de la iglesia pudiéndoselo encontrar nuevamente en la vida que llevaba con anterioridad (como la semilla que cayó entre las piedras – Mateo 13.20-21). Para este caso tenemos el ejemplo de Sansón.

De la otra punta nos encontramos con aquella persona que vive cargada del trabajo eclesiástico sin medir las consecuencias de sus acciones. Se la puede ver acelerada y queriendo dirigir distintos proyectos de la iglesia, soliendo juzgar, por las distintas actitudes, a sus hermanos en Cristo, pretendiendo que todos lleven "su mismo grado de espiritualidad". Vemos el ejemplo en Saulo.

Sí, existen los excesos aun dentro de la iglesia, por lo que vuelvo a repetir el mismo dicho: *"Todos los excesos son malos".*

¿Cómo encontrar un punto medio y saludable? Salomón ha sido sabio al escribir que todo debe someterse a nuestro Dios. Todas nuestras acciones diarias tendrían que estar sujetas bajo oración y conducción divina.

Hoy permite que Dios mismo construya tu día. Dile que quieres imitar a Jesús y parecerte más a Él. <u>Recuerda</u>: Si no quieres caer en fanatismo lee más sobre la vida de Jesús. Imítalo.

DÍA 22 - ROGER FEDERER (TENIS - SUIZA)

"Él nos salvó, no por las acciones justas que nosotros habíamos hecho, sino por su misericordia. Nos lavó, quitando nuestros pecados, y nos dio un nuevo nacimiento y vida nueva por medio del Espíritu Santo. Él derramó su Espíritu sobre nosotros en abundancia por medio de Jesucristo nuestro Salvador" (Tito 3.5-6 NTV)

¿Alguna vez te han dicho que eras demasiado grande para hacer algo? ¿O que tu tiempo ya había pasado? O aun peor ¿que era tiempo de que te dediques a otra cosa?

Esto mismo le sucedía al, para la mayoría de los entendidos en el tema, más grande tenista de todos los tiempos: el suizo Roger Federer.

Ganador de una montaña de títulos (103, entre ellos 20 Grand Slam, 2 medallas olímpicas y una Copa Davis[1]), ha sabido acumular un total de 310 semanas en el puesto número 1 del ranking del tenis mundial.

En el 2011 fue nombrado como el segundo ser humano más respetado y confiable del planeta (después de Nelson Mandela).

Sin embargo el 2016 arrancaba con malas noticias para el suizo. Una intervención quirúrgica (la primera en 18 años) lo dejaría lejos de las canchas por unos meses. Al volver a mitad de año, y tras no obtener buenos resultados en los torneos en los cuales se había presentado, tomó la decisión de no volver a jugar hasta la próxima temporada. A los 35 años de edad el mundo del tenis ya anticipaba el adiós a la leyenda del tenis.

Sin embargo, y para sorpresa de todos, el 2017 vio resurgir, cual leyenda del ave fénix, a un renovado Roger Federer quien logró consagrarse en 6 torneos (entre ellos 2 Grand Slam).

¿Cómo están tus fuerzas? ¿Dónde están enfocadas tus energías? ¿Cuáles son tus aspiraciones? ¿Te sientes cansado? ¿Piensas que ya has pasado por mucho? ¿Te has vuelto a plantear objetivos claros, alcanzables pero, al mismo tiempo, desafiantes? Todas estas preguntas son importantes. Mantener nuevos desafíos es positivo y saludable para la psiquis del ser humano.

Pero la pregunta más importante es ¿cómo está tu relación con Dios? ¿Sientes necesidad de Él? ¿Escuchas la voz del Espíritu Santo hablando a tu corazón? ¿Tienes la necesidad de aprender más, de predicar, de ayudar a otros? ¿Piensas que puedes estar mejor? ¿Añoras otras épocas de tu vida espiritual? ¿Sientes que es tiempo de volver a Dios? ¿De caminar nuevamente en su preciosa voluntad?

Reavivamiento y reforma. Dos palabras que necesitamos que cobren vida en nuestras vidas. Busca a Dios en oración. Búscalo en el estudio de su Palabra. Búscalo en la naturaleza, en la iglesia, en tu familia, en tus amigos, en el trabajo y en los estudios. Búscalo. Búscalo y vuelve a ser victorioso en el nombre de Jesús.

Hoy más que nunca necesitamos que el Espíritu Santo nos impresione con poder, que nos reavive y reforme para acercarnos más al Trono Celestial.

"Debe producirse un reavivamiento y una reforma, bajo la asistencia del Espíritu Santo. [...] El reavivamiento implica una renovación de la vida espiritual, un despertar de los poderes de la mente y el corazón, una resurrección de la muerte espiritual. La reforma implica una reorganización, un cambio de ideas y teorías, hábitos y prácticas. La reforma no producirá el buen fruto de justicia a menos que

---

1 Datos de Septiembre 2020

esté conectado con el reavivamiento del Espíritu. El reavivamiento y la reforma tienen que cumplir la obra asignada, y al hacerlo, ambos tienen que integrarse" (Elena G. White, Review and Herald, 12 de junio de 1913).

DÍA 23 - GILDA MONTENEGRO (PIRAGÜISMO – COSTA RICA)

"Porque la gracia de Dios se ha manifestado, trayendo salvación a todos los hombres"
(Tito 2.11 LBLA)

En la prueba de slalom, de los JJOO de Barcelona 92, la costarricense se encontraba arriba de su canoa a punto de competir en las aguas rápidas por primera vez en su vida.

Al iniciar su turno Gilda estaba totalmente desorientada. Al poco tiempo ya había acumulado 200 puntos de penalización (las primeras en competir solo sumaban 15 puntos) y finalizaría con 470 (casi el equivalente a lo acumulado por las 25 competidoras, las cuales sumaban 535). La cámara logró filmar cómo impactaba con la canoa los muros de contención y cómo esta se daba vuelta provocando que Montenegro quedara totalmente sumergida por varios segundos.

En aquel momento todos se preguntaban cómo había hecho para clasificar a un JO. El asunto es curioso, pues en realidad nunca había clasificado. En su país trabajaba como guía de *rafting* para un hombre que resultó ser el presidente del equipo de canotaje de Costa Rica. Cuando este se enteró que existía una plaza extra para participar de los JJOO invitó a su amiga, quien carecía de tal experiencia deportiva, a participar.

"Porque por gracia ustedes han sido salvados mediante la fe; esto no procede de ustedes, sino que es el regalo de Dios" (Efesios 2.8 NVI). Es solo por medio de la gracia que cualquier persona, sea cual fuere su situación, puede ser salva. La gracia es un regalo del Cielo que se encuentra a disposición de aquel que la quiera aceptar. Es una carta de invitación a participar de un viaje con Cristo y que cuenta con distintas escalas: la Tierra, el Cielo y la Tierra renovada.

Ahora bien, cuando uno acepta este don salvífico (que lo hace por medio de la fe que, dicho sea de paso, también es otro don - Gálatas 5.22-23), la vida debe transformarse en virtud de gratitud a la salvación que se ha recibido. Es por este motivo que, por amor a Aquel que salva, cada hijo del Altísimo debe preparase para su próximo encuentro con Él.

Si prestas atención, el texto bíblico de hoy continúa diciendo que dicha gracia es un don activo que produce un reavivamiento y reforme en cada uno, alejándolo de la vida pecaminosa en la que se estuvo viviendo, practicando la justicia, la piedad y el domino propio hasta que Jesús vuelva (v.12-13).

Que maravilloso que todo aquel que reciba la carta de invitación de la gracia reconozca que Jesucristo es su salvador y acuda solo a sus méritos para buscar el perdón de pecados; santificándose e interesándose por los demás para llevarle el regalo de la gracia a otros.

Hoy acepta la invitación de la gracia que Dios mismo te hace. No te quedes de brazos cruzados sin poner en acción tu fe, pues lo único que lograrás será golpearte contra la pared y ahogarte en tus propias fuerzas. <u>Recuerda</u>: Entrena diariamente para ser santo en el nombre de Jesús, y así estar preparado para un encuentro cara a cara con Él.

DÍA 24 - REI LIDA (ATLETISMO - JAPÓN)

"Vengan, adoremos e inclinémonos. Arrodillémonos delante del Señor, nuestro creador, porque él es nuestro Dios. Somos el pueblo que él vigila, el rebaño a su cuidado. ¡Si tan solo escucharan hoy su voz!" (Salmos 95.6-7 NTV)

Durante una carrera de 42,195km dividida en 6 relevos (*Princesa Ekiden*) celebrada en Japón, la joven de 19 años se cayó al suelo mientras corría hacia la próxima instancia de la misma, produciéndole una fractura interna en su pierna derecha. Tras el dolor que la lesión le ocasionaba, y faltando a penas unos 200/300m para realizar el próximo relevo, la corredora decidió avanzar de rodillas, gateando, hasta donde se encontraba posicionada su compañera. Aunque el dolor era impresionante, y su equipo técnico intentó pararla para abandonar la carrera, Rei decidió seguir adelante.

La noticia recorrió el mundo. Los aplausos aun hoy se siguen escuchando del otro lado del mundo.

¿Alguna vez pensaste en que Dios acudiría más rápido a tus llamados si dedicaras más tiempo a la oración? Cierta vez una persona me dijo que necesitaba más "rodilla" (refiriéndose a la oración) para escuchar la voluntad de Dios. Es que si comprendemos, y nos convencemos, que la plegaria es el medio por el cual hablamos directamente con nuestro Creador y que, a través de la misma, podemos sentir paz e incluso escuchar las respuestas de lo Alto, la pondríamos más en práctica de lo que lo hacemos en la actualidad (sin ningún ánimo de incentivar la autoflagelación). Realmente nuestra mente finita no logra comprender el don preciado del Cielo que simboliza la oración.

Necesitamos arrodillarnos, necesitamos invocar al Todopoderoso, necesitamos pasar tiempo en comunión y oración con Aquel que no solo conoce nuestros problemas sino que también ya tiene la solución para los mismos.

La parábola del amigo insistente (Lucas 11.5-13) relata la historia de un hombre que muy entrada la noche se dirige a la casa de un amigo suyo a pedirle comida para un visitante que había arribado a su casa. Solo tras la insistencia del primero fue que el segundo le abrió y le dio lo que necesitaba. Este se dirigió feliz a su casa pues había conseguido lo que tanto necesitaba. *"Así que les digo, sigan pidiendo y recibirán lo que piden; sigan buscando y encontrarán; sigan llamando, y la puerta se les abrirá. Pues todo el que pide, recibe; todo el que busca, encuentra; y a todo el que llama, se le abrirá la puerta"* (vv.9-10 NTV).

Dios se encuentra deseoso de darnos lo que nosotros le pedimos. Él quiere bendecirnos en nuestros planes y proyectos. Él quiere que nosotros seamos felices y podamos sortear el mar de dificultades. Él quiere que permanezcamos a su lado, cumpliendo su amorosa y perfecta voluntad. Él simplemente quiere lo mejor para ti aunque muchas veces nosotros no entandamos esos caminos.

Hoy ponte una nueva meta: orar de rodillas entablando una conversación de intimidad con Dios. <u>Recuerda</u>: necesitamos más "rodilla" en nuestro día para acercarnos al Cielo.

DÍA 25 - SIMONE BILES (GIMNASIA - ESTADOS UNIDOS)

"Pero ¿acaso una madre olvida o deja de amar a su propio hijo? Pues aunque ella lo olvide, yo no te olvidaré" (Isaías 49.15 DHH)

Con su 1.45m de altura y 47kg de peso la gimnasta estadounidense se ha transformado en la reina de la gimnasia artística desde los JJOO de Rio 2016, después de haber ganado 4 medallas de oro y 1 de bronce. Sin embargo no todo en su vida se trató de triunfos.

Junto a siete hermanos, Simone tuvo que atravesar una infancia muy difícil. Nunca conoció a su padre, pues se había ido de su casa antes de que ella naciera. Como su madre se encontraba sumida en el alcoholismo y en otras drogas, hicieron que se le prohibiera la tenencia, por lo que la pequeña fue trasladada a un orfanato. Tiempo más tarde sería adoptada por sus abuelos.

A los 6 años de edad comenzó su camino por la gimnasia artística, hasta que a los 15 años abandonó la escuela para dedicarse *full time* al deporte, rindiendo de manera *libre* las materias, y logrando graduarse en el 2015 ya con 2 títulos mundiales de gimnasia. A pesar de que la gimnasta había salido adelante con su vida, a principios de 2017 confesó que el médico del seleccionado de gimnasia artística de su país había abusado de ella sexualmente, y de otras más de 100 gimnastas.

En la actualidad sigue siendo la gimnasta más condecorada de dicho deporte. Algunos alegan que ha logrado superar a la rumana Nadia Comaneci.

No sé cuál es tu situación. Quizá, por distintas circunstancias de la vida, no te has criado con tus padres, o desde hace algún tiempo has dejado de sentir el afecto de tus familiares hacia ti, o te encuentras viviendo solo en algún lugar lejos de tus seres queridos, o incluso te sientes solo aun viviendo con personas bajo un mismo techo, o hasta pienses que los demás te usan.

Hoy quiero decirte que Dios no te ha dejado, aunque pienses que te encuentres solo y que no habitas en los pensamientos de nadie, nunca te abandonará. Y aunque a veces le falles, Él siempre está dispuesto a abrazarte, a consolarte y perdonarte.

Hoy deseo compartirte el mismo anhelo que supo tener el apóstol Pablo en aquel momento: *"Espero que pueda[s] comprender, como corresponde a todo el pueblo de Dios, cuán ancho, cuán largo, cuán alto y cuán profundo es su amor. Es mi deseo que experimente[s] el amor de Cristo, aun cuando es demasiado grande para comprenderlo todo. Entonces será[s] completo con toda la plenitud de la vida y el poder que proviene de Dios"* (Efesios 3.18-19 NTV).

DÍA 26 - VLADIMIR SMIRNOV (ESGRIMA - UCRANIA)

"Ciertamente, la palabra de Dios es viva y poderosa, y más cortante que cualquier espada de dos filos. Penetra hasta lo más profundo del alma y del espíritu, hasta la médula de los huesos, y juzga los pensamientos y las intenciones del corazón" (Hebreos 4.12 NVI)

En la antigua Unión Soviética, en el año 1954, nacía un dotado del deporte, particularmente de la esgrima. En 1977, a sus 23 años, se convertía en campeón nacional y, dos años más tarde en campeón del mundo. Participó de los JJOO de Moscú 80 donde ganó tres medallas (un oro, una plata y un bronce).

Dos años más tarde, mientras se disputaba el mundial de esgrima en Roma, Vladimir se enfrentó al alemán Matthias Behr en la competencia por equipos. Fue en dicho combate cuando sucedió la tragedia. En algún momento del combate el florete de Behr se rompió al impactar con el pectoral de Smirnov, la hoja rota penetró en la máscara protectora (la cual era más porosa que las de la actualidad) y de allí se introdujo en el ojo del soviético hasta llegar al cerebro, dejándolo en coma automáticamente. Semanas más tarde fallecería en la capital italiana.

Esto produjo un cambio rotundo en las medidas de seguridad del deporte. Por ejemplo cambiaron el material de confección de los trajes, máscara y espada.

El pasaje de Apocalipsis 19.11-16 muestra a Cristo sobre un caballo blanco, símbolo de guerra y realeza, caracterizándolo como el Rey de reyes con suma autoridad para gobernar por sobre todos los mundos. Tal contexto figura al Ser, cuyo carácter es perfecto, ingresando cual paladín eterno, junto con su ejército de ángeles, victorioso de una guerra espiritual. Se lo identifica como Fiel y Verdadero, dos nombres que resumen su carácter y, consecuentemente, la forma en la cual ha actuado en favor de sus hijos a lo largo de la historia. Dios no cambia de parecer y siempre mantiene su palabra que es verídica y sin mancha.

Y ahora de su rostro, más precisamente de su boca (por la que puede escucharse su "palabra" la cual tiene tanto poder creador (Salmos 33.6, 9) como destructor (Apocalipsis 19.20-21)), sale una espada de dos filos. Esta espada representa la mismísima Biblia, como bien lo explicita el apóstol Pablo. Y ¿a qué se debe el énfasis en que sea de dos filos? Porque la misma sirve tanto para salvar como para condenar.

Es evidente que a partir del momento en el cual una persona, cualquiera sea, toma contacto con las Sagradas Escrituras su vida cambia. Esto es una promesa bíblica. El Espíritu Santo comienza a trabajar en ese corazón mostrándole las verdades eternas y las mentiras que alguna vez se habían creído. Nótese que su poder es tan grande que puede meterse en los pensamientos de cada lector reprendiéndolos y guiándolos hacia aquel Rey de reyes que cabalga victorioso.

Hoy abre tu Biblia y pide en oración que el Espíritu de lo Alto te impresione con poder revelador para corregir aquello que debe ponerse en sintonía con el Creador. <u>Recuerda</u>: La Biblia es la espada de la salvación.

DÍA 27 - AMULETOS

"Por lo tanto, mi Dios les dará a ustedes todo lo que les falte, conforme a las gloriosas riquezas que tiene en Cristo Jesús" (Filipenses 4.19 DHH)

Entrar a la cancha pisando con el pie derecho, realizar el gesto de la cruz (persignarse), colocarse una pulsera o camiseta especial o cortarse el pelo (entre otras muchas más acciones) conforman la galería de las cábalas que muchos jugadores (y hasta aficionados) suelen realizar.

Cierta vez en Ruanda, mientras se llevaba a cabo un encuentro futbolístico, uno de los equipos dirigía incesantemente la pelota contra la meta del equipo rival pero, daba la "casualidad", de que ninguna atravesaba la línea de gol. La realidad es que todos se encontraban un tanto desesperados ante tal situación ya que perdían por un gol y no veían forma de empatar el partido, hasta que el juez autorizó la sustitución de uno de los jugadores.

En ese momento, y pasando por desapercibido, el delantero del equipo rival tomó algo que había estado en la portería del equipo contrincante llevándoselo al banco de suplentes. Inmediatamente los jugadores rivales lo corrieron con ánimo de detenerlo (hasta intentaron pegarle una patada). ¿Qué era lo que tenía? Un amuleto que el arquero contrincante había dejado al lado de uno de los postes del arco con el fin de que su dios lo librara de que le convirtieran goles. De alguna u otra manera esto había "funcionado".

Cómicamente el árbitro lo sancionó con una tarjeta amarilla. El partido continuó y, en el último minuto del tiempo adicional, el delantero que había robado el amuleto convertía el gol del empate. Creer o reventar.

Satanás ha elaborado un plan magistral a lo largo del tiempo. La superstición es un arma que mantiene acorraladas a miles de personas. Desde los dioses locales, los santos y la pacha mama, los colores, los astros, el mal de ojo, hasta la sal derramada, los gatos negros y los espejos rotos. Sea cual fuere, aquí no hay distinción de género, etnia, edad ni formación académica. La gente elige creer en aquello que ve.

Ciertamente los ángeles caídos (demonios) suelen disfrazarse, generando incredulidad, haciendo creer que una acción azarosa puede marcar las acciones del futuro. De esta manera se desvía la atención de la verdadera lucha cósmica a lo que pareciera ser un juego de niños. Ya Dios condenaba estas prácticas en el antiguo Israel cuando declaraba: *"[...] Qué aflicción les espera a ustedes, mujeres, que atrapan el alma de mi pueblo, tanto de los jóvenes como de los mayores. Les atan amuletos mágicos en las muñecas y les dan velos mágicos para la cabeza. ¿Acaso piensan que pueden atrapar a otros sin provocar su propia destrucción?"* (Ezequiel 13.18 NTV).

Hoy piensa si aún tienes alguna costumbre con el uso de alguna cábala ante una situación como un examen, un encuentro deportivo, una salida con tu pareja. Reflexiona en lo que realmente simboliza. Pide en oración que Dios te haga ver eso que aún no te das cuenta que debes cambiar por más que parezca una nimiedad.

DÍA 28 - KOKICHI TSUBURAYA (ATLETISMO - JAPÓN)

"Tú, Señor, eres bueno y perdonador; grande es tu amor por todos los que te invocan"
(Salmos 86.5 NVI)

Con aires nacionalistas al extremo, Kokichi apuntaba a ganar la maratón en los JJOO de México 68, tras haberse quedado con el tercer "humillante" puesto en su país en los juegos de Tokio 64. Así fue que comenzó con su ardua preparación. Es que su vida, en los últimos 4 años, había sido dedicada al entrenamiento por orden del gobierno japonés, lo que incluía dejar de ver hasta a sus familiares. Al llevar a su cuerpo al límite, tuvo una gran recaída en su salud, produciendo que no ganara la medalla en tales juegos.

Kokichi había quedado derrumbado mentalmente. No lograba perdonarse. Según él, había quedado tan cerca de ganar... pero se echó todo a perder. Aquel 9 de Enero de 1968 se lo encontró en la habitación de su departamento, con un corte en el cuello y la medalla de bronce en su mano.

<u>Primera pregunta</u>: ¿Qué sucede cuando un cristiano cae en la tentación y peca? Pues se espera que se arrepienta y reconcilie con su Salvador, a quien ha desagradado con su conducta.

<u>Segunda pregunta</u>: ¿Qué ocurre una vez que el pecador se arrepiente? El manto de justicia divina recae sobre el individuo, generándose el perdón de pecados y, conjuntamente, su restauración como hijo de Dios.

<u>Tercera pregunta</u>: ¿Qué sensación debería experimentar aquella persona que acaba de recibir el perdón del Cielo? Indudablemente paz, debido a que, por la gracia de Jesús, es salvo nuevamente.

Sin embargo hete aquí un problema autogenerado por muchos cristianos: la *paz desabrida*. Pudiéndose encontrar el foco de tal asunto se llega a la conclusión que una persona encuentra la paz cuando se arrepiente de su error, recibe el perdón y lo acepta. Creo en que, muchas veces la tercera pata de la cuestión resulta ser de gran inconveniente para la psiquis humana, pues realmente no comprende cómo Dios pudo perdonarla de semejante pecado.

En primer término esto sucede porque el ser humano tiende a categorizar el pecado por cuestiones ético-morales, cosa que no sucede con Dios, pues Él considera que todos los pecados son iguales en su finalidad (Santiago 2.10). En segundo término, muchos piensan que el milagro del perdón debe estar aparejado de una acto de reivindicación, como si la salvación fuera por obras y no por fe (Efesios 2:8-9). En tercer término, la falta de paz deviene porque no se perdona a sí mismo. Esto genera frustración, rencor y odio para uno mismo. Muchas veces sucede que Dios sí la ha perdonado pero la persona no logra hacerlo, ¿por qué sucede esto? Porque lamentablemente aún no ha terminado de comprender el amor misericordioso que el único Salvador puede dar, el cual lo lleva a olvidarse de que ha cometido semejante mal (Miqueas 7.19).

Hoy piensa si debes perdonarte a ti mismo por algo que hayas cometido, y que ya te hayas arrepentido. <u>Recuerda</u>: si Dios te perdonó, y ni siquiera se acuerda de lo que hiciste ¿por qué tu sí? Deja de volver tu cabeza al pasado, no te tortures más, concéntrate en el presente y pide al Espíritu Santo para que te cambie.

DÍA 29 - FABRICIO OBERTO (BÁSQUET - ARGENTINA)

"Corazón alegre, cara feliz; corazón enfermo, semblante triste" (Proverbios 15.13 DHH)

Se rompió un diente incisivo impactar de boca al suelo luego de que lo hayan hecho caer uno de sus compañeros del colegio. El resultado fue una funda de oro, causante de todo tipo de bromas dirigidas al pequeño Fabricio. El tiempo pasó y el basquetbolista se encontraba con grandes expectativas de dar el gran salto a la NBA (previo paso por la liga europea), por lo que decidió colocarse una funda con una coloración semejante a la real, pues ya era todo un jugador profesional.

Sin embargo, y según dice él, el hecho de que le hayan colocado un diente de imitación real le produjo un infortunio tras otro ya que los resultados que se esperaban nunca llegaron en Grecia y, peor aún, la suma de una lesión lo dejaba fuera de la bitácora basquetbolística. Pero un entrenador volvió a confiar en él luego de un año de inactividad.

El argentino no lo dudó, volvió a colocarse el diente de platino pero ahora con la inscripción del número 7 (el mismo que su camiseta), y tres años más tarde saltó a la NBA donde finalmente pudo consagrar uno de sus mayores sueños.

Hoy sonríe sin escrúpulos, feliz, con su excéntrico diente de platino y sin importar cuan bien o mal luzca su sonrisa.

Qué lindo que es ver a la gente reír, largar esas carcajadas que contagian el espíritu de cada uno, cual efecto dominó. Hoy día existen hasta seminarios de *risoterapia* que son dados con el fin que la gente se ría. Es algo paradójico pensar que algo tan simple como esto se esté perdiendo lentamente por la vorágine de las actividades de la vida cotidiana.

¿Hace canto que no ríes a carcajadas? Pues bien, debes saber que la risa trae beneficios a **nivel físico** (relajación muscular, sirve de analgesia, aumenta la oxigenación, como así también el flujo de sangre y hasta las lágrimas logran lubricar los ojos); a **nivel mental** (disminuye el estrés y las cefaleas, combate la depresión, exterioriza emociones y sentimientos, mejora la autoestima); y a **nivel social** (es contagiosa, transmite humor, facilita relaciones).

Ya la Biblia planteaba el asunto de la risa como un remedio y tratamiento para diversas situaciones de la vida y la mantiene como parte de la promesa a sus elegidos (*"[...] Dios los bendice a ustedes, que ahora lloran, porque a su debido tiempo reirán"*. Lucas 6.21 NTV).

Muchas veces la gente piensa y hace creer que Dios no ríe, sino que más bien mantiene un semblante preocupado, triste y hasta enojado, pero estas enseñanzas distan mucho de la realidad pues hablan de aquel dador de la felicidad y de todo lo bueno (Gálatas 5.22-23).

Hoy ríe, intenta sacar una sonrisa y contagiar al que tienes a tu lado; pero por sobre todas las cosas ríe en el nombre del Señor Jesucristo que es el dador de la vida.

DÍA 30 - JUEGOS OLÍMPICOS DESORGANIZADOS

"Y todo lo que te venga a la mano, hazlo con todo empeño; porque en el sepulcro, adonde te diriges, no hay trabajo ni planes ni conocimiento ni sabiduría" (Eclesiastés 9.10 NVI)

Todo evento multitudinario requiere de meses e incluso años de organización previa para que todo lo que se encuentre planificado salga al pie de la letra. Esto sucede todos los aspectos de la vida.

Los JJOO de Paris 1900 (los segundos celebrados de la era moderna) tuvieron la particularidad de destacarse no por la cantidad de atletas, ni mucho menos por los records batidos, sino por su clara carencia de organización; desorganización que muchos años más tarde aún cobraría costos.

Para ser un poco más claros y precisos, he aquí algunos ejemplos:
- Se llevó a cabo en el marco de la Exposición Universal (feria mundial donde se presentaban nuevas innovaciones) por lo que la duración de los juegos fue de más de 5 meses. Esto produjo que muchos atletas no supieran en qué momento se encontraban compitiendo y en qué momento realizaban demostraciones.
- No contó con ceremonia de apertura ni de clausura.
- No se entregaron medallas. Caso contrario se premió a los atletas con pipas, bastones, copas, etc.
- Los deportistas no tenían alojamiento asignado y ni siquiera conocían el calendario competitivo.
- Los representantes de Estados Unidos no competían para su país, sino para sus universidades.
- Los lanzadores de atletismo debieron cortar ellos mismos los árboles que estorbaban, pues no existía un lugar físico destinado al atletismo.
- El ganador de la maratón no se enteró de su triunfo hasta 12 años más tarde.

Creo que fue todo muy raro...

Y tú ¿eres una persona organizada o más bien desorganizada? ¿La forma en la que te percibes coincide con cómo lo hacen los demás? El orden habla de la excelencia. Estos son valores que caracterizan primeramente a Dios y que Él mismo los otorga como dones hacia sus hijos, sus sacerdotes (1 Pedro 2.9).

Si alguna vez has leído el pentateuco, te habrás dado cuenta que muchos capítulos son destinados al trabajo de los sacerdotes en el santuario. Quizás te resulte un tanto aburrido, pero lo cierto es que reflejan la excelencia que Dios pretendía que su propio pueblo destellase. Cada detalle mostrado en cada versículo muestra a un Creador minucioso, detallista y que se interesa en que todo sea llevado a la perfección. Es por tal motivo que Dios nos motiva a que nosotros lo imitemos al emprender proyectos con el mayor de los detalles posibles, sin importar que sean grandes o pequeños, pues eso será parte del éxito. Y cuánto más si lo que emprendemos es para llevar el evangelio a los demás ¿seremos mezquinos? ¿Tendremos una postura relajada? ¿Dejaremos que otros se ocupen de la responsabilidad que se nos ha asignado? ¿Colocaremos la excusa del cansancio de la semana?

Hoy comprométete a resaltar la excelencia en todo lo que haces. <u>Recuerda</u>: tú eres hijo del Dios altísimo, creador de todo lo que ves... y de lo que no también.

DÍA 31 - LINDSEY JACOBELLIS
(SNOWBOARD - ESTADOS UNIDOS)

"Bendeciré a Jehová que me aconseja; aun en las noches me enseña mi conciencia"
(Salmos 16.7 RVR60)

En los JJOO de invierno de Turín 2006 Lindsey llegaba como la gran favorita para coronarse campeona del snowboard cross (carrera de snowboard) pues arribaba a la cita olímpica con, nada más ni nada menos, el título mundial en dicha especialidad.

Esta modalidad competitiva es caracterizada por recorrer lo más rápido posible el circuito de pista con la tabla (la cual cuenta con saltos, curvas y llanos), sabiendo que los trucos que puedan llegar a realizarse no otorgan puntos extras (como bien lo hacen en otras competencias).

La norteamericana había llegado de manera muy cómoda a la final. Todo marchaba con normalidad. Le bastaron pocos metros para ponerse en una ventaja muy favorable por sobre el resto. Ya en el último trayecto del recorrido (a unos 200m de la línea de llegada), Lindsey decidió ejecutar un salto con "estilo", realizando un truco innecesario. Lastimosamente le valió una caída y, por consiguiente, perder la medalla de oro. Todo el mundo se preguntaba en qué estaba pensando, qué necesidad tenía de hacer eso en un momento como ese.

El anti-timing sucede cuando alguien realiza cierta acción o dice algo que es totalmente inadecuado en un momento determinado. La Biblia registra un caso de anti-timing que resulta ser hasta un tanto cómico (Mateo 17.1-7). Jesús se encontraba en un monte junto a Pedro, Santiago y Juan, cuando sucedió el milagro de la transfiguración. En aquel momento Jesús divino opacó a Jesús hombre, por lo que el poder de la divinidad se hizo manifiesto. Al mismo tiempo Moisés y Elías descendieron del Cielo para hablar con Cristo y darle ánimo por la obra que estaba realizando en la Tierra (y que realizaría con su muerte). El uno representando a aquellos que pasarían por la muerte para luego resucitar, y el otro símbolo de los que estarán con vida en la Segunda Venida del Mesías.

Ante tal espectáculo Pedro le propuso levantar tres chozas, uno para cada uno (v.4). ¿Entiendes lo que estaba sucediendo? Pedro presenciaba un hecho único por su naturaleza reveladora, estaba viendo al poder mismo de Dios, a los patriarcas vivos y hablando con su Maestro… y él pensaba en levantarle unas tiendas.

Y a ti ¿alguna vez te ha sucedido hacer una pregunta desubicada, o involucrarte en una "situación embarazosa" donde habías actuado sin pensar? A veces esto sucede porque nos parecemos a Pedro, o a Lindsey. Actuamos sin pensar las consecuencias de nuestras acciones. Si tan solo nos tomáramos un tiempo para evaluar qué reacciones podrían llegarse a desencadenar por lo que hacemos o dejamos de hacer, nos evitaríamos grandes problemas.

Hoy detente a pensar sobre las decisiones que has tomado, tomas y estás pensando tomar. Intenta visualizarlas en el futuro previendo las consecuencias de las mismas.

DÍA 32 - SHUHEI NISHIDA Y SUEO OE
(ATLETISMO - JAPÓN)

"¿Andan dos hombres juntos si no se han puesto de acuerdo?" (Amós 3.3 LBLA)

Ambos nacidos en la misma ciudad, Nachikatsuura, el primero nacido en 1910 y el segundo en 1914; ambos atletas olímpicos, ambos especializados en el salto con garrocha. Gracias al deporte pudieron generar una amistad que los llevó a protagonizar uno de los hechos más curiosos de los JJOO.

En los juegos de Berlín 36 ambos habían saltado 4.25m de altura quedando en segundo lugar por detrás del estadounidense Earle Meadows que había logrado 4.35m. Ahora ambos japoneses debían disputar entre ellos el segundo y el tercer puesto para obtener la medalla de plata y bronce respectivamente. Pero ellos se negaron a seguir participando rechazando tal oportunidad. Si habían llegado hasta allí juntos entonces ambos se merecían el mismo lugar.

¿Cómo se resolvió el asunto? Los jueces le dieron la medalla de plata a Nishida y la de bronce a Oe. ¿El motivo? Pues porque el primero era mayor en edad que el segundo.

Pero la historia no concluye allí. Cuando ambos regresaron a Japón acudieron a un joyero para que cortara por la mitad (de manera longitudinal) a cada medalla y las uniera. Así cada uno tendría la medalla de su amigo en la suya; mitad plata, mitad bronce. Esta fue denominada la "Medalla de la Amistad".

El compañerismo es un valor que se ha estado perdiendo en estos tiempos turbulentos. La necesidad de estar acompañado, de dejarse ayudar y de prestar la ayuda hacia el otro, el descentralizarse de uno mismo y prestar atención en las necesidades del que tengo a mi lado ya no es común verlo... ni siquiera en nuestras iglesias.

Cuando Dios le habló a Moisés desde aquella zarza ardiente (Éxodo 3) le dio la misión de presentarse ante el Faraón de turno para que intercediera por su pueblo, Israel, con el fin de ser liberados. Sin embargo Moisés, por miedo, por falta de costumbre, por haberse olvidado el idioma (ponle la excusa que más te guste) no se sintió cómodo al recibir tal encomendación. Fue así que, por amor a él, el Señor le dio a Aarón, su hermano, para que lo acompañase: *"Habla con él y pon las palabras en su boca. Yo estaré con los dos cuando hablen y les enseñaré lo que tienen que hacer"* (Éxodo 4.15 NTV). A partir de aquel momento los dos se transformaron en uno cumpliendo con la voluntad del que los había enviado. Vivieron muchas aventuras juntos y ambos se convirtieron en los máximos referentes del pueblo y, si bien fueron llamados al descanso en distintos momentos de la historia, el apoyo mutuo fue un regalo del Cielo que supieron aprovechar.

Piensa en aquella persona que tienes a tu lado. Puede ser tu pareja o un amigo/a. ¿Qué lugar le estás dando en tu vida? ¿Le estás permitiendo que te ayude en lo que necesitas? ¿Piensas que en el camino que recorres no necesitas de una compañía?

Hoy considera la oportunidad de recibir a aquella persona que tienes a tu lado como un don de Dios. Valóralo con todo tu corazón. Haz todo lo posible para que juntos puedan llegar a la Canaán Celestial.

DÍA 33 - FERNANDA RUSSO (TIRO - ARGENTINA)

"El jefe le dijo: 'Muy bien, eres un empleado bueno y fiel; ya que fuiste fiel en lo poco, te pondré a cargo de mucho más. Entra y alégrate conmigo'". (Mateo 25.23 DHH)

Algunos pueden pensar que finalizar en el puesto número 20, en una competencia deportiva, no es un motivo de alegría, ni mucho menos de emoción hasta las lágrimas. No es así el caso de aquella jovencita, de apenas 16 años, que compitió en los Juegos Olímpicos de Rio 2016.

Fernanda, especializada en "Tiro" (modalidad de rifle a 10m.), hizo su debut en aquellos juegos. Lo curioso es que mientras le estaban realizando una nota televisiva, ni bien había terminado de competir, el periodista le informó que había finalizado en el vigésimo puesto del certamen. Inmediatamente Fernanda irrumpió en llantos de felicidad fundiéndose en un abrazo con su madre, quien la acompañaba en ese momento, y declarando que había valido la pena todo el esfuerzo realizado.

¿Conoces a personas que nunca se alegran con lo que tienen? ¿Siempre quieren tener más y más y lo que han logrado no les causa ningún tipo de satisfacción? ¿Siempre se están quejando por lo que el otro logró y preguntándose por qué aun no lo ha logrado él? Pues yo sí que conozco a este tipo de personas.

Esto me recuerda a las palabras sabias que Jesús les dijo a los que lo acompañaban en aquella oportunidad: *"Así que no se preocupen por todo eso diciendo: '¿Qué comeremos?, ¿qué beberemos?, ¿qué ropa nos pondremos?'. Esas cosas dominan el pensamiento de los incrédulos, pero su Padre celestial ya conoce todas sus necesidades. Busquen el reino de Dios por encima de todo lo demás y lleven una vida justa, y él les dará todo lo que necesiten".* (Mateo 6.31-34 NTV).

Cabe aclarar que no me refiero al espíritu conformista, sino al espíritu de agradecimiento que deberíamos tener por todo lo que uno tiene ¿Has agradecido por la familia que tienes, por tener un lugar dónde dormir, por la comida, por tus amigos, por el trabajo, por tener un celular, por el estudio... por contar con una Biblia y tener la posibilidad de estudiarla todos los días? ¿Lo has hecho?

Hoy te motivo a que reflexiones sobre todo lo que Dios ya te ha dado. Agradece por ello. No te angusties por lo que deseas y aun no lo tienes. Pero sí ten en cuenta que, si es la voluntad de Aquel que conoce el futuro, y te esfuerzas en ello, entonces lo obtendrás.

DÍA 34 - JOHANN TROLLMANN (BOXEO – ALEMANIA)

"Si el mundo los odia, recuerden que a mí me odió primero. Si pertenecieran al mundo, el mundo los amaría como a uno de los suyos, pero ustedes ya no forman parte del mundo. Yo los elegí para que salieran del mundo, por eso el mundo los odia" (Juan 15.18-19 NTV)

Nacido en el seno de una familia gitana que había abandonado el nomadismo, *"Rukeli"* (que en la lengua de los gitanos centroeuropeos significa "**árbol joven**") fue un joven boxeador de la era nazista. Aunque con los logros suficientes para participar de los JJOO de Estocolmo 28, fue desestimado del seleccionado por su étnia. Este fue el primer episodio de un sinfín de números vergonzosos.

Cuando se hizo profesional tuvo una carrera escalonada hasta poder llegar a competir por el título nacional en 1933, año en el que Hitler asumía como mandatario del país. Su contrincante era Adolf Witt, hombre estereotipado por los nazis según la "raza aria" lo requería. El combate claramente fue para el gitano quien supo dominarlo durante todo el tiempo. Sin embargo los jueces, manipulados por los dirigentes, dieron el combate como un empate nulo. El público enaltecido logró cambiar la opinión del jurado quien terminó dando como ganador a Trollman.

La historia sigue. Esa misma semana recibió una carta de parte de la Federación Alemana de Boxeo anunciándole que se le había quitado el título obtenido por "comportamientos vergonzosos" (muy probablemente porque se había emocionado hasta las lágrimas al haber ganado el encuentro).

Posteriormente su carrera fue truncada por los designios nazis. Si bien le permitían boxear le "sugerían" quedarse quieto en el ring y no ganar los combates. De caso contrario su licencia como boxeador quedaría revocada y no se le garantizaría la seguridad de su familia.

Al estallido de la guerra Johann decidió separarse de su familia para que tuvieran un futuro. Fue esterilizado por una ley alemana (que también incluía a los judíos), y obligado a ir al frente de batalla. Aunque pudo sobrevivir en los años de servicio, de vuelta a su hogar fue detenido por la Gestapo y llevado a un campo de concentración. Como los guardias sabían que había sido boxeador solo le daban comida cuando peleaba y perdía por KO (Knock-out).

Su fallecimiento sucedió en 1944, en dicho campo de concentración, cuando Trollman decidió vencer a su contrincante en uno de los tantos combates que lo habían obligado a comparecer. Ante tal humillación recibida, Emil Cornelius tomó una madera y batió a golpes hasta la muerte a Raiki, a la vista de los guardias que proferían burlas e insultos.

El Diablo se ha ensañado con los hijos de Dios desde el principio. Del Génesis al Apocalipsis el Gran Conflicto, que si bien se focaliza en el centro de adoración, Satanás ha hecho, hace y hará todo lo posible para que los seguidores de Cristo sufran... a toda costa. Utilizando dicho sufrimiento como estrategia de guerra para desviarlos del camino de la vida. Fallecimiento de un familiar, pérdida laboral, engaños amorosos, frustraciones académicas, accidentes, discapacidades, hambre... y la lista podría continuar. Y este sufrimiento muchas veces es generado por sus propios hijos, hijos de la perdición, servidores (sean concientes o no de ello) del propio Demonio. Personas que, como dice el versículo, odian a Dios.

Hoy centra tu mirada al Cielo. Ora pidiendo fortalezas para atravesar por los pesares que Satanás te coloca. <u>Recuerda</u>: Lo único que él quiere es que te pierdas... mueras, en otras palabras; pero lo que más quiere Dios es que te salves... vivas ¿Hijo de quién serás?

DÍA 35 - NADIA COMANECI (GIMNASIA – RUMANIA)

"Pero tú debes ser perfecto, así como tu Padre en el cielo es perfecto" (Mateo 5.48 NTV)

Cuando tenía tan solo 6 años de edad fue reclutada en el jardín de infantes por un entrenador de gimnasia artística quien pudo ver sus cualidades desde muy pequeña. Fueron años de arduo esfuerzo donde debía formarse a una atleta campeona y, tras 8 años, se llegó a los JJOO de Montreal 76, donde las aspiraciones de Nadia eran altas.

La gimnasia artística se caracteriza por distintas modalidades donde un atleta domina y, por lo tanto, se especializa en un solo aparato (por ejemplo las anillas); también se puede competir por equipos donde cada integrante lo representa en un aparato y luego se suman todos los puntajes; y, la más compleja de todas, donde el gimnasta participa en todos ellos.

Llegado el momento, la rumana había competido en los aparatos femeninos: caballete, suelo, viga y paralelas asimétricas. En este último sucedería algo totalmente inesperado. Nadia conseguiría un puntaje de 10, algo que nunca antes había sucedido ni se esperaba que suceda. Los tableros ni siquiera estaban preparados para tal puntaje, por lo que apareció un 1.00, lo que resultó ser muy confuso para todos, hasta que se escuchó la voz del estadio que decía *"damas y caballeros, por primera vez en la historia del deporte, un perfecto 10"*. En esos mismos juegos, ella obtendría seis veces más la mayor puntuación.

Nunca se hubiera imaginado que a partir de aquel momento se convertiría en un ícono del deporte y en un modelo a seguir, pues la perfección tuvo su nacimiento en Nadia Comaneci.

La Biblia también nos presenta a un ser perfecto. Ni siquiera Jesús se catalogó como tal ya que, en su magnífica humildad, vino a la Tierra a mostrar la perfección de su Padre, del Padre de todos los seres creados.

La declaración que nuestro Salvador hizo quizás pueda dejarte un poco desconcertado ¿Acaso un ser pecaminoso puede llegar a ser perfecto? El problema radica en que el concepto como tal difiere de la conceptualización humana. Mientras que para nuestro lenguaje alguien es perfecto cuando reúne todas las cualidades (bien podría decirse que corresponde a la ausencia de pecado); sin embargo, para la concepción bíblica, la misma no entiende que un ser perfecto es aquel sin mancha, sino que es toda persona que, a pesar de haber pecado, se humilla ante la voluntad divina y pide el perdón en el nombre de Jesucristo; es también aquella persona que logra atravesar la prueba permitiendo que, por obra del Espíritu Santo, sea transformado su carácter (Filipenses 3.11-15). En conclusión, la perfección a la cual solo podemos acceder es gracias a Cristo y a su intercesión por nosotros.

Hoy pide en oración que el Espíritu te perfeccione pareciéndote más a Jesús y, por consiguiente, al Padre.

DÍA 36 - STSIAPAN PAPOU (SAMBO – BIELORRUSIA)

"Más bien, cuando des un banquete, invita a los pobres, a los inválidos, a los cojos y a los ciegos. Entonces serás dichoso, pues aunque ellos no tienen con qué recompensarte, serás recompensado en la resurrección de los justos" (Lucas 14.13-14 NVI)

Quizás te estés preguntando qué es el "sambo". Aunque suene más parecido a un estilo de baile, el sambo es un arte marcial originario de la antigua URSS, basada en la defensa personal sin utilización de armas. De hecho los rusos llevan una clara ventaja en el medallero siendo, no solo los creadores del deporte, sino la favorita en todo torneo.

Mientras se celebraban los Juegos Europeos en 2015 el bielorrusio Papou, ante todo pronóstico, se enfrentó con el ruso Gasimov (ex campeón mundial), logrando la hazaña de vencerlo frente a un público que claramente se inclinaba por el local y favorito del certamen. Sin embargo los aplausos no se escucharon tanto por el triunfo sino por el gesto de Stsiapan quien, al ver a su contrincante tendido en el piso, dio media vuelta y se dirigió a asistirlo. Es que durante el combate Amil se había cortado el tendón de Aquiles de su pierna por lo que se encontraba muy dolorido y tendido en el tatami. Así fue que el bielorruso lo cargó encima suyo para llevarlo a un lugar donde pudieran asistirlo, dejando de lado el reconocimiento y demorando la ceremonia de premiación. Poco tiempo después, seria él mismo quien ayudaría a su contrincante a subir y a bajar del podio para que reciba su medalla correspondiente.

Aunque el texto clave del día de hoy se refiera a un contexto de banquete, de fiesta, de comida, te invito a que podamos ir un poco más allá del aspecto literal del pasaje para entender el significado que se encuentra detrás de él. Con estas palabras Jesús quería dar a entender que cada vez que nos acerquemos a cualquier persona, cualesquiera sea su situación, lo hagamos primeramente de forma honesta y, en segundo lugar, sin esperar siquiera un "gracias" del beneficiado.

¿Qué sentido tiene hacerle el bien solamente a aquellos que conocemos? La verdadera misericordia, la verdadera justicia... el verdadero amor se manifiesta cuando actuamos en favor del otro que no se conoce. Este no es solo un consejo divino sino una responsabilidad que tenemos como hijos de Dios. Dicha responsabilidad social se basa en pensar en ayudar a aquellos que están necesitados; a aquellos que realmente necesitan ser asistidos aunque no lo hayan manifestado.

Hoy pide en tus oraciones que el Cielo te dé la oportunidad de ayudar a alguien que realmente lo necesite. <u>Recuerda</u>: Tu recompensa no necesariamente se te será dada aquí, en esta vida, sino que la recibirás allí, en la otra vida.

DÍA 37 - KENTAVIOUS CALDWELL-POPE
(BÁSQUET – ESTADOS UNIDOS)

"Por tanto, hagan morir todo lo que es propio de la naturaleza terrenal: inmoralidad sexual, impureza, bajas pasiones, malos deseos y avaricia, la cual es idolatría"
(Colosenses 3.5 NVI)

En Marzo de 2017 el basquetbolista fue detenido por conducir su vehículo, en estado de ebriedad, a 72km por hora cuando la máxima indicaba 40km por hora. Dos meses después (Mayo) la justicia, al declararlo culpable de tal hecho, dictaminó que Kentavious estaría sometido a 12 meses de prueba donde debería someterse a exámenes de alcoholemia y consumo de drogas como parte del fallo judicial. Sin embargo el estadounidense se atrevió a quebrantar la ordenanza que se le había declarado violando su libertad condicional. Por consiguiente el peso de la ley cayó sobre él sin importar que fuera una estrella de la NBA, sentenciándolo a pasar 25 noches en la cárcel.

Así fue como de día entrenaba y jugaba en Los Ángeles Lakers, con tobillera GPS, mientras que al atardecer debía dirigirse a la cárcel estatal donde, tras las rejas, pasaba la noche; además de perderse los partidos disputados en otros Estados donde no podía dirigirse se vio obligado a pasar la noche de Año Nuevo en el centro de detención.

Las reacciones pasionales, aquellas dirigidas por las emociones (y sentimientos hostiles) y, por supuesto, lejos de la razón, destruyen a la persona en todo sentido. Bien puede pensarse que solo las personas que son ajenas al Camino son las que se dejan llevar por las mismas, pero esto escapa de la realidad del cristiano. Curiosamente, en la "montaña rusa del cristiano", Satanás, que es tan astuto, logra hacer caer bajo pasiones (de cualquier tipo) aun a los escogidos por Dios, incluyendo a aquellos que desempeñan cargos con grandes responsabilidades. La bebida, las relaciones sexuales prematrimoniales, la pornografía, las series televisivas, el baile, el vocabulario (etc.) logran controlar las vidas de cualquier persona.

Salomón decía al respecto: *"¿Puede alguien caminar sobre las brasas sin quemarse los pies?"* (Proverbios 6.28 NVI). Jugar con fuego puede hacer que te quemes, tentar al destino y jugar con Satanás seguramente traiga consecuencias físicas, mentales, sociales y, por sobre todo, espirituales a tu vida. Las pasiones generan un encarcelamiento en la vida, dejan coartada la plena libertad que Cristo nos regala, y no importa cuán importante seas, si te dejas llevar tras ellas, siempre tendrás un final infeliz.

Paralelamente el Espíritu Santo funciona cual suerte de tobillera GPS que te sigue a donde quieras que estés y da alerta cuando estás a punto de desviarte del camino. Pero esta tobillera no puede impedir que lo hagas. No puede anteponerse a la decisión que puedas llegar a tomar. Solo advierte.

Hoy vive en la santidad de Dios; enfócate en seguir las palabras divinas. Aléjate de las pasiones que te apartan de los pensamientos de Dios. Deja todo aquello que llena tu cabeza y que te transforma en una "bomba de tiempo" para accionar bajo el control de ellas.

DÍA 38 - ALEX ZANARDI
(AUTOMOVILISMO/CICLISMO - ITALIA)

"Y al sonido de la gran trompeta mandará a sus ángeles, y reunirán de los cuatro vientos a los elegidos, de un extremo al otro del cielo" (Mateo 24.31 NVI)

La vida de Alex bien podría dividirse en dos etapas: antes y después del accidente que casi le quita la vida.

En la primera etapa Zanardi se había dedicado al automovilismo, llegando a competir en la Fórmula 1 y el Indy norteamericano. Fue aquel 15 de Septiembre de 2001 cuando sufrió un gravísimo accidente donde perdió el control del automóvil haciendo que el mismo quede de manera perpendicular a la pista, mientras que el piloto de otro coche lo embestía de tal forma que con el impacto partió al auto en dos y, junto con él, las piernas del italiano que, horas más tarde, tuvieron que ser amputadas por encima de las rodillas.

Su convicción de seguir adelante pudo más y Alex logró completar su rehabilitación, por lo que decidió cambiar a un deporte olímpico: el ciclismo. Y quizás te estés preguntando cómo esto es posible. Pues dentro del ciclismo existen distintas modalidades dependiendo la discapacidad. Justamente Zanardi disputaba aquella donde se pedalea con las manos y brazos (para investigar). Así fue que su incursión en los JJOO le valió dos medallas de oro y una de plata en su segunda etapa.

Si Dios es todopoderoso (Génesis 17.1) entonces ¿qué rol cumplen los ángeles? La verdad es que realmente no los necesita como tampoco a nosotros nos necesita para la predicación del evangelio, pero Dios es tan atento que a cada ser le encuentra algo productivo para hacer.

El mundo cristiano en muchas situaciones se ve cautivada por la idea de tener contactos con ángeles. Hasta se han ideado teorías al respecto de estos que inclusive son aliens. De alguna u otra forma extraterrestres son (en el sentido más literal de la palabra), siendo seres de luz son seres creados por Dios (Salmos 148.2, 5 – Colosenses 1.16-17), han existido desde antes de la creación de este mundo (Job 38.6-7) y son superiores a los humanos (Salmos 8.4-5).

A lo largo de su vida los ángeles (cuyo significado es "mensajero") han cumplido distintas funciones, a saber:

- Alabanza (Apocalipsis 5.12-13)
- Revelación del mensaje divino a los humanos (Hechos 7.53)
- Guiar (Mateo 1.20-21; 2.13)
- Proveer ante la necesidad (1 Reyes 19.5-6)
- Proteger a los hijos de Dios (Daniel 6.21-22)
- Liberar (Hechos 12)
- Fortalecer al cansado y animarlo (Lucas 22.43)

Quisiera resaltar el punto en el cual los ángeles son enviados por Dios para protegernos del mal. Hay una cita de Elena G. de White que siempre me ha impresionado: *"Si nuestros ojos fueran abiertos, veríamos los ángeles de Dios en derredor nuestro, y a los ángeles malvados que también están aquí, tratando de destruirnos; pero los ángeles buenos los mantienen a raya"* (El Cristo Triunfante, pág. 88.2). Lo cierto es que Dios utiliza a sus mensajeros para salvarnos, desde el punto más literal de la palabra, de lo que los demonios quieren hacernos. Ellos también son los que nos dan ánimo para seguir adelante a pesar de nuestras malas vivencias. Pon atención ya que su tarea es tan importante que en la Segunda Venida Jesús volverá con los ángeles a rescatarnos ¿Comprendes su valor?

Hoy agradece a Dios por haberte asignado a un ángel para que te cuide.

DÍA 39 - HELSINKI 52

"Busquen la paz con todos, y la santidad, sin la cual nadie verá al Señor"
(Hechos 12.14 NVI)

En el año 1940 se deberían haber celebrado los JJOO en Finlandia pero, debido a la II Guerra Mundial, los mismos debieron suspenderse. De esta forma, y luego de 12 años de espera, el país nórdico pasó a ser la sede de tal evento en 1952.

Aquellas eran épocas donde los países veían conveniente hacer alianzas y agruparse por bloques con quienes simpatizaban en ideologías similares. Al mismo tiempo la denominada Guerra Fría entre Estados Unidos y la Unión Soviética se llevaba a cabo entre amenazas y espionajes mutuos de por medio, poniendo al mundo en expectativa por una posible guerra.

Alemania y Japón volvían a competir luego de finalizada la guerra, Israel lo hacía por primera vez y Rusia decidió reaparecer, desde 1912, pero ahora como la URSS.

Los juegos de Helsinki 52 se los conoce como los **juegos de la paz** pues supo desviar la atención de los conflictos sociopolíticos internacionales y transferirla al evento deportivo.

Entre tantos conflictos que las relaciones interpersonales puedan llegar a proporcionar, Dios insta a sus hijos a que estén buscando la paz continuamente. Paz con Dios, por un lado, y paz con el prójimo, por el otro. La suma de ambos contribuye a la paz interior.

Jesús dejó la manera de proceder cuando se origina algún tipo de conflicto entre personas. El mismo se encuentra detallado en el capítulo 18 de Mateo en 4 pasos:

1. Hablar personalmente (y a solas) con aquella persona que te ha ofendido (o piensas que lo ha hecho). Gracias a esta acción el otro puede recapacitar y entender lo que ha sucedido.
2. En caso de que esta persona persista en su error, entonces llama a otro para que te acompañe. Hablen juntos, tal vez un intermediario puede llevar "paños fríos" en el asunto. También sirve para dejar asentado una prueba testimonial.
3. Si se niega a escuchar los consejos, o a retractarse, entonces lleva el caso a los dirigentes de la iglesia para que se pueda tratar el tema. Probablemente en conjunto se encuentre la sabiduría.
4. En caso de que no haga caso a los consejos de los dirigentes, entonces habrá que tratarlo como alguien que no entiende la Palabra de Dios, como a una persona que no es creyente (pagano, publicano, recaudador de impuestos dependiendo la versión bíblica) ¿Y qué significa esto? ¿acaso será desecharlo? Claro que no; todo lo contrario. Habrá que comenzar desde el principio, si fuera necesario, enseñándole de qué se tratan las creencias bíblicas. Después de todo piensa cómo trataba Jesús a aquellos que no tenían luz.

Hoy busca la paz con tus compañeros de estudios y de trabajo, con familiares y amigos, con hermanos de iglesia y con desconocidos. Transmite ese don precioso, que Dios brinda gratuitamente por medio de su Santo Espíritu, y veraz cómo se trasladará también a tu vida.

DÍA 40 - NORIAKI KASAI (ESQUÍ – JAPÓN)

"Pero el que persevere hasta el fin, ése será salvo". (Mateo 24.13 LBLA)

El *salto de esquí* es un deporte de invierno que consiste en descender sobre esquís por una rampa (90 o 120m de altura, dependiendo la modalidad) para coger velocidad y luego iniciar el vuelo, con el objetivo de aterrizar lo más lejos posible. Para tener una idea, el record mundial hoy es de 253,5m de distancia obtenido por el austriaco Stefan Kraft ¿Te imaginas mantenerte en el aire dos cuadras y media, y luego aterrizar sin caerte?

Kasai comenzó su trayectoria como "saltador de esquí" profesional a los 16 años (1988) y a los 20 ya se consagraba campeón mundial. Tras otros premios obtenidos, entre ellos tres medallas de plata y una de bronce en Juegos Olímpicos, lo que más lo destaca es su perseverancia. Perseverancia porque en los JJOO de Sochi 2014 se convirtió en el deportista más longevo (41 años) en obtener una medalla en los juegos de invierno entrando, de esta forma, a los Records Guiness. No por nada le han adjudicado el apodo de "La Leyenda", pues en el 2015 batió el record de 500 pruebas disputadas, y en los juegos de Pyeongchang 2018 fue el único deportista en haber participado en 8 ediciones de los JJOO de invierno (un lapso de 32 años). Según él, quisiera retirarse en los juegos a organizarse en el 2026 en su ciudad natal, a los 54 años de edad.

Si la Biblia otorgara un podio por la perseverancia en la fe, las medallas se la llevarían, a mi entender, Noé, Moisés y Job.

Particularmente me llama muchísima la atención el primer caso. Una vez leí: *"120 años predicando, para que nadie se convierta. No hay duda: como evangelista, Noé era un buen carpintero"* (Milton Bentancor, *365 vidas*, pág.12). Aunque la frase tenga un tinte de gracia, de alguna manera, nos presenta una de las cartas de la vida cristiana: Si quieres encontrarte con el único Salvador, tendrás que perseverar sin importar las consecuencias que ello traiga.

¿Alguna vez le has preguntado a los abuelos de tu iglesia cuánto tiempo tienen de bautizados? ¿Cuántos en la iglesia? ¿Cuántos esperando el regreso de Jesús? ¿Cómo fue su vida cristiana en todo ese tiempo? ¿Si han perdido la esperanza en algún momento? Si no lo sabes anímate, quizás te sorprendas.

Dios nos pide que seamos constantes en el camino que nos lleva a la vida eterna. El mismo, seguramente, esté cargado de situaciones y hechos tristes, pero también felices.

Hoy proponte comenzar a vivir el Cielo en la Tierra, sabiendo que Cristo viene. Piensa en cuán lejos puedes volar si perseveras hasta el fin.

DÍA 41 - ABEBE BIKILA - PARTE I
(ATLETISMO - ETIOPIA)

"Y calzados los pies con la preparación para anunciar el evangelio de la paz"
(Efesios 6.15 NTV)

Bikilia es sinónimo de grandeza para el mundo del atletismo. Él fue el primer africano de etnia negra en ganar una medalla de oro. Pero la proeza fue acompañada de un acto que lo inmortalizaría.

Participó de los JJOO de Roma 60 tan solo porque uno de los integrantes del equipo etíope de maratón se había lesionado justo antes de viajar. Adidas, patrocinador de la competencia, le había ofrecido un par de zapatillas para que pudiera correr con ellas pero, al sentirse demasiado incomodo usándolas, tomó la decisión de correr descalzo los 42,195km.

¿Puedes imaginarte cómo le habrán quedado los pies finalizada la carrera? Mínimamente creo que aquella noche habrá dormido con las piernas levantadas mientras abrazaba su medalla dorada.

El apóstol Pablo, en el contexto de la armadura del cristiano (Efesios 6.10-18) habla sobre la importancia de estar calzados, no tanto para los fines del confort, sino para los evangelísticos. Hoy simplemente quiero detenerme a pensar en este aspecto. Toda persona escoge distintos tipos de calzados dependiendo la ocasión. Zapatillas con una suela flexible y acolchonada para correr, ojotas para la playa, sandalias en días de calor, zapatos para una ocasión de fiesta, pantuflas para estar cómodo en el hogar, y hasta los hay quienes prefieren las gastadas, sucias y con algunos agujeros, para hacer trabajos rudimentarios. En definitiva, lo que uno se pone en los pies determina a dónde se dirige y qué es lo que hará.

Curiosamente, en el diario vivir, se pueden observar cómo existen personas que, sin importar la situación contextual, utilizan un calzado que bien se podría decir que es totalmente inadecuado para la ocasión, produciendo hasta algunas risas. Botas de lluvia en un día soleado, ojotas con pantalón largo en un día frio, zapatillas con traje...

Pablo alguna vez, cuando aún se llamaba Saulo, también tenía colocado un calzado inapropiado. Él pensaba que con el que llevaba puesto podía evangelizar, pero lo único que hacía era llevar miedo, dolor y muerte. No fue hasta que tuvo un encuentro personal con Dios, cuando lo dejó ingresar a su corazón y transformar milagrosamente su vida, que decidió ponerse las sandalias del evangelio eterno.

Hoy piensa qué lugares frecuentarás. Agradece por la posibilidad que tienes de llevar la Palabra de Dios; palabra que trae felicidad, paz y salvación. Aférrate a ella y llévala a cada lugar a donde vayas. <u>Recuerda</u>: soporta la tentación de quitarte el calzado de la Verdad aunque pienses que a veces te aprete un poco, o te quede grande, pues todo el mundo tiene que enterarse de que tú eres un fiel hijo del Dios viviente.

DÍA 42 - DIEGO MARADONA I
(FUTBOL – ARGENTINA)

"Porque mis pensamientos no son los de ustedes, ni sus caminos son los míos —afirma el Señor—. Mis caminos y mis pensamientos son más altos que los de ustedes; ¡más altos que los cielos sobre la tierra!" (Isaías 55.8-9 NVI)

Considerado por muchos el mejor jugador de futbol de todos los tiempos, Maradona se ha transformado en un mediático histórico desde su debut como una joven promesa, hasta su retiro en el club de sus amores. Prácticamente todo lo que hizo, hace (y seguramente hará) es rápidamente publicado por los medios de comunicación. Sus trofeos ganados, su casamiento, el nacimiento de sus hijas, la infinidad de peleas con personas de todo tipo, mensajes (para muchos célebres) contra miles de destinatarios, su paso como director técnico de la selección Argentina, etcétera etcétera.

Podría tomar muchísimos momentos de su vida para realizar una reflexión. Pero hoy quiero que pensemos sobre dos de ellos, que se dieron en distintos momentos, pero que se relacionan entre sí.

Para el primero debemos situarnos en el mundial de México 86 donde Diego salta a cabecear una pelota disputada entre él y el arquero inglés. El argentino extiende su brazo izquierdo dando un puñetazo al balón y haciendo que este sobrepase a su contrincante y a la línea de gol. Finalizado el encuentro y, ante los interrogantes periodísticos, declaró: *"El gol fue un poco con la cabeza y un poco con la mano de Dios"*.

El segundo episodio sucede mientras se disputaba el mundial de EEUU 94. En pleno partido una enfermera de la organización irrumpió en el campo de juego y se llevó a Maradona de la mano para realizarle un control anti doping (hecho nunca antes visto en plena competencia). Al dar positivo en la prueba Diego dijo: *"le pedí a Dios que todo saliera bien, y él estaba ocupado o distraído"*.

Hoy quería invitarte a reflexionar sobre la voluntad divina ¿Cómo puede una persona lograr entender los pensamientos de Dios? ¿Acaso existe un lugar en el cual puedan conocerse? Aunque seamos seres imperfectos (caídos en el pecado) por gracia del Cielo se nos ha dado la oportunidad de conocerla y, aunque no podamos comprenderla a la perfección, dado a que somos seres enteramente finitos, tenemos acceso a ella al abrir la Biblia en oración.

A la Biblia se la reconoce como las "Sagradas Escrituras" debido a que contienen la Palabra de Dios revelada a la humanidad. Al estudiarlas bajo la dirección del Espíritu Santo, nos conectamos con los pensamientos de nuestro Creador, los cuales revelan el propósito para nuestra vida.

Lamentablemente hay muchas personas que piensan que la voluntad de Dios debe amoldarse a la suya, cuando debiera ser de modo inverso. Al estudiar su palabra mayor conocimiento tendremos de Dios y, por lo tanto, de su voluntad.

Hoy, al igual que el salmista, eleva una oración diciendo *"enséñame a hacer tu voluntad, porque tú eres mi Dios. Que tu buen Espíritu me lleve hacia adelante con pasos firmes."* (Salmos 143.10 NTV).

DÍA 43 - VANDERLEI DE LIMA (ATLETISMO – BRASIL)

"¡Estén alerta! Cuídense de su gran enemigo, el diablo, porque anda al acecho como un león rugiente, buscando a quién devorar" (1 Pedro 5.8 NTV)

La primera maratón que el brasilero había corrido fue en Francia donde lo habían contratado para ser *liebre* de otro corredor (el fin de este rol es marcar el ritmo a su compañero hasta la mitad del trayecto). Sin embargo cuando pasaron los 20km, marca donde Vanderlei debía retirarse, decidió finalizar la carrera. Para sorpresa de todos, y de él mismo, no solo dejó rezagado a su contratista, sino que ganó la competencia. De esta forma comenzaba su trayectoria como maratonista.

Otras victorias obtenidas lo impulsaron a clasificarse a los JJOO de Atenas 2004. Vanderlei había comenzado con buen ritmo. Tan bueno era que se había aventajado más de 40 segundos del segundo. Pero de repente un espectador ingresó a la calle y se abalanzó contra el brasilero llevándolo contra las gradas. La gente lo liberó, pero el daño que le había causado seria irreversible.

Al cortar el ritmo de carrera abruptamente, y consecutivamente reiniciarlo, diversas reacciones metabólicas se llevan a cabo en el organismo, por lo que se necesita un tiempo de readaptación, tiempo que ya no poseía.

De Lima fue pasado por un italiano y un estadounidense. Quedando en tercera posición, y mirando hacia atrás, pensó *"nadie me va a quitar esta medalla"*. Cuando ingresó al estadio (porque los últimos metros se realizan en la pista de atletismo) Vanderlei saludaba al público con gestos de alegría y agradecimiento. Aquella noche se ganaba un bronce que valía oro.

Por lo vivido en dicha prueba, Vanderlei de Lima recibió la medalla Pierre de Coubertin, máxima condecoración olímpica y, en los JJOO celebrados en su país, en 2016 tuvo la tarea honorifica de encender el pebetero olímpico.

Creo que la historia refleja ampliamente el significado del versículo de hoy.

Satanás quiere devorarte ¿Entiendes lo que quiere decir esa expresión? Quiere hacer todo lo posible para destruirte, para dejarte incapacitado, para matarte. A él no le interesa en qué posición de la vida te encuentres, pero en su astucia entiende que cuanto más arriba estés más dura será la caída. Y si se cae de tan alto… quizás muchos otros tropiecen por mirar.

¿Por qué Vanderlei no se percató que aquel irlandés se le abalanzaría? Porque tenía su mente en otra cosa; porque no se percataba de lo que sucedía alrededor. Cuando lo vio frente a frente no pudo hacer nada. Lo mismo sucede con la lucha cósmica del cristiano. Se debe vivir en un estado de alerta, sabiendo cuáles son los caminos que conducen a un peligro inminente o a uno futuro.

Lo bueno de esta historia es que, si caes, Dios enviará a sus ángeles para que te levantes y vuelvas a la carrera de la fe.

Hoy evita darle lugar a Satanás. Huye de su presencia y de todo lo que pueda llegar a ser peligroso.

DÍA 44 - EL PEOR EQUIPO
(PENTATLÓN MODERNO – TÚNEZ)

"Pues todos los que han pecado sin la ley, sin la ley también perecerán; y todos los que han pecado bajo la ley, por la ley serán juzgados; porque no son los oidores de la ley los justos ante Dios, sino los que cumplen la ley, ésos serán justificados" (Romanos 2.12-13 LBLA)

Por cada ganador hay decenas de perdedores. Perdedores que no merecían serlo, otros que han dado lo mejor de sí mismos, yéndose conformes con el resultado, y otros que caen frustrados creyendo que merecían ganar. Pero existe otro grupo, minoritario de por sí, que se caracteriza por perder de manera humillante.

Fue en los JJOO de Roma 60 donde se vio al equipo tunecino, hoy conocido como *el peor equipo olímpico de la historia*, el cual compitió en las pruebas de pentatlón moderno por equipos (equitación (prueba de obstáculos sobre un recorrido de unos 1000m), natación (300m libres), tiro de precisión (20 disparos con pistola), esgrima (se enfrentan todos los participantes entre sí) y carrera campo a través (4000m); siendo el país ganador aquel que haya acumulado mayor cantidad de puntos).

Lo que hicieron estos deportistas (o más bien lo que no hicieron) le valió tal sobrenombre: en natación uno de ellos casi se ahoga, por lo que tuvieron que rescatarlo; en tiro de precisión el competidor fue descalificado por haber disparado demasiado cerca de los jueces; en equitación no pudieron siquiera subirse a los caballos; y en la esgrima enviaron a su mejor sablista una y otra vez pretendiendo que nadie se daría cuenta... cosa que no ocurrió como esperaban. Esto acto fue determinante para que la organización decidiera descalificarlos del certamen definitivamente quedando entonces, en el último lugar.

En lo que respecta al plano espiritual, más precisamente al concepto del juicio, sucede algo similar a los "amigos" tunecinos. Como ellos, el hecho de tener el conocimiento de algo no garantiza saber ponerlo en práctica; dicho de otra manera, saber que Jesús es Aquel que otorga la salvación gratuitamente no me salva a menos que la acepte por fe y viva acorde a su voluntad.

A raíz de esto muchos cristianos siempre se han preguntado cómo serán juzgadas aquellas personas que nunca hubieron escuchado de la Verdad en su completitud. Pablo, en su carta a los romanos (Romanos 2.12-16), declara que cada ser humano será juzgado en virtud de su conocimiento. Aquellos que pertenecen al remanente escogido por Dios (Apocalipsis 14.12), a los que son cristianos pero de otras denominaciones, hasta incluso aquellos que nunca han escuchado el nombre de Jesucristo en su vida, deberán dar cuenta de la luz recibida. Ese nivel de conocimiento bastará para determinar si será salvo o no. Pero, como se dijo anteriormente, el conocimiento no basta, sino que Dios evaluará qué hizo aquel hombre o mujer con el conocimiento que tenía en su poder, sea poco o mucho. Esto significa una maravillosa esperanza para aquellos que han pasado al descanso sin un conocimiento completo del Camino. La pregunta que queda es: ¿Habrán vivido conforme a sus convicciones morales?

Hoy ponte a pensar cómo llevar conocimiento en acción a aquellos que carezcan de él.

DÍA 45 - EDDIE "CANÍBAL" MERCKX
(CICLISMO – BÉLGICA)

"Mirad cuál amor nos ha dado el Padre, para que seamos llamados hijos de Dios; por esto el mundo no nos conoce, porque no le conoció a él" (1 Juan 3.1 RVR60)

Para muchos ha sido catalogado como el mejor ciclista de todos los tiempos. Ganador de 5 Tour de Francia (el torneo más condecorado del ciclismo), 1 vuelta a España, 5 Giros de Italia, entre otras premiaciones, forman parte del historial de este tremendo deportista, sin contar que en 1970, a sus 25 años, fue nombrado como el mejor deportista del mundo.

Su ambición y hambre de gloria le valieron el apodo de *"Caníbal"*. Término que resultó ser bastante ambiguo, pues aquello que producía admiración para algunos significaba odio para otros, y viceversa. Eddie no permitía que ninguno de sus compañeros de equipo llegara a levantar la copa, pues siempre exigía llegar primero a la meta. Era un hombre que se presentaba a todas las carreras y que se iba enojado si no las podía ganar.

Ya desde la corta edad de 17 años, y luego de tan solo un año de haber ingresado al calendario competitivo, había ganado 33 de las 55 carreras que había disputado, motivos suficientes para dejar el estudio y dedicarse al ciclismo de lleno (o eso pensaba él).

¿Y tú tienes algún apodo por el cual te reconozcan tus conocidos (o no tan conocidos)? Los sobrenombres son puestos, en su generalidad, por cualidades físicas (flaco, gordo, narigón, rubia, etc.). Muchos de ellos son resaltando los defectos más que las virtudes de la persona, aunque también hay quienes son identificados por su nacionalidad, provincia, estado mental, actitudes, etc.

En la Biblia encontramos ciertas personas que eran reconocidos por sus apodos: por ejemplo a Simón apodado *Pedro* por el mismísimo Jesús (Juan 1.42), Tomás el *Gemelo* (Juan 11.16), Simón el *Zelote* (Mateo 10.4), Saulo fue cambiado por *Pablo* (Hechos 13.1) y Jesús como el *Cristo* (Mateo 16.15) son algunos casos que demuestran que ya desde la antigüedad se llevaba a cabo esta práctica.

Es cierto que Dios está deseoso de que nosotros también seamos reconocidos por el resto del mundo, pero con sobrenombres vinculados a nuestra vida en Cristo, ya que la misma debería afectar directamente el estilo de vida, de tal forma que seamos testimonio para todos.

Imagina que tus conocidos (sean de la iglesia o no) te identifiquen, y hasta lleguen a llamarte, por alguno de los "gajos" del fruto del Espíritu, los cuales son *"[...] amor, alegría, paz, paciencia, gentileza, bondad, fidelidad, humildad y control propio [...]"* (Gálatas 5.22-23 NTV).

"Hey, allí viene Leonel el *humilde*" o "nos visita Lautaro el *paciente*" podrían llegar a ser sobrenombres poco usuales pero sentidos dentro del corazón de cada uno.

Hoy piensa en cómo te perciben los demás. Considera las cualidades por las cuales te identifican. Piensa en poder ser recordado por la conducta de un verdadero hijo de Dios.

DÍA 46 - OMAR LINARES (BEISBOL – CUBA)

"Pero ahora sean santos en todo lo que hagan, tal como Dios, quien los eligió, es santo. Pues las Escrituras dicen: 'Sean santos, porque yo soy santo'" (1 Pedro 1.15-16 NTV)

Cuando la revolución cubana triunfó, el comandante en jefe Fidel Castro abolió el beisbol profesional con el fin de motivar su práctica desde los distintos sectores de la sociedad. Esto permitió que se creara una liga que atrajera a las masas, sobre todo populares, del país.

Aunque el sentido de nacionalismo cubano es muy fuerte, muchos de los jugadores amateurs han tenido que abandonar su tierra natal para dirigirse a Estados Unidos y así poder triunfar en las grandes ligas (las cuales son profesionales). Entre el grupo de beisbolistas cubanos más reconocido se encontraba Omar Linares quien, habiendo jugado 17 años en la liga de Cuba, se había convertido en un icono del deporte nacional ganando 3 medallas en JJOO (2 de oro y 1 de plata). Pero algo distinto lo caracterizaba del resto. Todos los años Omar recibía ofertas millonarias de parte de equipos de EEUU (incluso hasta cheques en blanco para que él mismo coloque el monto), pero siempre los rechazó porque creía que reconocía que su país lo había educado y formado, que le había dado todas las oportunidades para demostrar que el beisbol cubano se encontraba entre los mejores del mundo. Para él sus creencias fueron más importantes que todo el dinero del mundo. *"Siempre jugué aquí y siempre seguiré aquí".*

La historia de Omar nos revela una historia de santidad. Santo es aquello que se encuentra apartado ¿Apartado de qué? Pues en el caso espiritual, del mal, del pecado... de Satanás (al igual que Dios lo está).

Jesús vino a este mundo, se entregó en favor de toda la humanidad para cargar con sus culpas y morir para brindar salvación eterna; a esto se lo llama gracia, regalo que Dios brinda para reeducar en la *"verdad, el camino y la vida"* (Juan 14.6). Esta demanda la aceptación de parte de cada individuo y una respuesta de fe en consideración a la misma. Dicha respuesta es una vida en obediencia; obediencia traducida en santidad en gratitud al don de la salvación.

De esta manera el cristiano debe buscar una vida santa bajo la tutela del Espíritu Santo, rechazando toda oferta del maligno. Es un error pensar que dichas ofertas (llámese también oportunidades laborales, académicas, profesionales, amorosas, ociosas, monetarias, religiosas, espirituales, etc.) son de carácter ofensivo, siendo que muchas veces se encuentran enmascaradas de buenas intenciones (2 Corintios 11.14).

Quien acepta a Jesús su vida es transformada. El corazón tendencioso es modificado a favor de la voluntad divina. Entonces el que solía vivir de una forma ahora cambia radicalmente. Deja de beber alcohol, de ser sexualmente promiscuo, de fumar, de tatuarse, de orar a otro que no sea Dios, entre otros.

Hoy acepta la gracia salvadora de Cristo. Pide discernimiento para diferenciar las ofertas de Satanás de las de Dios. <u>Recuerda</u>: vive mejor en santidad.

DÍA 47 - SLOBODAN JANKOVIC (BÁSQUET – SERBIA)

"El temor de Jehová es el principio de la sabiduría, y el conocimiento del Santísimo es la inteligencia" (Proverbios 9.10 RVR60)

A los 16 años, y con 2,01m de altura, ya había fichado para uno de los grandes equipos de su país donde competiría por 11 años para luego ser transferido a un equipo griego (*Panionios*) donde no tardó mucho tiempo en destacarse por su enorme habilidad con el balón. Allí dio raíces a su carrera como uno de los más grandes jugadores hasta que llegó el día que cambiaría su vida por completo. Un día recordado por una pésima decisión de su parte.

Fue mientras se disputaba un partido de *playoff* (eliminatorias para llegar al campeonato) contra el poderoso equipo Panathinaikos. A 8 minutos del final, Slobodan ya tenía acumuladas un total de 4 faltas personales, dejándolo a una infracción de la expulsión. Recibió la pelota, se dirigió al aro, saltó y encestó pero no sin antes cometer una falta en ataque a un contrincante, suceso que provocaría su expulsión. Cuando el árbitro le pidió que saliera de la cancha, el serbio, en un acto de furia y sin pensarlo dos veces, embistió con su cabeza al poste del aro que no contaba con protección. Inmediatamente cayó ensangrentado al suelo y prácticamente inconciente, teniendo como resultado una lesión medular que lo dejaría parapléjico de por vida.

Dramático final para el joven basquetbolista en pleno auge de su carrera.

Y tú ¿sueles tomar decisiones de manera inteligente? ¿Piensas detenidamente antes de accionar, o eres movido por tus impulsos? La Biblia es clara en marcar que tanto la inteligencia como la sabiduría provienen de Dios como parte de los dones que Él otorga solo a aquellos que la piden (Santiago 1.5).

Ahora bien ¿conoces cuál es la diferencia entre una y otra? Usualmente solemos confundir ambos términos en nuestro repertorio de palabras pero, si se lo mirara detenidamente, descubriremos que, aunque se encuentran vinculada la una con la otra, los significados son distintos. Mientras que la inteligencia es la facultad de la mente en realizar las actividades con eficiencia, la sabiduría es la habilidad para elegir correctamente las decisiones que deben tomarse. Es así que una persona puede llegar a ser inteligente pero no sabio.

Salomón (Eclesiastés 4) aconseja al lector a amar la sabiduría; sabiduría que proviene de la Santa Palabra. Como una ecuación matemática, si para tomar correctas decisiones necesito sabiduría, y la fuente de sabiduría es la Biblia, entonces debe estudiar las Escrituras para convertirme en sabio. Pero ¿para qué tipo de decisiones me prepara la sabiduría divina? Para tomar decisiones de vida eterna, pues nuestra existencia en la Tierra se basa constantemente en discernir y elegir sabiamente "la voz del uno y del otro" como parte del Conflicto Cósmico (Deuteronomio 30.19).

Hoy pide al Cielo sabiduría e inteligencia. Tomate tu tiempo para tomar decisiones. No lo hagas de manera apresurada, sino ponlas en oración previa. <u>Recuerda</u>: como hombre o mujer sabio/a tendrás una vida de mayores bendiciones.

DÍA 48 - KAZUKI KAZAWA (CANOTAJE – JAPÓN)

"Hermanos míos, ¿de qué le sirve a uno alegar que tiene fe, si no tiene obras? ¿Acaso podrá salvarlo esa fe? Supongamos que un hermano o una hermana no tiene con qué vestirse y carece del alimento diario, y uno de ustedes le dice: «Que le vaya bien; abríguese y coma hasta saciarse», pero no le da lo necesario para el cuerpo. ¿De qué servirá eso? Así también la fe por sí sola, si no tiene obras, está muerta (Santiago 2.14-17 NVI)

Inspirado por el valor del servicio al otro, Kazuki tomó la decisión de convertirse en monje en el monasterio de Negano. Su horario rutinario para levantarse temprano es a las 4.30am sabiendo que el servicio comienza una hora más tarde. Así que, durante ese tiempo, Kazuki eleva oraciones para preparar su espíritu para lo que será el día de servicio.

Hasta las 15hs ofrece asistencia espiritual a todo aquel que quiera acercarse a su monasterio, donde ora por ellos y les escribe una bendición.

Al mismo tiempo el japonés se dedica al piragüismo en la modalidad de slalom, el cual se caracteriza por atravesar "puertas" marcadas por varillas, mientras una corriente (movida artificialmente) desestabiliza constantemente a la canoa. Así es que, finalizado su turno en el templo, se dedica al entrenamiento. Kazawa ha podido clasificarse para competir en los JJOO de Beijing 2008, Londres 2012, Rio 2016 y con miras a Tokio 2020.

En este día quisiera que nos detengamos en un aspecto de la historia de Kazuki: el servicio al otro. Entendemos que cuando una persona decide servir a su prójimo es porque, indirectamente, se encuentra sirviendo a Dios en primer lugar. Pero hoy te invito a centrarnos en el prójimo.

Recuerdo haber tenido un profesor que solía decir que todo lo que se le hace al otro se lo hace a uno mismo, y todo lo que se hace para uno mismo se lo hace para el otro. De allí que la utilización del "nosotros" involucre a uno mismo y al otro: **nos**(yo)-**otros**(*el que tengo a mi lado*). Resalto que este asunto siempre me ha hecho reflexionar cada vez que involucro al otro a mi lado cuando digo "nosotros tal cosa o tal otra".

El apóstol Santiago amplía el concepto de la fe aparejado con las obras. Y qué son las obras sino el servir al otro. De esto se trata el cristianismo, de poner la fe en acción, no para alcanzar la salvación por medio de los actos, sino para perfeccionarla y llevar a otros a los pies de Jesús.

Orar por los demás pidiendo que el Espíritu Santo inunde sus vidas o mandarles un versículo con alguna promesa a alguien que se encuentra necesitado no es suficiente. Solo transforma al individuo en un cristiano cómodo. Además de orar y bendecirlo leyendo la Biblia juntos, ayúdalo con lo que puedas. Que no sean solo palabras ¡Pon manos a la obra!

Hoy piensa de qué manera puedes servir a los que te rodean. Recuerda: *nos-otros* somos hijos de Dios.

DÍA 49 - KÁROLY TAKÁCS (TIRO – HUNGRÍA)

"Estén siempre alegres. Nunca dejen de orar. Sean agradecidos en toda circunstancia, pues esta es la voluntad de Dios para ustedes, los que pertenecen a Cristo Jesús"
(1 Tesalonicenses 5.16-18 NTV)

Nacido en el año 1920 de joven se había alistado al ejército de su país convirtiéndose (gracias al entrenamiento) en uno de los mejores tiradores de su país. Cierto día sufrió un gravísimo accidente en una simulación de combate, donde la granada que manipulaba explotó, destrozándole su mano derecha, finalizando en una amputación.

Tras un mes hospitalizado, Károly decidió comenzar a entrenar con la mano que le quedaba, con la menos hábil, con aquella que nunca en su vida había disparado, en solitario y manteniéndolo en secreto.

Fue tal su mejoría que logró participar de los JJOO de Londres 48, los primeros luego de la II Guerra Mundial. Allí el favorito del certamen le preguntó qué estaba haciendo entre los competidores, a lo que le respondió: *"estoy aquí para aprender"*. Finalmente se convertiría en campeón olímpico en la modalidad de tiro con pistola rápida 25mts, reiterando la medalla en los juegos subsiguientes.

Mantenerse alegre frente a un momento placentero de la vida como la acreditación de un examen, un *sí* de un novio/a, un nuevo emprendimiento que sale adelante, un nuevo trabajo o un ascenso es demasiado fácil... de hecho, hasta esperable; pero ¿alegrarse frente a las dificultades de la vida? Eso sí que merece un punto y aparte.

¿Cómo entender la alegría en términos bíblicos? Pues la misma es un sentimiento de placer ocasionada por un suceso tanto favorable como desfavorable donde, en cualquiera de los dos casos, la persona se mantiene cerca de Dios, dador de la vida y de todos los dones. *"Éste es el día en que el Señor actuó; regocijémonos y alegrémonos en él"* (Salmos 118.24 NVI) y *"Cuando en mí la angustia iba en aumento, tu consuelo llenaba mi alma de alegría"* (Salmos 94.19 NVI) son dos ejemplos claros de lo dicho con anterioridad.

Así se comprende que, por más que el hecho haya sido favorable, sin Dios no existe una verdadera alegría, pues la misma es parte del fruto del Espíritu Santo (Gálatas 5.22-23). De ahí que el mundo nunca puede prometer una felicidad mejor que la que Dios nos ofrece, pues la misma perdura, aumenta y se mantiene a pesar del dolor; mostrándonos otros caminos que nos restituirán, nos harán aprender más sobre la divina voluntad y nos harán ser *"más que vencedores"* (Romanos 8.37 RVR60).

Hoy pide que caiga alegría desde el Cielo como don gratuito divino, para que en este día estés alegre por más que las cosas no salgan del todo como las habías planeado. Recuerda: no hay ningún otro lugar más seguro que no sea el de estar junto a tu Salvador.

DÍA 50 - JULIO IGLESIAS (FUTBOL – ESPAÑA)

"Entonces Moisés y los israelitas entonaron este canto en honor del Señor: [...] Mi canto es al Señor, quien es mi fuerza y salvación. Él es mi Dios, y he de alabarlo; es el Dios de mi padre, y he de enaltecerlo" (Éxodo 15.1, 3 DHH)

Quizás pocas personas sepan que el famoso cantante madrileño Julio Iglesias tuvo un pasado deportivo. Fue en sus primeros años de la juventud que Julio había logrado fichar como arquero del, nada más ni nada menos, Real Madrid. Sus sueños se alternaban entre convertirse en un jugador profesional y ser un exitoso abogado (pues para aquel entonces también estudiaba Derecho). Fue así que llegó a debutar en el equipo de mayores del club "merengue" previendo un futuro favorable para la nueva promesa del futbol; *"me siento como en casa dentro del mundo del fútbol y lo amo inmensamente"*.

Cierta noche, mientras celebraba con sus amigos, sufrió un accidente automovilístico. A raíz del hecho fatídico Julio quedó en un estado de hemiparesia durante, aproximadamente, año y medio sin esperanzas de que volviera a caminar. Su carrera futbolística se diseminaba de sus manos. Pero también fue allí, en aquella situación, donde emergió su talento natural, el cual, evidentemente, había estado guardado por 20 años.

Un enfermero le regaló su primera guitarra con la cual comenzó a componer canciones. La música lo ayudó a recomponerse y a reenfocar su vida. Al poco tiempo de haberse recuperado viajó a Inglaterra para aprender inglés. Luego llegó a participar de un festival que ganó y lo lanzó a la fama mundial.

Los israelitas acababan de haber estado entre la espada y la pared (más bien entre la espada y el mar) maldiciendo a Moisés y deseando no haberse ido de Egipto. Dios obró maravillosamente abriendo el Mar Rojo para que pasasen a través de él. Los egipcios intentaron realizar lo mismo pero las aguas cayeron sobre ellos y sucumbieron. Inmediatamente el pueblo, visto desligado de tal afrenta, no tuvo más reacción que alabar al Señor por medio del canto. El texto continúa: *"Oh, Señor, ¡ningún dios puede compararse a ti! ¡Nadie es santo ni grande como tú! ¡Haces cosas maravillosas y terribles! ¡Eres digno de alabanza!"* (v.11 DHH).

El propósito del canto cristiano es buscar alabar y enaltecer a Dios por causa de su obra en la vida particular de cada uno. Busca colocarlo por encima de todo, reconociendo su poder ante cualquier circunstancia, aun en aquella que provoca tristeza, tal como lo hizo Job (Job 2.10), porque entendemos que la salvación solo proviene de Él; salvación que comienza a actuar aquí y ahora.

Escuchar música cuya melodía sea acorde a conectar al espíritu con el Cielo con letras que tengan al Señor como soberano, salvador y protector. Según Apocalipsis los redimidos cantaremos en el Cielo como parte de la alabanza a Cristo (Apocalipsis 15).

Hoy aprovecha la oportunidad que tienes de alabar a Dios con música y cantos. No importa que no sepas cantar, solo hazlo de corazón y la ofrenda será recibida gratamente. <u>Recuerda</u>: canta entonando letras que te hagan recordar la liberación que Dios ha hecho por ti.

DÍA 51 - LUCAS LIMA (ESQUÍ – BRASIL)

"No me escogieron ustedes a mí, sino que yo los escogí a ustedes y los comisioné para que vayan y den fruto, un fruto que perdure. Así el Padre les dará todo lo que le pidan en mi nombre" (Juan 15.16 NVI)

De Brasil, una de las cunas del futbol mundial y sol radiante en todas las épocas del año, a las nieves europeas y asiáticas a practicar esquí de fondo.

Todo comenzó en 2012 cuando se abrió un programa *"Esquí en las Calles"* (por medio del *roller ski*) en el barrio donde Lucas vivía; barrio de escasos recursos, donde las oportunidades que los niños tienen no son las mismas que en otros lugares, pues muchos, ya desde la niñez, se involucran en drogas y actos delinquidos. Su fin, entonces, fue el de ocupar a los chicos en una actividad deportiva organizada.

Los años pasaron y Brasil dio de cara a un problema olímpico, pues le había asignado una sola plaza para los JJOO de *Pyeongchang* 2018 (dado a los escasos atletas que practican tal deporte). 5 esquiadores eran los que, en todo el país, debían luchar para obtener la plaza. Sin embargo, debido al puntaje del ranking mundial, solo 2 podían aspirar a esto: Víctor Santos y Lucas Lima, vecinos del mismo barrio que habían crecido y entrenado juntos desde hacía tiempo. Uno de los dos iría a un JO, el otro volvería a su hogar.

Cuando el momento de la definición llegó, Lucas se encontraba tan solo a 0.6 puntos por detrás de Víctor; eso significaba menos de 10 segundos en una carrera. Tranquilamente cualquiera de los dos bien podría haber representado a su país, pues el nivel era prácticamente el mismo. Sin embargo Santos fue quien clasificó y no Lima ¿Justicia o injusticia? El hecho fue que uno se convirtió en atleta olímpico y el otro esperaría hasta su próxima oportunidad.

En los Hechos de los apóstoles sucedió un acontecimiento un tanto similar a la historia de Víctor y Lucas. La iglesia primitiva había tomado la decisión de suplantar, al ya fallecido Judas, por otro apóstol. Así fue que solo los hombres que se habían "entrenado en el evangelio de Jesús", desde que Él había comenzado su ministerio, fueron convocados para la elección del cargo (siendo discípulos más no apóstoles). De todos quedaron solamente 2: José y Matías. Uno de los dos se transformaría en parte de los 12 apóstoles, el otro volvería a su hogar.

Todos se arrodillaron y, orando, pidieron al Espíritu Santo que les mostrase cuál de los dos, que se encontraban en igual de condiciones, era el indicado para cumplir con el apostolado. Dios contestó y Matías fue el elegido.

¿Por qué Dios no eligió a José? ¿Qué pasó con la vida de este discípulo? ¿Se habrá enojado? ¿Acaso hubo abandonado el Camino? Lo cierto es que Dios elige personas para cumplir determinados roles y a otros no, aunque al parecer se encuentren a un mismo nivel. Le sucedió a José, a Lucas y quizás hoy te esté pasando esto a ti (o ya te pasó) y te preguntas qué es lo que has hechos mal, en qué te has equivocado o por qué la otra persona sí y tú no. Lo más probable es que hoy no encuentres las respuestas que buscas. Deja pasar el tiempo, ponlo en oración y verás cuáles son los caminos de Dios, justos y buenos.

Hoy ora para tener claridad en tus pensamientos. No te sientas relegado, de lo contrario: piensa que Dios te está capacitando y/o guardando para otra tarea.

DÍA 52 - OM YUN-CHOL
(HALTEROFILIA – COREA DEL NORTE)

"—Padre —dijo Jesús—, perdónalos, porque no saben lo que hacen [...]"
(Lucas 23.34 NTV)

Ya con una medalla de oro ganada en los JJOO de Londres 2012, y siendo el 5° hombre en el mundo en levantar más de 3 veces su peso corporal, el norcoreano se presentaba en la competencia de halterofilia (comúnmente conocida como levantamiento de pesas) en los juegos de Rio 2016 como uno de los amplios favoritos de la categoría -56kg. Pero sus esfuerzos en alcanzar levantar un total de 303kg (sumando dos instancias) no fueron suficientes para subir a lo más alto del podio ya que, por tan solo 4kg más, el chino Long Qingquan se llevaba el oro con un total de 307kg.

Pero lo que sería un punto de felicidad para cualquier deportista, para Om fue interpretado como un fracaso rotundo. Con profunda tristeza, y aun con la medalla de plata colgada en su cuello, pidió perdón a su nación y, principalmente, a su líder supremo Kim Jong-Un, por no haber cumplido con su objetivo que era el campeonato. *"No creo que pueda ser un héroe para mi pueblo con una medalla de plata"*. Hasta llegó a temer por una presunta ejecución en su país natal por el mismo motivo.

Como seguramente has tenido que pedir perdón alguna vez en tu vida sabrás que, dependiendo la situación, el error cometido y la persona que se haya visto afectada, las palabras utilizadas no son las mismas, y ni siquiera el sentimiento de perdón. Si bien los motivos por los cuales uno pide las disculpas correspondientes son plenamente subjetivas (creo que la mayoría de nosotros no pediría perdón por haber ganado una medalla de plata), el motor que la impulsa se encuentra cargado de una historicidad plenamente personal. Pedir perdón a Dios es lo primero que deberíamos hacer, para luego solicitar el acompañamiento del Espíritu Santo para dialogar con las personas indicadas. En caso de que el otro en cuestión no quiera perdonar, al menos sabremos que hemos cumplido con nuestra responsabilidad tanto para con Dios como para con los hombres.

La otra cara de la misma moneda trata sobre perdonar. El ejemplo supremo que tenemos es el del Señor Jesucristo cuando vino a la Tierra y, mientras sufría colgado en la cruz, perdonó incluso a quienes lo torturaban. Cuán difícil es perdonar a aquel que nos hizo daño, a aquel que nos hirió de tal forma que ni siquiera podemos estar cerca suyo. La Biblia es clara al respecto: debemos perdonarlo, como Cristo nos perdonó a nosotros. Entiendo que es sencilla la ecuación teórica de perdonar 70 veces 7, tal como Dios lo hace con nosotros (Mateo 18.15-22), pero en definitiva se trata de una cuestión de fe y conexión espiritual, pues solo el verdadero perdón sin resentimiento o rencor puede provenir de lo Alto como don divino.

Hoy, si te encuentras en conflicto con alguien, ora pidiendo el poder del Espíritu Santo para que te del amor suficiente para pedir perdón o para perdonar. Abrázala y deja el rencor de lado y, aunque quizás la relación no vuelva a ser la misma, permite que Cristo sane tus heridas.

DÍA 53 - GAL FRIDMAN (WINDSURF – ISRAEL)

"Ahora, que el Dios de paz los haga santos en todos los aspectos, y que todo su espíritu, alma y cuerpo se mantenga sin culpa hasta que nuestro Señor Jesucristo vuelva"
(1 Tesalonicenses 5.23 NTV)

En los JJOO de Atenas 2004 algo histórico sucedió para la nación israelita. Por primera vez la bandera israelí flameó en lo más alto del mástil. Su primer oro olímpico fue levantado en manos de Fridman quien, ya en los juegos de Atlanta 96 había ganado el bronce y en 2001 el campeonato mundial.

En 2018, y tras diez años de su retiro, una publicación en Facebook alertó a los israelitas. Gal había puesto en venta su más preciado tesoro, un tesoro que, de alguna manera, también representaba a su país: su medalla olímpica. Cuando la gente supo de esto le envió gran cantidad de mensajes con el fin de que desista de tal empresa, a lo que Fridman respondió que lo hacía porque necesitaba dinero.

Esto fue motivo de grandes polémicas dirigidas por aficionados y periodistas ¿Cuánto valor tiene una medalla olímpica para el que la compra? ¿Acaso su valor no se encuentra intrínseco en su portador original? Pues esto mismo es lo que sucedió con Esaú cuando le vendió su primogenitura a su hermano Jacob por un plato de guiso de lentejas... probablemente, y al menos espero que así fuera, el plato más sabroso de aquel entonces (Génesis 25).

Curiosamente, y haciendo un paralelismo con los días contemporáneos en el cristianismo, existen personas que, ante el "apuro" de suplir una aparente necesidad, deciden vender lo más preciado que tienen en su poder, aquello con lo que Dios ya lo había galardonado: su **primogenitura espiritual**. Esta primogenitura es vendida y/o negociada para satisfacer alguna necesidad física, tal como el sexo fuera del matrimonio, el apetito, los sitios de diversión... ponle el rótulo que más te parezca. Aquellos que sucumben frente a dichos deseos por sobre los de carácter espiritual muestran que no pueden controlarse cuando llega el momento de la tentación del pecado.

Entregarle al otro, o a algo, dicha primogenitura es romper con un regalo que el Cielo ha otorgado para beneficio de sus hijos. La misma, tal como sucedía en la antigüedad, trae bendiciones tanto materiales como espirituales de índole terrenal y eternal. La realidad indica que ese otro y/o ese algo es Satanás; el enemigo disfrazado tal como lo hizo en el Edén con Eva.

Hoy valora el regalo que Dios te ha hecho dándote la primogenitura espiritual. Derecho que solo otorga a sus hijos. No la negocies ni la vendas al Enemigo. Finaliza tu día con alegría, sabiendo que no has cedido ante sus tentaciones. <u>Recuerda</u>: lo que tienes en tus manos vale mucho más que cualquier cosa que el mundo te pueda ofrecer.

DÍA 54 - MANNY PACQUIAO (BOXEO - FILIPINAS)

"He sido joven y ahora soy viejo, pero nunca he visto justos en la miseria, ni que sus hijos mendiguen pan" (Salmos 37.25 NVI)

Su infancia no fue un camino color de rosas, ni lo que vivió como algo nostálgico. Cada vez que Manny ve hacia atrás, donde se sumerge en su pasado, ve a un niño que creció en una choza en Filipinas; ve a un peleador callejero; ve a un niño en medio de un divorcio familiar; ve a un niño que en vez de estar jugando vende pan para sobrevivir junto a sus cinco hermanos; ve a un niño escapando de su casa luego de haber visto como un amigo de su padre mataba a golpes a su perro y cómo su padre se lo comía frente a él; ve a un adolescente que pasó a vivir en la calle y a consumir drogas; ve a un frágil joven siendo rescatado por un entrenador de boxeo; ve a un luchador que decidió salir adelante.

Tras, tan solo, un mes de entrenamiento, Manny debutaba en el cuadrilátero obteniendo la victoria tras un knock-out en el primer asalto. Allí fue donde comenzó una gran carrera profesional.

Cuando se convirtió en campeón mundial, una de las primeras cosas que hizo fue comprar el antiguo gimnasio donde se había entrenado de adolescente y colocar habitaciones para aquellos que no tuvieran donde dormir.

Al día de la fecha el filipino ha logrado 9 campeonatos mundiales (en distintas categorías), además de cumplir roles como actor, cantante e inclusive político. ¿Quién hubiera imaginado que de dormir en una casa precaria pasaría a hacerlo en una mansión en Estados Unidos?

¿Conoces cristianos que estén pasando por un mal momento económico? ¿Qué hayan perdido su trabajo, que tengan hipotecada su casa o que se encuentren endeudados? ¿Acaso tú te encuentras en una situación similar? Lo cierto es que nadie se haya exento de atravesar por una condición tal, la cual demanda fe. Fe en las promesas encontradas en la Palabra que garantizan que todo justo no será desamparado, entendiendo que la prueba pasará y su situación financiera, en este caso, mejorará.

¿Pero quién es justo? Justo es todo aquel que invoque el nombre de Jesucristo para que interceda ante el Padre y así se borren sus pecados. Justo es aquel que decide poner en primer lugar a Dios. Justo es aquel que busca un reavivamiento invocando la presencia del Espíritu Santo en su vida. Justo es aquel que corre tras una reforma en su vida. Justo es aquel que administra los dones otorgados desde el Cielo, incluyendo las finanzas.

Ahora bien ¿conoces algún cristiano que toda su vida haya estado mendigando? Yo sí. Pero he aquí un problema, porque si se leen textos donde Dios garantiza que es el señor del dinero (Hageo 2.8), donde se promete una bendición económica (Malaquías 3.10), donde se da seguridad sobre una protección financiera (Hebreos 13.5), que todo proviene como un regalo (1 Crónicas 29.12-14) y solo Él es quien decide a quién dar más o menos (1 Samuel 2.7), entonces estamos ante un problema espiritual, donde la relación con el Creador no es la indicada, pues, como también Jesús ha prometido, todo aquel que lo ponga en primer lugar recibirá todo lo demás (incluyendo el dinero <u>necesario</u>) para gloria del Señor (Mateo 6.33). (No me refiero al "evangelismo de la prosperidad").

Hoy te invito a que deposites tu confianza en el Todopoderoso, en Aquel que toma al universo en su mano... y piensa ¿acaso no tiene el poder de solucionar tu economía?

DÍA 55 - LA CARRERA SURREALISTA - PARTE I
(ATLETISMO)

"No temas, ya no vivirás avergonzada. No tengas temor, no habrá más deshonra para ti. Ya no recordarás la vergüenza de tu juventud ni las tristezas de tu viudez" (Isaías 54.4 NTV)

Corrían los JJOO de San Luis de 1904 y la maratón se hacía presente (42, 195km). Probablemente haya sido la más bochornosa y descarada de todos los tiempos (al menos de los sabidos).

Imagínate que, hace más de un siglo atrás, las regulaciones de cada deporte eran mucho menos estructuradas de las que hoy en día existen. Y a eso se le suma la escases de recursos tecnológicos, humanos y conocimiento sobre el entrenamiento y la fisiología del ejercicio (cómo afectan las prácticas a cada elemento del cuerpo humano).

Algo que hoy resultaría ser repudiado, en aquella época, evidentemente, ni siquiera se lo habían puesto a pensar dos veces, pues la organización decidió comenzar con la carrera por la tarde, con 32°C. La fuente de agua más cercana era a los 17km de la misma (casi la mitad) y la ruta maratónica constó tanto de calles de asfalto como de senderos de tierra. A raíz de todo esto solo la mitad de los competidores pudieron finalizar la maratón (14 de 32).

Tranquilo, lo mejor está por venir. No solo por esto se la denominó la "carrera surrealista". Un corredor estadounidense, llamado Fred Lorz, cayó agotado al kilómetro 14, por lo que un auto de la organización lo levantó para trasladarlo al estadio olímpico donde podría descansar, solo que cuando se vio un poco más recuperado no tuvo mejor idea que bajarse del automóvil e ingresar al estadio corriendo; hecho que dio a creer que era el ganador (incluso se le llegó a colocar la corona de laureles en su cabeza), hasta que todos se percataron que había sido un impostor, lo que derivó en un abucheo multitudinario y salida custodiada del estadio.

¡Cuánta impunidad! Cada vez que leo esta anécdota pienso en lo descarado y sin vergüenza (en la forma más literaria posible del término) que puede llegar a ser una persona. En Argentina, a este tipo de individuos, se les llama *"caradura"*, pues no tienen ningún tipo de problemas en cometer actos "políticamente incorrectos", o de pasar vergüenza en público, sean o no loables sus fines.

Fred Lorz fue recordado como aquel que atentó contra el espíritu olímpico. A partir de esa mala decisión tomada, llevó la carga de la consecuencia a todas partes. Fue conocido como el embustero olímpico. Al igual que Fred, Judas también fue un sin vergüenza, pero de los tiempos bíblicos pues, aun sabiendo que esa misma noche entregaría a su Maestro, participó del lavamiento de pies y de la Santa Cena en presencia de todos. Al día de hoy es recordado por ser el traidor. De hecho existen dos Judas en la Biblia: Judas Iscariote y Judas… el traidor; y punto, no más que eso. También él supo tomar una decisión que le hizo llevar las consecuencias a todos lados. Quizás la mayor diferencia entre Fred y Judas fue que el primero se arrepintió y al año siguiente le permitieron volver a participar de torneos (ganando lealmente la Maratón de Boston), mientras que el segundo nunca se arrepintió, llevándose la culpa a la "tumba".

¿Sientes vergüenza por algo que has hecho? ¿Te han etiquetado por tus malas decisiones? Dios puede borrar el pasado y darte un nuevo presente y mejor futuro.

Hoy pide en oración la posibilidad de ser visto como una persona de bien, dejando toda vergüenza de lado.

DÍA 56 - KONRAD REULAND
(FUTBOL AMERICANO - ESTADOS UNIDOS)

"Les daré un corazón nuevo y pondré un espíritu nuevo dentro de ustedes. Les quitaré ese terco corazón de piedra y les daré un corazón tierno y receptivo" (Ezequiel 36.26 NTV)

Por causa de un aneurisma cerebral, en Diciembre de 2016 fallecía Konrad Reuland, jugador de los Ravens y protagonista del día de hoy. Y quizás estés pensando por qué comenzar con el que sería el final de su vida. Pero lo cierto es que con su muerte se reinicia la historia de una vida que se estaba extinguiendo.

Luego de haber sufrido un infarto, en el 2015, el organismo de Rod Carew, ex jugador béisbol de los Mellizos, también estaba llegando a su ocaso. Hacia 15 meses que se encontraba en lista de espera para recibir un corazón y un riñón que le dieran la esperanza de seguir viviendo.

Estas dos vidas se cruzaron cuando el corazón y riñón de Konrad fueron trasplantados al de Rod. Con respecto a esto Carew, quien se siente más que agradecido, declaró: *"Sin duda Konrad está vivo. La última vez que su madre había escuchado el corazón de su hijo había sido pocos momentos antes de que él muriera. Y la siguiente fue cuando se acercó a mi pecho. [...] Para mí, Konrad está constantemente conmigo"*. Este hecho se convirtió en el primer caso donde el corazón de un deportista pasó al de otro.

La donación de órganos es un tema que aun hoy se encuentra en discusión en muchas partes del mundo. Los motivos son varios pero básicamente redundan en conceptos arraigados a la "protección de la integridad de la persona", creyendo que pierden una parte de la persona al desprenderse de sus órganos, a cuestiones culturales en las cuales simplemente no existe una consideración para realizar tal acto e, incluso, a creencias religiosas donde, según su interpretación de los textos, no les es permitida la donación.

En caso contrastante, con estos hechos mencionados, la Biblia nos enseña sobre la mayor donación de órganos de la historia. Cada persona que nace necesita un trasplante de corazón ¿Cómo es esto posible? Si todos necesitaríamos un corazón nuevo, entonces ¿quién sería capaz de donar el suyo? El asunto es que el pecado ha destruido, desde nuestro nacimiento, el corazón que llevamos. Es por tal motivo que nuestros actos son pecaminosos. Este corazón se encuentra infectado del mal, por lo que nos incita a tener tanto pensamientos como actos que, en definitiva, llevan a la muerte. Por tal motivo la Santa Trinidad vio propicio interceder por la humanidad. Uno de ellos, Jesucristo, fue quien dio su corazón, un corazón puro y sin mancha de pecado, para ser trasplantado, suplantado, por el corazón de podredumbre del humano.

Hoy decide morir al "viejo hombre" para que Jesús haga la mayor cirugía de todas, trasplantándote su corazón por el tuyo para que puedas nacer como un "nuevo hombre". <u>Recuerda</u>: La vida de uno supremo pasó a ser parte de un otro insignificante; existiendo el primero en lugar del segundo. Él ya corrió la carrera, ahora te entrega su corazón para que tú también la termines.

DÍA 57 - ANDRÉS ESCOBAR (FUTBOL – COLOMBIA)

"Mía es la venganza; yo pagaré. A su debido tiempo, su pie resbalará. Se apresura su desastre, y el día del juicio se avecina" (Deuteronomio 32.35 NVI)

En el mundial de futbol de la FIFA de EEUU 94, el futbolista colombiano realizó un autogol (gol en contra) en el partido disputado contra su anfitrión para colocar el marcador 2-1 en contra. De esta manera la selección colombiana se retiraba del mundial de forma sorpresiva, volviendo a su país con efusivos cuestionamientos. En tal contexto, Escobar se encontraba sentado en la mesa de un restaurant cuando comenzó a recibir insultos por su actuación en la copa. Seguidamente un hombre se le acercó, sacó su arma y le disparó en la cabeza acabando con su vida.

La justicia por mano propia es moneda corriente en este mundo. Sin ser extremista (en el hecho de llegar a asesinar al otro, situación que, de hecho, sucede de todas maneras), la venganza por *motu proprio* es moneda corriente en la sociedad donde vivimos. Es tan cercana a cada ser humano que, muchas veces, sin darnos cuenta la ponemos en práctica de diferentes maneras, desde desearle el mal al otro, aprovecharse de una situación laboral o académica para obtener ventaja, dejar de hablarle, proliferar chismes, maltratarlo verbalmente, etc. La misma se ejerce a partir de la presencia de situaciones traicioneras (como la apropiación de un inmueble que correspondía a varias personas) y hasta por nimiedades (como una mirada despectiva).

Pero la venganza o justicia es un derecho que solo le corresponde a Dios. La Biblia es clara al decir que a Él le pertenece y que la imparte en distintos momentos, algunos antes de la Segunda Venida y otros después. De hecho existen ejemplos donde se puede apreciar el juicio divino cayendo sobre el hombre como el caso de Sodoma y Gomorra (Génesis 19), o las 10 plagas a los egipcios (Éxodo 7-12), o la muerte de Ananías y Safira (Hechos 5), entre otros. A pesar de esto, muchos alegan decir que Dios es un ser sin compasión que ha mandado a asesinar hasta a niños y abuelos, como bien lo determina el ejemplo de 1 Samuel 15.13.

Este caso, como el de otros muchos más, se explica bajo el contexto del *haram*, que significa "destrucción absoluta"; término hebreo utilizado para la ejecución del juicio divino encomendado para que el hombre lo ejecutase (guerra santa), donde el pueblo israelita expulsaba la presencia pagana sin expandir su reino, ni tomar botín.

Hoy reflexiona sobre el valor de estar vivo. Has de tu vida un momento para impartir paz y reconciliación en la medida de tus posibilidades. Pero también ten por sentado que Dios, a su debido tiempo, hará justicia, a SU manera, por todos los males que te asechan.

DÍA 58 - MARK ALLEN (TRIATLÓN - ESTADOS UNIDOS)

"El que aprende y pone en práctica lo aprendido, se estima a sí mismo y prospera"
(Proverbios 19.8 DHH)

Había logrado numerosas victorias en campeonatos de renombre pero nunca había triunfado en el campeonato mundial celebrado en Hawai. Los motivos eran varios, pero había uno que los nublaba a todos, o por lo menos eso era lo que él pensaba en un principio, y tenía nombre y apellido: Dave Scott; aquel triatleta que ya se había consagrado en seis oportunidades campeón mundial.

Aquel año (1989) Scott se encontraba invicto. No había perdido ninguna de las carreras disputadas en las que había participado. Allen estaba desesperado pero al mismo tiempo determinado a encontrar las respuestas que lo llevarían a mejorar su rendimiento. Fue por tal motivo que decidió trasladarse a Nueva Zelanda para entrenar en solitario, aislándose de todo aquello que podría distraerlo, por un periodo de 6 semanas. Allí aprendería sobre sus nuevos límites físicos y, por sobre todas las cosas, a concentrarse como nunca antes lo había hecho.

El 14 de Octubre llegó y se inició la carrera. Mark estaba preparado para lo que vendría. La misma fue denominada la *"Ironwar"* ya que ambos (Allen y Scott) estuvieron codo a codo desde que se lanzaron al agua (3.86km), anduvieron en bicicleta (180km) y corrieron (42.2km). De hecho fue en la última fase, y a escasos 2.5km de la meta, donde Allen logró separarse de su rival más frívolo que alguna vez le tocó competir, haciéndose del campeonato por primera vez en su vida y ante todo pronóstico.

¿Cómo lo hizo? No fue por estado físico ni mucho menos por experiencia, sino por su fuerza mental. Días antes de la competencia Mark había leído una revista que lo había motivado: *"En aquel folleto estaba la imagen de su rostro y decía: 'estoy contento de estar vivo'; de alguna manera en aquel momento pensé en ello y recobré fuerza interior. Me di cuenta que era feliz por estar aquí junto a este hombre. Me sentía como si estuviera ganando energía pese a que la intensidad del duelo iba en aumento".* Fue en aquel momento que entendió que su mayor contrincante había sido su propia mente.

Y tú ¿crees que ya lo has dado todo en la vida? La auto superación no llega de la noche a la mañana. Para ello se debe trabajar arduamente. Debe pensarse en qué se ha fallado, en qué se puede mejorar y diagramar un plan minucioso de acción para lograr la superación. Cuando de esto se trata cada detalle cuenta. Pero para lograrlo es necesaria una concentración mental que vaya más allá de todo. En ocasiones apartarse y estar en solitario es de gran provecho para despejar las ideas, limpiar aquellos pensamientos que contaminen la mente y reconectarse con la vida. Y, justamente, el reconectarse tiene que ver con dialogar íntimamente con Dios, aquel que es la vida (Juan 14.6).

Hoy busca superarte en algún aspecto de tu vida. Quizás tengas varios que superar. Tranquilo, haz una lista de prioridades y llévaselas al Señor. Escríbelas, haz una carta a Dios, ora para saber cómo crear el mejor plan para llevarlas a cabo. Respeta los tiempos y se paciente. <u>Recuerda</u>: Jesús nos dejó el ejemplo al tener el hábito de retirarse a orar a solas cada vez que debía emprender nuevos objetivos (Lucas 5.16).

DÍA 59 - KESHORN WALCOTT
(ATLETISMO – TRINIDAD Y TOBAGO)

"Y ninguno de vosotros piense mal en su corazón contra su prójimo, ni améis el juramento falso; porque todas estas son cosas que aborrezco, dice Jehová" (Zacarías 8.17 RVR60)

Todos los años se enfrentan entre sí cantidad de atletas en múltiples pruebas deportivas. Para esto entrenan diariamente (hasta cuatro veces al día). *"Los campeonatos se ganan entrenando"* es una frase que es tenida en cuenta por, prácticamente, la totalidad de los deportistas. Lamentablemente hay un solo ganador y muchísimos perdedores, resultando ser la cara de la moneda que ninguno quisiera ver (cosas del deporte).

En ciertas ocasiones existen sorpresas cuando un deportista muy joven gana un campeonato, o uno entrado en años… y hasta es curioso cuando el ganador es aquel que se encontraba muy lejos de ser el favorito por su nivel de juego, o por la lesión reciente que lo había dejado fuera del circuito competitivo por un tiempo considerable. A pesar de todo, estos hechos suceden.

Pero la historia de Keshorn lo transforma en un deportista único ¿Qué dirías si te dijera que este muchacho entrenaba no en un gimnasio, no con un entrenador, sino con YouTube?

Cuando era un niño Koshi, como le dicen sus amigos, se encontró interesado por el lanzamiento de jabalina, por lo que acudió a analizar videos del campeón olímpico Andreas Thorkildsen (Noruega), con el fin de aprender los gestos técnicos de tal disciplina.

Fue así que dio sus primeros pasos en el deporte, llegando a ser campeón olímpico junior y, posteriormente en los JJOO de Londres 2012, ganar sorpresivamente la medalla de oro.

Como Koshi había sido el segundo en ganar una medalla de oro para su país, después de Montreal 76, le regalaron terrenos, una casa, miles de euros; también grabaron su nombre en aviones, bautizaron un faro en su honor, e incluso, el día que arribó a su país, declararon fiesta nacional.

Videos subidos en canales de YouTube, *posteos* realizados en el muro de Facebook, comentarios de toda índole, cargados de emociones encontradas, fotos e imágenes subidas en Instagram, frases cortas por Tweeter (entre otras) mantienen activas a las personas de esta época. Tan solo basta con subir a un transporte público para comprobar que la mayoría se encuentra "conectada" con su dispositivo móvil, interactuando con decenas de personas al mismo tiempo, desde su lugar.

¿Alguna vez te has puesto a pensar en el impacto que generas en los demás por medio de las redes sociales? Lamentablemente muchos cristianos pierden su tiempo en realizar comentarios políticos, religiosos, deportivos, familiares (y otros temas varios) que se encuentran fuera de la sintonía divina. Dichas personas pierden el foco olvidándose de que son hijos de Dios y, sin pensarlo y de un momento al otro, se encuentran discutiendo enojados y generando conflictos, por más que lo que digan sea verdad.

Hoy reflexiona sobre las imágenes y comentarios que haces en tus redes sociales. Ponte a pensar cómo afecta a los demás las decisiones que tomas virtualmente. Cuestiónate qué buscas generar en el otro si realizas tal o cual cosa. <u>Recuerda</u>: tu Facebook, tu Tweeter, tu YouTube, tu Instagram (etc.) se convierten en tu púlpito… en tu ministerio ¿de qué predicarás hoy?

DÍA 60 - CRISTIANO RONALDO I
(FUTBOL – PORTUGAL)

"Imagínense cuánto más la sangre de Cristo nos purificará la conciencia de acciones pecaminosas para que adoremos al Dios viviente. Pues por el poder del Espíritu eterno, Cristo se ofreció a sí mismo a Dios como sacrificio perfecto por nuestros pecados" (Hebreos 9.14 NTV)

Tatuajes que cubren todo el brazo, tatuajes que cubren la pierna, tatuajes en el torso, tatuajes en la espalda... sin duda la nueva moda de los tatuajes ha tenido un crecimiento exponencial en los últimos años gracias a los *"influencers"* del siglo XXI: los jugadores de futbol profesionales.

Más allá de lo que la Biblia dice sobre este tema (Levítico 19.28 – Deuteronomio 14.1-2 – 1 Corintios 6.19-20), hay algo que ha llamado la atención del público futbolista y que se relaciona a la carencia de tatuajes en su cuerpo, teniendo en cuenta que prácticamente todos sus colegas cuentan con ellos.

Cristiano ha declarado no tatuarse ya que es un sistemático donador de sangre. Él ha sido nombrado como uno de los embajadores de la donación que depende de la Cruz Roja. Con dicha campaña el futbolista portugués se ha convertido en un *influencer* que concientiza la importancia de donar sangre para salvar vidas (cada donación puede llegar a tener un alcance de tres personas) ya que, si decidiera tatuarse, entonces debería esperar entre 4 y 12 meses (dependiendo la reglamentación de cada país) correspondiente al "periodo ventana" (umbral donde las infecciones, producto de marcarse, pueden detectarse).

En la Biblia se muestra el más grande *influencer* de la historia de la humanidad. Jesús fue la única persona que pudo donar su sangre, no para 3 personas, sino para todas las generaciones de todos los tiempos de este mundo (Hebreos 9.22).

La sangre derramada por un cordero, en el sistema de sacrificios del antiguo pacto, representaba el *tipo* que se cumpliría en la primera venida de Cristo en la Tierra, refiriéndose al *antitipo* en cuestión. La persona de aquella época ingresaba con la ofrenda (animal) al atrio del Santuario dirigiéndose al altar del sacrificio donde el sacerdote ataba las patas del mismo, y la persona colocaba una mano sobre la cabeza de este y con la otra lo degollaba para poder tomar, en un recipiente, su sangre; luego se lo quemaba. Seguidamente el sacerdote se lavaba las manos en la fuente e ingresaba al Lugar Santo del Tabernáculo (donde se encontraba el candelabro (símbolo del Espíritu Santo), la mesa con los doce panes (símbolo de las 12 tribus, del orden divino) y el incenciario (símbolo de las oraciones elevadas al Cielo). Finalmente rociaba la sangre del sacrificio en el velo (simbolizando la limpieza de pecados) que separaba al Lugar Santísimo (lugar donde se hallaba el arca del pacto). Al venir por segunda vez a la Tierra y ofrecer su propia sangre (purísima) como sacrificio, esta se transformaría en el último de todo el sistema antiguo, dejando un nuevo pacto, sin la necesidad de más muerte que la suya.

Hoy piensa en la posibilidad de vivir una nueva vida sin pecados que te ha dado el Cielo gracias a la sangre derramada del Cordero santo y sin mancha. Agradece por semejante don.

DÍA 61 - GREG LOUGANIS
(SALTO ORNAMENTARIO – ESTADOS UNIDOS)

"Entonces, vuelto el Señor, miró a Pedro; y Pedro se acordó de la palabra del Señor, que le había dicho: Antes que el gallo cante, me negarás tres veces" (Lucas 22.61 RVR60)

Greg se presentaba a los JJOO de Seúl 88 siendo campeón del mundo en salto en trampolín de 3m y plataforma de 10m, por lo que todos lo apuntaban como al favorito para llevarse la medalla de oro.

Había llegado la hora de las pruebas clasificatorias del salto desde los 3m. Greg se preparaba para el salto. Tomó impulso, dio un doble salto mortal en el aire… pero un error de cálculo casi lo llevó a terminar no solo con la competencia, sino con su vida. Su cabeza había impactado con el trampolín.

Inmediatamente fue atendido por un médico del staff, que lo hizo sin los guantes, a quien no pudo confesarle que era portador de VIH (en aquellas épocas, donde hablar de SIDA se mantenía como un tabú, no hubiera sido admitido en los JJOO si se hubiera sabido públicamente). Tuvieron que darle varios puntos en su cabeza y aconsejarle que se retirara de la competencia, más hizo caso omiso.

Pasaron los minutos y se presentó para completar los saltos que le restaban. El estadounidense estaba *"con el orgullo más herido que otra cosa"*, según sus propias palabras. Se preparó para el salto… y dio ahora tres vueltas mortales para lograr una puntuación que lo llevaría a lo más alto de la tabla. Al día siguiente se haría de la medalla de oro.

Años más tarde pudo cerciorarse que aquel doctor no se había contagiado del virus. *"Siempre que voy a cortarme el pelo, al ver mi cicatriz me recuerda esa final y el peluquero de turno siempre quiere tocar mi herida"*.

El apóstol Pedro acababa de negar a su maestro en el momento más difícil de su vida. Cuando más necesitaba del apoyo de su discípulo, Jesús recibía rechazo. La mirada que recibe del mismísimo Mesías lo destroza, no por el poder que bien pudo desprender, sino por el carácter de la misma. Jesús respondía a sus palabras vacías con una mirada llena de tristeza y amor. Tal acto le generó una fractura en sus pensamientos. Pedro ahora se veía así mismo frente a quien supo ser su amigo por tanto tiempo. Lo invade un sentimiento de impotencia. Escapa. Irrumpe en un llanto desconsolado. Su vida cambia rotundamente. Ya nunca más sería el mismo.

En su infinito amor, al resucitar, Jesús lo buscó (Juan 21.15-19) y sanó. Pedro lo reconoció como su único Salvador y permitió ser curado de la mayor enfermedad: el pecado. Tal restauración lo impulsó a transformarse en uno de los primeros grandes evangelistas y pioneros de la iglesia cristiana. Ya no negaría más a su Señor.

Hoy considérate curado por Cristo de los golpes que te da el pecado y de la infección que te genera por dentro. <u>Recuerda</u>: solo en Él hay salvación.

DÍA 62 - DONALD TRUMP (ESTADOS UNIDOS)

"Las palabras amables son como la miel: dulces al alma y saludables para el cuerpo"
(Proverbios 16.24 NTV)

Durante el 2017 el principal mandatario de los EEUU, el presidente Donald Trump, fue altamente cuestionado por el comportamiento un tanto excesivo, y hasta desubicado, que tuvo con distintas facciones deportivas.

En el país norteamericano es común que el equipo campeón de basquetbol de la NBA asista a una reunión en la Casa Blanca (edificio presidencial) teniendo al presidente como anfitrión. En dicho contexto, el campeón y jugador Stephen Curry había señalado que no tenía muchas ganas de asistir a tal evento, por lo que, a través de su cuenta de *twitter*, Donald declaró: *"Ir a la Casa Blanca es considerado un gran honor para un equipo campeón. Stephen Curry está dudando en ir, por lo tanto la invitación se retira!"*... y se retiró tanto para él como para todo el equipo. Así mismo el basquetbolista Lebron James contraatacó diciéndole: *"ir a la Casa Blanca era un gran honor, hasta que usted apareció"*.

Pero esto no quedaba aquí sino que, por otro frente de ataque, Trump criticaba fuertemente a los jugadores de futbol americano de la NFL por no cantar erguidos el himno nacional. La respuesta de muchos futbolistas no tardó en llegar: mientras que algunos optaban por quedarse sentados en el banco, otros hincaban una rodilla en el suelo inclinando su cabeza y levantando el puño en alto; suceso que provocó los ánimos presidenciales aún más, ya que expuso públicamente que debían ser despedidos todos aquellos que incurran, según su persona, en dichas prácticas antipatrióticas.

Este altercado de palabrerío generó una disputa mediática entre jugadores, celebridades deportivas, mandatarios políticos y medios de comunicación.

¿Alguna vez sentiste que te hayan lastimado con palabras? ¿Has sentido que destruyeron una parte de ti con lo que te dijeron? *"Las palabras matan más que las armas; las armas hieren el cuerpo, las palabras el alma"*. En el capítulo 3 de Santiago se encuentra expuesto el gran mal que puede llegar a generar la falta de dominio de la "lengua".

El apóstol compara el timón de un barco como aquel instrumento que domina y dirige a semejante nave con la lengua, un órgano pequeño del organismo, que suele dominar y dirigir a todo el cuerpo humano. Existen personas que hablan más de lo que deberían hablar en momentos en los que deberían callarse, o dicen cosas inadecuadas, o bien hablan poco pero lo que dicen alcanza para lastimar mucho. Él asemeja las palabras descontroladas con una chispa que llega a incendiar un bosque entero reflejando el peligro que se afronta cuando la boca es más rápida que el cerebro. Cuando se habla sin pensar se corre el gran riesgo de iniciar un problema que quizás sea difícil de solucionar y que lleve a tener consecuencias destructivas (años de enemistad, distanciamiento, rupturas relacionales, etc.).

Por tal motivo, al momento de decir un pensamiento pregúntate si hablarás lo correcto, en el momento adecuado, a la persona indicada y con las palabras pertinentes; de esta forma evitarás un gran mal.

Hoy ora a Dios para que te de las palabras necesarias y justas cuando hablas sobre ciertos temas con otros. Recuerda: como buen cristiano utiliza tu boca para bendecir y no para maldecir.

DÍA 63 - MICHAEL PHELPS
(NATACIÓN - ESTADOS UNIDOS)

"Y Dios creó al ser humano a su imagen; lo creó a imagen de Dios. Hombre y mujer los creó,". (Génesis 1.27 NVI)

Este consagrado nadador norteamericano (no digo ex nadador porque aun abrigo la esperanza de que vuelva a competir, como ya lo ha sabido hacer en una oportunidad después de su primer retiro) no ha parado de cosechar victorias. Es el hombre record en lo que a la natación de piscina se refiere. Tanto que prácticamente no conoce los segundos puestos.

Muchos estudios se han realizado sobre su anatomía y biomecánica (estudio del movimiento), y en cómo influyen estos sobre sus prácticas deportivas. Los mismos han llegado a la conclusión que Michael "está hecho para el agua" ya que revelan que es alto (1.93m) y liviano a la vez (93kg); con los brazos estirados logra una envergadura de 2.01m; sus articulaciones son muy flexibles; y cuenta con brazos, manos, piernas y pies (talle 48) más largos que una persona ordinaria. Todo esto le otorga mayor ventaja a la hora de propulsarse en el agua. Expertos aseguran que ha logrado realizar las ondas subacuáticas prácticamente como un delfín. Incluso Discovery Channel ha realizado un documental con el fin de probar si Michael Phelps podía superar a un tiburón blanco ¿Quieres saber quién ganó? Tendrás la respuesta en YouTube.

"El tiburón de Baltimore", apodo por el cual se lo conoce, comenzó a nadar a los 5 años de edad. Sin embargo a los 11 sufrió un cambio drástico en su vida. Según lo cuenta él mismo *"mi nuevo entrenador cambió todos mis movimientos; comenzó casi desde cero; y esos son mis movimientos de hoy. Pero mi entrenamiento era casi el mismo que hacemos hoy; siempre es duro, pero siempre tiene un propósito. Creo que una de las cosas geniales de Bob [su entrenador], que me ha ayudado tanto, es que él vive y respira natación"*.

El sexto día de la creación, el universo vio como Dios mismo ensuciaba sus manos con barro y moldeaba, en la tierra, una figura con su mismo aspecto físico. Luego sopló "aliento de vida" y el hombre abrió sus ojos por primera vez encontrándose con su Creador, quien le daba una calurosa bienvenida. Con la mujer fue prácticamente el mismo procedimiento.

Como dice el pasaje del día de hoy, fuimos hechos a imagen de nuestro Dios. Fuimos hechos para habitar esta tierra. Para ser los príncipes. Para gobernarla. Sin embargo, tras la caída y la entrada del pecado al mundo, todo el plan original de Dios se degeneró.

Hoy nacemos ya en un mundo caído, alejados de nuestro Creador, por naturaleza. Pero por milagro, los humanos podemos tomar la decisión de volver a aquel que nos formó en el "vientre de nuestra madre" (Salmos 139.13).

Hoy decide que el Espíritu Santo cambie tu vida. Entregate a Él para que te enseñe sobre el maravilloso Creador, sobre aquel que dio su vida por ti. Dale tu corazón para que pueda entrenarte para la buena obra del cristiano.

DÍA 64 - JOSÉ CASTILHO (FUTBOL – BRASIL)

"Deshágancse de su vieja naturaleza pecaminosa y de su antigua manera de vivir, que está corrompida por la sensualidad y el engaño. En cambio, dejen que el Espíritu les renueve los pensamientos y las actitudes. Pónganse la nueva naturaleza, creada para ser a la semejanza de Dios, quien es verdaderamente justo y santo" (Efesios 4.22-24 NTV)

Rápidamente se transformó en arquero indiscutido del club Fluminense. Su gran habilidad bajo el arco le hizo ganarse el apodo de "San Castilho". 255 partidos, de los 697 que disputó como profesional, finalizaron sin que le hayan convertido ningún gol. Entre las particularidades de este arquero se distinguía su daltonismo (incapacidad de distinguir ciertos colores) por lo que, dependiendo el color de la pelota, había partidos que la pasaba más o menos bien.

Pero el hecho que singularizó a este personaje del futbol fue el accidente que sufrió en 1957 cuando el dedo meñique de su mano izquierda se fracturó a raíz de un fuerte pelotazo (cabe aclarar que no fue hasta entrada la década del 70 que los arqueros comenzaron a utilizar guantes para atajar). Como los médicos le habían dicho que para volver al juego necesitaría 2 meses de recuperación sin poder jugar, el brasilero no lo dudó. Pidió que le amputaran el dedo en cuestión. Los doctores accedieron y, solo dos semanas más tarde, Castilho ya estaba bajo los tres palos siendo la estrella del equipo.

Jesús dijo algo similar a la decisión drástica que este arquero tomó: *"Si tu mano o tu pie te hace pecar, córtatelo y arrójalo. Más te vale entrar en la vida manco o cojo que ser arrojado al fuego eterno con tus dos manos y tus dos pies"* (Mateo 8.18 NVI). Aunque los más literales de la interpretación bíblica podrían afirman que deberíamos amputarnos alguna parte de nuestro cuerpo para dejar de pecar, lo cierto es que Jesús se dirigió a la gente de manera metafórica. Piénsalo un poco y con detenimiento ¿Dónde se origina el pecado? Pongámoslo en claro a través de un ejemplo: Si veo pornografía por internet ¿son mis ojos los que pecaron o los que me llevaron a pecar? ¿O serán mis manos que tipiaron el sitio web? Pues ninguna de las dos respuestas seria la correcta. Si bien la acción última se lleva a cabo por medio de estos miembros lo cierto es que el pecado se origina en nuestros pensamientos aun antes de materializarlos.

Con este razonamiento válido, lo que Jesús nos está queriendo decir es que deberíamos no deshacernos de nuestros ojos, manos, o pies... sino de nuestros pensamientos pecaminosos. ¿Y cómo hacemos esto? Como lo apunta el apóstol Pablo en texto clave de hoy. Nuestros pensamientos deben ser limpiados, reavivados y reformados por medio de una comunión diaria con el Señor. Cuanto mayor tiempo pasemos en conexión con Él nuestros pensamientos serán cada vez más elevados. Los pasatiempos que frecuentemos son la clave del éxito. Piensa en qué tipo de series y películas ves, qué es lo que lees y qué estilo de conversaciones mantienes, quiénes son tus amigos y cuánto de tus compañeros dejas que te influencien.

Hoy pide en oración que el Espíritu Santo limpie tus pensamientos y comience a renovarlos. Solo una vida de santidad y justicia (en el nombre de Jesús) pueden hacerlo realidad. <u>Recuerda</u>: Satanás quiere ser el dueño de tus pensamientos, él te atosigará con ideas e imágenes mentales que se encuentran completamente alejadas de lo que Dios quieres que pienses. Lucha en el nombre de Cristo para alejarlas de ti (busca ayuda de un profesional si es necesario); solo en Su nombre podrás salir victorioso.

DÍA 65 - POPOLE MISENGA (JUDO - CONGO)

"Él da fuerzas al cansado, y al débil le aumenta su vigor" (Isaías 40.29 DHH)

Durante la segunda guerra del Congo (1998-2003) Popole, de apenas 10 años, fue separado de su familia mientras, paralelamente, millones de personas perdían su vida a causa del conflicto bélico (según el Comité Internacional de la Cruz Roja la cifra ronda entre 3,4 y 4,4 millones).

Huyendo al bosque fue que salvó su vida. Tiempo más tarde daría con un campo de refugiados de la ONU donde se lo instruyó en el judo como parte de las actividades de esparcimiento. La misma se transformó no solo en una "vía de escape" sino también en su futuro, logrando campeonatos a niveles regionales y nacionales. Lamentablemente aquel sitio donde se encontraba protegido se transformó en una nueva zona de conflicto, ya que sus entrenadores tenían la costumbre de encerrarlo en una celda privándolo de la comida cada vez que perdía un combate.

En 2013, y tras llegar a un campeonato mundial en Rio (Brasil), tomó la decisión de escapar de la ciudad, tal como lo había hecho de pequeño. Fue reconocido como refugiado y siguió entrenando para conformar el que sería el primer equipo de refugiados que competiría bajo la bandera olímpica en los JJOO de Rio 2016.

Pero su vida continúa aparejada de dificultades que debe seguir sorteando. Actualmente vive en una favela al norte de Rio, junto a su pareja y sus cuatro hijos. Sigue siendo pobre (pues al ser refugiado no puede recibir patrocinadores) y cada día teme por la seguridad suya y de su familia.

No sé si esta es una historia con final feliz. Creo que sencillamente es una historia de vida como muchas otras donde los finales aún se están escribiendo. Presta atención a la secuencia de la historia: Popole huye tras una guerra dejando su familia atrás (tristeza), es acobijado por un grupo de personas satisfaciéndole sus necesidades básicas (felicidad), comienza a entrenar y a tener logros deportivos (felicidad), sus entrenadores se transforman en sus opresores (tristeza), huye nuevamente (tristeza), se convierte en refugiado y compite en un JO (alegría), vive en situaciones precarias (tristeza).

Estoy seguro que la secuencia de tu vida, tanto como la mía, se parece mucho a la de Misenga. Vivimos momentos de tristeza y otros de alegría consecutivamente como si fuera un ciclo que nunca acabaría. Muchas veces estas resultan ser agobiantes. En el medio nos preguntamos dónde está Dios.

Hoy simplemente quisiera dejarte la letra del himno 435 del himnario adventista para que medites en ella: *Si hoy tú te sientes pequeño / dirige tu vista a Dios / No dejes que sombras te envuelvan; / entrega tu vida a Dios / Dios sabe lo que hay en tu alma; / Dios oye tu plegaria ferviente; / Dios ve tu angustia y te calma; / Dios hace de ti un gigante / Dios sabe lo que hay en tu alma; / Dios oye tu plegaria ferviente; / Dios ve tu angustia y te calma; / Dios sabe, Dios oye, Dios ve. / Si todos tus sueños se pierden; / la vida se torna hostil; / oh, nunca te des por vencido; entrega tus planes a Dios.*

Hoy sigue tu camino sabiendo que Dios sabe, Dios oye y Dio ve tu vida en todas sus facetas y trata de ayudarte en cada paso que des. Solo permíteselo.

DÍA 66 - FAIR PLAY

"Con tus buenas obras, dales tú mismo ejemplo en todo. Cuando enseñes, hazlo con integridad y seriedad, y con un mensaje sano e intachable. Así se avergonzará cualquiera que se oponga, pues no podrá decir nada malo de nosotros" (Tito 2.7-8 NVI)

Su nombre tal como se lo conoce es un término en ingles que traducido es "juego limpio". El mismo surge a raíz de la necesidad que el deporte de todo tipo aspira a alcanzar, durante la disputa del encuentro competitivo, en cuanto a un comportamiento leal y sincero. Comportamiento referido más aun con el contrincante y el árbitro que con los propios compañeros (ya que implícitamente se espera una conducta armoniosa con los mismos), y el cual se encuentra directamente vinculado al vocabulario y lenguaje corporal, contacto de cualquier tipo, incluyendo jugar sin hacer trampa.

Miroslav Klose protagonizó uno de los sucesos más significativos del fair play, cuando marcó un gol con su mano en el arco contrario. El árbitro del encuentro lo dio como valido ya que no había visto la infracción, pero él, arrepentido, corrió a notificarle que lo había convertido con su mano, por lo que gol fue anulado. Así también el rugbier Tala Gray, al ver que su contrincante se encontraba tendido en el suelo, tras una jugada que lo había dejado lastimado, y frente al inminente peligro que corría sin poder levantarse del lugar, se colocó como suerte de escudo protector con el fin de que no recibiera ningún otro golpe. También el famoso automovilista Ayrton Senna detuvo su auto en medio de una carrera para bajarse a socorrer a un piloto que había tenido un accidente.

Buen comportamiento, buen ejemplo, buen testimonio... llámalo como más te guste, pero de eso mismo es de lo que Pablo le hablaba a Tito. El *fair play cristiano* se basa en la manera de relacionarnos con el otro (independientemente de que sea creyente o no) bajo la regla de oro bíblica: tratar al otro como quisiera que me traten a mí (Mateo 7.12).

Este juego limpio, entonces, se relaciona a la manera en la cual el cristiano se comporta públicamente (como un reflejo de su vida y relación privada con Dios), buscando hacer el bien a todo el que lo rodea, interesándose por los demás y ayudando en las necesidades ajenas, tal como lo hacía Jesús en la Tierra. Pero además debe saber que, el juego limpio cristiano, debe vivirse desinteresadamente (desde un punto de vista personal) pero, al mismo tiempo, interesadamente (desde un punto de vista espiritual) con el fin de ganar al otro para Cristo. Es así que el buen comportamiento se encuentra ligado a la enseñanza de las creencias bíblicas, las cuales deberían llegar tarde o temprano.

Hoy preocúpate para que los otros te miren como una persona completamente distinta a lo común. Resplandece como buen hijo de Dios que eres. Recuerda: los otros podrán ver a Cristo por medio de tu comportamiento.

DÍA 67 - MARÍA INÉS MATO (NATACIÓN – ARGENTINA)

"Y se dijeron el uno al otro: '¿No ardía nuestro corazón dentro de nosotros mientras nos hablaba en el camino, cuando nos abría las Escrituras?'" (Lucas 24.32 LBLA)

Nadar en aguas frías fue la obsesión de la nadadora de aguas abiertas argentina por muchos años. María Inés, quien tiene una amputación de la pierna derecha, se ha animado a nadar el Canal de la Mancha (Francia), el Canal de Beagle (Chile-Argentina), en las inmediaciones del Glaciar Perito Moreno (Argentina), y hasta en el Ventisquero Negro (Argentina) como el mayor desafío con 0,8 grados de temperatura, entre otros.

Quizás alguno pueda decir qué es lo que la motiva a querer nadar en tales temperaturas. Ella declara que la sensación que experimenta es única, por eso la prefiere.

Frio, tibio o caliente. Una clasificación simple del estado espiritual individual y grupal que la Biblia muestra a sus lectores. Para entender a qué se hace referencia te invito a poder reflexionarlo desde la mirada de la física.

1. **Frio:** Las bajas temperaturas producen que las moléculas, de cualquier organismo, dejen de moverse, ocasionando un "estancamiento" de las mismas, generando un endurecimiento. Bíblicamente hablando, tal concepto se ve en Hechos 7.51 cuando se declara a los fariseos como personas duras de entendimiento, estancadas en su relación con Dios, y conformistas en el lugar donde se encontraban. Seguramente alguna vez habrás oído que *"el frio no existe, sino que es la falta de calor"* y, justamente, esto es lo que ocasiona estar lejos del Sol de Justicia (Malaquías 4.2), aquel dador de calor espiritual.

2. **Tibieza:** Esta característica, deslumbrada en Apocalipsis 3.15-19, coloca al ser humano en un punto intermedio, en un gris espiritual que no existe como tal ante los ojos del Altísimo. Cumplir con un 99% con Dios, sin entregarle ese 1% para que realice un milagro de restauración, es no confiarle la vida entera; justamente a esto se refiere Mateo 6.24 con seguir a "dos señores". Al menos Dios prefiere que las personas sean frías a que sean hipócritas espirituales, pues de esa forma no caen en el autoengaño y pueden ser rescatadas.

3. **Caliente:** Este es el estado espiritual que el Cielo entero anhela de sus hijos. ¿Por qué calor? Porque este moviliza. Desde la física, cuando se aplica calor, las moléculas se mueven. También si las moléculas se mueven, generan calor. Así debería ser la vida del cristiano. Este calor espiritual hierbe en los corazones al entender la obra salvífica de Jesús (Lucas 24.32). Este ardor puede generarse de dos maneras posibles:

   a. Al aceptar el mensaje de salvación se moviliza a la predicación para que otros la acepten.

   b. Se comienza a predicar (por medio de distintas actividades misioneras) y, en el transcurso de la misma, la llama espiritual se enciende (de ahí la importancia a participar de todos los cultos y actividades de la iglesia, por más que no se tenga el ánimo suficiente).

Hoy eleva una oración para que Dios haga hervir tu corazón por la impresión del Espíritu Santo. <u>Recuerda</u>: Cada día mantén encendida la llama.

DÍA 68 – NOAH LYLES (ATLETISMO – ESTADOS UNIDOS)

"No se ocupen solo de sus propios intereses, sino también procuren interesarse en los demás" (Filipenses 2.4 NTV)

Tenía 15 años mientras miraba la inauguración de los JJOO de Londres 2012 desde la televisión de su casa junto a su hermano, cuando este le dijo con gran convicción: *"podemos ir a los Juegos Olímpicos [...] solo debemos esperar un segundo cada año durante cuatro años"*. Así fue que le dijeron a su madre que querían convertirse en atletas olímpicos.

La madre cuenta que no fue de la noche a la mañana que Noah se convirtió en una de las mayores promesas del atletismo de velocidad del mundo. *"Ustedes preocúpense por correr y yo me preocuparé en cómo llegarán allí"* fue lo que les dijo mientras hacía hincapié en tomar una decisión racional y no emocional. A partir de allí comenzó a movilizarse para encontrar entrenadores, nutricionistas, médicos y todo lo concerniente al deporte de alto rendimiento. No objetaba si tenía que manejar sola durante 17hs para llevarlos a una competencia. De hecho asegura que su sacrificio vale la pena para dejar el legado en las futuras generaciones. Tanto Noah como su hermano comenzaron a competir de manera profesional.

Noah asegura que es gratificante tener a su madre quien lo apoya y cree en sus sueños. Él llegó a competir en los JJOO de la Juventud de Nanjing 2014 ganando la medalla de oro y batiendo su propio record. Esto lo impulsó a otro nivel a tal punto que, al competir por la clasificación a Tokyo 2020 ganó el primer puesto en el torneo nacional.

¿Qué seríamos sin los que nos rodean? ¿Podríamos llegar tan lejos sin ellos? Pienso que hay de todos los casos. Hay personas que prefieren caminar solas en esta vida porque realmente suponen que la compañía de otro será más una molestia que una ventaja, mientras que otros no pueden avanzar sin ese empujón de alguien que tengan al lado.

Lo cierto es que fuimos creados con propósito. Aunque parece un *clisé* cristiano, quizás no tengamos en cuenta que la vida de fe no es algo que se camina individualmente. Pon tu mirada en la vida de Jesús y fíjate cómo actuó en grupos sociales. Si bien la salvación es individual, el camino que se toma hacia la salvación es mucho más beneficioso si se lo realiza de manera grupal. De hecho raramente el conocimiento de Dios se logra de manera individual e, indefectiblemente, la predicación se encuentra en el orden social. (Incluso Dios está conformado de tres personas).

Hoy piensa en las personas cercanas a tu círculo. Pon atención a sus intereses. Demuéstrales tu apoyo y fíjate la forma de poder ayudarlos. <u>Recuerda</u>: ayudar también trae bendición para ti.

DÍA 69 - OLIVIA MCTAGGART
(ATLETISMO - NUEVA ZELANDA)

"En esto consiste el amor verdadero: no en que nosotros hayamos amado a Dios, sino en que él nos amó a nosotros y envió a su Hijo como sacrificio para quitar nuestros pecados"
(1 Juan 4.10 NTV)

Su carrera como gimnasta comenzó a los 4 años de edad y desde los 9/10 años el entrenamiento ocupaba unas 20hs semanales. Realmente le iba muy bien hasta que a los 12 comenzó a sentir dolores en la espalda. Los estudios médicos mostraron múltiples fracturas vertebrales por sobrecarga de entrenamiento, por lo que Olivia no podría seguir con la gimnasia artística. Esto representó un duro golpe anímico. Prácticamente su vida cambió al salir de aquel consultorio.

Al tiempo sintió que debía cambiar la perspectiva. No podía quedarse sumida en el infortunio. Su cirujano le dijo *"es más fácil arreglar una espalda rota que un espíritu roto"*.

Mientras que estaba en la clase de Educación Física, el que sería su actual entrenador llevó una exhibición de salto con garrocha. Olivia levantó su mano y preguntó si podría practicar ese deporte aun con la espalda lesionada.

Hoy se entrena en una pista donde, en una de las paredes, hay una inscripción que dice: *"comienza tu imposible"*.

Hoy quiero decirte que Dios está enamorado de ti. Sí, has leído bien. Dios está enamorado del ser humano, de este mundo. No hay otra explicación por la cual Él ha dado su vida por cada uno de nosotros. Por eso es que nos mira un tanto desconcertado cuando dejamos de creer en nosotros mismos; aún más porque Él no ha dejado de creer en nosotros. Las vicisitudes de la vida nos llevan de un lado al otro. Pasamos rápidamente de la alegría a la tristeza, del amor al odio, de la tranquilidad a la ansiedad. Nuestra visión de nosotros mismos cambia de un momento hacia el otro. Pero Dios se mantiene allí, inmutable, amándonos constantemente. Queriendo bendecirnos al punto de explotar nuestras capacidades. Queriendo hacernos llevar por lugares fantásticos, completamente inimaginables a nuestros pensamientos. Sí, de eso se trata la verdadera relación con Dios, de una aventura.

Dios quiere que comiences a creer que puedes vivir aquello que hoy te parece algo imposible. No importa si estás roto por dentro, Él tiene el poder para restaurarte, para curarte y darte más vida de la que tenías antes (Juan 10.10) y vivir, a Su lado, lo imposible.

Hoy ponte en mente el objetivo de comenzar a vivir lo imposible con Dios. <u>Recuerda</u>: tus sueños pueden hacerse realidad en el nombre de Jesús.

DÍA 70 - OKSANA CHUSOVITINA
(GIMNASIA – UZBEKISTÁN)

"No imiten las conductas ni las costumbres de este mundo, más bien dejen que Dios los transforme en personas nuevas al cambiarles la manera de pensar. Entonces aprenderán a conocer la voluntad de Dios para ustedes, la cual es buena, agradable y perfecta"
(Romanos 12.2 NTV)

Siete son los JJOO que acarrea en su haber desde su debut en Barcelona 92 hasta Rio 2016, en donde tuvo la oportunidad de competir a la edad de 41 años. Oksana desafió la vida competitiva de cualquier gimnasta (entre uno y dos JJOO) convirtiéndose, de esta forma, en la gimnasta más longeva de todos los tiempos, y obteniendo como resultado un oro y una plata olímpica y más de una decena de campeonatos europeos.

Su trayectoria ha sido marcada por las circunstancias geopolíticas de cada época. Nacida en 1975 bajo los estandartes soviéticos, Oksana fue reclutada por ellos antes de los 10 años con el fin de ser preparada para la competición futura. Así, en 1991, compitió para la URSS, un año después lo hizo para el "Equipo Unificado" (denominación otorgada por el COI a aquellos países que se habían independizado de la Unión Soviética), y luego sí para Uzbekistán.

Chusovitina debía mantenerse activa a pesar de los años con el fin de ganar dinero suficiente pues, paralelamente al calendario competitivo, luchaba para combatir, con los tratamientos médicos pertinentes, la leucemia que padecía su hijo. Para esto tomaron la decisión de mudarse para Alemania y competir en dos ediciones de los JJOO para tal país.

¿Qué es lo que la ha llevado a seguir compitiendo tanto tiempo cuando ya, según la opinión de expertos, debería haberse retirado hace décadas? Sin duda su inconformismo. La inconformidad a estancarse, a darse por vencida, a abandonar sus sueños, a tomar un rumbo en el cual no se siente feliz.

Desde cierto punto, al igual que Chusovitina, los cristianos debemos ser inconformistas. Inconformados al mundo en donde vivimos, pues hemos sido llamados a no amoldarnos a él, sino a generar una revolución en el lugar donde nos toque estar. El versículo clave del día de hoy es un llamado que Dios mismo hace a sus hijos para que no se conformen al mundo, para que no se *amolden* al pecado, sino que este los incomode de tal forma que los obligue a salir de él y acudir al Todopoderoso, pues es la única forma de alcanzar la *renovación*.

En el versículo 1 el apóstol exhorta a los cristianos al estudio racional de la Biblia. La verdadera revolución espiritual comienza de rodillas buscando encontrar a Cristo, leyendo su palabra y predicando. Solo así podremos dominar nuestras pasiones por medio de Jesús, quien permanecerá en nuestras vidas.

Hoy no te conformes a este mundo. No te conformes al pecado. No te conformes a la manera de pensar, de actuar... de vivir. No te conformes a tu relación espiritual con el Señor. Hoy busca una relación más íntima con tu Creador.

DÍA 71 - LA CARRERA SURREALISTA – PARTE II
(ATLETISMO)

"Como David tenía mucha sed, exclamó: '¡Ojalá pudiera yo beber agua del pozo que está a la entrada de Belén!'" (2 Samuel 23.15 NVI)

En el día de hoy seguiremos viendo la segunda parte de la maratón más polémica de la historia conocida. Ya dejando atrás la imagen de "nuestro queridísimo amigo" Fred Lorz, saliendo abucheado por todo el público, ingresaba al estadio Thomas Hicks.

Él también se había debilitado a falta de 15km cayendo al suelo y quedando tendido hasta que sus entrenadores dieron con él. Como en aquellos tiempos (1904) no existía el control antidopaje, le suministraron brandy con estricnina (producto utilizado para matar pequeños pájaros y roedores) haciendo que sus sistema nervioso se vea altamente estimulado. Como si esto no fuera suficiente, también le suministraron agua del radiador de un automóvil. Este cóctel de líquidos" (algo así como el líquido mágico de los dibujitos animados), totalmente nocivos para la salud, hizo que Hicks se "recomponga" y pueda continuar la carrera de tal forma que llegó a ser el campeón, situación que en la actualidad le valdría de una descalificación inmediata.

Al cruzar la línea de meta volvió a caer al suelo, debiendo ser hospitalizado al punto de casi perder la vida debido a la ingesta de tales fluidos.

Hablando un poco de lo que tomamos debo decir: cuán poco valorada es el agua por el ser humano. En su infinita sabiduría, el gran y único Creador, proveyó de diversidad de alimentos (frutas, verduras y hortalizas) a los padres de toda la humanidad, pero una sola fuente de líquido: el agua dulce.

Cierta vez, mientras descansábamos en el entretiempo de un partido de futbol, agobiante por las altas temperaturas de aquel día primaveral, un integrante del equipo tomó una botella que contenía agua con hielo, bebió directamente del pico (como es habitual hacerlo en un contexto deportivo) y exclamó: *"nunca pensé que el agua sería algo tan rico"*.

Hoy vivimos en una sociedad que pareciera querer estar carente de este regalo precioso, mientras que se deleita en cualquier otro tipo de bebidas tales como las aguas saborizadas, gaseosas, energizantes, cafeinadas, aquellas con alcohol, etc. En mi tarea diaria como docente noto que a los chicos les cuesta mucho crear el hábito de tomar simplemente agua; de llevar su botellita recargable a todos lados para llenarla y tener provisión de la misma.

Y tú ¿qué bebida prefieres? *"No me gusta"*, suele ser la frase más escuchada en dicho contexto. Quizás sea cierto. Pero también es cierto que toda bebida que no sea esta destina a degradar la salud del individuo, sin importar que posea la leyenda tales como "sin azucares" o "baja en sodio", por citar algún ejemplo.

El agua en sí misma es uno de los 8 remedios naturales que Dios nos ha dado para que tengamos vida… y en abundancia.

Hoy decide comenzar a crear el hábito de tomar agua. Recuerda que mínimamente se necesitan 2lts diarios de ingesta. Considera que esto también es honrar a Dios.

DÍA 72 - DEAN KARNASES
(ATLETISMO - ESTADOS UNIDOS)

"Y él dijo: Mi presencia irá contigo, y te daré descanso" (Éxodo 33.14 RVR60)

Según cuenta la historia, para Dean no es importante cuán rápido pueda llegar a correr, sino cuánto tiempo pueda soportarlo. Se trata de un estadounidense que, según cuentan, nunca ha experimentado la fatiga muscular, o cansancio o hasta incluso un calambre.

Entre algunas de sus hazañas se encuentran el haber corrido 50 maratones en 50 días en 50 Estados de su país, correr en la Antártida, haber recorrido 217km en temperaturas que oscilaban los 49°C y hasta correr 560km sin parar, entre otros.

Con respecto a esta último hecho Dean declaró: *"Pase dos noches sin dormir y estuvo bien, pero en la tercera comencé a alucinar, me quedaba dormido corriendo y entendí que ese era el límite funcional que un humano podía alcanzar, por lo menos en cuanto en mi".*

Según estudios que le realizaron, el ultra maratonista cuenta con una ventaja genética nunca antes vista. Su cuerpo puede limpiar el ácido láctico producido, más rápido que cualquier otra persona, evitando la aparición de la fatiga muscular y manteniendo niveles de estrés altos en los músculos. Según dicen, esto se debe a que Karnases cuenta con un mayor número de glóbulos rojos que el resto de la población. Factor elemental para el transporte de oxígeno a cada sector del organismo.

Cualquiera puede pensar que se encuentra en el mejor lugar del mundo, disfrutando de hacer cualquier tipo de actividad (ya sea deporte, arte, lectura, música, etc.) o estar con la persona más importante de su vida pero, sin embargo, el cansancio tarde o temprano llegará. El Señor dotó al ser humano con un organismo capaz de regenerarse en un tiempo estipulado, con el fin de que volviera a ser productivo para las tareas que se les tenía encomendadas (¡hasta pensó en el descanso de la tierra! Levítico 25.6).

Este descanso puede clasificarse de la siguiente manera:

1. Diario: con las fases de sueño; preferiblemente entre 7 y 8hs habiéndose ido a dormir antes de las 12 de la noche (existen hormonas con función restauradora, que solo se activan antes de este horario). Recuerda: fuimos creados para movernos de día y descansar de noche. No creo que sea buena idea que sigas programando actividades que involucren estar despierto durante altas horas de la noche.
2. Semanal: Dios estipuló el día Sábado como el día de descanso donde se lo recordara como el Creador de todas las cosas. Es un día dedicado a recargar las "baterías" espirituales, a hacer el bien a los demás y para abstenerse de todo lo realizado habitualmente en la semana. Día santo.
3. Ocio: aquellos momentos del día en el cual se busca descansar mental y físicamente, pero estando despiertos. Muchos prefieren escuchar música con bajos decibeles, otros realizar actividad física y tomar una ducha caliente, otros disfrutar de una buena lectura en la naturaleza...

Si bien la humanidad se encuentra sujeta bajo la variable tiempo, Dios le otorgó la capacidad de organizarlo en base a las distintas actividades con las que se deben cumplir.

Hoy disfruta de encontrarte a ti mismo en los momentos que el Cielo te regala para relajarte y recuperar fuerzas. Agradece por el descanso como parte del plan para la creación.

DÍA 73 - NAIRO QUINTANA (CICLISMO - COLOMBIA)

"¿No se dan cuenta de que su cuerpo es el templo del Espíritu Santo, quien vive en ustedes y les fue dado por Dios? Ustedes no se pertenecen a sí mismos, porque Dios los compró a un alto precio. Por lo tanto, honren a Dios con su cuerpo" (1 Corintios 6.19-20 NTV)

Cuando era pequeño el padre de Nairo le había regalado una bicicleta de hierro para que jugase, pero pronto se transformó en una necesidad ya que el boleto del colectivo no lo podían pagar, y la escuela se encontraba a 17km de distancia. Por lo que Nairo pedaleaba una hora de ida y una hora de vuelta todos los días.

A los 16 años Nairo logra valores de ciclistas profesionales sin entrenamiento previo, lo que termina causando grandes sensaciones en el ámbito.

En el 2013, y con 23 años, se encontraba corriendo, por primera vez de forma profesional, en el Tour De France (la competencia más prestigiosa del ciclismo de ruta). En la 13ra etapa la rueda de atrás de su bicicleta se avería haciendo que todo su equipo se retrase. En la 15ta etapa toma la iniciativa en los 242km de recorrido en pendiente logrando el 2do puesto, y el 6to en la general. En la penúltima etapa alcanza la victoria, obteniendo el 2do puesto en el torneo que representa la cima del ciclismo mundial.

A los 24 años gana el otro Major, el Giro de Italia, con gripe y en condiciones de lluvia y nieve; y en el 2016 la Vuelta a España.

Lo que surgió como un juego, pasó a ser una necesidad, luego en ejercicio físico, para finalizar en su trabajo deportivo.

La Organización Mundial de la Salud dice que una persona no es sedentaria cuando realiza al menos 30 minutos de actividad física diaria ¿Cómo te ves ante tal panorama?

Este remedio natural es motor que moviliza la realización del resto de los remedios: una persona se puede ejercitar al aire libre haciendo que esté en contacto con el sol, que tome agua por el líquido perdido, como así también que se alimente de la mejor manera para recobrar las energías; además, realizar actividad física genera un mejor descanso.

Algunas recomendaciones: realiza la actividad física que más te guste y que puedas sustentar; ponte objetivos a corto, mediano y largo plazo; no pretendas ejercitarte todos los días si en la actualidad a penas caminas 10 cuadras, se progresivo; considera que realizar actividad física es quererse a uno mismo, fuimos creador para movernos (sino piensa en nuestras articulaciones); si eres perezoso únete a un grupo de personas para realizarlo; escoge bien los momentos del día; busca indumentaria adecuada; visita al médico; asesórate con un especialista del área.

Hoy proponte comenzar con una rutina de ejercicios, fortalece a tu cuerpo pues esta también es una forma de adorar al Creador.

DÍA 74 - FRANK DANCEVIC (TENIS – CANADÁ)

"En él estaba la vida, y la vida era la luz de la humanidad. Esta luz resplandece en las tinieblas, y las tinieblas no han podido extinguirla" (Juan 1.4-5 NVI)

En el mes de Enero se juega el primer Gran Slam del tenis mundial en Melbourne, Australia. Una de las características que suele tener este torneo son las altas temperaturas que arrecian las canchas, las cuales superan los 40°C.

En este contexto los tenistas comenzaron a elevar sus quejas ante las autoridades correspondientes alegando que, aunque entendían que detrás del deporte existe un gran negocio, no eran robots que carecían de sentimientos.

Particularmente, en cierta ocasión, el canadiense Dancevic, tras estar expuesto durante tiempo prolongado bajo el sol, sufrió un golpe de calor, lo que le produjo mareos, desmayo y hasta alegó haber visto al personaje de caricaturas Snoopy, como parte de las alucinaciones que había sufrido en medio de la ola de calor.

Estar expuesto diariamente a la luz solar es uno de los 8 remedios naturales que aconseja Dios en su perfecta sabiduría. Siempre y cuando se realice en horarios cuidados (los cuales varían dependiendo de la ubicación geográfica), pueden incorporarse los aportes que los rayos solares despliegan en la Tierra.

Entre los beneficios encontrados se destacan la incorporación de vitamina D (esto solo se produce cuando la piel toma contacto con el sol y sirve para el desarrollo óseo), aumenta las defensas, ayuda a mantenerse despierto durante el día, afecta positivamente en el estado de ánimo, entre otros.

Espiritualmente hablando, hay una luz que es esencial para la vida. Sus beneficios sobrepasan incluso a la de aquella luz producida por el sol mismo. Se trata de la luz que fue creada antes que este último[2] y que trae la vida eterna.

Jesús es aquella luz identificada en el prólogo del evangelio según Juan (cap.1.1-5), aquella luz que las tinieblas no pueden vencer, aquella luz creadora y dadora de vida, aquella luz que resplandece por siempre.

También es identificado como el Sol de Justicia según el profeta Malaquías (cap.4). Un Sol que se mostrará en toda su plenitud en el día del juicio, y desplegará dos tipos de "rayos solares". Los del primer tipo abrigarán a aquellos que lo han aceptado y los sanará del pecado, transformando sus cuerpos para la vida eterna. El segundo tipo de rayos, dará punto final a Satanás, y junto con él al pecado, y a todos aquellos que han decidido darle la espalda al único Salvador (Hechos 4.10-12).

Hoy vive buscando no solo la luz solar sino también la espiritual, aquella que realmente cambiará radicalmente tu vida, proveniente de lo más Alto.

---

2 Repasa la historia de la creación en Génesis 1.

DÍA 75 - JUAN MANUEL FANGIO
(AUTOMOVILISMO - ARGENTINA)

"[...] Y después del fuego, el susurro de una brisa apacible" (1 Reyes 19.12 LBLA)

Nacido en 1911, en un pueblo de la provincia de Bueno Aires, Fangio inició su trayectoria como automovilista tras recibir una donación de sus vecinos, resultado de una colecta generalizada, con el fin de que, aquel joven aficionado a las carreras de autos y que se dedicaba a barrer el taller donde trabajaba, tuviera su primer auto de competición y pudiera comenzar a ganar sus primeros títulos locales.

Poco a poco el viento comenzaba a correr cada vez más fuerte en su rostro, y tanto lo fue que logró conseguir 5 títulos mundiales de la Fórmula 1, algo inédito en el mundo del automovilismo; condición que fue superada en el 2003 por el alemán Michael Schumacher (7 títulos).

Quizás no lo sepas, pero algunas de las características de los autos más veloces del mundo (Fórmula 1) referidos a la velocidad, valga la redundancia, son:
- Tienen la capacidad de pasar de cero a 160 km/h y volver a cero en menos de cinco segundos.
- La velocidad promedio es de 300km/h.
- En promedio puede desacelerar de 100km/h a cero en sólo 17 metros, gracias a sus frenos de alta confiabilidad.
- Los equipos invierten hasta el 20% de su presupuesto total en la aerodinámica del vehículo, haciendo sus autos aún más rápidos.
- La temperatura media que soporta un piloto en su habitáculo es de 50°C.
- El piloto soporta fuerzas de hasta 5g durante una frenada. Unas cinco veces su propio peso.

Después de leer estos datos ¿no crees que sea demasiada velocidad? Creo que a muchos les gusta tal sensación... aunque yo prefiero verlos. En la Biblia, sin embargo, existe un concepto implícito sobre la sensación del aire en el cuerpo de cada ser humano.

Una de las historias que más revelan el carácter del Dios que tenemos (del único Dios) es la que se encuentra en 1 Reyes 19. Allí el profeta Elías había recibido la orden divina de ascender una montaña y esperar la Revelación.

Entonces un viento a gran velocidad pasó por la zona y partió partes de la montaña donde se encontraba... ¿puedes creer lo que Elías estaba viendo? Pero la Biblia dice que el Señor no estaba allí. Luego sobrevino un terremoto que provocó un gran estremecimiento... pero el Señor tampoco se encontraba allí. A esto le sucedió una explosión, fuego del cual se "desconocía" su procedencia natural... pero el Señor tampoco se encontraba allí. Finalmente una suave brisa, un viento con un sonido delicado... y la presencia del Todopoderoso en ella.

Dios no se encontraba en las grandes manifestaciones poderosas y milagrosas, sino en la sencillez del aire puro tocando el cuerpo de su amado hijo. Solo en ese momento fue cuando le preguntó qué hacía allí (1 Reyes 19.13).

En esta historia fantástica puede apreciarse al Omnipotente acercándose a una criatura infinita, tiernamente y con un llamado apacible, buscando encontrarla y conversar.

Hoy ten la iniciativa de salir y sentir el milagro del aire puro. En este día siente, de esta forma sencilla, la presencia de Dios que acaricia tu rostro.

DÍA 76 - NOVAK DJOKOVIC (TENIS - SERBIA)

"También les dijo: «Yo les doy de la tierra todas las plantas que producen semilla y todos los árboles que dan fruto con semilla; todo esto les servirá de alimento»" (Génesis 1.29 NVI)

En el año 2010 el nutricionista de "Nole" lo miró fijamente y le dijo que si quería explotar todo su potencial físico debía hacer ciertos cambios nutricionales.

Su cansancio que, aparentemente, no tenía explicación lógica alguna, se debía a una incorrecta alimentación que el tenista estaba realizando, provocando su eliminación de manera imprevista en diversos torneos.

Fue así que el serbio tomó la decisión de someterse a ingerir, durante un lapso de 14 días, alimentos libres de gluten, azucares y lácteos, entre otros alimentos refinados (aunque pensaba que todo eso era una locura). A los pocos días comenzó a sentirse con más energía y vitalidad. A partir de ese momento nunca más se apartó de la reforma alimenticia que había realizado.

Ya adaptado, en el 2011 arrasó con los torneos, ganando 10 ATP, de los cuales 3 fueron Grand Slam, convirtiéndose en el número 1 del ranking mundial de aquel entonces.

La idea originaria de Dios fue la de proporcionar una dieta a base de agua, frutas y plantas con semilla para Adán y Eva. Luego de la entrada del pecado al mundo, la alimentación del ser humano fue sufriendo variaciones y adaptaciones en relación al ambiente y al contexto sociocultural y, por lo tanto, alejándose de aquel régimen alimenticio planificado divinamente en el Edén.

En un primer momento se introdujeron la ingesta de carne y de plantas sin semilla. Luego (y si uno lee el relato bíblico) se puede encontrar con la aparición del vino fermentado desde tiempos muy antiguos. De esta manera la dieta del ser humano se fue degenerando poco a poco hasta llegar a la actualidad. Hoy en día, prácticamente todo lo que comemos es artificial y/o modificado genéticamente. Desde las frutas y verduras, la carne y todo lo referido a comidas chatarra (incluyendo bebidas con y sin alcohol).

"Somos lo que comemos". Este dicho circula constantemente en la sociedad pero poca atención le prestamos. Si bien no todo depende de la alimentación, sino de su conjunto (8 remedios naturales) deberíamos comenzar a implementar los hábitos alimenticios saludables desde pequeños, en vez de fomentar la ingesta de dulces y otras comidas y bebidas aditivas al organismo.

Te invito a que puedas plantearte cómo se compone tu dieta alimentaria. Recuerda que hemos sido llamados a pertenecer a una nación santa, escogida por Dios para una misión, y una de las características de este grupo es el de llevar el estandarte del mensaje pro-salud. Con respecto a esto Elena de White dice que *"Hay solamente unos pocos que hasta ahora han sido despertados lo suficientemente como para entender cuánto tienen que ver sus hábitos relativos al régimen alimenticio con su salud, su carácter, su utilidad en este mundo, y su destino eterno"* (Consejos Sobre el Régimen Alimenticio, pág. 60).

Hoy comienza a realizar cambios pequeños y paulatinos en tu forma de alimentarte, que permitan alcanzar, en un futuro, una renovación completa en tu nutrición global.

DÍA 77 - MIKE TYSON (BOXEO - ESTADOS UNIDOS)

"Sino que golpeo mi cuerpo y lo hago mi esclavo, no sea que habiendo predicado a otros, yo mismo sea descalificado" (1 Corintios 9.27 LBLA)

El 22 de noviembre de 1986, con 20 años de edad, Mike Tyson se coronaba como el campeón mundial más joven en la categoría de peso pesado.

El boxeador había pasado una vida de vandalismo que le dejaron varias heridas de balas en su cuerpo. Ese estilo de vida lo llevaría a la cárcel, donde aprendería del deporte. Ya fuera de la prisión comenzó su carrera profesional batiendo muchos records. Sin embargo su actitud era muy reprochable. Acusado de abuso y violación sexual, fue condenado nuevamente a la cárcel. Pero, por buena conducta, salió de la misma para dedicarse nuevamente al boxeo.

En 1996 pierde el título contra a Evander Holyfield. Quizás este nombre no te resulte familiar, pero seguramente su oreja sí. Pues fue en la revancha del año siguiente que, en un acto de pérdida de control, Tyson muerde y arranca un pedazo de la oreja de su oponente, escupiéndola al cuadrilátero.

Luego de dicho episodio Mike fue sancionado e imposibilitado de volver al ring por unos años.

Pablo utiliza la metáfora de los púgiles de aquel entonces. Golpear el cuerpo significa someter la propia voluntad a la divina; en otras palabras tener **templanza**.

La templanza o temperancia es la abstención de todo lo malo y la regulación de todo lo bueno, pues cualquier tipo de exceso es perjudicial para la salud.

Según la OMS (Organización Mundial de la Salud) la salud es el *"pleno bienestar físico, mental y social, y no solamente la ausencia de afecciones y/o enfermedades"*. En un ámbito global y cristiano, a esta definición bien podemos sumarle el plano espiritual. Entonces entenderíamos que la templanza cristiana abarca las cuatro esquinas de nuestro ser, entendido como un todo indivisible, a saber: el cuerpo, la mente, las relaciones interpersonales y la relación con Dios (espiritualidad).

Generalmente solo se relaciona a este concepto con el uso de drogas. Esto es muy peligroso ya que, constantemente, debiéramos estar atentos a todo aquello que pueda llegar a perjudicarnos, desde alejarnos de esas "relaciones tóxicas", no seguir comiendo cuando ya estoy satisfecho, dejar de mirar los programas de TV que no nos dan ningún provecho, abandonar el sedentarismo, etc.

<u>Recuerda</u>: cuando tengas dudas si lo que estás haciendo es lo correcto o no, acude a la Biblia con oración, pues allí se encuentra la verdad. El dominio del cuerpo, de la voluntad, y *"el cambio de hábitos exige[n] un milagro de Dios para que podamos adorarlo correctamente"*[3].

Hoy decide entregar todas las áreas de tu vida a Cristo. Comienza a ejercer la templanza bajo la dirección de Dios y verás cómo tendrás salud en abundancia.

---

3 https://www.adventistas.org/es/salud/8-remedios-naturales/ejerza-la-temperancia/

DÍA 78 - JAVIER MASCHERANO (FUTBOL - ARGENTINA)

"Mientras aguardamos la bendita esperanza, es decir, la gloriosa venida de nuestro gran Dios y Salvador Jesucristo." (Tito 2.13 NVI)

Corría el día 9 de Julio del 2014. Se jugaba el segundo partido de las semifinales de la Copa del Mundo de futbol, disputada en Brasil. Argentina y Holanda se batían a duelo. Luego del tiempo de juego reglamentario el marcador se mantenía igualado 0-0, por lo que debía llevarse a cabo la definición del partido por penales, con 5 disparos al arco para cada equipo.

Entre decisiones técnicas, estrategias y palabras de aliento de todo el plantel, Javier Mascherano tomó al arquero de su equipo (Sergio Romero) y le dijo mirándolo fijamente a los ojos *"hoy te convertís en héroe"*. Argentina triunfó en los penales 4-2 gracias a dos pelotas atajadas por su arquero, obteniendo, de esta forma, el pase a la final del mundo y una frase que quedaría en el recuerdo.

La última palabra del acróstico "ADELANTE", que representan los 8 remedios naturales es **esperanza**. ¿La humanidad es conciente de esto? ¿Qué seria del cristiano sin la esperanza? ¿Acaso podría existir la religión sin esta palabra? Lamentablemente muchos caminan sin ella. O simplemente tienen un concepto efímero de la misma. Piensan que la esperanza es poder cambiar el auto o el trabajo, poder casarse y comprar una casa, que el país encuentre la paz ante una sociedad cada vez más violenta ¿Qué representa para nosotros la esperanza?

El libro de Lucas es el único en registrar un acontecimiento muy particular. Ya en el Getsemaní, Jesús se encontraba orando en sus últimas horas antes de ser apresado. La agonía por lo que vendría ya lo había invadido. El autor nos muestra a un Jesús sumamente humano. *"Lleno de angustia"* (cap. 22.44) oraba para que su Padre lo fortaleciera.

En ese momento tan álgido de su vida, un ángel se le apareció. Un mensajero desde el Cielo, enviado por Dios Padre, con una misión. Dar aliento a Jesús, al Mesías; reconfortarlo, transmitirle palabras de valor. *"Hoy te convertís en héroe"* seguramente le habrá dicho aquel ángel; Elena de White retrata este momento diciendo que *"la agonía de Cristo no cesó, pero le abandonaron su depresión y desaliento. La tormenta no se apaciguó de ninguna manera, pero el que era su objetivo fue fortalecido para soportar su furia. Salió de la prueba tranquilo y sereno"* (Deseado de todas las gentes pág. 643)

Jesús es el verdadero héroe. Y se ha transformado en el mayor héroe de todos los tiempos del universo entero. Gracias a Él, toda la humanidad puede gozar de la esperanza que nos regaló al morir por nosotros en la cruz y, posteriormente, resucitar. Sin este acto heroico, el de dejar los honores del Cielo para venir a la Tierra por ti y por mí, nuestra vida carecería de sentido.

Hoy vuélvete a Cristo. Dale tu corazón. Acéptalo como el superhéroe de tu vida. Reconócelo como tu salvador y vive la esperanza de volverlo a ver cuando Él regrese a buscarte.

DÍA 79 - ANNETTE KELLERMAN (NATACIÓN - AUSTRALIA)

"Pero mi vida no vale nada para mí a menos que la use para terminar la tarea que me asignó el Señor Jesús, la tarea de contarles a otros la Buena Noticia acerca de la maravillosa gracia de Dios" (Hechos 20.24 NTV)

Cuando era pequeña había sufrido de raquitismo, enfermedad que produjo un debilitamiento notorio en sus piernas, por lo que tuvo que permanecer, por varios años, con valvas (dispositivos externos que ayudan a la corrección postural) en las mismas, con el fin de que pudiera seguir caminando. También comenzó a nadar con un fin terapéutico. De esta forma sus músculos se desarrollaron paulatinamente conforme a lo esperado para su edad. Así, y gracias al paso de los años, Annette se transformó en una nadadora profesional.

Cierta vez recibió la invitación a participar de una exhibición que se daría en presencia de la realeza británica; pero como no se encontraba conforme con la indumentaria a utilizar de la época (1907), la cual constaba de falda y polainas, optó por adaptar un traje de baño de hombre, dejando a relucir su silueta (aunque toda cubierta) a la vista de todos. Inmediatamente fue detenida por la policía en la misma playa donde se encontraba entrenando, pues era inconcebible que una mujer se vistiera de tal forma, no así los hombres.

"Sin querer queriendo" Kellerman se transformaría en una de las primeras mujeres en enfrentar al pensamiento crítico de la época.

Llevar a cabo la tarea del evangelio (contar las buenas nuevas de salvación) realmente es un acto de valentía y hasta de heroísmo para aquellos que han tomado la decisión determinante de hacer de su vida un ministerio personal, en favor de acercar la salvación a otros que no la conocen.

De esto mismo se trata el cristianismo: en aprehender a ser segundo y colocar en primer lugar a Cristo, de dejar incluso la vida y el honor terrenal para que Su Nombre sea exaltado. Como nadie tiene la capacidad de ver el futuro, ninguno queda exento de ser colocado en tal situación dramática de llegar a arriesgar su integridad física por la predicación. Para lograr esto, primero Dios todo los días.

Ahora bien, ¿por qué Pablo habló sobre tales asuntos? Porque como entendía que el evangelio produce locura para aquellos que no han experimentado una vida con Jesús (1 Corintios 1.18), entonces los que enseñaban tales verdades milagrosas serian odiados por estos últimos. Tal como lo había dicho Jesús: *"Si el mundo los odia, recuerden que a mí me odió primero"* (Juan 15.18 NTV).

Ser odiados por el evangelio en sí mismo no debería resultarnos un problema personal (aunque sea difícil de entenderlo), sino que el conflicto lo genera aquel que rechaza y difama el mensaje, enfrentándose contra el mismísimo Creador.

Hoy pide en oración el valor necesario para comenzar a forjarte como un predicador inconmovible en el lugar donde te encuentres. <u>Recuerda</u>: aunque el resto te rechace y te tome por loco, vive anhelando las maravillas venideras.

DÍA 80 - SAM WILLOUGHBY Y ALISE POST
(BMX - ESTADOS UNIDOS)

"Mi amado es mío, y yo suya [...]" (Cantares 2.16 RVR60)

Sam era bicampeón mundial del BMX (ciclismo de cross en circuito) y medalla de plata en los JJOO de Londres 2012, y Alise subcampeona en los JJOO de Rio 2016.

La pareja de novios vivía tiempos dorados hasta la llegada del 16 de Septiembre de 2016. Mientras que Sam entrenaba, sufrió un accidente fracturándose dos vértebras que comprimieron severamente su médula espinal. Tras la intervención quirúrgica, los médicos declararon que nunca volvería a caminar... pero Sam prefirió no creerles, prometiendo caminar por el pasillo de la iglesia, en su casamiento, para el 2017.

Desde el comienzo de su rehabilitación, su novia se mantuvo a su lado apoyándolo y ayudándolo a realizar todos los ejercicios para llegar a la meta, haciéndolo cada vez más fuerte y fortaleciéndose en su relación; entre tanto se consagraba campeona del mundo cumpliendo con otro gran sueño.

El 31 de Diciembre de 2017 Sam y Alise contraían matrimonio y, como le había prometido hacia un año atrás, ingresaba caminando a la ceremonia. Él dejó una nota que decía *"Alise salvó mi vida..."*.

Muchos que no se encuentran en pareja (y quizás otros que sí lo están) se preguntan dónde está el amor de su vida. Considero que este es uno de los cuestionamientos más difíciles de responder para una persona (y no importa su rango etario) que no esté disfrutando de un compañero/a.

En primer lugar, si nos remontamos a la creación, Dios no creó al ser humano para estar solo, sino para que disfrutase de la compañía de otra persona de distinto género. Entonces ¿qué hay que tener en cuenta para determinar si aquel hombre o aquella mujer pueda llegar a ser el amor de la vida?:

1. ¿Ama a Dios? *"El que no ama, no ha conocido a Dios; porque Dios es amor"* (1 Juan 4.8 RVR60). Ergo, si no tiene a Dios en su corazón no tiene amor. Por lo que no puede darte el amor que Dios quiere que esa persona te dé; aunque haga todo el esfuerzo nunca te amará verdaderamente porque no tiene en su corazón al Amor.
2. El enamoramiento no es amor. Es una etapa transitoria de emociones agradables, mayoritariamente impulsadas por el deseo sexual, donde generalmente no se ven los defectos del otro. Este no debe gobernar la vida (razonamiento).
3. ¿Cuánto valora tu persona? Aquella persona en la cual has puesto tus ojos debe respetar tus emociones, tus pensamientos, tus proyectos y tus sueños, ayudarte a desarrollarte como hombre/mujer, como hijo/a de Dios y que no intente imponerse.
4. Tomate tiempo. Tiempo para ser amigos antes de ser novios (y amigos "sin derechos").

Si estas cuestiones son respondidas de manera positiva, entonces el inicio del vínculo estará dado. Así podrás pensar en la posibilidad de entablar una relación de compromiso de noviazgo, una relación exclusiva, con aquella persona con la cual **podrías** llegar a casarte (no quiere decir que lo hagas necesariamente, pues quizás en el camino te des cuenta que no es el amor de tu vida).

Hoy ora por ese amor; prepárate en comunión con Dios para encontrarlo. <u>Recuerda</u>: el objetivo de Dios es que juntos puedan ayudarse para llegar al Cielo y vivir por la eternidad.

DÍA 81 - ANTHONY NESTY (NATACIÓN – SURINAM)

"En cuanto a ustedes mismos, hasta los cabellos de la cabeza él los tiene contados uno por uno" (Mateo 10.30 DHH)

En Seúl 88 el comité olímpico surinamés envió a solo 6 atletas a competir en los JJOO. Su trayectoria olímpica no estaba de su lado. Ninguna medalla, ningún diploma, ninguna anécdota... claramente no eran los favoritos para ganar ninguna disciplina.

Entre ellos se encontraba Anthony, quien conformaba el equipo de natación de su país; o mejor dicho él era el equipo de natación pues no había ningún otro que se haya podido clasificar.

En aquella cita logró clasificarse a la final de 100mts mariposa, donde le tocó competir junto a varios consagrados nadadores. Al finalizarla, y para sorpresa de todos (incluyéndolo), Nesty se colgó la medalla de oro por tan solo una centésima de segundo ¿Puedes creerlo? Biondi (EEUU) quedó en segundo lugar por el detalle de no haber estirado sus brazos un poco más. Un detalle le valió a uno la medalla de oro, y al otro la de plata.

También se consagraría como el primer deportista en ganar una medalla olímpica de su país, y como el primer nadador de etnia negra en hacerlo en una piscina.

Detalles ¿Qué sería de la vida sin los detalles? Hay un dicho que dice lo siguiente: *"en los detalles simples se conoce la calidad, la educación, y los valores de la gente"*. No sé si tú eres o no detallista, pero ¿has notado las distintas reacciones positivas de aquellas personas que son sorprendidas por una actitud que hayas tenido hacia ellas que no se esperaban y que parecían pequeñas?

¿Sabes algo más? No sé si lo has notado alguna vez, pero tú y yo tenemos un Dios que le encanta jugar con los detalles. Detallista, creativo, atento y hasta con un buen sentido del humor ¿Que cómo hago para saberlo? Tan solo basta con observar la creación. Las rayas de la cebra, el cuello de la jirafa, la trompa del elefante, los pliegues de la oruga, las antenas del caracol, la forma de las nubes anaranjadas en un atardecer, la luna nueva, las pintas de las mariquitas, la célula, la distancia de la Tierra al sol, la velocidad de la luz, las órbitas, las gotas de lluvia... Dios está en cada detalle de la creación... y en cada detalle de nuestra vida; de tú vida.

Nuestro Creador es un ser divinamente detallista que está atento y se preocupa por cada pensamiento que se genera en nuestra mente. Hasta tiene contado nuestros pelos, algo que escapa completamente de nuestra capacidad.

Sí, es cierto. Muchas veces nos olvidamos de esta característica de Dios (o mejor dicho ni siquiera se la tiene en cuenta), pero Él se encuentra presente en cada momento, por más insignificante que parezca, de nuestro día; en cada buena y mala noticia recibida; en cada sonrisa y lágrima derramada... Él está allí.

Hoy eleva una plegaria para poder ver a Dios en los detalles del día, y verás qué bien se siente darse cuenta que se encuentra a tu lado.

DÍA 82 - LASSE VIREN (ATLETISMO – FINLANDIA)

"La tomó de la mano y le dijo: 'Talita cum', que significa '¡Niña, levántate!'"
(Marcos 5.41 NTV)

Era la final de los 10mil metros en pista (25 vueltas) de los JJOO de Múnich 72. El finlandés, en la vuelta 12, y estado en la 5ta posición, se cayó al suelo, quedando último en el pelotón. Sin embargo supo levantarse y recomponerse. Ahora debería correr aún más rápido y doblegar su esfuerzo si quería aspirar a una medalla.

A falta de una vuelta y media, lograba posicionarse por delante del pelotón ocupando un lugar inesperado. En los últimos 100m el segundo se le acercó tanto que estaban prácticamente igualados, pero Viren volvió a acelerar logrando separarse y ganar la medalla dorada y establecer un nuevo record y proeza olímpica.

Cuando Sansón se vio inmensamente sumido en pecado, había caído tan bajo que las consecuencias de sus malas decisiones le prohibían ver un futuro mejor. Solo, traicionado por quienes él pensaba que eran sus amigos y esposa, sin que ninguno de los israelitas pelee por él, sin poder ver, sometido a trabajos forzados y objeto de burla, reconsideró el lugar donde se encontraba. Cuán distante estaba el destino por el cuál había sido llamado: liberar a su pueblo de la opresión, servir como juez (salvación y servicio). Sansón cayó en las manos del mundo.

Pedro al negar a Cristo lloró amargamente. Prefirió esconderse, aislarse, a ser visto como un traidor por los demás. La vergüenza y depresión lo abrumaron. Tal fue su angustia que ni siquiera había acudido al llamado de sus compañeros los apóstoles para que esté con ellos. Pedro había sido llamado por Jesús a pescar hombres (salvación y servicio). Aquel discípulo cayó en solitario.

Saulo había caído en un fanatismo religioso sin salida aparente. Confiado de que lo que hacía era lo correcto, que defendía el nombre de Dios de aquel nuevo grupo de herejes autodenominados cristianos, había cometido el error de malinterpretar las escrituras y de hacer caso omiso a los apóstoles. Tuvo que caer en el desierto camino a Damasco para ser llamado a predicar (salvación y servicio).

Existen ocasiones donde Dios permite que el hombre caiga en la propia desdicha que él mismo ha sembrado y, posteriormente, cosechado. Singularmente son estos momentos donde el ser humano vuelve a ser sensible al llamado divino.

Dios mismo está dispuesto a salvarte de la muerte espiritual en la cual hoy puedes encontrarte. Al igual que a Sansón, a Pedro, a Saulo y a aquella pequeña Él se encuentra extendiendo su mano y diciéndote *"levántate, no importa lo que hayas estado haciendo, vuélvete a mí. Levántate y cumple con la misión que te di".*

Si hoy te encuentras caído, humíllate y mira hacia arriba; Dios te extiende su mano para salvarte. Lleva este mensaje de esperanza para aquellos que conozcas que estén en alguna situación similar. Acuérdate a qué has sido llamado por Dios.

DÍA 83 - DARLY HOMER (ESGRIMA – ESTADOS UNIDOS)

"Instruye al niño en su camino, y aun cuando fuere viejo no se apartará de él"
(Proverbios 22.6 RVR60)

A los 11 años Darly se encontró con un libro que nunca antes había visto. Al abrirlo vio la imagen de un esgrimista. Esa imagen le impactó tanto que comenzó a hacer averiguaciones sobre dicho deporte. Pero como aun no sabía dónde practicarlo, Darly estudiaba sobre el deporte en distintos libros. Fue así que la madre vio en su hijo un gran interés, por lo que decidió buscar dónde podía llevarlo a entrenar. De esta manera encontró una fundación que apoyaba la esgrima en barrios socialmente desfavorecidos, como en el que ellos vivían.

De adulto pudo participar en los Juegos Olímpicos de Londres 2012, donde terminó en sexto lugar y en Rio 2016 donde obtuvo la medalla de plata. Hoy se prepara para Tokio 2020.

Historias como la Creación, David y Goliat, las 10 Plagas de Egipto, Sansón, Daniel en el Foso de los Leones y otras más; al ser vistas en un video o representación, leídas desde un libro o escuchadas por un adulto que las cuenta, generan una gran atracción en los niños.

No cabe duda que, desde las Sagradas Escrituras, Dios les da vital importancia a los de temprana edad, porque sabe que son fieles en quien confían; no por nada Jesús mismo dijo que los adultos debían ser como niños para entrar al Reino de los Cielos (Mateo 18.3).

Cuántas veces Dios utiliza a los más chicos para que los grandes acepten el mensaje. El problema de muchos radica en el pensamiento, ya que no les dan importancia porque no ven resultados inmediatos y, en cierta forma es verdad, ya que con los más chicos y adolescentes debería trabajarse con programas que den fruto a largo plazo.

Instruir desde pequeños garantiza, por promesa divina, asentar las bases para un futuro siervo, ya adulto, capaz de asumir responsabilidades de un nivel más comprometedor (desde la participación activa en la iglesia a través de un cargo, el pastorado o la formación de un ministerio independiente).

Pero para que dicha promesa surja efecto, la enseñanza tendría que ser como Elena de White la plantea: *"La instrucción debiera darse como Dios la ha dirigido. Los niños debieran ser preparados paciente, cuidadosa, diligente y misericordiosamente. Sobre todos los padres descansa la obligación de dar a sus hijos una instrucción física, mental y espiritual. Es esencial mantener siempre delante de los hijos las demandas de Dios"* (Conducción del Niño, pág. 466).

Hoy reflexiona de qué manera tu iglesia trabaja por los pequeños y pregúntate qué puedes hacer tú para ayudar en este trabajo con vista a futuro, por más que no seas el padre de ellos. <u>Recuerda</u>: Dios no es un Dios para adultos solamente.

DÍA 84 - ROCKY MARCIANO (BOXEO - ESTADOS UNIDOS)

"Las tentaciones que enfrentan en su vida no son distintas de las que otros atraviesan. Y Dios es fiel; no permitirá que la tentación sea mayor de lo que puedan soportar. Cuando sean tentados, él les mostrará una salida, para que puedan resistir" (1 Corintios 10.13 NTV)

Rocky Marciano es considerado uno de los mayores boxeadores de la historia. Ganador de 49 combates, de los cuales 43 fueron por nocaut (KO), no conoció la derrota jamás. En 1952 ganaría su primer título mundial para defenderlo otras 6 veces más.

Existen muchas historias circundantes al ring de Marciano, quien era reconocido por su manera brutal de pelear. De hecho, cuando se enfrentó a Carmine Vingo este tuvo que ser hospitalizado de urgencia e intervenido quirúrgicamente por una hemorragia cerebral tras los golpes recibidos; lo mismo le sucedió a Roland La Starza quien también fue derribado y hospitalizado por una fractura en su brazo. Pero sin duda la mayor anécdota sucedió en el enfrentamiento que sostuvo contra Joe Louis donde, luego de acertar un golpe, lo derribó de tal forma que lo sacó del cuadrilátero.

Falleció a los 45 años, un día antes de su cumpleaños, tras estrellarse con su avión privado en las montañas de Utah.

Si hay un papel que le encanta a Satanás es tener entre las cuerdas a los hijos de Dios. Darles golpes, golpes y golpes hasta derribarlos. Él es paciente en la lucha. A veces los deja sin aliento, y cuando ve que el cristiano baja su guardia, entonces acierta un "gancho" que lo deja fuera de juego, nocaut y, hasta incluso, fuera del propio cuadrilátero de la vida. Incluso existen momentos en la vida donde les hace creer que pueden avanzar hasta ganarle con sus propias fuerzas, brindándoles la confianza necesaria para que den ese paso en falso que los llevará a su propia ruina.

Así de astuto es el Diablo, pues no se cansa de lanzar sus puños de tentaciones (Efesios 6.16) con tal de hacer descarriar a los elegidos del Altísimo. Toda tentación es una invitación al pecado, pero no es en sí pecado. Dichas tentaciones no se limitan a inducir a cometer actos que van en contra de la ley divina, sino que también se refieren al desgaste mental, desanimando los pensamientos de cada individuo; pensamientos que rondan en las frustraciones, en el rencor, en no perdonarse a uno mismo, en un Dios que no puede brindar otra oportunidad o que, incluso, no perdonará. Todas estas son mentiras, pero que sirven muy bien como armas de ataque.

Todas las tentaciones que puedan recibirse pueden hacerse frente. Todas las tentaciones pueden soportarse. Todas las tentaciones pueden vencerse solo en el nombre del Señor Jesús. Solo en su Nombre la salida al problema se mostrará con claridad.

Hoy ora a Dios para que te de fortaleza en la hora de la tentación. Pide que te de fuerzas para resistir al pecado y salir triunfante. <u>Recuerda</u>: nadie puede obligarte a ceder a la tentación.

DÍA 85 - ZOE DE TOLEDO (REMO – INGLATERRA)

"Sin duda alguna, el gran misterio de nuestra fe es el siguiente: Cristo fue revelado en un cuerpo humano y vindicado por el Espíritu. Fue visto por ángeles y anunciado a las naciones. Fue creído en todo el mundo y llevado al cielo en gloria" (1 Timoteo 3.16 NTV)

Steve la acompañó en sus estudios y en sus entrenamientos diarios. Steve la acompañó al cine y al parque. Steve estuvo junto a ella mientras cocinaba y mientras miraba televisión. Steve permaneció en los momentos tristes y en los alegres. Steve la acompañó a los JJOO de Rio 2016 y hasta se subió al podio cuando Zoe recibió la medalla de plata. Steve siempre estuvo con ella, pasara lo que pasara. Pero cuando se dieron cuenta que existía se tomó la decisión de quitarlo de en medio.

Steve permaneció oculto en el cerebro de Zoe durante 10 a 15 años sin que ella lo percatase. Steve fue el nombre que ella misma le dio al tumor cerebral que, a lo largo de tantos años, permaneció en un estático misterio sin revelarse.

A inicios de 2018 los médicos decidieron extraerle a Steve en una cirugía que pronosticaban no tardaría más de cuatro horas, aunque, una vez iniciados los procedimientos, la misma tuvo una duración de casi trece.

¿Puedes imaginar vivir con algo dentro de ti que te es ajeno? Pues la Biblia también habla de misterios. Misterios que rondan en lo universal y espiritual y que han existido desde la eternidad sin que nos hayamos percatado. De hecho, tal misterio fue revelado a aquellos que se hayan dispuestos a prestar atención, mientras que millones de personas viven con él sin percatarse de su existencia.

Jesús mismo es presentado como el gran misterio. Su venida a la Tierra en un cuerpo donde era 100% Dios y 100% humano, su ministerio alejado completamente del pecado, más no de la tentación, su vida de abnegación, su misión, su pasión por los seres humanos que lo llevó a la muerte y posterior resurrección y, ahora, su intercesión por cada hijo que clama su nombre para ser perdonado/justificado. Todo esto lo transforman al Mesías, al gran Salvador del humano... a Dios mismo en un misterio. Misterio que, según lo revelado en Efesios 3.1-13, es manifestado a los seres humanos por medio del Espíritu Santo.

Jesús es quien quiere habitar en nuestras vidas sin que nosotros lo sepamos de antemano (Apocalipsis 3.20). Es Él quien nos ama primero (1 Juan 4.19). Es Él quien se encuentra a nuestro lado, al despertarnos y al acostarnos, a pesar de que nosotros no lo sintamos (Isaías 41.10,13). Es Él quien sigue buscándonos a pesar de que caigamos una y otra vez (Ezequiel 18.21-32). Somos nosotros quienes, cegados por nuestros problemas, no podemos contemplar la faz de Aquel que obra milagros diarios a nuestro lado (Juan 9.39). Somos nosotros quienes decidimos extirparlo de nuestra vida, cuando nos negamos a vivir a su lado (Mateo 12.31-32).

Hoy abre los ojos y anímate a contemplarlo. Tú puedes ser embajador de este misterio... misterio que trae salvación.

DÍA 86 - RENAUD LAVILLENIE I (ATLETISMO – FRANCIA)

"Dios nos libró del poder de las tinieblas y nos llevó al reino de su amado Hijo, por quien tenemos la liberación y el perdón de los pecados" (Colosenses 1.13-14 DHH)

Vastos títulos internacionales, entre ellos un oro olímpico en Londres 2012, forman parte de la vidriera de la casa del atleta francés especialista en salto con garrocha. Pero hay aún hoy día un espacio vacío que espera ser ocupado por un título que merece... pero que nunca obtendrá.

Se trata de la *Legión de Honor*, condecoración otorgada por Francia a los medallistas olímpicos recientemente arribados ¿Cuál es la razón por la cual Renaud no la ha recibido? Su expediente no está limpio.

En el 2007 fue protagonista de un accidente de tránsito, mientras manejaba su moto, donde salió herido un niño, por lo que fue condenado por el tribunal. El tiempo pasó y el francés se convirtió en campeón olímpico pero, para su sorpresa, el reglamento que concede la distinción de la Legión de Honor prohíbe la premiación del mismo en caso de que el deportista haya tenido antecedentes penales, sin importar el caso.

Si hay algo de lo que todo el mundo está de acuerdo es que las personas no olvidan. Sabemos que Dios, en su infinito amor, se olvida de los pecados que cualquiera haya cometido con la única condición de que se humille y arrepienta en el nombre de Jesús. Pero Dios es Dios y los hombres son los hombres. Dios ya no juzga una vez que se decidió cambiar la vida, pero las personas lo siguen haciendo volviendo al pasado una y otra vez.

En su estadía en la Tierra, Jesús viajó a la región de Tiro, ciudad gentil ubicada en Fenicia (actual Líbano) que limitaba con Galilea (Marcos 7.24-30). Allí tuvo un encuentro con una mujer que no era judía ni israelita; era gentil, es decir, que no pertenecía al pueblo escogido por Dios, por lo que era considerada una pagana, siéndole adjudicado, por los judíos, el seudónimo de *perro*, despectivamente hablando.

Ella es reconocida como la mujer "sirofenicia" y había viajado al menos unos 40km, pues Sidón se encontraba a tal distancia de Tiro, para suplicarle que expulsara al demonio que poseía a su hija. *"Deja que primero se sacien los hijos"* (v.27 RVR60), Jesús había sido enviado, principalmente, a abrir los ojos de su pueblo; *"pero hasta los perros comen debajo de la mesa las migajas"* (v.27 NVI), fue la respuesta de la mujer que entendía sus errores y lo reconocía como su Salvador. Tal acto de fe la salvó (y no solo a ella sino también a su hija).

La vida que había llevado ya no importaba, ahora se encontraba arrodillada frente a Dios mismo y lo reconocía como tal.

Qué diferencia alarmante existe entre la conducta divina y la humana. A Dios solo le interesa lo que haces con tu presente, como lo hizo la mujer extranjera. Ella reconoció a Jesús como su salvador y Él le otorgó el mayor premio de todos, la salvación ¿Piensas que no puede hacer lo mismo contigo?

Hoy anímate a clamar que Jesús entre en tu vida para que te impresione con poder. Deja tus errores en el pasado y comienza una nueva vida lleno del Espíritu Santo.

DÍA 87 - UN PENAL NUNCA COBRADO (FUTBOL)

"Den a todos el debido respeto: amen a los hermanos, teman a Dios, respeten al rey."
(1 Pedro 2.17 NVI)

Durante el mundial de futbol femenino disputado en Alemania en 2011, el equipo de Australia se enfrentaba con el de Guinea Ecuatorial. El equipo oceánico se imponía por 1-0 frente a las sudamericanas. Este singular encuentro contiene uno de los fallos arbitrales más polémicos y absurdos a la vez.

A los 15min del primer tiempo, una jugadora australiana patea la pelota haciendo que esta impacte en el palo lateral del arco. Hasta allí ningún problema. Sin embargo el rebote de la misma es tomado por las manos de una defensora ecuatoguineana por 2 segundos. Al instante las jugadoras atacantes levantaron los brazos y gritaron al árbitro informando lo sucedido, mientras que, incluyendo un tinte gracioso, la jugadora que había tomado la pelota con sus manos, la soltó y trotó impunemente hasta su posición de juego. El penal que todo el mundo vio, nadie lo cobró.

"Las leyes están para romperlas" ¿Conoces ese dicho? Hoy vivimos en un mundo donde muchísimas personas y corporaciones viven bajo este lema; algunas de forma implícita y otras no tanto. La evasión de las responsabilidades ante la ley, es justificada para lograr un fin determinado que, en ciertos casos, parecerían ser de beneficio para los que menos tienen, o sean víctimas de algún contexto socio-ambiental. En muchos otros, para provecho de la minoría más pudiente.

Evasión de impuestos, malversación de fondos, represión psicofísica, manifestaciones, cortes de avenidas, agresión hacia la policía, huelgas... la lista es larga. La Biblia nos muestra el camino por el cual debemos conducirnos en estos tiempos violentos, donde lo político y criminal sugerirían confundirse entre sí, lo que termina generando la respuesta no pasiva de la sociedad. Someterse a las autoridades, orar por ellas, obedecerles, cumplir con las leyes, buscar el bien en la sociedad, pagar los impuestos, etc.

Generalmente no podemos entenderlo; pero por más raro que suene decirlo, Dios mismo ha permitido que las autoridades que ves hoy, estén ejerciendo el poder (Romanos 13.1-7). Y cuando se refiere a autoridades no lo hace solamente a las políticas, sino también a las laborales y familiares.

La excepción a la regla es desobedecer en caso que la ley vaya en contra de la Ley de Dios (Hechos 5.29). Solo en caso de que las autoridades, cualesquiera sean, nos ordenen hacer algo que esté en contra de los mandamientos de Dios, tenemos permitido rehusarnos. Rehusarnos dando las explicaciones correspondientes.

Hoy te invito a que ores por tus superiores, en las distintas escalas (incluyendo a los gobernantes). Reflexiona sobre tus reacciones ante ellos. Piensa si tus respuestas son respuestas de amor ante alguna injusticia que veas. Interactúa con ellas como Jesús lo hizo en la Tierra. Predica con el ejemplo.

DÍA 88 - MICHAEL JORDAN I
(BÁSQUET - ESTADOS UNIDOS)

"Pero todo esto ha sucedido para que se cumplan las Escrituras de los profetas. Entonces todos los discípulos le abandonaron y huyeron" (Mateo 26:56 LBLA)

Nadie puede negar lo trascendental que ha sido para el basquetbol mundial Michael Jordan. Habiendo ganado 6 anillos de la NBA (máximo galardón) y promediando 30,1 puntos por partido (marca que nadie ha podido igualar al día de hoy), entre otros tantos premios, al momento sigue siendo el mejor jugador de la historia.

Sorprendentemente cuando le preguntaron a qué atribuía su éxito dijo: *"He fallado más de 9000 tiros en mi carrera. He perdido casi 300 juegos. 26 veces han confiado en mí para tomar el tiro que ganaba el juego y lo he fallado. He fracasado una y otra vez en mi vida y eso es por lo que tengo éxito."*

¡Qué respuesta! Ciertamente estamos acostumbrados a escuchar contestaciones tales como *"he trabajado mucho para lograr esto"*, *"lo hemos logrado entre todos"*, *"si no hubiera sido por el apoyo de mi familia"* o *"desde pequeño que he soñado con esto"*. No digo que sean erradas este tipo de respuestas, de hecho son loables desde cualquier punto de vista, pero dar mérito al fracaso me ha hecho pensar en la vida en particular de uno mismo.

No existe ninguna persona en este mundo que no haya fracasado. Pecar es fracasar en cumplir el mandato divino, y la Biblia es clara cuando dice *"por cuanto todos pecaron [...]"* (Romanos 3.23 RVR60), y *"no hay justo ni aun uno"* (Romanos 3.10 RVR60).

Entonces, ante la irremediable consecuencia de portar la naturaleza pecaminosa que nos inclina hacia el mal ¿qué se debe hacer luego de pecar y arrepentirse? Someterse al proceso de santificación. En esta oportunidad quisiera detenerme en este punto.

¿Qué actitud tomamos una vez que recibimos el perdón divino? ¿Cómo sigue nuestra vida? ¿Aprendemos del error? ¿Entendemos cuál es el camino que debemos tomar? ¿O mantenemos el mismo perfil?

Los discípulos fracasaron en serle fiel a Jesús en el momento más duro de su vida. Escaparon, lo negaron y se escondieron. Pero posteriormente hubo un cambio de mentalidad. Recapacitaron, pidieron perdón y se volvieron a encomendar a la voluntad divina. Aprendieron del error para levantarse más fieles que antes, como lo fue el Día del Pentecostés ¿Volvieron a caer, a errar, a fracasar? Claro que sí. Pero cada vez que lo hicieron se volvían a encaminar guiados de Dios para crecer espiritualmente. Tanto fue así, que todos ellos fueron mártires de Cristo.

La frase tan conocida de *"hay que aprender a ganar y a perder"* es mentira. No se puede aprender a perder. Perder es sinónimo de dolor, y el dolor deviene del pecado.

Hoy aprende a ganar las batallas de la fe, acepta las derrotas y, por sobre todas las cosas, aprende a sobreponerte de las mismas, para tener un crecimiento espiritual.

DÍA 89 - SHIZO KANAKURI (ATLETISMO – JAPÓN)

"Un rato más de sueño, una breve siesta, un pequeño descanso cruzado de brazos. Entonces la pobreza te asaltará como un bandido; la escasez te atacará como un ladrón armado" (Proverbios 6.10-11 NTV)

Sucedió en los JJOO de Estocolmo 1912 mientras se disputaba la maratón, prueba atlética que culmina con toda cita olímpica. Aquel 14 de Julio la ciudad sueca se encontraba bajo una temperatura que superaba los 30°, situación totalmente desfavorecedora para cualquier corredor.

La carrera dio inicio pero, con el transcurso de la misma, muchos de los atletas fueron flaqueando. El tiempo pasó y el sudafricano Kennedy McArthur llegó a la meta marcando un tiempo de 2 horas, 36 minutos y 54 segundos. Sucesivamente el resto de los corredores que aún se encontraban compitiendo fueron llegando. Pero hubo uno del cual no se tuvo noticia ni de su abandono ni de su llegada. Si bien había salido cuando se inició la maratón no existía rastro de él y todos desconocían su paradero. La desaparición del japonés Shizo Kanakuri se convirtió en un misterio que solo se resolvería años más tarde.

Resultó ser que en el km 20 Shizo se desvaneció a causa del calor, por lo que una familia de espectadores locales lo llevó a su casa para recuperarse. Pero el haberse detenido le costó no poder recomponerse para finalizar la prueba. Por tal motivo el atleta sintió tanta vergüenza que no se atrevió a comunicarse ni siquiera con su propia delegación, decidiendo regresar a su país en secreto y por sus propios medios.

50 años más tarde de aquel incidente (1962) el periodista sueco Oscar Söderland fue tras las pistas del misterio nunca resuelto. Logró hallar a Kanakuri y, 5 años más tarde, se lo invitó a regresar al estadio para finalizar la prueba que en 1912 había comenzado pero nunca terminado. Fue de esta manera que el japonés Shizo Kanakuri, de 77 años de edad, finalizó la maratón en un tiempo que fue registrado en 54 años, 8 meses, 6 días, 8 horas, 32 minutos y 20 segundos.

¿Has escuchado hablar de la procrastinación? La procrastinación es la acción o hábito de retrasar actividades o situaciones que deben atenderse, sustituyéndolas por otras situaciones más irrelevantes o agradables ¿Sientes que alguna vez la has practicado? ¿Lo estás haciendo justo ahora en algún aspecto de tu vida? *"No dejes para mañana lo que puedas hacer hoy"* es un refrán que alberga una gran enseñanza. Dios te motiva a ir por tus sueños. Trabaja, estudia, crece, edifica, ama, diviértete... vive. Pero hazlo solo con el poder que desciende como un don desde lo Alto; de lo contrario tus días se volverán amargos si esperan que las cosas vengan a ti y se produzcan por arte de magia. Si quieres algo ve y consíguelo que Dios estará contigo (consultando previamente su sagrada voluntad).

Hoy haz una lista de aquello que quieres para tu vida. Ponlo en oración y arremete con fe. Pero por sobre todas las cosas no dejes de entregarte al señor un día. No postergues más ese encuentro que el Cielo entero espera.

DÍA 90 - AMMAR ALI (ESGRIMA – IRAK)

"Ahora bien, Dios nos ha revelado esto por medio de su Espíritu, pues el Espíritu lo examina todo, hasta las profundidades de Dios. En efecto, ¿quién conoce los pensamientos del ser humano sino su propio espíritu que está en él? Así mismo, nadie conoce los pensamientos de Dios sino el Espíritu de Dios" (1 Corintios 2.10-11 NVI)

Su vida dio un giro inesperado cuando una mañana, mientras iba de camino al trabajo con su amigo, una bomba impactó en la vereda por donde caminaban. En el hospital Ammar se dio cuenta que ya no sentía sus piernas. Una esquirla, producto de la explosión, había dañado su médula espinal produciéndole una paraplejia.

Cierta vez unos entrenadores de un club le propusieron probar con la esgrima, pues contaba con características físicas ventajosas para el deporte. Así el iraquí comenzó a incursionar en la esgrima en silla de ruedas y pronto fue seleccionado para los Juegos Asiáticos de 2010 dando el puntapié inicial para su nueva vida, ahora abocada al deporte. En los JJOO de Rio 2016 logró una medalla de plata, lo cual le produjo un nuevo cambio paradigmático.

Al llegar a su país Ammar tomó la decisión de visitar las distintas áreas de conflicto para hablar y darles ánimo a los militares que habían sido afectados por la guerra, contándoles su testimonio como así también reclutando jóvenes para conformar el equipo nacional de esgrima en silla de ruedas.

Me pregunto si Ammar se habrá cuestionado dónde estuvo Dios en el accidente. A partir de aquí surgen otras preguntas: ¿Quién conoce los pensamientos de Dios? ¿Tú? ¿Alguien? Lo cierto es que si los conociéramos entonces con seguridad tendríamos la respuesta a todo lo que sucede a nuestro alrededor y a nosotros mismos. ¿Por qué soy así? ¿Por qué me ha pasado esto o aquello? ¿Dónde estaba Dios cuando sucedió tal cosa? ¿Qué es lo que me falta para alcanzar mis objetivos? ¿Cuál es el propósito que hay detrás de lo que me pasó? La Biblia indica que solo el Espíritu Santo tiene acceso a los pensamientos de Dios Padre, ni siquiera los ángeles que están a su servicio.

Entonces ¿cómo saber qué es lo que Dios está pensando cuando se vivencian todo tipo de experiencias (ya sean alegres como tristes)? La pregunta se responde en la manera que el Espíritu revela a Dios, pues es gracias a su intercesión que podemos acceder a los pensamientos más altos.

La Trinidad ha dividido sus funciones en cada persona que la conforma. Así el Santo Espíritu ha sido el encargado de inspirar y revelar la Palabra de Dios a distintos hombres, de diversas épocas y lugares, para que escribieran la sagrada Voluntad. Ahora, a través del mismo Espíritu, al leer la Biblia Dios nos ilumina para que podamos entender sus pensamientos y de esta forma comprender por qué nos pasa lo que nos pasa, aunque al principio resulte ser completamente negativo.

Hoy clama por la presencia del Espíritu Santo en tu vida para que puedas ser iluminado al leer y estudiar la Biblia y así comprender la voluntad divina. <u>Recuerda</u>: Pase lo que pase, Dios tiene un propósito para tu vida.

DÍA 91 - HEIDI KRIEGER (ATLETISMO - ALEMANIA)

"Y cuando la gente escapa de la maldad del mundo por medio de conocer a nuestro Señor y Salvador Jesucristo, pero luego se enreda y vuelve a quedar esclavizada por el pecado, termina peor que antes" (2 Pedro 2.20 NTV)

Tras 28 años el Muro de Berlín caía en 1989, muro que dividió a Alemania en dos (Oriental y Occidental). A partir de aquel momento se desvelaron las distintas artimañas que se planearon desde el área gubernamental para dopar a los atletas sin importar las consecuencias. Se ha dado un plazo hasta el año 2019 para que todos aquellos que tuvieran documentación pertinente, incluyendo atletas que participaron conciente o inconcientemente del hecho en cuestión, la pudieran presentar.

Bajo el **plan 14.25** que orquestó la República Democrática Alemana (Alemania del Este) se produjo, entre otras sustancias, una droga que fue la ocasionadora de grandes traumas que sufrieron los deportistas: la **pastilla azul** (Turinabol). Esta resultó ser un esteroide anabolizante que *"estaba compuesto por hormonas sexuales masculinas que desarrollaban la musculatura, aumentaban la potencia e incrementaban la agresividad"*. Como daño colateral traía consigo el cáncer, trastornos alimenticios, esterilidad, abortos, malformaciones en los descendientes, entre otros. Gracias a este plan la RDA se convirtió en una potencia deportiva logrando un total de 403 medallas olímpicas (151 de oro) entre los JJOO de Múnich 72 y Seúl 88.

Uno de los casos más impactantes fue el de la lanzadora de disco y bala Heidi Krieger cuyo organismo se vio altamente perjudicado tras años de ingesta de esta "vitamina" (pues así la llamaban sus entrenadores para que ningún atleta ofreciera resistencia al ingerirla). Su aspecto físico mutaba a pasos agigantados. La espalda cada vez más ancha, la desaparición progresiva del busto y la aparición de rasgos masculinos en su rostro indicaban que se estaba convirtiendo en un hombre, biológicamente hablando. Esto fue aparejado de un trastorno psicológico al dejar de vestirse como mujer por recibir burlas de los transeúntes (incluso la obligaban a ir al baño de hombres en espacios públicos). Así fue que en 1997 tomó la decisión de someterse a la cirugía del cambio de género como una forma de aplacar la pesadilla que estaba viviendo.

¿Sabes cuál es el mayor problema del cristiano? Seguir pecando. Esta es una terrible situación que todo hijo de Dios que, conociendo la verdad del camino y habiendo aceptado a Cristo como su salvador, vuelve a revolcarse en el pecado, cual perro que vuelve al vómito (v.22). Muchas veces esto sucede de manera imperceptible. De repente se deja de asistir a la iglesia, se deja de orar y de estudiar la Biblia y, de un momento al otro, el individuo se encuentra completamente alejado de Dios tomando la "pastilla del pecado" diariamente sin entender lo perjudicial que esto es para su vida. Por supuesto que es Satanás quien se encarga de que todo parezca normal y hasta envuelve cada situación como algo beneficioso. Pero el consumo de la misma produce un cambio progresivo en las actitudes, transformándose en algo cada vez más ajeno a la imagen de Dios.

Insisto con el primer punto. El mayor problema del cristiano es seguir pecando sin acudir al único que puede quitarle la tendencia a pecar. Es que si no existe un interés por abandonar tales prácticas el Espíritu no puede realizar la obra transformadora.

Hoy Dios quiere eliminar tus pecados de una vez y para siempre para que seas santo ¿Piensas que estás en una situación peor que cuando conociste la verdad? Solo debes estar dispuesto a aceptarlo... y a perdonarte a ti mismo.

DÍA 92 - YULIA RUSANOVA (ATLETISMO – RUSIA)

"Ahora bien, el Espíritu Santo nos dice claramente que en los últimos tiempos algunos se apartarán de la fe verdadera; seguirán espíritus engañosos y enseñanzas que provienen de demonios. Estas personas son hipócritas y mentirosas, y tienen muerta la conciencia"
(1 Timoteo 4.1-2 NTV)

No fue por papeles, o por la entrega de un documento, ni hablando con el COI. Fue por medio de la televisión que se derrumbó la estructura conspirativa del doping en el atletismo ruso.

Yulia, corredora de 800m, y su marido Vitali Stepanov eran parte de dicha estructura. Ella como atleta ya había sido sancionada, por anomalías referidas, entre el 2011 y 2013, mientras que su marido era parte del cuerpo médico que trabajaba para proveerles sustancias prohibidas que les otorgaban ventajas sobre otros atletas que no las tomaran. Convirtiéndose en los *Judas* de la nación (dicho por el mismo Putin), develaron a los medios lo sofisticado que fue el accionar de la Federación Rusa de Atletismo con el respaldo del gobierno.

Como consecuencia, todos los atletas rusos fueron sancionados y privados de participar en los JJOO de Rio 2016, al mismo tiempo que ambos debieron pedir asilo político en Norteamérica (en un lugar indefinido).

Yo no sé tú, pero no quisiera estar en os zapatos de Yulia. Claro está que lo peor ya pasó pero las consecuencias de sus actos aun lo siguen pagando. Esta historia resulta ser fabulosa para explicar distintas cuestiones que suceden a nivel individual en lo que respecta al conflicto cósmico.

Según lo devela la Biblia, sabemos que en estos tiempos personas que, en algún momento abrigaban la fe verdadera, se apartaron y hoy día actúan totalmente en contra de lo que alguna vez profesaban ¿Conoces algún caso de estos? Yo sí, y pareciera que son personas que en su vida oyeron hablar de Dios o que pisaron una iglesia ¿Acaso pueden apartarse tanto del Camino? Sin escuchar la voz del Espíritu Santo, sí.

Ahora bien, al igual que los atletas y el cuerpo médico ruso, que seguramente en algún momento crecieron en dicho ámbito sin hacer abuso del doping, y luego escucharon a quienes los invitaban y/o presionaban en incurrir en tal asunto, hay personas que comienzan a escuchar a todo aquel que se ha alejado de la Verdad, en vez de escuchar la voz divina, haciendo que se corrompa su conciencia. Claramente si no es la voz de Dios, entonces es la voz de Satanás. No existe una tercera. Y es difícil decirlo, pero si no es con Dios, es contra Dios y, por lo tanto, influenciado por espíritus malignos.

¿Cómo salir de tal situación? ¿Cómo tener el mismo coraje de Yulia y abrirse del camino de la perdición, sin importar las consecuencias? Volviendo a escuchar al Espíritu Santo. Teniendo un momento de reflexión espiritual. Lo que hizo Yulia me parece algo extraordinario, pero volver a los caminos de Dios es un milagro.

Hoy medita en qué situación te encuentras. Piensa si Dios te está llamando para volver a Él. Anímate a decirle NO al mundo y SÍ a tu Salvador.

DÍA 93 - LUCIANA AYMAR (HOCKEY - ARGENTINA)

"A los que usan bien lo que se les da, se les dará aún más y tendrán en abundancia; pero a los que no hacen nada se les quitará aun lo poco que tienen" (Mateo 25.29 NTV)

¿Cómo se llega a ser el mejor jugador del mundo? Seguramente con mucho talento, esfuerzo y determinación, pero... ¿cómo se llega a ser el mejor jugador del mundo en 8 oportunidades distintas? Sin duda, con más que talento. Con talento y el doble de trabajo para mejorarlo diariamente.

Luciana Aymar ha sido una jugadora de hockey sobre césped "única en su especie". A lo dicho en las líneas anteriores, la múltiple campeona de diversos campeonatos nacionales e internacionales ha sido la capitana de la selección argentina durante 7 años (2008-2014) y una de las autoras intelectuales del nombre del seleccionado: Las Leonas.

¿Por qué leonas? Porque decidieron que debían jugar cada partido con todo su esfuerzo, sin temer al rival de turno.

Y tú ¿sabes cuál es tu talento? ¿Cuál es tu don? Dios les ha dado a todos, al menos, un talento (todo don/talento proviene de Dios - Santiago 1.17). El talento es aquello con lo que Dios te ha equipado. Eso que te distingue y te hace hasta un poco distinto que el resto. Eso que te hace sentir especial cuando lo realizas ¿Dibujo, canto, poesía, actuación, estudio, capacidades lingüísticas, liderazgo, servicio, hospitalidad? ¿Cuál es tu talento?

Una vez identificado será el momento de poner "manos a la obra". Todo don que proviene de lo alto debe ser puesto a servicio de Dios para salvación de los demás. No puede quedar estancado. La "parábola de los talentos", registrada en los evangelios, nos revela la posición del gran Sustentador de todas las cosas. Lo que Dios nos da debe ser trabajado y desarrollado para que el mismo se perfeccione y de más fruto. Esa es nuestra parte. Ponernos bajo la dirección divina, probarlo de esa forma, y ver cómo puede llegar a conducirnos a un crecimiento total. Pero no olvides que todo don que no es entrenado y puesto en acción para llevar a Cristo a los demás, puede ser quitado por el mismo que te lo dio.

Hoy proponte desarrollar el don preciado (o los dones) que te ha dado el Cielo, sin olvidar que este no es solo para bendición tuya, sino que también lo es para beneficio de los demás. Y si es para los demás (en misión), hazlo sin miedo, poniendo todo tu esfuerzo y teniendo la certeza que cuentas con el favor de lo alto.

DÍA 94 - LA BANDERA NEUTRAL

"Nadie puede servir a dos amos, porque odiará a uno y querrá al otro, o será fiel a uno y despreciará al otro [...]" (Mateo 6.24 DHH)

Los deportistas independientes compitieron por primera vez bajo la bandera neutral olímpica en los JJOO de Barcelona 92. En dicha edición las Naciones Unidas había sancionado a Yugoslavia debido a sus conflictos bélicos, produciendo que sus deportistas no pudieran representar al país en torneos internacionales. Por tal motivo el Comité Olímpico Internacional (COI) les permitió participar de manera independiente.

Al no representar a ninguna nación, deportistas de distintos países que han sido sancionados, o son refugiados políticos, o aquellos que simplemente no quieran representarlos desfilan bajo la bandera neutral, la cual es blanca con los aros olímpicos característicos y, en caso de que ganen la medalla de oro, el himno que sonaría sería el olímpico.

Este hecho me hizo pensar en la neutralidad que mucha gente cree que existe. Una neutralidad espiritual, la cual defienden "a capa y espada". Seguramente hayas escuchado frases como "yo no le hago mal a nadie", o "soy una persona buena" o "creo en Dios pero eso de ir a la iglesia...". El hacer creer al mundo que uno puedo pensar que cree en Dios y, al mismo tiempo, cometer actos que en realidad difieren de su voluntad, es una gran estrategia de Satanás.

No existe tal cosa. La Biblia es clara. Sigues los caminos de Dios, o sigues los caminos de Satanás. Eres siervo de uno, o lo eres del otro. No puedes quedarte en el medio; en este asunto no existen grises.

A pesar de todo, el Enemigo ha logrado introducir esta idea aun dentro de la misma iglesia. Cuántos feligreses caminan por la misma participando de sus actividades, pero en su vida semanal se encuentran lejos de los preceptos divinos. Lamentablemente también han caído en el engaño.

Hoy medita en cómo está tu vida al respecto. Cuestiónate si hay momentos donde sirves a Dios y si hay otros donde lo haces a Satanás. Anímate a buscar qué sentimientos te genera esto. Pide una transformación total, un reavivamiento y reforma con la ayuda del Espíritu Santo. <u>Recuerda</u>: tu Salvador exclama: *"Oh, hijo mío, dame tu corazón; que tus ojos se deleiten en seguir mis caminos" (Proverbios 23.26 NTV).*

DÍA 95 - SHIM A-LAM (ESGRIMA – COREA DEL SUR)

"Él les enjugará toda lágrima de los ojos. Ya no habrá muerte, ni llanto, ni lamento ni dolor, porque las primeras cosas han dejado de existir." (Apocalipsis 21.4 NVI)

Juegos Olímpicos de Londres 2012. Semifinal de esgrima femenina. Modalidad espada.

A falta de un segundo, ambas jugadoras se encontraban empatadas con 5 estocadas por lado (cabe destacar que en la variante de espada, la puntuación es válida cuando la punta del sable hace contacto con cualquier parte del cuerpo, gracias a un sistema de sensores electrónicos). La coreana se veía favorecida con dicho resultado (por otros factores del juego), por lo que obtendría el pase a la final. Restaba tan solo un segundo. Sin embargo, cuando los jueces dieron la orden de proseguir con el segundo que restaba para concluir el combate, sucedió algo extraño. Hasta el público pudo percatarse. Error humano o técnico (eso no lo sabremos) el segundo duró demasiado. El reloj no se había puesto en marcha, pero la orden del juez se había dado. La alemana aprovechó la oportunidad y logró asestar la estocada. El resultado final: 6-5 en favor de la esgrimista alemana con pase a la final.

Los hechos subsiguientes dejaron ver a Shin sentada en la tarima de combate llorando desconsoladamente, cual forma de protesta, durante 25min. Se mantuvo inconmovible, con lágrimas en los ojos sin que nadie se acercase a darle un abrazo de consuelo.

La tristeza es un sentimiento que toda persona ha experimentado y que, seguramente, experimentará. Lo más cruel de esto es que dicha premisa está sujeta a la enseñanza bíblica. Mientras vivamos en este mundo caído en pecado, nadie (seamos cristianos o no) estará exento de atravesar situaciones que hieran los sentimientos.

El hecho radica en apropiarse de la promesa, por la fe que tenemos en Jesús; ya que gracias a Él conocemos que todas las lágrimas, y el dolor que se genera en este mundo, pronto, muy pronto, dejarán de ser. Esta es un arma poderosísima que tenemos para hacer frente a las adversidades. De hecho la tristeza que experimenta el cristiano debería acercarlo más a Cristo, ya que debe sentir la necesidad de ser abrigado por su manto protector y perdonador; como está escrito, *"la tristeza que proviene de Dios produce el arrepentimiento que lleva a la salvación, de la cual no hay que arrepentirse, mientras que la tristeza del mundo produce la muerte"* (2 Corintios 7.10 NVI).

Ahora ¿te has puesto a pensar qué haces con este conocimiento? ¿Estás presente cuando un conocido tuyo, que no es creyente, sufre? ¿Qué palabras salen de tu boca? ¿Llevas las "buenas nuevas del Reino"? ¿Les hablas sobre el plan de Cristo para sus vidas? ¿A qué Salvador les estás presentando?

Hoy, si algo te tiene entristecido, ora al Padre para que, por el amor de Jesús, tu corazón sea reconfortado y esperanzado. Y no te olvides de compartir la esperanza de que, un día no muy lejano, viviremos derramando lágrimas de alegría.

DÍA 96 - GIANLUCA PESSOTTO (FUTBOL – ITALIA)

"[...] Yo soy la luz del mundo. El que me sigue no andará en tinieblas, sino que tendrá la luz de la vida" (Juan 8.12 NVI)

Luego de haber vivido una carrera completa como futbolista del emblemático club de la ciudad de Turín, Juventus, Gianluca se retiró en el año 2006 para pasar a desempeñar el papel de manager deportivo (rol que más tarde confesaría haberle pesado en sobremanera). Ese mismo año estalló el denominado *"Calciopoli"*, nombre otorgado al escándalo futbolístico de carácter conspirativo, que vinculaba a ciertos clubes (entre ellos Juventus) con árbitros, cuyo objetivo era obtener ventajas deportivas. Las sanciones cayeron irremediablemente a todos los involucrados pero los turineses fueron los más perjudicados al punto de ser rebajados de categoría.

Todo esta situación afectó en sobremanera a Pessotto quien, sumido en una depresión, se lanzó por una ventana del cuarto piso cayendo sobre un automóvil que logró amortiguar su caída. Curiosamente tenía un rosario en su mano derecha. De todos modos esto no fue de impedimento para que ingresara al hospital de urgencia para ser intervenido quirúrgicamente, debido a una hemorragia interna y múltiples fracturas.

"No recuerdo absolutamente nada de ese día, solo una oscuridad total. Lo que sí recuerdo a la perfección es el dolor que sentía en el alma, un vacío enorme... La soledad más profunda que uno pueda imaginarse", fueron algunas palabras mencionadas por el italiano que, luego de un largo tratamiento no solo físico sino también psicológico, pudo recuperarse y salir adelante. Al respecto dijo: *"Tengo una nueva vida. Con muchas marcas en el cuerpo, es cierto... Pero tengo una nueva vida. [...] Vivo una segunda vida. La vida es un regalo único, pero para mí ha sido doble"*.

Viendo el comportamiento humano, principalmente de los que somos creyentes, he notado que en diversas situaciones un cambio en el carácter deviene no por la impresión del Espíritu Santo al estudiar las Escrituras, sino por atravesar algún hecho fatídico que provoca amargura, impotencia y dependencia de otro que nos libre de tal situación.

¿Por qué solemos comportarnos de tal forma que, a veces, es necesario "tocar fondo" para reconocer que Dios debe estar al control de nuestra vida? ¿Por qué nos cuesta tanto creer y depositar nuestra confianza en Él? ¿Por qué nos desanimamos cuando no se cumplen nuestros deseos? ¿Por qué nos desilusionamos cuando la voluntad de Dios no concuerda con la nuestra? A veces necesitamos estos "llamados de atención" que el Cielo aprovecha para que podamos tener una nueva concepción en nuestra forma de ver la vida. Dios utiliza los males que nos envía el Diablo, o que nos induce a cometer, para reestructurar nuestras prioridades; las utiliza para realizarnos un llamado de reconsagración tal como le sucedió a David (2 Samuel 12) o incluso a Nabucodonosor (Daniel 4).

Hoy reflexiona en qué momento de tu vida estás y en qué situación te encuentras. El Cielo entero te dice *"no te sueltes de la mano del gran Todopoderoso, pues es el único que te comprende, consuela y tiene la solución a tu problema; solo espera en Él"*.

DÍA 97 - MHLENGI GWALA (TRIATLÓN – SUDÁFRICA)

"Yo no quiero que el malvado muera, sino que cambie de conducta y viva. Yo, el Señor, lo afirmo" (Ezequiel 18.23 DHH)

Era un día común y corriente cuando Mhlengi salió de su casa a entrenar en su bicicleta tres hombres lo sorprendieron en la ruta. En un primer momento el triatleta se detuvo pensando que los maleantes querían robarle, por lo que les entregó su teléfono celular. Sin embargo, aun no comprendiendo el por qué, estos maleantes no tenían la intención de asaltarlo. Lo tomaron por la fuerza despojándolo de su bicicleta, lo llevaron a unos arbustos al costado de la ruta y encendieron una motosierra. Con ella comenzaron a cortarle una pierna pero, como la cadena de la misma no estaba correctamente afilada, la misma se atascó en el hueso por lo que se vieron obligados a sacarla de allí. Entre gritos de dolor comenzaron a cortarle la otra pierna hasta que desaparecieron corriendo de escena.

El joven atleta fue hospitalizado e intervenido quirúrgicamente donde pudieron salvarle ambas piernas. Aunque el proceso de recuperación no sería fácil, Gwala volvería a entrenarse nuevamente.

¿Hasta dónde ha llegado la maldad de este mundo que los delincuentes torturan por placer? ¿Qué opinión tienes sobre estos tres hombres? ¿Crees que merecen perdón? Piensa lo siguiente: Si se te presentara la oportunidad de predicarles ¿realmente lo harías?

El texto clave de hoy indica el deseo de Dios. La Biblia no puede ser más clara. Él no quiere que nadie se pierda; y nadie es nadie, incluyendo a estas tres personas… incluyendo a Satanás. El problema es que Dios tiene tanto amor que, por tal motivo, no puede obligar a ninguno a que lo siga. El capítulo 18 de Ezequiel (te invito a que lo leas) exhorta a todos los que se encuentran descarriados a volver rápidamente a los brazos del Salvador. Pero con condiciones (recordemos que creemos en una fe activa): *"Y si el malvado se aparta de todos los pecados que cometía, y cumple todas mis leyes y hace lo que es recto y justo, ciertamente vivirá y no morirá. Yo no volveré a acordarme de todo lo malo que hizo, y él vivirá por hacer lo que es recto"* (v.21-22 DHH). Qué grandiosa promesa.

Pero asimismo la otra cara de la misma moneda condena a aquellos que tienen la luz pero que se descarrían, enseñando que no existe el concepto de "salvo una vez, salvo para siempre": *"Si el justo deja de hacer lo bueno y hace lo malo, morirá por culpa de sus malas acciones"* (v.26 DHH). Ezequiel 3.16-21 también involucra en este último grupo a aquellos que no predican ni intervienen por la salvación de los que ya se encuentran perdidos: *"Si les aviso a los perversos: 'Ustedes están bajo pena de muerte', pero tú no les das la advertencia, ellos morirán en sus pecados; y yo te haré responsable de su muerte"* (v.18 NTV).

Hoy levántate como un *"centinela"* del Señor (v.17) y, dejando tus prejuicios, aboga para llevar el mensaje de salvación aun a aquellos que humanamente creas que no tienen perdón ni merecen esperanza de vida eterna.

DÍA 98 - JOHN WEISSMULLER
(NATACIÓN - ESTADOS UNIDOS)

"Pero si andamos en luz, como él está en luz, tenemos comunión unos con otros, y la sangre de Jesucristo su Hijo nos limpia de todo pecado" (1 Juan 1.7 RVR60)

Aunque en su libro bibliográfico él mismo indica su nacimiento en el país norteamericano, es sabido que John era oriundo de la actual Rumania, hecho que se mantuvo oculto para que pudiera competir para los Estados Unidos. Una vez instalada su familia en Chicago, John comenzó a nadar por primera vez hasta los 15 años de edad donde su propio entrenador le pidió que buscara otro lugar donde entrenar ya que él no podría ayudarlo a mejorar más de lo que lo había hecho.

Ya en 1921, y con 16 años, sus objetivos se habían tornado más claros de cara al profesionalismo. Las estadísticas cuentan que, una vez consagrado campeón nacional nunca más en toda su historia deportiva vivió una derrota en la piscina (obviamente en las pruebas en las que competía). Hasta la aparición de Michael Phelps, Weissmuller fue considerado el mejor nadador de todos los tiempos con un total de 5 medallas de oro olímpicas (más una de bronce en waterpolo) y 27 records mundiales.

Pero lejos de tener una vida limitada a la natación, John recibió la invitación de parte de Hollywood para rodar películas de *Tarzán*. De esta manera el mejor nadador de todos los tiempos se convertía en una estrella del cine, grabando 12 películas del intrépido humano criado por simios en la selva.

Se casó 6 veces y muchos de ellos terminaron en escándalo, llevándolo a la ruina financiera; obligándolo a tener que vender sus trofeos para subsistir. Falleció en la miseria, elevando su voz con el típico grito de Tarzán, a causa de su esquizofrenia.

Lo que más me llama la atención de este personaje del deporte y la farándula es la cantidad de veces que contrajo matrimonio. Todo lo que había logrado en algún momento fue olvidado y desechado a causa de las decisiones equivocadas tomadas con las personas que lo rodeaban. Esto me lleva a preguntarme por qué se rompen las relaciones (llámese matrimonio, noviazgo o amistades), y la única respuesta viable y que engloba a todas las excusas habidas y por haber es el pecado. El pecado rompió la relación que Lucifer tenía con Dios y el resto de los seres en el Cielo; el pecado destruyó la relación entre Adán y Eva, entre Caín y Abel, entre Saúl y David; el pecado destruye relaciones entre nosotros y destruye también la relación que tenemos con Dios. De esta manera, al dejar ingresar al pecado en nuestras vidas (generalmente de manera "imperceptible" y poco a poco) se generan divorcios, distanciamientos, contiendas.

¿Cuál es la única manera de volver a unir las relaciones? Permitiendo que Jesús entre en la vida de cada uno, dejándolo colocar su carácter por medio de la oración, la lectura de su Palabra y el obrar conforme a su voluntad.

Hoy plantéate andar en la luz para fortalecer tus relaciones y más aún, para sanar las relaciones que quizás se hayan roto. <u>Recuerda</u>: Dios es lo suficientemente poderoso para volver a unir aquello que el pecado distanció.

DÍA 99 - KERRI STRUG (GIMNASIA – ESTADOS UNIDOS)

"Es mejor ser dos que uno, porque ambos pueden ayudarse mutuamente a lograr el éxito"
(Eclesiastés 4.9 NTV)

Hasta aquel entonces el mundo de la gimnasia artística era dominado por la Unión Soviética. Al abarcar tanto territorio, podía darse el lujo de reclutar a los mejores atletas de dicha disciplina. A partir de la ruptura de la URSS, Rusia seguía siendo la "madre de la gimnasia", hasta que en los 90's surgió un grupo que cortaría con tal dominio. Las llamadas "Magnificient Seven" (Las Siete Magníficas) componían el equipo de los Estados Unidos que lo representaría en los JJOO de Atlanta 96.

En la final por equipos (donde se suman los puntos de cada competencia individual en cada aparato), ambos países disputaban el oro codo a codo. En la prueba de salto de caballete, Kerri seria clave para separarse en la puntuación de las rusas. Sin embargo, en su primer salto, no logró realizar una rotación correcta en el aire, produciéndole una mala caída y, consecuentemente, una lesión en su tobillo. Inmediatamente le preguntó a su entrenador si era necesario volver a saltar, a lo que le respondió *"Te necesitamos para el oro"*. Cojeando, pues se había roto los ligamentos, la estadounidense se preparó para su segundo salto y definitivo. Comenzó la carrera a toda velocidad e hizo un salto perfecto.

La imagen siguiente seria la del entrenador cargándola en sus brazos para llevarla, junto a sus compañeras, para recibir la medalla de oro. La primera para su país en la modalidad de equipos.

No sé si lo has notado pero a la gente le cuesta cada vez más ceder. Y no hablo de ceder a la tentación (eso seria en lo más mínimo recomendable); me refiero al trabajo cooperativo con el otro.

La lucha de egos es constante, y los cristianos no quedan exentos de tales situaciones. Cómo resolver una situación problemática, qué idea elegir, cuál opinión tiene mayor validez, reconocer el error propio… y hasta incluso deliberar quién tiene la razón. En definitiva, ceder se trata, justamente, de dejar algo que es considerado sumamente prioritario para uno. Cuántos conflictos se resolverían (y cuántos ni siquiera comenzarían) si las personas cedieran más, entendiendo que es un acto que otorga un espacio reflexivo de discusión sin imposición. Quizás ese sea el mayor valor de este acto: invitar al dialogo pasivo y racional.

Para los que no lo saben, tenemos un Dios que cede, no porque el ser humano tenga razón en lo que dice, sino porque Él respeta nuestras decisiones. A Job, por ejemplo, le dio la oportunidad de hablar con Él por lo que estaba pasando, a los israelitas los dejó elegir un rey y a los fariseos les permitió crucificar a su Hijo. Con este acto nos invita a reflexionar sobre nuestras decisiones, pero cuando nos equivocamos no toma el rol de acusador, sino que nos vuelve a llamar para conversar, para que volvamos a Él.

Hoy plantéate tu actitud. Piensa si debes ceder ante alguna situación que estés atravesando. Puede ser con tus amigos, hermanos de iglesia o pareja. Hazlo para abrir una puerta al diálogo.

Recuerda: es mejor tratar con amor a una persona y tenerla de amigo, que "tener la razón" obstinadamente y perderlo.

DÍA 100 - DREAM TEAM (BÁSQUET – ESTADOS UNIDOS)

"Todos ustedes en conjunto son el cuerpo de Cristo, y cada uno de ustedes es parte de ese cuerpo" (1 Corintios 12.27 NTV)

Los JJOO de Barcelona 92 vieron nacer al equipo de baloncesto más prestigioso de todos los tiempos: el Dream Team (el Equipo de los Sueños), integrado por el plantel de jugadores profesionales estadounidenses más talentoso.

Antes de aquella cita olímpica Estados Unidos no presentaba jugadores fichados en la NBA (National Basketball Association), pero al perder en una edición decidieron que su orgullo no sería mancillado nunca más.

Entre algunos de los jugadores se encontraban Michael Jordan, Scottie Pippen, "Magic" Johnson y Larry Bird, que lograron "aplastar" de manera consecutiva a todos sus rivales. El promedio de los tantos realizados por tal equipo, en todos los partidos, fue de 120 puntos, mientras que el de sus rivales de 70.

Fue en aquel momento donde las estrellas del básquet decidieron someterse a las órdenes de un entrenador para trabajar en conjunto y lograr los mejores resultados. Resultados que le valieron el nombre.

En la iglesia primitiva sucedían disrupciones de pensamiento entre los judíos y gentiles, ambos conversos al cristianismo, sobre qué papel le tocaba cumplir a cada uno. Esto involucraba puestos, jerarquías, privilegios y distintos roles que se podían desarrollar dentro de la nueva iglesia instaurada por Cristo a manos de los apóstoles. Quién se encontraba más o menos capacitado para tal o cual función, o quiénes merecían realizar determinada actividad y no otra eran algunos de los interrogantes que intentaban desvelar.

En este contexto el apóstol Pablo les escribe un apartado, dentro de su carta a los Corintos, referido al trabajo en conjunto y a los beneficios que esto mismo trae, como así también las desventajas que conllevaría la división entre hermanos.

El primer aspecto a considerar es que todos conforman la iglesia escogida por Dios; ya sean cristianos desde nacimiento, como aquellos que se bautizaron de adolescentes o adultos; y si todos son parte y, por lo tanto, llamados hijos de Dios, todos se encuentran colocados en un mismo nivel. Hombres, mujeres, niños, adolescentes, jóvenes, adultos, ancianos, cristianos de cuna y cristianos desde la adultez, cristianos que nunca se apartaron del camino y aquellos que se alejaron y volvieron, tienen la misma oportunidad de trabajar para la proclamación del evangelio; cada uno con sus dones dados por el Espíritu Santo, complementándose entre sí, retroalimentándose en la maravillosa obra de la predicación.

Dios no apoya el absolutismo dentro de su iglesia, los cargos "enquistados", el dejar de lado o la desconsideración del otro. Todo lo contrario, Él promueve el trabajo en conjunto, la ayuda mutua y la formación continua de discípulos.

Hoy piensa en qué eres útil en tu iglesia. Evalúa los dones que tienes y ponlos a servicio de la predicación del evangelio. <u>Recuerda</u>: trabaja con tus hermanos en la fe para que todos puedan llegar al Cielo juntos.

DÍA 101 - SANTIAGO LANGE (YACHTING - ARGENTINA)

"El ladrón viene solamente para robar, matar y destruir; pero yo he venido para que tengan vida, y para que la tengan en abundancia" (Juan 10.10 DHH)

El regatista argentino había ganado cuatro campeonatos mundiales y dos medallas olímpicas de bronce, entre otras condecoraciones en distintas categorías. Mientras se perfilaba, junto a su compañera, Cecilia Carranza Saroli, para competir en los Juegos Olímpicos de Rio 2016, Santiago comenzó a sentirse mal. Previo a un torneo, cayó enfermo como nunca antes (un aparente estado gripal), sin encontrar causa aparente y que se prolongaría por meses.

Los análisis indicaban que Santiago sufría de cáncer de pulmón. Se le había detectado un tumor.

Lange le pidió al médico que lo operase lo antes posible. La fecha seria el 22 de Septiembre de 2015, el día de su cumpleaños. Pero a él no le importaba, pues tenía su meta puesta en Julio del próximo año. A los 5 días de la operación ya andaba en bicicleta. Y cuando comenzó a navegar se sintió más motivado que nunca... pero eso no era suficiente. El regatista no tenía la fuerza necesaria, no podía moverse como requerían las exigencias deportivas. Las frustraciones se acumulaban.

En Noviembre decidieron irse a vivir a Brasil con el fin de entrenar todos los días en el mismo lugar donde se desarrollaría la competencia. Ya dentro del calendario competitivo, Santiago Lange, mientras se dirigía al club náutico, escuchaba en sus auriculares una canción que decía *"gracias a la vida, que me ha dado tanto"* de Mercedez Sosa.

Ese día la pareja argentina mixta, de la modalidad "nacra 17", ganaría el oro olímpico y, principalmente Santiago, miraría hacia atrás para ver por todo lo que había pasado y contemplar ahora lo que había conseguido. Lágrimas, esta vez no de tristeza y dolor, sino de alegría.

¿Por qué sufres? ¿Qué te hace llorar? ¿Por qué das vueltas en la cama sin poder dormir por las noches? ¿A qué se debe esa sensación en el pecho de opresión? ¿Qué te han quitado? ¿Un ser querido, el empleo, una relación amorosa, una amistad, la salud, la felicidad?

Las Sagradas Escrituras revelan a Satanás como el autor intelectual, y del hecho, de todo el sufrimiento humano. Ese es su único objetivo. Bien lo devela la historia de vida de Job. En realidad su principal objetivo es separarte de Dios a través del sufrimiento. Hacerte olvidar.

En contraposición contamos con un Dios que, gracias a su providencia, se opone en todo sentido a Satanás. El apóstol Juan bien ha sabido marcar la diferencia entre ambos. Nuestro Sustentador quiere ofrecernos vida... y en abundancia. Pero ¿cómo obtenerla si Satanás se encarga de destruirnos constantemente? Entregándose a Cristo con fe, pues no olvides que Él es 1) **camino**, 2) **verdad**, 3) **vida** (Juan 14.6) y que está a nuestro lado para protegernos (Salmos 34.7 LBLA).

Hoy sal a la vida sabiendo que tu Dios es más poderoso que Satanás.

DÍA 102 - BETHANY HAMILTON (SURF – ESTADOS UNIDOS)

"Porque el Señor tu Dios está en medio de ti como guerrero victorioso. Se deleitará en ti con gozo, te renovará con su amor, se alegrará por ti con cantos" (Sofonías 3.17 NVI)

Bethany se encontraba surfeando en las costas de Hawái cuando fue sorprendida por un tiburón tigre el cual le amputó el brazo izquierdo (por debajo del hombro) de una mordida letal. Tan solo tenía 13 años cuando sucedió tal incidente y ya era una competidora reconocida a nivel mundial.

Sus hermanos lograron sacarla del agua y trasladarla al hospital más cercano. Ya había perdido más del 60% de su sangre. La recuperación fue bastante rápida, pues tan solo 10 semanas más tarde, Bethany surfeaba nuevamente las olas de su país.

Hamilton creció en una familia religiosa y, a pesar de haber sufrido tal infortunio, su fe no había menguado. *"Cuando la gente me pregunta qué significa para mí Cristo suelo responder con sólo una palabra: '¡Todo!'. Eso era verdad antes del ataque del tiburón y lo ha sido también después. Y creo realmente que gran parte de lo que me hizo seguir adelante fue esta fe. Es bueno saber que, incluso cuando no tienes ni idea de por qué algo ocurre en tu vida, alguien arriba tiene un plan maestro y cuida de ti. Es un tremendo alivio ser capaz de poner tu confianza en Dios y quitarte el peso de encima de tus hombros"*

Hoy día se mantiene activa en el surf, compitiendo de manera internacional al nivel de personas sin discapacidad, ha podido casarse y tener un hijo; así mismo acostumbra a dar charlas motivacionales en iglesias compartiendo su experiencia de fe con otras personas.

Siempre escuchamos que debemos honrar a Dios con nuestra mente y cuerpo, con nuestro espíritu y dones, con los actos tomados en cada momento de nuestra vida. Lo adoramos leyendo su Palabra, teniendo el momento del culto personal diario, en la iglesia, cantando, hablándole a otro acerca de su amor, cuidando nuestros cuerpos e incluso también la naturaleza, pero ¿cuándo hemos escuchado que Dios se encuentra dispuesto a honrarnos de tal forma que hasta cantaría por nosotros? Es realmente maravilloso saber que contamos con un Dios con tal inclinación hacia el ser humano caído.

Jesús demostró tal acto al dejar *todo* y venir al mundo para darlo *todo*. Él se transformó en el *todo* del hombre (Eclesiastés 12.13) porque estimó al hombre como su *todo*. Consideró a cada habitante de este mundo, a cada pecador como su hijo, como alguien a quien no dejaría sin la oportunidad de vivir por y en el *todo*. Es por tal motivo que dio su vida por *todos*, sabiendo aún que parte del *todo* lo rechazaría porque su *todo* se encuentra en algo que siempre resultará ser algo incompleto.

Hoy alaba al Señor porque es *todo* lo que necesitas para obtener felicidad y vida. <u>Recuerda</u>: Él lo dio *todo* por ti ¿tú qué le darás?

DÍA 103 - IÓSIF STALIN (UNIÓN DE LAS REPÚBLICAS SOCIALISTAS SOVIÉTICAS – URSS)

"— ¡Es necesario obedecer a Dios antes que a los hombres! —respondieron Pedro y los demás apóstoles—" (Hechos 5.29 NVI)

Stalin, dictador soviético que se mantuvo activo en ambas Guerras Mundiales, y que permanecía como jefe de Estado durante los JJOO de Helsinki 52, es recordado, en el ámbito deportivo, por haber negado el paso de la antorcha olímpica por el territorio soviético (15 países de la actualidad).Símbolo del espíritu olímpico y alejado rotundamente de intereses políticos.

"Aquí no se habla de Dios"... ¿alguna vez estuviste en algún lugar donde se prohibiera hacer proselitismo religioso? Dicha prohibición puede ser de carácter explícita o implícita, esto es que, en el primer caso, se conoce de ante mano que al lugar donde se irá no se puede siquiera mencionar a Dios; y en el segundo, el carácter de una reunión o una conversación, ya sea por lo que se habla en sí mismo o por la historicidad de las personas involucradas, por ejemplo, excluyen la posibilidad de hacer un comentario religioso.

En este día quisiera compartirte dos experiencias personales que se refieren a ambas situaciones, respectivamente:

1. En el 2016 tuve la oportunidad de viajar a Rio de Janeiro, Brasil, participando de un programa que había lanzado la División Sudamericana Adventista llamado "Circuito de Campeones". Viajamos a la que se convertiría la ciudad más importante del mundo donde se desarrollarían los JJOO. El objetivo del viaje era enteramente misionero: realizar un impacto en Rio durante la cita olímpica. Pudieron repartir miles de libros misioneros, folletería, biblias y ofrecimiento de otros servicios (tales como ferias de salud) a personas de todo el mundo.

   El dato no menor es que el Comité Olímpico Internacional prohíbe el proselitismo religioso, repudiando abiertamente a aquellas personas (sean deportistas o no) que hablen de Dios, independientemente de la religión.

2. Recuerdo que mientras estudiaba el profesorado en Educación Física, cursaba una materia donde la profesora declaraba que las posibilidades motoras se debían gracias al proceso evolutivo que surgió a partir de una simple "ameba" hace millones de años. Entonces yo levanté mi mano y le pregunté: *"¿usted qué cree que fue primero, el huevo o la gallina?"* Inmediatamente todos, incluyendo a la profesora, respondieron con una carcajada. En ese efímero instante comprendí que me encontraba totalmente solo en la postura creacionista.

La única ventaja que considero de saber que en determinado lugar o contexto no se puede hablar de Dios, es que se tiene tiempo para plantear una estrategia. La predicación del evangelio es un mandato divino (Mateo 28.19-20). No se puede rescindir de él ¿Acataremos lo que dicen los demás al respecto? Claro que no; fuimos enviados a llevar luz celestial prudentemente. Tal como dice Jesús: *"[...] sed astutos como las serpientes e inocentes como las palomas"* (Mateo 10.16 LBLA).

Hoy descubre la manera de proclamar el evangelio eterno en aquellos lugares donde se encuentra prohibido. Recuerda que es uno de los pocos motivos donde debe desobedecerse la ley humana para obedecer la divina.

DÍA 104 - ROCKY BALBOA (BOXEO - ESTADOS UNIDOS)

"Ten cuidado de que la luz que hay en ti no resulte oscuridad" (Lucas 11.35 DHH)

Sí, no has leído mal. El día de hoy la reflexión surge del personaje de ficción deportivo más querido y añorado; aquel boxeador encarnado por Sylvester Stallone que tuvo su primera aparición en el cine en el año 1976. Cómo olvidar a aquel hijo de inmigrantes italianos que vivía en un barrio italiano de escasos recursos y que tenía como sueño convertirse en un gran boxeador de elite. Cómo no recordar las batallas épicas libradas en el cuadrilátero frente a Apolo Creed o al mismísimo Iván Drago en Rusia. Cómo dejar de tararear el tema musical icónico que representaba los entrenamientos del "Semental Italiano".

Probablemente aún te estés preguntando qué hace esta historia enmarcada en dicho libro de meditaciones, siendo que no se trata de hechos verídicos del deporte. Para tu sorpresa (pues en lo particular realmente me vi sorprendido en su momento) en el 2018 "Rocky Balboa" recibió el título honorífico de la Organización Mundial de Boxeo de manos del presidente del Consejo. Y te estarás preguntando por qué. Balboa, crease o no, resultó ser el segundo embajador del boxeo a nivel mundial (por detrás de Muhammad Ali) siendo que, a través de la pantalla grande, ha logrado inspirar a muchísimos atletas y dar a conocer el deporte por todo el mundo.

El versículo clave del día es sencillo y al punto, pero revela grandes verdades que el cristiano bien puede obviar. Según la Biblia hay dos tipos de cristianos; por un lado se encuentran aquellos que colocan su vida en la voluntad divina y tratan de hacerlo todo conforme a esta (aunque a veces puedan equivocarse) y, por el otro el tipo que, en una suerte de autoengaño, creen vivir en el camino que los direcciona a la salvación.

Este segundo grupo de creyentes piensa que realmente tiene la luz verdadera, la luz con la que puede predicar a otros y, aunque es posible que Dios los utilice de todas maneras, se diferencian del primer grupo porque han decidido no entregar su vida completa al Señor. Así ciertos hábitos, actitudes y acciones específicas siguen reinando en la vida de estas personas detrás de una máscara de santidad. Jesús mismo dijo al respecto de estos: *"No todo el que me dice: Señor, Señor, entrará en el reino de los cielos, sino el que hace la voluntad de mi Padre que está en los cielos. Muchos me dirán en aquel día: Señor, Señor, ¿no profetizamos en tu nombre, y en tu nombre echamos fuera demonios, y en tu nombre hicimos muchos milagros? Y entonces les declararé: Nunca os conocí; apartaos de mí, hacedores de maldad"* (Mateo 7.21-23 RVR60). Estas últimas palabras serán las más tristes que Cristo pronunciará en la existencia de la vida misma. Cuando declare no haber conocido a aquellos que vivieron en la falsa luz creyendo que con su vida lo glorificaban y hasta, incluso, ganaban almas para Él.

Hoy realiza una autoevaluación y considera en qué tipo de luz te encuentras. No seas una luz ficticia como Rocky Balboa, por el contrario vive en la luz real y vivificante; a diferencia de Stallone vive lo que predicas ser.

DÍA 105 - VADIM GORBENKO
(LUCHA GRECORROMANA – RUSIA)

"Pues si vivimos, para el Señor vivimos, y si morimos, para el Señor morimos; por tanto, ya sea que vivamos o que muramos, del Señor somos" (Romanos 14.8 LBLA)

Existen tres situaciones que todo deportista anhela experimentar en su vida: participar de un Juego Olímpico, ganar una medalla, portar la antorcha olímpica. Con respecto a esta última, portadora del "espíritu olímpico", es transportada por los cinco continentes del planeta llevando el mensaje de que las olimpiadas terminan, acercándose el tiempo de los Juegos Olímpicos (técnicamente la olimpiada hace referencia al periodo de 4 años entre cada Juego Olímpico).

Pero una vez que la misma toca el suelo del país anfitrión, esta debe recorrer todos los puntos del territorio organizador. Así, miles de deportistas son partícipes de, en algunas ocasiones, recorridos de unos cortos, pero inmortales, 200m.

En los JJOO de invierno de Sochi 2014, la antorcha olímpica recorrió unos 56000km en 123 días, llegando a más de 2900 localidades rusas y 14000 relevistas. Entre uno de ellos se encontraba el ruso Gorbenko, entrenador del equipo de lucha grecorromana. Tras recorrer los 200m que le correspondían, comenzó a sentirse mal, por lo que fue hospitalizado. Horas más tarde falleció.

Qué tremendo final para un deportista: morir luego de haber pasado la antorcha olímpica. Vivir y morir en el deporte.

Como cristianos tenemos la encomendación de 3 cuestiones:

1. **Vivir para Cristo.** La palabra *para* nos da una idea de pertenencia. Nosotros, como sus hijos, le pertenecemos a Dios el Padre. Cada minuto de nuestra existencia debe ser dedicado a Él; cada decisión entregada a su divina voluntad; cada respiro en sintonía perfecta con su Palabra, cada paso dado en favor de la Misión. Y esto ¿por qué? Porque es en vida, y no en muerte, que podemos (y debemos) tomar las decisiones; decisiones que llevan a vida eterna.

2. **Morir para Cristo.** Me pregunto si realmente los cristianos entendemos qué significa morir por causa de la Verdad. Y no me refiero a las persecuciones ideológicas que podemos llegar a tener, sino a la muerte real. Cuando "el otro" no soporta la idea de que sigas a Jesús como tu Salvador y decide acabar con tu vida ¿Estamos preparados para eso? ¿Tú lo estás? Nadie tiene comprado el próximo minuto de su vida y ya en la muerte no hay forma de volver atrás (Eclesiastés 9.5).

3. **Del Señor Somos.** Pertenencia total. Una pertenencia que no es obligada sino recibida por Dios de nuestra parte, por libre albedrío. Ser del Dios Todopoderoso es, justamente, entender que tenemos a un Dios que todo lo puede, que es el creador y sustentador de la vida misma y que, por lo tanto, no hay nada mejor que seguir sus pasos.

Hoy reflexiona si estás dispuesto a vivir y morir para Cristo. Piensa la manera de prepararte para lograrlo. <u>Recuerda</u>: Un cristiano debe estar preparado para dos cosas en su vida: la predicación del evangelio y la muerte.

DÍA 106 - ATTILA PETSCHAUER (ESGRIMA – HUNGRÍA)

"Deseen con ansias la leche pura de la palabra, como niños recién nacidos. Así, por medio de ella, crecerán en su salvación" (1 Pedro 2.2 NVI)

Denominado el nuevo "D'Artagnan", Attila fue uno de los mejores esgrimistas de la década del 1920 y 1930, tanto que en los JJOO de Ámsterdam 28 salió victorioso en los 20 enfrentamientos disputados, llevándose la medalla de oro para su país.

En 1938 los judíos de Hungría comenzaban a sufrir las denominadas *Leyes de Núremberg*, dictadas por la Alemania Nazi dos años atrás. Como Attila era campeón olímpico (3 oros y 1 plata), había quedado exento de los trabajos forzados en los *campos de concentración*. La exención se atribuía por medio de un documento que portaba el judío húngaro, documento que un día ínfimamente desafortunado olvidó en su casa. La policía no lo reconoció y lo trasladó a un campo de trabajo forzado ubicado, actualmente, en Ucrania.

Otros deportistas secuestrados (y deportados) lo reconocieron, por lo que la policía alemana lo utilizó como objeto de burla. Lo obligaron a trepar un árbol desnudo en pleno invierno y a imitar animales, hasta que lo lanzaron al agua helada la cual terminó causándole la muerte.

Si al menos te encuentras leyendo esta meditación por la mañana y antes de salir a la jornada rutinaria (o no tanto) que te depara el día de hoy, es porque tomaste la decisión de comenzar el día comiendo el alimento espiritual. Pero debo decirte que si solo lees el devocional antes de salir, no es suficiente. Necesitas más, pues esto es solo alimento "masticado". Es tiempo de pasar a comer alimento "maduro", lleno de los nutrientes celestiales.

La devoción matutina es buena, pero la Palabra de Dios leída y estudiada directamente de la Biblia, de manera personal, es aquella que contiene todos los componentes que nuestra mente necesita para revincularse diariamente con Dios. El resto sirve para complementarla.

El apóstol Pablo amplía el concepto de Pedro. La "leche pura" es muy buena pues representa los primeros pasos en la comunión devocional con Dios, pero debe llegar un momento en el cual cada persona debe decidir en aumentar este conocimiento sobre su Creador pasando a comer "alimento sólido", alimento espiritual que involucren nuevos conocimientos sobre la deidad y, por lo tanto, sobre lo que se espera para la vida en particular de cada uno. Como se encuentra citado *"tuve que alimentarlos con leche, no con alimento sólido, porque no estaban preparados para algo más sustancioso [...]"* (1 Corintios 3.2 NTV – ver también Hebreos 5.12).

Salir a los afanes de la vida sin haberse llenado de la Palabra Viviente, ya sea porque el despertador no sonó, o porque no te encuentras acostumbrado a realizar tu culto personal, o porque piensas que no es necesario (pon la excusa que quieras) es salir a un campo de batalla sin armas ni chaleco antibalas, y con un letrero luminoso y bocina que gritan desesperadamente "dispárenme por favor".

Hoy proponte pasar a otro nivel en el conocimiento de tu Salvador. Conócelo cada vez más para que puedas disfrutar de quién tienes a tu lado. <u>Recuerda</u>: si Él no se olvida de ti, tú no te olvides de Él.

DÍA 107 - RINKU SINGH (BEISBOL - INDIA)

"Me propuse más bien, estando entre ustedes, no saber de cosa alguna, excepto de Jesucristo, y de éste crucificado" (1 Corintios 2.2 NVI)

En el 2014 se lanzó la película de Disney titulada "El Brazo del Millón", la cual relata los hechos escalonados de este joven adolescente que logró cambiar su vida dando un giro inesperado de 180°.

Todo comenzó en el 2008 cuando el agente deportivo del club de beisbol de Estados Unidos Pittsburgh Pirates , J. B. Berntein (y asociados), ideó un plan para reclutar a jóvenes talentos deportivos capaces de dar el gran salto en este deporte. Fue así que idearon un plan totalmente innovador basado en la creación del *reality show* llamado *The million Dollar Arm* (El Brazo del Millón de Dólares), donde se buscaba aquel jovencito que pudiera realizar los lanzamientos más rápidos y precisos. El único inconveniente es que se pretendía encontrar a la próxima estrella del beisbol en el país donde este deporte es prácticamente inexistente, aunque sí se practica el criquet como máxima referencia deportiva (deporte de rasgos similares al beisbol).

Rinku fue uno de los más de 37mil participantes que se inscribieron para participar de dicho programa de televisión. Oriundo de una familia numerosa (8 hermanos) y de escasos recursos (vivían todos en una sola habitación), se había destacado en el deporte desde pequeño (criquet y lanzamiento de jabalina) y, aunque nunca había jugado al beisbol, ganó el concurso con un lanzamiento que alcanzó los 140km/h embolsando U$S 100.000 y obteniendo un pase (junto al que había salido en segundo lugar, Dinesh Patel) para viajar a Estados Unidos y comenzar a ser parte de una nueva vida entrenando en *Los Piratas*, donde se convertiría en jugador profesional hasta la actualidad.

Viajar, experimentar, hablar, caminar, autobús, idioma, escases, incomodidad, cansancio, satisfacción, compañerismo, fe, predicación, dependencia...

Estas son algunas de las palabras que resumen la obra de los misioneros. Aquellos que se animan a salir del territorio donde se encuentran para dirigirse a tierras lejanas (o quizás no tanto) con el fin de llevar el mensaje de esperanza. En la Biblia se encuentran muchísimos ejemplos de personas que fueron enviados a predicar a lugares donde no vivían... incluso a dedicar su vida a ello.

Los misioneros son enviados por el Espíritu Santo a proclamar el mensaje a aquellos que nunca han oído del mismo, para que cuando oigan, pueda estudiar la Palabra y tengan fe y, cuando tengan fe, puedan ser salvos en el nombre del Señor Jesús (Romanos 10.14-17).

Viaja. Sal de la zona de confort. Vive experiencias nuevas. Conoce culturas distintas. Prívate de comodidades. Conversa con personas que nunca hayas visto. Escucha la voz de Dios. Lleva el evangelio a todas partes. Anímate a ir a lugares desconocidos a hablar de la salvación.

Hoy ora para que Dios te de al menos una oportunidad de salir a predicar en un sitio donde nunca antes hayas estado. Veras el grado de conexión que lograrás con Él.

DÍA 108 - DORA RATJEN (ATLETISMO – ALEMANIA)

"Se dice: 'Yo soy libre de hacer lo que quiera'. Es cierto, pero no todo conviene. Sí, yo soy libre de hacer lo que quiera, pero no debo dejar que nada me domine"
(1 Corintios 6.12 DHH)

El movimiento nazi se estaba dando a conocer al mundo por medio de los métodos propagandísticos realizados durante los JJOO de Berlín 36 donde, entre otros varios asuntos, Alemania demostraría al mundo la raza aria, aquella que, concebida por Adolf Hitler y basada en la ideología darwinista, presentaba una raza humana que sería la dominadora del resto. Esto mismo llevó al comité olímpico alemán a expulsar a deportistas que no pertenecieran a los arios.

Con dicho trasfondo las pretensiones de Hitler eran ubicar a su país en lo más alto del medallero por medio de los logros deportivos de los "atletas superiores". Tanto fue así que el famoso dicho *"el fin justifica los medios"* se hace realidad al presentar al protagonista del día, a la saltadora en altura Dora Ratjen... o debería decir *el saltador*.

Cuando Dora compitió muchos atletas elevaron las quejas pertinentes, pues alegaban que la alemana era en realidad un hombre. Sin embargo los organizadores hicieron caso omiso a tales reclamos permitiéndole competir, dando como resultado un cuarto puesto. Dos años más tarde, en el campeonato europeo, Dora ganaría la medalla de oro.

Todo parecía normal hasta que, en Septiembre de 1938, el maquinista del tren vio a un hombre vestido de mujer, por lo que acudió a la policía para que intervenga (entendiendo que el travestismo, entre otras inclinaciones sexuales que no fueran la heterosexualidad, se encontraba penadas por la ley). Cuando se le visó la documentación, la misma indicaba que era mujer pero, tras la insistencia policial, Dora confesó que realmente era un hombre. Luego se la trasladó para que se le realice los exámenes médicos correspondientes donde, efectivamente, se declaró que Dora era un hombre. Acto seguido fue sometida a procesos judiciales donde se le anularon los records alcanzados, las medallas obtenidas e, inclusive, seguir practicando deporte. Al año siguiente formalizó el cambio de sexo para pasar a llamarse Heinrich Ratjen.

"No todo me conviene"... creo que es una de las grandes frases que encierra la Biblia y que reflejan, de alguna manera, la conducta temperante del cristiano. El libre albedrio siempre ha tenido las puertas abiertas para elegir cualquier camino, entre el bien y el mal. Una vez entrado el pecado se han generado mayores oportunidades para que las personas realicen lo que quisieran, y no hablo solo de los deseos, sino también de las decisiones de vida (proyectos de estudio, familia, conexiones sociales, etc.).

Ahora bien ¿cómo saber cuándo no conviene realizar determinada acción? Desde lo más sencillo a lo más complejo: si se hace para satisfacer los deseos de la carne (Gálatas 5.19-21), si se obtiene algún tipo de ventaja interesada, si se encuentra en contra de los designios bíblicos entonces somos exhortados para llamar al Espíritu Santo para que nos otorgue el don del dominio propio.

Hoy ora para que se te revele la manera de tomar las mejores decisiones. Pide por el dominio propio. <u>Recuerda</u>: dejarse llevar por las emociones no acarrea un final feliz.

DÍA 109 - CARLOS MONZÓN (BOXEO – ARGENTINA)

"El amor es paciente, es bondadoso. El amor no es envidioso ni jactancioso ni orgulloso. No se comporta con rudeza, no es egoísta, no se enoja fácilmente, no guarda rencor"
(1 Corintios 13.4-5 NVI)

El 14 de Febrero de 1988, el campeón mundial de peso mediano, Carlos Monzón, (desde 1970 a 1977 inclusive, año de su retiro) y miembro del salón de la fama del boxeo, arrojaba a su mujer desde el balcón de su casa en un acto que aún hoy se encuentra lleno de interrogantes debido a la cantidad de testimonios circundantes que se contradicen entre sí. Su vida deportiva que, según aquellos que lo vieron pelear en el cuadrilátero alegan haber visto al mejor boxeador argentino de todos los tiempos (y del mundo), se terminaba para siempre con una condena de 11 años de prisión y posterior muerte en un accidente (1995).

¿Qué clase de pensamientos le sobrevinieron al actuar de esta forma?

La violencia doméstica es una realidad que ha trascendido las épocas y diversas culturas y que, lentamente, ha ganado terreno aun en las familias cristianas.

Ya la Biblia menciona hechos puntuales en los cuales, en este caso, la violencia de género era moneda frecuente en dichos tiempos históricos, como bien puede verse en la historia de Lot con sus hijas (Génesis 19.8), el levita que con su mujer (Jueces 19.25), o los maestros de la ley y la mujer adúltera (Juan 8.1-11), entre otros muchos ejemplos.

Pero que estén en la Biblia no significa que adopten un valor asertivo sino que, lejos de esto, sirvan como testimonio del camino del hombre en contraste con el divino. Ya en la Creación del hombre y la mujer, Dios tomó de la costilla de Adán la materia prima para crear a Eva (Génesis 2.21). No tomó "material" de la cabeza (dando a entender que la mujer sería superior al hombre), ni tampoco lo hizo de los pies (como símbolo de inferioridad), sino que del centro del cuerpo, significando igualdad de género ya desde *el principio*. Adán mismo dijo que Eva había salido de su propia persona (Génesis 2.23 NVI).

Lastimosamente, al ingresar el pecado al mundo, la mujer pasaría a estar bajo el dominio del hombre, no por propósito divino, sino por la presencia del mal en la Tierra. Tal acto se encuentra profetizado en Génesis 3.16 cuando menciona que el hombre la gobernaría de manera violenta creando desigualdad de género.

Pero qué grandioso que es nuestro Señor que ha dejado las cosas doblemente claras cuando, evidentemente, muchos de su propios hijos ya las habían olvidado. *"Sin embargo, en el Señor, ni la mujer existe aparte del hombre ni el hombre aparte de la mujer. Porque así como la mujer procede del hombre, también el hombre nace de la mujer; pero todo proviene de Dios"* (1 Corintios 11.11-12 NVI). Mensaje que ha servido para los de ayer, para los de hoy y para los de mañana.

Hoy decide ver a la mujer (o al hombre dependiendo del caso) como el igual que Dios creó. Considéralo/a como un hijo/a de Dios al igual que tú. <u>Recuerda</u>: El hombre es el mejor regalo que Dios le ha hecho a la mujer, y la mujer el mejor regalo que ha hecho para el hombre.

DÍA 110 - ZINEDINE ZIDANE (FUTBOL - FRANCIA)

"Todos caímos al suelo, y yo oí una voz que me decía en arameo: 'Saulo, Saulo, ¿por qué me persigues? ¿Qué sacas con darte cabezazos contra la pared?'" (Hechos 26.13 NVI)

Ayer jugador, hoy entrenador. La estrella del futbol mundial, campeón en su propia casa en Francia 98, ha visto su carrera opacada por una acción antideportiva, y épica a la vez, que quedó marcada en la historia del deporte, tanto por el contexto, como por el modo.

Transcurría la copa del mundo en Alemania 2006. Francia e Italia disputaban el partido final por el campeonato. Ambos igualaban el marcador con 1 gol. Entonces se genera un altercado de palabras entre Zidane y Materazzi, finalizando con un cabezazo en el pecho que le imprime el francés al italiano. Roja directa y expulsión del campo de juego.

Tras más de una década de aquella anécdota, y con "mucha agua bajo el puente", puede decirse que este personaje ha logrado recomponerse y salir adelante, triunfando en lo que hoy se dedica; aquello solo es un mal recuerdo.

Como conocedores de la verdad, cuántas veces tomamos decisiones que van en contra de la voluntad divina. Mentir para salir de una situación incómoda, copiarse en un examen, mirar ciertos programas de televisión (como así también escuchar música) que no construyen al espíritu, usar determinado vocabulario, visitar sitios web inadecuados, entre otros.

¿Por qué lo hacemos? Porque no soportamos la presión; la presión laboral (por miedo al despido), la presión ante una tentación (porque nos hemos acostumbrado a pecar), la presión social (porque no queremos vernos como "sapos de otro pozo"), la presión académica (porque no queremos recursar nuevamente la materia), la presión... búscale el nombre que quieras. No tenemos la capacidad de resistir porque, aunque suene duro decirlo, en ese momento nos olvidamos de Dios.

¿Qué es lo que sucede luego? Se obtiene la ventaja o beneficio inmediato, pero seguidamente la "conciencia" realiza su trabajo y surge el sentimiento de culpa. Muchos prefieren seguir viviendo en un estado de rebeldía y se apartan del Camino, pudiendo estar años en esta actitud.

Cuántos cristianos se dan cuenta demasiado tarde que se han dado la "cabeza contra la pared" por querer solucionar los problemas de otra forma, o buscar otro camino, que no es la que Cristo aconseja. Lamentablemente esto les produce mucho sufrimiento a posteriori.

Hoy comienza a priorizar a Dios en tu vida. Pídele que te haga fuerte frente a las presiones que sufres. Dile que quieres ponerlo en primer lugar, que quieres dejar de lastimarte por las decisiones que tomas. Que quieres vivir reformado y feliz a su lado.

DÍA 111 - CARLO AIROLDI (ATLETISMO – ITALIA)

"Pues nadie llegará jamás a ser justo ante Dios por hacer lo que la ley manda. La ley sencillamente nos muestra lo pecadores que somos" (Romanos 3.20 NTV)

Esta es la historia del maratonista italiano que intentó participar en el primer JO de la era moderna en Atenas 1986. Es la historia de un maratonista de la época poco convencional y que, sin duda, difiere en gran manera de los actuales. Es la historia de aquel que, en cierta ocasión, estando cómodamente primero, esperó a su rival y, cuando este llegó totalmente extenuado, se lo cargó a sus espaldas y avanzó hasta la meta junto a él. Es la historia de quien desafió a Buffalo Bill (un histórico jinete) a una carrera de 500km, en la cual él correría a pie, mientras que el norteamericano a caballo. Es la historia del deportista que decidió viajar corriendo a los primeros JJOO, recorriendo 70km diarios, atravesando Austria, Turquía y Grecia, y cuya travesía duró 28 días. Es la historia de aquel que, luego de haber realizado tal empresa, se presentó a la inscripción de la cita olímpica y se le negó su participación por haber cobrado un premio por una carrera ganada con anterioridad[4]. Es la historia de un excéntrico del deporte quien compitió en una carrera de 5000mts contra un caballo. Es la historia de aquel que, aun sin poder participar en un JO nunca se apartó del deporte hasta el momento de su fallecimiento.

Sin duda el corredor Carlo Airoldi hizo infinidad de actuaciones deportivas con el fin de lograr ser recordado por la posteridad pero, la realidad indica que, si bien ha quedado en la historia del deporte, fue el maratonista que pudo haber ganado una medalla olímpica pero que no fue.

En el cristianismo moderno (semejante al antiguo) muchos cristianos guardan la ley porque realmente creen que son salvos gracias a esto, aunque la Biblia misma diga lo contrario (como en el texto clave de hoy). Es que la función específica de la santa ley es mostrarle al ser humano qué es el pecado y, por consiguiente, lo pecador que se es. Y si es pecador necesita que lo salven. Pero también muestra la menara por la cual las personas pueden formar el mismo carácter perfecto de Cristo.

La observancia de la ley no salva, sin embargo es necesario obedecerla porque nos conduce a la fuente de salvación: Jesús.

Hoy decide aceptar el consejo de Dios para tu vida. Obedece la ley porque la misma se encuentra vigente. Solo la cumplirás como consecuencia de amar a Dios de todo corazón. <u>Recuerda</u>: Haciendo esto podrás comprender cuanto necesitas de Cristo en tu vida.

---

[4] En las primeras ediciones de los JJOO solo participaban aquellos deportistas amateurs; es decir, aquellos que no gozaban de un redito monetario para competir.

DÍA 112 - LA MÁQUINA (FUTBOL – ALEMANIA)

"En el hogar de mi Padre hay muchas viviendas; si no fuera así, ya se lo habría dicho a ustedes. Voy a prepararles un lugar" (Juan 14.2 NVI)

La selección de futbol alemana, también conocida como *La Máquina*, arribaba al mundial de futbol de Brasil 2014 con un as bajo la manga nunca antes visto. Ya con tres títulos mundiales en su bolsillo, Alemania abrazaría su cuarto galardón luego de vencer al equipo argentino en la final.

Si hay algo que decir es que la copa ganada no fue obtenida de manera azarosa. Para empezar la Federación Alemana de Futbol rechazó la oferta hotelera de parte del Estado de Brasil debido a que, un año antes, había comenzado a construir un centro deportivo al cual llamaron "Campo Bahía". El mismo, de 15 mil metros cuadrados, contaba con 14 casas de dos plantas, piscina, un restaurante, dependencias deportivas y una cancha de futbol. Así, el cuerpo técnico y los jugadores alemanes, podían disfrutar de estar alejados de la ciudad y de la presión impuesta por la prensa y los turistas.

El proyecto, que concentraría al futuro campeón del mundo y que costaría unos U$S40 millones, se terminaría convirtiendo en un centro turístico para la zona (evento inédito) creando nuevas fuentes laborales para los nativos de la zona.

¿Cómo te estás preparando para ir al Cielo? ¿Estás haciendo planes para ir? Quiero decirte que si HOY no estás pensando en ir a vivir junto a tu Salvador, entonces no creo que mañana lo hagas. El asunto de la salvación se vive día a día.

Cuando se decide irse de vacaciones, o mudarse, se crea un plan de contingencia donde se evalúa cada detalle. Pienso que se debería comenzar con la pregunta: ¿Hoy te sientes salvo? Espero que tu respuesta sea sí, no porque te lo merezcas (de hecho nadie lo merece), sino porque reconoces que eres pecador, confiesas tu pecado y aceptas que Jesús murió por ti y te dio el regalo de la vida eterna. Y este acto es algo que se debe realizar todos los días, pues nuestra naturaleza nos tiende a alejar de Dios.

Una vez que esto se transforma en una realidad, entonces queda organizar tu vida en dependencia y sintonía con la de Cristo. Siendo obedientes, fieles, santos y predicando la Palabra. De tal forma se construye el plan de vivir en el Cielo. Un viaje con destino al reencuentro con Jesús que seguramente querrás hacerlo con muchos seres queridos a tu lado.

Hoy piensa en cómo será tu vida en lo Alto, en ese mundo perfecto y que hoy nos parece abstracto. Fantasea con la idea de qué te gustaría hacer y con quienes desearías encontrarte y mantener una charla. <u>Recuerda</u>: la vida en este mundo es pasajera, comparada con la que se nos tiene prometida, tan solo es un punto efímero de la eternidad.

DÍA 113 - LOS HERMANOS BROWNLEE
(TRIATLÓN - INGLATERRA)

"Sopórtense unos a otros, y perdónense si alguno tiene una queja contra otro. Así como el Señor los perdonó, perdonen también ustedes" (Colosenses 3.13 DHH)

Jonathan se encontraba a tan solo 300m de la línea de llegada. Se colocaba en primera posición en el triatlón por el campeonato mundial de Cozumel, México, en 2016.

Sin embargo algo comenzó a no andar bien. Poco a poco, y paso a paso, el británico reveló una descoordinación generalizada en todo su cuerpo que lo llevó a desacelerar, a perder el sentido de orientación construyendo un recorrido en zigzag llevándolo a detenerse por completo. Ya no tenía las fuerzas para continuar aunque él mismo sabía que el título mundial lo estaba esperando a unos pocos metros.

Dos atletas se acercaban desde atrás, y a paso firme, pero, sorprendentemente, mientras que uno de ellos seguía de largo, el otro lo tomaba y cargaba a un costado acompañándolo hasta cruzar la meta juntos. Es que su hermano Alistair, también triatleta, no podía dejar a su hermano menor en tales condiciones. Llegando a la meta empujó a Jonnathan para que él obtuviera el segundo puesto.

Realmente fue una escena conmovedora ver cómo el mayor prefirió retrasarse para ayudar a su hermano menor.

Vaya historia que se asemeja a la vida del cristiano. El ser humano fue creado como un ser social. Nadie puede decir que se siente a gusto estando solo todo el tiempo (aunque es saludable pasar ciertos momentos de la vida en soledad con uno mismo... y con Dios). Como Jesús esto lo tenía bien en claro, enseñó la importancia del fortalecimiento por medio de un grupo (Mateo 10) que abarcaba desde lo cotidiano hasta la predicación del evangelio (Lucas 10). Cuando ascendió al Cielo, los que estuvieron con Él en la Tierra aprendieron la lección, pues se mantuvieron juntos orando (Hechos 1.14) y trabajando en la obra (Hechos 2.14-15).

El versículo clave del día de hoy, que hace eco del "Padre Nuestro" (Mateo 6.12), deja, por medio del apóstol Pablo, un mandamiento más: *"sopórtense unos a otros..."*. ¿Qué significa soportar al otro? Muchos dan por entendido a este concepto como un acto de seguir adelante en la obra del Señor, teniendo en cuenta que su hermano en Cristo no tiene remedio. En realidad esta es una concepción equivocada. El *soporte* es aquello que recibe el peso de otro, impidiendo que este último caiga ¿Ahora entiendes cuán distinto es el panorama?

Si bien hemos sido creados para relacionarnos entre personas, lo cierto es que la diversidad de temperamentos y personalidades conviviendo en un mismo espacio hace que uno cree una vinculación más significativa que con el otro... que con el otro que, muchas veces, ni siquiera le agrada. El soportar al otro implica una acción de ayuda mutua para alcanzar el mismo objetivo: ir al Cielo.

Hoy piensa en aquellas personas de la iglesia con la que no has logrado tener un vínculo amigable y has lo posible para soportarlo. Recuerda: quizás sea necesario tomar a tu hermano de sangre espiritual y "arrastrarlo" hasta las puertas del Cielo.

DÍA 114 - ANDY MURRAY I (TENIS – ESCOCIA)

"Yo soy el Alfa y la Omega, el Primero y el Último, el Principio y el Fin"
(Apocalipsis 22.13 LBLA)

Andy Murray, miembro del denominado grupo selecto de tenistas "Big Four" (Los Cuatro Grandes), ha sido uno de los más ganadores del último decenio junto a Roger Federer, Rafael Nadal y Novak Djokovic.

Aunque si bien tuvo una carrera escalonada (muchos pueden decir bajo la sombra de los "otros tres") Andy tuvo que sobreponerse a distintas situaciones un tanto frustrantes como el hecho de haber ganado varios torneos masters pero no un Grand Slam (situación que cambió a partir del 2013 al ganar el Abierto de Estados Unidos); además de enfrentarse con los propios británicos alegando que cada vez que ganaba era uno como ellos, pero cada vez que perdía era un escoces. Sumó un total de 47 torneos, entre ellos 3 grandes (Estados Unidos y dos veces Wimbledon), más una Copa Davis y 2 medallas de oro olímpicas (Londres 2012 y Rio 2016). Incluso en 2016, año en el que fue número 1 del ranking mundial, fue nombrado *Caballero* por la corona británica obteniendo el título de *Sir*.

Pero las lesiones no lo discriminarían.

El 2017 fue un año un tanto irregular para el escoces quien, en Octubre del mismo, abandonó el circuito para recomponerse. A inicios de 2018 se sometió a una cirugía de cadera y volvió a competir 11 meses después, pero sin éxito. Su vuelta no había sido como lo planificado ya que no podía permanecer mucho tiempo jugando. Reapareció en el Abierto de Australia de 2019 donde quedó eliminado en primera ronda. En rueda de prensa, acongojado y entre lágrimas, anunció su retiro expresando su deseo de poder hacerlo en su tierra (Wimbledon): *"He hablado con mi equipo y les he dicho que no puedo seguir haciendo esto. Necesitaba poner un punto y final porque seguía jugando sin saber cuándo iba a parar el dolor. Y he sentido la necesidad de tomar esta decisión, decirle a mi equipo que no puedo seguir con esto hasta Wimbledon. Ahí es donde me hubiera gustado dejar de jugar pero no puedo hacerlo".*

¿Alguna vez has tenido que "cerrar una puerta"… o te la han cerrado? Lo cierto es que la vida está compuesta de etapas de todo tipo: placenteras y dolorosas, planificadas y fortuitas; y cada una de ellas tiene su tiempo tal como diría Salomón (Eclesiastés 3). Algunas veces es uno quien debe tomar la decisión de finalizar con una etapa que ya no genera un crecimiento o bien se ha transformado en una situación poco placentera y hasta dolorosa. Y en otras ocasiones es el otro (o una acción ajena que nos supera) quien decide poner un punto y final a pesar de que nosotros no lo queramos. Dar un corte suele producir dolor, aunque sepamos qué es lo mejor.

Hoy piensa qué momentos de la vida estás viviendo. Pregúntate si hay algo que debes dejar en el camino para seguir creciendo en tu vida laboral, académica, espiritual, relacional. Y si te han cerrado una puerta recuerda que Dios puede abrir otras más, no te olvides de Él nunca porque Él no se olvida de ti. <u>Recuerda</u>: Que el comienzo y final de cada etapa sea hecho para gloria del Señor.

DÍA 115 - SAŠA ĆURČIĆ (FUTBOL – SERBIA)

"[...] 'Vuélvanse a mí, y yo me volveré a ustedes' — afirma el Señor Todopoderoso—"
(Zacarías 1.3 NVI)

Saša fue uno de las jóvenes promesas del futbol de su país. Con tan solo 19 años había debutado en el seleccionado de su país nada más ni nada menos en un encuentro frente a Brasil. Era sin duda un talento que el futbol local explotaría... un diamante en bruto.

Sin embargo el producto de una lesión acabaría demostrando el verdadero carácter del serbio. Mientras que el club lo había destinado al hotel para que continuara con la rehabilitación pertinente, el joven destinaba las noches a pasarlas en el bar. En dos semanas dieron cuenta que se había gastado una fortuna.

Su fama se fue posicionando del lado extradeportivo pues, en vez de hablarse de lo que sucedía dentro del campo de juego, las noticias referían a las noches de excesos: prostitutas, fiestas, discotecas, cocaína, alcohol y derroche descomunal de dinero (entre otros) llevaron a pelearse con compañeros de juego y entrenadores, ocasionándole la expulsión de su trabajo.

Cuando dejó el futbol la desgracia, cual parábola del hijo pródigo (Lucas 15.11-32), tocó a la puerta. Como se había quedado en banca rota se convirtió en un vagabundo llegando a permanecer un mes sin ducharse. Tiempo más tarde fue invitado en su país a participar del programa televisivo Gran Hermano, evento que ganó y le permitió comenzar a salir a flote de su situación.

Las noticias hablan sobre sus nuevas motivaciones para volver al futbol alegando haber dejado una vida de vicios atrás.

En la Biblia se nos muestran diversas historias de transformación. Una de ellas es la de Judá, uno de los hijos de Jacob. Él había sido uno de los tantos hermanos que habían vendido a José y engañado a su padre haciéndolo pensar que había muerto (Génesis 37); también fue, junto a Leví, quien engañó a un pueblo entero y los pasó por espada (cap. 34-36); y años más tarde se acostaría con su propia nuera en busca de una prostituta (cap.38). Así y todo, cuando debieron volver a Egipto fue él quien tomó la responsabilidad de toda su casa, frente a su padre, so castigo perpetuo (cap.43) y de quien el Mesías descendería (Lucas 3.23-33).

¿Qué es lo que hace cambiar la actitud de una persona? Hay un momento en la vida cristiana en la que Dios puede cambiar a un asesino, a un mentiroso, a un promiscuo, a un rencoroso de una manera asombrosa. Quizás Dios deba utilizar el dolor (aunque Él no lo mande) como medio para alcanzar tal transformación ¿Cuál es la actitud que debes tener hoy? La diferencia no está en la actuación de Dios, sino en la entrega de uno para con Él.

Hoy decide qué actitud tendrás con tu pasado (o presente) para tener un mejor futuro.
<u>Recuerda</u>: Dios puede hacerlo.

DÍA 116 - LUDMILA BRZOZOWSKI
(NATACIÓN – ARGENTINA)

"Pero, si esperamos lo que todavía no tenemos, en la espera mostramos nuestra constancia" (Romanos 8.25 NVI)

La apnea deportiva es una disciplina dentro de la natación que consiste en soportar la respiración la mayor cantidad de tiempo posible debajo del agua. Dentro de la misma se encuentran modalidades estáticas y dinámicas (desplazamiento horizontal en aguas cerradas con y sin aletas, o verticales en el mar).

En el 2018 la argentina Ludmila batió el record de su país con 5.29min en apnea estática (el record mundial femenino estaba en 9.02min y el masculino de 11.35min).

En una entrevista Brzozowski comenta las distintas sensaciones que el cuerpo experimenta: En la preparación para la competencia se realizan ejercicios de aclimatación corporal, donde se busca relajar al cuerpo induciendo la bradicardia (disminución de la frecuencia cardíaca) encontrando momentos de concentración y alienación de cualquier factor que pueda perturbar la mente. Ya en la competencia propiamente dicha, a medida que los minutos pasan, comienzan a sentirse contracciones musculares (principalmente en la zona torácica y abdominal) como así también acidez en los músculos implicados (por disminución de O_2 y aumento de CO_2 (Parte del entrenamiento consta en soportar los impulsos cerebrales para que los pulmones tomen el reflejo de inspiración)); mientras agregaba que debe ir pensando en situaciones positivas y sin permitir que ningún pensamiento negativo ingrese, pues si esto llegara a suceder lo más probable es que se logre un fracaso.

La Biblia presenta la **teología de la espera** por medio de distintas historias de vida. Cuando el rey Saúl fue ungido rey, el profeta Samuel, entre varios consejos, le pidió que se dirigiera a una ciudad donde debería esperarlo durante 7 días y que, cuando se cumpliera dicho lapso de tiempo, él acudiría a realizar sacrificios a Dios; entonces su reino seria cimentado perpetuamente bajo la bendición del Cielo (1 Samuel 10). Una vez en Guilgal Saúl y todo su ejército veían pasar los días sin que Samuel hiciera su aparición para dedicar la batalla al Señor. Los soldados comenzaron a murmurar contra él y alejarse del campamento; la situación era sumamente complicada, pero, aunque el rey debía esperar, Saúl tomó la decisión de ofrecer el sacrificio con sus manos. Samuel llegó justo después de semejante acto para declararle que Dios lo había desechado por no haber sabido esperar (cap.13). De la vereda contraria, David fue ungido (cap.16) y, luego de vencer a Goliat y trabajar para Saúl, debió escapar de sus manos asesinas (junto con su gente) durante años y, aun teniendo la oportunidad de acabar con la vida de aquel que lo perseguía (cap.24 y 26), prefirió esperar en Jehová. Finalmente, luego de 13 años de aquel ungimiento, David subió al trono de Judá y, 7 años después (20 en total) al de todo Israel.

Hoy pide paciencia desde lo Alto. Quita todo pensamiento negativo de tu cabeza cuando veas que no suceden las cosas que anhelas tener, cuando veas que sufres por todos lados a causa de esto. <u>Recuerda</u>: *"Guarda silencio ante el Señor y espera en él con paciencia [...]"* (Salmos 37.7 NVI) pues Él conoce el momento indicado para darte aquello que deseas.

DÍA 117 - FINANZAS

"Ahora bien, la verdadera sumisión a Dios es una gran riqueza en sí misma cuando uno está contento con lo que tiene. Después de todo, no trajimos nada cuando vinimos a este mundo ni tampoco podremos llevarnos nada cuando lo dejemos" (1 Timoteo 6.6-7 NTV)

Si hay algo de lo que más llama la atención es las excéntricas sumas de dinero que pueden llegar a ganar los deportistas profesionales de esta era. Millones de dólares anuales ingresan a sus cuentas como un habitué más que común en sus vidas. Sin embargo no todas las historias referidas a altos montos monetarios terminan teniendo un final feliz, pues la falta de madurez en el manejo de las finanzas conlleva a la pérdida de mucho, y en algunos casos de todo, lo que se había ganado alguna vez.

Casos como el del futbolista alemán Andreas Brehme, quien hundido en severas deudas le ofrecieron limpiar baños; el futbolista chileno Iván Zamorano, del cual se había declarado una deuda de más de 3 millones de dólares por lo que debió vender más de una decena de propiedades y un auto de lujo (entre otros); el basquetbolista estadounidense Scottie Pippen, quien perdió más de 120 millones de dólares en inversiones fallidas; o el boxeador Mike Tyson, quien se declaró en quiebra en 2003 son algunos de los ejemplos más claros de lo que produce una mala administración de las ganancias por el hecho de satisfacer los deseos.

¿Estas satisfecho con el salario que ganas? ¿Consideras que necesitas más para poder suplir con tus necesidades? ¿Sueles gastar más de lo que obtienes? ¿Inviertes en aquello que resulta ser realmente necesario para tu vida? El ser humano carga con un sentimiento denominado insatisfacción. Cualquiera que no tenga cuidado del manejo del dinero (en relación a sus emociones), puede caer en el error de enfocarse en aquello que no tiene, olvidándose de lo que sí se posee.

Cuando el apóstol Pablo hace referencia al contentamiento, lo hace sabiendo que el mismo no debiera depender de la situación externa material, sino del verdadero relacionamiento con el Dador de todas las cosas y dueño de dicho dinero (Hageo 2.8). Seguidamente amplia la idea: *"Así que, si tenemos suficiente alimento y ropa, estemos contentos. Pero los que viven con la ambición de hacerse ricos caen en tentación y quedan atrapados por muchos deseos necios y dañinos que los hunden en la ruina y la destrucción. Pues el amor al dinero es la raíz de toda clase de mal; y algunas personas, en su intenso deseo por el dinero, se han desviado de la fe verdadera y se han causado muchas heridas dolorosas"* (v.8-10 NTV). Percibe que el problema no es el dinero en sí mismo, sino el amor al dinero, pues cuando esto sucede la persona termina viviendo una vida de consumismo cíclico (ergo: sin fin), pues nunca se sentirá satisfecha al saber que no tendrá lo que su ojo codicioso ve.

Hoy ora al Cielo para recibir sabiduría en la organización de tus ganancias y saber priorizar tus gastos. Se agradecido por lo que tienes. Recuerda: con el dinero puedes comprar una casa pero no un hogar; placer pero no amor; remedio pero no vida.

DÍA 118 - ALEXANDR KARELIN
(LUCHA GRECORROMANA – RUSIA)

"Yo soy el buen pastor. Así como mi Padre me conoce a mí y yo conozco a mi Padre, así también yo conozco a mis ovejas y ellas me conocen a mí. Yo doy mi vida por las ovejas"
(Juan 10.14-15 DHH)

"Oso ruso", "Alejandro Magno", "El experimento" fueron algunos de los apodos que recibió en su carrera deportiva. Cuando se llevaron a cabo los JJOO de Atenas 2000, el ruso, que contaba con 1,93m de altura y 130kg, no había perdido un solo combate por más de 13 años. En realidad había perdido en una sola ocasión, mientras que en 887 había salido victorioso. Entre dichas victorias se encuentran 12 campeonatos de Europa consecutivos, 9 campeonatos del mundo consecutivos, y medallas de oro en los JJOO de Seúl 88, Barcelona 92 y Atlanta 96 y, como dato curioso y no menor, nadie siquiera le había podido hacer un punto en contra durante los últimos 7 años. Sin duda los apodos estaban a la altura.

Sus contrincantes no solo le tenían pánico sino que sabían muy bien que la batalla ya estaba perdida antes de iniciarla. Karelin mismo decía que cuando se enfrentaba a su rival debía concentrarse en lo que había ido a hacer allí, atacando y no contraatacando (*"no controlándome a mí mismo, sino al oponente; es necesario llevarlo a un lugar vulnerable"*).

Paradójicamente, en la final de Atenas 2000, no pudo tirar al suelo al estadounidense Rulon Gardner, quien era granjero de profesión y luchaba contra sus propias vacas como parte del entrenamiento, siendo vencido por un solo punto (y un punto originado por un error suyo que le valió dicha penalización). Aquella final representó también su retiro como deportista.

¿Quién no quisiera contar con una personalidad tan decidida como la de este luchador ruso? ¿Acaso no te sentirías mucho más seguro sabiendo que el resto te tiene respeto... o hasta miedo? Muchas personas admiran (y envidian) a aquellas de personalidad fuerte e imponente. Jesús se identificó como el pastor del rebaño (iglesia) que guía a sus ovejas (hijos). Nótese cuán importante es la comparación metafórica que realiza la deidad entre el animal y el hombre.

Dios no pretende que sus hijos sean como leones, como lobos o gatos, sino que sean como ovejas o corderos.

Aunque esta simbología aparece en reiteradas oportunidades en la Biblia, pocas veces se reflexiona el por qué. La razón es tan simple como observar la vida de estos animales. El Cielo espera que los hijos de Dios puedan ser como ovejas porque las mismas tienen un carácter apacible y no agresivo como lo son los lobos (aquellos hijos de Satanás), dependen del pastor (Jesús) y lo miran para saber a dónde dirigirse, pues sin él realmente mueren.

Hoy, pidiendo la ayuda del Espíritu Santo, esfuérzate para cambiar tu carácter a uno semejante al de Jesús, aquel cordero que, con actitud humilde, murió para darte salvación (Juan 1.29). <u>Recuerda</u>: si Jesús se comportó como un cordero ¿por qué tú lo harías como otro animal?

DÍA 119 - ABDÓN PORTE (FUTBOL - URUGUAY)

"Yo he venido en nombre de mi Padre, y ustedes no me aceptan; pero, si otro viniera por su propia cuenta, a ese sí lo aceptarían" (Juan 5.43 NVI)

Este uruguayo de pura cepa se había convertido en uno de los futbolistas más icónicos del país tanto para los clubes en los cuales había fichado como para la selección nacional. Cuando llegó al Club Nacional de Montevideo, donde permaneció por 7 años, fue nombrado capitán, rango que no solo quedaría en la manga del brazo. Allí ganó todos los títulos por haber, incluyendo una Copa América con el seleccionado. Sin embargo, en 1918 su carrera comenzó a transitar aquel ocaso común que todo deportista debe aceptar. Pero para Abdón esto no fue algo sencillo de asimilar. Luego de perder su capitanía perdió la titularidad y, por consiguiente, su participación en el equipo y protagonismo en las canchas.

Curiosamente, un día antes de su fallecimiento, jugó todo el partido con una victoria de 3-1. Entre festejos por la noche, Porte se retiró del recinto, se dirigió al club, ingresó al círculo central del campo de juego y se disparó al corazón. A tan solo una semana de su casamiento, Abdón tenía 24 o 25 años[5] cuando se quitó la vida.

El texto de hoy no es una promesa ni tiene palabras de ánimo, pero tiene que ver con una realidad que se vive ¿Por qué tanta frialdad, por qué tanta violencia, por qué tanta desesperanza? La respuesta es simple: la ausencia de Jesús.

Es verdad que cuando Cristo vino a esta Tierra estuvo rodeado de muchas personas que lo quisieron, pero muchos más lo rechazaron. Cristo ha sido rechazado también en las sociedades modernas. Pero el rechazo de las mismas se predica por el desprendimiento que cada individuo realiza de su salvador o de un rechazo a su llamado.

Se pueden buscar cuantas explicaciones existan, pero el problema del pecado solo se soluciona con la presencia de Dios. Paradójicamente si a Él no se le permite permanecer, el pecado triunfa y, conjuntamente con él, la muerte.

Un conocido video cristiano muestra cómo un peluquero cuestiona, de manera sarcástica, a su cliente, quien se encuentra leyendo su Biblia, diciéndole que si realmente Dios existiera entonces no habría tanto sufrimiento. El cliente se limita a no responder. Luego de haber salido del local reingresa con un muchacho de pelo largo diciéndole a su peluquero que, valga la redundancia, si los peluqueros existieran entonces este muchacho tendría el pelo corto. Su amigo se queda sorprendido respondiéndole que sí existen, el problema es que ese muchacho no acudió a él para que le cortaran el cabello. – *"Exacto, Dios sí existe, el problema es que las personas no acuden a Él"* – fue su conclusión.[6]

Hoy no dejes que Satanás te llene de desaliento y te quite las esperanzas de vivir. Vive sabiendo que Dios está allí dispuesto a ser recibido en tu vida.

---

5 La fecha exacta de su nacimiento no se encuentra datada con exactitud.
6 Serie "El Barbero": https://www.youtube.com/watch?v=MqjASEY8mgA&t=88s

DÍA 120 - YOSHINORI SAKAI (ATLETISMO – JAPÓN)

"En un momento, en un abrir y cerrar de ojos, cuando suene el último toque de trompeta. Porque sonará la trompeta, y los muertos serán resucitados para no volver a morir. Y nosotros seremos transformados" (1 Corintios 15.52 DHH)

Aquel 6 de Agosto de 1945 la sirena de ataque enemigo sonaba demasiado tarde para avisar a los civiles que una tragedia se avecinaba. Las tropas estadounidenses estaban decididas a poner fin a tantos años de guerra, aunque el daño colateral haya sido el coste de miles y miles de inocentes. A los pocos días Japón se rendía y la "paz" era devuelta a la humanidad.

Toda su vida fue conocido como el "bebé de Hiroshima" por haber nacido el mismo día en que explotó la bomba atómica en dicha ciudad, durante la II Guerra Mundial. En el año 1964 fue el encargado de encender el pebetero olímpico de los JJOO de Tokio, acto que simbolizaba la paz entre las naciones. Sakai significaba la esperanza ante la devastación

¿Alguna vez te has estremecido por escuchar un ruido ensordecedor? ¿Qué fue lo que sentiste? ¿Deseabas que se terminara de una vez? ¿Tuviste que dejar de hacer aquello que hacías para taparte tus oídos?

¡¡¡¡TuuuUUUUUuuuUUUUUUuuuuUUUUUUUUUMMMMMmmmmmMMM MMMM!!!!

Dentro de poco tiempo se tocará una trompeta tan poderosa, tan potente, que todo el mundo la oirá. No habrá excepción, de un extremo al otro del planeta todas las personas la escucharán; ya sea de día o de noche, desde los más jóvenes hasta los abuelos que han perdido la audición, y desde el lugar más desolado al más ruidoso de la Tierra. Todo oído lo oirá.

Es más, tal sonido será tan fuerte que todo temblará, provocará un gran terremoto mundial que hará que las tumbas se abran y los muertos salgan de ellas. Tranquilo, no se trata de una película de terror de zombis ni mucho menos, aunque claro está que el día que se escuche tal trompeta, la humanidad se dividirá en dos: un grupo mirará hacia arriba y se tapará los oídos porque no podrá soportar tal ruido. Para ellos será una señal de muerte, quedarán paralizados llorando y pedirán que caigan rocas sobre ellos para que se puedan esconder (Apocalipsis 6:16). Para tales personas será una escena terrorífica. El segundo grupo, cual polo opuesto, también escuchará la trompeta y mirará hacia arriba, pero levantarán sus manos en signo de alabanza y gratitud. Será una señal de salvación, quedarán movilizados y se abrazarán entre sí, cantarán, saltarán y bailarán de alegría. Habrá lágrimas de felicidad y reencuentro, y entonarán el himno del Cordero (Apocalipsis 15.3).

Hoy piensa a qué grupo quisieras pertenecer. Acepta a Cristo como tú Salvador, ponte en sus manos para que haga un milagro en tu vida y prepárate para mirar hacia arriba el día que escuches la gran trompeta que marcará su regreso a este mundo para buscarte.

DÍA 121 - ÁNGEL MATOS (TAEK WON DO - CUBA)

"Entonces Simón Pedro, que tenía una espada, la desenvainó, e hirió al siervo del sumo sacerdote, y le cortó la oreja derecha [...]" (Juan 18.10 RVR60)

Ángel Matos es un ex taekwondista que llegó a competir en 3 JJOO, coronándose campeón en Sídney 2000, en su categoría de -80kg. Los JJOO de Beijing 2008 fueron la última vez que compitió. Su retiro no se debió a una lesión, ni a los gajes de la edad, sino a una mala decisión.

En este último combate se encontraba luchando contra el kazajo Arman Shilmanov por la medalla de bronce cuando, en un intercambio de golpes, quedó resentido de su pie izquierdo. Así, y sin esperar que los médicos den el veredicto definitivo, el árbitro determinó que había perdido el enfrentamiento, otorgándole la victoria a su contrincante. Inmediatamente Ángel se le acercó y lo agredió con una patada en la cabeza, y un puñetazo a otro juez que intentó detenerlo.

Ese mismo día, la Federación Mundial de Taek Won Do (WTF) y el Comité Olímpico Internacional (COI) lo suspendieron de por vida a participar en cualquier tipo de competencias oficiales.

Ya era de noche cuando apareció la turba que portaba palos, espadas, antorchas, cuchillos y escudos. Había llegado el momento de llevarse a Jesús por las buenas... o por las malas. Los discípulos no hacía mucho tiempo que se despertaban (pues no habían podido mantenerse despiertos en oración como su Maestro se los había pedido). Así comenzó una conversación que pondría de pelos de punta a cualquiera que se hubiera encontrado en el Getsemaní. Aquel que lo sabía todo, ahora preguntaba "a quién buscan". Una pregunta retórica ¿quizás como última oportunidad de que no cometieran un error de semejante magnitud? No, habría otra chance más para que todos dieran un paso atrás, para que no cometieran semejante error pues, en aquel instante, todos oficiaban de "árbitros" en lo que sería el evento cósmico más significativo de la historia. El apóstol Juan relata que cuando Jesús les dijo *"Yo soy"* todos cayeron desplomados al suelo. Su poder se había manifestado grandemente, y así y todo no dieron rienda suelta a la situación.

Ante la impotencia del momento, Pedro tomó su espada para matar a los soldados. No sabemos si fue porque el discípulo tenía mala puntería, o estaba muy nervioso, o se le resbaló la empuñadura, lo cierto es que solo le cortó la oreja (sería muy iluso pensar que realmente quería hacer eso).

¿Te has dado cuenta que muchas personas no reaccionan con serenidad cuando se toma una decisión que no los beneficia? Aunque sea una decisión legítimamente avalada, haciendo caso omiso del autocontrol protestan y agreden, sin importarles las consecuencias

¿Cómo actúas frente a situaciones que te afectan directamente? ¿Qué tipo de respuestas brindas? ¿Cómo lo resuelves? ¿Pides el dominio propio como don del Espíritu Santo?

Hoy evalúa el tipo de actitudes que sueles tener cuando sufres de una injusticia. Aprende de Jesús que fue manso y humilde (Mateo 11.29).

DÍA 122 - GINO BARTALI (CICLISMO – ITALIA)

"[...] muéstrame tu fe sin las obras, y yo te mostraré la fe por mis obras"
(Santiago 2.18 NVI)

En plena I Guerra Mundial (1914) nacía el italiano Gino Bartali, tercero de los cuatro hermanos de familia granjera. A sus 13 años comenzó a trabajar en una bicicletería donde la pasión por el ciclismo lo abrazaría con vehemencia. La carrera como ciclista comenzó a dar sus frutos y para 1933 se coronaría campeón juvenil y, dos años más tarde, debutaría como profesional en el circuito. En 1936 perdió a su hermano en un accidente, suceso que lo debilitó emocionalmente al punto de dejar el deporte. Pero la insistencia de la gente pudo más, pues creían que la mejor forma de homenajear a Giulio era seguir corriendo.

En 1937 vuelve a ganar el Giro de Italia y en 1938 el Tour de Francia, investiéndose como uno de los más grandes ciclistas de la historia. Pero seguidamente estalló la II Guerra Mundial y con ella el declive del deporte europeo. En este lapso de tiempo Gino contrajo matrimonio y conformó parte de un plan que solo se daría a conocer décadas más tarde. Conjuntamente a arzobispos católicos Bertali integró una red dedicada a salvar judíos del holocausto. Su función era la de llevar de un lado al otro documentos y fotos falsos e información confidencial sobre el estado de las personas que salvaban ¿Cómo lo hacía? En su bicicleta. Este método resultó ser el camuflaje perfecto, para un ciclista de renombre, que fingía estar entrenando. Quizás no lo supo nunca, pero en su labor se salvaron unas 800 personas. En 2013 fue elegido *"Justo entre las Naciones"* por la Yad Vashem, la institución con sede en Israel que mantiene viva la memoria del Holocausto.

¿Alguna vez has leído el capítulo 2 de Santiago? El tema central refiere a la fe en acción. Fe que se traduce en obras a favor del prójimo. El apóstol intenta explicar que la fe que representa el creer en sí mismo no es la fe que Cristo dejó como ejemplo a través de su vida en la Tierra, pues esta la tienen incluso los demonios (Marcos 5.7). Justamente muchas de las personas que no son cristianas, e incluso muchas que sí lo son, alegan creer en una divinidad, o incluso en Dios mismo, pero su vida no condice con lo que profesan creer. Esta es una fe muerta. La fe verdadera lleva irremediablemente a la acción.

La fe y las obras actúan conjuntamente en favor de agradar al Señor. Santiago continua poniendo un ejemplo extraordinario: *"Hermanos míos, ¿de qué le sirve a uno alegar que tiene fe, si no tiene obras? ¿Acaso podrá salvarlo esa fe? Supongamos que un hermano o una hermana no tiene con qué vestirse y carece del alimento diario, y uno de ustedes le dice: 'Que le vaya bien; abríguese y coma hasta saciarse', pero no le da lo necesario para el cuerpo. ¿De qué servirá eso?"* (vv. 14-16 NVI).

Hoy disponte en poner en acción la fe que tienes en tu Salvador. Pide para que el Cielo te presente a alguien a quien puedas ayudar desinteresadamente. <u>Recuerda</u>: Este también era parte del método de Cristo para presentar el Reino Eterno.

DÍA 123 - NAIM SÜLEYMANOĞLU
(HALTEROFILIA - BULGARIA/TURQUÍA)

"Luego Jesús dijo a sus discípulos: 'Si alguno de ustedes quiere ser mi seguidor, tiene que abandonar su manera egoísta de vivir, tomar su cruz y seguirme'" (Mateo 16.24 NTV)

Apodado "Hércules de bolsillo" (por su 1,47m de alto y 60kg de peso) a los 15 años batía el primero de sus 45 records mundiales al convertirse el segundo hombre en levantar tres veces su peso corporal, hazaña que la repetiría en distintas oportunidades de su carrera.

Como Bulgaria no había enviado a sus representantes a los JJOO de Los Ángeles 84 (boicot olímpico), Naim decidió desertar y mudarse a Turquía, cambiando su nacionalidad para competir por la tierra natal de sus padres. Gracias a este acto, no fuera de lo polémico, el ahora turco, ganaría la medalla de oro en los JJOO de Seúl 88 levantando 30kg más que el segundo. Lo mismo sucedió en los juegos de Barcelona 92 y Atlanta 96, convirtiéndose en el "Superman turco" y el "hombre que levanta al mundo" según lo catalogado por la prensa.

La Biblia también tiene a su representante en halterofilia. Nacido para tal fin, fue una persona consagrada desde antes de su nacimiento, pues se convertiría en un juez de Israel. Por medio de la fuerza, que el Espíritu Santo le daría, libraría al pueblo escogido de los distintos males. Más allá de sus idas y venidas, hubo un caso particular en la vida de Sansón (el cual viene a la ocasión) registrado en Jueces 16.1-3, donde Sansón arrancó las grandes puertas de entrada de la ciudad y las llevó hasta la cima de una colina.

En primer lugar quiero que te imagines que las puertas de la ciudad no son como la de tu habitación ¿Puedes imaginar el peso de aquellas puertas? Otro dato no menor es que Hebrón se ubicaba a 60km de Gaza... si, leíste bien.

Como bien dice el versículo clave de hoy, Jesús dejó en claro que cualquiera que quiera seguirlo, y ser su discípulo, tendría que llevar su cruz. La misma está cargada de simbolismo, la cual hace referencia a dejar los pecados concientes que realizamos (aquellos que acariciamos), así como el peso espiritual significa dejar lo que me gusta o me conviene hacer, para hacer la voluntad divina; también simboliza la predicación del evangelio mismo, pues la cruz es igual a Jesús.

Odiado por muchos y querido por pocos, Sansón figura en el salón de la fama de la fe de Hebreos 11 ¿Qué lo hizo grande a Sansón? Una oración. Una oración que lo hizo reconciliarse con Dios, una oración que le permitió levantar su cruz, para cumplir definitivamente la voluntad divina, teniendo tal convicción que no le importó morir por aquello.

Hoy piensa en eso que aun te falta dejar. Sé que pesa mucho y será muy difícil cargarlo, pero, al igual que Sansón, Dios te dará poder para hacerlo.

DÍA 124 - JAMIE SALÉ Y DAVID PELLETIER
(PATINAJE - CANADÁ)

"Porque ni aun el Padre juzga a nadie, sino que todo juicio se lo ha confiado al Hijo"
(Juan 5.22 LBLA)

En los JJOO de invierno de Salt Lake City 2002, Rusia buscaba ampliar su larga lista de medallas doradas en la modalidad de patinaje artístico en parejas. Su poder hegemónico se mantenía desde hacía 10 años de manera ininterrumpida.

En aquella cita olímpica parecía que Rusia perdería aquel poderío, pues la pareja canadiense se encontraba preparada para batirlos.

Los rusos comenzaban a competir dando un número esplendido... salvo por un desliz del patinador que puso a todo el mundo bajo la expectativa de lo que sucedería luego, pues era el turno de la pareja canadiense, quien supo realizar un acto impecable. El estadio ovacionó a los patinadores de Norteamérica. Se avecinaba un oro.

Cuando dieron a conocer los resultados, Jamie y David se estremecieron. Habían alcanzado la plata, aunque realmente pensaban que habían hecho mérito por el oro. 5 votos del jurado habían otorgado la puntuación a Rusia, mientras que 4 lo habían hecho para Canadá.

Aquella noche un miembro del jurado se le acercó a una delegada del patinaje artístico y reveló lo que se había gestado. Reconoció cómo la federación francesa la había presionado tanto a ella como a otro juez para votar a favor de los rusos. A partir de ese mismo momento comenzó la investigación pertinente, lográndose develar el fraude. Una semana más tarde se les estaba entregando la medalla dorada a los patinadores canadienses.

Realmente vivimos en un mundo donde muchas de las decisiones humanas no son imparciales. En reiteradas oportunidades las personas designadas para emitir juicios sobre otras, lo hacen cargadas de intereses, por lo que los veredictos no terminan siendo los indicados. La Biblia ya lo había advertido: *"[...] maldito el hombre que confía en el hombre [...]"* (Jeremías 17.5 NVI).

Singularmente aun hoy sigo viendo cómo cristianos persisten en depositar su confianza en seres humanos para obtener justicia, cuando bien saben que el único juez digno y verdadero, el cual no es hombre para que mienta (Números 23.19) es Jesucristo el justo.

Tener un juez que ha vivido en este mismo mundo lleno de pecado habiendo experimentado por multitud de dificultades, y siendo tentado por lo mismo que lo somos cada uno de nosotros (Hebreos 4.15), es una verdad que debería traernos paz y esperanza a aquellos que somos sus hijos. ¿Quién no quisiera ser juzgado por alguien que comprende por lo que HOY estoy atravesando? Gracias a Dios Padre que ha designado a su Hijo para llevar a cabo un juicio lleno de amor, misericordia, empatía y verdad.

Hoy te invito a que repitas las palabras del apóstol Pablo: *"Ahora me espera el premio, la corona de justicia que el Señor, el Juez justo, me dará el día de su regreso; y el premio no es solo para mí, sino para todos los que esperan con anhelo su venida"* (2 Timoteo 4.8 NTV)

DÍA 125 - OSCAR PISTORIUS I (ATLETISMO – SUDÁFRICA)

"Antes de formarte en el vientre, ya te había elegido; antes de que nacieras, ya te había apartado; te había nombrado profeta para las naciones" (Jeremías 1.5 NVI)

Quizás sea el deportista paralímpico (con discapacidad) más conocido de todos los tiempos por su notable talento e historia deportiva.

Oscar había nacido sin ambos perones (uno de los dos huesos largos de la pierna) por lo que, a los 11 meses de edad, tomaron la decisión de amputarle ambas piernas. Mientras crecía su admiración por el atletismo fue en aumento y, gracias a unas prótesis deportivas, comenzó a entrenarse de tal forma que sus resultados sobresalieron en gran manera; mientras tanto que la vida le presentaba otra prueba: el fallecimiento de su madre a causa de la malaria cuando él tenía 15 años.

Decididamente logró obtener una plaza clasificatoria para los JJOO de Atenas 2004 en las pruebas de velocidad. A partir de ese momento su carrera se galardonó de victoria tras victoria junto a un cumulo de medallas remitidas a campeonatos mundiales y olímpicos.

Posteriormente fue parte de uno de los hechos deportivos más polémicos, pues en el 2007 comenzaba a participar de competencias atléticas junto a deportistas sin discapacidad generando grandes controversias ¿Acaso podría obtener ventajas a partir de las prótesis? ¿Estas le permitirían correr aún más rápido que piernas "naturales"? Fue así que Pistorius debió someterse a pruebas de evaluación en laboratorio para verificar o refutar tales juicios. No fue hasta en el 2011 que su sueño de competir en un mundial de atletismo con personas sin discapacidad se cumplió. Pero los JJOO de Londres 2012 supusieron ser un punto de quiebre histórico: por primera vez un atleta con discapacidad seria incluido en una cita olímpica convencional.

Tanto la audiencia como los atletas, y distintos comités federativos deportivos, aun cuestionaban las prótesis ("*Cheetah*") del velocista, quien logró la medalla de plata en relevos de 4x400m llanos marcando un hito histórico.

¿Qué pensarías si supieras que tu hijo nacería y, al poco tiempo, debieran amputarle las piernas? ¿Cómo te pondrías si supieras que tu hija nacería con una discapacidad intelectual? ¿Acaso has pensado que Dios no tiene un plan para tus hijos o, incluso, para ti mismo? ¿Crees que tu vida no vale nada? Pues déjame decirte que Dios, antes que tus progenitores se hayan conocido, había pensado en ti. No eres objeto de casualidad, tu vida no fue concebida de manera arbitraria, sino que *eres* porque Jesús mismo te dio la vida, pues *"por medio de él todas las cosas fueron creadas; sin él, nada de lo creado llegó a existir"* (Juan 1.3 NVI) y *"el Espíritu de Dios [te ha] creado, y el aliento del Todopoderoso [te] da vida"* (Job 33.4 NTV).

Él tiene un magnifico propósito para tu vida (y para la de tus más queridos). Él te llamó como, quizás, un docente, un policía, un médico, un odontólogo, un electricista, un estudiante... Dios te eligió con una misión.

Hoy toma la decisión de seguir el camino de la salvación. No te desmerezcas ni permitas que otro lo haga. <u>Recuerda</u>: Dios te ha creado y vales tanto que entregó a su mismísimo Hijo para que muriera por ti.

DÍA 126 - DIEGO MARADONA II (FUTBOL – ARGENTINA)

"Señor tú eres mi Dios; te exaltaré y alabaré tu nombre porque has hecho maravillas. Desde tiempos antiguos tus planes son fieles y seguros" (Isaías 25.1 NVI)

Mundial de la FIFA México 86. Estadio Azteca. Cuartos de final. Empate. Inglaterra 0 - Argentina 0. Minuto 6 del segundo tiempo. Contexto: Cuatro años antes el imperio británico había ganado la nefasta guerra de Malvinas a los argentinos. Aquel encuentro no era meramente deportivo.

Maradona logra desequilibrar la defensa contraria eludiendo a diversos contrincantes, pasa la pelota a su compañero quien no puede dominarla, por lo que el defensor inglés intenta despejarla pero lo hace hacia su propia meta. Diego se adelanta, lo mismo hace el arquero. Ambos saltan y, en un momento chispeante, el 10 levanta su mano izquierda por detrás de su cabeza y golpea la pelota produciendo que esta se desvíe por encima del guardameta, convirtiendo el gol.

Maradona se aproximó al *corner* para festejar mientras los ingleses discutían con el árbitro del encuentro. El gol ya había sido decretado. Aquel día Argentina vencería 2 a 1 y, días más tarde, alzaría la copa mundialista.

Este gol es conocido como "la mano de Dios" lo que cual me hace pensar en el Dios invisible que tenemos y cómo se mueve y trabaja "tras bambalinas", en esa invisibilidad. De tal manera su sagrada voluntad es manifestada con un poder que nadie puede percibir directamente.

1 de Crónicas 14.8-17 relata uno de las historias más extraordinarias. David había luchado (y vencido) contra los filisteos, enemigos de hacía años. Como las tropas enemigas habían huido para que no las aniquilasen, dejaron todas sus pertenencias en el campamento base que habían erigido, lo que sirvió de motín para los soldados israelitas. Al David decidir quemar los ídolos paganos, los filisteos optaron por volver a enfrentarlos. Ahora se trataba del honor de sus dioses contra el Dios de Israel.

Lo extraordinario del relato es que, cuando David consultó a su Proveedor de ayuda si debía o no devolver el ataque, recibió una respuesta un tanto peculiar: *"[...] Cuando oigas un sonido como de pies que marchan en las copas de los álamos, ¡entonces sal a atacar! Esa será la señal de que Dios va delante de ti [...]"* (v.15 NTV) ¿No te parece asombroso? Imagínate que estuvieras en la quietud de un bosque y de repente comiences a escuchar pasos, pero miras a tu alrededor y no ves a nadie, y así y todo los arboles comienzan a balancearse de un lado al otro, pudiendo sentir cómo esos pasos avanzan desde atrás hacia adelante tuyo. Claramente una prueba de que el Señor estaba con él, a pesar de que se mantenía sin ser visto.

Así es como sigue actuando nuestro Sustentador. Aunque no lo veas Él se encuentra allí, al lado tuyo. Aunque no lo sientas solo basta con creer que sí está.

Hoy piensa en el Dios asombroso que tienes. Vive anhelando poder verlo cuando habites junto a Él.

DÍA 127 - BETTY ROBINSON
(ATLETISMO - ESTADOS UNIDOS)

"El que crea y sea bautizado será salvo, pero el que no crea será condenado"
(Marcos 16.16 NVI)

En los JJOO de Ámsterdam 1928 se disputaban por primera vez las pruebas de atletismo en categoría femenina (100m, 800m, relevos 4x100m, salto de altura y lanzamiento de disco). Una jovencita de tan solo 16 años se convirtió en la primera mujer en ganar la prueba de 100m llanos en pista.

Tres años más tarde se la vio implicada en un accidente de avión, donde se la dio por muerta al encontrarla entre los restos del aeroplano, por lo que fue trasladada a la morgue. El embalsamador se dio cuenta que aún se encontraba con vida; así que fue hospitalizada y curada, aunque los médicos aseguraban que nunca más podría volver a correr por las lesiones sufridas en una de sus piernas.

Llegados los JJOO de Berlín 36, Betty conformaba parte del equipo estadounidense de relevos 4x100. Como no podía ponerse de cuclillas, por los daños residuales en su pierna, se colocó en el segundo relevo del equipo. Aquel día se llevaría otra medalla de oro.

¿Puedes imaginar que te lleven a la morgue y solo en el momento donde te van a "abrir" descubran que aun sigues con vida? No sé tú, pero a mí me resulta un tanto escalofriante. Podría decirse que de un segundo al otro pasó de estar muerta a viva.

Esto mismo sucede cuando una persona toma la decisión de bautizarse. El bautismo simboliza la muerte del "viejo hombre", es decir, la manera en la cual solía vivir antes de aceptar a Cristo en su vida. De esta forma, cuando una persona se bautiza, es sumergido en aguas, significando la sepultura y, al salir de las mismas, la nueva vida, la restauración, la resurrección de un "nuevo hombre", es decir, una filosofía de vida enmarcada en la voluntad divina.

Así también se podría decir que cada cristiano que decide bautizarse también pasa de estar muerto a estar vivo en un segundo. Todo esto también es símbolo de lo que vendrá cuando Cristo vuelva por segunda vez, pues los cuerpos (holísticamente hablando) serán transformados nuevamente (1 Corintios 15.51-52).

Como último punto a destacar, pero no menos importante, al creer en Jesús somos salvos por fe en favor de la gracia dada por la santa Trinidad. Pero a la fe se la debe acompañar del bautismo como "broche de oro". Son los dos requisitos para ser salvos: creer en Jesús y bautizarse.

Hoy piensa en la importante que es tener una nueva vida en Cristo. Recuerda en el día en que pasaste por las aguas del bautismo y realiza un balance de tu vida espiritual al día de hoy, evaluando si estás más cerca o más lejos de tu Creador. Y si aún no lo has realizado, ora para que Dios te de el valor de tomar una de las decisiones más importantes de la vida. Recuerda: no hay nada mejor que formar parte de la verdadera familia espiritual.

DÍA 128 - MANUTE BOL (BÁSQUET - SUDÁN)

"Y que así puedan comprender con todo el pueblo santo cuán ancho, largo, alto y profundo es el amor de Cristo" (Efesios 3.18 DHH)

Un 16 de Octubre de 1962 nacía un "gigante" que se convertiría, muchos años más tarde y sin siquiera premeditarlo, en uno de los jugadores de básquet más llamativos de la NBA. Y cuando digo gigante me refiero a sus dignos 2.31m de altura. Si, has leído bien; precisamente esa fue la altura que alcanzó Manute.

¿Puedes imaginarte tener semejantes medidas? Piensa en cómo atravesarías las puertas de tu casa, o cuánto debería medir tu cama, o incluso la altura de la mesa para estar lo suficientemente cómodo. Claramente todo lo que te rodea debería adaptarse a semejante tamaño.

La cuestión es que fue convencido para viajar a Estados Unidos y probar suerte en las ligas de basquetbol. Tras distintos traspiés logró debutar en la NBA para el equipo de los Bullets donde, con su envergadura de 2.59m, se destacó por bloquear los lanzamientos adversarios (*taponar*) y compartir canchas con Mugsy Bogues, quien era el jugador más bajo del torneo (1,57m). Llamativa contrariedad. De hecho los rivales realmente se enfrentaban frente a alguien que los superaba en gran manera. Aunque carecía de agilidad ¿puedes imaginar intentar quitarle el balón a alguien de 2.31m de altura que, si levantase las manos llegara a 2.59m? Caso contrario ¿qué sentirías si quisieras encestar frente a un rival que prácticamente toca el aro con sus manos poniéndose en puntas de pie? Tanto en un caso como en el otro probablemente sientas una frustración anticipada. Y es que el ser humano actúa naturalmente de esa forma. Al ver el problema, aun estando de lejos y sin siquiera acercársele, ya lo contempla como una barrera imposible de superar. Cual alegoría a David y Goliat, estos gigantes pueden ser laborales, académicos, relacionales y aun espirituales. Intentas avanzar pero su sombra te impide hacerlo, intentas con otro camino pero "sus brazos" te alcanzan, intentas evadirlo pero allí está nuevamente quitándote una y otra vez la esperanza de triunfar y recomponerte; sientes que te ahoga, que tira a la basura tus pequeños logros. Así su objetivo se cumple metiéndose en tu cabeza, haciéndote creer que vayas donde vayas te encontraras una y otra vez frente a un callejón sin salida.

De manera contraria, cuando Dios ocupa el lugar que le corresponde, aquel problema gigantesco es convertido en un desafío a vencer, convirtiéndolo en algo pequeño. Dios puede abrir tus ojos para que veas que el verdadero gigante es Él y no aquello que te frustra. El Todopoderoso tiene la característica de poder abarcarlo todo. Él es omnipresente y omnisapiente; puede estar en todos lados acompañándote y sabiendo lo que sucede en tus pensamientos. Fíjate cómo continua el versículo 19: *"Pido, pues, que conozcan ese amor, que es mucho más grande que todo cuanto podemos conocer, para que lleguen a colmarse de la plenitud total de Dios"* (DHH).

Hoy pide a Dios las fuerzas para enfrentarte a tus gigantes. Recuerda: Solo su amor puede abrirte el camino para abandonar los miedos, obstáculos y frustraciones. Confía en el Dios que es más grande que los gigantes.

DÍA 129 - ORESTE PULITI (ESGRIMA - ITALIA)

"No paguen mal por mal. No respondan con insultos cuando la gente los insulte. Por el contrario, contesten con una bendición. A esto los ha llamado Dios, y él les concederá su bendición" (1 Pedro 3.9 NTV)

Los JJOO de Paris 24 dejaron retratado un hecho históricamente peculiar. Ubicado contextualmente en el periodo inter guerras mundiales, esgrimistas que representaban a Italia y a Hungría se enfrentaban entre sí por la disputa de medallas. Entendiendo el tiempo histórico, los italianos estaban para demostrar su poderío fascista al mundo.

En la primera modalidad (florete) el equipo italiano fue descalificado en su totalidad por quejarse de un fallo arbitral; luego (en una la modalidad de todos contra todos) los *azzurra* fueron acusados de dejarse ganar fácilmente por su compatriota Oreste Puliti, para que este sume mayor cantidad de puntos y así consagrarse campeón. Esto molestó tanto al juez húngaro Gyorgy Kovacs que amenazó con retirarse si no se los sancionaba.

Entonces se decidió expulsar al esgrimista Puliti. Acto seguido todo el equipo italiano se retiró en forma de protesta, alegando que el juez Kovacs había tenido la culpa de aquel incidente.

Lejos de haber finalizado allí la historia, días más tarde el esgrimista y el juez se encontraron en un bar de Francia. El italiano retó a un duelo al húngaro quien hacía caso omiso a tal llamado, hasta que su paciencia llegó a un límite y decidió "defender su honor".

El duelo se celebró en Noviembre del mismo año con sables de guerra. El combate duró aproximadamente una hora, y ambos con cantidad de heridas en su cuerpo, se vieron obligados a llegar a un acuerdo.

Seguramente tienes algún conocido que siempre está buscando la ocasión para generar una pelea. Es como si en algún lugar de su ser se deleitaría en buscar conflictos. En ciertas ocasiones la misma puede llegar a ser justificada desde un punto de vista humano, pero hay otras en donde pareciera ser que no tienen razón de ser.

Dios, en su inmensa sabiduría, ha dejado consejos:

1. El enojo no es pecado, siempre y cuando no se provoque ningún mal (Efesios 4:26). Actitudes, decisiones, catástrofes son algunos disparadores de este sentimiento.
2. Orar para pedir paciencia (Lucas 6.29). Respira, ora a Dios, y tómatelo con calma. Trata de proyectar las futuras consecuencias de tus reacciones.
3. Responde el mal con algún acto bueno (Mateo 5.41). Así verás cuán pasmado del asombro quedará aquella persona.
4. Formar un carácter como el de Jesús (1 Pedro 2.21), pues Él ha dejado el buen ejemplo a seguir.

Hoy piensa si eres del tipo de personas que se enoja fácilmente con el otro. Pide en oración que Dios te cambie y seas reconocido como alguien de bien.

DÍA 130 - RYAN LOCHTE (NATACIÓN - ESTADOS UNIDOS)

"[...] 'El reino del cielo es como una semilla de mostaza sembrada en un campo. Es la más pequeña de todas las semillas, pero se convierte en la planta más grande del huerto; crece hasta llegar a ser un árbol y vienen los pájaros y hacen nidos en las ramas'"
(Mateo 13.31-32 NTV)

Ryan ha sido uno de los mejores nadadores de piscina de todos los tiempos. Cuenta con un vasto medallero en su haber, tanto de títulos mundiales como JJOO se refiere. Sin embargo, en los JJOO de Rio 2016 cometió un acto que lo pagó caro.

Ya finalizado el calendario competitivo de natación, Lochte participaba de una fiesta privada con sus colegas. En algún momento de la noche se acercaron a una estación de servicio en estado de ebriedad, cometiendo vandalismo en el entorno, y hasta llegando a pelearse con vigilantes privados de seguridad. A esto dijeron que en realidad unos policías los habían asaltado, situación que fue desmentida por las cámaras de seguridad.

De tal forma el consagrado nadador sufrió una sanción de 10 meses de suspensión competitiva (perdiéndose, por ejemplo, el mundial de natación), se le prohibió asistir a la ceremonia de homenaje realizada en la Casa Blanca a los deportistas olímpicos, tampoco podría acercarse al Comité Olímpico de su país ni al Internacional; además se lo obligó a cumplir 20 horas de trabajo comunitario, pagar los arreglos por los daños ocasionados y abonar otra multa. A todo esto, debido a tal situación, perdió cantidad de patrocinadores. Como ven, un acto cometido desencadenó en un efecto dominó de pesares para este nadador que no supo controlarse.

¿Conoces de qué se trata el *efecto mariposa*? Partiendo de la idea que el batir de las alas de una mariposa puede producir un huracán en el otro extremo de la Tierra, una pequeña acción puede producir grandes reacciones en un futuro, siendo de carácter positivo o negativo.

Decisiones que encierran grandeza de humildad en un simple acto de dar un abrazo, o llevar comida a quien lo necesita, o hasta incluso un buen consejo, pueden desembocar en planteos actitudinales en el otro que lo hagan salir victoriosos de la situación donde estén. Jesús era un especialista en esto. Después de todo, ¿quién diría que con un simple *"sígueme"* en el principio tantos hombres dejaron su vida por mantenerse firmes a la Verdad en el final?

Como hay pequeñas decisiones positivas, también las hay negativas. Una pequeña contestación sin medir las palabras, un pecado oculto cuidado y cultivado, un pecado cometido por primera vez, pueden desencadenar una reacción en cadena de infortunios. Lo que comenzó con una nimiedad bien puede finalizar en una pesadilla. Alabado sea Dios que, aunque hayamos cometido tal cosa, aun nos da la esperanza de salir victorioso si nos volvemos a Él de todo corazón, restituyendo nuestra vida.

Hoy piensa en cómo influyes en las personas que te rodean ¿Qué tipo de actitudes tienes ante ellos? <u>Recuerda</u>: una palabra justa puede desembocar en una transformación total en la vida de otro.

DÍA 131 - MICHAEL JOHNSON
(ATLETISMO - ESTADOS UNIDOS)

"Pon en manos del Señor todas tus obras, y tus proyectos se cumplirán"
(Proverbios 16.3 NVI)

No había perdido nunca una carrera en los 200mts llanos en pista, defendía su título mundial en los JJOO de Barcelona 92, pero una intoxicación con comida hizo que no llegara en el rendimiento esperado, lo que produjo que sus resultados no sean los deseados (ni siquiera clasificó a la final). Si bien ganó la medalla de oro en el equipo de relevos de 4x100mts, más tarde declaró: *"No fue una buena experiencia para mí, no estaba allí para ganar el oro como miembro del relevo"*.

Cuatro años más tarde, en los JJOO de Atlanta, se consagró ganador de la prueba de 400mts, pero tampoco se encontraba conforme con ello. Su vista seguía enfocada en la carrera de 200mts. Para ello pensó *"tengo que romper el record mundial para ganar"*, cosa que hizo. Finalmente se retiró del deporte en los JJOO de Sídney 2000 repitiendo el doble oro.

Hoy se dedica a la preparación física y técnica de distintos atletas en su academia de alto rendimiento deportivo, eligiendo, preferentemente, a aquellos jóvenes de alrededor del mundo que han podido salir a delante gracias al deporte (guerras, exilios, pobreza, violencia familiar, problemas de salud, entre otros). Al mismo tiempo, en dicha academia se inspira y motiva a cada uno de estos jóvenes a compartir lo que han aprendido con otros, para ayudarlos a salir de situaciones emergentes.

"Tengo grandes recuerdos de mi carrera, pero estoy feliz de lo que hago ahora. Mientras siga rodeado de atletas, amaré lo que haga. Sigo despertando de la misma manera en que lo hacía cuando competía: motivado, listo para salir a conquistar algo".

A lo largo de nuestra vida corremos distintas carreras. Las mismas se desprenden de diversidad de proyectos u otras circunstancias que van desde los estudios hasta combatir una enfermedad. Salir triunfador de cada una de ellas, independientemente de sus características o importancia, genera un sentimiento de felicidad. Sin embargo hay una que se destaca por sobre el resto de las otras, la carrera de la fe que lleva a cada creyente a aceptar el sacrificio de Jesús y dejar que el Espíritu Santo transforme su vida para poder recibir la corona de la vida eterna.

Poder entender que Dios se preocupa por los deseos de nuestro corazón y que nos regala caricias cumpliéndonos nuestros deseos (si se encuentran conforme a su voluntad) trae paz a nuestras vidas. Lo peligroso del asunto es obnubilarse en los proyectos terrenales olvidándose de los celestiales.

Somos llamados a predicar. A predicar con pasión y con compasión. A levantarnos cada mañana buscando el amor de Dios para nutrirse uno mismo y para compartir tal amor a los demás. A salir triunfadores de las pruebas y a ayudar al otro en su carrera. A permitir que el Santo Espíritu conquiste nuestra vida y que nos utilice para conquistar las almas que aún no lo conocen.

Hoy agradece por las grandes bendiciones que tienes por ser hijo de Dios, pero también pide ser una herramienta para "agrandar la familia" en el nombre del Señor.

DÍA 132 - AARON RAMSEY (FUTBOL - GALES)

"El hombre echa las suertes, pero el Señor es quien lo decide todo"
(Proverbios 16.33 DHH)

¿Crees en la suerte? Pues muchos aseguran que existe. De hecho, aunque no saben cómo conceptualizarla, prefieren definirla por medio de ejemplos reales. Este es el caso del futbolista británico quien, según la gente, tiene una suerte de maldición.

Todo comenzó cuando marcó un gol el 14 de Octubre de 2009 y, dos días más tardes falleció Andrés Montes (periodista deportivo español). De allí en adelante, cada vez que marcaba un gol una celebridad perdía su vida ¿Coincidencia? Muchos alegan que se necesita mucho más que eso para que las conversiones coincidan con la muerte de Osama Bin Laden, Steve Jobs, Whitney Houston, Jorge Rafael Videla, Paul Walker, Robin Williams, David Bowie, entre otros.

Así, cada vez que el centrocampista marca un gol, las personalidades del mundo del espectáculo tiemblan. A raíz de estos sucesos, que se repiten desde hace casi una década, Aarón se ha ganado la fama de ser letal, no tanto por sus goles, sino por las "víctimas" reales. De hecho, cada vez que erra un gol se dice que se ha salvado la vida de alguien.

La realidad indica que en la Biblia hay diversas historias donde explícitamente se habla de "echar suertes":
- Establecer el reparto de tierras (Números 26.55)
- Seleccionar a personas para cumplir una función (1 Samuel 10.20)
- División y distribución de gente (Joel 3.3)
- Demostrar la culpabilidad (Josué 7.14)

De todas maneras debe realizarse la salvedad que el término ha variado a lo largo del tiempo hasta llegar a nuestros días.

En la época bíblica Dios había dejado una técnica al pueblo de Israel para que conocieran cuál era su voluntad en casos de indecisión. Recordemos que en aquellos tiempos eran pocos los ejemplares de la Ley de Dios o, en otros casos, directamente no existían entre la gente. Entonces el Controlador de todas las cosas, inspiraba tales actos para hablarles a sus hijos. Así y todo, en los tiempos de Jesús esto también seguía siendo moneda corriente. Un ejemplo claro de esto se encuentra en Hechos 1.15-26 donde eligen al reemplazante de Judas Iscariote.

Después del Pentecostés ya no se registran eventos relacionados a "echar suertes" ya que los discípulos confiaban en el poder del Espíritu Santo que les hablaba directamente.

Hoy la voluntad de Dios se encuentra plasmada en su Palabra que es representada por la Biblia. Leyéndola tendremos la facultad de comprenderla y poder tomar decisiones de acuerdo a la misma.

La suerte no existe. Las distintas vivencias que el ser humano experimenta son resultado de las consecuencias atribuidas a las decisiones propias, o de terceros, que influyen directa o indirectamente a la vida en particular. Tanto las decisiones como las consecuencias bien pueden ser guiadas por Jesús o Satanás; pero que sean guiadas no se refiere a la imposición de las mismas.

Hoy agradece porque ni la vida ni el mundo se encuentran librados a la suerte de una fuerza cualquiera sea. <u>Recuerda</u>: Dios está al control de todo... si tú se lo permites.

DÍA 133 - MICHAEL SCHUMACHER (AUTOMOVILISMO - ALEMANIA)

"No presumas del día de mañana, pues no sabes lo que el mañana traerá"
(Proverbios 27.1 DHH)

Con una carrera escalonada, Schumacher (o *Schumy* para los amigos) se inició en el automovilismo en el año 1991 y la culminó en el 2012. En este periodo de tiempo logró cosechar 7 campeonatos de la Fórmula 1, coronándose como el máximo galardonado de la historia del automovilismo de velocidad.

Michael se caracterizaba por ser una persona sumamente concentrada en todo lo que hacía, disciplinado pero, al mismo tiempo osado. Cierta vez, al preguntársele sobre los accidentes mortales que traía las carreras de la Formula 1 dijo *"mi muerte vendrá cuando esté escrita"*.

Con millones de dólares en su cuenta bancaria, y ya retirado del automovilismo, el 29 de Diciembre de 2013, el alemán se encontraba practicando ski en los Alpes Franceses cuando sufrió un accidente al impactar su cabeza contra una roca dejándolo en un estado crítico.

Trasladado del hospital a su casa, hoy se mantiene el "pacto de silencio" de sus más allegados, por lo que se desconoce el verdadero estado de la salud del piloto, que se debate entre la vida y la muerte, en un estado de inconciencia.

Existen dos tiempos de gracia. El primero tiene que ver con un tiempo referido a todo este mundo como tal. El mismo se terminará cuando Cristo vuelva por segunda vez a buscar a los redimidos. A partir de ese momento cada individuo sufrirá las consecuencias de sus acciones, de dónde estuvo depositada su fe. El segundo se refiere al tiempo de gracia que cada persona tiene en particular. En algunos casos ese tiempo finaliza cuando esta fallece y, en otros, aun mientras está con vida.

Lo importante de esto es cómo el ser humano aprovecha el regalo de la vida que Dios le da. Regalo que se encuentra aparejado del libre albedrio.

Seguramente habrás escuchado decir, por personas que viven en culturas pseudo cristianas, que durante su vida harán lo que a ellos se le antoje y que, viviendo los últimos momentos de su vida, se arrepentirán y entonces se asegurarán el Cielo. Esto es un mito. Si bien la Biblia nos muestra el ejemplo del ladrón en la cruz, la realidad es que nadie puede saber qué les deparará el futuro.

Por tal motivo debes vivir el Cielo en la Tierra. Vive intensamente tomado de la mano de Dios. No dejes de acercarte a Él pensando que mañana quizás lo harás. No postergues más la decisión.

Hoy decide tomar el regalo inmerecido de la salvación. <u>Recuerda</u>: Nada de lo que hayas hecho ayer garantiza que hoy seas salvo o te pierdas. Nada de lo que hagas hoy garantiza que mañana seas salvo o te pierdas. La decisión de salvación es hoy. No la dejes para mañana.

DÍA 134 - LA CASA DE DAVID (BÉISBOL – ESTADOS UNIDOS)

"Pero tú debes ser perfecto, así como tu Padre en el cielo es perfecto" (Mateo 5.48 NTV)

Así era como se llamó uno de los equipos deportivos más particulares de la historia. El mismo se encontraba cargado de religiosidad y misticismo. Nacido en los Estados Unidos, fue concebido por un grupo de cristianos creyentes en el próximo advenimiento de Cristo, como un movimiento adventista que buscaba reunir a las 12 tribus de Israel para la Segunda Venida. Sus fundadores, el matrimonio de Benjamín y Mary Purnell, fundaron en 1903 la sociedad religiosa la "Casa Israelita de David", de allí el nombre del equipo de béisbol.

Benjamín consiguió autoproclamarse mensajero del Cielo y, por lo tanto, líder indiscutido de la iglesia. Sus miembros llegaron a entregarle todas sus posesiones para que él las administrase. Además, como parte de los requisitos para formar parte de la misma, los feligreses tenían prohibido mantener relaciones sexuales, consumir alcohol y tabaco, comer carne, y cortarse el pelo y afeitarse.

Para contrarrestar el aburrimiento de la secta fue que se ideó la creación del equipo de beisbol. Pronto se volvieron famosos por las particularidades de su aspecto físico, por lo que comenzaron a realizar giras por el país cosechando gran prestigio. La gente acudía a los estadios a ver los extravagantes peinados de pelo y barba de aquellos individuos.

El fin sobrevino cuando el líder Purnell fue acusado y llevado a juicio por haber abusado sexualmente a muchas mujeres de su comunidad. Aunque la comuna sufrió ciertas metamorfosis lo cierto es que se desintegró.

El capítulo 6 del libro de Números enseña sobre la ley del nazareo, que significa *"apartado para Dios"*. Este era un voto que pretendía enmarcar al individuo en cuestión en un determinado grado de santidad y consagración a Dios. El mismo bien podía ser tomado por la persona interesada, hombre o mujer, o era encomendado por Dios a sus padres antes de su nacimiento. Aquellas que se encontraban bajo el nazareato debían abstenerse de beber vino (incluyendo cualquier producto de la vid) y de todo tipo de bebida alcohólica, como así también tenían la imposibilidad de cortarse el pelo y acercarse a cadáveres (humanos o animales); el tiempo que durara el voto se debía permanecer en santidad (v.8). En caso de romperse alguna de estas reglas el voto de consagración se anulaba. Para volver a reconsagrarse debía ofrecerse una ofrenda especial.

En la historia bíblica encontramos al menos tres casos donde se llevó a cabo este juramento: Sansón (Jueces 13:3-5), Samuel (1 Samuel 1:11) y Juan el Bautista (Lucas 1.12-15). Todos ellos cumplieron funciones específicas, aunque con su vida misma ya se encontraban predicando.

Hoy muchas personas creen que para ser llamados por Dios deben cumplir una serie de requisitos previos para lograr estar a la altura del mismo. Lo cierto es que Dios no necesita que "acomodes tu vida" (Lucas 9.59-60) para que te encuentres listo para el llamado a su servicio. Él espera que le sirvas ahora, tal y como te encuentras. Una vez que aceptes el llamado, el propósito que tiene para tu vida, será cuando estés bajo el proceso de santificación. Indudablemente serás otro, transformado de forma milagrosa.

Hoy dedica tu vida a aceptar el llamado de lo Alto. Vive una vida de santidad. Sin duda que no te arrepentirás.

DÍA 135 - GILMORE JUNIO Y DANNY MORRISON
(PATINAJE - CANADÁ)

"En todo tiempo ama el amigo, y es como un hermano en tiempo de angustia"
(Proverbios 17.17 RVR60)

En las competencias preliminares que otorgaban plazas para los JJOO de invierno de Sochi 2014, Gilmore y Danny competían en la prueba de patinaje de velocidad de 1000 metros sobre pista de hielo. En medio de la prueba Danny tropezó y cayó, produciendo que no clasificara para la cita olímpica. Sin embargo, como ambos eran amigos, Gilmore (que sí había logrado la clasificación) decidió darle su lugar para que representase al país en dichos juegos.

¿Por qué hizo esto? Porque consideró que su amigo tendría mayores posibilidades que él mismo en los JJOO. Danny no lo decepcionaría, pues ganaría la medalla de plata.

Junio no ganaría ninguna medalla en Sochi, pero recibió una a raíz de un movimiento popular, al cual llamaron "Campaña de agradecimiento Gilmore". La misma cuenta con un diseño de lo más simbólico: realizada con madera de arce (el árbol más representativo de Canadá), rodeada de plata (en representación a la medalla que se obtuvo) y con un aro exterior de oro (indicando el valor de tal gesto) en el cual se haya grabado la palabra "gracias". En el centro, una hoja de arce también de plata.

Ah... qué sería de nuestra vida sin los amigos. Ellos están allí cada vez que los necesitamos, ya sea para hablar sobre algún problema por el cual estemos pasando, o por algo positivo que estemos experimentando; lo están para pedirles consejo, opiniones o simplemente un abrazo. También encontramos lugares y momentos con los cuales nos "conectamos", como ser una comida, un campamento, el colegio, la iglesia, el trabajo, la universidad, el estudio, el teléfono, una película... entre otros muchos más.

Dicen que los amigos se cuentan con los dedos de una mano. Yo creo en que esto es verdad, pues son aquellas personas a las cuales uno les abre su corazón y sus pensamientos, donde no se tiene miedo de expresar sentimientos, emociones y razonamientos, generando una conexión con el otro. Claramente, para llegar a esto, se necesita tiempo.

En la vida de Jesús se nos muestran distintas facetas de la amistad, ya que Él dedicaba gran parte de su día a compartir momentos con sus amigos. Los acompañaba en su oficio (Lucas 5.1-3) y ellos en sus predicaciones (Marcos 6.37), iban a la iglesia juntos (Marcos 11.11), había confianza mutua (Marcos 3.14), compartían comidas (Mateo 26.20), les decía lo que era mejor para ellos (Lucas 12.22-23), los trataba como a hermanos (Mateo 12.49) y con cariño (Lucas 10.23), les aconsejaba y advertía sobre el futuro (Marcos 9.31) y, por sobre todas las cosas, anhelaba estar con ellos en el Cielo (Mateo 19.18).

Hoy piensa en tus amistades. Compara tus relaciones como las que tuvo Jesús, y cuestiónate qué estás haciendo para que, junto con ellos, vayas al Cielo.

DÍA 136 - LZR RACER (NATACIÓN – ESTADOS UNIDOS)

"Conocerán la verdad, y la verdad los hará libres" (Juan 8.32 DHH)

Como bien marca la historia los trajes de baño han tenido un cambio drástico en poco de 100 años, pasando de trajes que cubrían el cuerpo completo a minishorts (sungas) y hasta mallas dos piezas para las mujeres. Pero estos "avances" tuvieron un *parate* en el tiempo. Sucedió en los JJOO de Atenas 2004, cuando los nadadores ingresaron al natatorio dejando al público sorprendido al verlos llevar un traje de baño completo que tan solo dejaba libres los brazos (en otros casos hasta los cubría).

El tiempo pasó y llegó el año 2008, año de los JJOO de Beijing, donde se presentó el *LZR Racer*, el traje de los récords. Este traje fue diseñado por la mismísima NASA y, crease o no, lograba reducir entre un 1,9 y 2,2% los tiempos de cada nadador (aunque parezca ínfima la cifra, un ganador puede definirse con una milésima de segundos). Una semana después de su lanzamiento promocional se rompieron 3 récords mundiales.

Encabezados por los nadadores de los Estados Unidos, en los JJOO de ese año, se batieron un total de 25 récords. Entonces se comenzó a hablar de trampa, introduciéndose un nuevo concepto: **doping tecnológico**. A continuación se libraron dos años de discusión donde muchos sostenían que en realidad no había trampa, sino que era una cuestión relativa, mientras que otros realmente, y con pruebas de ello, aseveraban que sí existía. Finalmente en 2010 la Federación Internacional de Natación (FINA) prohibió los LZR. A partir de aquel momento los trajes de baño solo podrían cubrir de la cadera a las rodillas.

Hoy vivimos en un tiempo donde la sociedad quiere hacernos creer que la verdad no es absoluta, sino que esta pareciera ser relativa. Siendo un poco más preciso: la verdad, si es verdad, ¿puede ser relativa? ¿Relativo a qué o a quién? Muchos aseguran que la verdad es relativa en base a las creencias de cada persona; así la misma varía dependiendo el momento, el lugar y la persona. El mundo de hoy nos invita a respetarnos, a luchar por la diversidad y a concebir distintas "verdades". Por lo tanto, hablar de verdades absolutas es prácticamente un insulto. El mundo incita a creer lo que uno quiere creer bajo cualquier circunstancia.

¿Existe la verdad absoluta? Si, y esta muchas veces puede confrontar con la verdad de cada uno en lo particular. Cuando Jesús oró al Padre le pidió: *"Santifícalos en la verdad; tu palabra es la verdad"* (Juan 17.17 NVI). La única verdad es la Santa Palabra de Dios. El cristianismo no puede estar basado en verdades relativas, sino que debe estar fundamentada en la verdad absoluta que es Dios. Un Dios que no cambia de parecer según los tiempos, sino que mantiene lo que dijo en el pasado, la mantiene en el presente y la mantendrá en el futuro (Hebreos 13.8).

Hoy busca al Señor y pídele que elimine de ti todas aquellas creencias/verdades que no tienen una base sólida. <u>Recuerda</u>: Dejar que la verdad de Dios confronte la tuya es el primer paso para la restauración espiritual.

DÍA 137 - VIRGIL VAN DIJK (FUTBOL - HOLANDA)

"El que sabe hacer el bien y no lo hace, comete pecado" (Santiago 4.17 DHH)

En el marco del encuentro disputado entre Alemania y Holanda, esta última cobró el ánimo suficiente para remontar un 0-2 finalizando el encuentro en empate de 2 por lado a solo 5min del pitido final. Al finalizar el partido Virgil, capitán del equipo holandés, se dirigió hacia el árbitro para saludarlo, pero se encontró con que este estaba quebrando en lágrimas. El motivo: su madre había fallecido hacia minutos atrás; él se había enterado del suceso durante el entretiempo pero, de todas maneras, había preferido continuar dirigiendo el partido pese a la insistencia de la organización para que se retirase. Ante esto Virgil no tuvo más respuesta que abrazarlo mientras el juez lloraba por la tristeza que la situación le generaba.

¿Alguna vez te arrepentiste por no haber hecho algo que deberías haber hecho? Generalmente cuando obviamos una acción de bien para con el otro, por más mínima que sea (como un abrazo, un saludo, conversar, etc.), parecería ser que una voz dentro de nuestra cabeza comenzara a resonar. El apóstol Santiago es muy claro al respecto. Siempre que tenemos la oportunidad de hacerle el bien al otro y no lo hacemos cometemos pecado. Y ¿por qué sucede esto? Porque tenemos un Dios altruista.

El diccionario define al altruismo como la *"tendencia a procurar el bien de las personas de manera desinteresada, incluso a costa del interés propio"* ¿No es acaso lo que Jesús mismo hizo por cada ser humano en la Tierra? Este sentido de ayudar al otro sin esperar nada a cambio, por más insignificante que así lo parezca, es algo que el Espíritu Santo ha instaurado en cada uno de nosotros. El altruismo se va desarrollando a medida que nos acercamos a Aquel que dejó el trono en el Cielo para morir en este mundo.

Básicamente el mismo tiene como regla predilecta la de amar al que me rodea (Mateo 7.12 – 22.37). Es simple, sin amor ni siquiera las intenciones más nobles llevan a un buen puerto. Cuando se entiende esta regla el otro, por más que no lo conozca, deja de parecerme indiferente. La empatía prima por sobre todas las cuestiones, incluyendo la empatía por la necesidad de conocer el mensaje de salvación. ¿Puedes recordar aquella vez donde no golpeaste la puerta de esa casa o no le diste el volante de invitación para una semana de evangelismo a esa persona que transitaba por la calle? ¿Recuerdas por qué no lo hiciste? ¿Habrá sido, acaso, porque pensaste que no recibirías una respuesta favorable? ¿Cómo te sentiste luego? La empatía y el altruismo para presentar a Cristo también se fusionan en este punto.

Hoy Dios quiere decirte que eres el medio que eligió para darse a conocer a otros por medio de tus buenas acciones. No calles la voz del Santo Espíritu que te invita a actuar con amor desinteresado.

DÍA 138. ASHLEIGH MOOLMAN-PASIO
(CICLISMO - SUDÁFRICA)

"En cambio, el Señor está en su santo templo; ¡guarde toda la tierra silencio en su presencia!" (Habacuc 2.20 NVI)

Aunque si bien Ashleigh es de origen sudafricano, ya hace años que se mantiene entrenando en Europa. Ella es cristiana evangélica y se considera una mujer de fe, la cual aprovecha todo tiempo que pueda para hablar con Dios, especialmente cuando se encuentra subida a su bicicleta y pedalea por largos tramos en la ruta.

Tras pasar por el infortunio de haberse fracturado la clavícula en 3 ocasiones en un lapso de 12 meses, pudo reponerse asegurando al respecto: *"Realmente he confiado en mi fe para seguir adelante, especialmente en tiempos difíciles, como al romper mi clavícula en tres ocasiones. Sin la fe en Dios, creo que me habría dado por vencida. Se trata sólo de tener paciencia y confiar en él".*

Cuando se le preguntó, en una entrevista, cómo era la vida de una deportista creyente en el viejo continente ella contestó: *"En Europa no suelen tener una fe fuerte en Dios. Para mí, estar aquí es una oportunidad para comunicar mi fe y mostrar a los atletas europeos que realmente eso marca la diferencia".*

En distintas oportunidades he presenciado distintas formas de tratar a Dios. Muchos lo tienen como un ser que se ha olvidado del mundo, otros como aquel que ha dejado al ser humano a su propia merced. En la misma iglesia me he encontrado con personas que lo tratan como a un amigo y a otros como a un padre, como también aquellos que utilizan una jerga, al hablar o referirse a Él, que me ha dejado boquiabierto.

¿Cómo merece ser tratado Dios? En primer lugar debe entenderse que Él es el único soberano por sobre toda creación, como bien lo marca el versículo clave del día. La Biblia enseña cómo podríamos tratar a nuestro Padre, según sus características divinas: como a un padre (Gálatas 4.6); como a un cónyuge (Efesios 5.25-27); como a un amigo (Juan 15.14); como a un juez (1 Corintios 4.3-5); como a un abogado (1 Juan 2.1); como el Salvador (Juan 3.16).

Si bien es verdad que las maneras que tenemos de relacionarnos con Dios muchas veces dependen del estado de ánimo en el cual estemos, o de la situación en la que estemos viviendo, algunos se atreven a mencionar en vano su nombre polarizando la relación entre lo divino y lo humano (los hay quienes lo minimizan y lo tratan con el mismo vocabulario burdo que a un igual, y los hay quienes lo perciben de la forma más inalcanzable). Estas personas ¿toman conciencia de a quién se están refiriendo o con quién piensan que están hablando? Creo que no y, lo que es peor, muchas veces nosotros nos olvidamos de esto dejándonos llevar por nuestras emociones ¡Gracias a Dios por su misericordia!

Hoy relaciónate con Dios teniendo en cuenta todas sus características. Hazlo con la más profunda confianza; conviértelo en tu más íntimo confidente, cual amigo, y al mismo tiempo venéralo y respétalo como el Rey del universo que es.

DÍA 139 - IM DONG-HYUN
(TIRO CON ARCO - COREA DEL SUR)

"Y el Señor le dijo: ¿Quién ha hecho la boca del hombre? ¿O quién hace al hombre mudo o sordo, con vista o ciego? ¿No soy yo, el SEÑOR?" (Éxodo 4.11 LBLA)

Considerado deporte nacional, el tiro con arco ha sido cuna de campeones olímpicos desde los anales de la historia del país asiático. En mi país, la Argentina, es común ver cómo los padres llevan a sus hijos a jugar al futbol a distintos clubes desde edades preescolares, por lo que me cuesta un poco imaginar que, del otro lado del mundo, los padres deciden llevar a sus hijos a clubes de tiro con arco y flecha.

Crease o no, es una realidad; una realidad que afectó a Im, pues a los 10 años fue cuando dio sus primeros pasos en dicho deporte. A los 18 años ganó su primer oro en Atenas 2004 y su segundo en Beijing 2008, mientras que en Londres 2012 obtuvo un bronce.

Sin embargo no son sus medallas lo que hacen de esta historia un relato digno de admiración, sino el detalle de que Im Dong-Hyun es legalmente **ciego**. De un ojo solo posee un 20% de su visión, mientras que del otro un 10%. Debido a esto, el coreano, no cuenta con carnet de conducir, no distingue las teclas de la computadora, no puede leer... pero sí puede acertar a la diana (blanco) que se encuentra a unos 70mts de distancia, aunque sin distinguir las líneas y/o números de la misma.

¿Cómo puede ser exitoso en un deporte donde la vista es elemental? Im distingue los colores sin contornos. Sobre todo distingue el amarillo, aquel que otorga la puntuación máxima y, con un entrenamiento de más de 7hs diarias, ha llegado a formar parte de los mejores del mundo.

Dios se le había presentado a Moisés de manera milagrosa por medio de un arbusto que estaba prendido fuego pero que no se consumía. Me parece interesante la manera en la que sucedieron los hechos:

1. Dios llama a Moisés
2. Moisés responde
3. Dios se presenta como un Dios cercano y familiar
4. Moisés reconoce al Todopoderoso y entiende su situación de pecador
5. Dios escucha a sus hijos y transmite el plan de salvación
6. Dios le otorga responsabilidades
7. Respuesta de Moisés al llamado

Casi al final de la conversación, el Señor de señores demostró su poder con lo que Moisés tenía en su mano (una vara) y diciéndole que Él se encontraba al control de absolutamente todo.

Dios es aquel que escoge a quien quiera para la predicación del evangelio. Él creó a todo el mundo y sabe que todos, con sus más o menos habilidades y/o recursos pueden hacer algo que quizás parezca pequeño, pero que, para el Reino de los Cielos, es gigante. Él no se fija en lo que te falta, sino en lo que tienes.

Hoy ponte en las manos de Jesús para que pueda utilizarte. Ya no pongas excusas.

DÍA 140 - ANASTASIA MYSKINA (TENIS - RUSIA)

"Los justos claman, y el Señor los oye; los libra de todas sus angustias"
(Salmos 34.17 NVI)

A la cita olímpica de Atenas 2004 había llegado siendo la número 3 del ranking mundial del tenis femenino. Todos los ojos se encontraban puestos en la favorita a llevarse el oro olímpico. Avanzando a paso firme tuvo que enfrentarse a la belga Justine Henin en las semifinales, quien había tenido una temporada opaca mientras se recuperaba de un virus que la había dejado tan desequilibrada corporalmente que debía dormir unas 18hs diarias.

El encuentro resultó ser de lo más ajustado y sorprendente. Las tenistas se vieron obligadas a jugar un tercer set definitorio. Solo una de las dos pasaría a la final. Anastasia se colocó 5-1 en el marcador (un set en tenis es ganado por el jugador que llega, al menos, 6 games con diferencia de 2) por lo que todos pensaban que el juego ya estaba ganado. Pero de manera sorprendente, Justine comenzó a sentirse cada vez más a gusto con el juego y a presionar con mayor esfuerzo cada pelota disputada, logrando, increíblemente, ganarle el encuentro por 8-6.

Perder aquella semifinal ocasionó, aparentemente, un impacto tal en la vida de Myskina que su carrera comenzó a menguar rápidamente pues, de estar en la cima del ranking, en tan solo tres temporadas su carrera deportiva se esfumó sin pena ni gloria.

La *ansiedad* se ha convertido en uno de los males por los cuales atraviesa la sociedad. Podría definirse como un estado mental, donde la persona atraviesa por una gran inquietud, excitación, e inseguridad, producto de aquello que vendrá.

Ya el apóstol Santiago hablaba sobre la ansiedad en su época: *"Presten atención, ustedes que dicen: 'Hoy o mañana iremos a tal o cual ciudad y nos quedaremos un año. Haremos negocios allí y ganaremos dinero'. ¿Cómo saben qué será de su vida el día de mañana? La vida de ustedes es como la neblina del amanecer: aparece un rato y luego se esfuma"* (Santiago 4.13-14 NTV) ¿Acaso no pareciera ser una reflexión para los días alocados que se viven hoy en día?

El mejor método para enfrentar a la ansiedad es, justamente, dejar de preocuparse por el mañana, el cual es representado por un futuro examen que debe rendirse, afrontar un despido, una boda, una conversación con alguien que te ha ofendido, etc. ¿Pero de qué manera es posible despreocuparse por aquello que produce preocupación? La Biblia es clara y precisa, la respuesta se encuentra en Dios. Jesús mismo dijo que no debemos preocuparnos de nada que nos pueda sobrevenir en el futuro, pues contamos con un Padre que vela por nosotros y nos considera lo más valioso que pueda llegar a tener (Mateo 10.28-31).

Hoy intenta dejar de preocuparte por lo que vendrá. Deposita tu confianza plena en Dios y verás cómo tu ansiedad disminuirá considerablemente al saber que tienes al Todopoderoso de tu lado. <u>Recuerda</u>: la vida es como una neblina donde vivimos de manera pasajera hasta llegar a la vida eterna que nos depara el Señor.

DÍA 141 - CARLOS ROA (FUTBOL – ARGENTINA)

"Porque este hijo mío estaba muerto y ha vuelto a vivir; se había perdido y lo hemos encontrado [...]" (Lucas 15.24 DHH)

Carlos "Lechuga" Roa (apodo adquirido al hacerse vegetariano) se había convertido en el mejor arquero de futbol de toda la Argentina. Tras su exitoso paso mundialista en Francia 98, recibió una oferta millonaria para ir a jugar a otro club. Sin embargo, entre suceso y suceso, Carlos se afianzó aún más en el evangelio y pidió que se labrase una cláusula en el contrato, donde dijera que los Sábados, día dedicado al Señor, estaría libre de responsabilidades hacia su trabajo. Es que Roa, que ya era cristiano desde niño y se congregaba en la Iglesia Adventista del Séptimo Día, ahora decidía reacomodar sus prioridades.

Al escuchar esto, el presidente del club se negó rotundamente, por lo que el arquero tan preciado decidió abandonar el futbol, a pesar de que todos aquellos que lo rodeaban se quedaban atónitos viendo su respuesta. Intentando convencerlo, pues se encontraba en la cumbre de su carrera, el argentino prefirió poner a Dios en primer lugar y renunciar a una de las cosas que más quería.

Al poco tiempo se lo podía ver en entrevistas televisivas con su Biblia en mano y predicando el mensaje de salvación a todo el mundo. Pero el tiempo pasó y Carlos sentía que ya no era feliz con la decisión que había tomado, lo que derivó en un alejamiento de la fe, por lo que decidió volver a jugar al futbol.

Al igual que la parábola del hijo pródigo, en el mundo eclesiástico pueden verse hijos de Dios que actúan como tales por años, viéndose una vida consagrada, y que incluso llegan a liderar diversas actividades de la iglesia pero que, en un momento determinado toman la decisión de alejarse del Camino pues sienten que ya no son más felices, por lo que comienzan a transitar un nuevo camino en busca de la felicidad. Oh, qué fabulosa estrategia la del Enemigo que logra convencer a una persona que tener a Cristo en el corazón no es lo suficiente para que sea feliz.

Así, ya alejados de la iglesia, arremeten en el camino que ofrece Satanás, denominado mundo, buscando, buscando y buscando la plenitud, mas sin éxito. Muchos toman la decisión de volver y otros no, quizás por el qué dirán, por la vergüenza o humillación; preconceptos que surgen desde el desconocimiento verdadero de Aquel que nos conoce desde antes de la fundación del mundo (Efesios 1.4).

Lo que más me llama la atención es la actitud del Padre en la parábola, la cual refleja la misma conducta hacia aquellos que se alejan: Él lo espera. Espera verlo a la distancia y ni siquiera le permite acercarse solo a su trono, sino que sale a su encuentro para acompañarlo, para abrazarlo, para restaurarlo... para revivirlo. Qué Dios maravilloso.

Hoy piensa en aquellos que se han apartado, ayúdalos a tomar la decisión de volver a los pies del Salvador, la única fuente de felicidad verdadera. Pero espera... ¿has pensado dónde te encuentras tú?

DÍA 142 - HICHAM EL GUERROUJ
(ATLETISMO - MARRUECOS)

"'¿Cuál de los dos hizo lo que su padre quería?' —'El primero' —contestaron ellos. Jesús les dijo: — 'Les aseguro que los recaudadores de impuestos y las prostitutas van delante de ustedes hacia el reino de Dios'" (Mateo 21.31 NVI)

A sus 21 años, en 1995, lograba su primer campeonato del mundo en la ciudad de Niza, Francia, en la competencia atlética de 1500mts en pista cubierta y un segundo puesto en la modalidad de pista descubierta, logrando la tercera mejor marca del año.

Hicham era uno de los grandes favoritos para ganar la prueba en los JJOO de Atlanta 96 pero una caída desafortunada derivó en una retirada inesperada. Sin embargo, pocas semanas después, se consagró campeón en otro certamen liderando la marca de aquel año.

En los siguientes años se coronó campeón de los 1500mts en ambas pistas, en todos los mundiales, bajando consecutivamente sus propios records, que ya eran históricos. De tal forma llegaban los JJOO de Sídney 2000 pero, esta vez, un keniano lo sorprendió en la recta final, dejándolo con la medalla de plata. El tiempo siguió pasando y el marroquí volvió a coronarse campeón mundial (por tercera vez consecutiva), volviendo a liderar todas las marcas.

En el 2002 decidió pasar a la prueba de 5000mts, decisión que le sentó bien pues los logros no tardaron en llegar. En el 2003 volvió a coronarse campeón mundial en los 1500mts y segundo en los 5000mts (solo por 4 centésimas de segundo).

Tras las desilusiones de Atlanta y Sídney, llegaba a Atenas 2004 como gran favorito de ambas pruebas ¿Podría volver a salir mal? Aquella vez apostó por todo y consiguió la doble medalla de oro. Al fin podía dormir tranquilo.

Cuando leí la parábola de los dos hijos (Mateo 21.28-32) comprendí que esta historia se trataba de los "ganadores inesperados", de aquellos ganadores de la fe que ni siquiera ellos mismos esperan triunfar en el nombre de Jesús, en los que son salvos a pesar de lo que los demás puedan llegar a pensar y opinar de sus vidas.

Todos los habitantes de este mundo son hijos de Dios, estén bautizados o no, porque Él les dio la vida. Es triste escuchar que Dios elige a personas que no son de la iglesia para llevar a cabo la predicación del mensaje, una realidad cruda pero que debía impactar en el cristianismo de los tiempos bíblicos y, sin duda, aun hoy lo hace.

El pueblo de Dios, que es el Israel espiritual, su iglesia, es llamado para completar la obra según la encomendación de Mateo 28.19-20. Es que son aquellos que se encuentran aptos, con el conocimiento adecuado, con la experiencia de vida que todo cristiano tiene, con la Luz... sin embargo muchos desisten al mismo y se conforman con calentar el banco de la iglesia. Curiosamente las ecuaciones divinas no son como las humanas pues, cuando su propio pueblo no responde, entonces se busca por fuera de ellos, a todo aquel que tenga el corazón dispuesto. Estos son los ganadores inesperados, pues nadie espera que sean llamados y, sin embargo, aceptan aquella Voz celestial que los guía para "salvar almas y guiar al servicio".

Hoy entregate de lleno a la encomendación de acabar con la predicación del evangelio. Dios puede utilizarte a ti o a cualquier otro. Tú decides.

DÍA 143 - LOS JUEGOS OLÍMPICOS

"Hagan lo que hagan, trabajen de buena gana, como para el Señor y no como para nadie en este mundo, conscientes de que el Señor los recompensará con la herencia. Ustedes sirven a Cristo el Señor" (Colosenses 3.23-24 NVI)

Corría el año 776 a.C. en la antigua Grecia. Una nueva era nacía tras la creación de las ciudades Estado y la expansión del territorio.

La educación de aquel entonces priorizaba el arte de la guerra por sobre los demás saberes, por lo que a la edad de 12 años, los niños varones (sin ningún tipo de discapacidad) eran introducidos en la "palestra", lugar donde se los preparaba en la profesión de soldado. La misma contaba, por ejemplo, con ejercicios de gimnasio, con las prácticas atléticas (las cuales derivaban en entrenar acciones específicas del combate, por ejemplo lanzamiento de lanza, hoy jabalina) y la táctica bélica. Al cumplir los 20 ya se los encontraba aptos para la guerra... y para los juegos.

Curiosamente existían distintos tipos de juegos donde solo los hombres (soldados) podían asistir. Ellos eran los Juegos Píticos, Ístmicos, Meneos y Olímpicos, y cada uno de estos eran celebrados en honor a sus dioses. Apolo, Poseidón, Hércules y Zeus, respectivamente, siendo este último el más famoso de todos por el grado de divinidad.

Algunas características:
- Se declaraba la "tregua sagrada" (ver meditación *Tregua Olímpica*)
- Sos atletas competían desnudos y aceitados mostrando, de esta manera, gratitud a la divinidad presente
- No podían asistir esclavos o mujeres (la única mujer presente en los juegos era la *Gran Sacerdotisa de Deméter*)
- Se celebraban en época de verano (Julio-Agosto en el Hemisferio Norte)
- Algunas competencias: lucha, salto en largo, pugilato, lanzamiento de lanza, disco, carrera al estadio (línea recta de 212,54m), entre otros.
- A los ganadores se les daba una rama de olivo (posteriormente sería una corona), la exención de impuestos y la manutención por parte del gobierno. Además, en algunos casos, se tallaba una estatua en su honor y hasta se grababa su nombre en las paredes de mármol de la entrada a la ciudad. De esta manera quedaban inmortalizados.

Entre estas características, y otras más que no han sido expuestas, los JJOO tuvieron su concepción de manera religiosa, la cual impregnaba a todas las practicas, tanto anteriores como posteriores. Así, de comienzo a fin, el mayor objetivo era ensalzar a sus dioses.

El motor que da impulso a la vida personal de cada uno determina por qué y para quién se toma cada decisión en el diario vivir. Si Dios se ubica en primer lugar, entonces todo lo que se haga tendrá que ver con Él. Y si todo tiene que ver con Él, entonces se logrará el éxito. En cambio, si el foco está "a penas" corrido de su Luz, entonces nada de lo que se haga estará en armonía con Su voluntad.

Hoy medita en qué estás haciendo tú para honrar a tu Salvador. Vive de tal forma que, desde que te levantes hasta que te acuestes, puedas pensar en cómo agradarlo.

DÍA 144 - ARA ABRAHAMIAN
(LUCHA GRECORROMANA - SUECIA)

"Así que les digo: Vivan por el Espíritu, y no seguirán los deseos de la naturaleza pecaminosa" (Gálatas 5.16 NVI)

En los JJOO de Beijing 2008 sucedió un hecho inédito relacionado al luchador sueco Ara, quien habiendo ganado la medalla de plata en Atenas 2004, arribaba a la cita olímpica con el único deseo de ganar el oro. Sin embargo sus sueños se vieron truncados cuando, según su propio testimonio, existieron fallos arbitrales dudosos durante la semifinal, de manera que se vio perjudicado. Desposeído de la oportunidad de competir por el primer puesto, tuvo la oportunidad de luchar por el tercero y salir victorioso.

Durante la entrega de medallas, arrojó su bronce al suelo, retirándose del estadio; *"no me importa esta medalla, yo quería el oro"*, aseguró. El COI decidió descalificar al luchador y no otorgar la medalla de bronce a ningún otro.

Cuando una persona se somete a la voluntad imperiosa de los deseos de la carne (todo aquello que representa lo contrario a la voluntad divina y que es referido al apetito de los sentidos y deseos personales) termina teniendo el mismo gesto insolente que el luchador Abrahamian, pues arroja el galardón de santidad, de mantenerse puro y apartado, otorgado por Dios (Mateo 5.12) al suelo.

El apóstol Pablo exhorta a los creyentes a realizar un cambio de actitud, alejándose del camino de oscuridad, acercándose al de la luz. Cristo viene pronto y con Él un nuevo amanecer, por lo que brinda la mejor arma para salir adelante (Romanos 13.11-14).

¿Cuál es el arma de guerra para protegerse de caer en la tentación de la naturaleza pecaminosa? Pedir que el Espíritu Santo, quien convence de pecado, de justicia y de juicio (Juan 16.8-11), descienda con poder en la vida de cada uno, llevándolo a los pies de Jesús, pues sin su ayuda es imposible transformar las conductas pecaminosas. Solo por medio de Él puede ganarse la batalla contra uno mismo, pues la *carne* se opone al Espíritu, y el Espíritu a la *carne* (Gálatas 5.17).

Mirar pornografía, mantener relaciones sexuales prematrimoniales, masturbarse, fumar, beber alcohol, insultar, golpear a tu pareja, maltratar a tus hijos, envidia... tú conoces cuál es tu pecado y este puede ser eliminado si aceptas a Jesús como tu único salvador, como la luz que puede apartar las tinieblas. Una vez aceptada esta premisa, entonces te quedará *"andar como si fuera de día"* (Romanos 13.13), como si todos te estuvieran viendo... como si Dios y sus ángeles e incluso Satanás y los suyos lo hicieran (y es que lo hacen). No por temor, sino por amor.

Hoy, aunque parezca imposible, permite que Jesús haga el milagro en tu vida del reavivamiento y reforma para vida eterna. Has que la medalla de santidad brille en tu cuerpo y mente. <u>Recuerda</u>: aprende a vivir como si fueras observado por "cámaras" de manera permanente, cultivando una conducta santa como la de tu Dios (Levítico 11.44).

DÍA 145 - BOB ANDERSON (ESGRIMA - INGLATERRA)

"Vuélvanse a mí, hijos rebeldes, y yo los curaré de su rebeldía.
'Aquí estamos, acudimos a ti, porque tú eres el Señor nuestro Dios' —."
(Jeremías 3.22 DHH)

Luego de haber participado en la II Guerra Mundial comenzó a dedicar más tiempo a la esgrima, actividad que practicaba en la adolescencia en el colegio donde estudiaba. Los resultados lo acompañaron para que pudiera participar en los JJOO de Helsinki 52 como parte del equipo británico y, en los dos años subsiguientes, en los torneos mundiales. Luego se convirtió en entrenador y en el presidente de la Academia Británica de Esgrima, para luego sí retirarse del mundo deportivo.

Si bien podría decirse que pocas personas pueden afirmar que lo conocen por su trayectoria deportiva, lo cierto es que, para la mayoría, Bob ha sido un referente del cine. Siempre es curioso cuando un deportista se aleja de las "canchas" para dedicarse a la industria cinematográfica. De hecho, la mayoría la transita sin muchas vislumbres; sin embargo, para muchos, Anderson se ha transformado en un hito al encarnar al famoso personaje de Star Wars, **Darth Vader** (en las escenas de lucha con espada-láser), aquel personaje que tanta fascinación ha logrado despertar en los aficionados: aquel que había sido conocido como Anakin Skywalker y cuyo destino era equilibrar la "fuerza", dándole un punto final al mal. Aquel que había sido seducido al "lado oscuro de la fuerza" volviéndose del camino al cual había sido llamado, para alejarse y dar rienda suelta a sus pasiones. Aquel que finalmente se reivindicaría reconciliándose con su misión al final de sus días.

Conocemos que cada uno de nosotros hemos sido destinados a ser salvos (1 Timoteo 2.4) y llamados para una misión desde antes de nacer (Salmos 139.13). Hemos tenido también la libertad de elegir aceptar este destino de salvación y vida eterna (que comienza en la Tierra) o desecharla. A lo largo de este tránsito, mientras que unos se mantienen firmes en el Camino que los lleva a la luz y a combatir las tinieblas, un grupo lo deja para transitar en otros más oscuros.

Aunque si bien la rebeldía contra Dios es algo inherente a nosotros, porque hemos nacido pecadores, es nuestra decisión obedecer o no la voz del Espíritu que no cesa de llamarnos para que volvamos al camino que se nos ha preparado, pues es Él el único que tiene el poder para hacernos abandonar los pecados, viviendo una vida de santidad, y sanar la rebeldía que nos produce andar con Satanás.

Hoy decide ser siervo del Señor de la vida y la luz (Juan 1.4); acepta tu destino y obra según el llamado celestial para poner tus talentos al servicio de la Misión. No seas como Bob Anderson que (en sentido figurado) al encarnarse en Darth Vader se convirtió en hijo de muerte y tinieblas.

DÍA 146 - ERIC MOUSSAMBANI
(NATACIÓN - GUINEA ECUATORIAL)

"No se olviden de brindar hospitalidad a los desconocidos, porque algunos que lo han hecho, ¡han hospedado ángeles sin darse cuenta!" (Hebreos 13.2 NTV)

Como en su país no contaban con una piscina para nadar, Eric se entrenaba en la pileta de un hotel de unos 13 metros de largos y solo por 3hs semanales. Sin ningún tipo de experiencia deportiva, o entrenador que le enseñara, complementaba dicho entrenamiento en el rio y en el mar, donde un pescador le indicaba cómo mover los brazos y las piernas con el objetivo de que no se hunda.

Gracias a un programa que busca incluir deportistas pertenecientes a países en vía de desarrollo, el ecuatoguineano logró participar de los JJOO de Sídney 2000, siendo allí donde vería por primera vez una piscina olímpica (la cual tiene 50m de largo).

Como entrenaba con otros nadadores, intentaba captar ciertos gestos técnicos, observándolos y pidiéndoles ayuda. Algunos lo ignoraban y otros lo ayudaban con ciertas dudas, pues no sabían si realmente era alguien que competiría.

El día de la competencia Eric se encontraba sumamente nervioso. Nadaría 100m *estilo libre*. Cuando lo llamaron a presentarse, notó que el estadio se encontraba repleto de gente, y temiendo que se rieran de él pensó: *"oh Dios mío, voy a nadar en frente de esta gente"*.

Solo quedaban 3 participantes para el nado clasificatorio. Eric y dos más, quienes se lanzaron al agua antes de tiempo, por lo que quedaron descalificados. Así, el africano sería el único en disputar la prueba. Eso lo puso aún más nervioso, pues los ojos del público caerían sobre él. Al darse la señal, se lanzó a la piscina nadando de la mejor manera posible y, con el ánimo del estadio, completó los 100m en 1 minuto 52 segundos (tiempo superior a las marcas de 200m). Cuando tocó la pared se dijo así mismo *"lo conseguí"*.

Ahora Moussambani, que logró que en su país haya una pileta olímpica, se dedica a incentivar la práctica de la natación, dando a conocer el deporte a los jóvenes, e inspirándolos con su historia.

No hace mucho visité una iglesia. Recuerdo vívidamente que pasé por lo menos por entre 15 personas, y ninguna de ellas me saludó, o siquiera hizo una mueca de bienvenida. Entré y me fui como desapercibido. Dios ha llamado a su pueblo a tener empatía por el otro. La hospitalidad es un mandamiento que caracteriza al pueblo escogido.

Muchos de los que ingresan a nuestras iglesias lo hacen por primera vez. Ellos se encuentran nerviosos, tímidos y expectantes de todo lo que sucede allí mismo, pues devienen de lugares totalmente opuestos (el mundo). Es nuestro deber acercarnos a ellos (y no esperar que ellos se acerquen a nosotros), ser amigables y mostrarle a Jesús a través de nuestras acciones.

Hoy piensa en cómo te comportas ante las visitas que llegan a tu iglesia. Reflexiona sobre la actitud que tienen y qué hacen para hacerlos sentir como en casa. <u>Recuerda</u>: ellos también son hijos de Dios y, por lo tanto, son llamados a capacitarse y predicar el evangelio.

DÍA 147 - EMANUEL GINOBILLI (BÁSQUET - ARGENTINA)

"Pero nosotros no somos de los que se vuelven atrás y acaban por perderse, sino de los que tienen fe y preservan su vida". (Hebreos 10.39 NVI)

Faltaban 3.8 segundos para que el árbitro pitara el final del partido. El tanteador marcaba un empate parcial de 81 puntos para cada equipo. El jugador serbio se disponía para lanzar el primero de los dos tiros libres que le correspondían, luego de haber recibido una falta del equipo argentino.

Los nervios estaban de punta. Serbia tenía la oportunidad de definir el encuentro. Tomásevic lanza el primero y... lo erra. El estadio enloquecía entre gritos, abucheos y chiflidos. Se prepara para lanzar el segundo tiro libre. Encesta. El marcador ahora estaba a favor de Serbia. 82 a 81.

Argentina pone en juego la pelota. Comienza la cuenta regresiva (cabe aclarar que, en el básquet, cuando se lanzan tiros libres, el reloj de juego se detiene).

La secuencia que prosiguió fue extrañamente rápida. Montecchia recibe el pase de su compañero, avanza hasta mitad de cancha marcado por un contrincante, realiza un giro para evadir la marca, de ahora 4 jugadores, y pasa la pelota a Manu Ginobilli quien, ni bien la toma en sus manos, salta hacia adelante y la lanza (faltando 0.4 segundos) sin una visión clara, pues estaba marcado por el quinto jugador. Las luces rojas del tablero se encienden (indicando que ya se había cumplido el tiempo de juego). La pelota toca el tablero y... ¡es encestada!

El estadio irrumpió en un grito de alegría, el banco técnico corría por toda la cancha, terminando arriba del "héroe" del partido, quien seguía tendido en el suelo.

Argentina le ganaba al último campeón mundial, ahora en los Juegos Olímpicos de Atenas 2004, por un solo tanto de diferencia: 83 a 82. Al parecer el partido estaba perdido.

Hace mucho tiempo los israelitas se encontraban ante una situación que, al ojo de vista humano, era imposible de enfrentar. Dios había dispuesto la tierra prometida, Canaán, como el futuro espacio que debía ser habitado por su preciado pueblo: Israel.

Luego de haber realizado tareas de espionaje, durante un lapso de 40 días, los espías dieron el informe. Realmente este era un lugar tan maravilloso como Dios se los había prometido. Sin embargo la mayoría se focalizó en el poder armamentístico y militar; pero hubo dos valientes que decidieron mirar con los ojos de la fe. Josué y Caleb los hicieron callar, y aunque reconocieron que las condiciones no eran prometedoras, expusieron la única razón por la cual podían estar seguros de obtener la victoria: Dios estaría con ellos.

Lamentablemente la mayoría del pueblo decidió darse por vencido cuando aún tenían la oportunidad de salir victoriosos de aquel encuentro.

Cuando todo parezca que está perdido. Cuando pienses que Satanás ya te ha ganado el partido de tu vida. No tengas miedo. Sigue adelante. Ten una actitud definidamente positiva. Sigue por fe. Recuerda la actitud que tuvieron Caleb y Josué.

Hoy avanza con la convicción de que Dios marcha adelante tuyo, recordando que *"si Dios es por nosotros, ¿quién contra nosotros?"* (Romanos 8.31 RVR60).

DÍA 148 - DIDIER DROGBA (FUTBOL – COSTA DE MARFIL)

"Clama a mí, y yo te responderé, y te enseñaré cosas grandes y ocultas que tú no conoces"
(Jeremías 33.3 RVR60)

Lo que todo el mundo, al menos el concerniente al del mundo futbolístico, conoce es que Drogba ha sido uno de los mejores jugadores de los últimos tiempos y, quizás el mejor futbolista africano de la historia. Lo que pocos saben es que su mayor conquista no fueron sus 40 títulos, entre ellos la Champions League (2012), ni el haberse convertido en millonario o, incluso, haber sido de vital importancia en la clasificación inédita al mundial de futbol de 2006; no, nada de eso; su mayor trofeo radica en haber salvado a su país.

¿Cómo puede ser que un futbolista salvara a toda una nación? Ocurrió en el contexto de la victoria ante Sudán, el 8 de Octubre de 2005; victoria que los conduciría por primera vez a una cita mundialista. Entre tanto festejo Drogba se arrodilló en el vestuario y, sabiendo que estaba siendo televisado suplicó, tras años de guerra civil,: *"Ciudadanos de Costa de Marfil del norte, sur, este y oeste, pedimos de rodillas que se perdonen los unos a los otros. Un gran país como el nuestro no puede rendirse al caos. Dejen las armas y organicen elecciones libres".*

La ONU lo nombró embajador de Buena Voluntad y la revista Time lo incluyó entre las 100 personas más influyentes del mundo del 2010.

¿Crees en el poder de la oración? La oración es el arma predilecta de todo cristiano. Por medio de ella puede lograrse la conexión con lo divino, agraciarse con lo supremo, interiorizarse en los planes de lo alto, sumergirse en la voz del Señor... en síntesis, la oración no es otra cosa más que conversar con Dios. Pero que sea simple no significa que sea fácil de realizar. Satanás, desde el primer momento en el cual abrimos los ojos por la mañana, nos tienta a no hablar con el Creador. Oh, qué día perdido es aquel que se comienza sin haber dialogado con Aquel que se interesa por cómo será el día de cada uno, por cada actividad que debe llevarse a cabo, por cada desafío y problema que debe superarse. Claramente comenzar, continuar y finalizar el día sin orar es entregarse a los brazos del "sin sabor".

En la Biblia se encuentran distintos tipos de oraciones: de sanidad física (Santiago 15.14), espiritual (Marcos 9.24), intercesora (Juan 17), por peticiones materiales (Marcos 7.7-11), de agradecimiento (Salmos 144), alabanza (Salmos 139.14) ¿Recuerdas las oraciones de Daniel (Daniel 6.10)? Daniel, que era una de las personas más influyentes del país, oraba tres veces al día arrodillándose, a solas, en su casa (oraba muchas más veces en otros momentos, de seguro)

Hoy comienza a tener espacios íntimos de oración con Dios. Has de esto un hábito y verás cómo tu día y tu vida cambian por completo.

DÍA 149 - BORIS ONISHCHENKO (PENTATLÓN - URSS)

"El que es fiel en lo muy poco, es fiel también en lo mucho; y el que es injusto en lo muy poco, también es injusto en lo mucho" (Lucas 16.10 LBLA)

Fue denominado el mayor tramposo de la historia de los JJOO. Se ganó el puesto en lo alto del podio de la vergüenza por sus actos relacionados a Montreal 76.

Participando del pentatlón moderno (competición deportiva en que los deportistas compiten en cinco pruebas: equitación (prueba de obstáculos), natación (300m libres), tiro (20 disparos con pistola), esgrima y carrera campo traviesa (4000m)) añadió un truco a una de las instancias competitivas ¿Puedes adivinar en cuál?

El ucraniano había colocado un dispositivo electrónico en la empuñadura de su sable, el cual se encontraba camuflado y era activado al pulsarlo. Así que, cada vez que estaba cerca de su competidor, Boris presionaba el botón haciendo que este haga interferencia con el tablero electrónico del jurado, adjudicándole un punto.

Ya su primera víctima se veía un tanto desconcertada al ver cómo su contrincante ganaba puntos sin sentir los toques del sable. En su segundo encuentro el jurado decidió intervenirlo. Al descubrirse el artilugio, Onishchenko fue descalificado de inmediato. El alboroto producido fue tal que hasta la selección de vóley, de su propio país, estuvo a punto de lanzarlo por la ventana por tal conducta vergonzosa.

El esgrimista tuvo que abandonar la villa olímpica debido al peligro que suponía permanecer en la misma. Al volver a su país fue desposeído de todos sus títulos y honores deportivos, como así también desprestigiado por el mismo gobierno de manera pública. Gracias a esto se ganó el apodo de DisOnishchenko que significa *"el deshonesto"*.

La hipocresía espiritual es un hecho que se remonta desde tiempos inmemoriales. Un hipócrita es aquella persona que finge un sentimiento, opinión o conductas que en realidad no tiene.

Tristemente siempre han existido individuos con tendencias a fingir un estado espiritual que en realidad lejos está de vivirlo, de fingir una relación con Dios que nunca existió o se encuentra oxidada y en desuso. Hermanos de iglesia que participan de las distintas actividades de la misma, pero que en sus casas tratan mal a sus familias, no devuelven el diezmo, crean división en la iglesia, engañan a su pareja, etc.

Jesús vino en el momento más tenso de la historia del pueblo de Israel. Los líderes religiosos se habían convertido, en su mayoría, en hipócritas espirituales. Las palabras del Mesías, descritas en Mateo 23.23-29, se encuentran cargadas de represión y exhortación a aquellos que necesitaban ser movilizados para salir de tal estado. *"¡Ay de ustedes, maestros de la ley y fariseos, hipócritas!, que son como sepulcros blanqueados, bien arreglados por fuera, pero llenos por dentro de huesos de muertos y de toda clase de impureza"* (v.27 DHH).

Hoy Dios te está hablando para que te vuelvas de todo corazón y, si lo estás haciendo, dejes la vida de simulación que estás viviendo. Hoy deja de simular estar vivo por fuera pero muerto por dentro. Hoy vive una vida de honestidad para con Dios. Solo así encontrarás eterna paz y felicidad.

DÍA 150 - HORÓSCOPO (FUTBOL - CHINA)

"Solo yo puedo predecir el futuro antes que suceda. Todos mis planes se cumplirán porque yo hago todo lo que deseo" (Isaías 46.10 NTV)

¿Qué hubieras pensado si años antes de del mundial de futbol de la FIFA (Rusia 2018) hubieras sabido que Francia saldría campeón? Pues esto mismo es lo que pronosticaba el horóscopo chino.

La noticia recorrió el mundo al declararse, meses antes del inicio de la copa, que Brasil obtendría su sexto campeonato mundial. El calendario chino demarca 12 animales de su astrología (que justamente se repiten cada 12 años) siendo el *perro* aquel que coincide con el campeón de futbol de Brasil e Italia respectivamente y, al no haber clasificado este último a la cita mundialista, entonces el país sudamericano se convertía en el máximo candidato no por sus dotes futbolísticos, sino por lo revelado en dicho horóscopo.

Hoy muchas personas prefieren correr detrás de líneas de texto que indiquen su futuro, tales como el horóscopo, las cartas o la borra de café, antes de creer en un Dios que otorga libre albedrío para decidir cómo afrontar el día a día. Así resulta ser que ellas mismas planifican lo que harán dependiendo de lo que brinden estas señales místicas. Pareciera ser que aquellas personas despreciaran la libertad de elegir para sumirse en el conformismo de creer en sucesos ligados al destino que determinan el actuar humano. De alguna manera esto resulta ser más fácil que tener "simplemente" fe en un ser superior que puede conducir todas las cosas para aquellos que deciden creer en Él (Romanos 8.28).

Mientras que las Santas Escrituras condenan tales prácticas, relacionándolas directamente con las obras de Satanás (Deuteronomio 18.9-12 – Isaías 47.13), también indican que Dios es el único con la facultad de poder ver el futuro, y nos lo demuestra no desde un punto condenador sino desde la esperanza que otorga a todo aquel que lo escucha. Así, aquellos que lo buscan pueden estar seguros que todo lo que le deparará el futuro, Dios ya lo conoce incluso antes de que suceda y que, por consiguiente, tendrá la salida y solución ante la problemática.

¿Alguna vez te has puesto a reflexionar en lo maravilloso que es tener un Creador que es el único capaz de ver lo que sucederá y que trabaja a favor tuyo? Lo que sucederá mañana es un misterio (incluso lo que pasará inmediatamente después de que hayas finalizado esta lectura), pero fieles son las palabras de Aquel que declara *"las cosas pasadas se han cumplido, y ahora anuncio cosas nuevas; ¡las anuncio antes que sucedan!"* (Isaías 42.9 NVI) y esas cosas nuevas se refieren a la vida nueva que tendrás si le entregas tu corazón y comienzas a vivir el Cielo en la Tierra, preparándote para vivir por la eternidad.

Hoy deposita tus preocupaciones sobre lo que vendrá en el Ser que ya lo vio. <u>Recuerda</u>: si ya lo ha visto, también ya tiene la solución para aquello; solo tienes que esperar en Él.

DÍA 151 - JAMES CONNOLLY (ATLETISMO - ESTADOS UNIDOS)

"Y el que de vosotros quiera ser el primero, será siervo de todos, porque el Hijo del hombre no vino para ser servido, sino para servir y para dar su vida en rescate por todos"
(Marcos 10.44-45 RVR60)

Los JJOO se reinauguraron en el año 1896, tras más de un milenio y medio de ausencia, adquiriendo el nombre de *"Juegos Olímpicos Modernos"*. Esto se debe a que los antiguos datan de las épocas inmemoriales de la antigua Grecia del 776 a.C. al 393 d.C., donde fueron abolidos por el emperador romano Teodosio, tras la adopción del cristianismo como religión oficial.

Fue así que, en la primera cita olímpica de los juegos modernos disputados en Atenas, el estadounidense Connolly, luego de pasar por varias desventuras, participó en las disciplinas de salto en largo, salto triple y salto en alto. Para su sorpresa, el gran evento comenzaría con la competencia del salto triple. James ganaría el oro convirtiéndose en el primer hombre en hacerlo en la primera edición.

Adán fue el primer ser humano en ser creado, Eva el primero en pecar, Caín el primer asesino, Noé el primer evangelista, Abraham el primero en circuncidarse, Moisés el primer hombre en escribir un libro de la Biblia, Aarón el primer sumo sacerdote, Saúl el primer rey de Israel, Esteban el primer mártir cristiano... Jesús el primero, y el único, en traernos salvación.

Ser el primero siempre causa algún tipo de sensación extraña de explicar. Como los casos anteriores lo demuestran, existen, al menos, dos maneras de ser el primero: 1). En sobresalir en un aspecto positivo, y 2). Sobresalir en un aspecto negativo.

Adán, junto a su mujer, debía ser el príncipe de este mundo, gobernándolo con las leyes instauradas por Dios mismo. En un mundo perfecto donde toda la creación lo reconocía como su amo, Adán debería haber criado a toda la raza humana en sintonía perfecta con su Creador. Sin embargo, el pecar generó que lo creado sufriera las consecuencias.

Por tal motivo se necesitó un "nuevo hombre", un "nuevo Adán" que lo sustituyera (1 Corintios 15.21-28). Un nuevo "primer hombre" que logre cumplir con la misión del primero. Gracias a la vida, muerte y resurrección de Cristo, toda la raza caída puede obtener la victoria sobre la muerte y vivir por la eternidad en el nuevo mundo que se instaurará tras su próxima venida.

Un punto interesante de todo esto es la idea de ser "el primero". Desde una concepción bíblica significa sobresalir sirviendo a otros.

Adán debería haber servido a la creación y a su descendencia evitando caer en la tentación. Jesús, de ocupar la derecha del trono del Padre, de recibir todo tipo de honores, vino al mundo para servir a la humanidad para que sean salvos.

Hoy conviértete en el primero, pensando qué estás haciendo para servir a los demás.

DÍA 152 - FATALIDAD (MOTOCICLISMO – ESPAÑA)

"Él es la cabeza del cuerpo, que es la iglesia. Él es el principio, el primogénito de la resurrección, para ser en todo el primero" (Colosenses 1.18 NVI)

En Junio de 2018 sucedió un hecho fatídico en el mundo deportivo que impactó de lleno al motociclismo. El mismo sucedió minutos más tarde de reiniciarse la carrera, tras haberse suspendido una primera vez por un accidente múltiple pero sin graves consecuencias. El joven español, de tan solo 14 años de edad, sufrió un accidente en una de las curvas más peligrosas del circuito. Los otros corredores no pudieron esquivarlo y lo arrollaron. Si bien fue atendido a la brevedad, aquel mismo día se le declaró muerte cerebral y, al poco tiempo el fallecimiento.

Este fue un hecho que dejó conmocionada a toda España.

La Biblia muestra que la cabeza del cuerpo, que es la iglesia, es Cristo. No es San Pedro (cuyos méritos logrados para nada son cuestionables en la iglesia primitiva), no es María la madre de Jesús (que mucha importancia tuvo en su educación), ni Moisés (cual patriarca preferencial). El gran fundamento, único e inigualable, siempre ha sido, es y será Jesús (1 Corintios 3.11). Si cualquier persona depositara su fe en cualquier otra persona, cosa o creencia que no sea Cristo entonces la decadencia será inevitable. Más aun cuando una iglesia fundamenta sus creencias lejos del Mesías o en uno a medias.

Ahora bien, ¿qué sucede cuando una iglesia que profesa tener la luz verdadera (según Apocalipsis 14.12), y se encuentra cimentada realmente en Cristo, comienza a dejarse permeabilizar por pensamientos falaces y oscuros? ¿Qué sucede cuando, a pesar de la verdad, la idea de Cristo en su máxima expresión es retirada? ¿Qué sucede cuando los miembros de iglesia dejan de anhelar tener el carácter de Jesús en sus vidas? En cualquiera de los cuestionamientos se concluye en lo peor: la muerte cerebral.

¿Muerte cerebral? Así es. Si tenemos en cuenta que Cristo es la cabeza de comandos del cuerpo, que es la iglesia, en donde toda decisión tomada y acción llevada a cabo se desprenden de su sagrada voluntad, entonces cuando esta no es valorizada existe una muerte. Y dicha muerte no es ocasionada por el Cielo mismo sino por las propias personas que eligieron seguir "otras voces" ajenas a las celestiales. Y, al igual que un cuerpo humano que sufre de una muerte cerebral, el resto de los miembros pueden seguir activos por un tiempo pero, inevitablemente, su ocaso llegará tarde o temprano con la muerte del cuerpo completo; es decir, de la iglesia en su plenitud. Y es que, separados de Cristo nada podemos hacer (Juan 15.5).

Hoy, si eres parte de una iglesia, aboga para que siempre se pida la dirección de Dios en cualquier tipo de actividad que se realice. Y si eres parte o no de una, pide sabiduría de lo alto para consultar a Aquel cuyos pensamientos son más elevados que los tuyos. Aprende a escuchar sus consejos que nunca serán erróneos. Recuerda: Separarse de Cristo producirá la muerte espiritual.

DÍA 153 - GEORGE RUTH (BEISBOL – ESTADOS UNIDOS)

"Pues es Jesús a quien se refieren las Escrituras cuando dicen: 'La piedra que ustedes, los constructores, rechazaron ahora se ha convertido en la piedra principal'"
(Hechos 4.11 NTV)

El famosísimo beisbolista norteamericano, conocido como **Babe Ruth**, fue uno de los dos hermanos, de ocho, que sobrevivieron a su propia infancia. Como sus padres atendían una taberna, y no estaban el tiempo suficiente en su casa para criarlo, decidieron instalarlo en un orfanato y reformatorio a los 7 años de edad. Fue allí donde el sacerdote del colegio lo llevó hacia el camino del beisbol donde su talento nato pudo verse por primera vez.

A los 19 años fue contratado por su primer equipo profesional. Este fue el primer paso que lo llevó a convertirse en el más grande de todos los tiempos. Si bien no tenía las cualidades físicas de un deportista de alto rendimiento (pues era un hombre excedido de peso), no le impidió ganar 7 veces el campeonato más importante del mundo y transformarse en el bateador más extraordinario de toda la historia (con 714 *homeruns*) siendo aquel que más lejos bateaba la pelota.

Las multitudes llenaban las canchas de beisbol, a tal punto que, uno de los equipos para los cuales compitió (New York Yankees), decidió construir otro estadio donde los aficionados pudieran verlo.

Falleció a sus 53 años de edad, en 1948, siendo velado en las puertas del Yankee Stadium, aquel campo construido en su honor, donde más de 100.000 personas pasaron para verlo por última vez.

En el antiguo Israel los constructores del templo de Dios, mientras resolvían qué piedra seleccionar para el armado de los cimientos del mismo, se encontraron con el gran problema de no encontrar la indicada. La obra se retrasó y ninguna de las otras piedras encajaba con la precisión que se necesitaba para que soportara semejante peso. Así fue que, uno de los que se encontraba trabajando allí recordó que había una piedra de buen tamaño en el lugar donde se había destinado a transportar aquellas que no servían. Cuando la trajeron pudieron darse cuenta que cumplía perfectamente con los requerimientos. Aquella que en un momento había sido arrojada lejos de la construcción, ahora se transformaba en una pieza elemental.

Cristo mismo se comparó con la piedra en los evangelios (Mateo 21.42), haciendo referencia a todos aquellos que lo "arrojan" lejos de sí, y bien lejos de su vida, pensando que se encontrarán en un mejor estado. Paradójicamente este tipo de personas piensa que la vida comienza una vez que logran la "independencia" de Jesús pero, lo que no terminan de comprender, es que en la realidad indica que Jesús es *"el camino, la verdad y la vida"* (Juan 14.6 NVI). No hay salvación en otro que no fuera Él.

¿Y tú lo has arrojado lejos?

Hoy toma el llamado que Dios hace a tu corazón. Si te encuentras lejos de tu Redentor corriendo y dando vueltas en la vida, debes saber que solo en Su presencia podrás llegar a la Casa celestial haciendo un verdadero *homerun*.

DÍA 154 - OSVALDO SUAREZ (ATLETISMO - ARGENTINA)

"¿Quién es el hombre que teme a Jehová? Él le enseñará el camino que ha de escoger"
(Salmos 25.12 RVR60)

Faltaban 5 días para que la delegación argentina viajara a los JJOO de Melbourne 56, cuando representantes del gobierno de facto argentinos se acercaron a Osvaldo para comunicarle que no viajaría a la cita olímpica por simpatizar, según ellos, con otra facción política.

El mundo del maratonista se derrumbó. Al momento ostentaba el record mundial y, con sus tiempos ratificados en las últimas carreras, hubiera llegado como el gran favorito a llevarse la medalla de oro del certamen. Su vida deportiva acababa de dar un giro inesperado y trágico. Después de aquel incidente ya no pudo ser el mismo pues le habían arrebatado aquello que más apreciaba.

Absalón había muerto a manos del general Joab y la noticia de su fallecimiento debía darse al rey David, padre del difunto, por lo que Ajimaz se ofreció para ir corriendo hasta Jerusalén y dar tal mensaje. Sin embargo Joab le negó tal petición, por lo que envió a otro soldado a presentarse ante el rey, probablemente para que no le contara que él mismo había sido el que había dado muerte al príncipe sublevado.

Pero como Ajimaz insistía, Joab terminó cediendo. Ajimaz era tan rápido que, aun saliendo tiempo después que su compañero de batalla, logró sobrepasarlo y llegar antes a la ciudad. Cuando David solicitó cuál era el mensaje, el hijo del sacerdote declaró que el ejército enemigo había sido vencido pero no mencionó la muerte de Absalón, por lo que fue puesto a un costado. Una vez llegado el soldado cusita, este le comunicó que su hijo había muerto, generando en el rey una profunda angustia.

Esta es la historia que cuenta sobre los primeros "maratonistas bíblicos" que compitieron para llegar en primer lugar y dar un mensaje (2 Samuel 18), un mensaje duro y difícil de entregar, que requería de empatía y la elección de las palabras adecuadas.

Hoy en día Cristo envía a sus hijos a entregar un mensaje a todo el mundo, un mensaje de buenas nuevas (evangelio). Para esto elige solo a aquellos que están preparados para hacerlos. Mientras que, por un lado, Satanás los desanima y coloca cantidad de pruebas para que los cristianos no salgan de sus casas para predicar, se encuentra el Espíritu Santo, por el otro lado, que les promete poder para sobrellevar las pruebas y salir victoriosos en el nombre de Jesús. La decisión de ir y correr la carrera de la fe termina siendo de cada individuo. Ni Satanás ni el Santo Espíritu pueden obligarlo.

Hoy decide salir corriendo a entregar el mensaje de salvación. Piensa en cuán lejos puedes llegar si tomas la decisión correcta.

DÍA 155 - VERÓNICA CAMPBELL-BROWN
(ATLETISMO - JAMAICA)

"Y estas palabras que yo te mando hoy, estarán sobre tu corazón; y las repetirás a tus hijos, y hablarás de ellas estando en tu casa, y andando por el camino, y al acostarte, y cuando te levantes" (Deuteronomio 6.6-7 RVR60)

Reconocida como una de las mejores atletas de la historia de su país, Verónica ha sabido destacarse en la velocidad del atletismo en las pruebas de 100mts, 200mts y carrera de relevos 4x100mts. Ha cosechado un total de 7 medallas olímpicas (entre ellas 3 de oro), entre otros campeonatos mundiales.

Al relatar el secreto de su éxito no dudó en remontarse a su época escolar. Es que desde allí fue impulsada a desarrollar las prácticas como velocista de pista. Asistió a la escuela que ha impulsado mayor cantidad de corredores jamaiquinos olímpicos de la historia.

Estando en su último año como estudiante, a la edad de 18 años, ya se la comenzaba a ver como una futura campeona del mundo. Su entrenador solía decir que ser una estrella del deporte no era ajeno a nadie, siempre y cuando se trabaje meticulosamente, siendo disciplinado con el estilo de vida; *"entonces ve por el oro, porque el oro es para cualquiera que lo desee"*.

Verónica comenzaba la jornada escolar a las 7hs y la finalizaba a las 15hs. Luego tenía sus 2hs de entrenamiento diario (durante 5 días a la semana). Ella misma decía que *"la educación es la clave. Creo que lo académico es más importante que el atletismo, porque no sabes lo que puede llegar a pasar a lo largo de la línea"*.

En su Palabra, Dios ha colocado la educación de sus hijos en la base para edificar el resto de las virtudes humanas. Sin una correcta enseñanza es probable que otra persona no logre un correcto aprendizaje de Dios; y con un aprendizaje deficiente el significado del Salvador pierde consistencia, quedando pendiendo de un hilo a punto de soltarse del ser humano.

En el contexto educativo se comprende al *proceso de enseñanza y aprendizaje* al continuo relacionamiento entre los conocimientos, el docente y el alumno, los cuales tienen un comienzo y un fin al concretar el objetivo, aunque siempre resultando ser una nueva base para incorporar otros. Así, el docente se hace de estrategias y recursos para transmitir diversos saberes acorde al nivel evolutivo de su estudiante, pretendiendo explotar sus cualidades físicas, mentales y sociales para que este logre la adquisición de los mismos con el mayor interés, haciendo uso de sus recursos anteriormente mencionados.

En la vida espiritual sucede algo similar. El proceso de enseñanza comprende el conocimiento de Dios, impartido por el Espíritu Santo a sus hijos (pues solamente aquellos que se encuentren dispuestos a aprender podrán a hacerlo) que dura toda la vida (y hasta la eternidad). Para ello utiliza la mejor estrategia de acuerdo a la maduración espiritual de cada uno en particular, llevándose a cabo una enseñanza personalizada. El objetivo es que cada individuo incorpore a Dios en su vida física, mental y social, logrando un aprendizaje holístico.

Hoy déjate enseñar por el gran Maestro de todos los tiempos. Escucha su voz de amor en su Palabra.

DÍA 156 - LEN BIAS (BÁSQUET - ESTADOS UNIDOS)

"—'Un poco más y me convences de hacerme cristiano'—le dijo Agripa.—'Sea por poco o por mucho'—le replicó Pablo—, 'le pido a Dios que no solo usted, sino también todos los que me están escuchando hoy lleguen a ser como yo, aunque sin estas cadenas'"
(Hechos 16.28-29 NVI)

Len Bias y Michael Jordan se disputaban el puesto al mejor jugador de la liga universitaria de básquet norteamericano. Ambos eran de lo mejor que se hubiera visto hasta el momento. Jordán dio el salto un poco más rápido, en 1984, dos años antes que Bias. El primero para los Chicago Bulls y el segundo para los Boston Celtics.

Previamente al acuerdo realizado entre el club y el jugador, el manager del equipo declaraba en una entrevista sobre la nueva incorporación: *"¿Has oído alguna vez la expresión 'seguro de vida'? Pues Len es nuestro mejor seguro de vida"*. Y es que pensándolo bien cualquiera de nosotros estaría igual de feliz al ver que un nuevo "Jordán" jugaría para el equipo propio. Cuando Bias se sentó para firmar el contrato se dio cuenta que pasaría a cobrar 700 mil dólares en un año y 1,6 millones por representar a la marca Reebok. De un día para el otro, y con tan solo 22 años, se había convertido en millonario.

Volvió a su casa y lo primero que hizo fue organizar una fiesta en la universidad donde estudiaba. Pero la misma no terminó bien... para nada bien. Len dejó persuadirse por sus amigos. Hubo consumo de alcohol y cocaína durante toda la noche y sin interrupciones. Su cuerpo no lo pudo soportar más. Al amanecer del día siguiente se desplomó en el suelo. Tuvo tres paros cardíacos. Finalmente fallecería en el hospital.

La persuasión es la *"capacidad o habilidad para convencer a una persona mediante razones o argumentos para que piense de una determinada manera o haga cierta cosa"*; en definitiva es hacer cambiar de opinión. Y al menos existen dos tipos, aquella que lleva a realizar algo bueno y aquella que lleva a realizar algo malo. El quid de la cuestión es cómo descifrar el mensaje persuasivo que, generalmente, suele estar encriptado. Y te preguntarás a qué se debe esta dificultad de discernir lo bueno de lo malo; pues la estrategia persuasiva debe entenderse en un contexto: llámese necesidad, amistad, prioridades, problemáticas, etc.

El texto clave de hoy me resulta fascinante. Pablo acababa de defenderse ante altos funcionarios predicándoles con la Palabra y dándoles a conocer su propio testimonio. Cuando leí por primera vez este pasaje supuse que el apóstol había fallado pues estuvo a punto de convencerlos para que aceptaran el mensaje de salvación. Pero más tarde comprendí que en realidad la responsabilidad que tenemos como cristianos es presentar el mensaje de la mejor manera posible (siendo inteligentes al hacerlo). A fin de cuentas es el Espíritu Santo el que actúa con su poder en cada persona y esta última la que termina decidiendo qué hacer de su vida.

Hoy prepárate espiritualmente para que el Espíritu te utilice para persuadir a los que te rodean. El mensaje de esperanza debe llegarles.

DÍA 157 - AROS OLÍMPICOS

"Desde los primeros días sé que tus leyes durarán para siempre" (Salmos 119.152 NTV)

Cuando se tomó la propuesta de diseñar un logotipo que identificara a los JJOO de manera atemporal (es decir que se extienda a lo largo del tiempo), que refleje los ideales del movimiento olímpico, que al mismo tiempo sea conocido por su perfecto balance y conste de colores llamativos, en 1912 el Barón Pierre de Coubertin (creador de los JJOO modernos) llegó a la conclusión que, por más simple que sea, el circulo podría llegar a ser la imagen buscada. El circulo muestra la sensación de plenitud y la consumación de un ciclo que finaliza y vuelve a empezar nuevamente.

Toda imagen y mascota que representa a una ciudad olímpica y a un JO es pasajera, más los anillos olímpicos simbolizan aquella perpetuidad que une e identifica a cada cita deportiva respectivamente. Los 5 aros ensamblados figuran a cada continente, sus colores a todas las etnias junto a todas las banderas del mundo. Así cada territorio, país y deportista son unidos bajo el estandarte deportivo, como máxima señal identificativa.

Apocalipsis 14.12 identifica al pueblo remanente (aquel pueblo que se mantendrá fiel hasta el regreso de Cristo) como aquellas personas que tengan consigo mismo la fe de Jesús y guardasen los mandamientos de Dios. El primer aspecto revela la creencia elemental en el Hijo de Dios como Dios mismo venido a la Tierra y encarnado para morir por los pecados de todo el mundo, otorgando el regalo de la salvación para aquellos que así lo quieran. El segundo identifica a una nación espiritual que es santa (separada) por medio del cumplimiento de la ley instaurada por Dios mismo, la cual se mantiene desde la mismísima eternidad del Creador (Hebreos 13.8).

Si bien vivimos bajo la gracia del Señor, eso no significa que los mandamientos hayan quedado abrogados como piensan muchos. *"Nosotros sabemos que la ley es buena cuando se usa correctamente"* (1 Timoteo 9.8 NTV), siguen siendo palabras que nos exhortan a cumplir con la Palabra de Dios. La ley fue creada para mostrar el pecado. No es su función salvar. Pero, al obedecerla, cada individuo se acerca más al carácter del Cielo. El apóstol Pablo, en el versículo 9, añade que la misma no fue diseñada para los obedientes, sino para los que desobedecen; por lo que esto lleva a la conclusión que, como no existe ni un justo (Romanos 3.10-23) la ley es universal.

La ley divina, no solo el decálogo (Éxodo 20) sino todo lo que sale de la boca de Dios (Mateo 4.4), es aquello que identifica al pueblo de todos los continentes, culturas y etnias alrededor, no solo del mundo, sino del universo. Cada precepto muestra la plenitud del carácter perfecto de Dios y cada uno de ellos se encuentra ensamblado y fundamentado en su amor.

Hoy ora para que el Espíritu Santo te brinde las herramientas necesarias para obedecer por amor a Aquel que te dio la salvación. <u>Recuerda</u>: La ley es logotipo cósmico que santifica a todos los redimidos.

DÍA 158 - LIONEL MESSI (FUTBOL - ARGENTINA)

"El fariseo, puesto en pie, oraba consigo mismo de esta manera: Dios, te doy gracias porque no soy como los otros hombres, ladrones, injustos, adúlteros, ni aun como este publicano" (Lucas 18.11 RVR60)

Aquel 24 de Junio de 1987 nacía en el Estado de Santa Fe, Argentina, quizás el mayor futbolista de todos los tiempos: Lio. De familia humilde, a los 5 años comenzó la práctica del futbol. En 1994 continuaba su carrera en las inferiores del club rosarino Newell's Old Boys, destacándose en gran manera por sobre el resto de sus compañeros. A los 11 recibió la noticia lamentable de padecer de deficiencia en la hormona de crecimiento, factor que no le posibilitaría aspirar a una carrera profesional sin tratamiento.

Con el diagnóstico realizado los equipos de futbol comenzaron a rechazar al pequeño astro del futbol que, aunque reconocían su talento, veían poco conveniente invertir en el gasto que conllevaba el tratamiento médico. Así fue que en el año 2000 viajó, junto con su padre, a España para probarse en distintos clubes, entre ellos el F.C. Barcelona. Lo gracioso de la anécdota es que luego de marcar 6 goles en el día de la prueba, tuvo que cambiarse de equipo para equilibrar el marcador.

Ese mismo Diciembre Lionel firmaría contrato con el equipo que no solo se interesó por sus dotes deportivos, sino también en hacerse cargo de los gastos ocasionados para tal tratamiento.

A los 17 años debutó en el futbol profesional haciendo una trayectoria impecable a lo largo de su carrera, tal como se la conoce hoy.

La historia de Messi me hace pensar en las relaciones interpersonales que suelen darse en un ámbito eclesiástico o misionero. Cuántas veces se pretende que la persona que comienza a estudiar la Biblia, proveniente de otras costumbres, cambie instantáneamente sus hábitos y formas de vivir al primer día. Como si se tratara de algo mágico, aquel que estuvo sumido sin los consejos divinos ahora debe dejar de cometer pecados que a la mayoría de cristianos les parecen atroces.

A modo de ejemplo, en la Biblia hay un caso marcado en la historia del "fariseo y el publicano", donde el segundo se compungía por sus debilidades, por sus hábitos pecaminosos que le costaba dejar, mientras que el primero se mofaba y hacia alarde de su "buena" conducta, comparándose con el "pobre pecador". Lamentablemente no se daba cuenta que el que realmente tenia quebrantado el corazón era el publicano y no él, un fiel miembro de iglesia.

Aquí radica un hecho elemental: todos somos igual de pecadores y Dios ama a todos por igual. Dios le pide a la persona que le entregue el corazón y el milagro de la reforma espiritual sucederá de manera paulatina, lo suficiente para que el sujeto pueda percatarse de tal intervención divina, sujeta a su decisión.

Hoy piensa en que también fuiste llamado en acompañar y apoyar a las personas que comienzan a incursionar en la fe. Pide paciencia y empatía, como dones de lo alto, para ayudar a tus nuevos hermanos en Cristo. Se una pieza de apoyo, reflejando el amor de Aquel que nos amó primero. Al fin y al cabo, toda la humanidad son como "diamantes en bruto" para Dios.

DÍA 159 - ANTON GEESINK (JUDO – HOLANDA)

"El Señor irá delante de ti; El estará contigo, no te dejará ni te desamparará; no temas ni te acobardes" (Deuteronomio 31.8 LBLA)

El judo es un arte marcial nacido en Japón. Sin ningún tipo de golpes, el mismo se trata de tomas, agarres y control del equilibrio con el fin de voltear al contrincante y dejarlo en el suelo. Aquellos JJOO celebrados en Tokio 64 verían la incorporación de dicho deporte al calendario olímpico, por lo que se esperaba que la nación arrasara con todos los podios, al tratarse de un deporte nacional.

Para fortuna del país del sol naciente, se habían conquistado todos los oros. Solo faltaba uno, cuya estrella judoca era el gran favorito. Así se demostraría la supremacía de tal arte marcial ante todo el mundo.

Lastimosamente no se habían percatado del holandés que, con sus 1.98m de altura y 120kg, venía haciendo una gran carrera en campeonatos mundiales y europeos. A tal punto que se había ido a vivir a Japón para perfeccionar su técnica. Y allí estaba, solitario, inmutable, parado frente a miles del público japonés quienes alentaban a su compatriota. En aquella jornada los espectadores enmudecieron cuando vieron a Geesink ganar la medalla de oro en su propia casa. El país "quedó de luto", tanto que en los titulares del diario se decía *"¿Cómo ocurrió tamaño desastre?"*.

En el Nuevo Testamento se relata una historia protagonizada por Pablo un tanto similar. Él había estado recorriendo distintas partes del mundo predicando el evangelio eterno hasta llegar a Éfeso. Allí mismo el sindicato de plateros convocó a una reunión masiva en el teatro municipal, donde llevaron al apóstol y a sus compañeros de viaje. En dicho lugar se encontraba todo el pueblo, desde personas humildes hasta aquellas de poder. Fue tal la multitud que asistió aquel día que hasta arrastraron a la gente que estaba de camino.

De repente Pablo se encontró ante una multitud de personas que gritaba *"¡Grande es Artemisa de los efesios!"* (Hechos 19.34 NVI), y no 10 o 30 minutos, ¡sino 2 horas! Sí, 2 horas de un griterío constante porque sabían que él predicaba sobre un Dios distinto al de ellos. Algo así como las hinchadas de un partido de futbol que pueden estar un buen rato cantando y alentando a su equipo. Si el libro de los Records Guinness hubiera existido en aquel entonces, creo yo que los efesios hubieran ganado la arenga más extensa de la historia.

Al igual que el judoca Anton, Pablo permaneció inmutable y expectante ante tal escenario donde le tocaba estar, donde parecía que el mundo se lo tragaría.

Quizás hoy te sientas solitario, sabiendo que todos los que te rodean hablan y actúan en contra de lo que tú profesas creer. Siempre están allí para hacerte una broma o dejarte en ridículo. Tranquilo, mantén la calma. Aprende a esperar en Jehová y verás cómo dejarás de escuchar las voces de los demás para comenzar a oír su dulce voz.

Hoy detente a pensar que Dios se encuentra a tu lado cuando te sientas solo. Aférrate a la promesa de que el Señor no te abandonará.

DÍA 160 - MARCOS MILINKOVIC (VÓLEY – ARGENTINA)

"Por tanto, digo: 'El Señor es todo lo que tengo ¡En él esperaré!'"
(Lamentaciones 3.24 NVI)

El 31 de Julio de 2017 el hijo del emblemático voleibolista argentino Luka, de 13 años de edad, había salido a jugar al basquetbol con sus amigos. Entretanto que se disponían a navegar en kayak, se percató que se había olvidado sus zapatillas, por lo que dejaron el encuentro deportivo pendiente. Así fue que se adentró al Mar Adriático (unas fuentes dicen en un kayak, otra nadando) y perdió el conocimiento, produciéndose el ahogamiento.

Horas más tarde fue reconocido por una persona que se encontraba navegando y viendo que algo se encontraba en el fondo de las aguas. Cuando se percataron de la situación lograron sacarlo y realizarle las maniobras de RCP (reanimación cardio pulmonar), aunque sin resultados favorables.

Meses más tarde, Marcos declaraba que, si bien se había transformado en un fiel recurrente de la iglesia, no encontraba el sentido a la vida. La pérdida de su hijo lo ha dejado perplejo pues no encuentra una explicación que pudiera aliviar su dolor.

¿Cómo llevar un mensaje de esperanza a personas que sufren pérdidas tan grandes en la vida? ¿Cómo presentarles a un Dios que se encuentra presente aun en la ausencia? ¿Cómo mostrar a Jesús cerca de ellos?

Cuando Jesús vino a esta tierra era Dios. Y más allá de que era Dios, también era hombre. Aunque el momento de su muerte en la cruz fue el episodio más emblemático de su vida como Dios y hombre al mismo tiempo, hubo un momento especial, en la cual se reflejó el carácter humano de su persona.

Jesús había ingresado de manera triunfal a Jerusalén, habiendo sido recibido como un rey, con la proclamación de parte de todo el pueblo. Algunos se acercaron y le dijeron a Jesús que los reprendiera, a lo que él les contestó que si ellos se callaban hasta las piedras gritarían. Seguidamente el relato cuenta que Jesús, mirando a su amada Jerusalén, llora (Lucas 19.28-40).

Él lloró por los habitantes de aquella ciudad, por sus corazones. Aun siendo Dios mismo, y conociendo el futuro de su propia vida, no lloró por sí mismo, sino por sus hijos. Hijos que lo aceptarían y otros que no. Él lloró por ti y por mí.

De esta manera, cuando cualquier persona se lamenta por alguna tragedia que lo golpea con fuerza allí está Jesús... allí esta Dios. Él entiende los problemas de la gente, entiende tus problemas y tus lágrimas más que cualquier otro, porque también lloró cuando estuvo triste.

Llorar no está mal (como muchos en antaño han hecho creer que solo es para las mujeres), hasta Cristo mismo lo hizo. Un despido laboral, la empresa que se desmorona financieramente, rupturas familiares, deudas, la pérdida de un ser querido... cualquiera fuera la situación ten por seguro que Jesús llora también contigo; pero sus lágrimas son diferentes porque sabe que pronto realizará un milagro en tu vida, pronto las secará (Apocalipsis 21.4).

Hoy permite que Jesús, aquel que derramó y derrama lágrimas por ti, haga un milagro en tu vida y así pueda secártelas.

DÍA 161 - MAURO ICARDI (FUTBOL – ARGENTINA)

"Que tu esposa sea una fuente de bendición para ti. Alégrate con la esposa de tu juventud"
(Proverbios 5.18 NTV)

¿Cómo se hizo famoso? Por ser el protagonista de un triángulo amoroso lejos, lamentablemente, de sus dotes futbolísticos. Es que dirigió sus ojos hacia la mujer de su propio amigo, mientras ellos aún estaban casados.

El futbolista Maximiliano López y la modelo Wanda Nara habían estado casados durante 5 años y habían tenido tres hijos. Sin embargo llegó un momento en el cual dicho matrimonio avanzaba a pasos trastabillados, lo que fue generando una debilidad emocional que llevó a ella, por ejemplo, a comenzar a mirar al amigo de su marido.

Así, en 2013, Maxi y Wanda se separaron y, al poco tiempo, se hizo pública su relación amorosa con Mauro. De esta manera Icardi se encontraba rompiendo uno de los mayores códigos éticos: "robarle la mujer a un amigo". Las consecuencias fueron bastante llamativas: desde el mundo mediático se lo catalogó como un traidor y mala persona y, desde lo futbolístico, fue rechazado por aficionados del deporte, colegas y entrenadores, tardando muchísimo tiempo en lograr "limpiar" su imagen para poder participar de la selección argentina. Es que la idea de tener como compañero a alguien que supo romper este tipo de límites no le gustaba a nadie; se había ganado la desconfianza de todos.

¿Qué lleva a un hombre o a una mujer a mirar, con intencionalidad, a la pareja de otra persona? ¿Cuál es el sentido del compromiso matrimonial y la exclusividad que este genera en la sociedad contemporánea? Creo que lo más prudente no es hablar de líneas temporales, pues sabemos que la vinculada al tiempo del fin irá degenerando la ética de la población mundial gradualmente, sino desde la concepción particular de cada uno de los individuos.

Los códigos morales, aquellos que se refieren a la diferenciación del bien y el mal que cada persona domina, se ven afectados por deseos pecaminosos que son impulsados por Satanás mismo. Es muy fácil hablar de aquellos que no transitan El Camino (Hechos 19.23) y sus inclinaciones hacia la complacencia de sus deseos. Pero ¿qué sucede cuando los ojos de un cristiano comienzan a desviar su atención en alguien que no deben?

Dios estableció el matrimonio en el Edén como institución santa, en la cual el hombre y la mujer se deben la exclusividad, evitando relacionarse, tanto íntima como públicamente, con otras personas del género opuesto de manera sexualmente intencionada. De esta forma el hombre le corresponde a la mujer, y la mujer al hombre (Efesios 5.22-25).

El rey David cometió el mismo acto, ilícito ante la Ley divina (Éxodo 20.14), al contraer la mujer que le pertenecía a Urias (2 Samuel 11), y Dios no tardó en hacerle ver el error (2 Samuel 12). El pasaje del día de hoy continua con una pregunta reflexiva que deviene desde lo Alto: *"¿Por qué enredarte, hijo mío, con la mujer ajena? ¿Por qué arrojarte en brazos de una extraña?"* (v.20 DHH).

Hoy ora a Dios para que enfoque tus ojos en la pareja que te ha dado. Si aún te encuentras soltero/a ora por el hombre/mujer que te tiene preparado. <u>Recuerda</u>: pide al Espíritu Santo para que te haga ver el error si estás poniendo intenciones en alguien que le corresponde a otro.

DÍA 162 - JOANNIE ROCHETTE (PATÍN – CANADÁ)

"Porque el Señor mismo con voz de mando, con voz de arcángel, y con trompeta de Dios, descenderá del cielo; y los muertos en Cristo resucitarán primero"
(1 Tesalonicenses 4.16 RVR60)

Joannie se preparaba para competir en los JJOO de invierno de Vancouver 2010. Sería la oportunidad de ganar una medalla en su "propia casa". Deportista de patinaje artístico sobre hielo, la canadiense esperaba el momento para competir mientras esperaba a su madre que llegara a poder verla.

Lamentablemente eso nunca sucedió, ya que la madre falleció, inesperadamente, de un ataque al corazón 30 horas antes de la prueba.

A pesar de que todo el equipo deportivo, la federación de patinaje y los organizadores de los JJOO se encontraban expectantes de lo que la patinadora podría llegar a decir, se encontraron con Joannie dispuesta a competir en la pista para dar su número de patinaje.

Aferrándose al recuerdo latente de su madre, y a todo lo que ella había hecho por su vida deportiva, logró dar lo mejor de sí. Ese mismo día se llevó la medalla de bronce. Al respecto dijo *"se sentía muy raro que ella no estaba allí, pero yo sabía que me estaba viendo desde alguna parte"*.

La Biblia habla sobre el estado de los muertos. La muerte es comparada con un sueño (Juan 11.11) donde la persona fallecida deja de tener contacto con otras personas; además ya no tiene la capacidad de pensar y/o sentir (Eclesiastés 9.5-6), tampoco se dirige al Cielo o al Infierno, como muchos suelen pensar, sino que permanecen en la tierra (Eclesiastés 12.7) ya que el alma representa a la persona en sí misma (Ezequiel 18.4).

Cristiano o no, cuando una persona pierde a un ser querido, atraviesa por un estado de dolor. Pero la transición del duelo puede vivirse con dos enfoques distintos. Uno de manera desconsolada, con impotencia y en completa aflicción. El otro con dolor, pero con esperanza.

Y esta esperanza se deposita en Cristo, quien ha prometido volver y resucitar, para vida eterna, a quienes descansan (1 Tesalonicenses 4.13-18) y reencontrarse con ellos en un mundo donde ya no habrá más sufrimiento (Apocalipsis 21.4).

Hoy te invito a que lleves este mensaje de esperanza a quienes han perdido a un ser querido. Diles que Cristo vuelve pronto. Y si a ti te toca pasar hoy por tal situación, abriga la promesa del reencuentro eterno.

DÍA 163 - IVÁN FERNÁNDEZ ANAYA (ATLETISMO – ESPAÑA)

"Y el segundo es semejante: Amarás a tu prójimo como a ti mismo" (Mateo 22.39 RVR60)

Aquel 2 de Diciembre de 2012 sucedió un hecho digno del *fair play* (juego limpio). En España se disputaba un torneo de campo traviesa, donde los atletas debían correr a través de diversidad de terrenos (muchos de ellos agrestes). El keniata Abel Mutai ingresaba a la pista delante de todos los competidores. El problema fue que, al ingresar a la misma, Mutai pensó que allí había finalizado, y por lo tanto ganado, por lo que aminoró el pasó mientras saludaba al público.

En segundo lugar se aproximaba Iván Fernández Anaya quien, al percatarse de lo sucedido, y a falta de unos 30m, comenzó a hacerle señas a su contrincante (pues no se podía hacer entender por el idioma) para que siga avanzando y llegase en primer lugar.

En la carrera que el cristiano debe correr para obtener la victoria (1 Corintios 9) se encuentran multitud de competidores. No existen contrincantes… o esa es la idea. La competencia se genera con uno mismo: en la lucha constante contra el *yo*, contra la naturaleza pecaminosa que momento a momento nos tiende a separar de nuestro Salvador.

En esta competencia hay personas que corren para el lado opuesto, otras que se cansan y abandonan la carrera (al principio, en el medio y los hay quienes al final), otros que se lesionan pero avanzan con convicción y otros que bajan el ritmo pero vuelven a acelerarlo. Existen distintos tipos de "corredores de la fe".

En la carrera por la corona de vida, Dios nos ha dado el mandamiento de ayudar a quienes van sufriendo distintos percances en su camino. Algunos necesitan que los levantemos, otros que les mostremos el camino de vuelta, a otros les basta un incentivo para que intensifiquen el ritmo, y a otros señalarles el camino, indicárselos cual suerte de guía.

Como la parábola del buen samaritano (Lucas 10.25-37) Jesús nos ha puesto para guiar a las personas a la salvación. Creo que es una de los privilegios más grandes que Dios le puede dar al ser humano.

Lamentablemente existen aquellos *pseudocristianos* que se encuentran en dicha carrera, pero que no actúan como verdaderos hijos de Dios. Critican, juzgan, generan divisiones, dejan la empatía de lado… parecería ser que pensaran en llegar al Cielo solos.

Amarse a sí mismo comprende el deseo de querer ir a la Tierra Celestial. Amar al que tengo al lado implica acompañarlo para que podamos estar juntos allí.

Hoy medita en qué tipo de corredor eres (y si necesitas hacer un cambio en ello). Piensa en aquella persona que necesita que le indiques cuál es el Camino de Vida. <u>Recuerda</u>: Cristo nos llamó a "salvar del pecado y guiar al servicio".

DÍA 164 - RAFAEL NADAL (TENIS - ESPAÑA)

"El que habita al abrigo del Altísimo morará bajo la sombra del Omnipotente"
(Salmos 91.1 RVR95)

Amado por unos, odiado por otros. El "Torero" de Madrid ha dividido las canchas en dos bandos. De un lado Roger Federer y, del otro, Rafael Nadal.

En el 2002, Rafael Nadal comenzaba su carrera profesional como tenista a la edad de 15 años. Tras unos años de adaptación al circuito competitivo, "el Rafa" ganaba su primer torneo de Grand Slam a los 19 años, dejando en el camino a su némesis Roger Federer, cinco años mayor que él. A partir de este momento comenzaba una serie de disputas de torneos que comenzaron a dominar estos dos deportistas, incluyendo el posicionamiento del ranking ATP, situación que, al día de hoy, aún sigue en vigencia.

A mediados de 2020 Nadal se posicionaba en el puesto número 2, mientras que Federer en el 5. Nadal cuenta con un haber de 85 torneos ATP, entre ellos 20 Grand Slam y Federer con 103, de los cuales 20 pertenecen a los Majors.

Tanto es así que hasta la forma de juego se ha visto polarizada. Bien puesto el apodo, Nadal, *el Torero*, juega cada partido como si fuera el último, con una actitud bien determinante, hasta algunos la tildan de agresiva; mientras que, del otro lado, Federer con un juego más estético, considerado de carácter "exquisito" por muchos, ha sabido marcar la diferencia.

Lo cierto es muchos alegan que Nadal ha sido una suerte de sombra de Federer. Desde su aparición en el mundo del tenis no ha dejado de perseguir los records que el de mayor edad ha sabido conseguir e, incluso, superarlos. Ya se ha cumplido más de una década esta rivalidad, y los pronósticos indican que continuará de igual manera por un poco tiempo más.

La Biblia nos revela que existen dos tipos de árboles que proyectan su sombra para que las personas puedan habitarlas y, de esa forma, disfrutar de los beneficios de la misma.

El problema radica en que uno de esos árboles brinda una sombra que otorga favores, los cuales son beneficios terrenales y pasajeros; sujetos a satisfacer lo que nuestros sentidos nos piden ("los deseos de la carne") por lo que resulta ser muy atractivo y requerido por la mayoría. El profeta Malaquías, en el capítulo 4 de su libro, nos revela el futuro de este árbol, ya que todos los que decidan estar en su sombra perecerán luego de la esperada venida de nuestro Señor. Esto se entiende porque dicho árbol se encuentra en disonancia con la voluntad divina.

El otro árbol, por el contrario, y como nos lo describe el salmista, representa a nuestro Dios todopoderoso. Él nos invita a seguir su sombra, vivir bajo sus hojas frondosas. Nos invita a disfrutar de sus bendiciones y regalos que está dispuesto a darnos, y que alcanzan tanto esta vida terrenal como la futura celestial.

Hoy decide vivir bajo la sombra de Jesús, deposita tu confianza en Él quien es nuestro "refugio y fortaleza".

DÍA 165 - ANTIGÜEDADES CURIOSAS

"Él hará que los padres se reconcilien con sus hijos y los hijos con sus padres, y así no vendré a herir la tierra con destrucción total" (Malaquías 4.6 NVI)

Los deportes que componen a los JJOO modernos resultan ser mayoritariamente conocidos para la gente. Durante el periodo de cuatro años (entre cada JO) se evalúan las posibilidades de agregar y/o quitar ciertas disciplinas atléticas. Generalmente los deportes que resultan ser más vulnerables son aquellos practicados por un grupo minoritario.

Así sucedió que a lo largo del tiempo fueron quedando en el olvido diversidad de prácticas deportivas que hoy en día lejos están de ser llamadas como tales. Crease o no, entre ellas se encontraban:
- Disparo con cañón
- Extinción de incendios
- Salto en altura y en largo para caballos
- Tiro de la soga
- Carrera con obstáculos (donde los competidores tenían que pasar por barriles sin fondo, trepar por sogas, pasar por encima de paredes)
- Tiro al ciervo (figura metálica) y al pichón (vivo)
- Natación con obstáculos
- Carrera de globos aerostáticos
- Entre otros

En la vida eclesiástica puede percibirse la diversidad cultural y paradigmática que marcan las distintas generaciones que conviven en una misma iglesia. Hace unos años atrás las actividades desarrolladas dentro y fuera de la misma eran propuestas por personas adultas siendo que las ideas de los jóvenes eran prácticamente dejadas de lado. Si bien hubo crecimiento, pues la bendición de Dios siempre ha estado, el costo fue que muchos jóvenes hayan dejado la iglesia por la falta de actividades que los incluyeran.

Hoy, luego de ver el paso del tiempo, la iglesia se encuentra en un momento de apogeo joven, en el sentido de brindar actividades y espacio por y para ellos. Lamentablemente en algunos casos sucede, de manera opuesta, lo que acontecía en el siglo pasado. Muchos jóvenes piensan que, por el protagonismo que se les ha dado en la actualidad, su fuerza física, su mentalidad plástica y nuevos recursos, los adultos ya quedaron obsoletos.

Debo decir que ninguna de las dos posturas es la deseada por Dios. Su expectativa es la de una iglesia proactiva donde se trabaje en favor de salvar almas, uniendo las distintas generaciones y franjas etarias para el mismo fin. Dios es un Dios de niños, adolescentes, jóvenes y adultos. En la Biblia hay ejemplos claros donde la divinidad erigió distintos líderes generacionales, pero el más cercano es el de Jesús al elegir a sus 12 apóstoles donde uno bien puede encontrarse con un joven Juan y un adulto Pedro padre de familia.

Hoy piensa cómo se encuentra la iglesia a donde asistes con respecto a este tema ¿Consideras que es necesario que exista una reconciliación entre las distintas generaciones? ¿Cómo pueden hacer para unir sus dones, experiencia y fuerzas para focalizarlas en la predicación del evangelio?

DÍA 166 - VINNY PAZIENZA (BOXEO – ESTADOS UNIDOS)

"Porque yo sé los pensamientos que tengo acerca de vosotros, dice Jehová, pensamientos de paz, y no de mal, para daros el fin que esperáis" (Jeremías 29.11 RVR60)

Considerado como el "Demonio de Pazmania", Vinny demostró ser uno de los boxeadores más agresivos de toda la historia, quizás no tanto por sus logros deportivos (aunque sí los tuvo), sino por el carácter de las decisiones que tomó frente a vicisitudes alarmantes.

Semanas más tarde de haberse consagrado doblemente campeón mundial de peso mediano, el boxeador sufrió un accidente automovilístico en el cual sufrió una fractura en su cuello. La imagen recorrió todo el mundo. Un halo cervical (soporte de metal que rodea y se conecta al cráneo) se había convertido en parte de su vida hasta que las vértebras soldasen. Los médicos le habían dicho que tenía suerte de estar caminando y que, por su puesto, nunca más podría subir a un cuadrilátero, pues un golpe podría *cortarle* la médula espinal.

Poco tiempo después, y en absoluto secreto, Pazienza comenzaba a entrenar levantando pesas, a pesar de la clara advertencia de que su vida correría peligro. *"Voy a hacer esto o morir en el intento, así de sencillo"* le decía a su madre quien derramaba lágrimas al escucharlo sin poder entenderlo.

Cuando le retiraron el halo, no permitió que le colocaran anestesia ya que no le gustaba consumir drogas de ningún tipo. Una vez "liberado" del mismo, comenzó el entrenamiento sobre el cuadrilátero y, un poco más de un año después tuvo su regreso al ring. Algunos comentaristas lo tildaban de "loco" preguntándose qué era lo que le pasaba por su mente para arriesgar su vida de tal forma.

¿Conoces personas que toman decisiones totalmente opuestas a los pronósticos que enfrentan? ¿Te preguntas qué se les cruza por esa cabeza? ¿Te identificas con este tipo de personas? Pues en la Biblia se nos habla de alguien que mantiene sus pensamientos ocultos y que, para la mayoría de los habitantes les son desconocidos; siendo tildado de incomprensible y hasta insensible.

Isaías lo presenta de la siguiente manera: *"¿Acaso no lo sabes? ¿Acaso no te has enterado? El Señor es el Dios eterno, creador de los confines de la tierra. No se cansa ni se fatiga, y su inteligencia es insondable"* (40.28 NVI). Dios no puede ser examinado por ningún ser mortal, sus pensamientos les son ajenos al hombre, mas Él decide revelárselos a aquellos que le aman. ¿Y cómo lo hace? Por medio de su Espíritu Santo. Según lo revelado por el apóstol Pablo (1 Corintios 2.9-11), Él es el único que tiene la capacidad de conocer los pensamientos de Dios Padre y revelárselos a sus hijos, según lo vea conveniente. Qué maravilloso orden se muestra en todo esto.

Hoy invoca la presencia del Espíritu Santo para que impresione con poder tus pensamientos con el fin de conocer cuáles son los planes de Dios para tu vida. <u>Recuerda</u>: estudiar la Biblia, predicar, conectarse con la naturaleza, alabarlo, orar y congregarse son medios por los cuales el Señor revela su sagrada voluntad.

DÍA 167 - FERNANDO GAGO (FUTBOL – ARGENTINA)

"Crea en mí, oh Dios, un corazón limpio, y renueva un espíritu recto dentro de mí"
(Salmos 51.10 RVR60)

Los seleccionados de futbol de Argentina y Perú se enfrentaban en las eliminatorias para el mundial de la FIFA de Rusia 2018. Corría el año 2017 y la Argentina jugaba de local frente a una "Rojiblanca" envalentonada para clasificar luego de 36 años sin poder hacerlo, mientras que el anfitrión estaba en zona de eliminación directa ¿Puedes imaginar la presión que tenían los jugadores argentinos en aquel partido? Uno de los países que más futbolistas de elite ve nacer en el mundo estaba a un paso de quedarse fuera del evento deportivo más importante.

Fernando Gago, centrocampista, ingresaba en un segundo tiempo lleno de incertidumbres pues el marcador se mantenía 0 por lado. Tras algunas intervenciones de juego con la pelota, y luego de ejecutar un pase, intentó cambiar de dirección bruscamente, acción que lo llevó a quedar tendido en el césped.

Inmediatamente el árbitro detuvo el partido y el jugador pidió cambio al banco técnico. Todo el mundo se preguntaba qué era lo que había sucedido, respuesta que se dio a conocer segundos más tarde. Cuando la televisión mostró la repetición de la jugada, pudo verse con claridad cómo se había lesionado su rodilla derecha. Al salir del campo de juego para ser atendido, los médicos le dijeron que no podía continuar jugando, la lesión era más grave de lo que se imaginaba. Gago respondió a gritos: *"dejame jugar… no importa… dejame jugar"*, mientras los médicos lo vendaban con resignación.

Fernando ingresó cojeando sabiendo que se había roto los ligamentos cruzados de la rodilla, ligamentos que le dan la estabilidad necesaria a la articulación. Lamentablemente solo aguantó un minuto en la cancha.

Solo llevaba 6 minutos en el campo de juego cuando sufrió tal infortunio y debió ser suplantado por otro jugador.

Muchas veces los creyentes atraviesan por la "montaña rusa del cristianismo" donde, en un lapso de tiempo (pueden ser días o meses), se encuentran en lo más alto de la cima, cercanos a Dios y con una relación muy estrecha, y lenta o rápidamente decaen al abismo espiritual, al pozo de la separación relacional con su Creador. Luego, con trabajo del Espíritu Santo, vuelven a subir para reconectarse con Dios, repitiéndose el ciclo.

Misteriosamente cuando alguien se encuentra en lo más bajo, separado del Camino, a veces pretende seguir como si nada hubiera pasado, como si todavía mantuviera una fiel relación, sin darse cuenta que se encuentra roto espiritualmente. La amistad con el Salvador está fracturada y vive en una ilusión espiritual, pensando ilusoriamente que las obras sobrepasan la fe. El "cristiano" se aleja paulatinamente en una vida desintonizada con la verdadera religión, llegándose a comportar como una persona del mundo.

¿Cuál puede ser el final pronosticado? Dos opciones: 1) admitir su estado y rogarle al Restaurador de todas las cosas que lo renueve, limpiándolo de su vida de pecado y restaurándolo (cómo bien dice el salmista); 2) seguir intentando vivir la misma vida hasta llegar a la deserción decantada.

Hoy considera tu estado espiritual. ¿Piensas que necesitas parar y permitir que el Médico cure tu corazón? <u>Recuerda</u>: Solo así podrás volver a entrar a la cancha de la vida sin cojear.

DÍA 168 - DORANDO PIETRI (ATLETISMO – ITALIA)

"Pero su suegro Jetro le advirtió: 'No está bien lo que haces, pues te cansas tú y se cansa la gente que está contigo. La tarea sobrepasa tus fuerzas, y tú solo no vas a poder realizarla'" (Éxodo 18.17-18 DHH)

Los JJOO de Londres 08 relataron la derrota que se convirtió en el mayor triunfo de un joven italiano carente de todo tipo de cualidades físicas aparentemente visibles (1,59m y 60kg).

Fue en aquella tarde del 24 de Julio que se dio inicio a la tan ansiada maratón, prueba que había cobrado nombre gracias a la leyenda del soldado Filípides quien supo recorrer la distancia equivalente entre la ciudad de Maratón y Atenas para anunciar la victoria sobre el ejército persa en el año 409 a.C. Aunque la misma era de 40km, en aquella cita olímpica se decidió que la salida debía realizarse desde los jardines del Castillo de Windsor, residencia de los Príncipes de Gales, por lo que se establecería una nueva marca para la disciplina de 42,195km; distancia que, años más tarde, se legitimaria para la posteridad.

De los 56 participantes de aquella edición, la mitad abandonó la carrera mientras que el resto permaneció corriendo pese a las demandas climáticas requeridas. Las temperaturas eran demasiado altas. Al km 30 Pietri alcanzó la punta y se colocó en primera posición aventajando generosamente a su escolta.

Curiosamente los recuerdos propios de Dorando cesan cuando logró visualizar el estadio olímpico. Lo que sucedió fue que, al haberse sobreexigido en sobremanera, tanto su cuerpo como su mente comenzaron a fallar. Fue así que al ingresar al estadio tomó el camino inverso, por lo que los jueces tuvieron que dirigirlo al indicado; se desvaneció cayendo sobre la pista cinco veces debiendo ser atendido por los organizadores y médicos; la última vez fue a tan solo 5m de la llegada pudiendo atravesarla solo gracias a la ayuda de un juez que lo tenía sujeto a sus brazos. El italiano debió pasar toda la noche en observaciones médicas dada su crítica situación de salud (algunos aseguraban que estuvo a punto de fallecer por la fatiga ocasionada).

Aunque Pietri fue descalificado (por un reclamo de otros competidores) la reina Alejandra le otorgó, en plena ceremonia de entrega de medallas, una copa de plata. Este hecho lo dejó inmortalizado en la historia del deporte.

Dios ha dejado un mensaje a los adictos al trabajo, a aquellos que diariamente agotan todas sus energías al punto de desfallecer al caer la noche y que, por tal motivo, no pueden tener tiempo para otras actividades. La realidad indica que hay muchas personas que dedican mucho tiempo al trabajo y al estudio, puede que sean apasionados o simplemente lo hagan por necesidad, pero ponen su salud a merced de esto.

El consejo bíblico de hoy es que aprendas a delegar el trabajo (ya sea en tu empleo, como en la universidad, o incluso en tu casa e iglesia). No es bueno que te sobrecargues pues tus facultades, tanto físicas como mentales y espirituales, caerán progresivamente al barranco.

Hoy aprende a tener tiempo de trabajo y de descanso (incluye relaciones, familia, iglesia, deporte, etc.). Pide a Dios que te dé el equilibrio adecuado. <u>Recuerda</u>: Aunque creas que el otro no realice el trabajo mejor que tú, solo aprenderán a hacerlo cuando hayan recibido qué hacer.

DÍA 169 - ANNEMIEK VAN VLEUTEN (CICLISMO – HOLANDA)

"Así que sométanse a Dios. Resistan al diablo, y él huirá de ustedes" (Santiago 4.7 NVI)

El circuito que conformó la competencia de ciclismo de ruta en los JJOO de Rio 2016 se caracterizó por haber sido uno de los más peligrosos de todos los tiempos. Muchas curvas en "U", otras cerradas, pendientes sumamente pronunciadas, vegetación a sus costados tan tupida que generaba un alto grado de humedad, calzadas resbaladizas y poca visibilidad. La misma ya contaba con el antecedente de la prueba masculina donde hubo, al menos, tres accidentes graves, donde uno de los ciclistas se fracturó ambas clavículas, otro el omóplato y un último la pelvis.

Con tal panorama la ciclista holandesa ya disputaba la competencia femenina ubicándose en el primer lugar de la carrera con bastos signos de verse triunfadora. Pero un incidente cambió el rumbo no solo de su carrera sino de su salud. Ante una pendiente y giro inminente sus frenos se rompieron; luego sucedió lo pronosticado: Annemiek, al intentar girar a velocidad, dio una vuelta en el aire y terminó impactando contra el suelo cayendo de cabeza contra el cordón. Su cuerpo quedó inerte, al igual que su posibilidad de ganar el oro en la mejor carrera de su vida. Más tarde recuperaría la conciencia de camino al hospital.

El saldo del accidente fueron varias vértebras fracturadas, además de tres costillas. Diez días después del accidente que casi termina con su vida, ya estaba subida en su bicicleta y, un mes más tarde, compitiendo.

¿Se te han roto los "frenos de la vida" alguna vez? ¿Te has encontrado en una situación donde te habías subido a un camino en picada y que, cuando quisiste remediarlo, no pudiste reaccionar a tiempo? Qué terrible es cuando sucede esto ¿Acaso no es lo mismo que vivió el "hijo pródigo" (Lucas 15.11-32)? Cuando se toman los caminos incorrectos el destino pronosticado es uno solo: estrellarse frente el camino de la vida.

Santiago 4 habla sobre el estilo de vida de los cristianos. Él entiende que todo hijo de Dios vive en una lucha espiritual constante entre elegir el camino del Diablo o el de Dios, y que ambos caminos son bien conocidos por todos. Lo curioso es que muchos, al recuperarse de la caída espiritual, vuelven a elegir el mismo camino que los llevó a semejante destrucción.

Tres verbos resaltan el versículo de hoy:

1. **Someterse**: depender plenamente de la voluntad divina ante cualquier circunstancia, pase lo que pase. Este es el gran desafío, de esto se trata, justamente, la fe (Hebreos 11.1)
2. **Resistir**: al único que hay que resistir es a la tentación del Maligno, pues es él quien quiere que nos perdamos. Aunque parezcan placenteros sus ofrecimientos su fin último es nuestro sufrimiento.
3. **Huirá**: la victoria se encuentra garantizada solo si uno se somete a Dios y resiste a Satanás. Es por tal motivo que se encuentra en futuro esta acción. Satanás no puede resistir el nombre de Jesús invocado para liberación del pecador.

Hoy te invito a que leas el capítulo completo de Santiago 4. Transita por el camino que lleva a la salvación. Recuerda: No quieras ser amigo del mundo y de Dios a la vez; lo único que lograrás es estrellarte y sufrir. Ponle un freno a tiempo a Satanás.

DÍA 170 - OSCAR SWAHN (TIRO – SUECIA)

"Miren, yo vengo pronto, y traigo la recompensa conmigo para pagarle a cada uno según lo que haya hecho" (Apocalipsis 22.12 NTV)

Para poder rendir de la mejor forma, los entrenadores realizan los cálculos pertinentes para preparar el cuerpo del deportista con el fin de competir en el mejor momento de su vida atlética. Esta se encuentra acompañada de una buena experiencia deportiva y con una juventud necesaria para hacer frente a los esfuerzos pronosticados.

Pero en ciertas ocasiones pueden apreciarse excepciones, donde competidores que se encuentran más cerca de su retiro que de ganar una medalla, dicen presente. Este es el caso de Oscar Swahn, el deportista más veterano en competir en un Juego Olímpico.

A sus 60 años, en 1908, viajó a Londres para hacer su debut en los JJOO, representando a Suecia en la competencia de "tiro al ciervo". Sí, leíste bien. Es que en aquel entonces muchos deportes que se practican hoy no existen y viceversa.

Pero tranquilo, no eran ciervos reales, sino figuras que se movían de un lado al otro (como un videojuego de puntería), teniendo 3seg para disparar al blanco móvil. Allí fue donde el protagonista del día ganó dos medallas de oro, en la categoría individual y por equipos.

Pero no sucedió su retiro, ya que cuatro años más tarde volvió a competir en los JJOO de Estocolmo 1912 y en los de Ámbares 1920, a sus 72 años.

En la Biblia se nos cuenta las genealogías de muchos individuos, incluyendo sus edades. Y, justamente, para referirnos al hombre más longevo de toda la historia de la humanidad registrada, basta con abrir el Génesis y encontrar a nuestro amigo Matusalén.

Él vivió exactamente 969 años ¿Puedes creerlo? Realmente sí que estuvo cerca del milenio. De allí el famoso dicho *"más viejo que Matusalén"*. Elena de White, en su libro Patriarcas y Profetas, menciona que Matusalén, hijo de Enoc y abuelo de Noé, ayudó en la construcción del arca que antecedería al diluvio.

He conocido personas que hace más de 80 años que esperan ver a Cristo volver y su fe se mantiene intacta como si hubiera sido ayer que se hubiera bautizado. Cristo ha dicho que viene pronto… hace 2000 años atrás ¿Cuán pronto es pronto? ¿Te has puesto a pensar alguna vez en esto?

Si consideramos que para Dios un día equivale a un año y un año a un día (2 Pedro 3.8) realmente pasaron dos días desde su ascensión. Esto solo se entiende porque tenemos un Dios que no se sujeta a la variable tiempo, ya que la misma fue creado por su poder, sino que Él somete el tiempo a su voluntad.

80, 30, 10, 1 año, meses o semanas esperando que Jesús venga a la Tierra por segunda vez no hace a nadie más o menos importante, sino que los unifica gracias a la grandiosa promesa de su regreso.

Hoy haz memoria del tiempo que esperas la Segunda Venida y pregúntate si estás igual de entusiasmado que el primer día que te enteraste que Cristo iba a volver. <u>Recuerda</u>: ¡Jesús viene pronto!

DÍA 171 - ALEJANDRO MAZZA (FUTBOL - ARGENTINA)

"Por eso, confiésense unos a otros sus pecados, y oren unos por otros para ser sanados. La oración fervorosa del justo tiene mucho poder" (Santiago 5.16 DHH)

La pasión por el futbol moviliza multitud de personas en distintas partes del mundo. Al ser uno de los deportes más practicados en la redondez de la Tierra, existen programas televisivos en los cuales cantidad de periodistas se reúnen para discutir lo sucedido y lo que podría suceder en los partidos. Aunque la realidad indicaría que es más un show que un espacio de seriedad informativa, los comentarios de carácter exabruptos son la estrella de los mismos. Ni que hablar cuando los árbitros se equivocan en sus decisiones, eso sí que brinda un "programa de calidad".

"Uno es humano y tiene que reconocer que se equivocó [...] pido disculpas públicamente", fueron las palabras del juez de línea que atravesó por una persecución mediática, tras un fallo arbitral polémico, al no cobrar *off-side* a un jugador que terminó convirtiendo el gol a raíz de dicha jugada.

Alejandro Mazza, quien ha hecho carrera por más de 20 años en el futbol argentino, desde las categorías inferiores hasta llegar a lo más alto del futbol nacional, expresaba lo dolido que se sentía tras haberse equivocado en su decisión, y expresando que si ya se había equivocado una vez, no podía volver a hacerlo.

Prácticamente siempre se habla de la importancia de perdonar al otro, de los beneficios que dicho acto contrae al ser humano tanto espiritual como mental, social y hasta físicamente. El otorgar perdón a aquel que nos hizo mal como acto de misericordia, tal como Jesús lo demostró a lo largo de toda su vida en este mundo, incluyendo la cruz. Es que la misericordia es parte de la naturaleza divina, según lo escrito en Números 14.8.

Sin embargo poco se habla del acto de pedir disculpas; de reconocer el error propio y hacerlo público. La persona que atraviesa por dicho proceso experimenta, en primer lugar, momentos de pensamiento introspectivos en los cuales reflexiona sobre sus prácticas y de cómo afectaron a su vida personal y a la de sus allegados. Dependiendo de los códigos morales que tenga tal o cual individuo, surge una respuesta a su accionar. De ahí que frecuentemente uno escucha personas que dicen "yo no me arrepiento de nada" o "volvería a hacer todo de la misma forma", y otras que aseveran decir "volvería al pasado para cambiar las cosas".

Ahora bien, una vez que se ha llegado a la conclusión de que se cometió un error, y que este incidió sobre otros, debe tomarse otra decisión: pedir o no disculpas. En primer lugar a Dios, para obtener el perdón divino, y en segundo a los hombres, para poder estar en paz con ellos. De más está decir que se requiere armarse de valor para enfrentar a la persona que resultó dañada, y reconocer la equivocación públicamente. Para que cualquiera pueda lograr semejante accionar, en algún momento tuvo que tomar la resolución de dejar el orgullo de lado, y hacer florecer un espíritu de humildad.

Una vez expresadas las disculpas se pasará por un sentimiento de tranquilidad con uno mismo, pues ya ha cumplido con su parte. Ahora la responsabilidad queda en el otro, ¿perdonar o no hacerlo?

Hoy trata de pensar si has ofendido o le has fallado a alguien. Ora pidiendo perdón a Dios, y ora también para que el Espíritu Santo te de la valentía de enfrentar a aquella persona para pedirle disculpas. Ora por ella para que pueda perdonar como Jesús lo hace, y ora por ambos para que puedan lograr la restauración que solo el Todopoderoso puede brindar.

DÍA 172 - DICK FOSBURY (ATLETISMO - ESTADOS UNIDOS)

"Es decir, que los gentiles son, junto con Israel, beneficiarios de la misma herencia, miembros de un mismo cuerpo y participantes igualmente de la promesa en Cristo Jesús mediante el evangelio" (Efesios 3.6 NVI)

El salto en alto es una disciplina atlética que se practica desde el recomienzo de los JJOO (1896) y que perdura hasta el día de hoy. Sin embargo, lo que hoy pareciera ser una normalidad en la técnica del salto, hasta los JJOO de México 68 no sucedía de la misma manera. Es que el mismo se realizaba de frente, primero sin carrera, y luego con carrera, y no saltando de espalda como puede verse en cualquier competencia de la actualidad.

Como el fin de tal práctica es saltar cada vez más alto, Dick llegó a la conclusión de que nunca lograría romper un record mundial, y garantizarse una medalla, si seguía saltando de frente; por lo que comenzó a saltar al revés del resto de sus colegas, entendiendo que si lograba arquear la espalda obtendría mayores ventajas físicas.

Así fue que el 20 de Octubre de 1968 se convirtió en un día histórico para el deporte mundial, pues no solo lograba adjudicarse la medalla de oro, sino que también marcaba un precedente aportando una técnica de salto llamada "The Fosbury Flop"; hoy la única técnica utilizada para saltar.

¿Por qué piensas que te recordarán cuando ya no estés? ¿Qué notan los que te rodean? ¿Piensas que eres distinto por lo que haces? ¿Estás queriendo dejar una huella? ¿Es algo bueno o malo ante los ojos de Dios?

Creo que es bastante fuerte poder dejar una huella en algún lugar. Si bien existen marcas negativas y positivas que una persona, o grupo, puede dejar ¿quién no quisiera marcar precedentes en algo? Desde lo particular espero poder dejarla, como algo distinto que haya podido realizar o algo innovador, y más aún si se encuentra relacionado a la obra del Señor.

La huella se transforma en un legado que es pasado de mano en mano cual suerte de posta atlética u antorchar olímpica. El que ya fue bautizado tomó el legado de aquel que le enseñó la Palabra y se espera que lo pase a otro. En realidad si uno realizara una mirada retrospectiva, se daría cuenta que el comienzo del legado comienza en Jesús, siguió con los discípulos, los primeros cristianos, los valdenses, reformadores, protestantes y tú... y vuelve a Jesús completando un ciclo milagroso.

Sin lugar a dudas, no hay mayor experiencia que llevar el evangelio eterno a almas que se encontraban sin luz y que, posteriormente y con la luz de lo alto, se transformen en nuevos discípulos de Cristo. Esa es la huella que realmente vale, saber que al menos alguien conoció a Jesús gracias a uno.

Hoy piensa en qué legado estás dejando en tu mundo circundante. <u>Recuerda</u>: Dios quiere usarte como instrumento para llevar almas a sus pies y que ellas se transformen en nuevos discípulos.

DÍA 173 - JUNG SUH BOK (JUDO - COREA DEL SUR)

"Que no te enojas fácilmente, que es muy grande tu amor y que perdonas la maldad y la rebeldía, aunque no dejas sin castigo al culpable, sino que castigas la maldad de los padres en los hijos, los nietos, los bisnietos y los tataranietos" (Números 14.18 DHH)

Ye Gue-Rin dejaba el tatami cabizbaja por haber perdido en los cuartos de final de los JJOO de Atenas 2004. Su entrenador, Jung Suh Bok, se encontraba del otro lado esperándola. Sorpresivamente para todos, en lugar de consolarla con una palabra de aliento, una palmada o un abrazo, decidió acertarle una bofetada en la mejilla, pues no había tolerado la derrota en aquellas instancias. Inmediatamente Jung fue expulsado de la competición por el Comité Olímpico.

¿Puedes imaginar a un Dios que cada vez que peques desate su ira sobre ti? ¿Qué te pegue una bofetada por cada error que tienes y cometes? Creo que nadie saldría ileso (ni con vida…). Gracias que tenemos, como bien lo indica Moisés en el versículo de hoy, un Dios que no es de enojarse rápidamente, por lo tanto esto habla de una paciencia implícita, que sobreabunda en amor y se encuentra deseoso de perdonar a sus hijos cada vez que ellos se vuelven a Él. Sin duda, características de grandeza.

La justificación por la fe es el acto por el cual el ser humano reconoce a Jesucristo como su único salvador. Esta es parte de un círculo de acción entre Dios y el hombre, donde se comienza y termina con el accionar divino (ver Esquema: **El Ciclo de la Justificación**):

1. El Espíritu Santo impresiona a la persona con su triple función (convencer de pecado, justicia y juicio - Juan 16:7-11)
2. La persona atiende a la voz divina y reconoce que necesita ser perdonado y restaurado, por lo que eleva una oración de perdón al trono de Dios.
3. Sin embargo, y como bien menciona la Escritura, la oración no puede llegar directamente donde se encuentra Dios Padre ya que todos son como un trapo sucio (Isaías 64.6) y destituidos de su gloria (Romanos 3.23)
4. Entonces, para que la "señal" de la oración llegue correctamente "codificada", Jesús debe interponerse entre la persona y Dios. De esta manera el Padre no ve al individuo, sino a su Hijo inmaculado que ya ha derramado su sangre preciosa por el pecador.
5. Por los méritos de Cristo Dios envía el perdón y la respuesta por medio del Espíritu Santo, completándose el círculo… y reiniciándolo.

Hoy escucha la voz del Santo Espíritu, arrodíllate y busca el perdón de lo Alto. Recuerda: Dios está dispuesto a abrazarte y no a castigarte, solo atrévete a probarlo.

DÍA 174 - AYRTON SENNA (AUTOMOVILISMO - BRASIL)

"Siempre humildes y amables, pacientes, tolerantes unos con otros en amor"
(Efesios 4.2 NVI)

Luego de varios años de preparación y competición en el automovilismo europeo, Ayrton hizo su debut en la Fórmula 1 con una escudería que realmente no se encontraba a la altura de las grandes marcas. Sin embargo esto no fue una excusa para que el brasilero, luego de iniciar la carrera en el 13vo lugar, alcance al famosísimo Niki Lauda y se coloque segundo, haciendo caso omiso a la orden de su equipo para que disminuya la velocidad (pues era un día de lluvia). Las miradas estaban puestas en el ahora novato, intrépido y desobediente automovilista.

Cuando pasó a formar parte del equipo McLaren el conflicto con el piloto Alain Prost se intensificó ya que, ahora, era su propio compañero. Mientras que al francés declaraba que bien podría haber empate, el brasilero, empedernido, contestaba que solo uno podía ser el ganador. En carreras posteriores la rivalidad entre ambos se afianzaría aún más.

El tiempo pasó y ambos continuaban en el mismo equipo pero no con mejor vínculo. Comentarios insinuantes de por medio, choques entre sí, insultos y hasta separación definitiva formaron parte de una relación más que tensa.

Ayrton Senna, triple campeón de la Fórmula 1, falleció el 1 de Mayo de 1994 durante el Gran Premio de San Marino, tras un accidente en una curva del circuito.

Un aspecto que es difícil de dominar, en las relaciones interpersonales, es la paciencia. Salomón declaraba: *"Si tu jefe se enoja contigo, ¡no renuncies a tu puesto! Un espíritu sereno puede superar grandes errores"* (Eclesiastés 10.4 NTV), otra versión dice que la paciencia es el gran remedio (DHH). La teología de la paciencia, entre los unos y los otros, se demuestra a lo largo de la Biblia desde la relación de Dios hacía con el hombre al extender su brazo misericordioso a pesar de que este lo rechace continuamente. De ahí que extiende su línea de carácter apacible para con el ser humano, demandando la misma reacción por y entre nosotros.

¿Alguna vez te has puesto a pensar que, en el hospital, a los que esperan ser atendidos por el médico se los llama pacientes? ¿Y por qué es esto? Porque generalmente hay otros individuos que están delante de uno para ser atendidos, o tienen mayor prioridad. Ser paciente es saber esperar. No es fácil tener paciencia cuando existen conflictos en las relaciones, pero Jesús tiene la facultad de ayudarnos a ser pacientes cuando Él vive en nosotros. Así comprenderemos que la otra persona también se encuentra atravesando por problemas y conflictos que debe resolver.

Hoy pide paciencia de lo Alto, como parte del fruto del Espíritu Santo (Gálatas 5.22-23), para poder tratar con tu jefe, amigo, familiar, pareja, profesor... a quien sea. <u>Recuerda</u>: Con tu paciencia serás una persona más feliz y podrás tener la posibilidad de restaurar relaciones interpersonales.

DÍA 175 - DAVID CAL (CANOTAJE - ESPAÑA)

"Mira que te mando que te esfuerces y seas valiente; no temas ni desmayes, porque Jehová tu Dios estará contigo en dondequiera que vayas" (Josué 1.9 RVR60)

David Cal fue un piragüista especializado en canotaje individual (C1) en las modalidades de aguas tranquilas en 500 y 1000 metros. Al momento, es el español con más medallas olímpicas en su haber. En los JJOO de Atenas 2004 ganó un oro y una plata con tan solo 21 años; en Beijing 2008 se llevó 2 platas, y en Londres 2012 repetiría la misma hazaña. En total 5 medallas olímpicas. Todo un ganador.

Sin embargo, de cara a los JJOO de Rio 2016, se planteó si le quedaba algún objetivo más por cumplir, y llegó a la conclusión que, aunque todavía estaba en la franja etaria de competición, ya no tenía las fuerzas mentales para hacerlo. De esta manera, la falta de objetivos lo llevó a un retiro deportivo que a muchos los tomó por sorpresa, pues fue en plena preparación para los juegos.

A principio de año cada iglesia plantea los distintos eventos misioneros que se llevarán a cabo. Existen macro-proyectos, los cuales abarcan a toda la feligresía (como por ejemplo abrir un nuevo centro de reuniones) y micro-proyectos, que involucran a un grupo de la iglesia (por ejemplo aquellos que visitan los hospitales). A su vez, y a medida que el calendario avanza, se proponen otros planes misioneros de acuerdo a las situaciones variables. Cada uno de estos tiene objetivos que cumplir, los cuales pueden estar referidos a la cantidad de folletería entregada, cantidad de personas captadas en cursos saludables, semanas de evangelismo y decisiones de bautismo, número de estudios bíblicos dados, bautismos realizados a lo largo del año, entre otros.

Ahora bien ¿puede suceder que una iglesia pierda de vista el objetivo real que es captar almas para Cristo? ¿Puede acaso caer en una sequía o nulidad misionera? ¿Puede transformarse en una iglesia solamente de cultos, en una iglesia de las "puertas para adentro"? Lamentablemente sí existen estos casos. Perder el objetivo (salvación y servicio) hace que la congregación deje de ser *cristocéntrica*, porque la misma se basa en la predicación del evangelio eterno.

Redoblando la apuesta, no hacer un seguimiento de aquellas personas alcanzados en algún evento (curso para dejar de fumar, mesa saludable, libro misionero, etc.) también demuestra cierta falta de compromiso hacia la misión.

Solo cuando realmente concibamos que los "contactos" son personas que bien pudieran alcanzar la salvación gracias a nuestro trabajo, los objetivos de la iglesia cambiarán.

Hoy piensa en qué planes misioneros tiene tu congregación. Reflexiona en cada oportunidad que tuvieron de acercar el Cielo a aquellas personas que se encuentran vagando sin la real fuente de luz. <u>Recuerda</u>: Dios le ha conferido a la iglesia la responsabilidad de mostrar a Cristo en la Tierra.

DÍA 176 - REGGAE BOYS (JAMAICA - BOBSLEIGH)

"Puede fallarme la salud y debilitarse mi espíritu, pero Dios sigue siendo la fuerza de mi corazón; él es mío para siempre" (Salmos 73.26 NTV)

La isla del caribe, cuna de Usain Bolt, es formadora de atletas de excelencia en velocidad pura de pista. Pero hace muchos años concibió a cuatro deportistas que tuvieron un sueño deportivo también referido a la velocidad pero, en vez de serlo en una pista de atletismo, seria en una de hielo.

La historia es bastante singular (de hecho en 1993 salió la cinta cinematográfica llamada "Elegidos para el triunfo"), y se remonta a la idea de unos estadounidenses que apostaron por convencer y llevar a jamaiquinos (entendiendo su velocidad potencial natural) a un deporte de invierno, cosa que nunca antes había pasado. Para esto reclutaron a cuatro deportistas del ejército, que fueron trasladados al país norteamericano para entrenarlos.

El bobsleigh es un deporte de equipo (modalidad de 2, 4 o 6 integrantes) que aborda un trineo y recorre, individualmente, un circuito que con frecuencia supera los 130km/hr. *Los Rasta Boys*, otro de los seudónimos, lograron clasificarse para los JJOO de invierno de Calgary 88, pero un vuelco en la carrera los dejó fuera de cualquier posibilidad. Habían logrado tal vínculo afectivo con el público, que este invadió la pista para ayudarlos a colocarlo nuevamente en la misma.

El rey David también había reclutado a hombres para que conformaran parte de su ejército. Distintas porciones de la Biblia le dedican un apartado a contar sus aventuras. Soldados que no dependían de armaduras ni armas sofisticadas para salir victoriosos, sino que, lo único que necesitaban, era mantenerse fieles al Jehová de los ejércitos.

Entre ellos hubo uno que mató a 800 enemigos con un palo; otro que combatió tanto generando que los músculos de su mano se contraigan de tal forma que no pudo soltar la empuñadura; otro que fue dejado solo en campo de batalla contra todas las tropas filisteas y aun así salió victorioso; otros que mataron a gigantes (¡entre ellos uno que tenía 24 dedos!).

En cierta ocasión, 3 de sus mejores soldados, reconocidos como los "tres valientes", se infiltraron en el campamento enemigo para robar agua de un pozo y llevársela a David, para que después este no la tomara... algo medio extraño ¿no crees?

Así y todo, estas historias de hombres, que fueron llamados a cambiar rotundamente su vida para cumplir con la misión de defender al reino, nos revelan el carácter protector que Dios tiene hacia nosotros también. El Todopoderoso nos convoca para ser parte de sus filas misioneras, para combatir con la Biblia (la única arma permitida), para trabajar en equipo y garantizarnos que, si nos mantenemos unidos a Él y firmes en el Camino, nunca volcaremos.

Hoy dile "Sí, acepto" al reclutamiento celestial, pues se encuentra ansioso de escuchar esa respuesta.

DÍA 177 - FLYING FIJIANS (RUGBY – FIJI)

"La sabiduría construyó su casa, la adornó con siete columnas" (Proverbios 9.1 DHH)

Los JJOO de Rio 2016 vieron el debut de un nuevo deporte al calendario olímpico: Rugby Seven. A diferencia del rugby tradicional donde lo juegan 15 titulares de cada equipo, y como bien lo indica el nombre, esta modalidad es jugada por 7 integrantes, donde se respetan las mismas reglas, con la adaptación de ciertas otras, como por ejemplo el tiempo de juego, donde en vez de jugar 80 minutos totales, solo juegan 14.

Quizás algunos aficionados del rugby 15 se pregunten por qué este no es un deporte olímpico. La respuesta es sencilla: se necesitaría alargar la durabilidad de los JJOO por motivos de recuperación. Particularmente la modificación del tiempo de juego permite una pronta estabilización del cuerpo, por lo que en un mismo día los equipos comienzan y terminan de disputar tal competencia, sabiendo los puestos ganadores de medalla.

Aquella edición fue histórica para la isla del Pacifico, pues significó la primer medalla olímpica obtenida por su país siendo, además, oro. Los *Fijianos Voladores* (Flying Fijians, seudónimo del equipo) estaba compuesto por jugadores puramente amateurs (no cobraban un salario por jugar) por lo que subsistían vendiendo botones, cortando cañas de azúcar o siendo carceleros. Singularmente antes de competir elevaban sus brazos en unión y oraban pidiendo la bendición de lo alto. Como dato de color uno puede distinguir versículos bíblicos tatuados en sus brazos, o anotados en sus muñequeras, junto a cruces dibujadas.

Particularmente Dios tiene su número favorito. El número 7, o también conocido como el *número perfecto*, puede ser encontrado en distintos lugares.

Dicho número (también expresado como "séptimo" o múltiplos de este) es mencionado, por ejemplo en: los 7 días de la Creación (Génesis 2.2); Dios descansó y separó el día 7 de la creación (Génesis 2.3); el Faraón, en épocas de José, soñó con 7 vacas flacas y 7 vacas gordas (Génesis 41); durante 7 días los israelitas rodearon a Jericó para tomarla (Hebreos 11:30); existía un año sabático luego de seis trabajados donde no se cosechaba la tierra (Levítico 25.3); Naamán debió sumergirse 7 veces para ser curado de la lepra (2 Reyes 5.10); las personas debieran perdonarse 70 veces 7 (Mateo 18.22); fueron 7 los primeros diáconos (Hechos 6.3); 7 son las iglesias proféticas del Apocalipsis (Apocalipsis 1.11), entre 7 candelabros se encuentra Dios (1.12), 7 estrellas tiene en su mano (1.16), 7 sellos marcan tiempos de la historia (6.1), 7 ángeles con 7 trompetas (8.6), entre muchos otros más.

Pero ¿por qué Dios ha utilizado este número en reiteradas ocasiones? ¿Qué es lo que simboliza? El número 7 significa perfección en el tiempo (como así también la conclusión del mismo), la plenitud, lo completo, lo "satisfecho" y bueno de Dios.

Hoy piensa en el séptimo día de la semana como un lugar en el tiempo semanal perfecto, dedicado a Dios, en el cuál Él mismo quiere tener un encuentro contigo ¿Cómo te prepararás?

DÍA 178 - SUZY FAVOR HAMILTON
(ATLETISMO – ESTADOS UNIDOS)

"Después oí otra voz que clamaba desde el cielo: 'Pueblo mío, salgan de ella. No participen en sus pecados o serán castigados junto con ella'" (Apocalipsis 18.4 NTV)

Hamilton se había convertido en la mejor atleta de 1500mts del mundo. Si bien participó en tres ediciones de los JJOO (Barcelona 92, Atlanta 96 y Sídney 2000) sin adjudicarse ninguna medalla, su fama no se debió a la vida deportiva en sí misma, sino el rumbo que tomó una vez que se alejó de ella. Su paso por el deporte finalizó en la carrera disputada en Sídney 2000 cuando se dejó caer faltando 200mts para la línea de llegada, confesando que lo había hecho adrede al ver que no subiría al podio.

Dejando los entrenamientos atrás Suzy decidió dedicarse a la prostitución. Adicta al sexo comenzó a trabajar en hoteles de Las Vegas aún estando casada y con una hija, y con el consentimiento de su marido. El cierre definitivo al deporte se dio cuando su nombre fue borrado del Premio el Atleta del Año.

En el capítulo 17 de Apocalipsis se puede ver la personificación de una prostituta (ramera según la versión) que gobierna sobre muchas naciones. Es caracterizada portando con obscenidades e insultos hacia Dios, inmoralidades, y vestida de joyas acompañada de vino. Además mantiene una alianza con la bestia (símbolo de la entidad religiosa enemiga del Dios Altísimo). Su nombre es Babilonia, que significa **confusión**.

Simbólicamente hablando la prostituta que describe el apóstol Juan se refiere a todos aquellos que conforman parte de religiones (generalmente protestantes) que profesan servir a Cristo, pero que en realidad tienen sus licencias con el mundo y con los sistemas políticos, o que incluso no llevan una ideología espiritual como la planteada en la Biblia. Son aquellos que buscan tanto la amistad con el Creador como con el mundo, y que, por lo tanto, terminan siendo enemigos de Dios. Ser parte de Babilonia es tener una posición errónea de Dios (más allá de pertenecer o no a una religión en particular).

Ya en el capítulo 18 Dios mismo insta a su pueblo a recapacitar y a salir del estado obnubilado que les impide comprender la verdad del evangelio. Solo escapando de tal condición podrán disfrutar de la compañía divina como corresponde, bendición que los llevará a la vida eterna.

Y en el capítulo siguiente, en el 19, se realiza la declaración victoriosa del único Salvador que otorga el castigo correspondiente a la prostituta, a Babilonia; es decir, a todos aquellos que no han entregado enteramente su corazón a Dios. Es que los que negocian no pueden ser parte del Israel espiritual, del pueblo santo porque, justamente, necesitan estar apartados del pecado.

Hoy piensa en qué situación te encuentras ¿estás licenciando actitudes? ¿sigues dándole lugar a pecados? Entregate de lleno a Dios y escapa de la prostituta espiritual, si es que te encuentras allí y/o evita caer en ella.

DÍA 179 - MUHAMMAD ALI (BOXEO - ESTADOS UNIDOS)

"[...] Me hice todo para todos, a fin de salvar a algunos por todos los medios posibles"
(1 Corintios 9.22 NVI)

Cassius Clay ha sido uno de los mejores boxeadores del mundo. Nacido en EEUU, de ascendencia musulmana, supo tener una carrera ascendente. La medalla de oro obtenida en los Juegos Olímpicos de Roma 60 lo impulsó a tomar la decisión de profesionalizarse. Cuatro años más tarde levantaba su primer título de campeón mundial de peso pesado. Posteriormente sería nombrado como el "Rey del boxeo".

Al mismo tiempo se fue convirtiendo en una figura mediática que luchaba en contra de la discriminación racial, entre otras cuestiones. En una de las entrevistas que le realizaron dijo lo siguiente: *"Siempre me hacía preguntas cuando iba los Domingos a la iglesia [...] Mamá ¿Por qué todo es blanco? ¿Por qué Jesús es blanco y tiene ojos azules? ¿Por qué en la Última Cena son todos blancos? Los ángeles son blancos. María y sus ángeles son blancos... mamá, cuando hayamos muerto ¿iremos al Cielo? Ella me contestó: 'claro que iremos al Cielo', y yo le pregunté ¿qué pasa con los ángeles negros? [...]"*. Luego cuenta que después de haber ganado la medalla de oro se sentó en un restaurante de su ciudad a comer y no le sirvieron porque era negro. A partir de ese momento volvió a sus raíces y se hizo musulmán, adquiriendo el nombre de Muhammad Ali, que significa "el amado de Dios".

Siempre intenté imaginar cómo veían a Dios las personas de otras culturas y etnias en los distintos puntos del mundo. Creo yo que los blancos se imaginan a un Dios blanco, los negros a un Dios negro y los orientales a un Dios con los ojos más pequeños, por ejemplo.

Solo ponte a pensar en lo siguiente: Un Jesús blanco, de ojos claros, barba candado, de pelo castaño y largo bien cuidado ¿es compatible con la raza oriental, africana o, incluso, la aborigen? Creo que no sería lo más acertado presentar el evangelio, en dichas culturas, con imágenes de un Dios que es muy distinto físicamente.

Cuando a las personas que aún no han conocido a Dios, sean de una etnia distinta a la nuestra o no, se lo es presentado como un ser distante, que no es empático, que no comparte características de su cultura, o raza, entonces la persona tiende a buscar algo que se asemeje más a él, aunque diste del Verdadero.

En la predicación del evangelio lo que más importa es presentar a un Dios que es compatible con el ser humano. Esto mismo fue lo que vino a hacer Cristo en la tierra (Juan 14.9).

Hoy piensa en qué estás dispuesto a hacer para ganar a un amigo que ha dejado la fe o a un conocido que ni siquiera ha escuchado del verdadero Dios. <u>Recuerda</u>: Dios mismo se hizo humano para salvar a los humanos.

DÍA 180 - VINCENZO IAQUINTA (FUTBOL – ITALIA)

"No se dejen engañar: 'Las malas compañías corrompen las buenas costumbres'"
(1 Corintios 15.33 NVI)

El campeón mundial de la FIFA en Alemania 2006 fue sentenciado, a fines del 2018, a pasar 2 años en la cárcel por haber estado relacionado a la mafia calabresa "Ndrangheta". En un macrojuicio fue condenado por ser culpable de tenencia ilícita de armas, mientras que su padre fue sentenciado a 19 años de prisión.

Vincenzo negó rotundamente su relación con los intereses mafiosos y alega su inocencia por doquier diciendo que solo fue declarado culpable por el hecho de haber nacido en Calabria.

"Dime con quién andas y te diré quién eres". Seguramente has escuchado ese famoso refrán. Quienes nos rodean, nuestras compañías, dicen mucho de nosotros, aunque no nos comportemos al igual que ellos. Cada vez que nos relacionamos con otra persona el objetivo de tal relación debe ser acercarse de manera mutua al Señor. Si esto así no sucede, tarde o temprano deberá tomarse la decisión de desistir de tal vínculo. Aquellas personas que sostienen que no se comportan como aquellas compañías que deciden sostener mienten. El vocabulario, los hábitos, las comidas y bebidas, los temas de conversación e intereses… en algún momento se mimetizarán. Esto es inevitable porque justamente de ello trata la sociabilización ¿O acaso no lo vives con tus amigos? ¿No sientes que utilizan la misma jerga? ¿Acaso no se entienden con solo mirarse? ¿No se ríen de lo mismo?

Las compañías que sostienen te salpican al punto que otros te juzgan por quienes tienes a tu lado (pudiendo ser bueno o malo dadas las circunstancias). Del mismo modo trabaja la compañía de Jesús. Cuando realmente vives una relación conforme a su palabra entonces los demás podrán ver la manera distinta en la que actúas, hablas, comes, vistes y opinas. De hecho, eso mismo le sucedió a Pedro al punto que la gente lo reconocía por su manera de hablar (Lucas 22.54-62).

Hoy hazte de compañías cristianas. Se amigo/a de aquellas personas que aman a cristo. Vuelca tus intereses a los celestiales. Recuerda: si te rodeas de compañías ajenas al Camino que sea para que lo conozcan y no para que tú te desvíes del mismo.

DÍA 181 - TIGER WOODS (GOLF – ESTADOS UNIDOS)

"Honren el matrimonio, y los casados manténganse fieles el uno al otro. Con toda seguridad, Dios juzgará a los que cometen inmoralidades sexuales y a los que cometen adulterio" (Hebreos 13.4 NTV)

En 2009 Tiger tuvo su decadencia deportiva a través de la ruptura matrimonial con su mujer, cuando esta se enteró de que le era infiel. Como la noticia circundó por todos los medios de comunicación, decenas de mujeres salieron a decir que el golfista había mantenido relaciones sexuales con ellas en diversas oportunidades (se dice que unas 100 mujeres). Todo esto siguió empeorando la imagen de Woods, por lo que tomó la decisión de hablar en públicamente sobre su adicción al sexo.

Un año más tarde protagonizarían el divorcio más costoso de todos los tiempos, en el cual Tiger debió aportar una suma de U$S 100 millones; mientras que patrocinadores se desvinculaban del deportista que alguna vez había sido el mejor pago.

Su carrera deportiva se vio claramente opacada por todos esos sucesos.

La sexualidad es parte del ser humano desde su concepción. La misma no se refiere, como mal entienden muchos, únicamente al coito entre una pareja, sino que aborda aspectos referidos al cuidado de la higiene personal, pudor, la valoración personal y hacia el otro, moda, conversaciones, insinuaciones, miradas, gestos, pensamientos, deseos, etc.; por lo que se encuentra presente desde edades tempranas como la niñez, pasando por la adolescencia, juventud, adultez y hasta la vejez.

Desde el punto de vista de la sexualidad entre seres humanos, el plan original de Dios en la Creación, fue el establecimiento de la institución denominada matrimonio. La sexualidad en su plenitud, debería encontrarse enmarcada en el contexto matrimonial entre un hombre y una mujer (Génesis 1.27-28). Cualquier otro tipo de combinación atenta directamente contra la voluntad divina (hombre con hombre, mujer con mujer, dos hombres y una mujer, etc.).

El sexo entre el hombre y la mujer debe darse luego de que la pareja haya tenido la bendición divina (casamiento), siendo un compromiso la exclusividad de por vida para ambos. El sexo prematrimonial, ya sea con una o con varias personas, no es algo que el amor triuno haya planificado para el ser humano, pues sabe que la felicidad con el otro puede lograrse por medio de un compromiso triangular entre la mujer, el hombre y Dios.

Satanás bien sabe que la sexualidad desvirtuada es un arma poderosísima en sus manos y que, si lograra capturar a cualquier hijo de Dios, generaría una vida miserable, atada a un placer que simboliza el sello de matrimonio.

Hoy reflexiona sobre cómo te comportas sexualmente. Si estás casado/a aprovecha este día para pensar sobre tus votos con tu compañero/a de vida; si te encuentras de novio/a entonces habla con tu pareja para comprometerte a esperar el momento que Dios ha separado y preparado para consumir el amor; si sigues soltero/a ora al Señor para que te muestre con quien disfrutarás el resto de tus días, pero hazlo con fe y compromiso de serle leal.

DÍA 182 - HEUNG-MIN SON (FUTBOL – COREA DEL SUR)

"Cristo nos dio libertad para que seamos libres. Por lo tanto, manténganse ustedes firmes en esa libertad y no se sometan otra vez al yugo de la esclavitud" (Gálatas 5.1 DHH)

El mundo se le vino abajo al haber sido eliminado en la fase de grupos del mundial de la FIFA Rusia 2018. Con lágrimas en sus ojos Son ingresaba al vestuario. Cuando la prensa se enteró del motivo, la noticia se viralizó rápidamente. En Corea del Sur el servicio militar es de carácter obligatorio, y debe realizarse antes de cumplir los 28 años de edad, teniendo una duración que varía entre los 21 y 36 meses (dependiendo de la especialización).

La esperanza para el joven surcoreano de 26 años, quien triunfa en el futbol europeo, era pasar a octavos de final del mundial de futbol. Lamentablemente el equipo no pudo cumplir con tal hazaña, por lo que su destino era imaginable. Así fue que Heung-Min se vio en un callejón sin salida, pues si viajaba para su país natal a cumplir con sus obligaciones como ciudadano bien podía olvidarse de su carrera futbolística y, en caso de que no viajara podría ser apresado por las autoridades coreanas.

Al globalizarse estos hechos, se pudo conocer otro aspecto de la ley que otorga otra posibilidad, en este caso: ganar los Juegos de Asia que se celebrarían en Agosto-Septiembre del mismo año en Indonesia.

¿Puedes imaginarte la presión que habrá tenido Son? ¿Qué tipo de pensamientos abrumaban su mente? ¿Cómo le habrá ido a nuestro protagonista del día? Te invito a que investigues los resultados de los juegos asiáticos que determinaron su futuro.

"[...] ¡Maldito el hombre que confía en el hombre! [...]" (Jeremías 17.5 NVI). Qué terrible es depositar la confianza en las leyes humanas al pensar que estas pueden traer bienestar y libertad completa al ser humano. Si bien muchas de ellas son pensadas a favor de los ciudadanos, lo cierto es que la libertad, como término complejamente abstracto, se encuentra altamente limitada por las leyes gubernamentales de este mundo.

El mayor sueño de Dios, para con el hombre, siempre ha sido que este sea libre. Y esta libertad la otorgó cuando Jesús vino a morir por cada uno. Cristo te hace libre... libre del pecado; lo opuesto a Satanás, quien busca esclavizar al ser humano.

Cuando se comprende y se acepta esta libertad, entonces nuestro Salvador tiene la oportunidad de hacer un cambio radical en la vida que se entrega sinceramente. Aquella vida que anhela el perdón de sus pecados por medio de la intercesión de Jesucristo ante el Padre (justificación por la fe) comienza a experimentar un cambio de hábitos, por medio de la obra milagrosa del Espíritu Santo, donde se abandona el pecado (proceso de santificación), dando como resultado la verdadera libertad. Esta es la ley de libertad, que culminará cuando Cristo vuelva a buscar a aquellos que la aceptaron y decidieron cumplirla.

Hoy Dios te da la oportunidad de que cumplas con su ley de libertad; para que seas justificado, santificado y próximamente glorificado por la eternidad.

DÍA 183 - CHARLOTTE COOPER (TENIS – INGLATERRA)

"No hagan nada por rivalidad o por orgullo, sino con humildad, y que cada uno considere a los demás como mejores que él mismo. Ninguno busque únicamente su propio bien, sino también el bien de los otros" (Filipenses 2.3-4 DHH)

Charlotte deslumbró en el tenis de aquella época. Habiendo perdido la audición de ambos oídos, debido a una infección a sus 26 años, se mantuvo firme en el mundo tenístico (en aquellos años de vestidos y mangas largas), incluso hasta la edad de 50 años, y siendo madre de dos hijos, cosa un tanto desorbitante más aun en esa época, logró consagrarse en 5 oportunidades campeona de Wimbledon.

Ella es un hito del deporte mundial. Aunque lo más probable sea que no sepas quien es, Charlotte se convirtió en la primera mujer en ganar una medalla dorada en un JO, más precisamente en Paris 1900. Aunque bien podrían objetar que el torneo olímpico de tenis contó con tan solo 6 jugadoras, nadie puede quitarle el lugar histórico de honor.

Qué extraño debe sentirse ser olvidado por los demás, aun cuando lo realizado fue de trascendencia mundial ¿Sucederá que, al igual que Charlotte Cooper, algún día Lionel Messi o Cristiano Ronaldo sean olvidados? Lo cierto es que las generaciones pasan una tras otra y el "público" se recambia. Es que el mundo en el cual vivimos es enteramente competitivo. Y no me refiero netamente al deportivo (cosa que es esencialmente cierto), sino que incluso la vida cotidiana ha adquirido un carácter desafiante. Desafiante entre unos y otros, y desafiante con uno mismo.

Si bien yo siempre digo que no existe el *"aprender a perder"* sino más bien el *"aceptar la derrota"* (pues no fuimos creados para ser perdedores, sino para triunfar, ya que toda pérdida implica sufrimiento y tristeza, y esta es producto del pecado), existen personas que viven siendo competitivas, que no aceptan perder. Muchos motivadores enseñan que uno debe creer en sí mismo, en que se puede solucionar cualquier tipo de problema y salir victorioso de los mismos; en otras palabras hablan de la superación personal. No digo que sea un error pensar de esta forma, pero el gran peligro es que centralizan a la persona colocando a Dios en un punto inexistente de la vida humana.

Dios apunta a que todo individuo crezca sin transformarse en rivales de otros y/o creyéndose más de lo que uno es, sino que llama a sus hijos a que crean en sí mismos con la medida justa, actuando con humildad de corazón (con el fin de no llamar la atención) y siempre con una actitud de servicio (Romanos 12.16). De hecho Él pretende que exista un equilibrio con el fin de que nadie sea "vanidoso" ni tampoco descuidado.

Hoy deja de compararte con otros. Dios te hizo único, te hizo especial a sus ojos. <u>Recuerda</u>: buscando el beneficio mutuo encontrarás el termómetro adecuado que indique que te encuentras por el camino correcto. De esta forma tendrás el mismo sentir que Jesús (Filipenses 2.5).

DÍA 184 - RAMADÁN I

"Pero tú, cuando ayunes, péinate y lávate la cara. Así, nadie se dará cuenta de que estás ayunando, excepto tu Padre, quien sabe lo que haces en privado; y tu Padre, quien todo lo ve, te recompensará" (Mateo 6.17-18 NTV)

El *Ramadán* es una fiesta concerniente a la religión musulmana la cual conmemora la fecha cuando el profeta Mahoma recibió la primera revelación del Corán. Esta es celebrada todos los años y se caracteriza por una serie de requisitos que los profesos de la fe deben cumplir. Entre ellos se encuentra la abstención de relaciones sexuales y de ingerir comida y bebida durante las horas de luz solar, es decir, desde la salida hasta la puesta del sol. De esta manera el ayuno cumple con la función **sanitaria** (purifica el cuerpo), **mental** (fortalece la voluntad) y **moral** (hacer comprender lo que sufren las personas privadas de alimento).

Este mes sagrado varia cada año pues depende de su calendario lunar, el cual difiere al nuestro (Gregoriano), siendo este en su noveno mes. Por tal motivo algunos años coincide con los meses de Abril-Mayo y otros con Mayo-Junio.

En los JJOO celebrados en Londres 2012 y el pasado campeonato mundial de la FIFA en Rusia 2018 el Ramadán coincidió tanto con los días previos de entrenamiento preparativo como con el calendario competitivo de tales eventos. Esto suscitó un gran llamado de atención para todos los musulmanes involucrados en tales citas deportivas. Ellos deberían elegir entre estar en mejor forma atlética para la competencia o cumplir con los votos de su fe.

Muchos entrenadores no islámicos, que entrenaban a tales deportistas, no lograban entender tal hábito religioso y menos aún dilucidar la manera estratégica de llevar a cabo los entrenamientos con personas que no podían ingerir calorías.

¿Puedes imaginarte competir a ese nivel de exigencia sin haber comido o bebido? Lo cierto fue que muchos deportistas musulmanes optaron por seguir con el ritual del ayuno mientras que otros prefirieron optar por no hacerlo ¿Cuál de los dos grupos estuvo en lo correcto?

¿Alguna vez has ayunado? ¿Qué tipo de ayuno has implementado y cuánto ha durado? Ester (Ester 4.15-16), Nehemías (Nehemías 1.3-4), Esdras (Esdras 8.21-23) y Jesús (Lucas 4.1-2) son algunas de las personas que figuran en el registro bíblico que hayan ayunado. El ayuno, que se encuentra ligado íntimamente con la oración, es una herramienta cuyo fin es enfocar la energía (física, mental y espiritual) en la búsqueda de Dios y su voluntad. Es un recurso que eleva al individuo a conectarse con su Creador mostrando la suma dependencia hacia Él pues, privándose de la comida y bebida, muestra su total sumisión ante el todopoderoso. El ayuno es un llamado de auxilio. El ayuno responde ante la necesidad inminente de una respuesta a favor del hijo clamante que espera que el Señor, que todo lo puede, responda con poder ante el problema (el cual puede ser tanto físico como material, espiritual o emocional entre otros) que se encuentre afrontando, bien preparándolo para atravesarlo, dando discernimiento, como así también dando la solución al mismo.

Como se mencionó con anterioridad existen distintos tipos de ayunos en cuanto a lo ingerido (abstenerse de algunas comidas y bebidas, o solo comidas o absoluto) y duración (6hs, 12hs 23hs, semanalmente, etc.). Lo cierto es que durante el periodo del ayuno es fundamental tener presente el propósito del mismo y, al finalizarlo, poder cerciorarse que se ha escuchado la voz de Dios.

Hoy te motivo a que intentes ayunar si te encuentras atravesando algún problema que necesite una solución inminente de lo Alto; no tengo dudas que será una experiencia única.

DÍA 185 - JORGE RODRÍGUEZ (TRIATLÓN – ARGENTINA)

"Tengan compasión de los que dudan; a otros, sálvenlos arrebatándolos del fuego. Compadézcanse de los demás, pero tengan cuidado; aborrezcan hasta la ropa que haya sido contaminada por su cuerpo" (Judas 1.22-23 NVI)

Mientras se encontraba disputando el Ironman *Decaultra Tri*[7] en México (el cual consiste en nadar 3.8km, recorrer 180km en bicicleta y correr 42km, sin parar cada día, durante 5 días consecutivos), sufrió una caída desde un puente sin barandas siendo inmediatamente hospitalizado. Para su sorpresa, en aquel hospital dio con un compañero de la competencia que también había sufrido un accidente. Se trataba del noruego Henning Olsrud quien se encontraba en un cuadro grave tras haberse caído de su bicicleta en una bajada, teniendo como resultado un traumatismo maxilofacial, rompiéndose labios, dientes y nariz.

Providencialmente el argentino resultó ser cirujano reconstructivo y, al enterarse que no había ningún médico que pudiera hacerse cargo de la situación, decidió operarlo él mismo ya que la pérdida de sangre podría dejarlo en una situación delicada. La cirugía duró poco más de 3hs. Lo más notable es que, una vez finalizada, y que el noruego recobró un poco más sus fuerzas, ambos retomaron la competencia para finalizarla, completando los 180km en bicicleta y los 42km a pie que les restaban del 5to y último día. Sorprendentemente Jorge y Henning fueron 2 de los 6 triatletas que finalizaron la competencia.

El versículo del día se encuentra dividido en dos secciones que apuntan al relacionamiento para con el prójimo. La primera alude a la paciencia que todo cristiano debe tenerle aun en situaciones donde el otro dude sobre la manifestación de Dios en su vida. A ellos hay que tratarlos con compasión, es decir, colocándose en el lugar del otro, empatizando en sus sufrimientos, entendiendo que el primer paso en mostrar a Jesús es atendiendo a sus necesidades.

Por el otro lado exhorta a salvar al prójimo del fuego mismo. El apóstol utiliza la palabra "arrebatar" cuyo significado es quitar una cosa a una persona con violencia o con rapidez ¿Entiendes qué sucede aquí? El fin del Conflicto Cósmico es inminente. Pronto, muy pronto, el tiempo de gracia culminará y Cristo volverá a traer la sentencia final al mundo y a todos los que habitan en él. No queda mucho tiempo para tomar decisiones. Dios nos incita a sacar con todas nuestras fuerzas a aquel que ya se está quemando en el "fuego". Dios te pide que con tus palabras y acciones salves a tu prójimo que tienes a tu lado. Aún hay tiempo. Aún hay esperanza para aquellos que no lo reconocen como su Salvador.

Hoy ora para que se te muestre la manera en la que debes actuar. Ora para saber qué debes decir. Ora para conocer a quien debes salvar. Quítalo rápido de su camino de perdición y termina junto a él la carrera de la fe.

---

7 Esta prueba solo contó con 26 inscriptos de todo el mundo, muestra de la exigencia física-mental requerida.

DÍA 186 - KATHRINE SWITZER
(ATLETISMO - ESTADOS UNIDOS)

"Hermanos, no se quejen unos de otros, o serán juzgados ¡Pues miren, el Juez ya está a la puerta!" (Santiago 5.9 NTV)

Es reconocida como una de las mujeres más influyentes no solo en el deporte sino en la historia, por lo menos, del mundo occidental. Su acto de valentía quedaría inmortalizado en una de las fotografías más celebres.

Esta historia trata sobre K. V. Switzer, sigla utilizada hábilmente para pasar los controles de la organización de la maratón de Boston de la edición de 1967. Es que hasta aquel momento la participación de las mujeres en dichas carreras se encontraba terminantemente prohibida. Pero fue por medio de tal ingeniosa astucia que Kathrine se convirtió en la primera mujer de la historia en disputar una maratón de manera oficial con su número de participante: 261 (Roberta Gibb, un año atrás, se había convertido en la primera mujer en disputarla pero de forma no oficial).

Cuando llegó aquel día, ella fue rodeada de su marido, y a la vez entrenador, y de un grupo de amigos atletas que apoyaban la moción. Una vez iniciada la carrera se dio la situación de la icónica fotografía donde el comisario de la prueba intentó detenerla, mientras que los corredores que la escoltaban lo impidieron, expulsándolo a empujones. Switzer logró finalizar la prueba en 4hs y 20min; pero lo más importante fue lo que simbolizó: la lucha por la igualdad de género.

La crítica a la mujer ha existido prácticamente desde la salida de Adán y Eva del Edén. Se la ha criticado por ser el sexo débil, por ser frágil y demasiado emocional y sentimental. Se la ha criticado porque su opinión se encontraba sesgada de las características anteriormente nombradas. Hoy la mujer ha cobrado otro significado en la sociedad. El concepto ha evolucionado. Pero como seres humanos, cuando algo ya ha dejado ser objeto de crítica, buscamos otra cosa en donde posar nuestra mirada.

Existen personas que tienen el coraje de criticar a los demás sin piedad, sin medir las palabras, pensando que de esa manera pueden hacer entrar en razón al otro sobre determinado pensamiento, pero lo único que están generando es destrucción. La crítica (que para nada es constructiva aunque el fin sea noble) se traduce como carencia de amor hacia el prójimo y, por lo tanto, es pecado ante los ojos de Dios.

En la Biblia se nos enseña que antes de hablar sobre las falencias del otro, deberíamos realizar una autoevaluación de nuestras vidas (Lucas 6.41-43). Creo que nadie queda exento ¿verdad?

Hoy piensa en tu vida. Pregúntate si estás amando y perdonando a otros; pregúntate si estás buscando la forma de ayudarles, de alcanzarles el evangelio eterno.

DÍA 187 - WIMBLEDON (TENIS)

"Y el ángel me dijo: 'Escribe: Bienaventurados los que son llamados a la cena de las bodas del Cordero'. Y me dijo: 'Estas son palabras verdaderas de Dios'"
(Apocalipsis 19.9 RVR60)

¿Alguna vez has visto el torneo más prestigioso del tenis mundial? El mismo se realiza en la ciudad de Wimbledon, de allí el nombre del torneo, considerada la cuna de dicho deporte. Es uno de los cuatro Grand Slam del circuito competitivo y se juega en superficie de pasto.

Levantar esta copa es lo más preciado que cualquier tenista pudiera concebir, por lo que muchos se entrenan durante toda una vida para poder ganar en el All England (nombre del club).

Si alguna vez lo has visto, seguramente habrás notado algo particular. Los jugadores, el umpire (juez principal), los jueces de línea, los *boysball*... todos están vestidos de blanco, de pies a cabeza (incluyendo la ropa interior), ¿curioso no? Esto se debe al código de vestimenta de Wimbledon, el cual se remonta al 1800, donde el tenis era practicado solamente en reuniones sociales de la clase alta de la sociedad. Las marcas de sudor vistas en la ropa de color no eran de buen gusto, por lo que se prefería utilizar indumentaria del color blanco para que pasaran desapercibidas.

Hoy día se permite una línea de color en el cuello y en las mangas, pero que no supere el centímetro de grosor. Si alguien no cumple con el reglamento, el umpire tiene derecho a descalificarlo del certamen.

Cuando Jesús estuvo en la Tierra relató una de sus parábolas llamada "el banquete de bodas" (Mateo 22.1-14). En ella se cuenta la historia de un rey que prepara una fiesta gourmet para su hijo, el príncipe. Así que mandó a invitar a sus familiares, amigos y conocidos más cercanos, más todos tuvieron una excusa para no asistir. Algunos hicieron caso omiso a la invitación y siguieron trabajando y estudiando, y otros se volvieron violentos contra los mensajeros de su rey, lo que produjo que caiga el castigo del monarca sobre tales hombres. Pero como el banquete ya estaba preparado, el rey decidió invitar a aquellos que no eran sus allegados. Desconocidos, desechados sociales e infortunados fueron sorprendidos con semejante invitación. Ellos no dudaron y asistieron a la fiesta.

Algo curioso es que, al igual que Wimbledon, en el palacio existía una sola regla. Nadie podía ingresar vestido sin el traje del casamiento, así que se le proporcionaba uno.

Ya en la fiesta, el rey se paseaba saludando y hablando con aquellos que fueron "buenos y malos", pero que ahora estaban conviviendo bajo su misericordiosa gracia, cuando de repente se encontró con una persona que no contaba con el atuendo requerido. Inmediatamente se lo expulsó del lugar, ya que había roto con el reglamento.

La parábola representa el reino de los Cielos. Para ingresar allí debemos portar con las vestimentas blancas proporcionadas por nuestro Dios. Vestimentas que representan la pureza y alienación del pecado y que, a diferencia del torneo de tenis, ni siquiera se permite una "línea de color". La perfección es holística.

Hoy deja tu vana manera de vivir y entrégate a la sagrada voluntad. <u>Recuerda</u>: te encuentras en la lista de invitados de la fiesta de Jesús ¿Asistirás?

DÍA 188 - OWEN SWIFT (BOXEO – INGLATERRA)

"Entonces el Señor le dijo: '¿Por qué te enojas y pones tan mala cara? Si hicieras lo bueno, podrías levantar la cara; pero como no lo haces, el pecado está esperando el momento de dominarte. Sin embargo, tú puedes dominarlo a él'" (Génesis 4.6-7 DHH)

Hace muchos años atrás el boxeo difería bastante en comparación al que conocemos hoy en día. Más allá de que los boxeadores disputaban el combate sin guantes ni vendaje, no existía un límite de rounds a disputarse sino que vencía aquel que lograba mantenerse en pie; como así tampoco los árbitros solían intervenir cuando uno de los boxeadores se encontraba en peligro. De hecho el boxeo de aquel entonces se relacionaba al más resistente y no tanto al más fuerte necesariamente. No fue hasta mediados del siglo XIX que se introdujeron las modificaciones en el reglamento (por ejemplo el uso de guantes), en parte gracias a la historia del joven Owen Swift.

El primer combate del que se tiene conocimiento data del año 1837. Con una edad de 23 años se sumergió en un combate que duró 113 rounds (casi tres horas de pelea) dejando gravemente lesionado a su contrincante ¿Puedes imaginarte combatir por todo ese tiempo con "puños desnudos"? Pero la fama del inglés no acabó allí sino que se hizo aun más popular cuando provocó la muerte de dos contrincantes (en sus combates correspondientes) en el ring. Un año más tarde se vio frente a frente con William Phelps que, si bien fue trasladado al hospital, también falleció a causa de los golpes recibidos. Con estas tres defunciones en su haber Swift fue llevado a juicio e incluso condenado por homicidio, pero el mismo no prosperó debido a que las reglas del boxeo no eran claras al respecto, por lo que recuperó su libertad al poco tiempo.

A raíz de todo lo sucedido el consejo se reunió para rever el reglamento del deporte en cuestión, realizando una suma notable de modificaciones. Sin embargo no fue hasta 1867 que se introdujeron, por ejemplo, el uso de guantes.

Hoy quiero hablar brevemente sobre la adoración eclesiástica. No está mal que te estés preguntando en qué se relaciona con la historia de hoy. Las iglesias, sea cual fuera, tienen la responsabilidad de presentar el Reino de los Cielos tanto a sus feligreses como así también a las visitas y a aquellas que no participan de ninguna tipo de culto. La adoración debe ser correcta a los ojos de Dios y no a los humanos por más atractivo que parezca. Debemos adorarlo como Él quiere que lo hagamos y no como nos gusta a nosotros. Obviamente al entender las formas que el Cielo acepta, y al hacerlo por amor, se genera un disfrute de la situación.

¿Qué sucede cuando estas normas se infringen y/o se omiten? ¿Qué sucede cuando los líderes permiten que las prácticas incorrectas de adoración continúen en el tiempo? ¿Qué sucede cuando la iglesia ve bueno algo que no lo es para el Cielo? El espíritu individual de cada participante se va muriendo porque no logra conectarse con el Creador; el Espíritu se retira del lugar porque no ve con agrado la ofrenda ofrecida tal como ocurrió con Caín (Génesis 4).

Hoy adora al Señor porque Él es eterno (Apocalipsis 4.8) y nos regala esa eternidad (5.10); y porque es el Creador (4.11) y se dio como Sacrificio para darnos esperanza (5.9). Recuerda: adora como a Él le gusta, no dejes pasar más el tiempo, de lo contrario correrás el riesgo de morir espiritualmente.

DÍA 189 - BAÑO DE SANGRE (WATERPOLO)

"Ahora pues, yo ordeno que cualquier hombre que hable mal del Dios de estos jóvenes, sea descuartizado, y su casa convertida en un montón de escombros, sea cual sea su pueblo, nación o lengua, pues no hay otro dios que pueda salvar así" (Daniel 3.29 DHH)

Se disputaba una de las dos semifinales de waterpolo masculino en los JJOO de Melbourne 56. Hungría, campeón del mundo, y la Unión de las Repúblicas Socialistas Soviéticas, o Unión Soviética o URSS (simplemente) de aquel entonces se veían las caras.

La tensión que se había generado entre ambos equipos, el estadio y el mundo familiarizado, lograba erizar los pelos, pues dicho partido se encontraba teñido de enfrentamientos políticos entre ambos países, previo a la cita olímpica.

Para ubicarnos contextualmente, luego de la II Guerra Mundial (donde Hungría se había aliado a la Alemania Nazi), los soviéticos permitieron que siguieran siendo una República con la condición de que se les permitiera tener control militar en su país con el fin de evitar posibles sublevaciones.

Días antes a la inauguración de los JJOO en Australia, manifestantes húngaros fueron reprimidos brutalmente por las tropas soviéticas. Mientras sucedía esto, el seleccionado se concentraba alejado de los hechos, lo que no impidió que escucharan los disparos y estruendos de las bombas. Al llegar a la villa olímpica pudieron conocer la fatalidad del suceso donde muchos compatriotas habían perecido.

Con esta carga emocional ambos equipos llegaban a la piscina. *"Sentíamos que estábamos jugando no solo por nosotros, sino por todo nuestro país"*, alegaba el seleccionado húngaro. El partido comenzó con insultos de por medio. El objetivo era poner nerviosos a los soviéticos para que estos se desconcentran. Tal fue la tensión que, casi finalizando el encuentro, el capitán de Hungría recibió un golpe en el ojo, provocándole un corte del cual emanaba sangre a borbotones (de allí el nombre que quedó registrado en la historia olímpica). El público enardeció y la policía tuvo que escoltar al equipo soviético. Hungría pasaría a la final (4-0) y a posteriori se consagraría campeón olímpico.

La historia nefasta de la imposición no solo territorial, sino también ideológica ha teñido a toda la humanidad, incluyendo la actualidad. Lo curioso es que muchas repúblicas que lograron independizarse de sus antiguos opresores, hoy cumplen el rol de impositores ¿Te suena familiar?

Pues, lamentablemente, lo mismo ha sucedido con la religión. Desde los anales de la historia los pueblos trataban de imponer sus creencias teístas en otras culturas, sean paganas o no. Le sucedió a Nabucodonosor donde, en primer término, condenaba a muerte a todo aquel que no lo adorara (paganismo) y luego, en segundo término, condenó a muerte a todo aquel que no adoraran a Dios (falso cristianismo). Lo mismo hicieron los romanos con los judíos y luego los judíos con los cristianos. Los católicos con los reformadores y luego los reformadores con los católicos.

Hoy reflexiona sobre tus creencias y en cómo actúas con aquel que no comparte lo mismo que tú ¿Lo juzgas? ¿Lo desestimas? <u>Recuerda</u>: estás aquí para llevarles la Luz de Cristo con amor.

DÍA 190 - ALEXIS ACOSTA (ATLETISMO - ARGENTINA)

"Amados hermanos, cuando tengan que enfrentar cualquier tipo de problemas, considérenlo como un tiempo para alegrarse mucho" (Santiago 1.2 NTV)

A sus cortos 16 años de vida, mientras se encontraba disfrutando de su adolescencia, Alexis sufrió la infección de un virus que lo dejó ciego. Duro momento de su vida que se transformó en catastrófico cuando su padre enfermó de cáncer y falleció por causas del mismo al poco tiempo de contraerlo.

De esta forma, el tan golpeado Alexis, comenzó a reaprender la vida, yendo a una escuela para personas no videntes, a saber manejarse solo en las grandes ciudades, a realizarse profesionalmente y hasta formar una familia.

Gracias al deporte (salto en largo) pudo viajar por el mundo participando de Parapanamericanos y campeonatos mundiales.

"Todos tenemos problemas y no hay que ahogarse en ellos [...]. Y si miramos para atrás es para ver esos errores y no chocar otra vez con la misma piedra. Aprendí que la vida nos enseña y los golpes nos fortalecen, siempre".

¿Alguna vez te has preguntado por qué Dios no evita todo el sufrimiento de este mundo? ¿Por qué permite tanto dolor? ¿Acaso es su voluntad que familias sean destruidas por las adicciones, que niños sufran hambre o que haya abusos y violencia? Si bien esto es algo muy difícil de entender, incluso para un cristiano que se encuentra atravesando por el valle del dolor, la Biblia nos revela algunos aspectos que se relacionan a este hecho.

En primer lugar si bien Dios tiene la capacidad de enviar bendiciones como maldiciones, encontramos que el Acusador (Job 1), Satanás, es quien arroja tanto las tentaciones como los infortunios al ser humano, pues es él quien se regocija tras ver su sufrimiento. Si bien Dios envía castigos y represiones a los seres humanos, los mismos se deben contextualizar dentro del "juicio divino", pero recordando que su misma palabra dice *"yo no quiero que el malvado muera, sino que cambie de conducta y viva. Yo, el Señor, lo afirmo"* (Ezequiel 18.23 DHH).

En segundo lugar hay que entender que el Creador es el Todopoderoso y que, por lo tanto, si Él quisiera, Satanás y sus ángeles no podrían ejercer su poder en contra del mundo (Jeremías 32.27). Entonces, si realmente puede hacerlo ¿por qué no lo hace? Este interrogante comienza a responderse con otro: ¿Qué sucedería si Dios evitara todo el mal que se produce en la Tierra? Si así sucediera, entonces el ser humano dejaría de percibir la diferencia entre el bien y el mal, pues este último nunca se desarrollaría gracias a la intervención divina y, si el dolor no existiera (producto del pecado), entonces nadie creería necesitar a Dios en su vida, desencadenando un hecho aún más trágico que es la usencia de la divinidad (de salvación) en cada ser humano.

Es un hecho que la Deidad en conjunto actúa en favor del ser humano evitando muchos de los males producidos por el Diablo y su séquito, más bien tiene en claro que su carácter debe ser revelado al universo, permitiendo que sus obras sean de fiel manifiesto en este mundo, para que cada persona pueda entender la necesidad del bondadoso y único Salvador.

Hoy comienza el día con la certeza de que Dios se encuentra a tu lado (Romanos 8.31). Recuerda: la voluntad divina es que seas feliz, pero si por algún motivo permite que atravieses la prueba del dolor acude a Él, pues es el único que puede darte alivio (Mateo 11.28).

DÍA 191 - MIKE POWELL (ATLETISMO – ESTADOS UNIDOS)

"La hierba se seca y la flor se marchita, pero la palabra de nuestro Dios permanece para siempre" (Isaías 40.8 NVI)

Si uno revisara la historia de cualquier deporte se daría cuenta que no existe un caso donde no se hayan implantado un record. Alguien, alguna vez, dijo *"todo record está para romperse"*.

La disciplina atlética del salto en largo había visto al gran Bob Beamon (Estados Unidos) saltar como nunca antes lo había hecho un mortal. En los JJOO de México 68 estableció el nuevo record absoluto de 8.33m de largo. Marca que hasta 1991 se mantuvo imbatible.

Pero antes de continuar con la historia del protagonista del día, veo necesario abrir un paréntesis para destacar al atleta que supo dominar las pistas del salto en largo mundial durante las décadas del 80 y 90. Su nombre es Carl Lewis (Estados Unidos) y hoy día cuenta con nada más ni nada menos que 10 medallas olímpicas (9 de oro y 1 de plata) y 8 campeonatos mundiales.

En aquel histórico mundial de atletismo de Tokio 91, Mike llegaba a la final tras perder en 15 oportunidades consecutivas contra Carl, en definiciones de medallas, por lo que el panorama resultaba poco alentador. Con Lewis a la cabeza, y quedándole un último salto, Powell saltó una suma de 8.95m, rompiendo la serie de 65 triunfos y 10 años invicto de Lewis; sin contar con el "pequeño detalle" que había hecho pedazos la marca establecida por su compatriota, luego de 23 años.

Hoy en día su record no ha podido ser batido por ningún otro atleta y, superando a Beamon, aún se encuentra a la expectativa de ver quién podrá superarlo.

En la historia de la humanidad la Biblia sostiene el record como el libro más vendido de todos los tiempos, contando con un promedio de 4.000 millones de ejemplares distribuidos. Desde tiempos patriarcales Satanás ha tenido como objetivo hacer desaparecer las Sagradas Escrituras, porque las personas pueden encontrar la salvación por medio de su lectura (Mateo 5.39). En los tiempos bíblicos ha evadido diversos obstáculos como quedar en el olvido (2 Reyes 22.13), ser quemada por el rey y los propios sacerdotes israelitas (Jeremías 36.1-23), ser destruida junto con el templo (Jeremías 52.12-14), y hasta ser tergiversada (2 Pedro 2.1). Pero también en nuestra era la Biblia ha superado distintos obstáculos tales como la persecución de los cristianos donde se les alcanzaba la muerte junto con la destrucción de las nuevas iglesias erigidas en los primeros siglos, la carencia de acceso a la misma por causa del idioma en la Edad Media y hasta la quema masiva de Biblias por Hitler (65 toneladas).

La Biblia es la Palabra de Dios, quien es todopoderoso ¿Quién podría borrar de la faz de la Tierra a esa voz que dio vida a todo lo que existe? Cualquier cosa puede morir menos su Palabra.

Hoy piensa en lo valioso que tienes. Recuerda lo dicho por Jesús: *"El cielo y la tierra pasarán, pero mis palabras jamás pasarán"* (Mateo 24.35 NVI).

DÍA 192 - RAFAELA SILVA (JUDO - BRASIL)

"Cuando alguno se sienta tentado a hacer lo malo, no piense que es tentado por Dios, porque Dios ni siente la tentación de hacer lo malo, ni tienta a nadie para que lo haga"
(Santiago 1.13 DHH)

La historia de Rafaela es de esas que conmueven leerlas y que abrigan un sentido de superación y fe en cada línea que se lee. Nacida en la Ciudad de Dios (nombre de una de las favelas de Brasil (barrios de emergencia); lugar de pobreza, delincuencia y violencia ¿El nombre habrá sido colocado de manera irónica? comenzó a entrenar judo en una ONG allí mismo.

Ella recuerda que, al no contar con recursos suficientes, su entrenador le prestaba su propio kimono para los torneos y hasta su tarjeta de crédito para que pudiera viajar a las competencias. A los 19 años se encontraba participando de los JJOO de Londres 2012 donde fue eliminada en la segunda ronda, lo que produjo la exacerbación del público quien la insultó refiriéndose a ella como "mona" y que debía volver a su jaula ¿Cómo seguir ante tal descalificación a nivel mundial? ¿Cómo continuar entrenando con tal desafecto? Silva cayó en la depresión. Abandonó el judo y perdió las ganas de vivir.

Pero de a poco fue cobrando fuerzas, volvió a los entrenamientos y escaló posiciones hasta que, en 2013, ganó su primer título mundial en su categoría (-57kg). Ya en los JJOO de Rio 2016 se alzó con la medalla de oro y no pudo contenerse al declarar: *"El mono está fuera de la jaula y ahora es campeón olímpico".*

La historia de Rafaela como la de Naamán, la de los 10 leprosos, Moisés y Abraham (entre otros) son historias de fe. Estos relatos de vida nos muestran que muchas veces Dios nos pide que demos el primer paso aunque no entendamos de qué se trata. Nos pide ese primer paso para avanzar hacia aquello que no vemos. Un primer paso para que su poder se manifieste.

Como bien destaca el versículo del día Dios no tienta, Dios quiere el bien para cada uno de sus hijos, inclusive para aquellos que lo rechazan (Ezequiel 18.23; 33.11). Antes de que nosotros decidamos serle fiel Él lo es (2 Tesalonicenses 3.3). Pero la gran incógnita es ¿de dónde sacar la fe para dar ese primer paso? Porque hasta que no estamos "sumergidos hasta la cintura" como lo hizo Moisés, el Mar Rojo no se abrirá. Una decisión debe tomarse. La Biblia enseña que la fe es un don y solo procede de lo Alto (Gálatas 5.22-23) y que si fuera por voluntad humana los planes no prosperarían (Mateo 26.41).

Hoy pide a Dios que te ayude en tu poca fe (Marcos 9.24) para que puedas dar ese primer paso que te conducirá al triunfo, que te conducirá a salir del estado en que Satanás te ha encarcelado... que te conducirá a vivir plenamente en el Señor ¿Qué decisión tomarás?
<u>Recuerda</u>: Dar un paso de fe requiere de valor ¿Te consideras un cobarde o un valiente? Sin dudas el cristianismo es asunto de valientes.

DÍA 193 - PELÉ (FUTBOL – BRASIL)

"En la túnica, a la altura del muslo, estaba escrito el título: «Rey de todos los reyes y Señor de todos los señores»" (Apocalipsis 19.16 NTV)

Edson Arantes do Nascimento, nacido un 23 de Octubre de 1940, ha sabido portar el talento como pocos logrando 3 campeonatos del mundo, pilas de torneos de distintos niveles y llegando a anotar casi 1300 goles. Fue nombrado Caballero de Honor del Imperio británico, Ciudadano del Mundo por la ONU, Embajador de Educación, Ciencia, Cultura y Buenos Deseos de la Unesco, Embajador para la Ecología y el Medio Ambiente por la ONU (1992), Ministro extraordinario de Deportes por el gobierno de Brasil (1994-1998) y Embajador del Deporte en el Foro Económico Mundial de Davos (2006).

Llegó a ser tan famoso que, en una gira por África, cuando jugaron en los países del Congo y Nigeria, estos interrumpieron los conflictos armados (producto de las guerrillas internas) para verlo jugar.

Apodado "El Rey", en el año 2000 fue condecorado como "el deportista del siglo XX" y "el mejor futbolista del siglo XX".

En la Biblia se nos presentan muchísimos reyes, pero solo uno que gobierna sobre todos ellos: Jehová, Rey de los Ejércitos, Rey de reyes ¡Qué carta de presentación!

A lo largo de las Sagradas Escrituras se develan muchos nombres de Dios, pero ¿alguna vez pensaste en el verdadero significado de este nombre? ¿Qué significa que Dios sea el Rey de reyes? ¿Qué persona de la deidad es representada como tal?

Jesús, Dios Hijo, es el *"soberano de todos los reyes"* (Apocalipsis 1.5) concordando con la idea de que Él *"quita y pone reyes"*, gobernantes y otros puestos de jerarquía, de cualquier ámbito (Daniel 2.21). Muchas culturas de la antigüedad creían, fehacientemente, que el rey, u otro cargo político/religioso importante, representaba la encarnación de Dios mismo, por lo que pensaban que todo lo obtenido provenía gracias a su poder (Daniel 4); por este motivo se ha tenido que develar que en realidad *"todo ha sido creado por medio de Él y para Él"* (Colosenses 1.16), tantos las cosas que se ven como las que no, que comprenden este mundo y el Cosmos entero; y que toda bendición proviene de lo alto (Santiago 1.17), por lo que, si Dios quisiera (de hecho la historia lo demuestra), puede quitarle el poder y dárselo a los pobres (Lucas 1.52-53).

Aunque aún hoy muchísimos gobernantes y personas de gran poder en el mundo sigan negando su Nombre soberano, pronto llegará el momento donde toda rodilla se doble y reconozca al único rey, a quien le corresponde toda la gloria (Filipenses 2.10-11).

Hoy comienza tu día depositando tu confianza en el único soberano, no solo de esta Tierra sino del universo. Confía en su palabra y, aunque los distintos agentes de poder de este mundo actúen en disonancia con el Creador, ten la certeza que el tiempo se agota; no te dejes llevar. <u>Recuerda</u>: tú eres ciudadano de un gobierno perfecto que pronto comenzará a regir (Juan 17.16).

DÍA 194 - DIPA KARMAKAR (GIMNASIA – INDIA)

"Sométanlo todo a prueba, aférrense a lo bueno, eviten toda clase de mal"
(1 Tesalonicenses 5.21 NVI)

En un país donde las medallas olímpicas son ínfimas, una muchachita se arriesgaba a entrenar duramente para lograr una plaza olímpica en los JJOO de Rio 2016 en gimnasia artística. Dipa, quien se veía inmersa en tal disciplina desde edades tempranas, tuvo que superar distintas adversidades culturales tales como las desigualdades de género y la falta de apoyo gubernamental pues debía entrenar sin los aparatos correspondientes y en situaciones higiénicas totalmente desfavorables; literalmente entre cucarachas, ratas y agua por todas partes, pues el gimnasio contaba con muchas goteras.

A pesar de todas estas circunstancias, logró ganar las competencias nacionales, terceros puestos internacionales y hasta llegar a un meritorio cuarto puesto en los Rio 2016, siendo la primera mujer india en competir en tal deporte. Pero lo más meritorio es que pudo intentar realizar el *"salto de la muerte"*, técnica que solo 4 mujeres (ahora 5, incluyéndola) en todo el mundo habían podido lograr hasta ese momento. Se trata de un salto en el aire sobre dos manos, seguido de un doble salto mortal momento antes de caer sobre sus dos piernas.

En la Biblia también se encuentra el concepto del **salto de la muerte** al declararse: *"¡Ay de ustedes, que llaman bueno a lo malo, y malo a lo bueno; que convierten la luz en oscuridad, y a oscuridad en luz; que convierten lo amargo en dulce, y lo dulce en amargo!"* (Isaías 5.20 DHH). Simplemente lanzarse a realizar lo malo es abrazar la muerte. El degeneramiento de las sociedades seculares, y cristianas, han trabajado de tal forma en las mentes que los conceptos éticos y morales han cambiado de tal manera que a lo que antes se lo concebía como algo malo ahora es bueno y viceversa. El homosexualismo, la promiscuidad sexual, el aborto, el consumo de tabaco y alcohol como drogas sociales (entre muchas otras) son claros ejemplos de la tergiversación de lo bueno en malo.

Alarmantes son las situaciones donde el enemigo tienta al hijo de Dios para que se aparte del camino de la luz con el fin tomar el de la oscuridad, sin que este pueda percibirlo. De eso se trata el mayor engaño de Satanás. Por tal motivo fuimos exhortados a estudiar todo lo que nuestros sentidos perciben antes de actuar. Cualquier falacia tiene algo de verdad y algo de mentira, por lo tanto es una mentira.

Hoy ora con fervor para que el Señor te cubra con su bondad y puedas lograr darte cuenta sobre aquello que parece bueno y agradable, pero que oculta un mal sutil por detrás. <u>Recuerda</u>: *"Y esto no es nada raro, ya que Satanás mismo se disfraza de ángel de luz"* (2 Corintios 11.14 DHH).

DÍA 195 - BAYAN JUMAH (NATACIÓN - SIRIA)

"Oh hombre, él te ha declarado lo que es bueno, y qué pide Jehová de ti: solamente hacer justicia, y amar misericordia, y humillarte ante tu Dios" (Miqueas 10.6 RVR60)

Desde que comenzó la guerra, Siria perdió muchos atletas nacionales ya que estos prefieren no volver a su tierra natal al tener la posibilidad de quedarse a vivir en el extranjero llevando una vida de paz en relación a lo que sucede diariamente en su territorio. Como sucede en toda nación que se encuentra en medio de un conflicto bélico, los distintos espacios de entrenamiento han ido desapareciendo lentamente por causa de la destrucción armada, por la inseguridad que significa trasladarse en la vía pública o bien por la ausencia de insumos.

Ante tal panorama Bayan se ha transformada en la mejor nadadora del país... y en la única. La realidad indica que si ella decidiera irse del país o, simplemente, abandonar su carrera como nadadora, la natación femenina a nivel competitivo internacional dejaría de existir.

Su trayectoria olímpica comenzó en los juegos de Beijing 2008 y se espera que esté en Tokio 2020. Lo hace en la piscina nacional donde, debido a la guerra, se le ha cortado el suministro de gas para calentar el agua, por lo que debe entrenarse en agua fría durante todo el año.

Aunque cuenta con la posibilidad de vivir en el extranjero, Bayan ha decidido ser ejemplo para los jóvenes que quieran practicar deporte. De hecho, tras regresar de un torneo europeo, se dirigió a la ciudad de Alepo (lugar donde había vivido en su infancia) y ayudó a refaccionar el natatorio y abrir una escuela de natación para los más pequeños. Hoy se dedica a dictar clases de natación mientras se prepara para ser olímpica por cuarta vez.

El método de Cristo es algo que me resulta muy atrayente ¿Te lo has puesto a pensar? Estando solo en este mundo, pues no había otro como Él sin pecado, generó una revolución en el plano espiritual siendo ejemplo en todo para todos. Este método se basa en colocar el interés por los demás por encima los intereses personales. Por lo que dicho interés tiene como fundamento el conocimiento del otro pues ¿cómo saber qué es lo que necesitan si no se los conoce? Jesús pasaba tiempo con las personas, las conocía, entendía cuáles eran sus necesidades, las suplía y luego presentaba el evangelio. En realidad el evangelio ya se los estaba presentando al acercarles el Cielo a la Tierra con sus actos de bondad.

Efesios 2.1-5 plantea la implementación del método de Jesús en la iglesia para con la comunidad: preponderando el amor, dejando el egoísmo y las presunciones de lado, siendo humildes y procurando interesarse por los demás. De eso se trata el evangelio.

Hoy sé el ejemplo de los que te rodean. Quizás seas el único que puedas presentarles a un Dios de amor. Quizás si tú no lo haces no haya otro. Quizás Dios te puso en el lugar donde estás por esta razón.

DÍA 196 - CAPITANES

"Cuiden de las ovejas de Dios que han sido puestas a su cargo; háganlo de buena voluntad, como Dios quiere, y no forzadamente ni por ambición de dinero, sino de buena gana"
(1 Pedro 5.2 DHH)

En todo deporte de conjunto se nombra a un capitán. Él (o ella) es el encargado de ser un referente tanto dentro como fuera del campo de juego, ya sea en el gimnasio, en la cancha y hasta en el vestuario. Es quien se conecta con cada compañero con el fin de conocer su historia, cómo se encuentra y cuáles son sus aspiraciones. El capitán conecta al grupo con el entrenador y viceversa.

Generalmente es elegido por su experiencia deportiva, su temple emocional y su capacidad de relacionamiento. El capitán es el líder que moviliza al equipo no solo desde lo deportivo, sino también desde lo mental. Es alguien que conoce a la perfección cuál es el objetivo al que se debe llegar.

Así mismo, este conductor, se encuentra acompañado de otros líderes en los cuales son depositadas distintas responsabilidades. De esta manera, el capitán se encuentra rodeado de un conjunto minoritario de personas que conforman su círculo más íntimo, en el cual pueden hablar sobre las diversas problemáticas que puedan llegar a surgir. Así, el liderazgo pasa a ser algo compartido, en donde cada uno se encarga de gestionar distintas situaciones (aunque sabiendo que responden ante su coordinador).

Quizás una de las mayores responsabilidades de todo capitán sea la de poder ayudar a que cada uno crezca en el rol que le ha tocado desempeñar y qué, el día de mañana, pueda sentirse capitán en su rol; ya que, en el caso de que se retire de escena, seguirá existiendo la capitanía, ya que la misma fue instalada.

"Significa llevar la banda con valores, con convicción, con pasión, con amor, con humildad... es un gran regalo ser capitán..." (Sergio Vigil, Ex entrenador de Las Leonas, seleccionado argentino de hockey femenino)

En la Tierra, en su primera venida, Jesús demostró su gran capacidad de liderazgo. Si bien se relacionaba con multitudes de personas, él mismo decidió hacerse de un grupo reservado de 12 hombres que serían quienes lo acompañarían (Mateo 10.1-4). Ellos fueron llamados discípulos pues eran enseñados por el gran Maestro. Cada uno poseía dones y características distintas (desde contadores, pescadores, artesanos a caudillos) que el Mesías supo guiar y coordinar, sabiendo a quién delegar cada responsabilidad. Para esto necesitó tomarse un tiempo para conocerlos personalmente. Al mismo tiempo contaba con tres que conformaban su círculo íntimo: Pedro, Santiago y Juan.

Jesús siempre fue alguien que siempre tuvo bien en claro cuál era su objetivo en este mundo (Lucas 9.22) y se lo transmitía al resto de su equipo para que sean copartícipes. Una de las funciones del discipulado que instauró Cristo fue desarrollar las cualidades de cada uno, perfeccionando el carácter, sus conocimientos, las habilidades en la predicación del evangelio y, por sobre todas las cosas, su relacionamiento con Dios.

Al subir al Cielo estuvo seguro de que "la capitanía", el liderazgo en la nueva iglesia se había instaurado. Sus apóstoles estaban listos para seguir con el objetivo: llevar almas a los pies de Jesús.

Hoy piensa en cómo te dejas influencias por el gran Líder. Reflexiona en cómo has crecido y qué haces para discipular a otros.

DÍA 197 - DIEGO MARADONA III (FUTBOL - ARGENTINA)

"¡Que todo lo que respira alabe al Señor! ¡Aleluya! ¡Alabado sea el Señor!" (Salmos 150.6 NVI)

Para los curiosos del deporte hoy les traigo una de las historias más singulares de la historia relacionada al mismo. El 30 de Octubre de 1998 fue inaugurada la *Iglesia Maradoniana*, en la ciudad de Santa Fe, provincia de Argentina. La misma fue creada por admiradores que consideran a Diego Maradona como el futbolista más virtuoso de todos los tiempos.

De esta manera los feligreses de esta iglesia, consideran al astro del futbol como un dios. Otro dato de color es que hasta llegan a contar los años en antes y después del nacimiento de Maradona, que data del año 1960, considerándose a.D. y d.D. como antes de Diego y después de Diego, respectivamente.

Dentro de su doxología se puede encontrar los diez mandamientos, el Diego nuestro, D10S te salve y el Creo. A continuación el "Diego nuestro":

> Diego nuestro que estas en la tierra,
> santificada sea tu zurda,
> Venga a nosotros tu magia,
> háganse tus goles recordar,
> así en la tierra como en el cielo.
> Danos hoy una alegría en este día,
> y perdona aquellos periodistas
> así como nosotros perdonamos
> a la mafia napolitana.
> No nos dejes manchar la pelota
> y líbranos de PELÉ.
> Diego.

La *iglesia maradoniana* ha logrado expandirse a España, Italia, Alemania, Reino Unido, Estados Unidos, entre otros.

La idolatría fue moneda corriente desde la aparición del mal en el Cielo. El Conflicto Cósmico trata sobre la disputa de adoración, formándose un triángulo relacional entre el Hombre, Dios y Satanás.

El Diablo ha mantenido el objetivo de desviar la adoración que Jesús merece hacia cualquier otra cosa. Y cualquier otra cosa es igual a Satanás, el padre de la mentira, por más que no lo parezca.

"No tendrás dioses ajenos delante de mí" (Éxodo 20.3 RVR60) no solo se refiere a la veneración de otro dios fuera de YHVH, sino a todo aquello que ocupe el lugar que solo el único Dios y salvador merece ocupar en la vida de cada ser humano. Santos, familia, trabajo, programa televisivo, club deportivo, música… Diego Maradona.

Hoy considera en dónde se encuentra concentrada tu atención; en dónde se encuentra tu mayor entusiasmo y pensamiento; a qué dedicas mayor tiempo. <u>Recuerda</u>: un ídolo no necesariamente es vivir en una doctrina equivocada, o tener hábitos malos, sino también pueden ser aquellos hábitos y vicios que, en cierto punto, pueden ser de valor personal.

DÍA 198 - KAORI ICHŌ (LUCHA LIBRE – JAPÓN)

"Jesucristo es el mismo ayer, y hoy, y por los siglos" (Hebreos 13.8 RVR60)

La campeona olímpica por cuatro veces consecutiva y más de diez veces mundial pone en duda su participación en los JJOO de su propio país, Tokio 2020.

Para entender el por qué hay que retroceder a los sucesos posteriores a Beijing 2008 (en el cual ganaría su segundo oro), donde tomaba la decisión de comenzar a entrenarse con hombres con el fin de aumentar su calidad de entrenamiento. Allí comenzó a sufrir acoso laboral por parte del director de la federación con el fin de impedirle entrenar con hombres, al punto de generar enfrentamientos verbales y hasta prohibirle al entrenador seguir dándole clases. Mientras tanto que la luchadora se mantenía firme en su tarea de perfeccionarse, haciendo caso omiso de la conducta de su superior que, obviamente, además de atentar con sus objetivos deportivos, se acercaba más a un capricho que a una razón lógica.

Cierto día unos compañeros de entrenamiento de Ichō elevaron una carta, sin que ella lo supiera, donde detallaban el asunto del acoso laboral que se encontraba sufriendo su compañera. Acto seguido el tribunal comenzó a realizar las investigaciones pertinentes dando con el principal victimario de la japonesa (Sakae) quien desmintió cualquier acto que hubiere interferido con el desarrollo de la atleta; es más, se auto adjudicaba haberla ayudado a conseguir las cuatro medallas olímpicas. Finalmente Kazuhito Sakae no tuvo más remedio que admitir el acoso laboral ocasionado por su propia persona, acto que ocasionó su desglose.

Que si era un endemoniado o dos los gadarenos, que la luz fue creada antes del sol, que Adán y Eva debían morir al comer pero no lo hicieron, que Job era justo pero que Pablo dice que no existe ni uno solo... en definitiva, *"la Biblia se contradice"* ¿Has escuchado esta opinión alguna vez? De seguro que sí. Este es uno de los mayores engaños de Satanás, quien trata de confundir a la gente con su pequeño conocimiento de las escrituras.

¿Realmente se contradice Dios? En primer lugar debe tenerse firmemente en cuenta lo expresado por Pedro: *"Ante todo, tengan muy presente que ninguna profecía de la Escritura surge de la interpretación particular de nadie"* (2 Pedro 1.20 NVI), refiriéndose a que la Biblia se interpreta a sí misma. Esto quiere decir que, muchas veces, para entender un texto se deberá ir a otra sección de las Escrituras para encontrar la respuesta.

En segundo lugar entender que un texto sacado de su contexto puede transformarse en un pretexto; es decir: muchos significados cobran vida a raíz del momento sociocultural que se estaba atravesando, por lo que realmente existen mensajes destinados a un tiempo específico y otros que los trascienden.

Por último adhiero a las extraordinarias palabras expuestas por Pablo: *"Pero, tan cierto como que Dios es fiel, el mensaje que les hemos dirigido no es «sí» y «no». Porque el Hijo de Dios, Jesucristo, [...] no fue «sí» y «no»; en él siempre ha sido «sí»"* (2 Corintios 1.18-19 NVI).

Hoy ten bien en claro que tienes un Dios que no se contradice diciendo en una página una cosa y volteándola otra distinta y, si crees realmente en esto, ten por seguro que todo lo que dijo se cumplirá.

DÍA 199 - BLANCA MANCHÓN (WINDSURF – ESPAÑA)

"El Espíritu de Dios me ha hecho, y el aliento del Todopoderoso me da vida" (Job 33.4 LBLA)

Cuando la múltiple campeona mundial se enteró de que sería madre tuvo en claro que no abandonaría el deporte; tendría a su hijo y, mientras cumpliera con la función de madre seguiría ganándose la vida con aquello que tanto le gustaba hacer. Lamentablemente no fue de la misma forma en la que sus patrocinadores pensaron ya que decidieron rescindir el contrato que tenían con ella. Es que, dependiendo el punto de vista, una vez madre la carrera deportiva se acaba.

Blanca les dio una lección a todos. 7 meses después de que naciera su hijo volvió a competir y ganó no solo el campeonato sino nuevos patrocinadores que la acompañarán a los próximos JJOO de Tokio 2020.

Hoy muchas mujeres están decidiendo abandonar el llamado materno, aun estando embarazadas, porque piensan, entre otras cosas, que no es el momento, o que la situación de concepción no fue la deseada, o que no tienen los recursos necesarios o que porvenir se desmorona o que el bebe interferirá en los planes futuros. No es mi intención hablar del aborto desde una perspectiva judicial, legal, cultural o moral. Cuando un cristiano habla sobre este tema, al igual que el de la eutanasia[8], debería hacerlo siempre desde lo que la Biblia dice acerca de la vida. A algunos puede gustarle más que a otros.

Si bien no pretendo cuestionar a las mujeres que atraviesan por estos momentos difíciles de la vida (ni tampoco puedo fingir que las entiendo porque sé que nunca pasaré por ello), comprendo el valor de toda vida que existe en este mundo. Veamos lo que la Santa Palabra declara acerca de tu vida:

1. <u>Juan 1.1-5</u>: Jesús es la vida y todo fue creado por Él. Nada puede existir sin su voluntad. Esto quiere decir que cualquiera haya sido la circunstancia de tu concepción (incluye las más dolorosas e injustas) la misma no pudo darse si Dios no lo hubiera permitido.
2. <u>Hechos 17.25 y 28</u>: Existencia = a don divino. Satanás no tiene el poder de dar vida.
3. <u>Job 33.4</u>: Este don, llámalo "chispa" si quieres, que genera la vida es el Espíritu Santo mismo.
4. <u>Jeremías 1.5</u>: Antes de que tus progenitores te concibieran Dios ya había pensado en ti y vio en lo que te convertirías. Te dio un objetivo en la vida.
5. <u>Salmo 139.13-16</u>: Dios te formó en el útero de tu madre.
6. <u>Juan 3.16</u>: Dios te ama, por sobre todas las cosas te ama. No lo olvides.

¿Puedes comprender a lo que estos textos apuntan? Nadie, ni tu ni yo, somos objetos de la casualidad. Aunque nadie te quiera, incluyendo tus progenitores, Dios te ama, y eso es suficiente para Él… y también debería serlo para ti, aunque duela. El Cielo entero tiene grandes planes para ti; planes de bienestar y progreso, de vida en abundancia (Jeremías 29.11 – Juan 10.10).

---

8 Acto de provocar intencionadamente la muerte de una persona que padece una enfermedad incurable para evitar que sufra.
Te recomiendo que leas el siguiente artículo: https://noticias.adventistas.org/es/columna/rafael-rossi/aborto-cuestion-de-eleccion/

Hoy vive con la convicción que eres hijo del Dios altísimo, Rey de reyes y no simplemente de personas (Romanos 8.16). **Recuerda**: Cada vida es valiosa porque Dios mismo la ha concedido y dio su vida por ella; respétala.

DÍA 200 - BRUNO BOBAN (FUTBOL – CROACIA)

"Porque para mí el vivir es Cristo y el morir es ganancia" (Filipenses 1.21 NVI)

En Marzo del 2018 otro futbolista fallecía de un fallo cardíaco mientras disputaba el encuentro deportivo correspondiente. El arquero croata Boban se desplomó al suelo luego de haber recibido el impacto de la pelota en su pecho. Tan solo tenía 25 años de edad y un estado de salud óptimo para la actividad que realizaba… pero eso no bastó. La muerte le sobrevino de manera silenciosa y repentina, sin aviso previo.

Esta es, lamentablemente, tan solo una de las tantas anécdotas de fallecimientos de personas vinculadas al deporte que sorprenden en plena competencia. Y esto despierta un cuestionamiento que lleva a preguntarse por qué sucede esto si los deportistas se entrenan diariamente para tener cuerpos de los más saludables; incógnita que aun hoy no tiene una respuesta contundente.

Cierta vez, mientras me encontraba en un velatorio cristiano, un pastor dijo que todo cristiano debe estar preparado en todo momento para dos cuestiones: 1) la predicación del evangelio y 2) la muerte. Si, has leído bien: la predicación y la muerte.

Probablemente, como todo buen cristiano que asiste habitualmente a la iglesia y mantiene una comunión estrecha con el Señor, de manera prácticamente constante (ya sea de forma explícita como implícita) el mensaje que se incorpora de manera diaria en la vida de cada uno es la predicación del evangelio. Sabemos y entendemos que Dios nos utiliza como sus hijos para predicarles a los demás de distintas maneras y diversas circunstancias. Sin embargo, y desde una perspectiva individual y, por ende, subjetiva, creo en que aún nos queda mucho por entender sobre la preparación para la muerte.

¿Estás preparado para morir? Aunque suene un tanto trágico creo en que es una pregunta que deberíamos hacernos más de lo que comúnmente lo hacemos ¿Piensas que te encontrarás en el grupo de los redimidos, los cuales resucitarán? ¿Crees necesitar un día más para arreglar tus cuentas con Dios? Lo cierto es que, y citando la famosa frase conocida, *"nadie tiene comprado su futuro"*.

La muerte, el descanso, es parte del ciclo de la vida de este mundo sumido en pecado. Como creyentes sabemos que es una de las puertas para ver a Cristo volver ("por un abrir y cerrar de ojos"); pero insisto en cuestionarnos, a suerte de autocrítica, si hemos interiorizado lo inminente que puede llegar a ser ese reencuentro con Jesús. ¿Acaso vivimos con la certeza de la salvación?

Hoy te invito a que aclares tus ideas con respecto a este tema. Arregla tus cuentas con Dios. Vive tu vida haciendo proyectos a corto, mediano y largo plazo y, al mismo tiempo, vive cada día como si fuera el último, sabiendo que las puertas del reino están cerca.

DÍA 201 - CAMPO DE GOLF RICHMOND

"El fin de todo el discurso oído es este: Teme a Dios, y guarda sus mandamientos; porque esto es el todo del hombre" (Eclesiastés 12.13 RVR60)

Durante la II Guerra Mundial Inglaterra fue bombardeada por los aviones de guerra de Alemania. Entre tanto en 1940 un club de golf presentó una reforma sobre las reglas de juego que se aplicaban de manera momentánea por tal contexto bélico, cuyo fin no era más que proporcionar una dinámica de juego a sus socios sin ningún tipo de ventajismos.

Aunque suene raro, y quizás un tanto ridículas (yo directamente hubiera cerrado el club), he aquí las reglas que se difundieron en el Campo de Golf Richmond:

1. Se ruega a los jugadores que recojan las bombas y los trozos de metralla para evitar que causen daños en las segadoras de césped.
2. En las competiciones, si se producen tiroteos o mientras caen bombas, los jugadores pueden ponerse a cubierto sin ser penalizados por dejar de jugar.
3. Las posiciones conocidas de bombas de acción retardada están marcadas por banderas rojas a una distancia razonablemente segura de las mismas, aunque no se garantiza que lo sea.
4. Los trozos de metralla y/o de bombas en las calles o en los bunkers que se encuentren a distancia de menos de un palo de la bola, pueden ser retirados sin penalización, y ninguna penalización se aplicará si como consecuencia de la caída de estos trozos alguna bola se desplaza accidentalmente.
5. Una bola desplazada por la acción enemiga puede ser sustituida, y si se pierde o resulta destruida puede ser "dropada" (sin acercarse al hoyo), sin que sea objeto de penalización.
6. Una bola que se encuentre dentro de un cráter puede ser recogida y "dropada" (sin acercarse al hoyo y manteniendo la línea hacia éste), sin sufrir penalización.
7. Un jugador cuyo golpe se vea afectado por la simultánea explosión de una bomba puede jugar otra bola desde el mismo sitio, con una penalización de un golpe."

Estamos en zona de guerra ¿lo sabías? La guerra espiritual se ha librado en el Cielo hace miles de años y se trasladó aquí a la Tierra donde también culminará en poco tiempo. Existen solo dos ejércitos: El de Dios y el de Satanás. No hay otro.

Me gusta la versión Reina Valera en el texto clave de hoy: *"El fin de todo discurso es este..."*. Toda la Biblia se resume en tener fe en Dios y obedecerle (fe en acción). No hay otro camino. Es simple. Hay decenas de historias y casos en la Biblia pero todo apunta a esto que Salomón dejó por escrito. Estamos en medio de una guerra espiritual pasando por medio del pecado y las consecuencias que este deja a nuestro alrededor (y en nosotros mismos), y lo único que necesitamos para sobreponernos es "temer a Dios y guardar sus mandamientos".

Me resulta llamativo el simbolismo utilizado al consagrar a los sacerdotes en pleno éxodo. Moisés tomó sangre de un sacrificio y lo untó en el lóbulo de la oreja derecha, en el dedo pulgar derecho y en el dedo gordo del pie derecho para santificarlos. En plena zona de guerra debes oír la palabra de Dios, debes retenerla y actuar conforme a ella e ir a donde quiera que te dirijas con ella en tus pensamientos.

Hoy oye a Dios, predica de Él e invítalo a ir contigo a todas partes. <u>Recuerda</u>: podemos ser derribados pero no destruidos (2 Corintios 4.8-9).

DÍA 202 - JULIAN YEE (PATINAJE – MALASIA)

"Hijo mío, presta atención cuando tu padre te corrige; no descuides la instrucción de tu madre. Lo que aprendas de ellos te coronará de gracia y será como un collar de honor alrededor de tu cuello" (Proverbios 1.8-9 NTV)

En el 2018 Julian se transformó en el primer atleta de su país en participar en un JO de invierno en la modalidad de patinaje artístico sobre hielo. Proveniente de un lugar en el mundo tropical, justo por encima del Ecuador, caracterizado por temperaturas altas y lluvias abundantes pensar en una pista de hielo es un tanto extraño, y menos aún competir en un deporte de invierno ¿Cómo es, entonces, que Yee se convirtió en un patinador olímpico? Gracias a su madre, que a los 6 años de edad, lo llevó por primera vez a una pista de hielo situada en un centro comercial, la cual se transformó en su segunda casa. Es que en Malasia no existen centros de entrenamiento referidos a esta disciplina, por lo que Julian debía entrenarse en una pista con gente de por medio (o esperar a que el *shopping* cierre sus puertas) y cuyo tamaño es 2/3 del reglamentario; situación que para poco le es beneficiosa.

Fue por tal motivo que su familia decidió afrontar los costos de enviarlo a entrenar a China, país donde podría desarrollar sus habilidades. De hecho los resultados se vieron meses antes de los JJOO de *Pyeongchang* 2018, donde pudo clasificarse a la cita olímpica en la última oportunidad que le quedaba, en un torneo en Alemania.

Él mismo traslada sus logros a su madre al decir que *"ella sacrifica mucho tiempo de sí misma para viajar conmigo a patinar. Ella es mi mejor amiga, ella es mi madre, ella es mi gerente, ella siempre está ahí para mí. Sin ella, no sé lo que haríamos"*.

Sin lugar a dudas la familia es una bendición del Cielo. La misma es reconocida como una institución declarada por Dios mismo en el Edén, tras el primer casamiento terrenal. La unión del hombre-mujer significaba tener el momento del clímax matrimonial al tener un hijo.

Como bien lo determinó nuestro Creador, los hijos deben ser instruidos en la Verdad (Proverbios 22.6 – Deuteronomio 4.9) para que puedan gozar de cimientos firmes, no solo en el plano espiritual, sino también en lo emocional, racional, sexual (etc.), y así ser personas con un desarrollo holístico. A decir verdad mucho de lo que hoy somos es debido a nuestra crianza, nos guste o no. Si bien no todas las familias son perfectas, el respeto a los padres, y reconocimiento por lo que hacen (sea poco o mucho) es parte de la tarea de todos los hijos.

Estando aquí, los discípulos le dijeron a Jesús que sus hermanos y su madre lo buscaban para hablar con él, a lo que respondió: *"[...] ¿Quién es mi madre, y quiénes son mis hermanos? Y extendiendo su mano hacia sus discípulos, dijo: He aquí mi madre y mis hermanos. Porque todo aquel que hace la voluntad de mi Padre que está en los cielos, ése es mi hermano, y hermana, y madre"* (Mateo 12.48-50 RVR60). Esto es fantástico, pues declara a cualquiera, que en cualquier momento puede ser parte de la familia de Dios.

Hoy agradece por la oportunidad de tener padres. Considera sus errores y virtudes y pide a Dios que te prepare para ser el padre o madre que el Cielo quiere que seas para con tus hijos.

DÍA 203 - MOHAMED SALAH I (FUTBOL – EGIPTO)

"Pues se acerca la hora —dice el Señor —, cuando levantaré a un descendiente justo del linaje del rey David. Él será un rey que gobernará con sabiduría; hará lo justo y lo correcto por toda la tierra" (Jeremías 23.5 NTV)

En las elecciones presidenciales de Egipto del 2018, el consagrado futbolista egipcio se vio implicado, sin haberlo intentado, en la disputa por el poder. Si bien el que había sido el anterior mandatario fue reelecto, la noticia del segundo puesto recorrió el mundo como uno de aquellos hechos anecdóticos más bizarros. Y es que el pueblo egipcio había tomado la decisión de colocar el nombre de su futbolista preferido (quien se encuentra triunfando en Europa), impugnando el voto. La pequeña broma logró ni más ni menos que un millón de votos a favor de Mohamed, llegando a colocarse en un sorpresivo, y nunca pretendido, segundo lugar (cómicamente aún más que aquellos que se habían postulado).

¿Curioso verdad? Imagínense lo que habrá pensado Salah al enterarse de tal acontecimiento. *"En mi vida me hubiera imaginado ser político... y menos presidente; soy solo un jugador de futbol"* bien podría haber dicho.

Qué extraño debe sentirse ser pretendido para algo que no es lo indicado. Pues Jesús también experimentó por algo similar a lo sucedido en esta historia. Él había sido enviado como el nuevo Adán (1 Corintios 15.21-28) para demostrar que la ley podía cumplirse en un cuerpo sin naturaleza pecaminosa; para morir como cordero expiatorio, cargando con los pecados de todos (Isaías 53.4-7); para resucitar y dar esperanza de vida eterna a todo aquel que invocare su nombre (Juan 11.25-26); para salvar al mundo (Juan 3.16);

Aunque profetizado y advertidos por sus propios compatriotas en distintos momentos históricos, el pueblo judío, la nación santa y escogida por Dios para representarlo en la Tierra, no se había preparado para recibir a un Mesías envuelto en pañales. Ya desde su nacimiento quisieron deshacerse de Él (Mateo 2.16-18) y, aunque no lo lograron, la mayoría nunca lo reconoció como el enviado del Cielo, por lo que lo condenó a muerte. Por otro lado, aquellos que lo reconocieron como el Cristo, mantenían un concepto erróneo de cómo debía manifestar su poder y de cuál era el objetivo que debía cumplir en la Tierra. Tanto fue así que al anunciar su muerte, Pedro intentó persuadirlo para que no lo haga (Mateo 16.21-23) ya que pretendían a un Mesías libertador meramente terrenal. De hecho, luego del milagro de la multiplicación (Juan 6.1-15) la multitud "votó" a un nuevo presidente para su país, aunque no se había postulado, para proclamarlo nuevo gobernador. Acto seguido, Jesús optó por escaparse a un lugar apartado, pues conocía cuál era su función.

En la actualidad, y con el "diario del Lunes", siempre criticamos a los judíos por la manera de esperar al Mesías, pero muchas veces cometemos el mismo error ¿Acaso no pretendemos un Mesías en nuestra vida que se amolde a nuestra forma de vivir y desechamos al Mesías que nos pide a nosotros amoldarnos a *su* forma de vivir?

Hoy piensa en el Mesías que esperas que llene tu vida. Él vendrá con el poder del Espíritu Santo si tú lo pides anhelando un cambio real.

DÍA 204 - USMAN AHMED (BOXEO - INGLATERRA)

"Huye de todo lo que estimule las pasiones juveniles. En cambio, sigue la vida recta, la fidelidad, el amor y la paz. Disfruta del compañerismo de los que invocan al Señor con un corazón puro" (2 Timoteo 2.22 NTV)

Este particular boxeador de peso "mosca", de origen inglés pero con raíces pakistaníes, era conocido como el bailarín del cuadrilátero, pues mientras ingresaba al estadio, y luego arriba del ring, realizaba un baile poco convencional para el público. Según Usman, porque lo hacía distenderse y le divertía, haciendo que, en esta especie de mini show improvisado, el público presente simpatizase junto a él.

El baile le duró hasta el día en que se enfrentó contra Ashlay Sexton (Inglaterra) para defender el título de su país. Ingresó a la cita realizando sus gráciles movimientos habituales sin saber que su buena fortuna acabaría a los 30 segundos de haber comenzado el combate. Ashlay conectó un par de golpes claves, produciendo que Ahmed se desvanezca en el primer round por nocaut, arrebatándole el título nacional.

Satanás es el mayor estratega del mal. Mientras que a algunos los convence que Dios no puede perdonarlos nuevamente por haber pecado, a otros les dice que tienen libertad total con el pecado, como si otorgara una tarjeta de "permiso para pecar".

Tergiversa la Palabra de Dios (como lo hizo con Eva en el Edén) y les dice a su oído que pueden hacer lo que quieran ya que Dios es un Dios de amor. La ecuación es simple y cíclica: Pecar = Arrepentirse = Volver a Pecar...

Si bien es cierto que Dios está siempre dispuesto a perdonar frente a un verdadero arrepentimiento (*ver meditación de Martin Palermo*), jugar con el pecado es muy peligroso, pudiendo tener consecuencias drásticas. Cuando una persona piensa que puede dominar ciertos hábitos pecaminosos y que, si quisiera, lo dejaría al instante, es cuando necesita más ayuda. Justamente el diablo les hace creer que pueden dominarlo, que podrían soltarlo cuando quisieran.

Quizás el cristiano se arrodille y arrepienta de corazón, pero consecutivamente vuelve a caer y a arrepentirse ¿Qué es lo que sucede aquí? Pues es un sujeto que necesita entregarse a un reavivamiento y reforma que solo puede lograrse por la acción del Espíritu Santo. Solo el Espíritu puede transformar los hábitos de muerte a vida. Como dice Elena de White: *"Es verdad que algunas veces los hombres se avergüenzan de sus caminos pecaminosos y abandonan algunos de sus malos hábitos antes de darse cuenta de que son atraídos a Cristo. Pero cuando hacen un esfuerzo por reformarse, nacido de un sincero deseo de hacer el bien, es el poder de Cristo el que los está atrayendo. Una influencia de la cual no se dan cuenta obra sobre el alma, la conciencia se vivifica y la vida externa se enmienda"* (El Camino a Cristo pág. 25).

Hoy arrodíllate y pídele a Dios que envíe a su Santo Espíritu para cambiar algún hábito pecaminoso que tengas.

DÍA 205 - LAS TRILLIZAS LUIK (ATLETISMO – ESTONIA)

"Que la gracia del Señor Jesucristo, el amor de Dios y la comunión del Espíritu Santo sean con todos ustedes" (2 Corintios 13.14 NTV)

Las maratonistas Leila, Liina y Lily se convirtieron en las primeras atletas trillizas en participar en un JO en los de Rio 2016. Creo que una de las cuestiones más llamativas de esta anécdota es la disciplina atlética que comparten: maratón. Bien pudiendo haberse especializado en otras, ellas decidieron competir en lo mismo. De esta forma compartirían no solo el gusto por lo que hacen, sino además los entrenamientos, competencias y objetivos.

La Santa Trinidad es uno de los más grandes misterios que encierran las Sagradas Escrituras ¿Cómo comprender la existencia de un Dios que es tres al mismo tiempo pero que no son distintos dioses? ¿Es uno o son tres; son tres y uno a la vez? Aunque parezca un juego de palabras lo cierto es que si nuestros ojos fueran abiertos y pudiéramos ver a Dios en sus tres personas, realmente veríamos eso: tres personificaciones divinas; a saber: Dios Padre, Dios Hijo y Dios Espíritu Santo, a diferencia de muchos que aun hoy creen que las tres personas de la deidad viven en un solo cuerpo ¿Cómo dilucidar esto? Porque la Biblia indica que, si bien Dios es omnipresente (Salmos 139.7-12), Dios Padre se encuentra en su trono, reinando en toda creación del universo como gran y único soberano (2 Pedro 1.16-17 – Hebreos 8.1), Dios Hijo se encuentra en el Lugar Santísimo intercediendo por sus hijos (Hebreos 9.24) y Dios Espíritu Santo en la Tierra, convenciendo al ser humano de pecado, justicia y juicio (Juan 14.16;16.8) ¿Pero si son tres por qué es uno? Porque hay un solo objetivo y manera de pensar (esta relación hace eco del vínculo matrimonial).

Algo que me resulta realmente atrayente es entender que la Trinidad, en toda su forma, participa de manera activa en la salvación de cada individuo y no solo Jesús, como muchos creen. A referencia: *"Pero, cuando se manifestaron la bondad y el amor de Dios nuestro Salvador, él nos salvó, no por nuestras propias obras de justicia, sino por su misericordia. Nos salvó mediante el lavamiento de la regeneración y de la renovación por el Espíritu Santo, el cual fue derramado abundantemente sobre nosotros por medio de Jesucristo nuestro Salvador"* (Tito 3.4-6 NVI). Aquí nos muestra cómo Dios Padre es llamado el Salvador misericordioso al darnos el don de la vida a través de Jesús sin que lo merezcamos; a Dios Espíritu Santo realizando un reavivamiento y reforma en nuestro ser al aceptar a Jesús en nuestro corazón; y a Dios Hijo como Aquel que vino a morir para perdón de los pecados.

Hoy considera el amor de Dios, en su completa plenitud, actuando en tu vida. Ora al Padre pidiendo que el Santo Espíritu reavive y reforme tu vida en el nombre de Jesús.

DÍA 206 - YUSRA MARDINI (NATACIÓN – SIRIA)

"Siempre les he enseñado que así se debe trabajar y ayudar a los que están en necesidad, recordando aquellas palabras del Señor Jesús: 'Hay más dicha en dar que en recibir'"
(Hechos 20.35 DHH)

Cuando la guerra estalló en Siria, Yusra conjuntamente con toda su familia, emprendió una odisea en intentar escapar de su tierra natal, la cual era consumida por el fuego bélico. Al llegar a Estambul se embarcaron para llegar a Grecia. Sin embargo, a medio camino, el agua comenzó a filtrarse en el barco produciendo que el mismo comenzara a hundirse.

Yusra nadó, junto con su hermana (también nadadora), un total de tres horas y media por la ruta entre Turquía y Grecia, con el fin de salvar a unos 20 refugiados que iban en aquel bote de escape que se encontraba a punto de colapsar. Arriesgando sus propias vidas tomaron unas cuerdas, de dicha embarcación, para guiar a la misma.

Una vez arribada en las costas griegas se trasladaron a Alemania, donde recibió refugio y fue becada para seguir entrenando y, de esta forma, poder competir en los JJOO de Rio 2016.

Cierta canción de Fito Paez, un compositor argentino, dice *"dar es dar, dar y amar"*. Cuánta verdad tienen estos versos que reflejan el comportamiento ejemplar de Jesús, quien lo dio todo por nosotros, aun por aquellos que lo rechazan.

El concepto de dar sin recibir lleva al corazón de todo ser humano a interesarse por el otro de manera desinteresada ¿Qué quiere decir esto? Que debe existir el interés de hacerle el bien al otro pero sin esperar salir favorecidos de tal acto con bendiciones terrenales y/o celestiales. De hecho, las que proceden de lo Alto solo son depositadas en los actores de la fe cuando estos accionan sin pensar en recibirlas ¿Paradójico verdad?

¿Y qué dar? Algunos malinterpretan dicha acción con otorgar solo dinero, pero esta va más allá de ayudar económicamente al prójimo. El otro también es un necesitado de tiempo para conversar, tiempo para ser escuchado y recibir consejos, tiempo para recibir afectos, tiempo para estudiar, tiempo para fortalecerse espiritualmente, etc.

Según las Sagradas Escrituras, debe darse...
- amando al benefactor (Mateo 22.39)
- con alegría (2 Corintios 9.7)
- sin que, necesariamente, se enteren los demás (Mateo 6.1-4)
- siendo generoso (Proverbios 11.25)
- entendiendo que todo proviene del Padre (1 Crónicas 29.14)
- sin negar favores (Proverbios 3.27)
- sabiendo que cumples con el propósito de tu Dios (Mateo 5.45)

Hoy pide a Dios que te muestre a quien puedes ayudar. Hazlo solidariamente con un espíritu humilde sin esperar ser recompensado. Pero, aunque suene a un juego de palabras, debes saber que el Altísimo te recompensará por lo que has hecho.

DÍA 207 - ELITE

"Antes creía que esas cosas eran valiosas, pero ahora considero que no tienen ningún valor debido a lo que Cristo ha hecho" (Filipenses 3.7 NTV)

Si bien ser un deportista de alto rendimiento ya es considerado permanecer dentro de la elite del deporte (es decir el conjunto selecto de alto nivel deportivo), existe un pequeño subgrupo, perteneciente a este último, que se destaca no por el mero hecho de pertenecer (que no es poca cosa) sino por sus logros obtenidos a lo largo de su carrera.

Entre ellos pueden encontrarse a Michael Jordan (básquet) con 6 anillos de la NBA, Roger Federer (tenis) con 20 Grand Slam, Usain Bolt (atletismo) el hombre más rápido del planeta, Michael Phelps (natación) poseedor de 28 medallas olímpicas, Pelé (futbol) quien fue el primer futbolista en ganar 3 campeonatos mundiales, Serena Williams (tenis) con 23 Grand Slams, Michael Schumacher (automovilismo) con 7 campeonatos mundiales, Nadia Comaneci (gimnasia) poseedora del primer 10, entre otros pocos más.

Imagínate que un día enciendes tu televisor y ves en las noticias que aparecen algunos de estos deportistas que están arrojando sus medallas y trofeos al mar, otros a un camión de basura, otros a un precipicio y hasta hay quienes lo donan a una chatarrería. Todo eso que representa su vida, y por lo que lucharon, ahora es mostrado públicamente cómo es desechado ¿Puedes imaginar tu reacción? Seguramente estarías más que asombrado.

Pues justamente de eso habla el apóstol Pablo en su carta a los filipenses. Pablo era un hombre con un currículum más que interesante: discípulo de Gamaliel (Hechos 22.3), uno de los personajes más destacados de la época, cumplidor de todos los rituales judíos, de la escuela farisea, miembro de gran estima por el Sanedrín, perseguidor de la causa judío-hebraica, cumplidor de la ley de Dios fanáticamente (Filipenses 3.5-6), quien se dedicaba, en el último tiempo, a perseguir a los cristianos (Hechos 26.6-11).

Al igual que los deportistas, Pablo alguna vez sintió todo lo que había logrado en su mundo como trofeos que debían ser colocados en una vitrina de exposición. Al conocer a Jesús, aceptar su error y esperar que Él lo cambie, aseguró que todo aquello que le pertenecía, que todo aquello por lo que había luchado y obtenido ahora lo tiraba a la basura. Aquí lo tienes con sus propias palabras: *"Así es, todo lo demás no vale nada cuando se le compara con el infinito valor de conocer a Cristo Jesús, mi Señor. Por amor a él, he desechado todo lo demás y lo considero basura a fin de ganar a Cristo y llegar a ser uno con él [...]"* (Filipenses 3.7-9 NTV).

¿Puedes considerar basura todo lo que tienes comparándolo con lo que Cristo te da? ¿Puedes animarte a desechar todo lo logrado por el hecho de acercarte a Dios? ¿Sientes que existen cosas que te atan a este mundo y que impiden que termines de entregar tu vida completamente al único Salvador?

Hoy anímate a entregar y deshacerte de aquello que impida tener una relación plena con Jesús. <u>Recuerda</u>: Más que tus títulos o propiedades (cualquiera fuera) a Él le importa tu corazón.

DÍA 208 - LANCE ARMSTRONG
(CICLISMO - ESTADOS UNIDOS)

"Pues todo lo secreto tarde o temprano se descubrirá, y todo lo oculto saldrá a la luz y se dará a conocer a todos" (Lucas 8.17 NTV)

Durante muchos años Armstrong fue considerado el mayor ciclista de todos los tiempos. Su historia narra la condecoración de muchísimos títulos, la recuperación de un cáncer testicular en 1996 (que había hecho metástasis en los pulmones y el cerebro), y ganador de 7 veces el Tour de France (el torneo de mayor renombre del ciclismo de ruta).

Mientras que el mundo entero lo consideraba un héroe por la fuerza que había tenido tras recuperarse de tal enfermedad, y volver más triunfador que nunca, existía una minoría que hacia denuncias reiterativas sobre el uso de sustancias prohibidas (doping) a lo largo de su carrera. Pese a que antiguos entrenadores, excompañeros, y médicos del área fueron acusándolo, el estadounidense negaba tales actos delictivos para el deporte.

Finalmente en el 2012 la USADA (United States Anti-Doping Agency) presentó cargos formales contra el ciclista (transfusiones de sangre, EPO, testosterona y corticoides). El informe presentado con declaraciones de 26 testigos y más de 1000 páginas develaba cómo Lance (como muchos otros ciclistas) habían hecho uso de sustancias prohibidas, como así también de evadir los controles y asegurar el silencio a mano de otros tantos médicos del equipo.

Como resultado de tal denuncia Lance Armstrong fue sancionado de por vida en el ciclismo; además se le fueron quitados todos los títulos obtenidos desde 1998 (incluyendo los 7 Tours de France y la medalla olímpica).

Un año más tarde confesaría haberse dopado, pasando de ser considerado el mayor ciclista de todos los tiempos al mayor embustero de la historia del deporte.

En el mundo donde vivimos mucha gente utiliza la mentira como método de beneficio propio. Hayan llegado a algún lugar de poder o no, lo cierto es que las personas con un espíritu alejado del divino engañan. Engañan a su pareja cometiendo adulterio, cometen actos fraudulentos en sus negocios, son cómplices de irregularidades fiscales, mienten sobre su estilo de vida, encubren verdades que no deben descubrirse pues se dejan guiar por *"el padre de la mentira"* (Juan 8.44).

Lo más sorprendente es que esto también sucede en el ámbito cristiano. Cuántos de ellos viven una doble vida, tienen cargos de iglesia pero en su vida privada (donde solo pocos los ven o aun solo Dios) son entregados a sus pasiones deliberadamente, sin una actitud de arrepentimiento y reforma espiritual.

Jesús prometió que cuando Él vuelva se podrá saber los motivos por los cuales unos serán salvos y otros no.

Hoy piensa si estás haciendo algo que no corresponde a los caminos de Dios. Pídele en oración que transforme tu corazón. Pide un reavivamiento y reforma en tu vida.

DÍA 209 - CARLOS TEVEZ (FUTBOL – ARGENTINA)

"El que tiene oído, oiga lo que el Espíritu dice a las iglesias. Al vencedor le daré del maná escondido y le daré una piedrecita blanca, y grabado en la piedrecita un nombre nuevo, el cual nadie conoce sino aquel que lo recibe" (Apocalipsis 2.17 LBLA)

Uno de los jugadores más emblemáticos que ha tenido el futbol argentino vivió una infancia a duras penas atravesada por las vicisitudes de la vida. Su nombre real era Carlos Martinez, apellido de su madre (quien lo abandonó a los 6 meses de su nacimiento) y nunca reconocido por su padre, quien fallecería en un tiroteo. Creció en la casa de sus tíos de parte materna, quienes se transformaron en sus padres reales, tal como los reconoce el jugador.

Cuando pasó al club Boca Juniors, lugar donde explotó deportivamente, decidió tomar el apellido de su tío Segundo Tevez. A partir de allí nadie más recordaría su apellido anterior, pues quedaría completamente obnubilado por el nuevo, aquel que lo hizo famoso y popular.

¿Estás a gusto con tu nombre? Particularmente he conocido muchas personas que prefieren ser llamadas por su segundo nombre y hasta, incluso, llamadas por un nombre autoimpuesto dado el disgusto que le produce escuchar el propio conferido por sus padres.

En nuestra cultura occidental la cuestión de los nombres ha perdido la importancia que en antaño se le adjudicaba (ver meditación: *Nombres*). Pero fuera de esto la Biblia enseña que llegará el *Gran Día del Señor* en el cual cada uno de los salvos recibirá una piedra en la cabeza con un nuevo nombre; uno que no será revelado sino hasta aquel momento. Esta ilustración recae con un mayor significado cuando se comprende el contexto en el cual fue escrito.

En primer lugar, en los tiempos bíblicos una persona que era juzgada ante un tribunal recibía una piedra negra en caso de que el dictamen del jurado lo condenara o una blanca en caso que quedara absuelto de la condena. Paralelamente, aquellos que depositan su confianza en el gran Abogado y Juez Jesucristo (1 Juan 2.1 – Juan 5.22), y por medio de la justificación por la fe en las obras de este, recibirán la absolución de toda culpa y condena, siendo considerados justos por la eternidad. En segundo lugar, como bien se mencionó con anterioridad, el nombre en otras culturas (y más aún en épocas antiguas) estaba cargado de gran significado simbólico, mostrando parte de lo que representaría esa persona en el mundo, incluyendo su carácter. Entonces, al recibir una piedra con un nombre nuevo, se estará recibiendo un carácter nuevo; un carácter como el de Dios mismo, manso y humilde (Mateo 11.29). Ya lo decía el profeta Isaías cuando mencionaba al respecto que los siervos de Dios serian llamados por otro nombre cuando Él los rescate de este mundo de pecado (Isaías 65.15).

Hoy vive con la esperanza de que aquel día no se encuentra distante. Sueña con recibir esa piedra blanca que simboliza la absolución perpetua de pecado y con el nombre que representa un carácter igual al de Jesús. <u>Recuerda</u>: Hoy puedes comenzar a vivir el Cielo en la Tierra entregando tu vida para que el Santo Espíritu la moldee.

DÍA 210. MARJORIE GESTRING
(SALTO ORNAMENTARIO – ESTADOS UNIDOS)

"No permitas que nadie te subestime por ser joven. Sé un ejemplo para todos los creyentes en lo que dices, en la forma en que vives, en tu amor, tu fe y tu pureza"
(1 Timoteo 4.12 NTV)

En 1932, a la edad de 11 años, la británica Cecilia Collegde se convertía en el deportista más joven de toda la historia en competir en un JO. Sin embargo no sería la primera más joven en ganar una medalla de oro, sino que ese puesto seria para la adolescente Marjorie de 13 años y 268 días de edad.

Los JJOO de Berlín 36 descubrieron a una saltadora de trampolín de 3mts (salto ornamentario) estadounidense que supo ubicarse en lo más alto del podio, dejando atrás a competidoras experimentadas en años.

¿Puedes imaginarte cómo habrá sido subestimada por sus contrincantes, sabiendo que debería estar en el colegio antes que en un JO?

¿Acaso no sucede lo mismo cuando se le da lugar a uno de nuestros más pequeñitos o adolescentes en la iglesia? Hoy día, lastimosamente, todavía existen iglesias donde desaprueban que los más jovencitos tengan parte activa en las actividades eclesiásticas. Y a parte activa me refiero desde orar, cantar e incluso dar el tema principal.

El versículo clave del día de hoy deja algunos indicadores para que los jóvenes no sean subestimados por adultos. La realidad indica que nadie debe ser subestimado, bajo ningún tipo de circunstancia, ya que tal acto es pecado. De todas formas y, para "callar" a aquellos que desestiman a los más chicos, a los cuales deberíamos imitar en su sinceridad a Dios para heredar su reino (Mateo 18.3), el apóstol Pablo aconseja ser ejemplo, es decir que los demás vean un modelo a seguir en:

1. **Lo que dices:** todas tus conversaciones, los puntos de interés que tienes con tus relaciones, qué tipo de amistades mantienes, cómo te diriges a las distintas personas, tus modos de hablar y expresarte (Lucas 6.45).
2. **La forma en la que vives:** respetando los principios bíblicos y cumpliendo con los 8 remedios naturales (aire puro, descanso, ejercicio físico, luz solar, agua, nutrición, temperancia, esperanza) según lo declarado en Romanos 12.1-2 y 1 Corintios 10.31.
3. **Tu amor:** amando a Dios primeramente y, por sobre todas las cosas, entendiendo que no puede ejercerse la plenitud de dicho sentimiento hacia otra persona, si no se ama primeramente al Salvador, porque "Dios es amor" (1 Juan 4.8) y Él es el dador de semejante don.
4. **Tu fe:** manteniéndote firme en tus convicciones, siendo un heraldo de fidelidad a pesar de todo, haciendo vivo lo referido a Romanos 14.8.
5. **Tu pureza:** que no puede ser de otra forma que pidiendo la intercesión de Jesús en la vida particular, quien ejerce su autoridad por haber dado su vida en nuestro lugar, otorgándonos perdón y limpieza de pecados, habilitándonos llegar al trono celestial (Juan 14.6).

Hoy plantéate poder mejorar en todos estos aspectos para convertirte en un ejemplo vivo para los demás, mostrando a Jesús por medio de tus acciones. Recuerda: En esto no importa si eres joven o adulto.

DÍA 211 - LA CARRERA SURREALISTA - PARTE III (ATLETISMO)

"El respondió y dijo: 'Escrito está: No sólo de pan vivirá el hombre, sino de toda palabra que sale de la boca de Dios'" (Mateo 4.4 RVR60)

Sí, no es una broma. Hoy veremos la tercera y última parte de esta desopilante carrera de maratón disputada en los JJOO de San Luis 04.

En los días anteriores vimos cómo los organizadores tuvieron la "magnifica" idea de realizar la carrera con altas temperaturas, sin disponibilidad de agua y con senderos cuestionables. También vimos lo cometido por los corredores Lorz y Hicks, aprovechadores de circunstancias triviales.

Pero la historia continua ¿Recuerdan que solo la mitad había podido terminar la carrera? Uno de los que debieron abandonarla fue el atleta estadounidense William García, quien fue encontrado desplomado en el suelo, debido a heridas internas sufridas por la polvoreada que levantaban los autos que transitaban a su lado mientras se disputaba la maratón ¿Puedes creerlo?

Pero "el show debe continuar". Entre tantas historias paralelas, se encuentra la del corredor cubano Félix Carvajal, quien llegó a Estados Unidos literalmente con lo puesto, pues en el barco en el cual viajaba, fue víctima del vandalismo. Así fue que decidió cortarse sus pantalones largos para convertirlos en unos cortos, pero no pudo hacer nada con sus zapatos poco adecuados para la competencia. A todo esto, y como llevaba un día sin comer, pues le habían robado el dinero, en medio de la carrera se detuvo a tomar unas manzanas de unas plantaciones que se encontraban en los senderos del recorrido maratónico, pero con tan mala fortuna que lo indigestaron, obligándolo a parar y recostarse por unos momentos. Así y todo finalizó cuarto.

Jesús ha dejado cantidad de frases célebres en la Biblia. Una de ellas es la citada en el versículo del día: *"No solo de pan vivirá el hombre…"* ¡Qué frase tan fantástica! Pero ¿qué es lo que está queriendo decir realmente Jesús aquí y por qué es tan extraordinario? Porque tuvo la grandeza y, al mismo tiempo, la sencillez de explicar la salvación con lo cotidiano.

La comida, el valor nutricional, representa la fuente energética por la cual el organismo puede llevar a cabo las distintas reacciones internas derivando en el funcionamiento de cada uno de los aparatos y sistemas del cuerpo. Es una necesidad diaria, pues no se trata de energía autosustentable, ni acumulativa o de reserva, sino que todo "sustrato energético" si no se utiliza es desechado o guardado pero con fines nocivos (por ejemplo si los hidratos de carbono no se utilizan, se almacenan como grasa). De la misma manera, el estudio de la Biblia debe ser un habitué diario. Las energías espirituales deben cargarse desde temprano y mantenerlas durante todo el día, sabiendo qué se está incorporando, y no que sea una mera lectura. También deben gastarse (predicando, ayudando, asistiendo, luchando contra la tentación), ya que todo lo que se almacena sin un fin termina siendo mal utilizado (Lucas 11.33). A fin de día, las energías decaen y al próximo deben cargarse nuevamente.

Hoy busca "devorar la Palabra de Dios" para comprender los planes que Él tiene para ti.

DÍA 212 - BARBARA KRAUSE (NATACIÓN - ALEMANIA)

"[...] yo soy el Señor tu Dios, Dios celoso que castiga la maldad de los padres que me odian, en sus hijos, nietos y bisnietos; pero que trato con amor por mil generaciones a los que me aman y cumplen mis mandamientos (Éxodo 20.5-6 DHH)

Finalizada la II Guerra Mundial, Alemania había quedado dividida tras la ocupación por los soviéticos y los aliados. Su vulnerabilidad debía ser protegida por ahora los ganadores del conflicto bélico por temor a que los nazis reincidieran en levantar armas. Entre los distintos conflictos sociopolíticos que se desarrollaron hubo un hecho que simbolizó dicha separación de pensamientos: El Muro de Berlín.

El mismo dividió al Estado alemán en dos: República Federal Alemana, o también denominada Alemania Occidental o del Oeste (regida por Estados Unidos, Francia y Gran Bretaña) y República Democrática Alemana, o Alemania Oriental o del Este (dirigida por la entonces Unión Soviética).

Antes de que cayera el Muro de Berlín en 1989, el sistema deportivo de la Alemania del Este llevó a cabo un programa de dopaje sistemático para los deportistas de elite con el fin de obtener mayores resultados en el ámbito deportivo. Se estima que alrededor de 10mil deportistas fueron inducidos a ingerir sustancias prohibidas por el COI, muchos de ellos engañados. Estudios posteriores confirmaron que las consecuencias de tales prácticas las sufrían los hijos de aquellos deportistas a los cuales se les habían sido suministradas tales drogas.

El caso de Barbara Krause fue uno de los más emblemáticos. Ella fue una nadadora que consiguió tres medallas olímpicas en los juegos de Moscú 80, dos campeonatos mundiales y tres europeos. Pero tras la caída del Muro los profundos secretos de esta Alemania fueron develados al mundo entero. Entre los tantos deportistas se supo que Krause había ingerido grandes cantidades de sustancias prohibidas para el deporte. Años más tarde concibió dos hijos que nacieron con deformidades en sus pies, producto, al parecer, de tales sustancias.

El contenido del texto clave de hoy (también encontrado en Éxodo 34.6-7, Deuteronomio 5.9-10 y 7.9-10) bien podría dejar visto a un Dios que castiga a personas por los pecados ocasionados por otras personas. En este caso, con tal interpretación, podría decirse que Dios es el que manda el sufrimiento a los hijos y nietos por la culpa de los padres y abuelos respectivamente. Pero en realidad, si uno podría leer entrelineas de los versículos, el texto se refiere a la magnitud de nuestros pecados. La Biblia enseña que los mismos pueden trascender en tiempo y espacio. Así, cuando un padre peca al ingerir sustancias, por ejemplo tabaco, alcohol, cocaína (etc.) las consecuencias de haberlo hecho pueden verse en los hijos y hasta los nietos (por la "carga genética" respectiva) haciendo que los mismos puedan nacer con algún tipo de discapacidad. Esto es terrible porque realmente nos responsabiliza aún más por lo que hacemos y dejamos de hacer. *"Con mi vida hago lo que quiero"* es una frase falaz, pues con nuestros actos podemos llegar a perjudicar aun a aquellos que todavía no han llegado al mundo.

Como contraste los versículos apuntan a un Dios que bendice por mil generaciones como recompensa de haber actuado según la voluntad divina ¡Qué maravillosa promesa! ¿Te das cuenta? El bien siempre triunfa sobre el mal. Las bendiciones del Cielo sobreabundan sobre la podredumbre del pecado (Romanos 5.20).

Hoy considera tu responsabilidad ante tus decisiones. Piensa en cuan bendecido puedes llegar a ser si obedeces los mandamientos que Jehová nos ha dejado.

DÍA 213 - KIERAN BEHAN (GIMNASIA - IRLANDA)

"Así que nos sentimos orgullosos de ustedes ante las iglesias de Dios por la perseverancia y la fe que muestran al soportar toda clase de persecuciones y sufrimientos"
(2 Tesalonicenses 1.4 NVI)

Superación a pesar de los problemas. De esto mismo se trata la historia de hoy. Cuando Kieran vio por su televisión las pruebas de gimnasia artística, disputadas en los JJOO de Atlanta 96, se convenció a sí mismo de que se convertiría en un famoso gimnasta.

Así, a sus 8 años de edad, el niño irlandés ya se colgaba de una barra en el gimnasio del club. Pero el camino que le tocaría transitar no sería del todo recto. A sus 10 años se le detectó un tumor en una de sus piernas, por lo que debieron intervenirlo quirúrgicamente. En la mencionada se dañó uno de los nervios, dejándole una discapacidad motora transitoria, la que le valió el bullying escolar pero, tras 15 meses, logró recuperar de manera completa su funcionalidad. Las complicaciones siguieron, ahora con un traumatismo encéfalo craneal mientras entrenaba, el cual provocó daños en su oído interno produciéndole pérdidas de equilibrio y desmayos como mayores secuelas. A sus 20 años sufrió fractura de su brazo y más tarde un desgarro en uno de los ligamentos de su rodilla. En el 2010, cuando se encontraba preparado para su salto como profesional, repitió la lesión de rodilla, pero en la otra pierna.

Con tal panorama histórico Behan pretendió abandonar la gimnasia, pero "algo" lo llevó a no hacerlo. Un año más tarde lograría su participación en la copa mundial donde ganaría tres medallas. Su persistencia a pesar de los problemas lo llevó a lo más alto.

Las situaciones problemáticas hablan, muestran y exponen a la verdadera persona que las atraviesa. Cuando algún individuo vive momentos estables, lejos de todo tipo de desequilibrio sustancial, entonces puede llegar a aparentar ser de determinada manera. Sin embargo dicha situación cambia radicalmente cuando los problemas hacen temblar todos los aspectos de la vida; entonces la verdadera personalidad surge a la vista de todos.

En el contexto problemático que vivían los tesalonicenses, ellos tenían todas las razones para fomentar un espíritu de odio y de amargura. Sin embargo, en medio de las dificultades desarrollaban el amor y la fe.

Nadie puede cambiar quién es (su esencia) cuando la situación cambia abruptamente. Si no se toman los recaudos suficientes para salir victoriosos en las pruebas diarias, entonces cuando lleguen las grandes situaciones problemáticas la fe temblará con creces.

Hoy es un buen día para que fundamentes tu relación con Dios para estar preparado para los momentos de angustia. Transfiero el deseo, hecho hacia los cristianos de la iglesia primitiva, a ti: *"Entonces el nombre de nuestro Señor Jesús será honrado por la vida que* [llevas tú], *y* [serás honrado] *junto con él. Todo esto se hace posible por la gracia de nuestro Dios y Señor, Jesucristo"* (2 Tesalonicenses 1.12 NTV).

DÍA 214 - LOUIS ZAMPERINI
(ATLETISMO - ESTADOS UNIDOS)

"Algunos de ustedes antes eran así; pero fueron limpiados; fueron hechos santos; fueron hechos justos ante Dios al invocar el nombre del Señor Jesucristo y por el Espíritu de nuestro Dios" (1 Corintios 6.11 NTV)

El pequeño tuvo una infancia dura. Si bien había nacido en Estados Unidos, ni él ni su familia hablaban inglés, sino que mantenían latente el italiano como si vivieran en aquel país del que habían escapado de la I Guerra Mundial. Esto hecho desencadenó una serie de eventos desafortunados en su niñez y comienzos de la adolescencia; un tanto a causa de una comunicación precaria con sus pares y otro poco por su mal comportamiento.

Si bien eran devotos a la fe religiosa, Louis escapaba de ello. Para encausarlo su familia, especialmente su hermano mayor, lo motivó a que formara parte del equipo de atletismo del colegio. Su talento era innato. Fácilmente logró desarrollar sus cualidades y, años más tarde, lograba clasificar a los JJOO de Berlín 36 donde obtendría un octavo puesto.

Años más tarde se enlistaría en el ejército para combatir en la II Guerra Mundial, siendo comisionado como bombardero. En uno de los viajes el avión sufrió un accidente y cayó al océano donde sobrevivieron 3 de los 8 tripulantes. Gracias a la pesca y al agua de lluvia lograron sobrevivir un total de 47 días sobre una balsa en altamar; aunque a los 33 debieron despedir a un compañero que había fallecido. Un barco militar japonés los rescató pero, lejos de alivianar sus pesares, los llevaron a campos de concentración (en distintas etapas), ambos dirigidos por Matsuhiro Watanabe quien se encargó de martirizar a Zamperini durante toda su permanencia. Trabajo forzado, golpes con su vara, azotes, estadías al intemperie fueron moneda corriente para el soldado que debió soportar cada una de estas torturas. Incluso, cierta vez, obligó a cada uno de los soldados capturados a darle un golpe en el rostro.

Finalizada la guerra se apoyó fuertemente en la religión como medio para combatir el estrés post traumático donde entendió que el perdón era parte del proceso rehabilitatorio. Así fue que, en 1950, viajó a Japón para encontrarse con algunos guardias que habían estado en su cautiverio, entre ellos Watanabe que fue el único que no quiso reencontrarse con él[9].

Si hay algo del que nadie se encuentra exento es que todos cometemos pecados (Romanos 3.23) sufriendo las consecuencias de los propios y las de los otros. En los versículos anteriores el apóstol Pablo escribe una lista de agravantes sin temer llamar al pecado por su nombre; y esto es lo que aun hoy debemos hacer, porque el tratamiento contra esta enfermedad comienza reconociendo en qué fallamos.

Pero el énfasis no está colocado en el pecado en sí mismo sino en la transformación que cualquier persona pueda llegar a experimentar. No en quién eras sino en quién eres a partir de haber aceptado a Cristo como tu salvador. Solo de esta forma el Espíritu Santo puede realizar un cambio milagroso y llevarte de un polo al otro en tu vida. Así somos limpiados de nuestros pecados, apartados para una tarea especial e ser declarados inocentes ante Dios. Pero también se crea una nueva forma de concebir al otro.

Hoy no importa qué hayas y cómo hayas vivido. Dios es el único que puede transformarte.

---

[9] Te motivo a que puedas investigar sobre la vida de Louis Zamperini. Se ha escrito una biografía titulada *"Louis Zamperini: Redemption (Heroes of History)"* (2014) y una película *"Unbroken"* o en español *"Inquebrantable"* (2014).

Recuerda: Él puede hacerte una persona tan nueva que incluso puedas llegar a perdonar lo imperdonable.

DÍA 215 - NELSON MANDELA (RUGBY - SUDÁFRICA)

"Ya no hay judío ni griego, esclavo ni libre, hombre ni mujer, sino que todos ustedes son uno solo en Cristo Jesús" (Gálatas 3.28 NVI)

El *Apartheid* fue un sistema racista, y legitimado por el Estado, que buscaba segregar a las personas de color negro. De esta manera, la minoría blanca (21%), podía mantenerse en el poder. Algunas de las leyes instauradas, a lo largo de distintos gobiernos, que atacaban a la integridad de cada individuo negro fueron:
- La creación de lugares de viviendas, estudio y recreación exclusivos.
- La prohibición de poseer algún tipo de emprendimiento comercial en los sectores de los blancos.
- Para ingresar a dichos territorios debían tener un "pase".
- Las áreas asignadas para los negros no contaban con los servicios públicos (agua, electricidad, gas, cuidados sanitarios).
- En el transporte público los blancos tenían toda la prioridad. El negro debía cederle el asiento, por ejemplo.
- Denegación del sufragio universal.

Entre muchas idas y venidas (te motivo a que profundices sobre el tema) surgieron distintos dirigentes políticos que lucharon, de forma pacífica, contra este sistema. Entre ellos Nelson Mandela que, luego de haber ido a prisión en dos oportunidades por oponerse a las leyes racistas, fue liberado gracias al político Frederik de Klerk que luchó por la eliminación del *apartheid*. El sistema impuesto en 1948 culminó en 1991 y, tres años más tarde, Mandela ganó las elecciones presidenciales. Por primera vez había habido voto democrático.

Aunque dicho sistema ya había sido abrogado, el sentimiento circundante, de los blancos hacia los negros, aún seguía siendo el mismo. El nuevo presidente entendía que el deporte unía, por lo que decidió implementar una política de Estado para el mundial de Rugby que organizarían en 1995. Por medio de la promoción y propaganda de los *"Springboks"* por todo el país (nombre adquirido por el seleccionado), se logró que la nación entera apoyara a su equipo. Esto produjo un "efecto dominó", donde los blancos compartían momentos con los negros, alentaban juntos, se abrazaban, agradecían al equipo (donde eran todos blancos menos uno), y al presidente (que era negro). Finalizarían festejando el campeonato.

En toda la historia de la humanidad hubo un solo nombre que ha logrado unir a las personas: Jesucristo. Él es el único que tiene el poder de romper con todo tipo de barreras étnicas, generacionales, sociales, religiosas e intelectuales; porque toda persona (y cuando el apóstol se refiere a "todo", es todo habitante de la Tierra) puede obtener la salvación si cree que Jesús vino a este mundo para liberarlo del pecado y salvarlo (Juan 3.16).

Y esta salvación es para todos igual, sin distinción. Nos ubica en un mismo nivel de gloria, pues es la gloria que Dios mismo nos da.

Hoy piensa de qué manera puedes llevar el mensaje de redención eterno a *"todo el mundo, en tu generación"*.

DÍA 216 - ÁLEX ALFONSO CUJAVANTE LUNA
(PATÍN - COLOMBIA)

"Si ustedes piensan que están firmes, tengan cuidado de no caer" (1 Corintios 10.12 NTV)

Se corrían los 20 mil metros en el mundial juvenil de patín. El colombiano Cuajavante (de aquel entonces 16 años) se encontraba en el primer lugar del pelotón en la última vuelta que definiría al campeón. Álex levantó los brazos en signo de victoria, mientras saludaba al cielo y al público, lo que hizo que disminuyese la velocidad con la que venía. Justamente no se percató que sus contrincantes, al igual que él, seguían en la competencia avanzando con gran determinación. Creo que el colombiano estaba en su mundo aun después de que el coreano Sang Cheol lo pasara y ganara la competencia.

¿Cuál fue el problema de Cujavante? Se había creído campeón antes de tiempo. Los organizadores del mundial hasta le privaron el segundo puesto por la actitud que había tenido.

Inmediatamente corrió a donde estaba su padre, el entrenador y sus compañeros. Ninguno le reprochó lo que había sucedido, sino que lo apoyaron.

En la actualidad Álex se ha convertido en un múltiple campeón del mundo y referente del deporte en su país.

Cierta vez regresaba del entrenamiento para ingresar al profesorado de Educación Física en el colectivo (o bus) con un compañero que había hecho en aquellas épocas. Como el viaje duraba unos 45 minutos y vivíamos cerca uno del otro, aprovechábamos el momento para hablar sobre distintos temas. Generalmente el asunto de religión y Dios se tocaba con frecuencia, pues yo era el único que profesaba una fe.

Recuerdo que en dicha oportunidad le pregunté en quién depositaba sus fuerzas, o su confianza, cuando atravesaba por algún momento desagradable; a lo que me respondió *"en mí mismo, en mi familia... en mis amigos, creo que ellos son los que me conocen bien y pueden ayudarme"*.

Esto me dejó pensando en cuán distante se haya la concepción que tiene el ser humano sobre Dios. Pero no fue lo único en lo que medité. Resultó ser que me di cuenta que los cristianos también caemos en este tipo de pensamiento (aunque inconcientemente, claro). Cuando dejamos a Dios en el último eslabón de la cadena para pedir auxilio, lo que hacemos es, precisamente, depositar la confianza, de resolver cualquier situación, en nosotros mismos o en otra persona (cuyas características son las mismas que las nuestras: seres finitos, caídos). Pensamos que podemos, pero a fin de cuentas no. Y, generalmente, cuando somos concientes de esto, corremos a nuestro Padre que, obviamente, nos espera con los brazos abiertos para perdonarnos y aconsejarnos.

Las Sagradas Escrituras son sabias cuando dicen *"confía en el Señor de todo corazón, y no en tu propia inteligencia. Reconócelo en todos tus caminos, y él allanará tus sendas"* (Proverbios 3.5-6 NVI).

Hoy deja de confiar en tus propios pensamientos, en tus ideas y proyectos. Pon todo esto en oración y pídele a Dios que dirija tus pasos. Solo de esta forma te asegurarás que nadie te quite nada.

DÍA 217 - ABANDERADOS

"Pero ustedes son linaje escogido, real sacerdocio, nación santa, pueblo que pertenece a Dios, para que proclamen las obras maravillosas de aquel que los llamó de las tinieblas a su luz admirable" (1 Pedro 2.9 NVI)

Ser abanderado olímpico es uno de los sueños más grandes que cualquier deportista quisiera cumplir. Aquel que logra concretar con el cometido de ser el heraldo de su país es porque ha podido transformarse en uno de los deportistas más representativos, de los más respetados, con mayor y mejor trayectoria, generalmente ya experimentados y hasta incluso, haber ganado alguna medalla con anterioridad. Sin duda el resto que lo acompañan también lo reconocen y miran con orgullo y respeto.

¿Te sientes abanderado del Reino de los Cielos? ¿Sientes orgullo de ser hijo de Dios? ¿Sientes satisfacción cuando los demás te reconocen como un cristiano? ¿O sientes vergüenza y te ocultas del público? Dios ha llamado a todos sus hijos a levantar bien alto el estandarte de la fe. Jesús mismo dijo que todo aquel que decida entregar su vida al Camino es semejante a una lámpara que alumbra en la oscuridad (Lucas 11.33). ¿Entiendes lo que está pasando aquí? Sencillamente los demás deben darse cuenta que tú tienes la luz que debe iluminar al mundo; que tú tienes la Palabra de Dios viva en tu ser (Salmos 119.105).

Aunque la teoría suele resultar fácil de reproducir, la práctica convierte en verdaderos poseedores de la verdad a aquellos que decidan hacer el cambio de corazón y sepan vivir el verdadero cristianismo, la religión (re-ligarse/unirse/conectarse con el Creador).

El apóstol Pedro intenta, bajo todos los medios simbólicos, expresar la importancia de levantar bien el alto la bandera de la cruz en la vida de cada uno: *linaje escogido* (haciendo eco de la sangre real, pues todo hijo de Dios desciende del Rey de reyes, 1 Timoteo 6.15); *real sacerdocio* (solo aquellos pertenecientes a la familia del sumo sacerdote tenían acceso a entrar en la presencia de Dios (*shekhiná*), ahora, gracias a la intercesión de Jesucristo, todos los que invoquen su Nombre podrán acceder, Hebreos 7.20-28); *nación santa* (no conformando un territorio terrenal, como alguna vez lo hubo, sino convirtiéndose en un Israel espiritual, capaz de alcanzar toda diversidad cultural, Gálatas 3:26-29); *pueblo que le pertenece a Dios* (por la mismísima sangre de Jesús, no dejándonos al libre destino de la condenación, 1 Corintios 6.20).

Al comprender esta serie de puntos la predicación se transforma en una necesidad. La necesidad misma de disipar las tinieblas que genera la ausencia de Cristo en la vida de cada uno que no lo conoce, pues sin Él no existe esperanza. Y esa luz es admirable porque no existe otra reacción que no sea la de adorar a Aquel que todo lo puede.

Hoy levántate y porta la bandera que Cristo te ofrece. Convéncete (y enorgullécete) de que eres el hijo del Señor del universo. Predica a otros llevando esa luz que trae vida en abundancia. <u>Recuerda</u>: di como Isaías *"[...] aquí estoy yo, envíame a mí"* (Isaías 6.8 DHH).

DÍA 218 - RONALDINHO (FUTBOL - BRASIL)

"¿Y qué beneficio obtienes si ganas el mundo entero pero pierdes tu propia alma? ¿Hay algo que valga más que tu alma?" (Mateo 16.26 NTV)

Ya desde muy pequeño su talento era visto por muchos ojos, pues no paraba de sorprender y dejar boquiabiertos a aquellos que iban a verlo jugar. Su juego era acompañado por una sonrisa latente, inconfundible al día de hoy, como muestra de su pasión por el futbol. Es que Ronaldinho siempre expresó que, sin importar en qué cuadro estuviese, jugaría al futbol hasta el día en que no pudiera hacerlo más...

Esta combinación de talento y carisma hizo que se convirtiera en un ícono mundial del futbol, admirado por miles de personas. Su carrera fue en ascenso logrando ganar un mundial de la FIFA (2002), una Copa América (1999), una medalla de bronce en los JJOO (2008), un balón de oro (2005), entre otros.

Pero un día su carrea exitosa comenzó a decaer. Los rumores referidos a sus salidas y fiestas nocturnas fueron cobrando cada vez mayor veracidad. Su rendimiento en las canchas ya no era el mismo y su lucidez había palidecido a través del transcurso de los partidos. La señal de alerta ya se había prendido hacía meses.

Denominado el "rey de la noche", el futbolista decayó en las fiestas intemperantes aunque, en conferencias de prensa, siempre negó que esto haya interferido en su vida profesional. Haya sido así o no, la estigmatización comenzó a reinar en su vida pública y, sumado a la ausencia de títulos que años atrás lo habían acompañado de tan buena manera, fue pasando a clubes de niveles cada vez más bajos, y sin pasar por grandes sobresaltos. Así su carrera fue menguando, siendo olvidado por los que en alguna oportunidad gritaron fuertemente su nombre, ovacionándolo.

¿Alguna vez te has animado a proyectarte de aquí a 5, 10, 50 años y decir dónde estarás y qué habrás logrado? Títulos universitarios, familia, casa, viajes por el mundo, sustentabilidad económica, reconocimiento, diversión, amistades, tranquilidad, confort, felicidad... ¿dónde te gustaría estar?

Las distintas proyecciones, y el logro de las mismas, son motores elementales para alcanzar momentos de felicidad y desarrollarse como persona. Los mismos son altamente útiles y vitales para sentirse activos en la vida, pero ¿has parado para reflexionar hacia dónde te diriges; sobre qué caminos estás tomando; sobre qué objetivos te planteas; sobre quién decides que esté a tu lado; y, por sobre todas las cosas, qué quieres lograr con todo eso? ¿Te has preguntado qué lugar ocupa Dios en tus planes? ¿Tomas tú las decisiones y luego le consultas? ¿Le consultas y luego tomas las decisiones? ¿De qué vale todo lo que se puede lograr si Dios no conforma parte del plan?

Estas, y muchas otras más, son preguntas fundamentales que cada uno debiera hacerse a medida que el abanico de posibilidades de la vida se abre. Todo lo que puedas lograr en esa vida, si no permites que el Señor te guie, se encuentra vacío; es vano y sin sentido; tarde o temprano decaerá por más que así no lo creas.

Hoy arrodíllate y cuéntale tus planes al Dios del universo. Espera en Él para obtener respuestas. Confía en su dirección. Colócalo en primer lugar y veras que todo lo que hagas tendrá su resultado por la eternidad.

DÍA 219 - NICK KYRGIOS (TENIS - AUSTRALIA)

"Le contestó Jesús: —'El que me ama, obedecerá mi palabra, y mi Padre lo amará, y haremos nuestra vivienda en él'" (Juan 14.23 NVI)

Jugador polémico si los hay. Este es uno de los casos donde se combina, de forma bastante curiosa, el talento deportivo junto con la falta de entusiasmo por crecer deportivamente. Es que Kyrgios es considerado uno de los mejores tenistas de los últimos años, pero su actitud ha manchado su recorrido por el tenis profesional.

Cierta vez se dejó ganar un partido sin devolver las pelotas que atacaba su contrincante. En la conferencia de prensa dijo *"si no te gusta cómo juego, váyase. No he obligado a nadie a verme"*. En otra oportunidad prefirió jugar 2hs al básquet, deporte del cual es un apasionado, antes de disputar su partido de tenis en el torneo, llevándolo a un agotamiento que le produjo una derrota insipiente. También se le suma la ocasión donde simuló quedarse dormido luego de un set para demostrar la despreocupación del caso; rupturas de raquetas desquitando su enojo; peleas con el público, con la prensa y con tenistas, entre otros hechos casi deliberados.

Entre otras declaraciones con respecto a la relación que mantenía con su entrenador, el australiano aseguraba *"no soy lo suficientemente bueno para él. Él se compromete, es un entrenador increíble. Quizá se merezca un jugador que se comprometa más en el juego que yo. Se merece alguien mejor que yo"*; por lo que en la temporada del 2018 decidió comenzar el circuito competitivo sin entrenador.

La obediencia es algo de sumo valor en la escala de prioridades divinas. La vida en la Tierra, como en el Cielo (antes y después del pecado) ha estado establecida por normas de convivencia llamadas Santa Ley. La misma existe desde la mismísima eternidad de Dios (Hebreos 13.8 – Salmos 111.7-8) y se mantendrá por el resto de los siglos. Dios es un Dios de orden y sus mandamientos imparten vida integral.

Y hablando de la importancia que la obediencia tiene, en la Biblia se encuentra la siguiente declaración: *"La rebeldía es tan grave como la adivinación, y la arrogancia, como el pecado de la idolatría [...]"* (1 Samuel 15.23 NVI) ¿Entiendes esto? Desobedecer es igual a adorar a otros dioses.

Aunque muchos podrían decir que esto es un hecho autoritario de parte de Dios, para que todos le rindan honores, la realidad indica (revelada a través del estudio de la Palabra y de la experiencia personal del Camino) que la obediencia solo puede darse por amor a Dios. Amor que deviene de la impresión poderosa del Espíritu Santo en la vida singular de cada uno de los que escuchan la divina voz.

El pasaje continua con una afirmación trágica y contundente para aquellos que decidan, obstinadamente, persistir en la desobediencia: *"[...] Y, como tú has rechazado la palabra del Señor, él te ha rechazado como rey"*. Qué palabras duras dadas hacia el rey de Israel. Pero las mismas pueden ser transmitidas a los hijos que deciden salirse del camino de la vida.

Hoy decide obedecer por amor para dejar de sentirte vacío y miserable. No lo hagas por conveniencia. Disfruta de tener un Dios bondadoso. Cumple con sus mandamientos para que puedas sentirte vivo de verdad.

DÍA 220 - ALBERTO DEMIDDI (REMO - ARGENTINA)

"No escondas de mí tu rostro en el día de mi angustia; inclina a mí tu oído; apresúrate a responderme el día que te invocare" (Salmo 102.2 RVR60)

"Hoy quiero averiguar dónde está el cementerio para llegar y patear tumbas por unas horas. Y si me caigo, por ventura, en una fosa abierta, mejor que mejor".

Si se habla del remo en la Argentina, entonces debe mencionarse a Alberto Demiddi. Luego de acumular torneos en su haber, como campeonatos europeos y mundiales, y un tercer puesto en un Juego Olímpico, se encontraba disputando la final, en la especialidad "par de remos cortos" (individual), en los Juegos Olímpicos de Múnich 72.

"Hoy hubo un tipo que anduvo mejor que yo; que me encontró con un estado físico superior al de otros años y, que no obstante, me ganó sin atenuantes. Esto es lo que me quema por dentro y me destroza el corazón".

Esta carta fue escrita por el remero, luego de haber perdido la final, obteniendo el segundo puesto con la medalla de plata correspondiente. Demiddi había llegado en su mejor momento deportivo, físico y mental. No obstante no fue suficiente para obtener el primer puesto. Se sentía desbastado.

El libro de Samuel nos cuenta un episodio en la vida del rey David, donde este se sintió de igual manera (1 Samuel 12). La vida espiritual de David se encontraba barranca abajo. Luego de acostarse con Betsabé, mandó a matar a Urias (su esposo) sin, al parecer, ningún tipo de consecuencias. Días más tarde Jehová, por medio de su profeta Natán, le informaba al rey que el hijo que había tenido en adulterio moriría.

A partir de este momento David reconoce sus pecados. Se da cuenta de las consecuencias de sus actos cometidos; pero también reconoce que no puede hacer nada para evitarlas. La situación lo desbordaba. El relato bíblico nos muestra cómo el rey se lamentaba durante el periodo de tiempo en el cual su hijo se encontraba enfermo, tirado en el suelo y sin comer, rogando a Dios que cambiara de parecer.

Hay situaciones en la vida que nos angustian. Nos hacen perder el rumbo. Todo pasa a ser tinieblas, oscuridad. No entendemos cómo llegamos a ese punto. La cabeza de uno no descansa, dando vueltas y vueltas sobre el mismo asunto, pues corta toda posibilidad de esperanza.

Estas situaciones de angustia pudieron devenir por malas decisiones tomadas en el pasado, como David, o bien por factores externos a la voluntad propia, como Demiddi. La pregunta que te hago es ¿a quién acudes cuando te sientes así? ¿Piensas que Dios ya no te escucha, que se encuentra lejos, que no hay solución para tu problema?

Hoy eleva una oración pidiendo que Dios haga un milagro en tu vida, ten fe y exclama *"en paz me acuesto y me duermo, porque solo tú, Señor, me haces vivir confiado"* (Salmo 4.8 NVI).

DÍA 221 - RADAMEL FALCAO (FUTBOL - COLOMBIA)

"Les digo que así también hay alegría entre los ángeles de Dios por un pecador que se convierte" (Lucas 15.10 DHH)

Denominado El Tigre, Falcao daba sus inicios en el futbol profesional a los 13 años... si, a los 13 años, jugando con mayores de edad. Claramente el talento deportivo de aquel muchacho era descomunal. Un año más tarde viajaría a la Argentina para seguir formándose como futbolista.

Autodenominado creyente, continuamente podía refugiarse en Dios en momentos de duda y tristeza; incluso aquellos que lo rodeaban solían verlo orar en su residencia compartida. *"Siempre conocía de Dios, y fue la base fundamental para mi vida"* – asegura el colombiano que, incluso, conoció a su esposa en la iglesia evangélica donde se congregaba.

Ya jugando para la selección de su país, en el 2013, lograba la clasificación histórica al mundial de futbol de la FIFA para Brasil 2014, pues desde 1998 que Colombia no participaba de una cita mundialista. Sin embargo la alegría acabaría en aquel año mundialista.

Radamel se perdería la participación por una lesión en su rodilla izquierda, y con ella la oportunidad de representar a su país luego de bastos 16 años de ausencia... y en su mejor momento deportivo. La tristeza sobreabundó en su vida. Pero aunque había caído en un estado emocional muy bajo, su fe en Dios no cesó y supo recuperarse, a lo largo del tiempo, con valentía y resistencia, sabiendo "renacer" para volver a triunfar en el deporte.

Sin duda alguna el ser humano atraviesa momentos de felicidad y de tristezas, momentos de estabilidad e inestabilidad, momentos donde se construye y otros donde se derrumba todo lo que alguna vez se trabajó... con o sin causa aparente. Esta es una constante de la inconstancia, producto del pecado que habita en este mundo.

Hace no mucho tiempo descubrí que existen, al menos, dos tipos de tristeza: 1) La tristeza que proviene del mundo; 2) La tristeza que proviene de Dios.

El apóstol Pablo las define con simpleza de palabras: *"La tristeza que proviene de Dios produce el arrepentimiento que lleva a la salvación, de la cual no hay que arrepentirse, mientras que la tristeza del mundo produce la muerte"* (1 Corintios 7.10 NVI).

Dios prefiere que sus hijos pasen por un momento de tristeza pasajero, propio del proceso que lleva a entender cuál es la voluntad divina (Romanos 12.2) y a aceptarla en la vida, dando como resultado una reforma espiritual, a "felicidad" permanente que lleva al distanciamiento del Salvador y, por lo tanto, a la muerte.

A lo largo del capítulo 7 de la segunda carta a los corintios, Pablo toca tal asunto y hace un hincapié en lo que llega a producir en aquellos portadores de la tristeza proveniente de lo Alto: *"[...] qué empeño, qué afán por disculparse, qué indignación, qué temor, qué anhelo, qué preocupación, qué disposición para ver que se haga justicia! [...]"* (v.11 NVI). Sin duda, valores dignos de imitación.

Hoy pide para que el Espíritu Santo te ilumine haciéndote ver cuáles son tus errores. Vuélvete de todo corazón a Aquel que te espera con los brazos abiertos.

DÍA 222 - DIKEMBE MUTOMBO (BÁSQUET – ZAIRE)

"El que venciere será vestido de vestiduras blancas; y no borraré su nombre del libro de la vida, y confesaré su nombre delante de mi Padre, y delante de sus ángeles"
(Apocalipsis 3.5 RVR60)

Detrás de la indumentaria deportiva existen disputas corporativas que rivalizan en quién logrará vestir a determinado equipo o deportista ¿Qué ganan con esto? Publicidad. Cuanto mejor posicionado esté aquel equipo/deportista, más probabilidades tendrá de avanzar a la siguiente ronda; por consiguiente cobrará mayor reputación, no solo en dicho ámbito sino en todos aquellos que consumen el deporte y... ¿qué mejor que vestirse como tu equipo o deportista preferido? o así lo hacen creer dichas empresas.

Sin embargo esto no fue lo ocurrido con el equipo de baloncesto femenino de Zaire (hoy la República Democrática del Congo) en los JJOO de Atlanta 96. Las integrantes habían ido a competir con conjuntos independientes, todos distintos entre sí porque no tenían cómo costearlo. Algunos podrán llamarlo casualidad, pero lo cierto es que contaron con la ayuda de su compatriota Mutombo, consagradísimo jugador de la NBA (en 2015 ingresó al salón de la fama), quien, al verlas disputar su primer partido sin uniforme, decidió llamar a su patrocinador. A los pocos días llegaron los conjuntos para las basquetbolistas (incluyendo las zapatillas).

La Biblia nos muestra que los redimidos, aquellos que sean salvos, serán transformados en el aire cuando Jesús vuelva por segunda vez (1 Corintios 15.52). Dicha transformación supone un cambio de la naturaleza pecaminosa (que todo ser humano tiene, sin excepción), la cual implica un cambio del cuerpo y mente, para que ya no sean de *"continuo al mal"* (Génesis 6.5) y, de tal forma, puedan estar conectados con Dios en cuerpo, mente y espíritu.

A esto se le suma un cambio de vestimenta (ropa, atuendo, *look*... llámenlo de la manera que más les guste). Se desconoce si esta nueva moda celestial será de un uso permanente y si servirá para todo tipo de actividades, tanto en el Cielo como en la renovada Tierra. Se la reconoce como vestidos y, en mi humilde opinión, creo que era lo más lógico decir en esa época. Si este mensaje se daría en la actualidad, creo que también podrían figurar pantalones, bermudas, remeras y gorras. Pero lo cierto es que, en este caso, lo que más importa es el simbolismo con la que están impregnados estos vestidos que Dios mismo les pondrá a sus hijos porque tienen la característica de ser blancos.

Lo blanco siempre se contrapone con lo negro. Lo blanco es símbolo de pureza espiritual, mientras que lo negro representa al pecado mismo. El blanco es perdón de pecados. No por nada está escrito que aquellos que se arrepienten son emblanquecidos como la nieve (Isaías 1.18).

Hoy te invito a que puedas soñar con aquel momento donde Cristo te cambie tu ropa, y te coloque una indumentaria blanca que nunca más podrá ser manchada por el pecado, porque este dejará de existir.

DÍA 223 - EL PENAL MÁS LARGO DE LA HISTORIA
(FUTBOL - TÚNEZ)

"No se preocupen por nada; en cambio, oren por todo. Díganle a Dios lo que necesitan y denle gracias por todo lo que él ha hecho" (Filipenses 4.6 NTV)

¡¡¡Priiii!!! Penal sancionado a favor de los tunecinos en el minuto 78 del partido. Los jugadores serbios se tomaban la cabeza, pues el marcador se encontraba igualado 1 a 1 para ambos equipos en los JJOO de Atenas 2004.

Mohamed Jedidi había colocado la pelota en el punto de penal, pensando que se libraría pronto de la presión de tal responsabilidad. En sus manos (mejor dicho en sus pies) radicaba toda la esperanza de su equipo. Lástima que el futbolista no sabría lo que le depararía la historia, pues participaría de un hecho histórico. Histórico y cómico a la vez, pues se convertiría en el penal más largo y más repetido de todos los tiempos.

Mohamed pateó al arco y logró anotar el gol, aunque el árbitro se lo anuló porque interpretó que los tunecinos habían invadido el área. Lo mismo sucedió con el segundo y tercer tiro ejecutado, por lo que el equipo decidió irse hasta el centro de la cancha para evitar tal infracción. El cuarto penal lo anuló alegando que ahora los serbios habían invadido el sector y el quinto porque el arquero se había adelantado. No fue hasta el sexto penal, y luego de 4 minutos, que el juez pitó convalidando el gol y sin ningún tipo de infracción aparente.

Seguramente alguna vez hayas escuchado frases tales como *"hoy ha sido un día de perros"*, *"hoy todo me sale mal"*, *"no veo la hora que termine el día"*, u *"hoy no me tendría que haber levantado"*. Específicamente esta última frase se la he escuchado decir a mi madre no hace mucho tiempo.

A veces transitamos días donde, aparentemente, nos pasan todas cosas malas. Donde se repiten las mismas situaciones que nos lastiman una y otra vez. Situaciones que nos abruman y nos desgastan. Pareciera ser que el mundo está en contra nuestra, como si todos se confabularan para sumar problemas, y nunca para dar soluciones o buenas noticias.

Es una pena que como cristianos tengamos tales tipos de pensamientos. Si bien con frecuencia podemos ser abrumados por los "afanes de la vida", Dios nos dice que ni siquiera nos preocupemos por ello ¿Puede ser esto posible? ¿Cómo hacer para no preocuparse por nada? Es que si depositáramos todas las ansiedades en oración, y con fe, en nuestro Creador (1 Pedro 5.7) ya no tendríamos por qué angustiarnos en algo que ha sido dejado en las manos del Todopoderoso. Entonces la pregunta cambia de enfoque al decir ¿cuánto poder piensas que tiene el dios a quien oras?

Hoy detente a pensar en qué tipo de Dios tienes. Observa los problemas y enfréntalos. Solo con la ayuda de lo Alto podrás salir victorioso y seguir adelante en el partido de tu día.

DÍA 224 - KELLY WHITE (ATLETISMO - ESTADOS UNIDOS)

"Si confesamos nuestros pecados, Dios, que es fiel y justo, nos los perdonará y nos limpiará de toda maldad" (1 Juan 1.9 NVI)

En el año 2004 la velocista norteamericana Kelly White confesó públicamente haber consumido sustancias prohibidas (dopaje) indetectables por los controles de antidoping aplicados a los deportistas. De tal manera White se dispuso a trabajar junto con la USADA (Agencia Antidopaje de Estados Unidos) con el fin de "limpiar" el consumo de dichas sustancias en el atletismo mundial.

Así y todo se le aplicó una sanción de 2 años que le impidió participar de los JJOO celebrados en Atenas en ese mismo año. Las palabras declaradas por la velocista fueron: *"No solamente me he hecho trampas a mí misma, también se las he hecho a mi familia, a mis amigos y al deporte. Siento haber tomado una decisión equivocada".*

Dentro del cristianismo existe una rama muy fuerte, y poderosa a la vez, que ha enseñado durante siglos que la confesión de pecados debe realizarse frente a un sacerdote o pastor. Estos bien pueden tomar el siguiente versículo como argumento para realizar confesión de pecados de manera pública: *"Por eso, confiésense unos a otros sus pecados, y oren unos por otros, para que sean sanados. La oración del justo es poderosa y eficaz"* (Santiago 5.16 NVI); pero en realidad omiten el contexto, tanto de este como de otros versículos que así lo refieren, donde se entiende que la confesión hacía con el otro debe llevarse a cabo cuando el pecado es público y cuando, de alguna u otra forma, se hiere al prójimo. Entonces el perdón del mismo se encuentra vinculado a un acto social y de alivio psicológico para con el otro.

Cuando se habla del perdón del pecado en sí mismo, en un nivel espiritual para evitar la condenación de la ley, no existe persona que tenga la autoridad para perdonar y limpiar el error cometido. Por lo tanto, ya sea que pequemos contra Dios o contra otros (que, en definitiva, también es pecar contra el Creador), la confesión debe realizarse de manera privada hacia Dios acudiendo a Jesús, nuestro abogado (1 Juan 2.1-3), para que por medio del proceso de justificación por la fe seamos absueltos del mal y volvamos a vivir en armonía con Él. Así queda revelado que el único intercesor entre Dios y los hombres es Jesús, nadie más.

¿Qué sucede con las consecuencias del pecado? Dios las deja para que podamos comprender lo doloroso que es desviarse de las sendas rectas del Señor y así reconocer cuán justos son sus mandamientos.

Hoy confiesa tus pecados solo al Señor. Si has ofendido a alguien, ora a Dios pidiendo perdón y luego ve a hablar con aquella persona afectada para ofrecer las disculpas correspondientes. <u>Recuerda</u>: de las consecuencias del pecado debemos aprender para no volver a cometer el mismo error.

DÍA 225 - CLARA HUGHES (PATINAJE/CICLISMO – CANADÁ)

"Porque el Hijo del Hombre vino a buscar y a salvar lo que se había perdido"
(Lucas 19.10 RVR60)

¿Cómo te imaginas la vida pasada de un campeón? Al levantar la copa bien se podría presuponer que el trabajo para llegar a lograr semejante hito deportivo no fue realizado de la noche a la mañana sino que, los resultados dieron sus frutos luego de arduos años de trabajo duro, de entrenamiento, de dejar muchas cosas de lado, de primar la temperancia y los objetivos profesionales por sobre todas las cosas.

Pero cuando uno aprecia la cantidad de galardones obtenidos por Hughes, se sorprende al enterarse que no llevó una vida cuidada desde siempre. Su adolescencia estuvo rodeada de cigarrillos, drogas, noches en la calle en estado de ebriedad, una infancia vivida en una familia disfuncional... hasta que vio, por televisión, a un compatriota patinar en los JJOO de Calgary 88.

Nadie hubiera imaginado que aquel momento se transformaría en una inflexión rotunda para su vida. A partir de allí comenzó a reivindicarse practicando dicho deporte, a tal punto que logró transformarse en una de las pocas personas en ganar medallas olímpicas en JJOO de verano e invierno; 2 en ciclismo y 4 en patinaje de velocidad (sobre hielo).

Si se podría resumir la Biblia en un versículo, muy probablemente se podría tomar el de hoy (tomate un tiempo para releerlo y pensar sobre él). Observa cómo lo revela la Traducción al Lenguaje Actual (TLA): *"Yo, el Hijo del hombre, he venido para buscar y salvar a los que viven alejados de Dios"*.

La misión de la deidad fue clara. La misión de Jesús fe ejecutar un plan de rescate para la raza humana que había caído bajo la maldición del pecado por *motu proprio*. El pecado separó al ser humano de Dios, por lo que se necesitaba a alguien que volviera a unir tal relación rota. Ese alguien fue Jesús, que gracias a su vida, muerte de cruz y resurrección rehabilitó la conexión que se había perdido con el Padre, y así reabrió la puerta de la entrada a la eternidad.

Y la eternidad comienza aquí ya que, según lo declarado en su Santa Palabra *"[...] 'En el momento oportuno te escuché; en el día de la salvación te ayudé.' Y ahora es el momento oportuno. ¡Ahora es el día de la salvación!"* (2 Corintios 6.2 DHH). Me gusta particularmente esta versión porque ni siquiera dice que *hoy* es el día de salvación, sino que este es *ahora*.

¿Entiendes realmente lo que está diciéndote Dios en este momento? Él te dice que no importa lo que hayas hecho hasta *ahora*; no importa cuán pecador hayas sido hasta *ahora*; no le interesa cuán alejado has estado de su presencia hasta *ahora*. Lo que te está diciendo es que quiere que lo aceptes como su salvador *ahora*... no después, porque *ahora* puede cambiar tu vida de tal forma que te vuelvas en un campeón de la fe.

Hoy no vaciles más, entregate a su voluntad, disfruta de la eternidad en la Tierra, se salvo *ahora*, por la fe en Jesucristo.

DÍA 226 - GEORGE DÍAZ (BEISBOL – CUBA)

"Dejad que ambos crezcan juntos hasta la siega; y al tiempo de la siega diré a los segadores: 'Recoged primero la cizaña y atadla en manojos para quemarla, pero el trigo recogedlo en mi granero'" (Mateo 13.30 LBLA)

En los JJOO de Barcelona 92 acarició la gloria de cerca. Formando parte del equipo de beisbol cubano levantaba orgulloso su medalla de oro. Su país lo recibió entre laureles como uno de los mayores referentes (incluso fue el único en pertenecer al "Salón de la Fama" del beisbol de dicha cita olímpica). Pero poco tiempo después fue destituido del equipo sin muchas explicaciones.

Esto llevó a Diaz a tener que convertirse en un campesino para subsistir. De hecho hoy vive de lo que siembra y de los animales que tiene en su pequeño campo.

De la misma manera Jesús, de tener todos los honores, se transformó en un simple mortal con un trabajo de lo más humilde para la época. Si bien aprendió el oficio de su padre, la carpintería, Jesús se transformó en un pescador de hombres predicando la Palabra de vida. Metafóricamente también se convirtió en el gran Sembrador. Muchas parábolas utilizó con el fin de ilustrar el plano espiritual con la agricultura, que era una de las tareas de lo más comunes para la época y público al cual se dirigía. Pero hay una en lo particular que llama la atención de los espectadores desde otra perspectiva.

La parábola del trigo y la cizaña (Mateo 13.24-52) muestra que no existe un solo sembrador sino que hay dos. Uno representa a Dios y el otro a Satanás cuya semilla es de vida y muerte respectivamente. Aquí el campo de cultivo representa la iglesia, el pueblo mismo de Dios. Nótese que el agricultor malo planta su semilla mientras que los cuidadores del campo (los cristianos) se encuentran dormidos. Esto es algo de lo que deberíamos aprender pues, cuando nos dormimos espiritualmente hablando, el Enemigo aprovecha la oportunidad para "sembrar" disensión entre nosotros y Dios. Aclarado el asunto, esta semilla es cizaña ¿Alguna vez has visto una imagen de esta planta? Te invito a que la busques por internet; te sorprenderás al darte cuenta cuán similar es al trigo. La cizaña y el trigo crecieron pero solo Dios es el único con la autoridad para extirparla; caso contrario se correría la suerte de dañar al propio trigo.

Esta parábola muestra la realidad de la iglesia en el tiempo donde Cristo se encuentra próximo a volver. El trigo claramente representa a aquellas personas entregadas por completo al Camino, mientras que la cizaña simboliza a aquellas que aparentan estarlo pero sus intenciones difieren del mismo. No se trata de una apostasía declarada ni de pecados públicos, sino de comportamientos sutiles de división espiritual (que puede afectar a la feligresía). Lo más preocupante es que muchas veces no se podrá percibir. Esto habla de una iglesia unida y dividida a la vez. Unida desde la interna de los grupos, los fieles seguidores por un lado y los "simuladores" por el otro; dividida entre ambos.

Hoy considera en qué grupo te encuentras. Piensa si eres trigo o cizaña ¿Cómo saberlo? Pon tu vida a la luz de la Biblia y lo sabrás. Trae a la cizaña para que vuelva a ser trigo. Recuerda: Satanás fue cizaña en el Cielo durante muchísimos años y sus resultados fueron atroces.

DÍA 227 - MATTHIAS STEINER
(HALTEROFILIA – AUSTRIA/ALEMANIA)

"Jesús le dijo entonces: 'Yo soy la resurrección y la vida. El que cree en mí, aunque muera, vivirá; y todo el que todavía está vivo y cree en mí, no morirá jamás. ¿Crees esto?'"
(Juan 11.25-26 DHH)

Matthias nació en Austria, donde se dedicó al levantamiento de pesas (categoría -105kg), logrando competir internacionalmente desde 1998 a 2005. Sin embargo en 2004 conoció a su mujer, de origen alemán, por lo que decidió dejar su país natal para representar a Alemania.

Se podría decir que Steiner tenía su vida resuelta. Había logrado formar una familia, ambos tenían trabajo y un bienestar económico. Así fue que mientras él se concentraba en los JJOO de Beijing 2008, su mujer sufriría heridas letales en un accidente automovilístico.

A pesar de tal adversidad el austriaco, nacionalizado alemán, decidió competir de todas formas. En su primer intento ya lograba levantar 183kg (3kg menor a su mejor marca). En el segundo 203kg, ya superando su propio record, por lo que decidió ir por 207kg... pero no pudo. Eso lo dejaba fuera del cuadro de medallas, pues había otros competidores que habían levantado más peso.

De tal manera se fueron dando la sucesión de los hechos que, mientras esperaba su turno, intentaba levantar 235kg sin lograr buenos resultados, su entrenador llegó y le dijo *"Matthias tienes que salir a levantar 246kg"*. Sin tiempo para discutir tal decisión que su coach había tomado, salió a levantarlos con éxito y luego ganar la medalla de oro con una levantada de 258kg. Inmediatamente comenzó a dar saltos y gritos de alegría por todo el estadio.

La imagen que recorrería al mundo sería la del campeón sosteniendo en una mano la medalla, y en la otra la foto de su mujer, pues antes de morir le había prometido ganar el oro olímpico.

¿Realmente comprendemos lo que significa que Jesús sea la *vida* y que no hay *muerte* en Él?

Qué promesa maravillosa la que Jesús ha dejado. Promesa por la que deberíamos estar agradecidos diariamente, y de la cual quisiera invitarlos a pensar sobre dos aspectos.

En primer lugar, cuando se dice que Cristo es la vida, no se refiere únicamente al estadio de la Segunda Venida (resurrección y vida eterna) sino también a la calidad de vida en la Tierra, mientras se lleva a cabo la misión de la predicación. Dios desea que transitemos una vida en abundancia de bendiciones, mientras depositamos la confianza en Él (Juan 10.10). En segundo lugar, al hablar de muerte, lo que en realidad le interesa a la Trinidad es que seamos salvos de la muerte segunda, de la muerte eterna, pues la primer muerte se refiere a la terrenal (según el ciclo de la vida).

Hoy ora pidiendo que esta promesa sea una realidad en tu vida. Aférrate de ella para tener esperanza de encontrarte con aquellos que has perdido. Vive intensamente. Sigue adelante. Hazlo pensando que pronto compartirás tu vida eterna con ellos.

DÍA 228 - IVÁN PERIŠIĆ (FUTBOL – CROACIA)

"Y él le dijo: 'Bien hecho, buen siervo, puesto que has sido fiel en lo muy poco, ten autoridad sobre diez ciudades'" (Lucas 19.17 LBLA)

"McFly... ¡eres una gallina!". Para los amantes de la trilogía de *Volver al Futuro* esta frase le debería resultar más que familiar. Para Iván Perišić esa era su realidad.

El negocio familiar se basaba en la venta de pollos, por lo que Iván, desde muy joven, ayudaba en tal emprendimiento para la subsistencia de su familia; de ahí el apodo que se ganó, de modo despectivo, *gallina*.

Ante la necesidad de salir de las problemáticas económicas, la familia decidió apostar al futuro de su hijo, trasladándose a Francia, fichándolo en el que sería su primer club profesional, donde competiría por poco tiempo para luego saltar a Bélgica, a Alemania, a Italia... El negocio de pollos ya no era una necesidad. Las deudas económicas habían quedado saldadas. Un nuevo presente comenzaron a vivir tanto él como sus seres queridos. El *gallina* había desaparecido.

Al mismo tiempo, mientras se encuentra de vacaciones, dedica su vida a su otro talento deportivo: el *beach voley* (vóley playa), del cual lejos está de ser un pasatiempo sino que también lo practica profesionalmente.

Jesús en la Tierra contó la parábola de un joven noble que se había trasladado a otro poblado para ser coronado rey. Antes de irse les dejó dinero a sus hombres para que lo invirtiesen y produjesen más. Entretanto que había algunos súbditos que no lo querían y se burlaban de él, menospreciándolo. De todas maneras fue investido de la corona real y, al regresar a su pueblo natal llamó a aquellos que les había otorgado distintas sumas de dinero. Todos ellos habían logrado producir, más hubo uno que no. El rey tomó la decisión de poner como gobernantes de distintas ciudades a los que habían cumplido con el mandato, mientras que aquel que había desobedecido se le confirió su sustitución (Lucas 13.11-27).

Hoy existen personas que viven su cristianismo sin ver resultados espirituales; personas que no saben qué hacer para cumplir la misión (predicación del evangelio). A veces la respuesta es más fácil de lo que parece: cuéntale a otros de quien es Cristo y qué es lo que hace por ti (1 Timoteo 2.4). Pon al servicio tus talentos, tus dones que el Cielo te ha conferido. Pregúntate si realmente estás dedicando el tiempo suficiente para desarrollarte como un misionero en el lugar donde estás.

Muy pronto el príncipe que murió en la cruz, y fue rechazado por muchos, volverá y te preguntará qué has hecho con lo mucho o lo poco que Él te ha dado.

Hoy Dios quiere colocarte a cargo de muchas personas (*ciudades*) para que tú les sigas predicando que Él viene pronto, para que tú los apadrines y guíes a los pies del Salvador. Acepta esta responsabilidad y también tendrás tu recompensa tanto en la Tierra como en Cielo. <u>Recuerda</u>: Dios está ansioso de sentirse feliz al verte desarrollar y multiplicar todo aquello que te dio.

DÍA 229 - JULIO VELASCO (VÓLEY – ARGENTINA)

"Las personas sensatas no pierden los estribos; se ganan el respeto pasando por alto las ofensas" (Proverbios 19.11 NTV)

Comenzó entrenando la categoría de mini vóley (niños de entre 10 a 12 años) y, de un año para el otro, saltó a dirigir a la categoría de mayores del club, tras el retiro del entrenador. Ese mismo año salió campeón luego de 10 años sin conseguirlo.

El apellido Velasco comenzó a correrse por el ámbito en distintos clubes a tal punto que lo llamaron para dirigir un equipo en Italia. Su crecimiento fue paulatino pero seguro. En poco tiempo se encontraba a la cabeza de equipos de alto nivel italianos, trayendo nuevos paradigmas de entrenamiento que, si bien al principio generaban resistencia de parte de los jugadores, generaron cambios potencialmente positivos en todo el plantel. 4 años de triunfos y luego a la selección de Italia.

Su trayectoria involucra bastos campeonatos internacionales (del mundo, asiáticos, europeos, panamericanos y olímpico) frente la dirigencia de seleccionados de Italia, Irán y Argentina, entre otros clubes.

Una de las características más llamativas de Velasco es su temple en los partidos. Hombre de pocas palabras, de carencia de efusividad (gane o pierda) y de órdenes sencillas. Sin embargo hubo un incidente bastante particular que llamó en gran manera la atención. Ocurrió durante el mundial de vóley Italia-Bulgaria 2018 en el enfrentamiento contra la selección de Polonia, última campeona del mundo. Pese a que el seleccionado argentino sufrió los fallos arbitrales tendenciosos favoreciendo a los polacos, supo dar vuelta el marcador y ganar el encuentro. Julio, en pleno partido, enojándose contra los dirigentes del encuentro les hizo el gesto de que estaban comprados, y tras el épico triunfo no pudo controlar sus emociones y empezó a realizar *cortes de manga*, además de tirar insultos al aire. Resultado: fue sancionado por la Federación Internación de Voleibol (FIVB).

¿Alguna vez tus emociones te han superado, perdiendo el control de las mismas? Esto generalmente sucede cuando situaciones estresantes superan las herramientas psíquicas que cada persona tiene, las cuales les proporcionan un enfoque y control de su temple. Dichas situaciones, que generalmente suelen fluctuar entre picos de alegrías y/o tristezas, generan desbalances emocionales y las barreras del autocontrol se ven vulneradas (Proverbios 15.25), trayendo como resultado acciones equivocadas (malas contestaciones, actitudes descontextualizadas, desvalorización personal y del colectivo, entre otros).

Dejar que las emociones sean liberadas sin encausarlas en un contexto indicado puede traer sufrimiento a futuro cuando la culpa por lo realizado se haga presente. Dios siempre llama a sus hijos a ser personas que prioricen su capacidad de razonamiento en todo momento, incluso cuando experimentan situaciones emocionales y espiritualmente fuertes (Romanos 12.1). Entonces ¿cómo controlar las emociones? Sin tomar decisiones apresuradas, otorgándole el sentimiento correspondiente a cada emoción, pidiendo consejo (tanto a Dios como a otros cercanos) sobre lo que se está viviendo.

Hoy piensa en qué tipo de persona eres en cuanto al control emocional ¿Tú las controlas o ellas te controlan a ti?

DÍA 230 - EMIL ZATOPEK (ATLETISMO – REPÚBLICA CHECA)

"Yo soy el Alfa y la Omega, el principio y el fin, el primero y el último"
(Apocalipsis 22.13 RVR60)

Histórico por haber realizado un triplete de 5000m, 10000m y maratón con medalla de oro en un mismo juego olímpico, batir durante su carrera deportiva 28 récords mundiales en nueve especialidades distintas y estar seis años imbatido, Emil, también conocido como la "Locomotora Humana", se transformó en un revolucionario del atletismo, y no solo por alcanzar tal hazaña, sino por su forma inédita, al momento, de llevar a cabo sus entrenamientos.

En aquellas épocas (1940/50) los atletas de distancias cortas, medianas y largas (velocidad, medio fondo y fondo respectivamente) básicamente se entrenaban corriendo varias veces la misma distancia que recorrerían el día competitivo. Entonces el checo tuvo la brillante idea de fraccionar la distancia total en sub distancias, denominadas *"pasadas"*, para poder correrlas a un mayor ritmo y así poder aumentar la velocidad final de una carrera completa.

De esta manera llegó a los JJOO de Helsinki 52 donde batió el record de 5000m bajándolo 1sg, batió los 10000m con 15sg de ventaja y la maratón, hecho que nadie ha podido igualar hasta la fecha.

Sin duda se marcó un antes y un después de Zatopek en el mundo deportivo, pues todos los involucrados en el mismo, hasta la actualidad, utilizan su concepto de entrenamiento para aumentar sus cualidades físicas.

En la historia de la humanidad existieron cantidad de hombres y mujeres históricos que definieron posturas sociales y políticas, que inspiraron a grandes masas y que dejaron un legado que aun hoy se mantiene vigente en distintos ámbitos. Pero no existe nadie que haya partido en dos la historia de este mundo. Jesús, al venir a la Tierra encarnado como hombre para vivir y luego morir por los pecadores, dividió transversalmente en un antes y un después de su persona; y no existe nadie (ni tampoco lo habrá) que pueda generar eso.

Para contentamiento de la humanidad, Cristo volverá a dividir a la historia en dos cuando vuelva por segunda vez. Entonces los salvos podrán referirse a la etapa vivida *antes de la Segunda Venida* (a.S.V.) y los hechos que sucedieron *después de la Segunda Venida* (d.S.V.)

Pero hay un momento crucial, y hasta más importante que los dos anteriores, donde Jesús vuelve a separar los tiempos. Esto sucede cuando impacta con poder en la vida personal de cada individuo, logrando quebrar en dos la *vida antes de Cristo* (v.a.C.) y la *vida después de Cristo* (v.d.C.) cumpliéndose, como bien dicen las Escrituras, *"de modo que si alguno está en Cristo, nueva criatura es; las cosas viejas pasaron; he aquí, son hechas nuevas"* (2 Corintios 5.17 LBLA).

Hoy piensa en qué fase de la historia de tu existencia estás viviendo, en la vida antes o después de Cristo. Sin duda creo en que sabes cuál es la mejor decisión.

DÍA 231 - DICK Y RICK HOYT
(TRIATLON - ESTADOS UNIDOS)

"Antes, en todas estas cosas somos más que vencedores por medio de aquel que nos amó"
(Romanos 8.37 RVR60)

Considero que esta es una de las historias más inspiradoras. Rick nació con carencia de oxígeno en el cerebro, lo que le produjo una tetraplejia (o cuadriplejia). Este tipo de afecciones compromete a los cuatro miembros del cuerpo, haciendo que el sujeto tenga una vida dependiente de los demás en muchas de las denominadas actividades de la vida diaria.

A sus 10 años de edad (1972) unos ingenieros crearon una máquina para que Rick pudiera comunicarse. De esta manera supo demostrar, públicamente, que su inteligencia no había sido afectada, por lo que pudo asistir a un colegio convencional, y para 1993 se graduaba de licenciado en Educación Especial.

Pero la historia deportiva entre padre e hijo comenzó en 1977 cuando Rick le pidió a Dick participar en una carrera en beneficio de un compañero suyo que había sufrido de parálisis. El pequeño problema era que Rick se encontraba en silla de ruedas, tenía 36 años y nunca había corrido. Esto llevó a su padre a tomar una decisión; adaptaría una silla para cargarlo y lo empujaría durante todo lo que durase la competencia.

De esta manera comenzó el *"Equipo Hoyt"*. Al finalizar la primera carrera juntos Rick le dijo: *"papá, cuando corro, siento que no estoy discapacitado"*. A partir de ese momento ambos compitieron en decenas de competencias llegando al triatlón, donde Dick corría empujando a su hijo, luego lo pasaba a una balsa y nadaba llevándolo y, por último, lo cargaba a una silla adaptada a su bicicleta donde pedaleaban hasta llegar a la meta.

"Él es el que me ha motivado, porque si no fuese por él, yo no estaría aquí compitiendo. Lo que estoy haciendo es prestándole a Rick mis brazos y piernas para que pueda estar allí compitiendo como todos los demás", asegura su padre.

Creo que no hay mucho más que agregar a esta historia motivadora. Te motivo a que puedas ingresar al sitio web www.teamhoyt.com, para tener más información sobre esta historia de vida.

Vence, en el nombre del Señor Jesús vence. Vence al mal, vence al pecado, vence la tristeza y el enojo, vence el dolor, vence tu negatividad, vence la intemperancia, vence las malas influencias, vence la soledad. Vence. Conviértete en un heraldo de la promesa divina, pero vívela con todas tus fuerzas.

Hoy mantente firme junto a Jesús. <u>Recuerda</u>: solo puedes obtener la victoria si estás a su lado.

DÍA 232 - MAARTEN VAN DER WEIJDEN
(NATACIÓN - HOLANDA)

"Pues soy pecador de nacimiento, así es, desde el momento en que me concibió mi madre"
(Salmo 51.5 NTV)

En 2001, mientras competía en el circuito internacional de aguas abiertas, se le diagnosticó leucemia. Fue así que comenzó a realizarse tratamientos de quimioterapia y trasplante de células madre para lograr la cura, tratamiento que lo dejó al borde de la muerte. Habiendo perdido la mitad de su peso y ya en 2003, el holandés lograba salir curado de tal enfermedad.

Como en los JJOO de Beijing 2008 se estrenaba la nueva disciplina de natación: aguas abiertas (donde los nadadores nadan en un espejo de agua natural), Maarten se preparó para el calendario olímpico. No solo llegó a clasificar, sino también se llevó la medalla dorada en tal prueba, convirtiéndose en el primer campeón de aguas abiertas en un JO.

"Lo llevo en la sangre". Seguramente alguna vez has escuchado esta frase. Gente que dice llevar su talento, cualquiera fuera, en su sangre, su carácter o el fanatismo mismo. Bíblicamente hablando, el ser humano lleva en su sangre el pecado, su naturaleza pecaminosa. Como dice David, todas las personas, sin importar el género, raza o status social, nacen pecadoras. Otra característica que nos hace iguales a todos.

La naturaleza pecaminosa afecta no solo al relacionamiento con Dios, sino también a la interacción con el otro y con toda la creación. Afecta al cuerpo humano y a las cualidades de la mente.

Gracias a Dios existe un antídoto para esto, y el mismo ya fue dado en la cruz hace poco más de 2000 mil años atrás, en el Monte Calvario. Jesucristo murió y resucitó para darnos victoria sobre el pecado. Aceptar por fe lo que la Trinidad realiza en favor nuestro es someterse al tratamiento de curación.

Dicho tratamiento puede tener sesiones donde parezca más sencillo y otras más difíciles de sobrellevar en base a las pruebas y a la condición de la fe de cada persona. La realidad indica que, desde que uno se levanta hasta que se acuesta, constantemente queremos hacer cosas que van en contra de Dios. Es más, leer la Biblia, orar, ir a la iglesia, o predicar es ir en contra de la naturaleza humana.

Durante la vida en la tierra cada individuo puede disfrutar de los beneficios de Dios obrando en su vida, haciendo que se parezca cada vez más a Él (2 Corintios 3.18).

El alta definitiva será cuando Cristo vuelva a buscar a su pueblo, entonces *"[...] los que estemos vivos, también seremos transformados"* (1 Corintios 15.52 NVI, énfasis agregado) junto con los que serán resucitados. En ese momento la naturaleza pecaminosa dejará de existir y los redimidos pasarán a tener cuerpos y mentes perfectos, sin pecado, como lo fue en el principio de la creación; y Dios volverá a decir que todo será *"[...] bueno en gran manera"* (Génesis 1.31 RVR60).

Hoy ora pidiendo que el Espíritu Santo te de fuerzas para hacer frente a tu naturaleza y poder parecerte cada vez más a tu Salvador.

DÍA 233 - MARCELO BIELSA I (FUTBOL – ARGENTINA)

"Toda la Escritura es inspirada por Dios y útil para enseñar, para reprender, para corregir y para instruir en la justicia, a fin de que el siervo de Dios esté enteramente capacitado para toda buena obra" (2 Timoteo 3.16-17 NVI)

Conocido como el "Loco", Marcelo es uno de los directores técnicos del futbol internacional más influyentes de todos los tiempos. Para ello se ha hecho de técnicas poco ortodoxas. Por ejemplo la de buscar a jóvenes talentos en su propio auto; pasar horas, y hasta días, estudiando a los equipos oponentes por medio de videos que ve una y otra vez y, al mismo tiempo, haciéndoselos ver a sus jugadores; realizando charlas motivacionales en cada entrenamiento; pidiendo que se le otorgue un espacio del club donde poder comer, dormir y seguir viendo videos... Todo esto y mucho más lo han transformado en un estudioso sistemático, analista y detallista del futbol. Característica que lo ha catalogado como uno de los más preciados entrenadores.

¿Alguna vez te preguntaste qué dirían los profetas, apóstoles y reformadores si hubieran podido ver una época donde todos tienen acceso a la Palabra de Dios? Yo creo que se alegrarían en gran manera pero, al observar detenidamente la vida de los cristianos contemporáneos, tal emoción se esfumaría para dar paso a una reprensión. La generalidad de los creyentes asegura conocer la Biblia y leerla; pero ¿leerla es lo mismo que estudiarla ("escudriñarla")? ¿Cuántas veces a la semana se abre la Biblia para leerla detenidamente analizando lo que Dios revela? ¿Cuándo llegará el momento donde los hijos del Dios Viviente sean reconocidos como aquellos lectores incansables de las Escrituras?

En el consejo que Pablo le deja a su discípulo Timoteo, se pueden apreciar varios puntos a tener en cuenta:

✓ El Espíritu Santo (Dios) ha inspirado toda la Escritura. Toda significa toda, y rompe con la falsa creencia de que el Antiguo Testamento haya quedado obsoleto. De más está decir que, en la época de los primeros cristianos, las Escrituras eran igual a lo que hoy se conoce como el Antiguo Testamento.

✓ Toda la Biblia es útil para: 1- enseñar (el evangelio eterno declarado en todas sus páginas), 2- reprender (mostrar argumentos bíblicos para desaprobar una conducta), 3- corregir (direccionar en la voluntad divina), 4- instruir en justicia (la cual proviene de Jesús).

✓ Uno de los objetivos del estudio es prepararse para el trabajo misionero.

Al estudiar cada línea considera que la misma se encuentra inspirada. Aprópiate de ella pensando en que fue dirigida hacia ti. Pide escuchar la dulce voz del Inspirador.

Hoy proponte estudiar la Voz de Dios esperando ver qué es lo que tiene el Creador para ti en cada pasaje que lees. <u>Recuerda</u>: la Biblia no solo es útil para enseñar, reprender, corregir e instruir en justicia al otro, sino que, fundamentalmente, estos criterios deben aplicarse a uno mismo, permitiendo que el Espíritu Santo te forme como un fiel hijo de Dios.

DÍA 234 - EL HAKA

"Porque donde están dos o tres reunidos en mi nombre, allí estoy yo en medio de ellos"
(Mateo 18.20 LBLA)

Maorí, que significa "común", "normal", "indígena", "nativo", "verdadero", es una etnia perteneciente a la polinesia, es decir a las islas correspondientes al centro y sur del Océano Pacifico (entre ellas Samoa, Tonga, Hawái, Isla de Pascua, etc.). Una de las particularidades de los maoríes, que han salido al descubierto gracias al deporte, es el *Haka*. Si bien dicho término es atribuido a todo tipo de danza, la misma es mayoritariamente relacionada con la danza de guerra que, históricamente, llevaban a cabo sus pueblos previa al enfrentamiento.

De todas maneras es utilizada, aun en la actualidad, como símbolo de bienvenida, hospitalidad y aun de intimidación frente a contrincantes. De esta última pueden apreciarse diversos ejemplos del *Haka* realizado por los seleccionados de rugby de Nueva Zelanda (*All Blacks*) y Samoa (*Manu Samoa*), por ejemplo.

Realizada en grupo, dirigida por el capitán del equipo, constituida por una coreografía acorde a la letra, hoy día buscan intimidar al adversario y así obtener ventajas deportivas-psicológicas. Si lo has visto sabrás que podría llegar a ser aterrador estar frente a ellos. Crease o no, las federaciones deportivas avalan tal ceremonia.

La oración es el medio por el cual una persona, cualquiera sea su ubicación en el mundo, edad, experiencias vividas y/o condición espiritual, tiene acceso a comunicarse con Dios. El poder de la oración es otorgado por el Espíritu Santo tanto siendo emisarios del pedido como receptores de la respuesta divina. La conversación que se libra (ya sea en voz audible o en el pensamiento mismo) genera una conexión con el Creador del universo ¿Puedes comprender realmente esto? Que el Soberano que sostiene en su mano a las galaxias converse con un ser humano ínfimo y pecador, habla del gran amor que tiene por sus hijos.

Ahora bien, cuando se habla de la oración en conjunto, el poder que se genera a raíz de tales oraciones es superior. El versículo anterior dice: *"Esto les digo: Si dos de ustedes se ponen de acuerdo aquí en la tierra para pedir algo en oración, mi Padre que está en el cielo se lo dará"* (Mateo 18.19 DHH), y a esto se le podría agregar *"pero que pida con fe, sin dudar [...]"* (Santiago 1.6 LBLA). ¿Y por qué es más poderosa? No porque una sola oración no sea suficiente para Dios, sino que el conjunto de sus hijos, <u>unidos</u>, reunidos bajo un mismo objetivo de fe y oración, no hace más que generar un crecimiento espiritual entre ellos mismos y entre cada uno y Dios. Asimismo cuando el Oidor ve que sus fieles se congregan en búsqueda de su voluntad, no hará otra cosa que responder.

Hoy considera generar un encuentro con tus hermanos en Cristo; un encuentro de oración por agradecimientos y pedidos específicos. Disfruta de tales momentos pues son regalos del Cielo.

DÍA 235 - JUAN AGUILAR GÓMEZ (KUNG FU – ESPAÑA)

"Realmente no me entiendo a mí mismo, porque quiero hacer lo que es correcto pero no lo hago. En cambio, hago lo que odio. Pero si yo sé que lo que hago está mal, eso demuestra que estoy de acuerdo con que la ley es buena. Entonces no soy yo el que hace lo que está mal, sino el pecado que vive en mí" (Romanos 7.15-17 NTV)

La mayoría de las artes marciales tienen su cuna en el extremo oriente. Países tales como China y Japón han dado vida a los distintos estilos de lucha. Ellos consideran un arte el hecho de poder defenderse y someter sin la utilización de armas de fuego, u otro tipo de armamento moderno, disociándose de cualquier tipo de conflicto aislado o llevado a cabo con intereses particulares, ya que el mismo conlleva una filosofía de vida vinculada al equilibrio emocional y racional.

Dicho estilo de vida se encuentra englobado por la teoría del *Yin Yang*. En términos sencillos la misma refiere a una dualidad existencial del universo, donde todo tiene su opuesto, sin que este sea absoluto sino relativo, ya que nada es completamente *Yin* ni completamente *Yang*, no pudiendo existir el uno sin el otro; por lo tanto se dice que son opuestos que se complementan. Por ejemplo, el invierno se opone al verano, aunque en un día de verano puede hacer frío, y viceversa.

Una de estas artes marciales se ha transformado en un deporte de renombre internacional. El conocido Kung-Fu (que en realidad engloba a decenas de otras artes marciales) era practicado, en este caso, por el español Aguilera, 3 veces campeón del mundo y 8 de España. Pero, lejos de haber vivido controlando sus instintos, en el 2013 fue detenido y encarcelado debido a su historial, hasta aquel momento desconocido, de asesino en serie. Por más contradictoria que parezca toda esta historia, el vasco, famoso en su país, en diversas entrevistas había declarado la necesidad imperiosa de tener *"serenidad. Debes superar tu instinto animal y entrar en otro plano espiritual de sabiduría o trascendencia"*.

En un sentido reductible ¿alguna vez te has sentido como Juan Aguilar? ¿Has dicho ser algo que bien sabías que no eras? ¿Actuaste de una forma sabiendo que en la intimidad de tu vida te comportabas de otra? Pues esto mismo experimentaba el apóstol Pablo y, probablemente, tú también lo estés hoy. De una u otra manera basándonos en la evidencia bíblica, podemos inferir que existe una suerte de *Yin Yang espiritual* en cada persona, teniendo en cuenta lo siguiente:

1. Debe partirse de la base que todo ser humano es pecador (Romanos 3.23).
2. Todo hijo de Dios vive una vida en la luz dirigida por el Espíritu Santo, limpia de pecado gracias al proceso de justificación por la fe en Jesús, pero al tener una naturaleza pecaminosa no queda exento de pecar (Lucas 17.1).
3. Aquel que ha rechazado a Cristo, y que por consiguiente vive en tinieblas, aún tiene la posibilidad de ser llamado a la luz, por más mínima que sea (1 Pedro 2.9).

Hoy te desafío a colocarte dos objetivos: primero vive una vida de santidad y blancura, sabiendo que las tentaciones vendrán de todas formas pero que podrás salir victoriosas de ellas sin caer (1 Corintios 10.13); segundo ora y ve a buscar a aquellos que han rechazado o no han oído la promesa de vida eterna, pues aún hay esperanza… quien sabe, quizás tu eres ese punto blanco en esa vida oscura.

DÍA 236 - VUELO 2933 (FUTBOL – BRASIL)

"'¿Soy acaso Dios solo de cerca?' —dice el Señor—, 'no, al mismo tiempo estoy lejos'"
(Jeremías 23.23 NTV)

Aquel Lunes 28 de Noviembre de 2016, el avión que transportaba al equipo de futbol brasilero Chapecoense, junto a periodistas, despegaba desde Santa Cruz de Bolivia hacia la ciudad de Medellín, Colombia, donde se disputaría la final de la Copa Sudamericana de respectivo deporte.

A poco más de dos horas de vuelo, y restando tan solo 17km para llegar a destino, el combustible comenzó a escasear. Si bien, en primera instancia, el piloto había avisado sobre la falta parcial de combustible, otros tres aviones tenían prioridad de aterrizaje por diversas circunstancias. Así el aeroplano tuvo que permanecer en el aire agotando todo el combustible que le quedaba. A consecuencia los motores comenzaron a fallar, produciéndose el apagón de uno a uno. El piloto dejó de comunicarse con la base del aeropuerto y, pocos minutos más tarde el avión se estrellaba en el Cerro *El Gordo*, Colombia.

El resultado fue fatal: de los 77 pasajeros, solo 6 sobrevivieron al accidente.

"¿Dónde está Dios?" Creo que no existe nadie que no haya escuchado esta pregunta e, incluyendo a los cristianos, muchas veces, cuando la tragedia toca la puerta, nos preguntamos "¿Por qué Dios tuvo que pasar esto? ¿Por qué lo permitiste? ¿Por qué yo?" Y, como consecuencia, la fe mengua, se debilita por dejar de ver a Cristo, tal como le sucedió a Pedro mientras caminaba sobre el agua (Mateo 14.22-23).

Lo cierto es que Dios es soberano, pero no utiliza tal puesto de forma autoritaria, aunque bien podría hacerlo por su omnipotencia, sino que, en su inmensa sabiduría y amor, en ciertas ocasiones permite que Satanás, sus ángeles caídos y todo lo que es producto del pecado, trabajen en este mundo. Esto trae, inevitablemente y como no podría ser de otra manera, sufrimiento. Y ¿por qué hace tal cosa? Porque Aquel que conoce el futuro de todos los acontecimientos (Isaías 46.10) ve necesario revelar el carácter de Satanás, para que toda la humanidad pueda comparar cómo es vivir bajo los designios de Dios o los del Diablo, pudiendo decidir a cuál de los dos servir.

Sí, Dios es un Dios que está cerca y lejos. Es un Dios que está atento de lo que cada uno de sus hijos hace y deja de hacer, y para nada se contenta en el dolor. Es un Dios protector dispuesto a ayudarnos y a protegernos, a pesar de las desgracias de la vida.

Hoy te motivo a que pienses en cómo Dios te protegió en el pasado, de qué circunstancias te libró y en cuáles otras te ayudó a sobreponerte y salir adelante. *Maranatha*.

DÍA 237 - JURADO EXÓTICO (NATACIÓN)

"Y al vivir en Dios, nuestro amor crece hasta hacerse perfecto. Por lo tanto, no tendremos temor en el día del juicio, sino que podremos estar ante Dios con confianza, porque vivimos como vivió Jesús en este mundo" (1 Juan 4.17 NTV)

Los JJOO de Roma 60 vivenciaron la final más polémica de natación de la historia, que tuvo como protagonistas no a los atletas sino al jurado.

Sucedió en la final de los 100m estilo libre (crawl) masculino, cuando Lance Larson (EEUU) y John Devitt (Australia) tocaban la pared casi al mismo tiempo, en el momento de llegada.

Como en aquel entonces aun no existía el sistema digital, tres cronometristas por nadador (al menos dos de los tiempos tenían que coincidir) eran los encargados de presentar el dictamen oficial y verosímil, sumado a 24 jueces más que se limitaban a ver la llegada franca para dar su opinión en tal caso.

El gran problema aquí fue que, aunque dos cronómetros determinaban que Larson era el ganador, dos de tres jueces decían que Devitt había ganado y otros dos de tres decían que Larson lo había hecho. La decisión final la tomó el juez principal quien se inclinó por el australiano, aunque fuera de las reglas, haciendo caso omiso a los cronómetros.

El Día del Señor (Joel 1.1-2) es presentado como el momento más trascendental de la historia universal. Un suceso globalizador que revelará, de una vez y para siempre, los poderes ocultos de este mundo: su Segunda Venida.

Aunque nadie conoce el día ni la hora (Marcos 13.32), la fecha ya ha sido establecida por el Padre que habita en los Cielos (Hechos 17.31), trayendo aparejada la sentencia del juicio final a todos los habitantes de este mundo, sean visibles como invisibles, pues todos debemos presentarnos frente tal juez y asistir al juicio preparado (Romanos 14.11-12). En el mismo todo saldrá a la luz, es decir que hasta los secretos más íntimos se conocerán (Eclesiastés 12.14).

Entonces, si toda la humanidad es acusada de cometer el acto más trágico (que es el pecado) y merecer la muerte (según lo expuesto la ley en Romanos 6.23) y bien conocido por los hombres (Santiago 2.12) ¿podrá alguno ser absuelto de toda culpa contraída por el pecado?

Para poder responder tal interrogante habrá que presentar al encargado de llevar a cabo el juicio. El poder de juez ha sido entregado a Jesús (Juan 5.22) por Dios Padre quien ocupa el lugar de máximo honor celestial (Daniel 7.9-10). Al mismo tiempo, como todo juicio, el abogado de los acusados es el mismísimo Jesucristo (Romanos 8.34 – 1 Juan 2.1) que intercede y los defiende de las acusaciones de Satanás (Zacarías 3.1-2).

A diferencia de cualquier juicio y veredicto que suceda en esta tierra, podemos estar seguros que la palabra de Jesús (el abogado y juez) es justa y verdadera en la emisión del juicio ante cada persona en individual (Romanos 2.2), sin lugar a favoritismos (Romanos 2.11) eficaz y sin lugar a dudas, que otorgará vida eterna a todo aquel que haya depositado esperanza en su Nombre (2 Timoteo 4.8).

Hoy entrega tu vida a Jesús, ora por el perdón de tus pecados para que seas justificado ante el Padre y comparezcas con tranquilidad ante el Día del Señor que se avecina.

DÍA 238 - ORENTHAL JAMES SIMPSON
(FUTBOL AMERICANO - ESTADOS UNIDOS)

"No puedo yo hacer nada por mí mismo; según oigo, así juzgo; y mi juicio es justo, porque no busco mi voluntad, sino la voluntad del que me envió, la del Padre" (Juan 5.30 RVR60)

Más conocido como O.J. Simpson, fue un jugador de futbol americano que logró ingresar al Salón de la Fama desde 1985, aunque toda su vida deportiva fue olvidada por sus actos cometidos a posteriori.

En 1994 su ex mujer y su amigo fueron hallados muertos. Simpson fue el principal sospechoso en uno de los juicios más polémicos y publicitados del país. Sin embargo, aunque todo apuntaba a su culpabilidad (con antecedentes de violencia conyugal), un año más tarde se lo declaraba inocente de los cargos en el juicio más visto en la historia de Estados Unidos, por más de la mitad de la población. Su vida lejos estaba de quedar exenta de futuros juicios. Lo llamativo es que volvió a ser enjuiciado por los mismos delitos. En 1997, por ejemplo, fue obligado a pagar una suma de 33,5 millones de dólares en daños ¡Más dinero del que tenía! A todo esto, 13 años después de haber sido absuelto, Simpson fue enjuiciado, nuevamente, por robo a mano armada, secuestro y otros 10 cargos, siendo condenado a una suma de 33 años en la cárcel que podría cumplir sin siquiera gozar, en algún momento, de libertad condicional. Sus palabras, al finalizar el juicio, fueron: *"Yo nunca tuve la intención de hacerle daño a nadie. No quise herir y no quise robar nada".*

Como vimos en la meditación *Jurado Exótico,* el juicio universal ya se está llevando a cabo. Será un juicio que, aunque cuente con distintas etapas, contará con la justicia divina; justicia que no otorga libertad condicional ni mucho menos erra en el veredicto. Los culpables y los inocentes son llamados por su nombre, llegando el momento donde no habrá tiempo de arrepentirse (Mateo 7.22-23). El denominado Juicio Investigador ha comenzado el 22 de Octubre de 1844 al finalizar la profecía de los 2300 años (Daniel 8) donde Jesús, ya dentro del Santuario, que es donde se encuentra el trono de Dios en el Cielo y donde oficia como sumo sacerdote (Hechos 8.1-2), traspasó al Lugar Santísimo. Así, el juicio divino, cuenta con distintas fases, a saber:

1. Sucede antes de la Segunda Venida de Cristo. Aquí Jesús juzga a aquellos que han profesado serle leales (1 Pedro 4.17) e intercediendo por ellos (Hebreos 2.17) como al resto de la humanidad de todos los tiempos.
2. En el momento de la Segunda Venida. Se realizará la ejecución parcial del juicio para ser corroborado por "el jurado" (Juan 5.28-29)
3. El Milenio. Todos los redimidos, aquellos que fueron llevados al Cielo, conformarán el jurado que evaluará, según los libros celestiales, el juicio dictaminado por Dios y sus ángeles (1 Corintios 6.2-3 – Apocalipsis 20.4)
4. Tercera Venida de Cristo. Al descender la Nueva Jerusalén, la muerte eterna caerá hacia aquellos que habían sido condenados (Apocalipsis 20.9)

Hoy es un buen día para que te prepares para los distintos momentos del juicio. <u>Recuerda</u>: solo la Justificación en el nombre de Jesús puede absolverte de culpa en el juicio final.

DÍA 239 - YELENA ISINBÁYEVA (ATLETISMO – RUSIA)

"Y que seáis renovados en el espíritu de vuestra mente" (Efesios 4.23 LBLA)

Hasta el momento no hubo nadie como ella en el salto con garrocha. Ella es la mujer que ha logrado saltar más alto, ostentando un lujoso 5.06m de altura (y convirtiéndose en la única mujer en estar por encima de los 5m). Isinbáyeva sin duda se ha convertido en una leyenda del atletismo. Sin mucho más para contar, con tres medallas olímpicas en su haber (dos oros y un bronce) y tres campeonatos mundiales, la rusa ha logrado romper en 28 ocasiones el record mundial (15 al aire libre y 13 en pista cubierta) ¿Nada mal no crees?

Lo llamativo de su historia es que Yelena no siempre quiso ser atleta; de hecho, de pequeña y adolescente entrenaba gimnasia artística. Sin embargo, tras varios fracasos en su vida deportiva, y a los 14 años, debió tomar una decisión realmente difícil: *"Mi sueño era ser una gimnasta olímpica, sin embargo, fue muy difícil para mí. Mi altura y mi físico no lo permitieron, tuve que comprender que la gimnasia se había acabado para mí [...] No siempre se termina en el mismo sitio donde se empieza"*. Así, de ser gimnasta comenzó a incursionar la vida en el atletismo. La reforma que experimentó al principio, reforma en el cambio de deporte y todo lo que ello conlleva (entrenamiento, entrenadores, lugar de trabajo, competencias, etc.), un tanto nebuloso quizás, la llevaron a convertirse en la mejor de todos los tiempos.

Así mismo, en el ámbito religioso, la historia demandó una reforma doxológica que penetró tanto en la liturgia eclesiástica como en la cosmovisión de cada individuo. La relación entre humanos y Dios cambió gracias a un puñado de hombres que se atrevieron a salir de su zona de confort al darse cuenta que no había otra forma de avanzar que no sea dejando atrás su vida de fe. Vida que, de hecho, dieron por hecho que estaba sumida en un error impartido y aceptado.

Pero ¿puede decirse que la reforma del siglo XVI finalizó cuando los protestantes lograron separarse del sistema religioso de facto? La reforma implica una nueva forma de ver la religión, es decir, una nueva concepción de volver a unirse al Creador (re-ligar). Así, cada día debe generarse una reforma en la vida particular de cada individuo que ansía conectarse con Dios. La respuesta, entonces, es no. Continuamente debemos buscar dejar nuestras actitudes y hábitos que perjudican tener una comunicación fluida con el Cielo.

Carlos Puyol en *"Lutero y la Reforma; un legado que permanece"* (2017) propone 10 reformas sugerentes al protestantismo heredero de la Reforma (pp. 221-222). He aquí un resumen:

1. Revalorizar la relación entre la ley y el evangelio de salvación.
2. Restauración del Sábado como día de reposo.
3. Un estilo de vida con la esperanza viva en el segundo advenimiento.
4. Una educación cristiana holística (física, mental y espiritual) en los distintos ámbitos (hogar, escuela, iglesia, etc.).
5. Un cambio en los hábitos saludables.
6. Administrar los recursos materiales que Dios nos da.
7. Reflexionar sobre el ministerio de Cristo en el Cielo.
8. Preocuparse por tener una actitud pacificadora.
9. Visionar un matrimonio y familia de amor exclusivo.

10. Considerar la parte activa en la predicación del evangelio.

Hoy mismo plantéate qué aspectos de tu vida debes reformar para acercarte más a tu Salvador.

DÍA 240 - BIRGIT FISCHER (REMO – ALEMANIA)

"Desecha las fábulas profanas y de viejas. Ejercítate para la piedad; porque el ejercicio corporal para poco es provechoso, pero la piedad para todo aprovecha, pues tiene promesa de esta vida presente, y de la venidera" (1 Timoteo 4.7-8 RVR60)

Piragüista de excelencia, Birgit se especializó en remo de aguas tranquilas en la modalidad de 500m corridos de manera individual y en equipos. Es reconocida como una de las deportistas más destacadas de todos los tiempos por la sencilla razón de haber participado en un total de 6 JJOO. A una diferencia de 4 años entre cada juego eso nos da un total de 24 años activa en lo más alto de la elite mundial del deporte.

Imagino que cualquier deportista quisiera estar en los zapatos de la alemana, tan solo por haber participado de tantos momentos olímpicos, ni que hablar de la cantidad de medallas obtenidas en dichas citas (12), como así también campeonatos europeos (9) y mundiales (37). Sin duda alguna puede decirse que Birgit ha dedicado su vida al deporte.

Cuando leí por primera vez el versículo clave del día de hoy tuve la necesidad de leerlo varias veces para llegar a una conclusión satisfactoria. Si uno realiza una lectura rápida, se encuentra con el apóstol Pablo diciéndole a su discípulo Timoteo que practicar ejercicio es poco provechoso, texto del cual muchos podrían defenderse a la hora de justificar sus conductas sedentarias. Pero si Dios mismo instituyó al ejercicio físico como un remedio natural ¿cómo puede ser que del movimiento activo se lo considere poco beneficioso en la Biblia? ¿Acaso Dios se contradice?

Para poder dilucidar este enigma debe recurrirse a una de las formas por las cuales se deben estudiar los textos bíblicos: cada versículo en su contexto social, cultural e histórico.

Recordemos que en la época de Pablo los JJOO aún estaban de moda, adaptados, en ese entonces, por los romanos, actuales imperialistas que habían absorbido y tomado la cultura helenística. Así es que el ejercicio físico era entendido como práctica que pocos podían acceder, en su mayoría soldados, pues eran competencias derivadas del arte de la guerra. A esto se le suma que todo lo que representaba un Juego Olímpico o un Coliseo se hacía en honor a los dioses. Entonces, mirándolo desde este punto de vista, es comprensible que Pablo aconsejase no prestar tanta atención a un hábito que se relaciona con la gloria personal y la de los dioses.

Hoy propone realizar actividad física. Haz lo que más te guste. <u>Recuerda</u>: es parte del plan de Dios que cuides el cuerpo y lo ejercites para mejorar las cualidades físicas; haciendo esto también alabas el nombre de tu Creador.

DÍA 241 - JUAN CURUCHET (CICLISMO - ARGENTINA)

"Mientras dormía, soñó con una escalera que se extendía desde la tierra hasta el cielo, y vio a los ángeles de Dios que subían y bajaban por ella" (Génesis 28.12 NTV)

"Los sueños están, pero hay que hacerlos sólidos. Y lo 'sólido' es una escalera que llega al gran sueño, que es el éxito".

Nacido en Buenos Aires, Argentina, de familia muy humilde, Juan supo contentarse desde pequeño con lo poco, pero a soñar siempre con lo grande.

A razón de los 15 años, Juan se acostaba a dormir mirando fijamente su bicicleta (la cual se encontraba en la misma habitación) y comenzaba a soñar en lo que podría llegar a ser; en lo que podría llegar a alcanzar con ella.

La primera vez que representó al país en una competencia internacional, se puso la camiseta de Argentina sintiendo un gran orgullo. Una pasión que no podía explicarla con palabras. El mismo sentimiento que tuvo la última vez que se la colocó, luego de 27 años de carrera.

En 1984, y con tan solo 18 años hizo su debut en los Juegos Olímpicos pero, lo que él no sabía, es que tendría que esperar 24 años hasta ganar la medalla olímpica de oro, en la prueba "Madison", en los Juegos Olímpicos de Beijing 2008. Al subirse al podio y tomar la medalla en sus manos pensó *"este día cumplí con todos mis sueños"*.

En el medio ganó campeonatos de todo tipo, pero ninguno se comparó con aquella medalla de oro.

En medio de la huida, Jacob tuvo un famoso sueño mientras dormía en medio del campo. Una escalera se elevaba al Cielo. Ángeles subían y bajaban por la misma, y en su extremo superior, el mismísimo Dios.

El éxito de todo cristiano no debería basarse en la obtención de sueños materiales. No digo que no sea bueno. Dios mismo nos dice en su Palabra que está deseoso de enviarnos bendiciones. Pero hablando del "gran sueño" del cristiano, del éxito al cual todos tendríamos que aspirar: la salvación, ir al Cielo, encontrarnos con nuestro Salvador, la perspectiva cambia.

El "camino al Cielo" bien puede estar simbolizado por una escalera. Así, cada escalón que se logre subir, indica pequeños, medianos y grandes triunfos que el creyente obtiene bajo la conducción divina: estudiar la Biblia, orar cada día, bautizarse, discipular, predicar, brindar ayuda a quien lo necesite, etc.

Lamentablemente, en ciertas ocasiones, el cristiano desciende algún que otro escalón pero, mientras que el Espíritu Santo siga llamando, aún hay esperanza para que recupere cada escalón perdido y llegue al último, hasta lo más alto, donde Cristo lo espera con la gran medalla dorada de campeón.

Hoy atrévete a soñar. Pon tus sueños en la gran meta. Siéntete orgulloso de seguir a Cristo. Toma la decisión de ponerte en pie, y sube el escalón que tienes para este día. Súbelo con la mirada puesta en lo más alto. Míralo a Él. Persevera pensando en que cada escalón que subas te acerca más a la recompensa final.

DÍA 242 - DOROTHY KAMENSHEK
(BEISBOL - ESTADOS UNIDOS)

"[...] Denles el honor que les corresponde, teniendo en cuenta que ellas son más delicadas y están llamadas a compartir con ustedes la vida que Dios les dará como herencia [...]"
(1 Pedro 3.7 DHH)

El estallido de la II Guerra Mundial comprometió a gran parte de los hombres de los distintos puntos del mundo que prestaron servicio por la causa. Las naciones implicadas vieron cómo los jefes de hogar, los hermanos, los padres y los hijos se sumían en una guerra provocada por hombres con hambre de poder. Los motivos para asistir a la guerra eran varios, pero el sentido de nacionalismo había influenciado de tal manera que gran parte de la población masculina de los Estados Unidos no se encontraba en su tierra. Esto produjo que las mujeres salieran a ocupar lo que el hombre había dejado desocupado; llámese trabajo en una fábrica u oficina, hasta el deporte en sí mismo.

En este contexto Dorothy fue una de las mujeres más influyentes en el deporte llevando a cabo un movimiento beisbolista totalmente inesperado para la época pues, sencillamente, el pensamiento machista no concebía la idea de que la mujer estuviera jugando al beisbol, en este caso, "desatendiendo" otros labores mayoritariamente domésticos. De esta forma se fundó la liga femenina de beisbol que llegó a ser tan famosa como la masculina. De hecho Kamenshek era tan buena que hasta un equipo masculino le ofreció ser parte del plantel, pero ella rechazó la oferta pensando que lo más probable era que la utilizarían para fines publicitarios más que para el juego.

La cuestión de igualdad de género es uno de los temas más hablados del siglo XXI. La imagen de la mujer ha crecido en gran manera. Ella ha dejado de ser vista como una mera ama de casa para pasar a ocupar lugares que décadas atrás era impensado verlas. Profesoras universitarias, médicas cirujanas, directoras empresariales, gobernadoras y presidentes, entre otros puestos, las han catapultado a razón de su propia fuerza y entusiasmo, contra sociedades que aun hoy muestran no estar del todo de acuerdo con tales cambios.

Ya los tiempos bíblicos se caracterizaban por culturas machistas. La mujer prácticamente no tenía derecho de opinión (en muchos casos ni siquiera decidía con quién contraer matrimonio) siendo considerada en un status por debajo del hombre. ¿Acaso Dios avalaba tales prácticas contra el sexo femenino? Por supuesto que no. Dios no creó al hombre con más similitudes suyas que a la mujer, sino que a ambos los creó a su imagen (Génesis 1.27); Eva salió de las costillas de Adán (Génesis 2.21) dando a entender una altura de igual a igual ante Dios; ambos tienen el mismo valor ante el Creador (Corintios 11.11-12).

Hoy ten presente que, si bien el hombre y la mujer son iguales ante Dios, son distintos por naturaleza. Ambos tienen características distintas. La mujer es más delicada y emocional, por lo que debe tratársela de manera distinta que al hombre (no queriendo decir que a este se lo trate con rudeza). <u>Recuerda</u>: todos somos iguales pero diferentes.

DÍA 243 - ENGAÑOS DE BEIJING 2008

"Ustedes son la luz del mundo. Una ciudad en lo alto de una colina no puede esconderse"
(Mateo 5.14 NVI)

Ya sea por organización, infraestructura, inversiones multimillonarias, miles de voluntarios colaborando, records mundiales superados, demostración de las nuevas tecnologías, etc., la edición de los JJOO realmente se transformó en algo sorprendente. Pero, como dice el dicho, *"no todo lo que brilla es oro"*, al poco tiempo de haber finalizado el evento, se revelaron ciertos fraudes relacionados a la organización:

- No todos los fuegos artificiales fueron reales, sino que muchos se encontraban computarizados.
- La niña que cantó en la inauguración hizo *playback* y, para colmo, la voz no era suya sino de otra niña que no cumplía, según ellos, con los estándares de belleza.
- 31 atletas dieron positivo en el control antidoping.

Los JJOO no son los únicos que han tenido la facultad engañar a miles de personas. Satanás, al ser el padre de la mentira (Juan 8.44), es aquel que ha podido engañar, engaña y engañará a millones de personas a lo largo de la historia del universo, con el fin de poder pasar por desapercibido. Algunos de los engaños que ha generado sobre sí mismo son:

1. **Satanás no existe** (ver Apocalipsis 12.12 – Lucas 22.31)
2. **Dios envía lo bueno y lo malo constantemente**
3. **Representación cómica del Diablo**
4. **Satanás no ingresa a la iglesia** (2 Corintios 11.13-15)
5. **Satanás no tiene hijos** (Mateo 13.38)
6. **Satanás no puede otorgar poder a sus hijos** (2 Tesalonicenses 2.9-10)
7. **Satanás actúa solo** (Apocalipsis 12.9)
8. **No morirá** (Apocalipsis 20.10)

Al mismo tiempo, el Engañador, ha sabido falsear, al menos, dos verdades elementales bíblicas:

1. **La inmortalidad del alma**: Precisamente el primer contacto que tuvo el ser humano con el Diablo tuvo relación con esta mentira. Cuando la Serpiente le dijo "no morirás" (Génesis 3.4), se refería a este punto. Cuánta gente cree fehacientemente que su ser querido fallecido lo cuida desde el Cielo, o se ha transformado en una "estrella" o, incluso, convertido en energía vital, por ejemplo. Eclesiastés 9.5-6, Daniel 12.2 y 1 Corintios 15.16-18 (entre otros) derrumban dichas falsedades.
2. **Evolución**: En contraposición rotunda con el relato de la creación en Génesis 1, intenta evidenciar la existencia del universo (incluyendo la humana) como una casualidad. Pero este tema va más allá. La evolución implica muerte, si existe muerte, la muerte es sinónimo de pecado (Romanos 6.23) y esto sucedió antes de Adán y Eva, entonces ¿cómo entró el pecado al mundo? ¿entiendes la magnitud de este hecho?

Ya sea que muchos crean estas falsas verdades de manera inconciente y o infundidas por las mismas religiones, son personas que nos rodean y no han sido "iluminadas" por el Espíritu Santo.

Hoy ora a Dios para que te de las palabras justas para revelar y develar tales engaños a aquellos que han caído en tales artimañas.

DÍA 244 - MARIO BALOTELLI (FUTBOL – ITALIA)

"Es por esto que me deleito en mis debilidades, y en los insultos, en privaciones, persecuciones y dificultades que sufro por Cristo. Pues, cuando soy débil, entonces soy fuerte"
(2 Corintios 12.10 NTV)

Un día después de haber cumplido 18 años recibió la ciudadanía de Italia, tierra en la cual había nacido, pero nunca reconocido como ciudadano. Esto lo puso tan feliz que declaró ser el mejor día de su vida.

Al poco tiempo fue seleccionado para conformar parte del seleccionado juvenil (sub 21) del futbol italiano. Mientras se encontraban en la gira competitiva, Mario fue víctima de discriminación racial al recibir cáscaras de bananas arrojadas por aficionados italianos. Esta fue una de las primeras manifestaciones racistas públicas que sufriría el futbolista. Evidentemente, un grupo notorio de aficionados italianos, no soportaba la idea de que un hijo de padres ghaneses (y posteriormente adoptado por una familia del país) tuviera su lugar representándolos.

Al incidente anterior se le sumaron los cantos de la hinchada *"no hay italianos negros"*, amenazas de muerte, apertura de sitios web en contra del jugador... hasta, en cierta oportunidad, fue sancionado por el mismo árbitro del encuentro cuando Balotelli fue a quejarse sobre la conducta de la hinchada hacia él.

Hasta el día de hoy, desafortunadamente, el jugador no ha podido encontrar la paz, perseguido por victimarios dentro y fuera de las canchas.

Cuán lamentable es ver a personas que sufren de violencia verbal y/o física por distintos aspectos de su persona (ya sea externa como interna). Desde el racismo, pasando por el bullying y llegando hasta la mismísima cargada en público en forma de chiste que, muchas veces, hiere más que un golpe en la cara, son parte de la vida de miles de individuos que se transforman en víctimas de tales situaciones por motivos totalmente irracionales.

Aunque en los colegios, generalmente, es donde más puede verse este tipo de manifestaciones, la realidad indica que tanto niños, jóvenes y adultos... ninguna franja etaria se encuentra exenta de poder ser el blanco de acosadores que piensan distinto a ellos.

Nadie tiene derecho a pensar ser más o menos que el otro, de poder ejercer cualquier tipo de fuerza coercitiva hacia el otro, incluyendo las ideologías de índole espiritual ¿Te has puesto a pensar que la primera cargada referida a la religión se dio en el Edén cuando Satanás conversó con Eva (Génesis 3.1-4)? De esta manera, todos aquellos que han escuchado al "padre de la mentira", al que es engañador desde el principio, deciden obrar en contra de los que son los Hijos de Dios (Juan 8.44). De tal manera ofrecen deliberadamente insultos de todo tipo y formas referidos al cristianismo ¿Buscan acaso que cambies de parecer? No, simplemente, verte caer.

Hoy intenta vivir como el apóstol Pablo: siéntete confiado cada vez que recibas un chiste, cargada o hasta te hagan bullying por causa del cristianismo, porque Dios estará contigo (busca ayuda profesional si se ha transformado en un problema). <u>Recuerda</u>: Aunque parezca que eres débil serás fuerte en el nombre de Jesús.

DÍA 245 - INGENIO ORIENTAL (FUTBOL – COREA DEL SUR)

"Gracias a Cristo, también ustedes que oyeron el mensaje de la verdad, la buena noticia de su salvación, y abrazaron la fe, fueron sellados como propiedad de Dios con el Espíritu Santo que él había prometido" (Efesios 1.13 DHH)

Durante las sesiones de entrenamiento que sirvieron de preparación para el equipo sur coreano en la Copa Mundial de la FIFA (Rusia 2018), un delegado de la selección del equipo sueco presenció las prácticas del país oriental, como suerte de espionaje, ya que en pocos días disputarían el encuentro contra su nación.

Cuando el entrenador pudo percatarse de tal situación resolvió adoptar una estrategia un tanto peculiar. Con la excepción de sus jugadores estrella, que eran bien reconocidos por la prensa mundial, el resto del plantel cambió sus camisetas portando, en consecuencia, distintos números identificativos. Su justificación: *"Es muy difícil para los occidentales diferenciar a los asiáticos, por eso fue que lo hicimos"*, entendiendo que la famosa frase de *"todos los orientales son iguales"* cobraba más vida que nunca.

¿Puedes imaginarte estar en la situación del sueco intentando descifrar quién es quién? Realmente, en lo particular, me vería un tanto incómodo y desconcertado.

Llevando esto a un plano espiritual ¿los otros pueden identificarte del resto? ¿Pueden notar una diferencia en tu comportamiento, modos de hablar, comer, vestir… concebir la vida? ¿O acaso te ven igual que a todos, como a uno más? La Biblia enseña la distinción que debiera tener aquellos que conforman al pueblo santo, al Israel espiritual, refiriéndose al sellamiento del Espíritu Santo como emblema distinguible.

Cuando una persona toma la decisión de bautizarse ("abrazar la fe") recibe el don del Espíritu Santo como sello divino, entendiéndose a este símbolo como quien recibe la aprobación de la máxima autoridad existente, convirtiendo al poseedor de semejante marca en posesión del mismo Dios (e hijos y coherederos con Cristo, Romanos 8.17), y así poder distinguirse del mundo. Solo de esta manera puede obtenerse la salvación, pues sin su Espíritu (recordando su triple función, Juan 18.8-11) es imposible ser salvo (Efesios 4.30).

El mundo debería ver a los hijos de Dios, a los sellados, como personas realmente distintas, que resalten por sus valores y hábitos de conducta y que, por sobre todas las cosas, tengan a Jesús siempre presente.

Un cuestionamiento importante que surge es: ¿Cómo saber si una persona ha sido marcada por el Santo Espíritu? Hechos 5.29-32 menciona que el sellamiento lo reciben aquellos que aceptan a Jesús como su salvador, reciben su perdón (justificación por la fe) y guardan los mandamientos de Dios; Hechos 2.38 declara que lo reciben aquellos que se bautizan; Gálatas 5.22-23 muestra el cambio de actitud y aptitud que tienen aquellos que han sido sellados.

Hoy ora pidiendo la presencia del Espíritu Santo en tu vida. Pídelo como sello celestial para poder vivir una vida de justificación y obediencia en el nombre de Cristo. <u>Recuerda</u>: Solo así podrás distinguirte del resto.

DÍA 246 - BERNARD TOMIC (TENIS – AUSTRALIA)

"Trabajen, pero no por la comida que es perecedera, sino por la que permanece para vida eterna, la cual les dará el Hijo del hombre. Sobre este ha puesto Dios el Padre su sello de aprobación" (Juan 6.27 NVI)

"Todo lo que hago es contar mis millones. Ve y gana lo que yo gano. Chau, chau". Estas fueron las palabras declaradas por la joven promesa del tenis australiano que supo sorprender al mundo ingresando al circuito profesional a la edad de 15 años en 2009. Pero lejos del nivel logrado, siendo parte del top 20 en el 2016 y múltiple campeón junior, Tomic aparenta un inconformismo generado por la falta de motivación para seguir jugando al tenis como deporte. De lo contrario, y dadas las múltiples declaraciones realizadas en ruedas de prensa, el joven australiano ha dejado en claro que solo ingresa a las canchas para seguir acumulando dinero. De hecho en 2018 fue multado por haber jugado sin ofrecer resistencia al contrincante y posteriormente diciendo: *"Son muchachos que sólo pueden soñar con lo que yo tengo a los 24 años. A fin de cuentas, mientras ellos imaginan su casa o su auto soñado, yo voy a comprarlos"*.

Qué triste es emprender un proyecto (sea trabajo, estudios, amorío, amistades, etc.) para obtener un producto que lejos dista del original. Quizás haya gente que trabaje solo para ganar dinero y no para ennoblecerse como persona, o estudian no la carrera que realmente les apasiona sino aquella que los padres quieren, o están con una persona a su lado por compromiso o lástima o bien para obtener ciertos placeres. Realmente es una lástima tener ese tipo de metas, las cuales son equivocadas.

Pero también las hay aquellas que asisten a la iglesia y son parte de un cristianismo persiguiendo un objetivo falso. Quizás sea el de hacer nuevos amigos, o sentirse a gusto con el trato recibido, o poder formar parte de un lugar donde poder destacarse, olvidándose que el verdadero objetivo es encontrarse con Cristo, el Salvador, y generar una afinidad mayor.

Jesús se refirió a este tipo de personas como aquellas que acudían a él solo por los "panes y los peces". Luego de haber dado el famoso mensaje denominado el "Sermón del Monte", pasó el tiempo y Jesús siguió predicando; y en determinado momento Jesús les dijo: *"Ciertamente les aseguro que ustedes me buscan no porque han visto señales, sino porque comieron pan hasta llenarse"* (Juan 6.26 NVI). Qué terrible declaración realizada por el Mesías, pero que justo dio en el clavo. Y es que aun hoy muchos creyentes asisten a la iglesia y acuden a Dios para buscar beneficios personales de sanidad, seguridad económica, laboral, académica y familiar: los actuales panes y peces. Cuando los tienen siguen asistiendo y "creyendo" pero cuando no, se alejan profiriendo quejas indiscriminadamente.

Hoy trabaja, estudia, se un amigo y pareja en el nombre de Jesús. Pero por sobre todas las cosas vive como un creyente que tenga como máximo objetivo llegar a vivir eternamente, aceptando la salvación que solo Dios da.

DÍA 247 - MICHAEL EDWARDS (ESQUÍ – INGLATERRA)

"Ponme a prueba, Señor, e interrógame; examina mis intenciones y mi corazón"
(Salmos 26.2 NTV)

Su ilusión siempre fue la de representar a su país en un JO. Sin embargo, la carencia de talento y su fuerte miopía agravaban el asunto, convirtiéndolo en un imposible pero, como Eddie siempre creyó que los "imposibles" estaban para romperse y transformarse en posibles, persistió.

Cuando comenzó a estudiar la manera de representar a su país en los próximos JJOO de invierno (Calgary 88), se dio cuenta que Gran Bretaña no había presentado un saltador de esquí desde 1929.

La decisión no fue fácil pues debería entrenarse en pistas, en ese tiempo de 70 y 90m de altura, alcanzando aproximadamente 100km/h, ser despedido hacia el aire y luego caer sin que su vida corra peligro. El perfeccionamiento de su técnica le valió varios huesos rotos, incluyendo su mandíbula, por lo que optó por colocarse una almohada en su cuello para evitar reiteradas lesiones.

Lentamente se fue convirtiendo en un personaje del salto en esquí, caracterizado por sus grandes lentes, su poca experiencia deportiva, su exceso de peso (10kg por encima del resto de los competidores) y falta de patrocinadores. La historia cuenta que le habían prestado un par de botas pero, como eran más grandes que su talla, se colocaba 6 pares de medias para que le ajustaran; además que solía dormir en su camioneta y, cuando no pudo tenerla más llegó a pagar la estadía en un manicomio.

Como en Gran Bretaña no había precedentes de marca en los saltos, a Eddie solo le bastó con caer y sobrepasar la línea de llegada para clasificarse a los JJOO.

Con un carisma único logró ganarse el cariño del público, el cual lo apodó "Eddie The Eagle" (el águila) por el baile que realizaba agitando sus brazos tras atravesar la meta. Muchos de sus contrincantes alegaban que su fama se debía al ridículo y no a los méritos deportivos, ya que en ambas pruebas olímpicas en las que participó, había finalizado en último lugar.

¿Qué es la perfección humana? Desde el diccionario humano puede entenderse como aquella persona que tiene todas las cualidades requeridas o deseables para determinado fin, sin presentar ningún tipo de defecto; desde el diccionario divino es la persona que no cuenta necesariamente con todas las cualidades para un fin determinado, pero que mantiene lo más importante en sintonía con el Dador de dones: su corazón.

Hebreos 11 presenta a Abraham que había negado a su esposa y expulsado a un hijo, a Isaac que quiso más a un hijo que al otro, a Jacob que había traicionado a su familia, a Moisés que había asesinado, a Rahab que era una prostituta, a Sansón que era promiscuo (entre otros muchos más) como héroes de la fe ¿Acaso no hay algo raro en todo esto? Pues cuando se comprende que Dios no ve el presente de cada uno sino en lo que se puede llegar a convertir, entonces el panorama cambia drásticamente.

Hoy ora al Señor para que cambie tu corazón de acuerdo a su Voluntad. Entrégate a sus manos para crecer y transformarte en un héroe de la fe. <u>Recuerda</u>: todo lo que necesitas es un corazón dispuesto a lograrlo.

DÍA 248 - OKSANA MASTERS
(REMO/ESQUÍ/BIATLÓN – UCRANIA)

"Dijeron los apóstoles al Señor: 'Auméntanos la fe'" (Lucas 17.5 RVR60)

El 26 de Abril de 1986 la central nuclear de Chernobyl protagonizó el accidente nuclear más trágico de la historia (hasta aquel momento), donde se liberaron materiales radiactivos y/o tóxicos, estimados en un índice 500 veces mayor que el liberado por la bomba atómica arrojada en Hiroshima en 1945, dando como resultado directo la muerte de 31 personas y la evacuación de 116.000 personas, provocando una alarma internacional al detectarse radiactividad en al menos 13 países de Europa Central y Oriental.

Miles de personas recibieron radiación a causa de la explosión (más de 600.000). Esto produjo mal formaciones en la gestación, apariciones de enfermedades, disminución del indicie de vida, etc.

Tres años después de tales acontecimientos, Oksana nacía en Ucrania con malformaciones: seis dedos en cada pie, cinco dedos en ambas manos pero sin pulgares, una pierna más larga que la otra, un solo riñón, entre otros. Sus padres la abandonaron, por lo que pasó a hospedarse en un orfanato. A los 13 años, edad donde comenzó a interesarse por el remo, debieron amputarle las piernas y operarle las manos para darle funcionabilidad de pulgares a dos dedos.

Ya en Londres 2012 ganaría su primera medalla paralímpica, en Sochi 2014 y en Pyoenchang 2018 subiría nuevamente al podio pero en esquí de fondo y biatlón, demostrando ser una atleta apta tanto para los JJOO de verano como para los de invierno y en dos deportes distintos.

"No importa el cuerpo que tengas, es el espíritu lo que te lleva a llegar donde quieras"
– Oksana Master.

¿Cómo pararse delante de la vida y poder proyectarse a uno mismo cuando se tiene tantas desventajas? ¿Cómo confiar en que puede despejarse el futuro, cuando el presente se encuentra densamente nublado? ¿Cómo creer cuando cuesta tanto? ¿Cómo acrecentar la fe?

Romanos 14.17 dice *"así que la fe es por el oír, y el oír, por la palabra de Dios"* (RVR60). El apóstol Pablo nos está diciendo que si se le dedicara tiempo al estudio de la Biblia, entonces se comenzaría a escuchar la voz del Señor; y cuando esto sucede la fe comienza a crecer, simplemente porque así se puede conocer a Dios.

Entonces ¿Por qué tú puedes llegar a creer que Dios puede librarte de cualquier tipo de inconveniente que estés sufriendo? Porque lo conoces y, por lo tanto, sabes su voluntad. Pero cuando nada de lo expuesto anteriormente se cumple en la vida del cristiano… entonces se duda, entonces no hay fe.

Hoy ora para que el Espíritu Santo te guie a conocer al Dios de la Biblia (al que abrió el Mar Rojo, al que multiplicó los panes, al que sanó, al que resucitó…), que es el mismo de hoy y que está dispuesto a ser más que un "Dios de historias". <u>Recuerda</u>: Si Dios lo hizo con otros ¿por qué no lo hará contigo? solo así podrás pasar de la duda a creer ciegamente en Él.

DÍA 249 - FLOYD MAYWEATHER
(BOXEO - ESTADOS UNIDOS)

"El rico y el pobre tienen esto en común: a ambos los hizo el Señor"
(Proverbios 22.2 NTV)

El ex boxeador norteamericano se ha convertido en el deportista más rico de todo el mundo y de todos los tiempos. Gracias a sus más de 20 títulos y regalías, ya en el 2017 ostentaba entre 200 y 300 millones de dólares (no lo tenía bien en claro), entre 25 automóviles de alta gama y decenas de propiedades.

Él asegura tener a su lado 7 novias y amigos de la fama que lo acompañan a sus fiestas semanales en su avión privado para derrochar miles de dólares. ¿Puedes imaginar ese tipo de vida?

Qué esplendidas palabras de aliento. Dios creó al rico y al pobre, al de clase alta, media y baja de la misma manera. Dios no tiene favoritismos (Romanos 2.11) y no le interesa si te acercas a Él por el status social que posees. Dios ha dispuesto de medios de comunicación para interactuar con cualquier ser humano: su Palabra, la oración, la naturaleza... no el billete.

Lastimosamente la mayoría del mundo se rige bajo valores capitalistas donde todo se encuentra sujeto a las posesiones: dinero, trabajo, profesión, auto, casa, vacaciones, tecnología, etc.; instaurando el pensamiento que uno es mejor o peor por lo que llegara a acumular en su vida. Esta teoría se encuentra completamente en contra de la concepción divina. Ya Jesús en la Tierra dijo: *"porque donde esté tu tesoro, allí estará también tu corazón"* (Mateo 6.21 LBLA).

La mayordomía es la administración de todos los dones que el Cielo nos otorga para que los trabajemos en la obra del evangelio. Uno de ellos es el dinero. En la actualidad veo cristianos que se preocupan por lo que no tienen y quisieran tener, por no llegar a fin de mes con el sueldo, por cómo actuaran frente a la economía por la que atraviesa su país, olvidándose que tienen al Todopoderoso de su lado. Dios ha dicho *"mía es la plata, y mío es el oro [...]"* (Hageo 2.8 RVR60). ¿Puedes comprender esto? Tienes un Dios que ha inventado el dinero y que a Él le pertenece; *"así que no se preocupen por todo eso diciendo: '¿Qué comeremos?, ¿qué beberemos?, ¿qué ropa nos pondremos?'. Esas cosas dominan el pensamiento de los incrédulos, pero su Padre celestial ya conoce todas sus necesidades"* (Mateo 6.31-32 NTV).

Pero hay un punto más a tener en cuenta. Si bien Dios promete dar bendiciones económicas a sus hijos y proveer de todo lo que realmente necesiten, pide una prueba de fe que es la devolución del diezmo y las ofrendas (Malaquías 3.10) a su templo. Y devolver porque se entiende que todo lo provee Dios. Así, en la economía celestial, el ser humano puede vivir tranquilamente con un 90% de sus ingresos, mientras que los que no diezman no les alcanza el 100%. Una paradoja.

Hoy pide con fe que Dios te dé solamente aquello que necesitas tener y no más que eso. Él sabe qué necesitas para ser feliz; también ten en suma consideración que puedes pasar por problemas financieros pero que serán pasajeros si depositas tu confianza en el banco universal del Cielo.

DÍA 250 - RAMADÁN II

"Bienaventurados los que tienen hambre y sed de justicia, pues ellos serán saciados"
(Mateo 5.6 LBLA)

Luego de los hechos ocurridos en distintas citas deportivas (en la meditación anterior solo se han mencionado dos de ellos) investigadores llevaron a cabo el cometido de conocer cuáles eran los efectos que producía el ayuno y el cambio de horario de la ingesta de comida, bebida e, incluso, el sueño durante el periodo del Ramadán durante un ciclo competitivo.

Sorprendentemente los médicos especialistas se encontraron con casos donde atletas que competían en países musulmanes rendían aún mejor en el periodo del mes sagrado. Esto se debía a que, por más que el desorden alimenticio y de la fase de descanso se veía alterada, la convicción propia del jugador que cumplía con sus votos de fe, lo hacía permanecer en un alto nivel, pudiendo dominar el cuerpo satisfactoriamente, amén de que los ciclos de entrenamiento eran modificados en virtud del Ramadán.

Caso contrario sucedía en deportistas cuyo país de residencia no es de origen islámico y que, por lo tanto, el calendario de entrenamiento y de competencia no se vía afectado al respecto. Estos se veían ante una barrera social y cultural que sí llevaba a afectarlos no solo físicamente, sino también mentalmente; aunque se ha demostrado que no sucede así en todos los casos.

Como bien vimos el ayuno es una herramienta preciosa que todo ser humano tiene a su disposición para acercarse a Dios, con el fin de escuchar su preciosa voluntad y para, por sobre todas las cosas, sentir paz. También vimos, en términos generales, los distintos tipos de ayuno importancia y que, fundamentalmente, en el ayuno nunca debe olvidarse el propósito causal del mismo.

Hoy quisiera detenerme en este último punto para poder ampliarlo. Entonces ¿por qué podría hacer planes para ayunar?

1. Como **disciplina** guiada por el Espíritu Santo (Mateo 4.2; 2 Corintios 6.5).
2. Para buscar la **voluntad de Dios** en asuntos específicos (Jueces 20.26; Hechos 13.3).
3. **Arrepentimiento** por el pecado (1 Samuel 7.6; Jonás 3.5-10).
4. A favor de la **obra de Dios** (Nehemías 1.4; Joel 2:15)
5. **Liberación y protección** (2 Crónicas 20.3; Ester 4.13-16; Marcos 9.29).
6. Para **humillarse** delante de Dios (Salmo 69.10-13; Salmos 35.13).
7. Como parte de la **adoración** (Lucas 2.37).
8. En tiempos de profunda **aflicción** (1 Samuel 31.13; Daniel 6.18).
9. Para **buscar entendimiento y sabiduría** de parte de Dios (Daniel 9:2-3,21-22).

De la misma manera también se podrían diagramar ciertos pasos a seguir una vez que se ha tomado la decisión del ayuno: 1. Establecer el propósito (objetivo) del ayuno; 2. Hacer un compromiso con Dios; 3. Establecer el tipo de ayuno; 4. Prepararse espiritualmente para hacerlo, no improvisadamente; 5. Prepararse físicamente; 6. Mantener una actitud positiva; evitar divulgarlo o dar muestras de un padecimiento a consecuencia del mismo; 7. Saber qué resultados esperar, sabiendo que la presencia de Cristo prima ante todo.

Hoy te motivo a que pienses en experimentar el ayuno desde un lugar donde nunca antes lo has hecho. Considéralo como una oportunidad de acercarte más al Todopoderoso. <u>Recuerda</u>: que el ayuno que practiques te de hambre y sed de encontrarte con Jesús.

DÍA 251 - STEPHEN CURRY (BÁSQUET - ESTADOS UNIDOS)

"Todo lo puedo en Cristo que me fortalece" (Filipenses 4.13 RVR60)

Curry, ícono del básquet mundial, tuvo que tomar una decisión sumamente importante con respecto a un contrato publicitario. La marca de indumentaria deportiva Nike estaba dispuesta a firmar un contrato millonario para que, durante la temporada, Stephen pudiera vestir y calzar dicha marca. Sin embargo, para que esto se cumpliera, el basquetbolista expuso una única condición: las zapatillas que llevarían su nombre deberían contar con el versículo ubicado en Filipenses 4.13, pero como Nike no compartía la idea, intentó persuadirlo, más no tuvo éxito, por lo que no tuvieron más remedio que abandonar el contrato y la oferta opulenta.

"La gente debe saber a quién represento y por qué soy como soy, soy así gracias a [Jesús] mi Señor y salvador", declaraba el estadounidense frente a una conferencia de prensa. Es que ya en varias ocasiones Curry ha manifestado ser un servidor de Cristo, agradeciéndole por sus logros, su desarrollo personal y hasta su propia fe.

¿Tú qué hubieras hecho en lugar de Stephen? Teniendo en cuenta que tan solo era un versículo en un par de zapatillas... ¿habrías cedido ante una oferta millonaria? Una oferta que seguramente te garantizaría una estabilidad económica por años.

Cuando eres interceptado por una pregunta incipiente acerca de tu razón de fe, o puesto a prueba en relación a tus convicciones cristocéntricas por medio de invitaciones o responsabilidades que el mundo otorga, y no hay nadie que hable por ti, ¿qué actitud sueles tomar cuando te encuentras tomando una decisión en la que, probablemente, nadie del mundo cristiano se entere? ¿Tus decisiones sueles tomarlas porque otros te juzgan o porque Dios mismo te ve? Esto es un punto elemental para todo aquel que dice ser hijo del Altísimo.

Pero estas respuestas, que suelen estar en contra de las corrientes humanistas y de los parámetros de lo que el mundo considera "normal", solo pueden ejercerse cuando uno conoce a su Creador.

Existe una clara diferencia entre saber y conocer Dios. Juan 17.3 dice: *"Y esta es la vida eterna: que te conozcan a ti, el único Dios verdadero, y a Jesucristo, a quien has enviado"* (DHH). Las personas que han vivido en la fe pero que, en algún momento deciden apartarse para comenzar a vivir una vida en el mundo y alejado de los designios divinos encuentran y exponen mil y una excusa, pero lo cierto es que esto sucede porque nunca han conocido verdaderamente a Dios. Todo aquel que experimenta una vida de comunión con Él, intentando mantener sus pensamientos en sintonía celestial en cada momento del día y dedicando su vida a su servicio transita un camino de conocimiento que se desarrolla año a año. Esta es la única forma de consolidarse en la fe y tomar decisiones determinantes.

¿Y tú conoces o sabes de Dios?

Hoy piensa en qué estado de conocimiento acerca de tu Salvador tienes. Motívate para aumentarlo y así poder comprender *"cuán ancho, largo, alto y profundo es el amor de Cristo"* (Efesios 3.18 DHH).

DÍA 252 - CRISTIANO RONALDO VS. LIONEL MESSI (FUTBOL)

"Pues aún son inmaduros. Mientras haya entre ustedes celos y contiendas, ¿no serán inmaduros? ¿Acaso no se están comportando según criterios meramente humanos? Cuando uno afirma: «Yo sigo a Pablo», y otro: «Yo sigo a Apolos», ¿no es porque están actuando con criterios humanos?" (1 Corintios 3.3-4 NVI)

A mediados de 2020 salieron a la luz los números concernientes a los dos astros del futbol de la era posmoderna. Por un lado Lionel Messi (ARG) que contaba con 704 goles (0.81 por partido), 6 balones de oro, un subcampeonato mundial, una medalla de oro olímpica, y tres segundos puestos en Copa América. Con un total 36 torneos ganados.

Del otro lado encontramos a Cristiano Ronaldo (POR) con 739 goles (0.73 por partido), 5 balones de oro, un primer y segundo puesto en Eurocopas. Suma 32 títulos en su haber.

¿Tú a quién prefieres? Sin duda esta rivalidad futbolística se escribe desde hace años, y cada semana, estos jugadores, están viendo de qué forma poder batir más records y superarse entre sí. Bien han sabido separar a los amantes del futbol en dos polos. Messi o Ronaldo.

En la iglesia primitiva también existieron rivalidades. Pero no esta vez en una cancha de futbol, sino dentro de la iglesia. En Corinto se habían generado celos y suposiciones cuestionables que habían dividido a la iglesia en dos. De poco provecho es saber que, los feligreses de aquel entonces, ocupaban el bando de Apolos o el bando de Pablo, y aparentemente ninguno el de Cristo.

Pablo se limitó a recordar cuál había sido la función de cada uno en la obra del Señor, dejando bien en claro que ambos eran instrumentos elegidos para esparcir el mensaje.

Dios nos ha llamado a trabajar en conjunto para la misión de dar a conocer su Nombre. Lamentablemente hoy día existen iglesias que se encuentran divididas por conflictos sin resolver entre hermanos en fe. Estas divisiones han generado un deterioro en la espiritualidad no solo a nivel individual, sino también eclesiástico, produciendo que el concepto de "salvación y servicio" de la iglesia en cuestión, pierda sentido.

Imagínate si en vez de malgastar tanta energía en contiendas entre hermanos en la fe, en críticas y comentarios hirientes, tuviéramos un espíritu de perdón y mansedumbre, como Cristo nos lo ha enseñado.

No coloques en un pedestal a un ser humano pues ese puesto debe ser ocupado por Jesús, ya que él es el fundamento de la iglesia.

Hoy proponte en tu corazón borrar toda aspereza, si es que la hubiere, con tus hermanos en el Señor, para así juntos poder predicar que Jesús está cerca.

DÍA 253 - PROPAGANDA NAZI

"Toda palabra de Dios es digna de crédito; Dios protege a los que en él buscan refugio"
(Proverbios 30.5 NVI)

Los JJOO de Berlín 36 tuvieron como máximo objetivo mostrar al mundo el poderío no solo de Alemania como nación, sino también a la ideología nazi en cuestión, pues suponía la vuelta del país tras habérsele negado el derecho a participar luego de la I Guerra Mundial.

Hitler vio propicio utilizar los JJOO como medio propagandístico, por el cual mostraría a todas las naciones la magnificencia de su poder, su altura y prominencia. Para ello debió tomar medidas excluyentes, mientras que al mismo tiempo disimulaba ciertas otras que ya se venían practicando en el país, a fin de no generar una "mala imagen".

Entre los métodos de propaganda política se encontró la transmisión televisiva (hecho inédito en una cita olímpica) a lo que se le sumó un documental ("Olympia"), por orden del mismísimo Hitler, cuyo único objetivo era mostrar al mundo su esplendor; se quitaron los anuncios antisemitas para mejorar la imagen del país, siendo que ya se corrían los rumores sobre la discriminación alrededor del globo; desde lo gubernamental se hizo todo lo posible para quedar en lo más alto del medallero (como el caso del ciclista Toni Merkens que a pesar de haber hecho trampa no le quitaron la medalla, o el caso del saltador en altura Dora Ratjen que se hizo pasar por mujer); el comité olímpico alemán expulsó a los atletas que no pertenecían a la *raza aria* con el fin de mostrar la perfección física; el gobierno se cercioró de que no se verían homosexuales alemanes en público (más tarde se descubrió que eran asesinados); se vería por primera vez, de forma tan marcada, el saludo nazi que no excluía a nadie en particular; cientos de judíos, negros y romaníes fueron excluidos a la vista de los turistas, entre otras situaciones.

¿Cómo te imaginas a Satanás? Seguramente como un humanoide con patas de cabra, cola con punta de flecha, garras en sus manos, dos cuernos, fuego a su alrededor y un tridente en su mano derecha... a sí, y de color rojizo. Lo cierto es que el Diablo, lejos de tener tal aspecto, ha logrado generar un gran engaño alrededor del mundo refiriéndose a su representación cómica.

Mientras que a muchos los engaña con la superstición de que él no existe y que, por lo tanto, tanto lo bueno como lo malo provienen de Dios, a muchos otros los tienta con la creencia de un Diablo en forma de caricatura ¿Por qué es tan peligroso que esta falsa creencia se esparza y sea aceptada? Porque despersonifica la figura del ser que fue, es y será en contra de Dios, por lo que resume al Conflicto Cósmico en un "cuento de hadas" para contárselo a los más pequeños.

Nuestra misión como hijos de Dios es la de predicar el mensaje del evangelio eterno como parte del mensaje de los tres ángeles (Apocalipsis 14), lo que incluye desenmascarar al Enemigo del todo, al gran Engañador: Satanás.

Hoy pide en oración poder darte cuenta detrás de qué o quién se encuentra el Tentador. Ora para llevar luz donde habitan tinieblas para desenmascarar sus propagandas espirituales.

DÍA 254 - KHALID SKAH (ATLETISMO – MARRUECOS)

"Queridos amigos, no les crean a todos los que afirman hablar de parte del Espíritu. Pónganlos a prueba para averiguar si el espíritu que tienen realmente proviene de Dios, porque hay muchos falsos profetas en el mundo" (1 Juan 4.1 NTV)

El marroquí Khalid Skah protagonizó una de las victorias más polémicas de la historia de los JJOO. Fue en Barcelona 92, más precisamente en la prueba de 10000m en pista, que junto a su compatriota Hammou Boutayeb encendieron la ira del público entero, incluyendo a la de los organizadores.

A ambos se los acusaba de haber llevado a cabo una estrategia deshonrosa durante la carrera por la medalla, donde Richard Chelimo (Kenia) supuestamente había sido privado de galardonarse con la medalla de oro ¿Cómo? Pues resultó que, a los 6500m recorridos, Skah y Chelimo habían quedado liderando el pelotón mucho más adelante que el tercero. Pero de repente se encontraron con el penúltimo corredor: Boutayeb ¿Quizás te estés preguntando cuál era el problema? Cuando un corredor que va por delante está por sacarle una vuelta de distancia, aquel que está detrás debe correrse de su carril para dejarlo pasar. Justamente esto fue lo opuesto a lo que sucedió. Hammou se interpuso por delante del keniata haciéndole perder el ritmo una y otra vez (¡hasta un organizador intentó detenerlo!). Así, faltando pocos metros su compañero Skah pudo sacar provecho de la situación y ganar la carrera.

El abucheo fue enorme. Skah declaró que no estaba enterado del asunto, que no había sido un complot estratégico, aunque incluso había caído en la sospecha de los organizadores quienes al principio no quisieron darle la medalla. Verdad o mentira, al parecer, nunca se sabrá.

En la vida cristiana con frecuencia uno suele cruzarse con personas que también profesan ser seguidoras de Cristo pero que, cuando tocan algún tema espiritual en particular, pareciera ser que no cierran del todo. Hay algo que provoca la duda en el interior. Algo que ese otro dijo que en algún punto lo incomoda.

Cuando un cristiano se enfrenta a personas que traen un mensaje de parte de Dios (llámese profeta o mensajero) no debe desestimarlo pues, según la Biblia, es sabido que el Espíritu Santo derramará el don de profecía en el tiempo del fin (Joel 2.28). Como contrapartida también los hay falsos (1 Juan 4.1). Para dilucidar tales dudas las Santas Escrituras otorgan los pasos a seguir:

1. ¿Reconoce que Jesús es Dios y ha venido a la Tierra? (1 Juan 4.2)
2. ¿La conducta que tiene se encuentra vinculada a lo que Dios pretende de sus hijos, según lo revelado en su Palabra? (Mateo 7.20)
3. ¿Lo que dice se cumple? (Deuteronomio 18.22); aunque bien existen profecías condicionales y otras que no lo son.
4. ¿Lo que habla se encuentra sujeto a toda la Santa Palabra, incluyendo la ley? (Isaías 8.20)

Aunque resulte curioso y llamativo este tipo de sucesos ya han comenzado a surgir y, a medida que avance el tiempo, sucederán de forma más recurrente. La pregunta es ¿estás preparado para probar?

Hoy prepárate en el estudio de la Biblia para poner a prueba a cualquier persona (aunque no necesariamente sea un profeta) que hable de Jesucristo, ya sean amigos o pastores. <u>Recuerda</u>: Solo déjate instruir por Aquel revelado en la Biblia.

DÍA 255 - BEATRICE VIO (ESGRIMA – ITALIA)

"A pesar de todo, Señor, tú eres nuestro Padre; nosotros somos el barro, y tú el alfarero. Todos somos obra de tu mano" (Isaías 64.8 NVI)

A los 10 años de vida fue vacunada contra la meningitis tipo A, pero dos meses más tarde contrajo una bacteria que le hizo temer por su vida. La enfermedad avanzaba a pasos agigantados llevándola a contraer hemorragias internas en distintas partes de su cuerpo, obligando a los médicos a amputar distintos segmentos de todas sus extremidades.

Luego de haber pasado la mayor prueba de su vida, comenzó su proceso de rehabilitación, siendo el deporte una herramienta elemental, retomando con la esgrima, deporte de su corazón.

A los 19 años, *"Bebe"* logró consagrarse como campeona de esgrima en los Juegos Paralímpicos de Rio 2016 ¿Puedes creerlo? Cuando todos pensaban que su vida dependería de los demás, al no contar con ambas manos ni ambos pies, ella supo salir de tal situación con una actitud totalmente avasallante a su cruda realidad.

Al igual que Beatrice, a quien se le pronosticaba un futuro no prometedor, muchas personas con discapacidad (u otro tipo de limitaciones) pueden llegar a ser desconsideradas por la misma sociedad, porque son vistas por lo que *no pueden* hacer.

En lo que se refiere al trabajo con personas con discapacidad, el objetivo se centra en la funcionalidad que aún tiene (aquello que el cuerpo permite hacer) y no en la discapacidad misma (las limitaciones). De esta manera la perspectiva, no solo de la rehabilitación, sino de la concepción de la vida, cambia rotundamente al concentrarse en lo que la persona *sí puede*.

Lo mismo sucede en relación con Dios y el ser humano ¿Alguna vez te has puesto a pensar que en realidad ninguno merece ser llamado por Dios? El profeta Isaías dice que todos somos como trapos sucios, como hojas marchitas delante de su presencia (Isaías 64.6). Pero Aquel que es *"lento para la ira y grande en misericordia"* (Salmos 103.8 RVR60) ama a todos por igual y no se fija en lo que uno es, sino en lo que puede llegar a ser si se le entrega el corazón, realizándose el milagro de la transformación espiritual.

Dios cambia, perfecciona, moldea, capacita, salva y prepara el encuentro tan deseado con sus hijos.

Hoy entregate a Dios en la situación en la que te encuentres, estés como estés. Él tiene grandes planes para ti. Él quiere transformarte en alguien que ni te imaginas. Él quiere hacer milagros en tu vida. Él quiere moldearte a su imagen y semejanza. <u>Recuerda</u>: No hay nada que puedas hacer para que Dios te ame más o te ame menos; solo responde a tal Amor con tu amor.

DÍA 256 - GASTÓN GAUDIO (TENIS - ARGENTINA)

"Les dejo un regalo: paz en la mente y en el corazón. Y la paz que yo doy es un regalo que el mundo no puede dar. Así que no se angustien ni tengan miedo". (Juan 14.27 NTV)

"*¡Qué mal la estoy pasando!*", exclamó con un grito de indignación en un partido de tenis. Gastón Gaudio fue un tenista argentino ganador de 8 torneos ATP (entre ellos Roland Garros, uno de los cuatro Grand Slam del año competitivo), llegando a posicionarse en el 5to puesto del ranking mundial.

Gaudio comenzaba su carrera profesional a los 18 años de edad; lo que implicaba viajar por todo el mundo durante, prácticamente, todo el año. Es que, el calendario del tenis profesional, comienza en el mes de Enero y finaliza, en la mayoría de los casos, a fines de Octubre; mientras que en otros culmina, incluso, en las primeras semanas de Diciembre.

Durante todo este recorrido, el tenista no vuelve a su casa durante meses, lo que implica vivir de manera nómade sin ver a su familia y/o seres queridos.

Gastón había cosechado una buena carrera, pero llegó un punto de su vida en el cual todo se derrumbó. Progresivamente los objetivos dejaron de ser claros, los problemas tenísticos aumentaron y las frustraciones comenzaron a dominar sus pensamientos.

- *"No creo que gane acá nunca más"*
- *"Me dan ganas de dejar el tenis, cada vez que juego me lleno de frustraciones y por más que entreno y entreno, las cosas no me salen y pienso que no me van a salir nunca más"*
- *"¡A mí no me tendrían que dejar entrar más acá! ¡Es una vergüenza que me dejen jugar!"*
- *"Qué terrible que es la vida…"*

Finalmente, en el año 2010 Gaudio disputó su último partido en el torneo para luego si, anunciar su retiro, sin muchos laureles.

En la Biblia se nos muestra que la vida del cristiano no es un camino "color de rosas". Se nos advierte que, a pesar de decidir seguir a Cristo, tendremos problemas.

Entonces, ante las adversidades de la vida, ¿cómo reaccionamos?

Jesús habla de una paz que está dispuesto a darnos. No como la paz que el mundo conoce. Esa paz utópica, exenta de vicisitudes. No. Es una paz que actúa frente a los problemas que atravesamos. Es una paz que nos ayuda a enfrentarlos; nos consuela y ayuda a recomponernos para seguir adelante… para superarlos. Es una paz que nos hace sacar una sonrisa frente a la tormenta, porque sentimos la seguridad de que nuestro Salvador está al frente, abriéndonos el camino.

Hoy, quizás estés afrontando la pérdida de un ser querido; o algún proyecto que tenías se ha derrumbado; o tienes un conflicto familiar. Cualquiera sea el motivo, decide en este día entregarte a Dios y desechar esos pensamientos negativos que abruman tu mente.

Reclama esa paz que nos fue prometida, para que veas luz en medio de la oscuridad. Reclama la paz que restaura el corazón y tu espíritu.

DÍA 257 - PETRA MAJDIC (ESQUÍ – ESLOVENIA)

"Pensemos en maneras de motivarnos unos a otros a realizar actos de amor y buenas acciones" (Hebreos 10.24 NTV)

Se disputaban los JJOO de invierno en Vancouver 2010. Petra competía en la modalidad de sprint en esquí. En la entrada en calor, previa a la competencia, sufriría una caída en una zanja al no poder controlar su velocidad en una curva que no contaba con la protección requerida. Luego de ser asistida por los organizadores, la eslovena a duras penas podía respirar y mantenerse en pie.

A pesar de su malestar, Petra decidió competir. Cada vez que exhalaba lo hacía con un grito de dolor. Al atravesar la línea de llegada se derrumbó en el suelo agonizando mientras pensaba *"la historia no terminó aun"*. Finalizada la clasificación fue trasladada al centro médico más cercano, donde le hicieron los exámenes correspondientes pero, para sorpresa de todos, no se había encontrado ninguna anomalía. Al salir de aquel lugar Petra apenas podía caminar.

Antes de disputar la semifinal se decía así misma *"no puedo más, no puedo"*. En tal estado compitió en la semifinal, logrando el pase a la final que se corría el mismo día. Mientras disputaba su última carrera, se percató que constantemente oía gritos de parte de su cuerpo deportivo. Ellos se habían dispuesto en distintos puntos de la pista para poder alentar y motivar a la atleta, con el fin de que llegara a la meta. Cerca del final comenzó a sentir que podía lograrlo.

Aquel día soñado, Petra ganó la medalla de bronce con 5 costillas fracturadas y un neumotórax, como lo demostrarían estudios posteriores. Inmediatamente después de haber sido operada, recibió la medalla en el podio junto al médico que la sostenía del brazo.

En su magnífico amor, Dios nos provee de aliento para seguir a pesar del dolor. Si bien es sabido que la relación personal hacia Él es lo más importante (y suficiente), el Ser que nos creó, Aquel que conoce cuántos pelos tiene cada persona (Mateo 10.30), entiende que el apoyo humano es muy importante en la vida, pues nos creó como seres sociables.

Ya sea en tiempos agradables y gráciles, como en los difíciles y tortuosos, lo divino también se manifiesta por medio del apoyo humano. Así, en momentos donde puedas llegar a necesitar un *mimo* desde lo alto, Dios bien dispone a un amigo para que te de un abrazo, una sonrisa recibida de un compañero de trabajo, un elogio del jefe, una palmada de tu compañero de estudios, un atardecer mientras vuelves de trabajar, un mensaje con un versículo que era "justo lo que necesitabas" al teléfono.

Vamos, no te desanimes, aún queda más camino por recorrer. Mira hacia tu alrededor y contempla cómo Dios te revela su amor a través de las personas que te rodean. Recuerda: el final está cerca.

Hoy te motivo a que al final del día puedas ver en qué momento recibiste una caricia de Dios.

DÍA 258 - LOS SINCRONIZADOS

"El que dice que está unido a Dios, debe vivir como vivió Jesucristo" (1 Juan 2.6 DHH)

El salto ornamental en parejas, el nado sincronizado y la gimnasia aeróbica son deportes que se caracterizan por ser de tipos sincronizados. Esto quiere decir que los deportistas deben hacer coincidir, en lo que dura la prueba, dos o más movimientos al mismo tiempo. En el primer caso la dupla parten desde de un trampolín a 3 o 10m de altura (dependiendo la modalidad) con el objetivo de saltar, realizar diversidad de movimientos en el aire e ingresar al agua de la misma forma. En el segundo caso, las deportistas deben moverse dentro del agua de tal manera que puedan lograr los mismos gestos en simultáneo, dependiendo de los ritmos musicales que acompañan el número competitivo. Del mismo modo sucede algo similar en el tercer caso, donde las gimnastas realizan todo tipo de desplazamientos uniformes pero en suelo.

En este tipo de competencias existen jueces que otorgan puntaje según la dificultad y prolijidad de las ejecuciones realizadas, y otros que se fijan en la sincronía. En conclusión, el ganador será aquel con mayor puntaje promediado.

Si hay alguien que ha vivido en sincronía perfecta con Dios fue Jesús. En su encarnación como hombre, nunca se apartó del camino que su Padre le había destinado. Desde su niñez creció aprendiendo y formando su carácter acorde a lo esperado desde lo alto (Lucas 2.52), se aferraba de las promesas escritas para enfrentar las tentaciones (Mateo 4.1-11), se mantenía siempre en contacto a través del estudio de la palabra (Juan 5.39), la oración (Marcos 1.35), congregándose en la iglesia (Marcos 3.1), sirviendo a los demás (Mateo 20.28), predicando el evangelio (Mateo 5), haciendo discípulos (Marcos 8.34), dando testimonio a través de sus actos (Juan 8.3-11) y haciendo razonar a causa de la fe que la gente, de aquella época, profesaba tener (Lucas 20.3-8). Solo de esta forma logró ser un ejemplo de conexión con Dios Padre para toda la humanidad.

En la Biblia se nos muestra que todas las acciones de las personas son anotados por testigos (los ángeles) en el llamado Libro de la Vida; particularmente si estas coinciden o no con la vida que Jesús llevó en la Tierra y dejó como fuente de inspiración e imitación (1 Pedro 2.21). Aquellos nombres que se mantengan hasta el fin serán salvos, y los borrados no.

¿Qué es lo que necesitas hacer para alcanzar tal sincronización con Dios? ¿Qué es lo que necesitas dejar? ¿Qué necesitas cambiar?

Hoy pídele a Dios poder parecerte más a Cristo para *"vivir como Él vivió"* (1 Juan 2.6 TLA). <u>Recuerda</u>: no hay otro ejemplo a seguir que Jesucristo.

DÍA 259 - OSCAR PISTORIUS II (ATLETISMO - SUDÁFRICA)

"El que no ama, no ha conocido a Dios; porque Dios es amor" (1 Juan 4.8 RVR60)

El gran deportista paraolímpico protagonizó uno de los hechos más despiadados al ámbito deportivo: el asesinato de su pareja.

Para el 2013 Oscar ya se había convertido en uno de los deportistas más icónicos del mundo. Ganador de múltiples medallas y reconocimientos (como personalidad deportiva en 2007 y atleta del año con discapacidad en 2012) suponía un hombre con aparentes buenos tratos. Sin embargo, todo lo que alguna vez supo construir, se derrumbó en un santiamén.

El atleta fue arrestado luego de que la policía haya encontrado el cuerpo de su novia con cuatro disparos dentro de su casa. Pistorius negó la culpabilidad pues, según declaró, creyó haberle disparado a un intruso y no así a su pareja, quien se encontraba dentro del baño y con la puerta cerrada. Un año más tarde el sudafricano era condenado a prisión por el acto de asesinato.

"Oscar Pistorius merece irse al infierno". Sin duda has escuchado, en alguna oportunidad, a alguna persona proferir similares palabras, tales como *"no merece el perdón de Dios"*, o *"arderá en las llamas del infierno eterno"*. Esta es una de las grandes mentiras y falsas enseñanzas del cristianismo que Satanás ha logrado esparcir a lo largo de la historia. La doctrina que se encuentra detrás del tormento eterno es la de la inmortalidad del alma; así cada individuo, cuando muere, se dirige al Cielo o en el Infierno, según corresponda, sin esperar la inminente venida de Cristo para resurrección.

La doctrina del infierno bíblico se encuentra ligada al carácter simbólico requerido: lago de fuego, azufre y tormento eterno (Apocalipsis 20.10), fuego eterno (Mateo 25.41), fosos de tinieblas (2 Pedro 2.4), fuego consumidor (Isaías 33.14), gusanos que salen de la carne (Marcos 9.43-48), entre otros ejemplos podrían dar a entender que realmente se tratara de un sufrimiento que no tendría fin.

Pero la realidad bíblica indica que dicha doctrina se encuentra enfrentada a la doctrina del amor. 1 Juan 4.8 declara que Dios es amor, por lo que urge el siguiente cuestionamiento: ¿Puede un ser, cuya esencia es amor, ver a sus hijos sufrir por los siglos de los siglos sin fin? ¿Pueden los salvos vivir en el Cielo, ya sin pecado (y sin pecado no hay dolor) contemplar a sus seres queridos, que no han sido salvos, padecer del tormento en el infierno? ¿No sería una actitud macabra de parte del Todopoderoso?

Judas 1.7 dice que Sodoma y Gomorra sufren el fuego eterno... sin embargo no puede verse que esté sucediendo. Para dilucidar el asunto del infierno es necesario comprender que el fuego, como concepto simbólico, significa purificación (Salmos 66.10-12 – Isaías 48.9-11 – Malaquías 3.2-4 – Marcos 9.49-50 – 1 Pedro 1.17). Cuando Cristo vuelva por 3ra vez, después del milenio (Apocalipsis 20), Jesús purificará la Tierra (junto a nuestra galaxia) con fuego, a fin de restaurarlo todo. De esta forma el pecado será eliminado para siempre, pero lejos estará de mantener a seres en perpetuo sufrimiento.

Hoy prepárate para la 2da Venida del Señor. Confía en que sus juicios son justos y verdaderos. Busca la salvación en su nombre. <u>Recuerda</u>: Hoy es el día de salvación.

DÍA 260 - CHRISTIAN CHÁVEZ (FUTBOL – ARGENTINA)

"Obedezcan a sus dirigentes y sométanse a ellos, porque ellos cuidan sin descanso de ustedes, sabiendo que tienen que rendir cuentas a Dios. Procuren hacerles el trabajo agradable y no penoso, pues lo contrario no sería de ningún provecho para ustedes"
(Hebreos 13.17 DHH)

Fue suplantado por otro jugador y, al salir, demostró su desacuerdo molestándose con el técnico por haber tomado tal decisión. Una vez salido del campo de juego comenzó a discutir con su entrenador, se sentó en el banco de suplentes, y luego se levantó nuevamente para continuar con la discusión. De un momento para el otro varios otros jugadores y, parte del personal del equipo, debieron apresurarse para separar la riña que se había desencadenado por medio del intercambio de golpes entre uno y el otro.

A raíz de esto el club boliviano, Jorge Wilstermann, tomó la decisión de rescindir el contrato del asistente técnico por los hechos desafortunados que se habían desencadenado.

Una palabra lleva a la otra y, de repente y sin saber cómo sucedió, se generan pleitos entre hermanos de iglesia por malos entendidos o por no intentar solucionar los problemas de la manera bíblica (Mateo 18.15-22). Es imposible negar que sucedan estas situaciones dolorosas en la iglesia, por la sencilla razón de que es congregada por personas, y que, en ciertas ocasiones, involucren enfrentamientos entre feligreses y líderes de la misma.

Cuando un pastor ha sido designado a una iglesia para trabajar, o dirigentes han sido dispuestos por la iglesia misma para ocupar ciertos cargos, debe tenerse en cuenta que los mismos, sea cual fuere el caso, fueron elegidos por hombres y mujeres que decidieron someterse a la voluntad del Espíritu Santo para seleccionar a cada una de las personas para que cumpliese con determinada función en la casa del Señor.

¿Cuántas veces has oído hablar mal del pastor o de otros dirigentes de la iglesia? ¿Cuántas veces lo has hecho tú? ¿Te has preguntado por qué lo hacen o, en todo caso, lo haces? Aunque es sabido que la iglesia de Dios es una iglesia perfecta porque se encuentra fundamentada en Cristo y es manejada, al mismo tiempo, por seres imperfectos como lo son los seres humanos, antes de dar una opinión que no sea de carácter reflexiva y constructiva (esto se traduce como opinión con "represión redentora", donde se busca que el otro tome conciencia de sus actos y se vuelva al Camino cumpliendo con sus responsabilidades) debería considerarse que Dios dirigió toda situación para que cada uno esté en el lugar que le corresponde y, aunque a veces esto sea difícil de creer, tener confianza en que a final de cuentas siempre se terminará concretando la voluntad divina, pues es Su iglesia y no la de hombres.

Hoy ponte en la acción de ayudar a tus líderes de la iglesia. Préstales tu confianza y apoyo. No participes con aquellos que los critiquen, más bien exhórtalos para que dejen de hacerlos. Recuerda: ora diariamente por tu pastor, en definitiva él es un ministro de Dios que ha entregado su vida para el ministerio de la predicación.

DÍA 261 - MOHAMMED ALKRAD
(LUCHA GRECORROMANA – SIRIA)

"El Señor le dijo a Abram: 'Deja tu tierra, tus parientes y la casa de tu padre, y vete a la tierra que te mostraré. Haré de ti una nación grande, y te bendeciré; haré famoso tu nombre, y serás una bendición'" (Génesis 12.1-2 NVI)

Fue campeón nacional durante 12 años, representante olímpico de su país, y luego se convirtió en entrenador. Dadas las situaciones actuales de Siria, Mohammed, al igual que cientos de miles de personas, tomaron la decisión de salir de su tierra para buscar refugio en otro país. Es en Jordania donde se encuentra el campamento para refugiados de la ciudad de Zaatari, donde reside él junto a 80 mil compatriotas, a solo 6km de la frontera con Siria.

Cuando llegaron en el año 2012, estuvieron un mes sin realizar ningún tipo de tarea, hasta que Alkrad, junto a la ayuda de ONG, abrieron un centro de lucha. El mismo sirve para, además de promover la actividad física, llevar un alivio mental a los jóvenes que estuvieron en contacto con la guerra, desastres y muerte en su país, por lo que se encuentran cargados de angustia y negatividad. Mohammed testifica que debe centrarse aún más en el trabajo psicológico que en el físico, para poder sacarles una sonrisa a los refugiados.

"En mi opinión todos los que entreno son campeones".

Abram era un individuo que vivía en una región en donde se había olvidado de realizar el culto al Dios verdadero. Sin embargo él era uno de los que persistía en volcarse a su Creador, aunque fuere el único de su familia. Solo en el momento indicado recibió el mensaje de dejar su tierra, su zona de confort, e ir a una nación de gente extraña.

Así fue que el gran patriarca de la fe se movilizó junto a toda su gente rumbo a Canaán. Lo curioso es que cuando Abram llegó al nuevo país lo primero que hizo fue levantar un altar en adoración a Dios. La idea divina de formar una gran nación a partir de su simiente como así también por medio de la evangelización.

Y esto mismo es lo que le sucede a los que son llamados sus hijos. Dios los manda, en algunas circunstancias, a mudarse para cumplir con su misión, mientras que en otros casos pide que se realice lo mismo pero en el lugar donde cada uno se encuentra. Sea de una forma u otra, somos llamados a trabajar a través del método de Cristo (interesarse por las necesidades del otro), pero con el fin de preocuparse por la espiritualidad de cada uno.

Hoy disponte a trabajar por el estado espiritual de los que te rodean. Pídele a Dios que te muestre a quién puedes hablarle acerca de Jesús.

DÍA 262 - STEVEN HOLCOMB
(BOBSLEIGH - ESTADOS UNIDOS)

"Dios miró todo lo que había hecho, y consideró que era muy bueno [...]"
(Génesis 1.31 NVI)

Cuando se enteró que portaba una enfermedad degenerativa en los ojos, decidió quitarse la vida tomando 73 pastillas con whisky, resultando, afortunadamente, un intento de suicidio fallido. Mientras se recuperaba de tal situación, llegó a su vida un nuevo cirujano, el cual implementó un tratamiento innovador en aquel joven que ya había consultado a 12 especialistas y que ninguno le había dado una solución.

Gracias a este, y tan solo un año después, Steven se sobreponía ganando campeonatos mundiales y, tres años más tarde, el oro olímpico en los JJOO de invierno de Vancouver 2010.

En la meditación basada en la historia de Michael Jordan hablé sobre recuperarse de los errores, sobre aprender de la derrota para construir un nuevo presente y mejor futuro. Al final de la misma coloqué la frase popular de la cual hoy quiero explayarme un poco más.

"Hay que aprender a ganar y a perder". Si estuviera en una clase les diría a mis alumnos que levante la mano aquel que piense que esto es verdad. Desde lo particular por mucho tiempo *compré* la idea de que la célebre frase era cierta. Cuando era adolescente tenía serios problemas con los fracasos deportivos. Pensaba que era imbatible en cualquier disciplina y/o situación deportiva. Ganar era mi único fin. Realmente existieron muchas oportunidades donde me tocó ser el perdedor; reaccionaba agresivamente, gritando, pateando o lanzando lejos la pelota, empujando al rival, yéndome abruptamente del sitio, o hasta peleándome con alguno que estaba allí mismo. Entonces, cuando un adulto responsable me observaba (madre, abuela, maestra, profesor), me decía que tenía que aprender a perder, que tenía que ser un buen perdedor; entonces me tranquilizaba aunque nunca entendía el significado de aquello.

¿Por qué pienso que no se puede aprender a perder? Porque, por un lado, perder significa atravesar por un hecho triste y doloroso. Nadie puede decir que perdió algo o a alguien y sintió felicidad. Y sabemos que todo sufrimiento deriva del pecado. El ser humano no fue creado para sufrir, sino que lo fue para ganar, para ser feliz con la presencia de Dios en un mundo perfecto, sin maldad. Por otro lado, aprender implica predisposición, preparación mental y corporal, adquirir conocimiento a través del estudio…

Estoy de acuerdo, y apoyo la moción, de aceptar a perder, o aceptar la derrota. Cuando uno fracasa, este pasa a ser un hecho del pasado e, irremediablemente, ya no se puede cambiar. Por lo tanto lo que queda es la actitud que se toma al respecto en el presente. Aprender de los errores cometidos, aprender de las circunstancias que llevaron al error (por más que no haya sido un pecado necesariamente), sobreponerse y ser mejores que antes.

Hoy recuerda que Dios quiere que seas feliz, que seas prosperado en todas las cosas (3 Juan 2), pero que puedas reponerte del sufrimiento que causa el pecado en esta Tierra.

DÍA 263 - ROHULLAH NIKPAI
(TAEK WON DO - AFGANISTÁN)

"Estad siempre gozosos. Orad sin cesar. Dad gracias en todo, porque esta es la voluntad de Dios para con vosotros en Cristo Jesús" (1 Tesalonicenses 15.16-18 RVR60)

Entre permanentes enfrentamientos bélicos, hubo un momento donde las armas cesaron para ver el combate por la medalla de bronce. Situación inédita para el país que nunca había ganado una medalla olímpica.

Desde pequeño Nikpai tuvo que huir a Irán, por causa de la guerra en su país, donde vivió en un campo de refugiados y, como le gustaban las películas de artes marciales, a los 10 años comenzó a entrenar taekwondo. A los 17 integró el equipo nacional y, gracias a su profesión de barbero, pudo financiarse el viaje a los JJOO de Beijing 2008.

Cuando llegó de los juegos a su país, las grandes masas lo recibieron entre laureles (pues dicha arte marcial se considera el deporte más popular), recibió una casa, auto y dinero.

Nikpai representa un símbolo de auto superación y positivismo a pesar de las luchas que tuvo que enfrentar dentro y fuera del tatami.

El carácter puede definirse como la manera de ser peculiar y privativa de cada persona que condiciona su comportamiento, su actitud, sus reacciones, sus emociones, etc., ante cualquier aspecto de la vida y ante el trato con las demás personas. Siempre he escuchado que la gente dice que *"al cielo solo se llevará el carácter"*, por lo que frecuentemente pienso si es acertada esa frase. Después de todo el carácter también se encuentra impregnado de pecado, dada la naturaleza pecaminosa.

Piensa conmigo: existen hermanos en la fe que son demasiados frontales, otros que se enojan fácilmente, también los hay gritones, ociosos, y hasta aquellos que siempre viven ofendidos. No sé tú, pero yo no quisiera encontrarme con tales personas en el Cielo si siguen manteniendo ese tipo de carácter. El ejemplo del ladrón en la cruz... me pregunto en qué momento pudo haber cambiado su carácter, y así estar preparado para ir al Cielo.

El mismo no se hereda ni se recibe accidentalmente, y solo se logra con esfuerzo individual en el nombre de Cristo. Se deben realizar miradas introspectivas (autocríticas) para corregir cada rasgo defectuoso. Nadie puede decir que no puede remediar sus defectos o que las circunstancias de la vida lo obligan a comportarse de determinada manera. La imperfección de carácter es pecado, por lo que se debe buscar imitar a Jesús constantemente para lograr tener su carácter.

La frase célebre se encuentra incompleta, pues la real dice: *"un carácter formado a la semejanza divina es el único tesoro que podemos llevar de este mundo al venidero"* (Elena White, Mensajes para los jóvenes, pág.70). Ahora sí entiendo. Solo llevaremos al cielo los rasgos del carácter que se encuentren en sintonía con Cristo, no otros.

Hoy piensa en qué *"gajos"* de tu carácter necesitas parecerte más a Jesús. Lucha contra las circunstancias adversas de la vida. Sé positivo, agradece por lo que tienes y sal adelante con una sonrisa.

DÍA 264 - EL PARTIDO INTERMINABLE (TENIS)

"El Señor no tarda en cumplir su promesa, según entienden algunos la tardanza. Más bien, él tiene paciencia con ustedes, porque no quiere que nadie perezca, sino que todos se arrepientan" (2 Pedro 3.9 NVI)

De un lado de la cancha el gigante John Isner (EEUU) con sus 2,08m de altura; del otro Nicolás Mahut (Francia) con 1,91m. Ambos se enfrentaban entre sí en la primera ronda del torneo más prestigioso del tenis mundial: Wimbledon.

El partido comenzó el 22 de Junio de 2010, donde se disputaron los 4 primeros sets en 1h56'. Al día siguiente estuvieron disputando el último set, ya que estaban igualados, nada más ni nada menos que durante 7hs06'. En el tercer día se necesitaron 2hs más para conocer al ganador del encuentro. En total 11hs05' de juego (cabe aclarar que las interrupciones del partido se debían a causa de la falta de luz natural de la cancha).

La foto recorrió todo el mundo. En la misma se ve (de derecha a izquierda) al tablero marcando la puntuación, a Isner con una sonrisa de oreja a oreja por haber ganado, a su lado Mahut con ceño fruncido y enojado, y el juez con una felicidad enorme... quizás hasta más que el cansado Isner.

Muchos cristianos, en algún momento de su vida, se habrán preguntado por qué no habrá vuelto Cristo a buscarlos. Ante tantas injusticias que se ven en la vida, cuántas veces habremos exclamado *"ven Señor Jesús"* (Apocalipsis 22.20 RVR60). Es que si realmente entendemos la maravillosa promesa, nadie querría pasar un momento más en esta tierra.

La Biblia es clara al respecto. Por un lado sabemos que nadie sabe el día en que Cristo volverá (Marcos 13.32), por el otro conocemos, al estudiar las profecías, que aún restan algunos hechos proféticos cumplirse en el mundo, pero que ya se están consumando de a poco (el tiempo está cada vez más cerca, como dice Mateo 13.9: *"el que tenga oídos que oiga"* (RVR60)... y que vea).

Sin embargo hay un punto esencial y extraordinario por el cual Dios no ha vuelto por los salvos. Y la causa de este hecho es el amor mismo de nuestro Salvador. Su amor es tan grande por sus hijos, que no quiere que nadie se pierda. Es tan perfecto lo que ha preparado que desea que todos lo disfruten. A diferencia de muchos que creen en un Dios castigador, Él mismo despeja todo tipo de dudas diciendo: *"¿Acaso creen que me complace la muerte del malvado? ¿No quiero más bien que abandone su mala conducta y que viva? Yo, el Señor, lo afirmo"* (Ezequiel 18.23 NVI. Ver también 1 Timoteo 2.4).

Hoy vive aferrado a la promesa de que Jesús volverá a buscarte y a llevarte a vivir a un mundo perfecto. En aquel día habrá quienes griten de alegría y quienes saldrán despavoridos. Ten por seguro que la espera te parecerá muy corta. <u>Recuerda</u>: mientras lo esperas, hay gente que necesita conocer que Cristo vuelve ¿Qué harás al respecto? *Maranatha.*

DÍA 265 - RELIGIONES

"Hay un solo cuerpo y un solo Espíritu, así como también fueron llamados a una sola esperanza; un solo Señor, una sola fe, un solo bautismo; un solo Dios y Padre de todos, que está sobre todos y por medio de todos y en todos" (Efesios 4.4-6 NVI)

Lewis Hamilton (Inglaterra), corredor de Fórmula 1, de confesión *católica* reza con su crucifijo antes de cada salida en la pista. Según él sus dones vinculados al automovilismo se los ha confinado Dios. En el 2014 fue a conocer al Papa Francisco I.

Meseret Defar (Etiopía), corredora de fondo olímpica (que cuenta con 3 medallas en 3 JJOO), al cruzar la meta y coronarse campeona de Londres 2012 en 5000m dedicó su victoria a la Virgen María mostrando, entre lágrimas, una imagen de esta. Ella profesa ser *cristiana ortodoxa*.

Tim Tebow (Filipinas) es hijo de misioneros *bautistas*, por lo que nació en un hogar plenamente cristiano. Ya de joven, y mientras jugaba al futbol americano, todos los reconocían por colocar versículos bíblicos en las pinturas que marca en sus mejillas.

David Luiz (Brasil) es un famoso jugador de futbol que es miembro de la comunidad *evangélica* de la *Iglesia Hillsong*; él no se avergüenza de poner las manos en la cabeza de sus compañeros y orar por ellos en momentos difíciles como así tampoco de participar del movimiento "Yo escogí esperar", que predica la castidad antes del matrimonio.

Todos ellos, y muchos más, son ejemplos de buenos actos derivados de una vida religiosa que profesan abiertamente. Realmente lo escrito en Romanos 1.16 se hace realidad al verlos profesar su fe delante de grandes masas, sin que los afecte el *qué dirán*. Unos son evangélicos, otros ortodoxos, los hay también católicos, budistas, islamistas (etc.) que conforman el gran grupo de creyentes de todo el mundo. Todos ellos con valores elevados que buscan a Dios y al servicio a la comunidad.

Ahora bien, sabiendo que Jesús mismo dijo que tiene creyentes de muchas religiones que le son fieles y que, por lo tanto, son salvos (Juan 10.16), ¿cuál de estas religiones es la verdadera? El pasaje clave del día nos muestra que existe una sola iglesia que deriva de un solo Espíritu (el cual es el único verdadero) y que trae, por lo tanto, la real esperanza, que es ver a Cristo volver. Y así enumera otros factores elementales para cualquier religión. Pero la incógnita permanece.

Apocalipsis 14.12 muestra las dos características que tiene el pueblo remanente (lo que queda realmente de Dios como iglesia (no como institución)): 1) tienen la fe de Jesús; es decir, que lo reconocen como Dios y salvador del ser humano en su plenitud y que, por consiguiente, volverá a buscar y restaurar todo tal como lo prometió; 2) tienen los mandamientos de Dios; es decir, que se someten y cumplen con la ley divina (no solo la expresada en Éxodo 20) no para recibir la salvación, sino porque ya la han aceptado como gracia del Cielo.

Hoy plantéate por qué asistes a la iglesia que frecuentas. Pregúntate si realmente cumplen con estos dos puntos. Ponlo en oración y avanza hacia la verdad. <u>Recuerda</u>: Religión significa re-ligar, volverse a unir a Dios tal como lo fue en el Edén.

DÍA 266 - RENAUD LAVILLENIE II (ATLETISMO – FRANCIA)

"Amado, yo deseo que tú seas prosperado en todas las cosas, y que tengas salud, así como prospera tu alma" (3 Juan 2 RVR60)

Era la final de salto con garrocha de los JJOO de Londres 2012. El francés, ya estando clasificado para el bronce, decidió apostarlo todo para alcanzar su deseo más preciado, el oro. El escenario no era el esperado, pues solo le quedaba un intento; los dos anteriores (5,91mts de altura) los había fallado. Los competidores que luchaban por el oro ya habían rebasado la altura que Renaud no había podido concretar, por lo que decidió subir la marca. Si lo lograba entonces ganaría el oro.

En esta disciplina los atletas se ubican en un corredor a 40mts de distancia del sector de salto, portando una pértiga de metal envuelta en fibra de vidrio. A la señal corren por el pasillo, situando la pértiga en la cajetilla. A medida que el atleta se eleva, la pértiga se dobla permitiéndole pasar por encima del listón. Cuando lo logra, este suelta la pértiga y cae al colchón.

Ahora el listón se ubicaba a 5,97mts y Lavillenie lo superaba marcando un nuevo record.

¿Cuáles son tus deseos para esta vida? Hoy quiero proponerte que pienses en los deseos que tienes en tu corazón, eso que más anhelas… y los escribas. No como una suerte de carta a Papa Noel o a los Reyes Magos, sino a Dios. Una lista de deseos para Dios.

Para esto hay que partir de la base que Dios quiere que prosperes en todo. Y ¿qué es todo? Pues todo es *todo*. Trabajo, familia, estudios, amigos, iglesia, *hobbies*, dinero, salud… *todo*.

Ahora bien, para que esta lista de deseos pueda cumplirse, habrá que tener en consideración los siguientes aspectos:

1. Isaías 59.1-2: Confesar los pecados, para estar más cerca de Dios. Justificado en el nombre de Jesús.
2. Marcos 11.24: Tener fe en que aquello que se pide en oración se cumplirá, *"porque sin fe es imposible agradar a Dios […]"* (Hebreos 11.6 RVR60)
3. 1 Juan 5.14-15: Seguir la voluntad divina, pues solo de esta forma se podrá obtener lo que pedimos.

En conclusión, cada deseo debe ser presentado a Dios por medio de la oración en condición de pureza espiritual, sabiendo que lo que se pide se encuentra bajo la voluntad del Cielo y, por lo tanto, que se cumplirá.

Entonces aquí surge otra cuestión: ¿cómo saber cuál es la voluntad divina? Existen diversas maneras de escuchar la voz de Dios: orando, leyendo la Biblia, compartiendo a Cristo a otras personas, cantando, por medio de la naturaleza, congregándose en la iglesia, entre otros.

Hoy propone confeccionar tu lista de deseos. Piensa en aquello que quieres obtener en la vida (en los distintos aspectos, incluyendo el espiritual) y pídelo sabiendo que realmente es la voluntad de Dios. Recuerda: tienes el trabajo de relacionarte diariamente y en cada momento con tu Salvador para conocerla.

DÍA 267 - EL BATALLÓN DEL FUTBOL
(FUTBOL - INGLATERRA)

"Pesada es la piedra y pesada la arena, pero la provocación del necio es más pesada que ambas" (Proverbios 27.3 LBLA)

"Jóvenes de Bretaña, los alemanes dijeron que no se lo tomaban en serio. Ellos dicen que los jóvenes británicos prefieren ejercitarse en el campo de fútbol en lugar de exponerse a un solo tipo de riesgo al servicio de su país... ¡y les mentiste! Juega el juego mayor y únete al batallón de fútbol".

Este fue uno de los métodos para reclutar a los jugadores de futbol para la I Guerra Mundial. Aunque en un primer momento, en el estallido de la guerra, los futbolistas no eran considerados para enlistarse en el ejército, pues debían "distraer" a los civiles del conflicto armado, la misma se volvió tan reñida que el país comenzó a necesitar a todo "tipo" de hombre capaz de sostener un arma y dirigirse al frente de batalla.

Así fue como se abrió el debate si los futbolistas debían cambiar los botines por las armas; incluso el famoso literario Sir Arthur Conan Doyle, creador del mítico Sherlock Holmes, dijo al respecto: *"Si un futbolista tiene fuerza en sus extremidades, que las use en el campo de batalla"*. Entre idas y vueltas llegaron a la conclusión que, si bien no los obligarían, utilizarían una estrategia para llamarles la atención. De esta manera se abrió el 17º Batallón de Servicio del Regimiento Middlesex, conformado solo por futbolistas y afines (dirigentes, entrenadores, árbitros, otros).

El mismo, también conocido como el Batallón del Futbol, llegó a componerse de un total de 600 soldados procedentes del ámbito futbolístico. Luego de un año de preparación bélica se dirigieron al campo de batalla donde, en el transcurso de los enfrentamientos, cayeron en batalla alrededor de 500. Hoy puede apreciarse el monumento funerario al mismo en la localidad francesa de Longueval.

¿Alguna vez te has sentido provocado por alguien? ¿Cuáles fueron tus sentimientos al respecto? ¿Y cuáles tus reacciones? Lo cierto es que un buen provocador sabe qué *"fibra"* de nuestro ser tocar para obtener aquello que busca. Y eso que busca bien puede ser algo positivo o algo negativo, siendo esta última la más solicitada.

Generalmente como humanos reaccionamos ante una provocación de manera emocional y no racional. Eso deriva a responder o actuar sin dar lugar a la razón, situación que logra generar un sentido de culpa y arrepentimiento después de haber accionado. El sabio Salomón ya lo decía en sus tiempos, el necio es quien provoca y muchas veces nos lleva a tomar decisiones que él quiere. El personaje de Star Wars Obi Wan-Kenobi dijo: *"¿Quién es más tonto? ¿El tonto o el tonto que sigue al tonto?"*.

Misteriosamente Satanás y sus ángeles actúan de la misma manera. Ellos utilizan la provocación. En diversas oportunidades nos tientan a actuar de manera emocional ante una aparente injusticia que acabamos de presenciar. El fin pareciera ser bueno, pero el medio no. Cuando cedemos sin pensarlo dos veces caemos en su trampa.

Hoy disponte a respirar profundo cuando alguien te provoque. Puede ser en la vía pública, en el trabajo o lugar de estudio, o incluso en tu familia. Piensa cómo respondería Jesús ante tal situación.

DÍA 268 - HAMZA LABEID (NATACIÓN - MAURITANIA)

"A la mañana siguiente, antes del amanecer, Jesús se levantó y fue a un lugar aislado para orar" (Marcos 1.35 NVI)

El nadador de la República Islámica de Mauritania se encontraba compitiendo las preliminares de 50m, estilo libre, en el mundial de natación, llevado a cabo en Shangai en 2011. Antes de tirarse a la piscina, los competidores reciben la orden de subirse a las plataformas de salida correspondientes y se preparan para la entrada al agua, atentos a la señal del juez. Curiosamente este no fue el caso de Hamza. Cuando se había posicionado para el salto, junto con el resto de sus contrincantes, decidió saltar antes de que sonara la bocina que autoriza el salto. El nadador saltó pero, mientras aún se encontraba en el aire, se dio cuenta que había realizado una salida en falso. Esto produjo que no se acomodara lo suficientemente bien como para realizar una entrada correcta al agua, por lo que cayó de "panza". Inmediatamente se produjo una risa homogénea en el estadio y Labeid fue descalificado.

El versículo de hoy nos revela uno de los hábitos que tenía Jesús mientras vivía en la Tierra. No imagino qué método despertador habrá utilizado en aquella época, pero nuestro Salvador se despertaba sabiendo que, lo primero que necesitaba hacer cada mañana, era conectase con su Padre. Por lo tanto, una vez que se levantaba, realizaba su culto personal.

Nótese que el Marcos registra que Jesús prefería estar solo para hablar con su Padre en oración, para meditar en su Palabra, para cargarse de la energía espiritual, con el fin de realizar las actividades de aquel día, estando en armonía con la voluntad del Todopoderoso.

Quizás te preguntes por qué es tan importante orar y abrir la Biblia cada mañana, ni bien te levantas, antes de comenzar el día. Porque con lo primero que se debería cargar (ocupar) la mente es con cuestiones espirituales. Esto permite que la persona le encomiende su día a Dios (proyectos, preocupaciones, ansiedades, gratitudes, dudas, expectativas) a través de la oración, y conozca su sagrada voluntad (qué es lo que quiere Dios de mí) por medio de la lectura de su Palabra.

Otro punto sumamente importante a destacar, es que el culto matutino debe ser un espacio de interacción entre tú y Dios. Nadie más. Solo así podrás tener una relación íntima con Él (con esto no quiero decir que realizar cultos con otras personas está errado, no se mal interprete).

Oración, leer un pasaje de la Biblia cantos, meditaciones por YouTube, lectura de libros, devocionales (entre otros), existen para armar un momento de conexión espiritual.

Hoy comienza a hacer planes para levantarte más temprano y dedicar los primeros momentos de tu día para conectarte con nuestro Creador. Hazlo de forma gradual, sumando cada semana más minutos al culto. Anímate a hacerlo, y al fin del día verás si no ha valido la pena dejar de "salir en falso".

DÍA 269 - ALI KHOUSROF (JUDO - YEMEN)

"Entonces Jesús los llamó y dijo: 'Dejen que los niños vengan a mí, y no se lo impidan, porque el reino de Dios es de quienes son como ellos. Les aseguro que el que no acepte el reino de Dios como un niño, no entrará en él'" (Lucas 18.16-17 DHH)

Desde el 2014 Yemen se encuentra adentrado en una guerra civil que al parecer no tendría fin. Bombardeos, sitios, asesinatos, subversiones y otros relacionados se han convertido en parte de la vida cotidiana de los ciudadanos del país. Más de 10 mil personas han fallecido y al menos 3 millones han sido evacuadas.

Durante una de las protestas, el judoca Ali, quien se había iniciado como olímpico teniendo 17 años en Beijing 2008, recibió un disparo en la pelvis privándolo del entrenamiento por un lapso de 6 meses. Contra todo pronóstico volvió a competir en Londres 2012 mientras su país se derrumbaba.

El gimnasio donde entrenaba fue uno de los tantos blancos destruidos por los enfrentamientos armados. A decir verdad, desde el comienzo de la guerra los eventos deportivos fueron prohibidos, produciendo que los niños y jóvenes se alejasen de la práctica de la actividad física.

Por tal motivo Ali, conjuntamente con algunos de sus compañeros judocas, se propuso llevar el deporte a los niños. Con dicho propósito recorre el país dando demostraciones y saliendo de su ciudad arriesgando su vida (pues en las fronteras no existe ningún tipo de protección) para encontrarse con los niños de los distintos pueblos y aldeas, y así poder jugar con ellos y enseñarles a los chicos cómo realizar actividades de dispersión (con el fin de que se alejen un poco de la cruda realidad y enfoquen sus energías en actividades lejanas al consumo de drogas y a la delincuencia).

Cuando las madres llegaron con sus hijos a ver a Jesús los discípulos formaron un cordón humano (a suerte de guardias de seguridad) para que estos no tengan acceso al Maestro. Al percatarse Cristo de la situación, les dijo que los dejasen pasar. Así Jesús dejaba dos enseñanzas: (1) los niños son igual de importantes que un adulto, por lo que deben ser cuidados con mucha cautela, tratados con amor, realizando planes para su presente y futuro; (2) todo adulto debe disponer un encuentro espiritual con Dios tal como lo haría un niño en su inocencia y honestidad, dejando de lado su creída "autosuficiencia".

¿Alguna vez has escuchado la oración de un niño? ¿Has notado la manera en la que ora por su perro que se encuentra enfermo, o por el trabajo de su padre? Realmente los más pequeños merecen ser tratados con el mayor de los respetos. Generalmente se piensan que son el futuro, pero la verdad indica que son el presente. El presente que, atendiendo a los consejos divinos, garantizan un futuro.

Hoy te invito a que ores por los niños de tu familia y por los de tu iglesia. Desafíate a ver qué aspectos puedes aprender de ellos que te ayude en tu relación con Dios.

DÍA 270 - ALEJANDRO VILLANUEVA
(FUTBOL AMERICANO – ESTADOS UNIDOS)

"Porque si siendo enemigos, fuimos reconciliados con Dios por la muerte de su Hijo, mucho más, estando reconciliados, seremos salvos por su vida" (Romanos 5.10 RVR60)

En 2017 el presidente del país norteamericano Donald Trump protagonizó una serie de conflictos con distintas asociaciones deportivas y con diversos atletas por cuestiones internas de patriotismo (ver meditación *Donald Trump*). Esto trajo como consecuencia la protesta de distintas agrupaciones, asociaciones y atletas vinculados directa o indirectamente en dicho altercado con el primer mandatario.

En dicho contexto el equipo de futbol americano Pittsburgh Steelers tomó la decisión de no hacer acto de presencia en la apertura del encuentro, en el cual se entonan las estrofas del himno nacional[10], quedándose en el vestuario hasta que finalice el mismo. Sin embargo Villanueva, miembro del equipo, permaneció en pie con su mano derecha en el pecho, a la altura del corazón, mientras cantaba el himno. Tal actuación fue vista como un acto de traición hacia sus propios compañeros de equipo, quienes se habían puesto de acuerdo en su decisión de permanecer ausentes.

Tras pedir perdón públicamente declaró: *"Cada vez que veo esa foto de mí, yo solo, me siento avergonzado [...]. Desafortunadamente, vendí a mis compañeros, sin intención"*.

Todo conflicto, ya sea por un mal entendido o por una acción adrede, genera rupturas en las relaciones interpersonales, produciendo la pérdida de confianza y el alejamiento de unos con los otros. Así el perdón y el perdonar juegan un papel elemental en la obra santificadora de cada persona, convirtiéndose en un camino que debiera acompañar a todo cristiano.

Al mismo tiempo la Biblia muestra que todo ser humano ha estado (y muchos aun lo están) en conflicto con el Creador. Todos fuimos, en algún punto, enemigos de Dios y, aunque suene un tanto chocante, esto ha sido elaborado por el pecado que ha separado al hombre del Todopoderoso (Romanos 2.23). De esta manera la Santa Trinidad creó un plan para reconciliarse (volver a ligar) con el hombre teniendo como protagonista a Jesús.

Como bien lo menciona el texto clave de hoy, Cristo ha sido la clave para volver a unir la relación que se había rota entre las personas y Dios, entre ti y Él. Para entender este acto existen dos consideraciones que me gustaría tener en cuenta[11]:

1. Nuestro arrepentimiento y nuestra confesión no generan reconciliación. La muerte de Cristo en la Cruz, sí. Solo debemos aceptar tal sacrificio.
2. Las bendiciones del perdón solo vendrán cuando confesemos nuestros pecados. Sin embargo el perdón del Señor se encuentra aun antes de que nosotros se lo solicitemos. La confesión, entonces, nos permite recibirlo (1 Juan 1.9). Así nuestra vida es transformada.

Hoy toma el desafío de reconciliarte con Dios. Solo debes aceptar la gracia que el Cielo te da.

---

10 Es común observar que en Estados Unidos muchos encuentros deportivos, de distintas asociaciones deportivas, cantan el himno nacional como parte de la ceremonia de apertura.
11 Denis Fortin (2018). Unidad en Cristo. Escuela Sabática IASD (Octubre-Diciembre. Lección 11). Buenos Aires, Argentina. Editorial ACES

DÍA 271 - OLGA FIKOTOVÁ Y HAROLD CONNOLLY (ATLETISMO – REPÚBLICA CHECA/ESTADOS UNIDOS)

"Pues decidí que, mientras estuviera con ustedes, olvidaría todo excepto a Jesucristo, el que fue crucificado" (2 Corintios 2.2 NTV)

Ambos atletas. Ambos lanzadores. Ella de disco, él de martillo. Ambos medallistas en lo más alto del podio. Su historia de amor comenzó en los JJOO de Melbourne 56 donde se conocieron en las pistas, aun teniendo en cuenta que ninguno de los dos podía hablar con soltura el idioma del otro.

Debido al contexto sociopolítico (Guerra Fría), Olga fue catalogada de traidora por las propias autoridades de su país, las cuales alegaban que se encontraba compuesta por un 50% de honor, por haber ganado una medalla de oro para su país, pero complementada de un 50% de vergüenza, por tener una pareja estadounidense. Tanto fue así que, cuando se anunció su casamiento, no pudo representar más a Republica Checa, por lo que debió mudarse a los Estados Unidos junto a su marido.

Allí obtuvo su nueva ciudadanía para poder representar al país norteamericano por cuatro JJOO subsiguientes (hasta llegó a ser la abanderada en Múnich 72). El matrimonio dio a luz cuatro hijos pero no gozó de futuros años felices pues, tras 17 años de casamiento, se divorciaron.

Qué importante es conocer a la gente que a uno lo rodea y con los cuales se relaciona, ya sea desde el familiar, compañero laboral, hasta amigos, la pareja misma. *"No estéis unidos en yugo desigual con los incrédulos, pues ¿qué asociación tienen la justicia y la iniquidad? ¿O qué comunión la luz con las tinieblas?"* (2 Corintios 6.14 LBLA) es tenido como referente para eludir la pregunta referida si es correcto que un cristiano tenga una pareja no cristiana. No digo que no esté bien utilizada, sino que es limitante en cuanto a su finalidad. Es que la misma amplía su significado a todo tipo de relación.

¿Qué clase de amigos tienes? ¿Son amigos que te ayudan a levantarte espiritualmente, o a hundirte? ¿Dónde los buscas, dentro o fuera de ella? Cuando el apóstol Pablo habla del *yugo* desigual se refiere a "no hablar el mismo idioma" que quienes tienes a tu lado. Tú hablas el "idioma de Cristo" ¿y los otros? Como dice el texto clave del día de hoy, toda relación tiene que tener el principal objetivo de presentar a Jesús, desestimando cualquier otro tipo de interés. Recuerda que si tienes un amigo (o pareja) que no comparte la fe es porque tienes que ganarlo para llevarlo a los pies del Salvador. Si no puedes lograrlo y ves que tú corres riesgo, aléjate... aunque duela. Lastimosamente muchas relaciones terminan inclinando la balanza del lado no cristiano; por tal razón se recomienda (bíblicamente) que se busquen compañías dentro del "rebaño" escogido por Dios.

Hoy ora al Cielo para que te de sabiduría para fortalecer tus relaciones interpersonales con el mensaje de Cristo crucificado, resucitado y pronto a venir como máximo objetivo. <u>Recuerda</u>: acércate a ellos para acercarlos a la vida eterna.

DÍA 272 - LUKA MODRIC (FUTBOL – CROACIA)

"Reconoce, por tanto, que el Señor tu Dios es el Dios verdadero, el Dios fiel, que cumple su pacto generación tras generación, y muestra su fiel amor a quienes lo aman y obedecen sus mandamientos" (Deuteronomio 7.9 NVI)

La guerra de los Balcanes vio involucrado a una serie de países de la antigua Yugoslavia que luchaban por su independencia. Entre ellos la actual Bosnia, Croacia, Albania, Serbia (entre otros) se vieron envueltos en la guerra europea más sangrienta posterior a la II Guerra Mundial, que abarcó desde 1991 a 2001, dejando un saldo de casi 200 mil muertes.

Ante tal contexto el consagrado futbolista Modric crecía en una infancia cruda, difícil y triste de sobrellevar. Luego de que militares hayan asesinado a su abuelo, su familia decidió escapar de su hogar para salvaguardarse.

Entre tanto, a los 8 años comenzaba sus primeros pasos por el futbol, siendo que a los 16 firmaba su primer contrato que lo llevaría, años más tarde, a transformarse en jugador profesional, pasando por distintos equipos europeos de gran renombre. Gracias a semejante decisión en su adolescencia, Luka pudo cambiar radicalmente su vida y convertirse en uno de los mejores jugadores del mundo.

Un contrato es un pacto que se genera entre dos partes. Por un lado se encuentra aquella que expone los beneficios con sus términos y condiciones y, por el otro, aquella que decide aceptar sus clausulas con el fin de gozar de tales privilegios, comprometiéndose al cumplimiento de cada punto. Ambos firman acordando cumplir con su rol.

Esto mismo sucede tanto en el plano económico, escolar, laboral… deportivo, como en el espiritual. Dios actúa primero llamando a cada persona a firmar un contrato (también conocido como pacto) para comenzar a disfrutar de las cláusulas que comprende el mismo. Este no se escribe en un papel, sino en el corazón de cada uno en particular. Allí Él expone los beneficios que contrae aceptar su pacto (perdón de pecados, santificación, purificación, dones, protección, salvación, esperanza, etc.), como así también las cláusulas (cumplir con su voluntad – Apocalipsis 14.12), y espera que sus hijos "firmen" gozosos (Apocalipsis 3.20).

Ahora bien, esta firma, que cada individuo realiza, no puede hacerse forzadamente, sino que deviene de una decisión previa sin obligación alguna; por lo que la persona decide voluntariamente obedecer al Contratista.

Fíjate lo que se declara: *"Mi alianza era vida y paz para Leví. Se las di para que me respetara y me temiera, y él me mostró temor y reverencia. Leví enseñaba la verdad y no había maldad en sus labios. Vivía en perfecta relación de paz conmigo y apartó a muchos de hacer lo malo"* (Malaquías 3.5-6 DHH). Nuestro Sustentador nos ofrece firmar contratos de vida y paz; demanda obediencia y fidelidad; solo se demuestra que puede cumplirse tal pacto aceptando la obra transformadora del Espíritu Santo en la vida de cada uno; solo así podremos invitar a otros a firmar el mismo pacto espiritual.

Hoy Dios quiere hacer un pacto contigo ¿Aceptarás?

DÍA 273 - LA ANTORCHA OLÍMPICA

"Porque nuestro Dios es fuego consumidor" (Hebreos 12.29 RVR60)

La llama olímpica se remonta a la antigua Grecia donde se realizaban los antiguos Juegos Olímpicos (776 a.C. a 393 d.C.). La misma conmemoraba el robo del fuego de los dioses por Ptolomeo, el Titán amigo de los mortales, para su posterior entrega a la humanidad.

La antorcha recorría, al igual que en la actualidad, los distintos estados del país anunciando que los Juegos se avecinaban, aportando la fecha exacta con el fin de que se realicen los preparativos pertinentes.

Hoy día la llama se enciende en las ruinas de la antigua ciudad griega Olimpia, más precisamente en el Templo de Hera. La ignición se origina a través de un disco que refleja la luz solar (pues se encuentra rotundamente prohibido realizarlo manualmente). Desde Grecia comienza el recorrido por todos los continentes y países del mundo que competirán en la cita olímpica, ya sea por tierra corriendo, en bicicleta u otro automóvil, por aire y hasta por agua.

Tanto en los modernos, como en los antiguos juegos, la llama debe mantenerse encendida durante toda la celebración de la cita deportiva.

En la Biblia también aparece una llama que nunca se apaga, pues la misma no es encendida por manos humanas. Qué tremenda carta presentación la que realiza el apóstol Pablo con este versículo. De seguro que si le decimos a una persona, que no conoce el evangelio, que Dios consume todo como un fuego, seguramente se saldría corriendo.

Para entender el concepto de Dios como fuego, hay que comprender qué simboliza el fuego en la Biblia. El mismo es entendido como el proceso de perfeccionamiento por el cual, todo ser humano entregado a la deidad debe transitar. Y este perfeccionamiento solo se da una vez superado un momento penoso (Satanás lanza la desgracia y, en ciertas ocasiones, Dios lo utiliza como una prueba, Job 1). Para esto se utiliza la imagen del artesano que trabaja con oro y plata, por lo que él debe pasar dichos metales por el fuego para que los mismos puedan brillar y purificarse (Malaquías 3.2-3). De tal forma, a través de las pruebas, se perfecciona la fe y, por consecuencia, se produce un acercamiento más estrecho a Dios.

La Palabra de Dios también funciona como fuego purificando el pensamiento y el entendimiento del Creador y su voluntad (Salmos 12.6). Así, el carácter puede asimilarse al de Cristo.

Finalizado el milenio (Apocalipsis 20) caerá fuego del cielo para quemar a los impíos (es decir, a aquellos que decidieron mantener una vida de pecado) y, junto con ellos al planeta Tierra. Gracias a esta acción el mundo será purificado por última vez para que se genere la restauración de todas las cosas, para que el nuevo mundo habite sin presencia de pecado una vez y para siempre (Apocalipsis 20.7-10).

Hoy agradece por la oportunidad de ser probado, pensando que tu ser se perfeccionará cada vez que salgas victorioso de la prueba.

DÍA 274 - GUSTAVO FERNÁNDEZ (TENIS – ARGENTINA)

"[...] Y Mefiboset comió a la mesa de David como uno de los hijos del rey"
(2 Samuel 9.11 LBLA)

Al año y medio de vida sufrió un infarto medular, lo que le produjo una paraplejia (incapacidad de movilizar los miembros inferiores, muchas veces acompañada de perdida de sensibilidad). El mundo se veía muy oscuro para sus padres, quienes debían readaptar su forma de vida tras dicho accidente. De todas maneras Gustavo siempre fue un persona inquieta y curiosa, hecho que fue utilizado como ventaja para su desarrollo como individuo, en todos sus aspectos (como prioridad, según él mismo lo ha indicado) y para el logro de su éxito deportivo.

De familia deportista, a los 6 años de edad comenzó a probar el tenis en silla de ruedas, luego de haber pasado por básquet y natación. Apoyado por sus más allegados, fue creciendo en tal deporte a tal punto de haber cosechado una veintena de títulos, entre ellos Grand Slams.

En Julio de 2017 logró el puesto n° 1 del ranking mundial del tenis en silla de ruedas.

Mefiboset, hijo de Jonathan, era el último de la estirpe de Saúl. Cuando David finalmente reinaba en Israel mandó a buscarlo. La historia cuenta que, en la huida generalizada que se dio tras la muerte de Saúl, Mefiboset, aun siendo bebé, cayó al suelo desde los brazos de su nodriza. Dicho accidente le produjo contraer una discapacidad en sus extremidades inferiores (probablemente una paraparesia producto del traumatismo), la cual le imposibilitaba caminar.

La escena bíblica nos muestra cuan cruda era la realidad en la cual vivía este personaje. De ser príncipe y heredo a la corona, a contraer una discapacidad y ser escondido en una ciudad apartada para los criminales; para luego ser llamado por el rey, pensado *"me descubrieron, ahora sí que soy hombre muerto"*.

Sorpresivamente se encontró con un rey benévolo, el cual quería tratarlo como a un príncipe por más que él mismo sentía que no lo merecía. A partir de ese momento Mefiboset volvió a tener prosperidad y hasta a comer en la misma mesa del rey como uno de sus hijos y herederos.

Este es un claro ejemplo de cómo actúa la **gracia** en el ser humano. Antes de la entrada del pecado al mundo, éramos príncipes pero, tras la caída, pasamos a merecer la muerte misma (Romanos 6.23). En ese momento el ungido de Dios, Jesús, nos llamó para devolvernos las riquezas, para tratarnos como príncipes y coherederos aunque no lo merezcamos (Romanos 8.27).

Hoy Jesús te invita a que puedas sentarte a su mesa. Solo tienes que aceptar su gracia divina ¿qué harás?

DÍA 275 - MARJORIE JACKSON (ATLETISMO – AUSTRALIA)

"[...] Hemos llegado a ser un espectáculo para todo el universo, tanto para los ángeles como para los hombres" (1 Corintios 4.9 NVI)

Nació en un pequeño pueblo de Australia llamado Lithgow a fines de la II Guerra Mundial, en 1945. Al comienzo de su adolescencia su padre habló con el entrenador del colegio para dialogar sobre el futuro de Marjorie. Luego de ahorrar por 6 meses para comprarse las zapatillas de entrenamiento, comenzó a correr oficialmente a los 15 años de edad, ganando el campeonato nacional.

Cuando clasificó a los JJOO de Helsinki 52 era invierno en Australia, por lo que no tuvo otra opción, dado a sus recursos económicos, que entrenar al aire libre en una pista construida por sus propios vecinos. Pista que también servía de entrenamiento para las carreras de caballos, ciclismo y las ligas de rugby. El panorama tragicómico se completaba por la ausencia de luz artificial, por lo que su entrenador encendía las luces de su auto, ubicado al final de la pista, para que la joven pudiera correr hacia adelante, aunque le costase sucesivos golpes contra el mismo, dado que la luz la encandilaba de tal forma que le imposibilitaba ver dónde frenar.

En aquella cita olímpica Jackson deslumbró al coronarse campeona en los 100 y 200m llanos con amplia diferencia. Marjorie cuenta que aquellos momentos fueron unos de los más importantes en su vida, pues sentía que no solo había ganado por ella, sino también por todas las personas de su pueblo que la habían apoyado por tantos años. Ella había dedicado todos los años de su adolescencia para aquel momento, para representar a su país. Cuando arribó a su tierra natal todos la estaba recibiendo. Los 155km que la separaban del aeropuerto a Lithgow fue congraciada en un recibimiento que duró todo el día. Cada pueblo que atravesaba la recibía con honores.

Al llegar a su casa su padre le dijo: *"Ahora eres una campeona olímpica, deberías dar el ejemplo respecto de cómo vives la vida"*.

Marjorie Jackson fue la primera mujer australiana en ganar un oro olímpico en atletismo. De 2001 a 2007 se convirtió en gobernadora de Australia del Sur

Quieras o no tu vida es un espectáculo que está siendo visto por millones de seres, cual *reality show*, las 24hs del día ¿Y por qué los cristianos nos hemos convertido en un espectáculo? Porque cuando aceptamos a Jesús en nuestra vida, a pesar de nuestra realidad pecaminosa, comienza a haber una transformación tanto por dentro como por fuera. Transformación que llama poderosamente la atención, cual testimonio, a todos los que nos rodean y conocen, ya sean personas, como ángeles y criaturas de otros mundos creados por Dios (incluso por Satanás y sus secuaces que no toleran que esto suceda). Es detalle no menor que Pablo mencionara a los ángeles, aquellos testigos que vieron morir en la cruz a Dios mismo y que ahora nos alientan para seguir adelante en cada prueba de la vida, sabiendo el sacrificio que llevó la salvación del hombre. Ellos son siervos del Altísimo para preparar nuestros caminos y acompañarnos en ellos. Ellos se encuentran deseosos de vernos llegar al Reino de los Cielos para darnos la mejor de las bienvenidas.

Hoy pide que tu vida sea un ejemplo y un espectáculo de salvación para el mundo entero. <u>Recuerda</u>: compórtate como un campeón de la fe, vive con la seguridad de la salvación.

DÍA 276 - KRISTINA VOGEL (CICLISMO – ALEMANIA)

"En cuanto a mí, ¡qué bueno es estar cerca de Dios! Hice al Señor Soberano mi refugio, y a todos les contaré las maravillas que haces" (Salmos 73.28 NTV)

Kristina se ha transformado en un ejemplo del ciclismo de pista de Alemania tras ganar un oro olímpico en Londres 2012 y un oro y un bronce en Rio 2016. Pero no solo su futuro, sino también su presente se vieron truncados en 2018 tras sufrir un accidente mientras entrenaba en la pista, donde chocó con otro ciclista, quedando con una tetraplejia.

*"**Haga lo que haga, sé que no volveré a caminar**"* fueron las primeras palabras que la ciclista declaró tras el accidente.

Ya en la fase de recuperación y rehabilitación, Vogel brindó una rueda de prensa donde contaba cómo debía acostumbrarse a la nueva vida comparándola como un bebe que debe aprender todo nuevamente. *"Quiero volver a la vida"* fueron quizás las palabras más significativas que dijo.

Gran paradoja a la que se enfrenta Kristina, pues de ser bicampeona olímpica y dedicar su vida a un deporte en el cual la funcionabilidad de sus piernas es vital, ha pasado a movilizarse en una silla de ruedas y recomenzar una nueva vida ¿No es injusta esta situación? ¿Por qué le sucedió esto a ella y no a otro, quizás a alguien que realmente "merecía estar en dicha situación"?

Estas preguntas suelen ser frecuentes cuando las adversidades de la vida nos golpean, aún más cuando perdemos algo (sea material, emocional, corporal, entre otros). El salmista Asaf escribió un salmo tras experimentar una vivencia similar. El Salmo 73 revela a un hombre que se ha fijado la manera en la cual aquel que ha rechazado la senda justa de la vida goza de buena fortuna de toda índole mientras que él, siendo obediente a Dios, no hace otra cosa que sufrir a causa de las injusticias de la vida. Asaf mira a los rebeldes y hasta llega a tener envidia de ellos, deseando tener sus posesiones, deseando llevar una vida sin problemas, deseando darse los placeres de la vida sin que nada malo les suceda. Luego de hacer una pregunta profunda (*"¿Conservé puro mi corazón en vano? ¿Me mantuve en inocencia sin ninguna razón?"* (v.13 NTV)) llega a la conclusión que los malvados no tendrán un buen final, pues la justicia divina siempre triunfa. A consecuencia su ánimo decayó por haberse dado cuenta que había dudado de Dios, sin embargo sentía que, a pesar de sus pecados, aun le pertenecía a su Salvador.

Asaf concluye diciendo: *"¿A quién tengo en el Cielo sino a ti? Te deseo más que cualquier cosa en la tierra. Puede fallarme la salud y debilitarse mi espíritu, pero Dios sigue siendo la fuerza de mi corazón; él es mío para siempre"* (v.25-26 NTV). Amen.

Hoy no pierdas tiempo en ver por qué atraviesas dificultades mientras que otros, que no tienen a Dios, viven sus días sin ningún tipo de preocupaciones. Ten presente que Dios se encuentra a tu lado para fortalecerte y animarte. <u>Recuerda</u>: Vale la pena conservar tu pureza, pues Dios hará justicia.

DÍA 277 - LA ROJIBLANCA (FUTBOL – PERÚ)

"¿Y cómo irá alguien a contarles sin ser enviado? Por eso, las Escrituras dicen: '¡Qué hermosos son los pies de los mensajeros que traen buenas noticias!'"
(Romanos 10.15 NTV)

Fue en la Copa del Mundo de la FIFA de 1982, realizado en España, donde el seleccionado de futbol peruano había dicho presente por última vez. Sin embargo, la historia le daría una vuelta al infortunio ya que, luego de 36 años de sequía mundialista, a fines del 2017 los *rojiblancos* estaban sacando el pasaje para el mundial de Rusia 2018.

No cabe duda que todas los dedos señalan al autor intelectual de tal proeza deportiva para dicho país, el profesor Ricardo *"el Tigre"* Gareca quien, de nacionalidad argentina, fue contratado para llevar adelante al equipo. Si bien al principio de las eliminatorias sudamericanas (donde se decide quién clasifica y quién no al mundial) tuvo sus altibajos, ya en 2017 se posicionó como uno de los candidatos a llevarse una plaza mundialista pero, tras ciertos resultados quedó posicionado en el 5to lugar, en zona de repechaje, teniendo su última oportunidad al disputar un partido contra Nueva Zelanda, donde obtendría la victoria y su clasificación al mundial.

Aquel 15 de Noviembre de 2017 fue un día histórico, en el cual el mundo futbolístico, considerablemente el sudamericano, no paraba de elogiar y hablar del director técnico. Entrevistas, premiaciones, condecoraciones, saludos multitudinarios... Gareca se encontraba en la boca de todos.

¿Puedes imaginarte cómo será el día donde todos los cristianos dejemos de hablar del futbol, o de aquella película taquillera, o del presidente? ¿Sabes cuándo sucederá tal cosa? Cuando Jesús esté en boca de todos. Cuando su pueblo esté dispuesto a predicar el evangelio a todo el mundo.

Mientras les aclaraba que Dios no tiene favoritismos, sino que está dispuesto a derramar bendiciones a todo aquel que lo busque, el apóstol Pablo realiza un juego de preguntas de lo más interesante, y didáctico. Para que las personas que no conocen la verdad puedan acceder a ella necesitan creer, pues la salvación es por fe. Para que ellos crean se necesita gente que les predique, que les diga en quién creer. Y para que alguno les predique tuvo que haber alguien que los haya enviado (Romanos 10.12-17).

Dios es aquel que envía a todos sus hijos a predicar las buenas nuevas de salvación (Mateo 28.19-20), y estas se encuentran en su Palabra, las cuales cuentan sobre la obra de Jesucristo (Juan 5.39).

Solo cuando el cristianismo entienda el poder de estas palabras, y la responsabilidad que conlleva aceptarlas, se generará una revolución mundial en la predicación. Todos saldremos a contar que Jesús viene. Seremos apasionados de Cristo.

Hoy piensa cuánto de esto estás haciendo en tu vida. Plantéate cuántos de tus conocidos saben de un Dios todopoderoso que está dispuesto a cambiarles sus vidas.

DÍA 278 - MICHAEL DIAMOND (TIRO - AUSTRALIA)

"Estén alerta. Permanezcan firmes en la fe. Sean valientes. Sean fuertes"
(1 Corintios 16.13 NVI)

Con un padre gerente de un club de tiro, Michael comenzó a entrenarse a la corta edad de 8 años. A sus 20 conseguía la primera aparición en un JO y, en Atlanta 96 conseguía su primer oro olímpico, el cual sería revalidado en su tierra natal, en Sídney 2000.

Pero no todo fue un camino color de rosas para este intrépido personaje del deporte, pues el primer incidente sucedería tiempo antes de iniciarse los JJOO de Atenas 2004, donde Michael protagonizaría un pleito, con su pareja del momento, con arma de fuego de por medio. Sin embargo los hechos de comportamiento dudoso no culminaron en aquel entonces. Previo a Rio 2016, fue acusado de conducir en estado de ebriedad, negarse a someterse al test de control de alcoholemia, portar armas en la vía pública, entre otros.

Como consecuencia de estos últimos incidentes (de oficio) el tribunal le quitó la licencia para portar armas de fuego por un lapso de 10 años y, sin licencia, el bicampeón olímpico quedaría fuera de la cita olímpica, pues es necesario que los tiradores presenten sus licencias al día.

¿De quién es la culpa de que Michael Diamond no haya podido participar de Rio 2016? ¿Quién lo motivó para que cometiera esta suma de negligencias? ¿Fue obligado a cometerlo?

Hoy quiero hablarte sobre aquello que, como seres humanos, permitimos ingresar, de manera conciente, a nuestra mente con lo que vemos (sea una serie, película, imagen, videos, situaciones varias), con lo que escuchamos (conversaciones, música) y comemos. En resumidas cuentas, en ciertas circunstancias de la vida pareciera ser que fuéramos nosotros mismos quienes buscáramos ser tentados. Así se autoriza a Satanás a ingresar a los pensamientos humanos para que logre fijar ciertos gustos.

Proverbios 4.24-27 dice: *"Evita el decir cosas falsas; apártate de la mentira. Mira siempre adelante, mira siempre de frente. Fíjate bien en dónde pones los pies, y siempre pisarás terreno firme. No te desvíes de tu camino; evita el andar en malos pasos."* (DHH). No cedas en cosas que quizás parezcan pequeñas o de menor tenor, porque una sucederá a la otra hasta llegar el momento donde la "bola de nieve" se ha hecho demasiado grande como para controlarla. Cuando el sabio Salomón adhiere a no desviarse del camino de cada uno, se refiere al camino encomendado por Dios mismo; por lo tanto exhorta a examinarlo todo en base a la regla bíblica.

Curiosamente cuando se coloca la regla del mundo, llega un momento donde la regla divina se correrá para ceder a la mundanal. Entonces, aquello que antes parecía que provocaba algún daño, "ya no lo hace"; y no porque haya dejado de tener un carácter perverso, sino porque la mente se ha podido acostumbrar al pecado y, por consiguiente, la reiteración del mismo.

Hoy pregúntate qué es más importante: algún placer pasajero o la vida eterna. Ora para poder estar alerta.

DÍA 279 - GABRIEL BATISTUTA (FUTBOL – ARGENTINA)

"Porque estrecha es la puerta, y angosto el camino que lleva a la vida, y pocos son los que la hallan" (Mateo 7.14 RVR60)

Conocido como el *"Batigol"* por su carácter de goleador en la selección de futbol argentina, supo ser el máximo artillero del seleccionado, hasta la irrupción de Messi como el nuevo astro del futbol del país, Batistuta tuvo una brillante carrera tanto en la Argentina como en Italia, logrando ganar, además, dos copas Américas.

A pesar de todos los éxitos, hacia el final de su carrera (2005) comenzó a transitar por un camino de dolor causado por la misma trayectoria deportiva. Su cuerpo había sido sometido a tratamientos paliativos del dolor, con el fin de que pudiera seguir rindiendo físicamente. Error que fue pagado con creces al dejar el deporte.

Una de sus afecciones estuvo relacionada a sus tobillos, los cuales tenían la articulación tan desgastada (osteocondritis) que todo el peso corporal descargaba directamente sobre los huesos. Su dolor era tan agudo que había días que prefería quedarse acostado en su cama y hasta orinarse encima con tal de no sufrir más dolor. De hecho era tanto que cierta vez hizo una visita al médico con la petición de que le amputasen las piernas y le colocasen unas ortopédicas.

El médico determinó realizar una artrodesis, que es la fijación misma de la articulación del tobillo. Se la hicieron en uno solo (derecho) debido a que dejaría de tener movimiento y, de esta forma, podría descansar el peso corporal sobre la pierna.

Cual escena de una película de suspenso, en la Biblia se nos muestran dos caminos que conducen a dos finales distintos. El primero es identificado como una senda ancha, espaciosa, que tiene la particularidad de dar descanso y distracciones varias a sus transeúntes. Ambos componentes (camino y puerta) se muestran dando una impresión de comodidad y seguridad a aquellos que opten por atravesarlos, como si ningún peligro podría sobrevenir.

El otro camino es completamente opuesto. Estrecho, angosto y, al igual que la puerta, muy pocos pueden transitar por él. La percepción de inseguridad, peligro y soledad hace que muchos decidan tomar el camino ancho a este mismo, para evitar cualquier tipo de contratiempo.

¿Tú cuál elegirías? Paradójicamente, y al contrario de lo que se demuestra en una ficción, el camino y puerta que llevan a la salvación no son el primero, sino el segundo. Claramente no es el más popular, ni el que mejor publicidad tiene… hasta es despreciado por el público en general. Muchos han tomado la decisión de transitarlo y pocos han podido continuar caminando por él hasta el fin de sus días. Es que la decisión de seguir caminando por un trayecto, que muchas veces se vuelve a cada paso más doloroso, requiere un acto de fe. Fe que se demuestra pisada a pisada.

Hoy ora pidiendo una fe que te permita seguir caminando hacia la puerta de la salvación donde te espera Jesús mismo. <u>Recuerda</u>: quizás haya situaciones donde quieras dejarlo, pero persiste porque *"el que se mantenga firme hasta el fin será salvo"* (Mateo 24.13 NTV).

DÍA 280 - MICHAEL JORDAN II
(BÁSQUET – ESTADOS UNIDOS)

"Por eso, anímense y edifíquense unos a otros, tal como lo vienen haciendo"
(1 Tesalonicenses 5.11 NVI)

Si pensabas que el mejor jugador del basquetbol había nacido con una pelota grande y naranja bajo el brazo te equivocas. El rompedor de todos los records lejos estuvo del baloncesto en su formación deportiva escolar. En realidad el deporte que más le apasionaba (e incluso hoy día lo hace) era el beisbol donde, de hecho, logró transformarse en el jugador más valioso y en un "joven promesa" del deporte.

Michael pasó de un colegio al otro practicando distintos deportes más allá del beisbol, entre ellos el futbol y el futbol americano. Pero cuando ingresó al secundario el basquetbol comenzó a interesarle cada vez más, por lo que decidió anotarse en el equipo.

Mientras que por un lado le aconsejaban que se dedicara al estudio, pues por medio de este podría triunfar en la vida (Michael contaba con calificaciones altas), por el otro recibía la gran decepción de no verse dentro de la lista de los convocados por el entrenador para formar parte del equipo, luego de las pruebas correspondientes, dado que el entrenador lo desestimaba por sus escasos 1.80m de altura. Michael pregunto *"¿qué debo hacer para crecer más?* – *"pon sal en tus zapatos y reza"* le contestó su entrenador.

Al volver a su casa se encerró en su habitación para arrojarse a un llanto amargo. Su padre se sentó a su lado y le dijo las palabras que lo marcarían a fuego: *"Tu grandeza está en el interior, podrás ser tan grande como quieras ser en tus pensamientos"*. Aquellas palabras no las olvidaría jamás. En ese año participaría en el equipo B del secundario donde rompería todos los records. El resto, es historia conocida.

¿Cómo responderías si te dijeran que, palabras más palabras menos, no sirves para algo a lo que aspiras? Somos seres creados para vivir en sociedad, la cual se encuentra enmarcada en el libre albedrío individual, razón por la cual muchos lo utilizan para referirse al otro de manera despectiva, y sin medir palabras, hiriendo fuertemente las emociones, sin importar las consecuencias a posteriori. Dichas declaraciones (sin importar que sean ciertas o no) provocan limitaciones emocionales en el otro; limitaciones que lo condicionan desde la toma de decisiones en las actividades de la vida cotidiana, hasta alterar la valoración de sí mismo.

Quizás tú te encuentras atravesando por una situación similar. Quizás alguien no te ha valorado, te ha dicho cosas que realmente te han herido. Quizás acabas de romper con una relación que te generaba sentimientos negativos, frustración y hasta te hacia dudar de ti mismo. Quizás hoy has construido una coraza alrededor tuyo que impide que otros accedan, porque te encuentras herido emocionalmente y no quieres que otros te vuelvan a maltratar.

Hoy quiero decirte que Jesús llega a tu vida para destruir con dicha coraza, Él te dice que no te centres en tus limitaciones, sino en verlo a Él, para que sus milagros se manifiesten en tu vida y obtengas la grandeza en su voluntad.

DÍA 281 - PAAVO NURMI (ATLETISMO – FINLANDIA)

"Por tanto, den a estos hombres una prueba de su amor y muéstrenles por qué nos sentimos orgullosos de ustedes, para testimonio ante las iglesias" (2 Corintios 8.24 NVI)

Para poder concebir la grandeza del *"finlandés volador"* ten en cuenta que de las 17 medallas de oro obtenidas por Finlandia, entre los JJOO (3) 1920 a 1928, Paavo ganó 9.

Los JJOO de Paris 24 representaron una ruptura de la realidad para todo el mundo. Lo que Nurmi estaría por demostrar lo transformaría en el ejemplo a seguir. El fondista ganó 5 medallas de oro en solo seis días, y con escasas horas de descanso entre cada competencia.

Nurmi compitió en todo lo que quiso en aquel JO, con excepción de los 10mil metros debido a que se lo prohibieron. De esta manera Paavo participó de las carreras de 1500m, 5000m, 3000m por equipos y la carrera de campo a través (10000m) individual y por equipo. Todas ellas en una sola semana, teniendo en cuenta que existieron las instancias clasificatorias para algunas de ellas. Lo más sorprendente de la historia es que en un mismo día tuvo que competir en la final de 1500m y, tras ganarla y esperar tan solo 2hs, correr por la medalla de 5000m ganando así, dos medallas doradas en un solo día.

Una revista de deporte francesa escribió: *"Paavo Nurmi va más allá de los límites de la humanidad"*.

Una vez consolidado como una celebridad, recibió ofertas para correr en Estados Unidos, donde disputó 52 de ellas en tan solo un año, perdiendo solamente en una. Pero se le acusó de haber cobrado por correrlas, situación que se prohibía en aquella época pues eso lo convertía en un atleta profesional. Aunque esto nunca se demostró, Nurmi no pudo disputar de los que serían sus cuartos JJOO. Años más tarde fue exonerado del caso.

Piensa en lo que eres bueno… mejor dicho, en lo que crees que eres realmente bueno y te destacas del resto de las personas que te rodean. Seguramente algo debes tener. Quizás seas el mejor haciendo un deporte, o hablando en público, estudiando, en tu trabajo, liderando, en tu belleza (etc.). Reconocer aquello en lo que uno es bueno es algo saludable. Pero también lo es comprender la influencia que desencadena ser un ejemplo hacia los demás.

Cuando uno comienza a creer en sus propias cualidades, olvidándose que Dios se las ha dado, creyendo que, a causa de estas, se encuentra en un lugar de privilegio con respecto a los demás, ha caído en la trampa de Satanás. Las decisiones tomadas sin la guía divina pueden terminar yendo contra la voluntad de Dios. La cuestión no es en cuántas cosas eres bueno, sino en cómo utilizas esos dones del Cielo ¿A través de ellos puedes decir que eres una buena o una mala influencia?

Hoy consagra los dones recibidos para la causa de Dios. Recuerda: De ti depende el modo de utilizar las capacidades que Dios te ha dado como don del Cielo.

DÍA 282 - STEVEN BRADBURY
(PATINAJE DE VELOCIDAD - AUSTRALIA)

"De modo que los que ahora son los últimos, serán los primeros; y los que ahora son los primeros, serán los últimos". (Mateo 26.16 DHH)

En los Juegos Olímpicos de Invierno del 2002, disputados en Salt Lake City (EEUU), ocurrió la victoria por la medalla de oro, quizás, más ridícula e inesperada de todos los tiempos.

Sucedió en la final de "patín de velocidad en pista corta". En esta disciplina los deportistas deben patinar, sobre una superficie de hielo, alrededor de un óvalo conformado tan solo por 111m sin división de carriles, lo que produce, con frecuencia, caídas y accidentes varios.

El australiano se encontraba finalizando su carrera deportiva participando en la final de 1000m (9 vueltas). Desde el comienzo de la misma se mantuvo rezagado en la última posición de los velocistas que ganaban cada vez más terreno. Lo curioso fue que, faltando menos de una vuelta, el que se encontraba en la tercera posición perdió su equilibrio, produciendo un efecto dominó, y generando la caída catastrófica de todos los patinadores que estaban disputando la medalla. Así, sin ningún otro sobresalto, Steven pasó de ser del último competidor al primero, y de irse con las manos vacías a ganar la medalla de oro, tras pasar por sus contrincantes, quienes se encontraban aturdidos y desparramos por el suelo.

Quizás hoy te sientas un fracasado porque no logras cumplir con tus objetivos, o pienses que ya nadie te tiene en cuenta. Sientes que miras al resto de lejos. Los ves hacer realidad sus sueños y eso te frustra. Ves como progresan en distintos ámbitos de su vida, y tú pareciera ser que mantienes siempre un mismo ritmo, como si estuvieras estancado.

Hoy quiero decirte que a Dios no le interesa en qué "puesto" de la tabla de posiciones, que genera el mundo, te encuentras. Él no está preocupado por eso. De lo contrario, sí se preocupa por el puesto que logres obtener en la entrada a su reino. En este sentido, la realidad indica que si aceptas a Cristo como tu salvador y vives una vida de fe, serás salvo y, por lo tanto, obtendrás la corona de vida. Pero si no lo aceptas entonces estarás rechazando la salvación que te es ofrecida gratuitamente. Blanco o negro. Campeón o nada. Ni siquiera segundo o tercer puesto.

Acuérdate que Dios anhela que cambies la forma de ver esta vida. Que logres contemplarla como él lo hace. Por este mismo motivo el apóstol Pablo dijo: *"no imiten las conductas ni las costumbres de este mundo, más bien dejen que Dios los transforme en personas nuevas al cambiarles la manera de pensar. Entonces aprenderán a conocer la voluntad de Dios para ustedes, la cual es buena, agradable y perfecta"* (Romanos 12.2 NTV)

Hoy sal convencido a mantenerte en el camino de la verdad. A mantener el ritmo de la fe cristiana sin que te importen los valores que el mundo coloque. Qué bueno es saber que, si nos mantenemos constantes y sin dudar de su Palabra, llegaremos a la meta y ganaremos la *medalla* incorruptible que se nos tiene preparada.

DÍA 283 - RICARDO DOS SANTOS LEITE (FUTBOL – BRASIL)

"La voluntad de Dios es que sean santificados; que se aparten de la inmoralidad sexual; que cada uno aprenda a controlar su propio cuerpo de una manera santa y honrosa, sin dejarse llevar por los malos deseos como hacen los paganos, que no conocen a Dios"
(1 Tesalonicenses 4.3-5 NVI)

El futbolista brasilero desde su temprana edad profesó ser religioso, perteneciente a la iglesia cristiana evangélica, sin temer a que el resto lo sepa. Ricardo, más conocido como *Kaká*, ha sido cuestionado, y burlado, durante muchos años por sus hábitos un tanto distantes al del resto de la gente. Cuando esto se hizo conocido, no tardó en esparcirse la noticia.

Aquello que tanto asombraba a la gente, aquello que no se podía concebir como algo cierto, viene a ser un mandamiento divino: mantenerse virgen hasta el matrimonio. Kaká contó en una entrevista que, a pesar de que no había sido fácil mantener un estado de sobriedad al respecto, tanto él como su mujer se habían casado sin haber tenido relaciones sexuales ni entre ellos ni con otras parejas.

Según cuenta su propia historia, cuando se pusieron de novios decidieron esperar un lapso de 3 años para contraer matrimonio. No le resultó nada sencillo por las tentaciones que el ámbito de la fama misma le seducía, pero mantuvo una actitud inconmovible. Al respecto dijo: *"Soy un chico normal. No fue fácil llegar al matrimonio sin haber estado nunca con una mujer. Con Caroline, nos besábamos y había deseo, pero siempre nos hemos contenido. Si hoy nuestra vida es así de hermosa, creo que es porque hemos sabido esperar".*

Desde la creación del hombre Dios mismo observó la vida del ser humano y dijo que no era bueno que esté solo (Génesis 2.18), por lo que creó a la mujer (v.19-23), compañera idónea (es decir aquella persona que reuniera las condiciones necesarias para compartir una vida a su lado) para que vivieran juntos. Allí en el Edén mismo, Jesús realizó el primer casamiento en la Tierra.

La virginidad es un pacto que Dios pretende que, tanto el hombre como la mujer, se cumpla hasta el momento donde los novios decidan casarse bajo la bendición divina. Así, en la "noche de bodas", ambos se unen en cuerpo y espíritu transformándose en "una sola carne". Cuando este no se respeta entonces la marca de santidad deja de ser en el individuo (recordando que los pecados sexuales atentan contra el mismo cuerpo – 1 Corintios 6.18).

Es un error pensar que la virginidad se pierde en la penetración ocurrida en el coito, siendo que la misma también se pierde en actos sexuales sin la presencia de este último, acariciar zonas erógenas, mirar pornografía, masturbarse, entre otros.

Sin embargo, a pesar de esto, Dios es tan misericordioso y bondadoso que si cualquiera que haya perdido este sello de santidad se arrepiente de corazón (poniendo todo de sí para no volver a caer en el pecado), Él lo restaurá de manera completa; es decir, para Dios esa persona vuelve a ser virgen (1 Juan 1.9).

Hoy redobla el esfuerzo de mantenerte puro sexualmente. Hazlo convencido que ese es el plan que Dios quiere para ti. Pero si por algún motivo ya lo has roto, vuélvete a sus caminos para vivir una nueva vida de restauración.

DÍA 284 - MÚNICH 72

"Mira que estoy a la puerta y llamo. Si alguno oye mi voz y abre la puerta, entraré, y cenaré con él, y él conmigo" (Apocalipsis 3.20 NVI)

Sin duda uno de los hechos más oscuros del deporte sucedió durante los JJOO de Múnich 72. Un hombre, con un pasamontañas, avanzaba sigilosamente en un balcón del hotel de la villa olímpica, donde residía la delegación olímpica israelí. "Septiembre Negro" fue como se llamó el grupo terrorista palestino que mantuvo secuestrado a 11 deportistas israelíes en sus habitaciones.

Mientras tanto que los negociadores ofrecían sumas de dinero, para que los secuestradores pongan fin al asunto, las intenciones de estos fueron aclaradas cuando expusieron encontrarse allí para exigir la liberación de 236 palestinos encarcelados a cambio de la vida de los deportistas. Del otro lado, Israel declaraba no negociar con terroristas. Misteriosamente el COI no suspendería el evento hasta casi 24hs más tarde.

Todo había comenzado a las 4 de la mañana del 5 de Septiembre y finalizaba a la 1.30hs del siguiente día, cuando los secuestradores pidieron un avión para ir a El Cairo (Egipto); entonces la policía alemana decidió atacarlos en el aeropuerto. Como resultado los israelitas perdieron su vida al ser reducidos por disparos y una explosión generada por una granada lanzada al interior del avión que los transportaría. 11 atletas israelíes, 5 terroristas y 1 policía perecieron como resultado de tal acto terrorista.

El versículo del día de hoy marca uno de los dos advenimientos de Cristo (referido al individual y de aceptación personal, el otro universal) en la vida de cada uno de manera sorpresiva pero no violenta. Realizando un brevísimo análisis puede llegarse a las siguientes conclusiones: *"Mira que estoy a la puerta y llamo"* muestra a un Dios que se acerca al ser humano, a un Dios activo que toma la iniciativa, a un Dios que se preocupa por la salvación de cada persona; a un Dios que llama por el nombre a cada uno de sus hijos, pues los conoce; a un Dios que no impone ni entra a la fuerza, sino que es paciente a recibir una respuesta; *"si alguno oye mi voz"* exhibe a distintos tipos de oyentes, personas que se encuentran atentas a escuchar al Salvador y a otras que no; *"y abre la puerta"* entrega la responsabilidad al oyente, evidenciando a aquellos que oyen la voz del Señor llamándolos pero deciden no abrirle, de aquellos que se levantan de su zona de confort y resuelven abrir la puerta por más que así no lo quieran; *"entraré"* indica la respuesta divina a la acción humana, indica que Dios mismo ingresa a la vida del sujeto tal como está, sin exigir que la acomode, pues resulta ser que Él es un especialista en ordenar; *"cenaré con él, y él conmigo"* demuestra las intenciones del Todopoderoso de entablar una relación íntima con su hospedador, demuestra el interés en el conocimiento mutuo, en conversar hasta la *sobremesa*.

Hoy levántate, arrodíllate y ábrele la puerta a la Vida, quien es Jesús que *"como nieve en verano"* (Marcos Vidal) golpea la puerta de tu corazón a pesar de que, quizás, te encuentres distante.

DÍA 285 - GERMAN LAURO (ATLETISMO – ARGENTINA)

"Ahora, pues, ninguna condenación hay para los que están en Cristo Jesús, los que no andan conforme a la carne, sino conforme al Espíritu" (Romanos 8.1 RVR60)

Nacido en un pequeño pueblo de la provincia de Buenos Aires, Lauro se convirtió en el lanzador de bala más significativo del país. Si bien, al momento, nunca se ha podido consagrar campeón olímpico ni mundial, ha obtenido distintos títulos en su carrera, entre ellos tener la mejor marca nacional.

En 2013, en un campeonato mundial llevado a cabo en Praga (República Checa) logró batir dos veces su propio record en una misma competencia. Suceso que quedó en la historia del atletismo argentino.

Como parte de las leyes civiles que tenía el pueblo escogido por Dios, el Israel como nación, se encontraban el apedreamiento como sentencia frente a un juicio que declaraba culpable de muerte a personas que habían cometido determinados tipos de infracciones (como por ejemplo la hechicería, prostitución, adoración a otros dioses, adulterio, etc.).

Este tipo de leyes habían sido instauradas por Jehová mismo, con el fin de mantener santo a su pueblo, debiéndose tener en cuenta que no era un veredicto autoritario, sino que era un juicio de amor (como el que se llevará a cabo cuando Cristo vuelva por segunda vez).

Dentro del pueblo de Israel había quienes eran especialistas en lanzar piedras. Se podría llegar a decir que hasta se había convertido en una suerte de deporte, pues eran "rápidos lanzadores". Entre algunos acontecimientos relacionados a este hecho, estuvieron dispuestos a lanzárselas a una mujer "sorprendida" en el acto del adulterio (Juan 8.1-11), se las lanzaron a Esteban (Hechos 7.54-60) y a Pablo (Hechos 14.18-20).

Hoy en día siguen existiendo israelitas espirituales especialistas en lanzamiento de piedras. Ya Jesús había dicho *"¿por qué te fijas en la astilla que tiene tu hermano en el ojo y no le das importancia a la viga que tienes en el tuyo?"* (Lucas 6.41 NVI). Penosamente en la iglesia de Dios, algunos cristianos juzgan sin someter a juicio, es decir, antes de realizar los pasos sugeridos por el mismísimo salvador en Mateo 18 (ver meditación *Helsinki 52*) y se olvidan de que todos somos igual de pecadores.

Es que el ser humano cataloga y prepondera el pecado, dejando de tener en cuenta que al infringir uno solo, se los infringe todos (Santiago 2.10). El problema no radica en ayudarlo a vencer al pecado; de hecho esto es a lo que se refieren las Escrituras al decir *"ayúdense entre sí a soportar las cargas [...]"* (Gálatas 6.2 DHH), siendo un acto esperable de todo buen cristiano. La hipocresía espiritual radica cuando se intenta exponer los errores del otro.

Jesús mismo, al notar la mal intencionalidad de sus compatriotas, dijo *"[...] ni yo te condeno; vete, y no peques más"* (Juan 8.11 RVR60).

Hoy pide al Espíritu Santo que te dé el don de reprender con amor a tu hermano en Cristo, siguiendo los pasos bíblicos y ayudándolo en su crecimiento espiritual. <u>Recuerda</u>: estamos para salvar del pecado y guiar al servicio, no para condenar.

DÍA 286 - RUBIN CARTER (BOXEO – ESTADOS UNIDOS)

"Cada vez él me dijo: 'Mi gracia es todo lo que necesitas; mi poder actúa mejor en la debilidad'. Así que ahora me alegra jactarme de mis debilidades, para que el poder de Cristo pueda actuar a través de mí" (2 Corintios 12.9 NTV)

Rubin *Huracán* Carter fue un boxeador estadounidense que debió enfrentar su mayor duelo no en un ring sino fuera de él, a causa de un crimen que nunca había cometido.

Todo comenzó cuando dos hombres ingresaron a un bar y asesinaron a tres personas. Los testigos, que no habían podido reconocer rasgos característicos de los delincuentes, coincidían en un aspecto: eran hombres de "color".

Rubin, junto a su amigo, fueron detenidos mientras se encontraban en su automóvil, pero rápidamente fueron liberados por falta reconocimiento suficiente. Sin embargo esto no detuvo al hecho de que se los llevara a juicio, el cual había sido compuesto por un jurado donde todos eran blancos[12] y dos testigos criminales que habían pactado que le reduzcan la condena si declaraban la identidad de los homicidas que, según su versión, ellos conocían.

Se le adjudicó 19 años de condena... aunque la misma debió ser abolida tras un nuevo fallo del tribunal que declaraba inconsistentes las razones por las cuales se lo había condenado. *Huracán* había vivido su "decimosexto round" en las celdas de la prisión. El round más largo de su vida lo había combatido en soledad, tras de las rejas.

¿Alguna vez te has sentido solo? Estoy seguro que sí. Creo en que todos, en algún momento de nuestras vidas, hemos sentido la soledad bien cerca nuestro. Soledad devenida por la ruptura de una relación amorosa, por una mudanza lejos de tu familia y amigos, por algo que has hecho que te alejó de tus seres queridos, por el fallecimiento de alguien allegado a ti...

Pienso en que cuando uno atraviesa por tal sentimiento preguntas tales como *"¿cuánto tiempo más?", "¿cómo atravesar esto?", "¿y si no logro recomponerme?"* lo frecuentan una y otra vez. Como toda pregunta sin respuesta aparente, lo más prudente es observar la vida de Cristo en la Tierra. Pienso que en sus momentos de soledad pueden encontrarse las respuestas.

Jesús estuvo solo con sus problemas, al igual que tú puedes estarlo en este momento. De hecho el episodio quizás más significativo se muestra cuando fue apresado y llevado a juicio desde el Getsemaní donde quedó sin la compañía de personas queridas (Mateo 26.56) ¿Cómo se sostuvo? Confiando en su Padre que, dicho sea de paso, es el mismo que el tuyo.

Quizás hoy te encuentres prisionero de tus pensamientos, en esa celda situacional fría y en solitario. Yo no sé en qué piensas pero sí estoy seguro que el poder de Cristo es el consuelo más seguro. Su gracia es suficiente y necesaria para poder atravesar el camino de la angustia. Solo tomado a esa promesa podrás salir victorioso de tal situación.

Hoy, al igual que Jacob, dile al Señor *"[...] no te soltaré si no me bendices"* (Génesis 32.26 LBLA). <u>Recuerda</u>: Cuando haya pasado el "huracán" observa hacia atrás y podrás ver cómo la gracia del Consolador te hubo acompañado.

---

12 Recordemos que en la década de los 60 EEUU era un punto de racismo.

DÍA 287 - ROBERT ENKE (FUTBOL – ALEMANIA)

"Aunque pase por el más oscuro de los valles, no temeré peligro alguno, porque tú, Señor, estás conmigo; tu vara y tu bastón me inspiran confianza" (Salmos 23.4 DHH)

En el 2002 había caído en un pico depresivo tras haber sido eliminado de la Copa del Rey con el Barcelona, recibiendo 3 goles en contra mientras atajaba en el arco *azulgrana*, y tras ser responsabilizado, por un compañero del equipo, ante la prensa. Los años sucedieron a distintas problemáticas que lo llevaron a estados realmente preocupantes; desde ser cedido de un equipo de futbol a otro, hasta padecer la pérdida de su hija de 2 años por razones cardíacas.

Pero el tiempo le permitió volver a un nivel de elite a tal punto que se había convertido en el arquero titular que jugaría en el mundial de la FIFA de Alemania 2010. Sin embargo, aquella mañana del 2009, Robert, con la excusa de ir a entrenar, se arrojó a las vías del tren donde perdería su vida.

Los siguientes datos son provistos por la Organización Mundial de la Salud (OMS) en el 2019[13]:

- Cerca de 800mil personas se suicidan cada año.
- Por cada suicidio, hay muchas más tentativas de suicidio cada año.
- El suicidio es la segunda causa principal de defunción en el grupo etario de 15 a 29 años.
- La ingestión de plaguicidas, el ahorcamiento y las armas de fuego son algunos de los métodos más comunes de suicidio en todo el mundo.

El tema del suicidio es un asunto no menor que afecta a gran parte de la población, tanto de forma directa como indirectamente. Crisis financieras, enfermedades crónicas como el cáncer, rupturas de relaciones, la pérdida de un ser querido, sufrir violencia psicológica y/o física producto del bullying, aislamiento, abusos, entre otros, son las causas que dan como resultado final el estado de depresión el cual puede derivar en el suicidio.

En tal estado, la persona deja de pensar con claridad pues no existe esperanza en su vida, los proyectos se encuentran oscurecidos, la vida misma pierde valor… hasta las situaciones que antes le causaban alegría ahora dejan de ser. Así, estas circunstancias de vida menoscaban la capacidad que la persona tiene de tomar decisiones racionales.

Es importante entender que es un hecho prevenible si se toman los recaudos necesarios y si se actúa rápidamente cuando existe conocimiento del caso. Generalmente existen "llamadas de atención" donde el sujeto en cuestión, de alguna manera, prepara su camino para tomar la decisión de quitarse la vida. Estas son denominadas **conductas para suicidas** (cabe destacar que no es relación *sine qua non*, pero sí son indicios) y engloban a aquellas acciones de autoflagelación (como cortarse las muñecas o los muslos), pensamientos negativos, auto aislamiento y degradación, entre otros.

Hoy, si tienes algún conocido que haya practicado alguna de estas conductas, actúa con rapidez. Acude a él, háblale, pide ayuda a un profesional. Entiende que su vida corre peligro. Comprende que esta persona lo que más necesita es de Jesús, Aquel que puede devolverle la esperanza de vivir, Aquel que está dispuesto a restaurarlo y darle una nueva vida. <u>Recuerda</u>: si tú te encuentras atravesando por el valle de sombra de muerte eleva una oración pidiendo socorro y pide ayuda a ser cercano.

---

13 https://www.who.int/es/news-room/fact-sheets/detail/suicide

DÍA 288 - SORAYA JIMÉNEZ (HALTEROFILIA – MÉXICO)

"[...] pero Dios transformó ese mal en bien para lograr lo que hoy estamos viendo: salvar la vida de mucha gente" (Génesis 50.20 NVI)

Cuando ingresó a aquel gimnasio lo hizo con el fin de recuperarse de una lesión que había sufrido en su rodilla mientras disputaba un encuentro de básquetbol; pero cuando la vio el entrenador mientras levantaba pesas su vida dio un vuelco que nunca imaginaria. De repente Soraya se encontraba rompiendo records nacionales en rutinas diarias de terapia física.

Fue a partir de aquel momento, y motivada por dicho entrenador, que comenzó a dar sus primeros pasos en la halterofilia. De esta manera a la edad de 14 años, la joven mexicana se abrió pasos en el deporte rompiendo sus propios records, compitiendo en instancias tanto nacionales como internacionales ganando absolutamente todo. Sin embargo, cuando llegó el momento de clasificarse para los JJOO de Atenas 2004 el Comité Olímpico Mexicano (COM) le denegó su participación. El motivo circundaba en que, según los dirigentes mexicanos, la halterofilia se debía al género masculino y no al femenino; *"las pesas no son un deporte apto para mujeres"*, decían.

Por consiguiente, mientras recibía insultos y eufemismos, Jiménez insistió. No fue fácil, pues por un lapso de tiempo los propios organizadores la enviaban a "lavar los platos" o a cocinar. Luego de emitir una carta, el COM le permitió entrenar en el centro olímpico más ningún entrenador se encontraba dispuesto a trabajar con ella, hasta que Georgi Koev decidió entrenarla.

Cierto día Georgi tomó la decisión de trasladarse a Bulgaria para alienar a Soraya de todo aquello que la distrajera, incluyendo a su propia familia, como parte de su preparación para los JJOO. En aquella cita demostraría a todos aquellos que la habían ninguneado que se habían equivocado, llevándose consigo la medalla de oro.

¿Puedes entender los propósitos de Dios para tu vida? Cuando las cosas salen bien no tenemos dudas de que Dios nos está acompañando. Pero cuando estas comienzan a tomar rumbos un tanto distintos a los esperados e, incluso, completamente opuestos, comenzamos a dudar de Dios. Lo más probable es que en distintas circunstancias de tu vida hayas renegado con Él quejándote de lo que estabas atravesando ¿Dónde está la fe en aquel momento? ¿Qué papel cumple?

Hay una frase que dice *"Dios escribe sobre torcido"*. Cuando Dios permite que atravesemos por situaciones dolorosas lo hace no porque Él lo haya enviado (Santiago 1.13) sino porque conoce que por medio de estas saldremos fortalecidos; nos transformaremos en alguien mucho mejor, cual metamorfosis del gusano que se convierte en mariposa. A pesar del dolor Dios es quien dirige aquellas cuestiones para que se transformen en situaciones de bienestar, conllevando un cambio de carácter. Dejándonos guiar por su poder es cuando damos respuestas a muchos por qué.

Hoy deja de quejarte y pregúntale a Dios cuál es el propósito para tu vida. Así comenzarás a sentirte feliz porque entenderás que tu vida es mucho más que un poco de sufrimiento. Quién sabe, quizás estés atravesando todo esto para crecer y salvar a otros en el nombre de Jesús.

Recuerda: el propósito que tiene Dios para tu vida es de índole eterno.

DÍA 289 - CHRISTIAN AHLMANN
(EQUITACIÓN - ALEMANIA)

"Porque el anhelo profundo de la creación es aguardar ansiosamente la revelación de los hijos de Dios" (Romanos 8.19 LBLA)

La historia de hoy relata un episodio de fraude deportivo a través del uso del dopaje (sustancias prohibidas que son ingeridas con el fin de obtener beneficios orgánicos). Sucedió en los JJOO de Beijing 2008 cuando el alemán, ya medallista olímpico en Atenas 2004, fue expulsado de la cita olímpica por doping positivo. El asunto, sin embargo, no fue que él hubiera ingerido dichas sustancias, sino su caballo.

Acto seguido, la federación de equitación de su país lo suspendió por dos años más pero, lejos de alejarse del deporte, sus amigos y patrocinadores lo apoyaron de tal forma que, luego de tres años, Ahlmann se encontraba compitiendo arriba de su caballo nuevamente y obteniendo una nueva medalla de bronce en Rio 2016.

¿Alguna vez hubieras pensado que hasta los equipos deportivos manipulasen animales con el único objetivo de ganar? ¿Acaso esto no suena un tanto interesado y cruel?

Cuando Dios creó al mundo, y a todo lo que en él hay, les dio una tarea a los primeros habitantes de la Tierra, Adán y Eva: *"[...] 'Tengan muchos, muchos hijos; llenen el mundo y gobiérnenlo; dominen a los peces y a las aves, y a todos los animales que se arrastran'. Después les dijo: 'Miren, a ustedes les doy todas las plantas de la tierra que producen semilla, y todos los árboles que dan fruto. Todo eso les servirá de alimento'"* (Génesis 1.28-29 DHH).

Adán y Eva fueron los príncipes de este mundo. Su trabajo era gobernar toda la creación viva de Dios (animales y plantas) a través de los cuidados necesarios. Pero cuando el pecado ingresó al mundo, entregaron toda su autoridad a Satanás, pues ellos habían faltado a las normas de convivencia y, por consiguiente, demostrado que no eran aptos para ejercer el gobierno. A partir de aquel momento el Diablo se convirtió en el representante del planeta Tierra frente a los tribunales celestiales y al universo entero (Job 1.6-7), siendo reconocido por la mismísima divinidad como el *"Príncipe de este mundo"* (Juan 12.31). La consecuencia: *"[...] se queja y sufre como una mujer con dolores de parto"* (Romanos 8.22 DHH), producto de la voluntad propia no solo del Enemigo, sino también de hombres deshonestos.

Ahora bien, ¿sigue siendo la responsabilidad del ser humano el cuidado de lo hecho por Dios? Sí, aunque la misma no se encuentre sujeta a sus dominios, las personas siguen teniendo la responsabilidad, bajo mandato divino, de cuidar con todas sus posibilidades de los seres vivos y diversos recursos que en la Tierra se encuentran. Esto es parte del concepto de mayordomía y la administración de las posesiones. Así, el cuidado del medio ambiente, la utilización de recursos naturales y el deber de preservar la integridad de los animales es un compromiso hacia el Creador, ya que su poder se manifiesta también por medio de ellos (Romanos 1.20).

Hoy piensa en cómo administras las maravillas del Señor. Reflexiona sobre tus actos y la capacidad que tienes de guardarlas.

DÍA 290 - CRISTIANO RONALDO II (FUTBOL - PORTUGAL)

"Que cada uno dé como propuso en su corazón, no de mala gana ni por obligación, porque Dios ama al dador alegre" (2 Corintios 2.9 LBLA)

Cristiano se ha transformado en el deportista más solidario de los últimos tiempos tras reiterados actos, de distinta índole, que demostraron (y demuestran) empatía para con el otro.

Entre algunos de sus actos benéficos, el astro del futbol portugués otorgó, en 2012, 17 millones de dólares a los niños de Gaza; en 2015 donó 8 millones de dólares a los damnificados en el terremoto que había afectado a Nepal; en 2017 dio a subasta uno de sus balones de oro para que, con el dinero recaudado, la ONG organizadora cumpla deseos a niños con enfermedades graves y poca expectativa de vida, entre otros.

Quizás el hecho más curioso se encuentra en la donación de más de 83 mil dólares (2014) para una operación de cerebro para un niño. Sucedió cuando un conocido suyo le pidió un par de botines y su camiseta firmada para una subasta con el fin de recaudar fondos para dicha intervención quirúrgica. Ronaldo no lo dudo pues, además de donarle algunas otras cosas más, costeó todo el tratamiento del pequeño.

"No tardes en traerme ofrendas de todas tus cosechas y de todo tu vino; ustedes deben ser hombres consagrados a mí" (Éxodo 22.29, 30 NVI). Cuando Dios dice que sus hijos no deben demorar en llevarle las ofrendas (primicias) de su trabajo, está realizando una exhortación a aquellos avaros y desagradecidos.

Existen personas que son tan apegadas a lo que tienen, a sus ganancias y dinero, que no se dan cuenta lo importante que es reconocer las bendiciones de Dios en su vida. Dios es tanto el creador como el sustentador. De Él son todas las cosas, incluyendo el dinero (Romanos 11.36 – Hageo 2.8), y, a lo largo de su Palabra, pide a sus hijos que reserven una parte para Él.

En primer lugar se encuentra el diezmo (10% de lo ganado) y, en segundo lugar pero no menos importante, las ofrendas. Estas están representadas por parte de las ganancias que también se *devuelven* mes a mes (porque todo proviene del gran Dador de todas las cosas) y hasta en circunstancias especiales (como ofrendas de gratitud, de cumpleaños, de aniversario, apadrinamientos, donativos especiales, etc.), reconociéndolo también como Sustentador.

La bendición se encuentra asegurada cuando se cumplen con estas dos cosas pues, lejos de predicar la "teología de la prosperidad", Dios así lo ha prometido para aquellos que le son fieles (Malaquías 3.10).

Hoy no demores en llevar tus diezmos y ofrendas a los pies de tu Salvador. No hace falta que dones millones (ni te sientas mal por no poder dar más de lo que das), pero sí es necesario que lo que des lo hagas de forma sincera y con alegría, estando convencido de por qué lo haces. <u>Recuerda</u>: por medio de esta acción estás ayudando no solo a sustentar a la estructura de la iglesia, sino también a ayudar a los que más lo necesitan.

DÍA 291 - JOSEY BARTHEL (ATLETISMO - LUXEMBURGO)

"Yo, por mi parte, cantaré himnos y alabaré tu lealtad al son del arpa y del salterio, Dios mío, Santo de Israel. Mis labios se alegrarán al cantarte, lo mismo que todo mi ser, que tú has salvado" (Salmos 71.22-23 DHH)

Luxemburgo nunca se había destacado en ganar medallas olímpicas (solo contaba con una). Un país ubicado en el centro de Europa y tan pequeño que tan solo podía recorrerse a pie en un día. Al momento de los JJOO de Helsinki 52, tenía tan solo 250 mil habitantes (hoy día ha superado el doble de aquel entonces).

Como Josey era el más rápido del ejército decidió competir para clasificar en la competencia de 1500m en pista. A sus 25 años había alcanzado la final olímpica. Los favoritos se mantenían por delante del pelotón, liderando la carrera, durante todas las vueltas pero, faltando a penas 100m el luxemburgués logró adelantarse lo suficientemente para atravesar la línea de meta en primer lugar, a centésimas de los segundados.

Berthel ganaba la primera medalla de oro para su país, por lo que la bandera de Luxemburgo se izaría también por primera vez. Aquella seria la oportunidad perfecta para que el himno nacional sea dado a conocer a todo el mundo. Lastimosamente para él y sus compatriotas, la banda de músicos, que tocaba los himnos de los campeones en vivo, no esperaba que Luxemburgo ganara alguna medalla de oro, por lo que desconocía el canto nacional de aquel país. Nadie sabe con exactitud qué música toco aquella banda, pero fue lo suficientemente aprobada para que Josey se emocionara hasta las lágrimas.

Cuando Cristo vuelva por segunda vez llevará a los redimidos al Cielo por mil años (Apocalipsis 20) para que conozcan y disfruten de las grandes maravillas de la perfección. Pero antes de esto se generará un suceso único en la historia de la humanidad... y universal: Aquellos que en algún momento estuvieron llenos de pecados ahora se encontrarán limpios en perfección divina, y viendo al mismísimo Dios cara a cara y sin morir. Entonces todos los salvos con sus arpas (sorpresa para aquellos que nunca han sido entendidos de la música) entonarán por primera vez el Canto del Cordero:

"Grandes y maravillosas son tus obras,
oh Señor Dios, el Todopoderoso.
Justos y verdaderos son tus caminos,
oh Rey de las naciones.
¿Quién no te temerá, Señor,
y glorificará tu nombre?
Pues solo tú eres santo.
Todas las naciones vendrán y adorarán delante de ti,
porque tus obras de justicia han sido reveladas"
(Apocalipsis 15.3-4 NTV).

Aquel día nadie desconocerá el nuevo himno nacional perteneciente a la patria celestial. No, nadie cometerá errores en las notas musicales, ni desafinará en alguna nota o se olvidará la letra, sino que todos los seres presentes lo cantarán en perfecta adoración al único merecedor de la misma: Jesucristo.

Hoy eleva una plegaria al Cielo para que tus sueños de reencontrarte con tu Salvador se hagan realidad.

DÍA 292 - ACTITUD DE CAMPEONES (COLOMBIA)

"Te pido que todos ellos estén unidos; que como tú, Padre, estás en mí y yo en ti, también ellos estén en nosotros, para que el mundo crea que tú me enviaste" (Juan 17.21 DHH)

La campaña desarrollada y llevada a cabo en Colombia, denominada Actitud de Campeones, se encargó de unir a distintos deportistas, de diferentes deportes, para realizar un llamado de concientización a los niños y jóvenes adolescentes practicantes de algún deporte.

Muchos de estos sueñan en convertirse en atletas de elite y dedicar su vida a ello en un futuro. Pero la idea preconcebida de que solo algunos llegan a cumplir con tal objetivo (los cuales gozan de contactos para poder realizarlo) resulta ser un centro desmotivacional, dando como resultado la frustración y, a posteriori, la deserción.

Radamel Falcao (futbol), Yoreli Rincón (futbol), Pedro Causil (patinaje sobre ruedas y sobre hielo), Andrés Ochoa (BMX Freestyle Street) se unieron para transmitir un mensaje de superación. A través de sus testimonios, contados en primera persona, buscaron exaltar los valores que existen detrás de una *actitud de campeones* y así poder inspirar a cada chico/a que se encuentre atravesando por un problema cualquiera a decir *"sí, se puede"*.

El concepto bíblico de unidad grupal, como cristianos, se basa en una primera unión entre la "mínima expresión eclesiástica" y Dios; es decir, entre una persona y su Creador. Una vez que cada individuo se vea unido con Dios indefectiblemente se producirá la unidad entre sus pares. Lo interesante y llamativo es que la unión que se pretende es la misma que tiene Jesús con el Padre donde, si bien existe diversidad en cuanto a los dones (Efesios 4.11-12), todos sean uno en la misión, que no es otra que presentar a Jesucristo muerto en la cruz, resucitado y pronto a volver.

Al mismo tiempo el apóstol Pablo resalta seis puntos a considerar con respecto a la unidad: (1) humildad, (2) amabilidad, (3) pacientes unos con otros, y (4) tolerantes, (5) tener un solo Espíritu y (6) enlazados a la paz. Todo esto debe realizarse teniendo en cuenta la existencia de una sola iglesia y un solo Espíritu (Efesios 4.1-4). Esto me hace pensar si dentro de una iglesia podrían coexistir distintos espíritus y, si así lo fuera, entonces distintas iglesias en una. Penosa realidad la de algunas feligresías que han permitido ingresar a otro dios que no es el verdadero.

Llamativamente versiones más textuales exhortan a los hermanos en la fe para que se *"soporten unos a otros"* (LBLA). Un soporte cumple la función de sostener algo para que este no se caiga. Justamente de eso se trata la unidad. Cada uno tiene ante el Cielo el compromiso de velar por su hermano, de brindarle la ayuda necesaria para levantarlo en sus momentos de crisis espirituales, en no soltarlo ni dejarlo a la deriva. De eso se trata tener una actitud de campeón en el ámbito espiritual, de poder dar ánimo y socorro a mi hermano que lo necesite.

Hoy te invito a que te unas primeramente con Dios para poder vivir unido con tus hermanos en Cristo.

DÍA 293 - MARTIN KLEIN
(LUCHA GRECORROMANA - RUSIA/ESTONIA)

"Cristo nos dio libertad para que seamos libres. Por lo tanto, manténganse ustedes firmes en esa libertad y no se sometan otra vez al yugo de la esclavitud" (Gálatas 5.1 DHH)

Finlandia aún se encontraba bajo el poderío de Rusia en los JJOO de Estocolmo 12, sin embargo esta dejó que los finlandeses compitiesen bajo su propia bandera. Las disputas entre sí no pasaban desapercibidas ya que no solo se trataba de enfrentamientos deportivos, sino que se trasladaban a un plano nacionalista.

Este fue el caso de Alfred Asikainen, quien ostentaba el título mundial, que se enfrentaba contra Martin Klein, estonio que competía bajo la bandera rusa en la categoría de -75kg. El enfrentamiento fue conocido como el *combate del siglo* pues lograron establecer una duración del mismo de 11hs y 40min de lucha, todo un record, dejando bien claro que no se estaban jugando solamente una medalla, sino el honor.

Finalmente Klein gritó victoria y avanzó a la final. Lamentablemente había quedado tan exhausto que no pudo presentarse al combate, por lo que le adjudicaron la medalla de plata automáticamente.

Al poco tiempo formó parte de las filas rusas que combatieron en la I Guerra Mundial y, finalizada esta, participó como revolucionario en la independización de Estonia.

¿Puedes imaginarte combatir por tanto tiempo sin que no haya un ganador? ¿Prácticamente medio día en la arena de combate sin que el juez levante el brazo del vencedor?

En el plano espiritual sucede algo similar. Cuando Cristo no ha llegado al corazón de la persona, esta vive y defiende los valores de su amo, y quién es su amo sino Satanás. Pero cuando la luz del Espíritu Santo impacta en su vida, las prioridades de esta se inclinan al nuevo llamado. Un llamado a cambiar de amo, a servir a otro Señor, y quién es eso otro sino Jesucristo.

Dios es el único que da la oportunidad de independizarse del pecado, de independizarse y hacerse libre del Diablo. Esto mismo es lo que le sucedió a Jacob cuando peleó toda la noche contra el ángel (Génesis 32.22-30). Él no se había dado cuenta que luchaba para el lado contrario hasta que fue "tocado" por la luz verdadera, convirtiéndose este en el punto de inflexión de su vida espiritual.

Hoy puedes estar librando una batalla que pareciera ser interminable. Satanás puede estar a punto de ganarla. No olvides que aun tienes la oportunidad de liberarte de sus manos y correr a los brazos de tu Salvador.

DÍA 294 - GABRIELA ANDERSEN-SCHIESS
(ATLETISMO - SUIZA)

"Y todo lo que hagan o digan, háganlo en el nombre del Señor Jesús, dando gracias a Dios el Padre por medio de él" (Colosenses 3.17 DHH)

Los Ángeles 84 otorgó uno de los momentos olímpicos más inspiradores que no tiene como protagonista al deportista que ganó el primer lugar, sino a aquel que supo gritar victoria en el 37vo puesto.

Transcurría la primera edición de la maratón femenina disputada en un Juego Olímpico. La ganadora seria la estadounidense Joan Benoit que obtendría una ventaja de más de 20min de la suiza Gabriela Andersen-Schiess, autora de una multitudinaria ovación.

¿A qué se debió la emocionante reacción del público ante la atleta? Para responder semejante pregunta habrá que remontarse a su llegada al país, el cual la recibió con altas temperaturas y valores elevados de humedad. Gabriela no logró realizar el entrenamiento adecuado para aclimatarse, dando como resultado una descompensación a la mitad de la carrera. Sin poder caminar en línea recta, cruzando las piernas al avanzar y con los brazos sin balancearse (como la figura de una persona en estado de ebriedad), la suiza ingresó a la pista de atletismo para finalizar la maratón, dando la última vuelta (400m) en un tiempo de 5min y 44sg.

Cuán importante es tomarse un tiempo para sentarse y planificar proyectos de cualquier tipo (laborales, familiares, de dispersión, o espirituales). La planificación no es otra cosa que establecer un plan para desarrollar determinada actividad.

Librar asuntos al azar es correr con los riesgos que ello conlleva; los riesgos de que todo pueda salir mal. Nunca olvides que Dios es un Dios de orden y, por lo tanto, pretende que nosotros, como sus hijos, también lo seamos.

Desde el marco espiritual, es muy importante planificar cómo será el día a día. Todas las mañanas, antes de comenzar con la rutina laboral y/o estudiantil, es necesario "empaparse" de la bendición del Espíritu Santo proveniente del culto personal. También es recomendable establecer momentos en el día de reconexión con Dios (momentos de oración, pensamientos, lectura de versículos bíblicos, proponerse ayudar y a hablarle a alguien de Jesús).

Así mismo es de suma importancia establecer un plan de acción, sumamente cuidando todos los aspectos y variables posibles, al momento de realizar un impacto misionero. Para esto es aconsejable tener en cuenta diversos puntos, por ejemplo: objetivo general y objetivos específicos, localización del lugar y entorno sociocultural, historicidad espiritual, cantidad de personas, edades, género predominante, recursos humanos con los que se trabajara en pos de la evangelización, recursos materiales, autorizaciones gubernamentales, diagramación de actividades diarias, semanales, mensuales y anuales, entre otros.

El apóstol Pablo es un claro ejemplo de un gran planificador al declarar que se hacía judío para ganarse a judíos, gentil para aquellos que no creían, con los débiles en la fe... etc. (1 Corintios 9.20-22).

Hoy te invito a que comiences a planificar diligentemente tu día, la semana, el mes y el año teniendo en cuenta todas las actividades que deseas. <u>Recuerda</u>: no olvides colocar los planes de Dios para tu vida.

DÍA 295 - LOS MURCIÉLAGOS (FUTBOL - ARGENTINA)

"Bendito es el hombre que confía en el Señor, cuya confianza es el Señor"
(Jeremías 17.7 LBLA)

El futbol es considerado el segundo deporte más practicado en todo el mundo (1º el Críquet y 3º el Rugby). Despierta pasiones en millones de personas. Hombres y mujeres, niños, jóvenes y adultos lo juegan diariamente. De donde procedo, tan solo contar con una botellita, una tapita, o un boyo de papel es suficiente para organizar un digno partido de futbol.

En la modalidad de futbol para personas no videntes, los equipos son conformados por 4 jugadores de campo no videntes y un arquero vidente. No existen los laterales y la pelota tiene un cascabel que les facilita su ubicación y dominio. También existe un "guía o llamador" el cual se ubica por detrás del arco contrario y le indica a sus compañeros a dónde patear. Su función es elemental para el éxito del equipo.

Te motivo a que puedas buscar algún video en la web y veas un partido. De hecho, la selección argentina de futbol para personas con ceguera, ha sido apodada como *Los Murciélagos*, quienes han sabido ganar 3 campeonatos mundiales, entre otros torneos. Realmente una muestra de que se puede seguir adelante.

En cierta ocasión los fariseos le pidieron a Jesús que realizara una señal para que ellos pudieran creer en Él (Mateo 12.38), de otra forma no podían aceptar que fuera el Mesías. Lo más cómico era que acababa de expulsar a un demonio que habitaba en una persona, pero ellos seguían sin creer. Ahora que lo pienso me pregunto qué tipo de señal querrían ver.

Justamente de esto se trata la fe. Que no vea algo no quiere decir que no exista. Que los Murciélagos no vean la pelota, no quiere decir que no puedan escucharla, que no puedan sentirla, que no puedan buscarla o patearla.

De hecho, tomando el relato del día de hoy, pueden realizarse al menos 2 comparaciones: en primer lugar, los contrincantes bien pueden representar al enemigo y a sus ángeles que buscan constantemente hacernos retroceder, perder el foco, tentarnos. A ellos tampoco los vemos, pero sabemos que están. En segundo lugar, el "guía" que se ubica detrás del arco contrincante simboliza el llamado que Jesús nos hace. Él nos indica cuál es el camino. Al igual que los jugadores que tienen que confiar en él para patear al lugar indicado y así poder convertir el gol, Dios nos llama para comportarnos de la única forma adecuada, que es obedecer su palabra. De forma contraria al Enemigo, Él nunca nos dirá que "pateemos para que el arquero nos ataje la pelota".

Como dice Hebreos 11.1, *"la fe es la certeza de lo que se espera, la convicción de lo que no se ve"* (LBLA), y solo se logra si existe confianza. Al igual que una persona no vidente que tiene que confiar en alguien que lo ayude, se necesita pasar tiempo con nuestro Creador para conocerlo y llegar a "creer ciegamente" en su Palabra.

Hoy recuerda que la salvación se obtiene creyendo en Jesús; en creer en alguien que no se ve como el mundo lo procura hacer, sino como el Salvador pretende que se lo vea.

DÍA 296 - PARADORN SRICHAPHAN (TENIS - TAILANDIA)

"No dejemos de congregarnos, como acostumbran hacerlo algunos, sino animémonos unos a otros, y con mayor razón ahora que vemos que aquel día se acerca" (Hebreos 10.25 NVI)

En su momento fue el primer asiático en convertirse en un top 10 del ranking ATP del tenis mundial. Paradorn pudo alzar 5 títulos internacionales que le valieron congraciarse, durante un tiempo limitado, con las mejores "raquetas" del aquel momento.

En el 2002 se le concedió el premio de "Tailandés del año" cuestión que lo llevó a tener una fama tal que, luego del presidente del país, su figura era la más conocida, importante e influyente de toda la nación.

Pero en 2005, a sus 26 años, tomó una decisión que a muchos los tomó por sorpresa. Paradorn decidió recluirse por 7 días a un templo budista a las afueras de Bangkok para cumplir con uno de los ritos de su cultura. De esta manera el famoso tenista desapareció para tener una reaparición de lo más exótica y extravagante (por lo menos para nosotros, los occidentales y ajenos a dichas prácticas): rapado, vestido de una túnica azafrán y subido arriba de un elefante hizo su entrada por las calles de Tailandia.

De hecho, un hombre budista tailandés no se considera del todo completo si no ha pasado por la experiencia de recluirse en un templo, donde deben observar una serie de principios (alrededor de 250) entre los que se incluyen la castidad, el ayuno hasta el mediodía, los rezos, la meditación, y los labores comunitarios. De esta forma logran cumplir con el objetivo de ganar méritos para equilibrar el *karma* (resultado de su vida anterior, según sus creencias).

La vida del cristiano en ocasiones puede verse como una montaña rusa donde cada individuo tiene momentos elevados en sintonía con su Creador, otros donde se encuentra estable y otros tantos donde desciende abruptamente alejándose de la fe que alguna vez tuvo para luego volver a subir ¿Por qué realizo esta analogía? Porque muchos cristianos, en esta suerte de "montaña rusa espiritual" tienden a dejar de congregarse en la iglesia porque creen que no es necesario asistir para brindar culto a Dios, o mismo para realizar actividad misionera o aumentar el grado de espiritualidad. Así puedes ver que ese tipo de cristianos, con tales pensamientos, suelen asistir esporádicamente (muchas de ellas cuando se encuentran atravesando algún tipo de crisis y necesitan "respuestas urgentes") para luego volver a desistir, utilizando la casa de oración como una suerte de amuleto mágico pensando que, por el solo hecho de asistir, los problemas desaparecerán.

Más allá de que sea un mandamiento divino, el hecho de congregarse regularmente como lo hacían Jesús y sus discípulos (Lucas 4.16 – Hechos 2.46-37), estos también se olvidan que, si son parte del cuerpo de Cristo, no pueden seguir "viviendo" separados de la cabeza que es Jesús representada en su iglesia (Colosenses 1.18). La iglesia es el lugar donde Dios decidió manifestarse en comunidad, es donde se cumple la misión del evangelio, donde puedes sociabilizar espiritualmente y colocar los dones en servicio a Dios y a la comunidad.

Hoy entiende que, si bien tu comunión con Dios la puedes tener en "cualquier lado", la expresión de tu comunión a través de la misión debes hacerla por medio de la iglesia instituida por Dios mismo.

DÍA 297 - ADRIANO LEITE (FUTBOL – BRASIL)

"Por eso les digo que a todos se les podrá perdonar todo pecado y toda blasfemia, pero la blasfemia contra el Espíritu no se le perdonará a nadie" (Mateo 12.31 NVI)

Adriano fue una de las promesas del futbol brasilero que supo hacer su fortuna jugando en el Inter de Milán de Italia y en la selección de su país, ganando varios títulos.

Sin embargo, la vida nocturna y los excesos lo llevaron a un retiro futbolístico demasiado prematuro. De ganar 80 mil euros a la semana pasó a vivir en las favelas brasileras y ser líder de una banda que mantiene para su cuidado personal.

Cuánto dolor causa ver a un hijo de Dios alejarse, por plena voluntad propia, del camino de la Vida. Uno se puede preguntar *"¿acaso no ha estudiado la Biblia? ¿No sabe que el camino de la Salvación es Cristo? ¿Por qué vuelve a la vida de pecado? ¿Qué errores se cometieron como iglesia? ¿Volverá?"*.

La triple función del Espíritu Santo, marcada por el apóstol Juan (16.8-11), tiene como objetivo convencer a las personas de lo siguiente:

1. Del *pecado*, haciéndole entender que cada vez que no cumple con un mandamiento (o precepto) niega lo que Cristo hizo en la Tierra por ella.
2. De *justicia*, entendiendo que Dios Padre puede perdonarla por la intercesión que realiza Jesús en el Cielo (Justificación por la fe).
3. De *juicio*, porque Satanás (y el mal de este mundo) ya ha perdido en el mismo momento en que Cristo murió y resucitó.

Por lo tanto, una persona que decide dejar de escuchar la voz del Santo Espíritu, ingresa en el proceso de alejamiento de Dios, haciendo que la Trinidad quede inhabilitada en su vida, ya que no puede obligar a la persona a escuchar su sagrada voz.

Justamente de esto se trata el pecado contra el Espíritu Santo: cuando una persona conoce cuál es la voluntad divina pero decide no cumplirla, en reiteradas ocasiones. Ante tal pronóstico se produce un alejamiento de Dios por la sencilla razón de que Él no puede obligar a nadie a permanecer a su lado. En realidad es la persona misma quien lo aleja.

Quizás muchos se pregunten cómo darse cuenta si se ha pecado contra el Espíritu. La respuesta se encuentra en las decisiones que se toman. Si aún piensan en ir a la iglesia, hacer una oración, tienen un amigo que les manda algún mensaje con un versículo, o algo le recuerda a la vida anterior con Dios es porque todavía el Espíritu Santo sigue llamando a sus vidas.

Hoy decide orar por tu vida espiritual. Pide que el Espíritu Santo llene tu vida, pídele que cumpla su triple función en ti, y ora por los que se han alejado para que Dios los siga llamando.

DÍA 298 - PAULA PARETO (JUDO - ARGENTINA)

"Pero el Señor le dijo a Samuel: 'No te dejes impresionar por su apariencia ni por su estatura, pues yo lo he rechazado. La gente se fija en las apariencias, pero yo me fijo en el corazón'". (1 Samuel 16.7 NVI)

De chica la cargaban por su estatura. Siempre la primera en las fila del colegio y delante de todo en las fotos para que pudiera verse. A sus 9 años acompañó a su hermano a la primera clase de judo en el club donde eran socios. A partir de ese momento, Paula sintió interés por lo que se hacía allí y, tras ser motivada por su padre, comenzó a practicar el deporte junto a su hermano.

Con 1,50m de altura, nunca se hubiera imaginado que, a los 22 años y mientras estudiaba la carrera de medicina, competiría en los Juegos Olímpicos de Beijing 2008 y ganaría su medalla de bronce, que en el 2015 sería campeona del mundo y en el 2016 ganaría la medalla de oro en los Juegos de Rio, transformándose en la primera mujer en ganar una medalla de oro para su país.

Hoy, y contra todo pronóstico de apariencias, *"la Peque"* es referente del deporte en la Argentina y ha motivado a muchas mujeres a realizar actividades deportivas competitivas; se ha sabido ubicar en el puesto número 1 del ranking mundial del judo, en la categoría de -48kg.

Cuando el profeta Samuel fue enviado para ungir al nuevo rey a la casa de Isaí, se encontró con muchachos que tenían grandes cualidades físicas, y quizás intelectuales, para ejercer la función de rey. Sin embargo Dios habló y dejó bien claro su manera de pensar, la cual se diferencia, muy distantemente, de la los seres humanos.

Dios mira dos cosas. El "corazón" de la persona (cuán sensible es a su voz, a su llamado), y lo que puede llegar a ser si se sometiera a su voluntad (proyección).

Qué diferencia enorme que existe entre el Creador y nosotros, seres finitos, que muchas veces nos fijamos, y dejamos llevar, por las apariencias; que juzgamos por el presente de la persona sin intentar empatizar con ella, o entender su pasado (ni mucho menos su futuro). Qué maravilloso es tener un Dios que no se fija en lo que somos hoy (ni en nuestra apariencia) sino en lo que podemos llegar a ser.

Hoy, antes de salir de tu casa, deja de pensar en cómo te ven los demás. Deja de creer que la opinión del otro sobre tu aspecto es sumamente valiosa. Deja de amoldarte al mundo como el mundo quiere que seas. Hoy recuerda que Dios está llamando a tu corazón. Hoy recuerda que Dios quiere moldearte a su semejanza.

DÍA 299 - DENNIS KIMETTO (ATLETISMO – KENIA)

"Pero entre ustedes será diferente. El más importante de ustedes deberá tomar el puesto más bajo, y el líder debe ser como un sirviente" (Lucas 22.26 NTV)

El maratón es considerado como la reina del atletismo, y es la prueba con la que se concreta todo JJOO como la última gran prueba de la cita olímpica. Aquí los corredores recorren una suma de 42,195km en calle. Desde el año 1908, donde se registró la primera plusmarca mundial en Londres, se batió dicho record, de 2hs 55m 18s, un total de 39 veces.

En el año 2014, y luego de 106 años pasados desde aquel primer registro, apareció en escena, registrando una marca de 2hs 02m 57s, Dennis Kimetto.

Nacido en Kenia (cuna de los grandes atletas de *fondo* (mediana y larga distancia)) tuvo una niñez dura sin poder escolarizarse y trabajando desde muy pequeño en la granja familiar, Dennis veía en el atletismo la posibilidad para salir de tal situación. A partir de que fue sumando logros la fama se le acercó y, con dicha posibilidad, pudo ayudar a su familia a salir de la mala situación económica, a renovar la granja y comprarse una casa, como así también construyó una escuela en su comunidad africana y hasta una iglesia. En una entrevista reveló que, cuando vuelve a la casa de sus padres, aún sigue ayudándolos en la plantación de maíz y ordeñando las vacas. De esta manera, aun permaneciendo en la cima del atletismo mundial como una gran celebridad, no olvida cuáles son sus raíces que lo llevaron a donde está hoy en día.

En el mundo en que vivimos los primeros son los más valorados. Difícilmente el último en llegar en una prueba de atletismo, o en cualquier situación de orden de la vida, subiría al podio como un campeón; solo los primeros son ovacionados por la multitud. Solo basta observar a los niños para darse cuenta que se vive en una sociedad altamente competitiva.

Lo más interesante es que Jesús invirtió la pirámide de valores de nuestro mundo. Cierto día, sus discípulos discutían sobre quién sería el más grande en su reino (Lucas 22.24-30), pues creían que Cristo seria el próximo rey político de Jerusalén, sin entender que el mismo era de índole espiritual.

Jesús nunca pidió algo que Él nunca hubiera hecho; el príncipe del universo se había hecho carne para servir a sus criaturas. Es por ese motivo que al ver su vida se comprende que ser cristiano es ser siervo, es romper la cadena del egoísmo y pensar en el otro, es volver a las raíces del servicio. Por tal motivo, al escucharlos hablar de esa manera por cargo, poder y estatus, los motivó a actuar como Él actuó, viviendo de forma servicial. Solo así los verdaderos cristianos no buscan un escenario de exaltación, sino una alfombra de servicio.

Hoy pide a Dios un corazón humilde. <u>Recuerda</u>: poniendo tu vida al servicio mostrarás a Cristo.

DÍA 300 - MOHAMED SALAH II (FUTBOL – EGIPTO)

"No corregir al hijo es no quererlo; amarlo es disciplinarlo" (Proverbios 13.24 NVI)

¡Denunciado por su propio club! ¿Puedes creerlo?

Sucedió en el 2018 mientras utilizaba su teléfono móvil al mismo tiempo que conducía su automóvil. Alguien logró filmar la escena y lo subió al *twitter* donde se viralizó rápidamente por todas las redes sociales.

El astro del club inglés Liverpool fue sorprendido por las autoridades del mismo; al respecto señalaron: *"El club, después de hablar con el jugador, ha dado parte a la Policía de Merseyside de las imágenes y las circunstancias que rodearon su grabación. Hemos hablado con el jugador también y cualquier seguimiento posterior se tratará internamente. Ni el club ni el jugador harán más comentarios sobre este asunto"*, explicó uno de los directivos del club. La policía local emitió un comunicado agradeciendo a dichas autoridades por habérselo notificado; a partir del mismo tomarían las medidas pertinentes.

Aunque pueda sorprender que hayan denunciado a su jugador estrella, esta medida ha servido para mostrar que no importa cuán importante sea el jugador o no, las reglas son para todos y deben cumplirse.

¿Piensas que Dios es un ser que disciplina a sus hijos? Si piensas que no, permíteme decirte que te encuentras equivocado. Muchas veces he escuchado a cristianos atribuir todo tipo de *desestabilización* (física, emocional, económica, relacional, etc.) a Satanás, mientras que toda *estabilización* a Dios; y esto suele ser en realidad una falacia.

Es cierto que, si bien el fin último de Satanás es la perdición del ser humano (Juan 8.44), muchas veces se presenta como "ángel de luz" (2 Corintios 11.14) para traer bendiciones a las personas. Asimismo Dios quiere el bien de toda la humanidad, de hecho para ello ha enviado a Jesús a morir por todos (Juan 3.16), regalando bendiciones tanto para aquellos que lo han aceptado como para los que no (Mateo 5.45), ya que su máximo deseo es que ninguno se pierda (Ezequiel 33.11). Pero esto último no quita que Dios no discipline a sus hijos.

Un concepto elemental es entender que el Señor nunca exigirá nada a sus hijos si Él mismo no lo realiza. En Hebreos 12 el apóstol Pablo explaya tal concepto. Pero me gustaría resaltar este pasaje: *"Ciertamente, ninguna disciplina, en el momento de recibirla, parece agradable, sino más bien penosa; sin embargo, después produce una cosecha de justicia y paz para quienes han sido entrenados por ella"* (v.11 NVI).

Al menos existen distintos mecanismos disciplinarios que llevan un orden divino:
1. Por medio de su Palabra misma, pues esta tiene el poder para reprender y enderezar el camino torcido (2 Timoteo 3.16-17)
2. Utiliza a otros hijos para que hagan ver el error (Mateo 18 - Tito)
3. Desautoriza (1 Samuel 15)
4. Castiga directamente (1 Crónicas 21)

¿Cómo saber si es disciplina del Cielo o si Satanás se ha empedernido a atacar al creyente como lo hizo con Job? Porque en la disciplina Dios busca restaurar con amor a su hijo, haciendo razonar sobre sus obras y atrayéndolo nuevamente a sus pies.

Hoy ora para que en tu vida se cumpla siempre la voluntad de lo Alto por más que no te guste.

DÍA 301 - ANASTASIYA KUZMINA Y ANTON SHIPULIN (ESQUÍ – ESLOVAQUIA/RUSIA)

"Aunque estés desterrado en los extremos de la tierra, el Señor tu Dios te traerá de allí y te reunirá nuevamente" (Deuteronomio 30.4 NTV)

Anastasiya y Anton nacieron en Rusia. Hijos de deportistas invernales, también supieron dedicarse al deporte olímpico de invierno.

Al año de que Anastasiya haya contraído matrimonio con el israelí Daniel Kusmin, tuvo un hijo y, como la delegación rusa no le permitió que el bebe formara parte del staff en el campo de entrenamiento, Anastasiya renunció a su nacionalidad y pasó a competir para el país donde residía con su marido: Eslovaquia. La reciente eslovaca agradecería el acogimiento del país ganando 3 medallas de oro, 4 de plata y 1 de bronce (al momento).

Paralelamente su hermano, Anton, compite para Rusia otorgándole medallas para su país: 1 de oro y 1 de bronce.

Así, en las grandes citas mundiales ambos hermanos se cruzan en un mismo lugar pero compitiendo para distintos países.

Que magnifica promesa la del día de hoy ¿Puedes imaginarte a Dios juntando de cada punto del planeta a sus hijos? Chino, ruso, nigeriano, panameño, argentino, brasilero, australiano…etc. etc. ¿Qué es lo que tienen en común? A Cristo como su salvador, como el capitán de sus vidas, como aquel que los condujo hasta aquel punto donde comienza la eternidad.

Desde que los judíos apedrearon a Esteban dejaron de ser el pueblo escogido por Dios, como representantes en la Tierra con nación propia. A partir de aquel punto de inflexión histórico, el pueblo de Dios pasó a ser de carácter espiritual, cuya nación tiene su residencia en el Cielo. Las personas que lo conforman tienen que cumplir con un solo requisito para obtener la ciudadanía: aceptar que Cristo es su salvador. Luego Dios obrará milagros inimaginables.

El apóstol Pablo declara: *"No importa si fuimos o no circuncidados. Lo que importa es que hayamos sido transformados en una creación nueva. Que la paz y la misericordia de Dios sean con todos los que viven según ese principio; ellos son el nuevo pueblo de Dios"* (Gálatas 6.15-16 NTV).

Ante semejante panorama es terrible pensar en que, por ser miembro de una determinada religión/iglesia, podemos llegar a tener algún tipo de exclusividad sobre otras. Pronto distintos corredores de la fe se reunirán para el evento universal más significativo de todos. Allí no importará más la nacionalidad o religión, lo único que tendrá importancia será Jesús.

Hoy considera en dónde te encuentras y piensa en qué más puedes hacer para invitar a otros a ser parte de la gran familia de Dios.

DÍA 302 - ANDY MURRAY II (TENIS – ESCOCIA)

"No acabará de romper la caña quebrada ni apagará la mecha que arde débilmente. Verdaderamente traerá la justicia" (Isaías 42.3 DHH)

Mientras escribía este libro devocional (2018) una de las noticias más impactantes del año había sido el retiro anticipado del tenista Andy Murrey, uno de los mejores del mundo. Como habrás leído, una lesión en su cadera había sido la causa de su retiro. El dolor ya le era insoportable. La última imagen del británico había sido en aquella conferencia de prensa en Wimbledon donde, con lágrimas en sus ojos, el ex número 1 le daba el adiós a su vida deportiva.

Ante el oscuro paso del tiempo una luz se visualizaba al horizonte. Una prótesis de cadera sería la solución. Algo extraño para una persona tan joven…

Andy fue operado nuevamente y de a poco comenzó su rehabilitación y, a mediados de 2019, se produjo su retorno a las canchas en un torneo de dobles. Lentamente el tenista se afianzó en su juego hasta que por fin se lanzó a la competencia individual ¿Puedes creer cómo se habrá sentido cuando pisó nuevamente el campo de juego? Habían pasado 20 meses desde aquel dramático adiós y ahora volvía esperanzado, renovado, re-esperanzado.

Te voy a ser sincero, el versículo clave del día de hoy lo había leído varias veces pero recientemente lo he comprendido. Isaías revela a un Dios de completo amor ¿Tú lo comprendes?

Las Santas Escrituras nos muestran que tenemos un Dios que no está allí marcándonos el error. No es un Dios que cuando caemos nos reclama *"viste, te lo dije"*. No es un Dios que nos pone el pie sobre nuestra cabeza cuando caemos. No es un Dios que se da por vencido cuando estamos atravesando momentos de poca fe. No, todo lo contrario. La Biblia nos revela a un Dios que cuando hemos pecado e incluso cuando nuestra fe se encuentra completamente deteriorada Él es quien se encarga de restablecerla.

Jesús mismo citó al profeta en Mateo 12.20. Qué bueno es saber que el Dios del Antiguo Testamento es el mismo que el del Nuevo. Es que Jesús vino a mostrar de qué se trataba la relación del hombre con lo Eterno desde el *principio*.

El mensaje apunta a un Dios que restaura una caña que está quebrada más aun no desprendida. Marca a un Ser que no sopla la mecha que apenas arde. No, todo lo contrario. Nos muestra a un Dios que vuelve a unir la rama y que cuida la mecha para que el fuego se reavive. Sí, eso mismo es lo que hace con nosotros: Si estamos rotos por el dolor del pecado, por las injusticias de la vida, si nuestra fe se encuentra a punto de extinguirse Dios no está allí para darnos el golpe final sino para darnos la mano como lo hizo con Pedro; esto es, para rescatarnos, restaurarnos, reformarnos y reavivarnos.

Hoy dile a Dios *"¡Señor, sálvame!"* (Mateo 14.30 RVR60) y vive tranquilo y dispuesto a ser restaurado.

DÍA 303 - CATHY FREEMAN (ATLETISMO - AUSTRALIA)

"Todas las naciones que hiciste vendrán y adorarán delante de ti, Señor, y glorificarán tu nombre. Porque tú eres grande, y hacedor de maravillas; sólo tú eres Dios"
(Salmos 86.9-10 RVR60)

Cathy fue la primera aborigen de su país en llegar a un Juego Olímpico. Pero el camino que tuvo que transitar para lograr una medalla de oro no fue del todo grato. Víctima del bullying escolar por pertenecer a la comunidad nativa de su país, con un padre alcohólico (que solo trajo alivio al momento de su fallecimiento), inconvenientes en su salud desde pequeña y engañada por su primer marido, por lo que cayó en las drogas legales (tabaco y alcohol), la llevaron a transitar por un camino de infortunios que hubiera producido que muchos abandonasen sus objetivos de vida.

La australiana se había especializado en los 400mts llanos en pista. Los JJOO llegaron en su país en el año 2000 y Freeman tuvo el honor de encender el pebetero olímpico en la ceremonia de inauguración. Allí mismo fue donde ganó el primer puesto en su modalidad. Lo curioso también fue que, por costumbres típicas aborígenes, su atuendo solo dejaba al descubierto su rostro y sus manos, símbolo de la dedicación de las mujeres a sus maridos. Lo importante es que Cathy se convirtió en un ícono para su pueblo nativo, rompiendo barreras culturales.

¿Alguna vez has pensado en las formas de culto que tienen las otras culturas? Y no me refiero a las de otras denominaciones ¿Puedes imaginar las variables referidas a la adoración en un culto y fuera del mismo? Esto sucede no solo entre países sino también en un mismo territorio nutrido de diversas culturas. En mi opinión es realmente asombroso.

Siempre que tengo la oportunidad de realizar un viaje intentó localizar una iglesia para ver cómo llevan a cabo el servicio de culto. Y justamente de esto se trata el versículo clave del día de hoy. Cuántas veces somos reacios o anulamos formas de adoración porque creemos que no corresponden y aceptamos otras que sí ¿en qué se encuentran basados tales pensamientos? ¿Cuál es la adoración que debe realizarse: la que le gusta al hombre o la que Dios quiere recibir?

He aquí el *quid* de la cuestión. La adoración que sale del corazón debe estar en sintonía con la del Redentor. Pero ¿cómo saber la forma indicada de adorar? En primer lugar leyendo la Biblia, pues ella contiene la Palabra de Dios. Allí se encuentran distintos puntos que no pueden faltar en la adoración de culto (alabanzas a Dios, oración, predicación infundada solo en la Biblia, exaltación cristocéntrica, animar al servicio comunitario y unión fraternal, entre otros).

Luego existen cuestiones inherentes a la cultura en cuestión, como por ejemplo la forma de vestir o la música, que lógicamente no coincidirán con otras culturas. Cuando se vean grises en tales aspectos, antes de tomar decisiones apresuradas, deben elevarse oraciones para obtener la dirección divina. Un punto importante es que el único que debe ser exaltado es el nombre de Jesús, por lo que el hombre debe tener una actitud de humillación ante el único Soberano y, por lo tanto, quedar a un lado.

Hoy reflexiona sobre las formas que tienes de adoración. También indaga sobre cómo lo hacen otras culturas para poder sacar algún provecho. Imagina cómo será aquel día cuando el Señor nos reúna de todos los rincones de la Tierra.

DÍA 304 - MARTIN PALERMO (FUTBOL - ARGENTINA)

"Luego Pedro se le acercó y preguntó: —'Señor, ¿cuántas veces debo perdonar a alguien que peca contra mí? ¿Siete veces?' —'No siete veces' —respondió Jesús—, 'sino setenta veces siete'" (Mateo 18.21-22 NVI)

El Loco, El Titán. Este intrépido futbolista realmente solía convertir goles desde todas las posiciones y formas posibles, muchas de ellas bizarras. Como meter un penal pegándole con las dos piernas porque se había resbalado, goles de mitad de cancha y, prácticamente, desde la misma distancia pero de cabeza, de chilena, de taco, colgándose del travesaño, pateando con la rodilla lesionada (ruptura de ligamentos) porque no quiso irse del partido, metiendo el gol clasificatorio al mundial en tiempo cumplido, etc. Hasta se encuentra aquella anécdota en la cual, mientras festejaba un gol con los aficionados, la pared de contención se derrumbó provocándole doble fractura en su pierna. Con un total de 236 goles, al retirarse como jugador, el club que lo vio consagrarse le regaló un arco de la cancha.

Pero hay un hecho en su vida deportiva que dio que hablar. Incluso entró en los Record Guiness. El 4 de Junio de 1999 es recordado por el día en el que Colombia le ganó 3 a 0 a Argentina. Curiosamente fue en aquel mismo encuentro donde Palermo erró 3 penales ¡Sí, 3 penales! Imagino que, si tú o yo fuéramos los entrenadores de cualquier equipo, y el jugador asignado ya ha errado el primer penal, no creo que le pediríamos que vuelva a patear otro; lo más sensato sería ir corriendo a buscar a otro jugador.

Esto me hizo pensar en las oportunidades que Dios nos da. Satanás ha logrado meter en la cabeza de la gente que Dios las perdona de un pecado a la vez, y si vuelven a caer, entonces ya no hay perdón que brindar, pues el verdadero arrepentimiento implica no volver a caminar por los antiguos senderos. Esta idea en realidad es una falacia (tiene parte que es verdad pero otra que no).

La respuesta que Jesús le dio a Pedro lo deja bien en claro. Dios no puede pedirle al ser humano que actúe de determinada manera si Él mismo no lo hace. Por lo tanto Dios sí perdona a las personas que caen una y otra vez en el mismo pecado, siempre y cuando se arrepientan de lo cometido ¿Por qué sucede esto? Porque nuestro Padre se olvida del acto pecaminoso (Miqueas 7.19) una vez que lo confesamos y pedimos perdón en el nombre de Jesús (justificación por la fe). Por lo tanto, cada vez que se cae en el mismo caso, para Dios es la primera vez que se comete tal pecado. Esto no quita que no nos entreguemos al "proceso de santificación", donde se buscará una transformación del carácter.

Hoy vive creyendo en un Dios que está dispuesto a perdonarte, a darte nuevas oportunidades. Cada vez que caigas vuelve rápidamente a arrepentirte y entrégate para que el Espíritu te transforme.

DÍA 305 - DIETA

"Cuando te sientas a comer con un gobernante, fíjate bien en lo que tienes ante ti. Si eres dado a la glotonería, domina tu apetito" (Proverbios 23.1-2 NVI)

Con el paso del tiempo, y las preferencias de cada individuo según su juicio de valores y/o recomendaciones médicas, la dieta de un deportista se ha transformado en una de las más variadas (frutas, frutos secos, verduras y legumbres, hidratos de carbono, grasas, proteínas de origen vegetal y animal), caracterizándose por su alto valor calórico debido a la gran demanda física que exige un consumo energético muy por encima de cualquier persona que tenga una vida ajena al deporte de elite, aunque no necesariamente sea sedentaria. Así ellos dedican varios momentos del día a ingerir alimentos altamente energéticos, los cuáles serán utilizados durante los entrenamientos como fuente de energía.

Lo llamativo de esta cuestión es que, mientras se encuentran de manera activa practicando el deporte, no existen grandes variaciones en cuanto a su peso corporal; pero cuando se retiran del mismo, experimentan un cambio significativo. Teniendo en cuenta que estas personas se encuentran acostumbradas a comer grandes cantidades de comida sin preocuparse por el aumento de peso, una vez que acortan el tiempo de entrenamiento o, directamente, cesan de ejercitarse al retirarse del deporte, sucede que estos suben de peso considerablemente ¿Por qué? Muchas veces porque siguen consumiendo la misma cantidad de comida como lo hacían cuando dedicaban su día entero (en realidad su vida) al deporte durante largos años.

Ex atletas tales como el futbolista Diego Maradona (Argentina), el boxeador Michael Tyson (Estados Unidos), el basquetbolista Shaquille O'Neal (Estados Unidos) y el tenista Andrea Agassi (Estados Unidos), entre otros, son claros ejemplos de aquellos que descuidaron la alimentación post retiro deportivo. Los gustos por determinados platos, y la falta de temperancia al respecto, los llevaron a distorsionar la imagen atlética que alguna vez habían tenido.

El consejo que se encuentra en este proverbio no solo se encuentra dirigido a las personas que gustan comer de más, sino también hacia aquellos que eligen ingerir comidas que no benefician al organismo. Bien puede ocurrir que el alimentarse incorrectamente, intemperantemente, puede generar tanto un aumento de peso como, en otros casos, una disminución del mismo, Salomón apunta a esas comidas que, por su gustosidad son consumidas sin control. En la versión Reina Valera, por ejemplo, se utiliza la imagen de colocarse un cuchillo en la garganta para dejar de comer innecesariamente.

La boca es un centro de placer para el ser humano, pero muchas personas abusan de esto comiendo de más cuando están tristes, cuando están nerviosos y cuando están alegres, haciendo que la comida ocupe el lugar de "acompañante" de los sentimientos y emociones humanas. Lo que se come, y la cantidad, es producto de lo que se es y se piensa.

Hoy, si quieres tener una espiritualidad saludable, aprende a poner un límite a lo que comes. De esta manera tendrás un estómago mucho más feliz y, como consecuencia, pensamientos más puros pues el organismo se verá más saludable. <u>Recuerda</u>: muchas veces nuestro cuerpo es el resultado de lo que comemos.

DÍA 306 - BEN JOHNSON (ATLETISMO - CANADÁ)

"Los labios mentirosos son abominación al Señor, pero los que obran fielmente son su deleite" (Proverbios 12.22 LBLA)

Una de las carreras más épicas fueron los 100m llanos disputados en la final de los JJOO de Seúl 88 donde Ben Johnson se enfrentaba contra Carl Lewis en la misma prueba. Esta se convirtió en una de las carreras que más ha dado que hablar siendo que el canadiense rompería el record mundial, para aquel entonces, batiéndolo con una marca de 9,79 segundos, seguida de 9,92 de Lewis. Sin embargo, y de manera sorpresiva para muchos, el oro se le fue despojado a Johnson tras descubrirse el esteroide *stanozol* en su orina, dando como resultado doping positivo.

Por un tiempo mantuvo su postura inamovible al dejar en claro que nunca había consumido sustancias prohibidas para obtener beneficio alguno. Más tarde, y ante un tribunal, rompió en llanto y confesó: *"Mentí porque era una vergüenza para mí, mi familia, mis amigos y otros atletas canadienses y para los chicos que me animan"*, reconociendo, además, que había estado consumiendo anabolizantes desde 1981. De esta manera Ben, de pasar a deslumbrar a todo el mundo, pasó al plano del fracaso y oscuridad deportiva. Todo lo que alguna vez había logrado había sido a base de mentiras. Aunque volvió a competir en los JJOO de Barcelona 92, sin obtener buenos resultados, su imagen nunca pudo ser lavada del todo, sufriendo la estigmatización.

La Biblia también cuenta distintas historias basadas en la mentira. Una de ellas se encuentra Génesis 27: Isaac había decidido bendecir con la primogenitura a su hijo Esaú. Entretanto que Rebeca, su madre, se enteraba de esto tramó engañar a su marido con su otro hijo, Jacob. La historia es conocida, Jacob se viste y se comporta como su hermano Esaú para obtener la primogenitura; las consecuencias: debió huir por miedo a morir en manos de su hermano, quedó lejos de su familia y no pudo despedir ni a su madre ni a su padre en su lecho de muerte, dejando una familia destrozada para siempre.

"La mentira tiene patas cortas". Seguramente en alguna oportunidad has escuchado este refrán. Y aunque si bien esto es cierto, la mentira no se genera de un día para otro, sino que esta lleva un proceso en los pensamientos de la persona, donde llega a planificarse la estrategia a seguir hasta lograr ejecutarse y, una vez que se ejecuta, esta es capaz de destruir todo tipo de relaciones. Generalmente una mentira conduce a otra creando una cadena que se hace cada vez más difícil de romper. Aunque difícilmente sea de creer la mentira se torna en la verdad relativa de la persona que la dice porque llega a creérsela.

Pero la historia de Jacob muestra que aún existe esperanza. Dios pudo obrar milagrosamente en la personalidad de él convirtiéndolo de ser un gran mentiroso a ser el padre de una gran nación dedicada al Señor.

Hoy, si quieres ser un cristiano genuino, camina en la verdad. Se honesto para gloria de Dios. Pide perdón a aquellos que les has mentido. Deja de mentirte a ti mismo, vuélvete al Señor y pide restauración a Aquel que todo lo puede.

DÍA 307 - BENNETT OMALU
(FUTBOL AMERICANO – NIGERIA)

"Porque no estamos luchando contra poderes humanos, sino contra malignas fuerzas espirituales del Cielo, las cuales tienen mando, autoridad y dominio sobre el mundo de tinieblas que nos rodea" (Efesios 6.12 DHH)

El 24 de Septiembre de 2002 el patólogo forense Omalu, radicado en Estados Unidos, llevaba a cabo la autopsia del prestigioso jugador de futbol americano Mike Webster, tras haber fallecido de manera repentina. El médico, al tomar muestras de distintas "capas" del cerebro, pudo darse cuenta que el mismo poseía lesiones prácticamente imperceptibles, diagnosticando **encefalopatía traumática crónica** (ETC).

A partir de este episodio Bennett comenzó a realizar una investigación con ex jugadores, descubriendo que muchos compartían síntomas similares: pérdida de memoria, deterioro cognitivo, depresión, apatía, inestabilidad emocional, pensamientos suicidas, entre otros; producto de los traumatismos (golpes) recibidos en su cabeza, a lo largo de la carrera deportiva. A pesar de contar con la protección correspondiente (que incluye casco) el 96% de los jugadores que fallecieron en la última década padecían ETC.

Los médicos aseguran que *"es una enfermedad muy grave y lo peor es que es irreversible. Surge de manera silenciosa. Son impactos que no llaman tanto la atención, nadie termina en coma por ellos. Pero al recibirlos durante tanto tiempo y acumular ese tipo de trauma se llega a esa enfermedad".*

Cuando Omalu dio al descubierto su investigación, cientas de familias comenzaron a realizar los juicios pertinentes a la federación de dicho deporte (NFL); sin embargo, un acuerdo millonario con cada una de ellas, logró silenciarlas. Por su parte, el nigeriano sufriría una intensa persecución mediática y extorsiva de parte de dicha federación con el fin de que se silenciara la investigación e, incluso, que se retractare, hecho que nunca sucedió.

Efesios 6.10-18 presenta la "armadura del cristiano". Aquel conjunto de protecciones que debería colocarse cada hijo de Dios. Esta, a diferencia de la utilizada en el futbol americano, se la lleva a todos lados (hasta se duerme con ella) pues de esta depende la salvaguarda en el partido de la vida del Gran Conflicto, donde el contrincante (Satanás y sus demonios) arremeten y golpean constantemente (inclusive de manera imperceptible)

Cinturón de la verdad (Jesús como el centro de la vida, donde se ubica también el centro de gravedad; ergo: Cristo nos pone los pies sobre la tierra firme, Juan 14.6); *Coraza de justicia* (Jesús puede hacer justo a quienes lo invocan de corazón, Santiago 4.8); *Sandalias de paz* (a donde quiera que se dirija, lleva las buenas nuevas que se recibió, Juan 14.27); *Escudo de la fe* (para defenderse de lo que no se ve y estar seguros de lo que vendrá, Hebreos 11.1); *Casco de salvación* (pues es, en definitiva, una elección racional y no una emoción, Deuteronomio 30.19-20); *Espada del Espíritu* (la única herramienta para defender y atacar es la Biblia, Hebreos 4.12).

La condición de uso para que sea efectiva: debe usarse a medida, ajustada y en todo tiempo.

Hoy procura vestirte con la armadura de Dios. Ten en cuenta que es la única que puede defenderte de los poderes sobrenaturales que te rodean y, muchas veces, ni siquiera imaginas. <u>Recuerda</u>: Bien puesta no hay golpe que pueda producirte ni siquiera una mínima lesión.

DÍA 308 - SHIVA KESHAVAN (LUGE - INDIA)

"Así como la iglesia se somete a Cristo, también las esposas deben someterse a sus esposos en todo. Esposos, amen a sus esposas, así como Cristo amó a la iglesia y se entregó por ella" (Efesios 3.24-25 NVI)

El Luge es un deporte de invierno donde una persona se sube decúbito dorsal (boca arriba) para descender a alta velocidad (hasta más de 150km/h) por una pista de hielo. A los 16 años se encontraba participando de sus primeros JJOO de invierno en Nagano 98, convirtiéndose en el primer indio en participar en tal modalidad, catapultándose a tener una carrera exitosa pasando por un total de 6 JJOO.

Shiva no tenía la oportunidad de entrenar diariamente en pistas pertinentes, por lo que se había ingeniado una suerte de trineo a ruedas (estilo skate) para poder entrenar en las rutas del Himalaya, su ciudad natal. Pero, aunque pudo lograr una decena de medallas de campeonatos asiáticos, nunca vio ni un billete de parte de su país, como subvención de sus prácticas.

Sin duda alguna, para Keshavan, su esposa fue el motor elemental para que pudiera seguir compitiendo tras su sueño. Ella dijo *"hagamos que esto suceda juntos"*... y así fue que *"se transformó en un sueño compartido"*, por lo que tomó la difícil decisión de dejar su empleo para poder dedicarse a buscar patrocinadores para su marido.

En este transcurso de la vida deportiva, Shiva nunca sintió que competía solo, sino que lo hacía con su mujer y luego con su hija, lo que lo llevó a cambiar su motivación ante la expectativa de que su niña, cuando crezca, pueda ver hacia el pasado y comprender lo que había logrado hacer su padre.

En los últimos juegos de invierno, en Pyeonchang 2018, Shiva fue reconocido por su país siendo el abanderado de la delegación india.

Dios creó al matrimonio como una institución santa en el Edén (Génesis 2) el cual se mantiene hasta la actualidad. El mismo debe contar con una bendición tanto civil como divina, en el contexto en el que Dios mismo lo requiere.

El mayor consejo que Dios ha dado para que el matrimonio sea una unión feliz es que se amen mutuamente. Amor como el que tiene Jesús por su iglesia ¿Y cómo es este amor? Pues es el amor que lo motivó a dar su propia vida por sus hijos. De esta manera, cada uno de los conyugues debe colocar en primer lugar a su pareja, tratándola con amor desinteresado, colocándola en primer lugar (por encima de los amigos, familia, trabajo y profesión) aunque a veces duela, y haciendo todo lo posible para acercarlo más a Dios ayudándolo a crecer en la relación con su Creador. En realidad se trata de una *triada de amor* entre el hombre, la mujer y Dios.

Hoy agradece por la compañía que Cristo te ha dado. Ora pidiendo el amor del Cielo para dárselo a él o a ella (si aún no estás casado ora con fe para que Dios te muestre el camino). Recuerda: Tu esposa/o es el mayor don que Dios te ha regalado en esta vida ¿te rendirás ante las dificultades que surjan o pelearas con amor para crecer en el matrimonio?

DÍA 309 - FRANCK RIBÉRY (FUTBOL - FRANCIA)

"Él perdona todos mis pecados y sana todas mis enfermedades" (Salmos 103.3 NTV)

Abandonado al nacer en un convento pasó a ser el hazmerreír de sus compañeros, quienes lo acusaban de *Quasimodo*, dadas las cicatrices en su rostro. Esto debido a que a los 2 años de edad un accidente automovilístico lo marcaria de por vida. Nació en el dolor físico y social, donde la gente, al verlo, comentaba *"mira lo que tiene en el rostro, mira su cabeza, mira esas cicatrices"*. Pero esto no le fue impedimento para sobresalir como un gran talentoso del deporte desde pequeño.

Ya de adulto, y convertido en un exitoso jugador de futbol, ha dicho que sus marcas lograron forjar su personalidad, que nunca pensaría en quitárselas. Agradece al futbol por haberlo sacado del ambiente acusador.

Satanás y sus ángeles te hacen bullying. Sí, leíste bien. Sufres del bullying como parte del Conflicto Cósmico librado en tu interior. Ellos se mofan de tus desgracias, de tus falsas ilusiones, de la manera en la que te trata la gente. Pero principalmente el Enemigo se deleita en tus errores. Esta es la principal herramienta que utiliza para hacerte "bromas pesadas". Es que tanto él como sus "socios" saben muy bien que las decisiones equivocadas tomadas en el pasado destruyen a la persona en el presente. Esas consecuencias resultan ser letales. Así es como traen a la mente del individuo pensamientos tales como *"todo esto es tu culpa"*, *"te lo mereces"*, *"nadie te quiere"*, *"todo te sale mal"*, *"¿acaso piensas que puedes cambiar?"*, *"¿crees que Dios puede perdonarte"*… Pero ¿sabes qué es lo peor? Que ellos bien conocen que esos pensamientos son mentira. Como conocen, pero no entienden, el poder transformador de Dios, atacan a los pensamientos con gran esmero. En definitiva, son pensamientos autodestructivos. Todo lo que buscan es que tengas una visión distorsionada de ti mismo y del poder redentor de Cristo.

Sí, se peca cuando se toman decisiones alejadas de la voluntad divina. Sí, cada pecado trae sus consecuencias (sean más o menos graves; más o menos duraderas). Sí, cada pecado deja una cicatriz en nuestras vidas que, probablemente, queden para toda la vida. Sí, estas cicatrices tienen la función de recordarnos las consecuencias de habernos alejado de Dios y no que sirvan de tortura. Sí, el poder del Espíritu Santo transforma. Sí, Dios se olvida del pecado. Sí, Dios nos ama a pesar de que pequemos. Sí, Dios quiere que nos alejemos del pecado para buscar un carácter más parecido al de Él. Sí, tienes una herramienta para deshacerte de los malos pensamientos, invoca el nombre del Señor Jesús para que estos desaparezcan. Sí, lo que más ansia la santa Trinidad es vernos en el Cielo por la eternidad.

Hoy vive sabiendo que lo único que quiere Satanás es eliminarte. No le prestes atención. Más bien escucha la dulce voz de tu Salvador. <u>Recuerda</u>: las marcas del pecado permanecerán hasta el regreso de Jesús… solo hasta aquel momento.

DÍA 310 - LIU XIANG (ATLETISMO – CHINA)

"Fijemos nuestra mirada en Jesús, pues de él procede nuestra fe y él es quien la perfecciona. Jesús soportó la cruz, sin hacer caso de lo vergonzoso de esa muerte, porque sabía que después del sufrimiento tendría gozo y alegría; y se sentó a la derecha del trono de Dios"
(Hebreos 12.2 DHH)

Cuando un deportista compite en su propio país, la localía se hace presente imponiendo una presión psicológica al resto de los competidores, aunque en algunos casos esta euforia puede terminar siendo la causa de un desequilibrio emocional del propio atleta al cual alientan.

En los JJOO de Beijing 2008, el velocista en vallas (110mts) Liu Xiang tenía sobre sí los ojos de todos sus compatriotas. Desde los preparativos de tal evento internacional, Liu se encontraba en todas partes y medios de comunicación. Su imagen podía contemplarse desde una publicidad de los JJOO hasta en la de una bebida gaseosa.

Cuando fue el turno de dar el salto a la pista de atletismo, el país se detuvo. La audiencia televisiva se disparó llevando el ranking a las nubes. El país se encontraba a la expectativa de lo que haría su héroe nacional. *"En sus marcas...listos... ¡PUM!"* La carrera había comenzado pero para el chino, aun antes de pasar la primera valla, ya había finalizado. Un desgarro en el tendón de Aquiles de su tobillo derecho lo hizo retirarse prematuramente.

Hubo silencio, consternación, lágrimas, llantos... decepción.

Particularmente Beijing fue el JO más exitoso para China, ya que había logrado 48 medallas doradas, 22 de plata y 27 de bronce (un total de 97 preseas olímpicas). Entonces ¿por qué se generó tal desilusión en los ciudadanos? Por la sencilla razón que solamente tenían en su haber una sola medalla relacionada al atletismo obtenida en los lejanos JJOO de Los Ángeles 84. Desde allí nada... hasta que apareció la gran promesa china, Liu Xiang, quien había logrado ganar la medalla de oro en los juegos de Atenas 2004.

La iglesia está conformada por líderes, los cuales tienen la capacidad, como don divino, de dirigir, guiar e influir en otros. Ellos son los que dirigen las distintas actividades de la iglesia. Muchos son líderes naturales y otros han ido construyendo el liderazgo. De alguna u otra manera lo que hagan y/o dejen de hacer provocará reacciones en los otros.

Penosamente muchos feligreses miran demasiado a los dirigentes de las iglesias; esto representa un camino sobre la cornisa. Depositar las convicciones sobre una persona no tiene mucho más futuro que el fracaso porque, indudablemente, en algún momento, tarde o temprano, esta persona fallará por la simple razón de que es un pecador al igual que todo el mundo. La roca de la iglesia es Cristo (1 Corintios 13.11). Él es el fundamento donde todas las miradas deben apuntar y tomar su ejemplo. Con Jesús como el verdadero líder, la iglesia, que es el conjunto de cada persona en particular, no podrá más que salir victoriosa.

Hoy medita en los líderes de tu feligresía, ora por ellos y pide a Dios la dirección de la misma.

DÍA 311 - LA ANTORCHA FALSA

"[...] Cuando miente, actúa de acuerdo con su naturaleza porque es mentiroso y el padre de la mentira" (Juan 8.44 NTV)

La antorcha olímpica, que protege la llama (la cual simboliza el leal espíritu competitivo) se aproximaba al estadio olímpico de Melbourne, ciudad donde se disputarían los JJOO del 56.

Tal evento no podía ser desaprovechado por aquel estudiante de veterinaria, Barry Larkin. Él, junto a otros ocho compañeros más, decidió mofarse de tal situación, elaborando una antorcha casera. Para esto utilizaron una pata de una silla de madera, la pintaron de gris, colocaron una lata en su extremos superior, y allí su calzoncillo impregnado de combustible. La prendió y salió corriendo entre medio de la multitud, escoltado de sus amigos.

Al principio todo era confuso, pero a medida que avanzaba la gente creía que verdaderamente se trataba de la antorcha olímpica. Así Barry llegó donde se encontraba el alcalde de la ciudad (quien tendría el discurso), se la entregó y salió corriendo con su amigo, desapareciendo.

Seguramente, al igual que yo, has podido notar cómo las personas se han vuelto cada vez más y más desconfiadas de todo lo que sucede a su alrededor. No hay confianza en los gobernantes, en los compañeros de trabajo, en los docentes de sus hijos, en los vecinos. Peor aún, la confianza en la familia también se ha perdido progresivamente.

De forma drástica esta sensación ha tocado las puertas de matrimonios, amistades e incluso a la iglesia, donde ya no existe la misma confianza que antes se solía tener en los dirigentes de la misma, o en un hermano en la fe.

¿Por qué sucede esto? La mayoría de las veces la desconfianza encuentra sus raíces en la mentira, por lo que uno se replantea ¿Es posible volver a confiar en alguien que me ha mentido, en alguien que me ha ocultado la verdad? En definitiva esa mentira provocó un daño difícil de corroer.

Claramente Satanás se encuentra detrás de tales actos. Él se regocija en la mentira, pues es el iniciador de la misma. Ha mentido desde el principio en el Cielo culpando a Jesús de tener un puesto que no le correspondía, mintió asegurándoles a los ángeles un gobierno mucho mejor que el que tenían, le mintió a Eva y nos miente a nosotros. A través del engaño ha logrado pervertir las mentes de la humanidad haciéndole creer que los caminos contrarios a los de Dios son los que mayor felicidad generan.

Y este acto no solo afecta a los inconversos, pues cada vez que se le presenta el evangelio él está allí para desenfocarlos, sino que también repercute a los que ya han abrazado la fe. Cuántas veces el cristiano se encuentra desanimado ante sus problemas, o se descarrila, mostrando las marcas del engaño de Satanás.

Hoy reflexiona en tu vida y piensa si estás siendo engañado por el Enemigo en algún aspecto. Ora para que Dios te abra los ojos, pues es el único capaz de hacerlo. <u>Recuerda</u>: su engaño es presentado como algo bueno, correcto, visto desde lejos "igual" a lo verdadero, pero de cerca errado como el pecado.

DÍA 312 - LAS HERMANAS WILLIAMS
(TENIS – ESTADOS UNIDOS)

"El que crea y sea bautizado será salvo, pero el que no crea será condenado"
(Marcos 16.16 NVI)

Venus y Serena Williams llevan sangre de campeonas. La mayor ha sabido ganar 49 títulos individuales, mientras que la menor 73; entre las dos han sido una de las mejores doblistas del tenis ganando 14 torneos y sumando 8 medallas olímpicas. Ambas han sido número 1 del ranking femenino en distintos periodos.

El padre es quien las entrena desde antes de nacer. Digo desde antes porque Richard diagramó los distintos pasos del entrenamiento precedentemente al nacimiento de sus hijas. La historia cuenta que nunca las obligó a jugar al tenis, sino que les dio a elegir; pero con la salvedad que si ellas optaban por el deporte en cuestión él les aseguraría llegar a ser número 1.

Uno bien podría decir que el talento viene de familia. En cierto punto es verdad pero en otro no, ya que el talento sin trabajo no puede desarrollarse. La victoria no se alcanza de un día para el otro. Después de todo ¿de qué serviría tener un padre entrenador si uno no se pondría a entrenar?

Como profesor de Educación Física, muchas veces veo, doy clases y hasta entreno al hermano mayor y luego al menor. Ante este último siempre planteo la incógnita si se parecerá o no a su hermano, motrizmente hablando ¿Tendrá mayor o menor talento? ¿Será bueno para lo mismo? ¿Qué tipo de cualidades físicas destaca? ¿Acaso no es más bajo? ¿No es más alto? Lo cierto es que, independientemente de la familia o no, cada uno de ellos escribe su propia trayectoria.

Lo mismo sucede con la salvación. En ciertas ocasiones puede apreciarse una familia cristiana donde el padre y la madre de familia son un ejemplo espiritual a seguir y... vaya sorpresa nos llevamos cuando vemos a sus hijos. En otros casos sucede a la inversa ¿Por qué acontece tal cosa? Porque no existe la salvación grupal o colectiva. La salvación es individual. Es por elección propia y no por lo que mis padres, mi hermano o mis amigos decidan ser.

Existe ventaja si una persona nace en un ámbito cristiano o si desde pequeño es instruido en el camino de la vida. Esto es verdad y tiene fundamento bíblico (Proverbios 22.6). Pero la decisión de creer en lo que Cristo hizo por mí en la cruz es de carácter personal.

Apoyarse mutuamente, ayudarse como hermanos en la fe e influir positivamente al prójimo es un mandamiento divino, ya que este tipo de acciones generan un acercamiento al dador de la vida, y cuando toda persona tiene un encuentro con Dios debe decidir qué hacer: parar y elegirlo, o seguir de largo.

Hoy toma la decisión de elegir ser salvo. Solo tienes que aceptar por fe tal regalo del Cielo. Ayuda al resto a tomar la decisión correcta. <u>Recuerda</u>: tú no puedes hacerlo por ellos, ni ellos por ti.

DÍA 313 - KEYLOR NAVAS (FUTBOL - COSTA RICA)

"Tú, sigue firme en todo aquello que aprendiste, de lo cual estás convencido. Ya sabes quiénes te lo enseñaron" (2 Timoteo 3.14 DHH)

Sin duda el costarricense se ha transformado en un hito debajo de los tres palos, convirtiéndose en uno de los mejores porteros de la historia. Grandemente reconocido por haber jugado en el equipo del Real Madrid, y habiendo ganado bastos títulos, Keylor profesa ser más que un profesional del deporte.

De profesión de fe evangélica, Keylor, junto a su esposa, frecuenta la iglesia los domingos que no le toca disputar partidos. A referencia de esto ha declarado hacer su culto personal cada mañana antes de comenzar su rutina; incluso ha realizado la siguiente declaración que ha despertado algunas polémicas entre los más acérrimos fanáticos del futbol: *"Hay que disfrutar del futbol, es una bendición de Dios, pero no es lo más importante en mi vida. Desde que acepté a Cristo en mi corazón mi mayor objetivo es la vida eterna y estar junto a Él"*. Al despertar lee la Biblia y ora para encomendarse al Señor. Navas es un convencido que cada entrenamiento, cada encuentro disputado, cada tapada, cada triunfo y cada derrota son encomendados al Señor, quien le proporciona las fuerzas para seguir.

En cuanto a su relación eclesiástica, el portero se ha transformado en un hermano de iglesia influyente para los demás feligreses. Ha dispuesto su casa como lugar de encuentro semanal para adorar a Dios al cual denominó *"Theos Place"* (Lugar de Dios) donde se reúnen un grupo minoritario de personas (entre 8 y 10) a estudiar la Biblia.

¿Alguna vez te has preguntado el recorrido transitado que llevó a cabo la Palabra de Dios hasta llegar a tus manos? Producida en un periodo de más de 1500 años, escrita por 40 autores diferentes (los cuales, en su mayoría, son atemporales), escrita en tres idiomas diferentes (hebreo, arameo y griego) y en tres continentes (hoy Europa, Asia y África) explayándose en conceptos circundantes a la salvación y manteniendo su armonía en cada página, sin ninguna contradicción. La Biblia es el libro más producido, más vendido, más memorizado y más perseguido en toda la historia. La Biblia ha moldeado la historia de las civilizaciones más que cualquier otro libro y es capaz de cambiar el rumbo de la vida de cada lector.

Un dicho conocido dice: *"La Biblia cerrada es solo un libro común, abierta es la Palabra de Dios"*. Dios habla contigo a través de la Biblia ¿Cómo, pues, puedes decir que necesitas escuchar la voz de Dios pero ignorar que Él ya ha dejado su palabra registrada en este gran libro?

Hoy abre tu Biblia y léela pidiendo el poder del Espíritu Santo, y verás cuán distinto será tu día. Haz de ella una fuente de conocimiento de lo Alto. Aprende y enseña, para que otros también sean transformados. <u>Recuerda</u>: No es que Dios esté en silencio, sino que su Biblia está cerrada.

DÍA 314 - PHILIP BOIT (ESQUÍ – KENIA)

"¿A quién tengo en el cielo sino a ti? Si estoy contigo, ya nada quiero en la tierra"
(Salmos 73.25 NVI)

Nacido en la cuna del atletismo de fondo, como lo es Kenia, Philip Boit fue convencido por Nike a participar de los JJOO de invierno de Nagano 88, en la competencia de esquí de fondo. Para Philip sería una experiencia totalmente nueva y, en cierto punto, hasta heroica, debido a que nadie en su tierra conocía la sensación del frio ni mucho menos la nieve ¿Pueden imaginar el cambio drástico que habrá experimentado?

Ya en la competencia de los 10km, los atletas serian sorprendidos por una lluvia que complicaría la situación de todos, pero especialmente la de Boit, pues no se encontraba acostumbrado a tales circunstancias. Eso produjo que cayera una y otra vez, y que su camino se hiciera mucho más dificultoso.

Al mismo tiempo Bjorn Daehlie (Dinamarca) llegaba a la meta batiendo el record de un olimpista ganador de 6 medallas de oro en un mismo JO de invierno. Pero sucedió algo curioso. El campeón dinamarqués, en vez de ir a refrigerarse, se quedó en la línea de meta esperando al africano, quien la cruzó 20 minutos después que Bjorn, para darle un abrazo y felicitarlo por haber terminado la carrera.

¿Acaso en la vida no sucede algo similar? Les sucede a todas las personas que han aceptado a Cristo en su corazón. Quizás suela apreciarse con mayor notoriedad en aquellos que no nacieron en un ámbito cristiano, ni que crecieron en la iglesia. De todas maneras, cuando se acepta el llamamiento divino a realizar un cambio espiritual, Dios saca a la persona de su zona de confort.

La *zona de confort* es aquel lugar donde cada uno se siente cómodo. Puede ser la carrera universitaria, la casa, la iglesia, los amigos, los proyectos, los hábitos... en definitiva, la vida rutinaria (no necesariamente mala) que se lleva diariamente. Existe al menos un momento, en la vida de cada individuo (en algunos casos pueden llegar a ser varios), donde Dios desafía a cambiar algo de su rutina, a desestabilizarlo, a dejar cosas para transitar por un camino que le hará ganar otras, y más valiosas aun. Me refiero a bendiciones espirituales.

Si te fijas en la Biblia (tanto en el Antiguo como en el Nuevo Testamento) Dios es un especialista en esto; por ejemplo sacó a Moisés del desierto, a Gedeón de su casa, a David del pastoreo, a Jonás de su tierra, a los discípulos de sus trabajos. Traducido al día de hoy: tomar la decisión de asistir a la iglesia, cambiar conductas destructivas, estudiar la Biblia, tomar la decisión del bautismo, generar un ministerio personal, ser misionero, ir a trabajar a otro país para la misión... en definitiva, dejar algo o todo por Él.

Hoy piensa si esto sucedió o está sucediendo en tu vida ¿Qué respuesta tendrás? <u>Recuerda</u>: A fin de camino Jesús, quien lo dejó todo por ti, te espera con los brazos abiertos.

DÍA 315 - ENTRENADORES

"Vengan, síganme —les dijo Jesús—, y los haré pescadores de hombres" (Mateo 4.19 NVI)

El entrenador es una de las figuras más importantes del cuerpo técnico del deporte individual y grupal. Su función principal es la de estudiar tanto a sus (o su jugador) con el fin de potenciar sus capacidades y saber desarrollar sus debilidades para superarlas o, incluso, trabajar con ellas de tal manera que se transformen en oportunidades. Es aquel que también se encarga de estudiar a los oponentes para entender cuáles son sus puntos débiles, conectarse con el preparador físico para que lleguen en óptimas condiciones desde lo técnico, táctico y orgánico, es también un gran estimulador cognitivo y emocional, quien tiene como tarea encausar a sus atletas para cumplir los objetivos pertinentes.

Un caso anecdótico, que ronda sobre la figura del entrenador, es la de la Federación Alemana de Futbol (DFB) que, desde que ganó su primer mundial de futbol de la FIFA en 1954, solo ha tenido 9 entrenadores logrando 4 campeonatos, 4 subcampeonatos, 4 terceros puestos y 1 cuarto lugar, convirtiéndose en la selección más fiable de todos los tiempos.

¿Cómo pudo haber ocurrido esto? La constancia de los entrenadores y la confianza en ellos en proyectos a largo plazo fue motivo elemental para lograr semejantes resultados. Pero detrás de esto existe un dato aún más atrayente. En términos generales los sucesores de cada entrenador fueron sus ayudantes de campo, por lo que la línea de pensamiento continúa generación tras generación marcando una suerte de maestro y aprendiz. Cuando el ciclo llega a su fin, el aprendiz se transforma en maestro dando lugar a un nuevo ayudante que, muy probablemente, se transforme en el próximo entrenador de la selección alemana de futbol.

Algo muy parecido sucede con la cuestión del discipulado. El discípulo es un seguidor que acepta y colabora en la difusión de las doctrinas de otro. En este caso, todos aquellos que aceptan a Cristo en su vida (siendo salvos por fe, una fe de acción) se convierten en sus discípulos, por lo que su estilo de vida se ve transformada a imagen de la que Jesús llevó en este mundo y se muestra a lo largo de las Escrituras.

Así mismo, y como parte de la gran comisión (Mateo 28.19-20), todo discípulo tiene la misión de predicar el evangelio (buenas nuevas de Jesús) y hacer discípulos. Este proceso toma el nombre de discipulado (discipular), y conlleva una serie de características que demuestran que se está formando a un nuevo discípulo de Cristo:

1. Poner a Jesús en primer lugar (Marcos 8:34-38)
2. Mantenerse en las enseñanzas manifestadas en la Biblia (Juan 8:31-32)
3. Dar fruto (Juan 15:5-8 - llevar almas a Sus pies y perfeccionar el carácter)
4. Amarse unos a otros (Juan 13:34-35)
5. Predicar y fomentar que el discípulo haga a otro discípulo para continuar con el ciclo de evangelismo (Mateo 28:18-20)

Hoy eleva una oración pidiendo que se te muestre a aquella persona que Dios te tiene preparada, para que la instruyas por el camino de la vida, convirtiéndola en un fiel discípulo de Jesús.

DÍA 316 - MUGGSY BOGUES (BÁSQUET – ESTADOS UNIDOS)

"Me hace andar tan seguro como un ciervo, para que pueda pararme en las alturas de las montañas. Entrena mis manos para la batalla; fortalece mi brazo para tensar un arco de bronce. Me has dado tu escudo de victoria. Tu mano derecha me sostiene; tu ayuda me ha engrandecido" (Salmos 18.33-35 NTV)

Si alguna vez has visto los juegos de la NBA seguramente te habrás percatado de la característica más común que tienen todos sus jugadores: su estatura. Resulta peculiar ver a tanta gente alta desplazarse con tal habilidad, saltando y realizando semejantes volcadas dignas de una foto en la pared ¿Cómo te sentirías jugando alrededor de ellos? Seguramente un tanto pequeño ¿no? No hace mucho tiempo hubo quien se atrevió a desafiar a los gigantes de la mayor liga del mundo. Su nombre: Tyrones Bogues; su altura: 1,60m.

Bogues fue el jugador más bajo de la historia de la NBA, pero eso no fue excusa para que no saltara a las canchas a demostrar de qué estaba hecho. Jugó profesionalmente durante 14 años, convirtiéndose en el mayor robador de pelotas, de ahí su apodo conocido como Muggsy (del inglés *mugging*, que significa atracar), y manteniendo una actitud feroz en la cancha, dado que, para hacer frente a jugadores que superan los 2m de altura no quedan muchas opciones.

Números 13 relata el famoso hecho de los 12 espías que se dirigieron a las tierras de Canaán por 40 días para, valga la redundancia, espiar el territorio enemigo, ver sus fortalezas y debilidades. Cuando llegaron se dieron cuenta que la tierra era de gran valor para producir cosechas, criar ganado, como también de gran admiración las edificaciones. Pero también percibieron a sus habitantes. Cuando llegaron al campamento dijeron al respecto: *"También vimos allí gigantes, hijos de Anac, raza de los gigantes, y éramos nosotros, a nuestro parecer, como langostas; y así les parecíamos a ellos"* (Números 13.33 RVR60)

Pero Caleb y Josué, dos de aquellos doce, se pusieron delante y dijeron: *"Si el Señor nos favorece, nos ayudará a entrar a esa tierra y nos la dará. Es un país donde la leche y la miel corren como el agua. Pero no se rebelen contra el Señor, ni le tengan miedo a la gente de ese país, porque ellos van a ser pan comido para nosotros; a ellos no hay quien los proteja, mientras que nosotros tenemos de nuestra parte al Señor. ¡No tengan miedo!"* (Números 14.8-9 DHH).

La ecuación es sencilla: no importa cuán grandes sean tus problemas o desafíos, con Dios podrás con ellos. Caso contrario, sin Él no podrás. La fuerza que tienes proviene de lo Alto. Gracias a esta tú puedes pasearte entre "gigantes" sin que estos te destruyan. A veces podrás tambalearte, detenerte y hasta incluso llegar a dudar si deberías abandonar o no... quizás no salgas ileso de tal asunto, pero la victoria la lograrás; de eso no hay duda, porque con el Señor lo puedes hacer, no hay nada que no puedas. Propóntelo en tu corazón y ora con convicción.

Hoy atrévete a ir contra la corriente de tus pensamientos negativos, de los problemas y enfrenta los desafíos que tienes por delante convencido que, si te aferras a las manos del Todopoderoso, tarde o temprano triunfarás.

DÍA 317 - BOBBY CLAY (ATLETISMO - GRAN BRETAÑA)

"Puede fallarme la salud y debilitarse mi espíritu, pero Dios sigue siendo la fuerza de mi corazón; él es mío para siempre" (Salmos 73.26 NTV)

Cierto día, mientras nadaba en una piscina, al dar un giro e impulsarse desde la pared, su pie se fracturó. Posteriormente los estudios realizados dictaminaron osteoporosis. Bobby había sobrepasado la resistencia de su propio cuerpo pensando, ingenuamente, que nunca le sucedería algo malo.

"Siempre tuve la confianza que podía ser alguien, en verdad creí que correr y competir era lo mío, pero eso tomó el control de mi vida y lo único que pensaba era en correr, entrenar".

El sobreentrenamiento, el déficit alimentario y la ausencia de menstruación (todo producto del primer factor) llegaron a sentenciarla. Se estaba autodestruyendo... y no lo sabía.

Hoy quiero hacerte algunas preguntas que quizás te incomoden un poco, pero creo necesario hacerlo para pensar en ello: ¿Alguna vez te has destruido a ti mismo? ¿Has tenido algún tipo de conducta autodestructiva? ¿Puedes identificar aquellos pensamientos y/o acciones que te dañan?

Hablando de esto, lo cierto es que en muchas ocasiones tenemos pensamientos y conductas autodestructivas, solo que muchas veces no los reconocemos como tales porque o bien ignoramos sus efectos o bien lo negamos como una herramienta inconciente defensiva.

Así se abre juego a dos posibilidades: me autodestruyo inconcientemente (por ignorancia o por negación) o concientemente. En el primer caso la persona mantiene hábitos que cree que no le llegarían a producir ningún tipo de mal, ya sea física como mental, emocional y/o espiritualmente. Esto deviene por la falta de información al respecto o porque sencillamente cree que la implicancia de estos no son de un carácter significativo. De esta manera, por ejemplo, escuchar heavy metal, ingerir bebidas alcohólicas, comer comida chatarra, frecuentar boliches, mirar películas de terror, la promiscuidad, fumar, entre otras muchas prácticas que, muchas veces, generan placer, producen efectos nocivos a los distintos estados de la salud. De forma paradójica el segundo caso mantiene similares acciones sabiendo que lo único que cosecharán será sufrimiento. Y, justamente, es por esto mismo que lo realizan.

Los cristianos no quedan exentos de esto, pues muchos son los que aun siendo personas activas en una iglesia, mantienen conductas autodestructivas adrede ¿Por qué? Porque no pueden olvidar algún hecho relacionado a su pasado o su presente, encontrándose frustrados para avanzar hacia un futuro que se encuentra lleno de desesperanza, con un presente cargado de tristeza y vacío. Son personas que, aunque quizás no realicen los mismos hábitos que se practican en el mundo, sus pensamientos negativos bastan para destruir su cuerpo, su mente, sus emociones y su espíritu. Son personas que han dejado de vivir el Cielo en la Tierra. Son personas que han olvidado que su Dios es Todopoderoso capaz de restaurar aun al alma más contaminada por el pecado o por el sufrimiento, capaz de devolverle la felicidad como nunca antes la habían experimentado.

El quid de la cuestión siempre es el factor espiritual. Sea de un caso o del otro todo se encuentra ligado al Conflicto Cósmico librado en el ser interior de cada uno, donde los dos Señores disputan la batalla de la vida ¿Quién gana? Aquel que reciba el permiso para hacerlo ¿De dónde proviene ese permiso? De la voluntad propia humana.

Hoy entrega tu ser completo a Dios. Confía en su poder restaurador para que sane tu alma, para que te consuele y lleve alivio al dolor interno que tienes. <u>Recuerda</u>: Una nueva vida puedes vivir bajo *sus alas*.

DÍA 318 - ANDREW KERINS (FUTBOL – IRLANDA)

"Acuérdense de los presos, como si ustedes fueran sus compañeros de cárcel, y también de los que son maltratados, como si fueran ustedes mismos los que sufren. [...] No se olviden de hacer el bien y de compartir con otros lo que tienen, porque esos son los sacrificios que agradan a Dios" (Hebreos 13.3,16 NVI)

En 1845, cinco años después de su nacimiento, emergió lo que los irlandeses denominaron "An Gorta Mór" (La Gran Hambruna). Este hecho catastrófico tuvo una durabilidad de 7 años en los cuales perdieron la vida alrededor de un millón y medio de personas y otro tanto emigró a América. Se estima que el país llegó a perder entre un 20% y un 25% de la población.

En este contexto un joven se crió y creció hasta convertirse en Maestro, para luego adherirse a los Hermanos Maristas donde, a partir de aquel momento, pasaría a llamarse Hermano Andrews. En 1874 comenzaría sus labores como director del colegio Sagrado Corazón en Glasgow, Escocia, cuya ciudad albergaba grandes cantidades de inmigrantes irlandeses. Esto produjo desnivelaciones sociales: prostitución, superpoblación, falta de higiene, desempleo, enfrentamiento entre escoceses e irlandeses, pobreza…

Como Andrews era un visionario caritativo abrió un comedor comunitario donde, al menos, se les brindaba una comida caliente por día y, luego de inaugurar un club de lectura, en 1887 creó un club de futbol para recaudar fondos para los más desfavorecidos. Dicho club se convertiría en el prestigioso Celtic, nombre que buscaba unir tanto la cultura escocesa como la irlandesa.

Muchos cristianos aseguran serle fiel a Dios, amarlo, pero sin embargo no cumplen con su voluntad, aseverando cumplir con los mandamientos pero olvidándose de ayudar a los más necesitados. El apóstol Juan dice: *"Así, cuando amamos a Dios y cumplimos sus mandamientos, sabemos que amamos a los hijos de Dios"* (1 Juan 2.2 NVI). Aquí el discípulo amado, inspirado por el Espíritu Santo, nos dice que hay dos formas de demostrar que amamos a Dios: obedeciendo los mandamientos, y cumpliendo con nuestros deberes hacia el otro.

¿Cómo creer en un cristianismo que es ajeno a los sufrimientos sociales? ¿Acaso Jesús estando en este mundo se comportó de esa manera? ¿No fue el método de Cristo satisfacer las verdaderas necesidades de las personas para luego presentar el mensaje? Hoy tenemos iglesias vacías o llenas con "cristianos" que asisten para, al menos eso espero, alimentarse espiritualmente. Pero aun la generalidad de las iglesias no se ven motivadas a salir de las cuatro paredes para ir a las calles a atender a las personas que no tienen qué comer, a salir a los hospitales para aquellos que no tienen esperanzas, a ir a las cárceles para ofrecer un mensaje de una nueva oportunidad, a ir a los hogares de niños para brindar una nueva familia. Dios ve todo esto como una ofrenda aceptable pero curiosamente, en la generalidad, somos reacios.

Hoy realiza una autocrítica y enfréntate a ti mismo con la realidad cristiana que estás viviendo ¿es acaso lo que Dios quiere que hagas? Recuerda: amar a los que más necesitan es también amar al Señor.

DÍA 319 - ORLANDO ORTEGA (ATLETISMO - CUBA/ESPAÑA)

"¡Circuncidad, pues, vuestro corazón, y no endurezcáis más vuestra cerviz. Porque el Señor vuestro Dios es Dios de dioses y Señor de señores, Dios grande, poderoso y temible que no hace acepción de personas ni acepta soborno" (Deuteronomio 10.16-17 LBLA)

Nació en 1991 en Artemisa, Cuba. De familia deportista y abocada al atletismo, Orlando siguió los mismos pasos con el sueño firme de llegar a convertirse en campeón y alzar una medalla olímpica.

En sus primeros años como atleta cubano, ya especialista en 110m vallas, tuvo la oportunidad de participar en los Juegos Panamericanos de Guadalajara 2011 donde ganaría la medalla de bronce y, al año siguiente sexto en los JJOO de Londres. Pero a mediados de 2013, y tras no visualizar un futuro deportivo con muchos más logros que los obtenidos, tomó la decisión de nacionalizarse en España.

De esta manera, y con nuevos objetivos en su cabeza, el ahora hispano-cubano avanzaba con determinación a hacer historia en los JJOO de Rio 2016, sin descontar las críticas recibidas por su país que lo había visto nacer.

Cuando Ortega clasificó a la final de la prueba, el país se encontraba expectante. Tras un error en la salida, Orlando remontó heroicamente el resultado de la carrera logrando un segundo puesto y medalla de plata. Era la primera medalla de España, ganada en atletismo, desde la última celebrada en los JJOO de Atenas 2004.

Algo curioso que sucedió fue que, al atravesar la meta, le ofrecieron una bandera cubana, más él decidió mirar hacia otro lado para tomar una española.

En la antigüedad Dios había determinado que cada hijo de una madre hebrea (pues la nacionalidad la transfería la madre en aquella época) debía hacerse ciudadano hebreo por medio de la circuncisión (Génesis 17.9-10); de esta manera podía adquirir las distintas bendiciones de pertenecer al pueblo escogido y poder ejercer, por ejemplo, las leyes ceremoniales. Así mismo un extranjero que quisiera ser parte de Israel, y nacionalizarse, también debía circuncidarse como requisito para recibir la ciudadanía y contar con los beneficios de ser parte de un nuevo país (Éxodo 12.48-49). Ahora bien, una vez que Cristo murió y el pueblo judío rechazó definitivamente el llamado a santidad apedreando a Esteban (Hechos 7.54-60), ya la nacionalidad hebrea dejó de ganarse a través del acto de la circuncisión (pues ya no existía un país físico al cual pertenecer sino a uno espiritual), sino que ahora se obtenía por medio de creer en Jesús como el Cordero último y capaz de otorgar la salvación eterna; símbolo de todo lo que debía cumplirse (1 Corintios 7.18 – Romanos 3.30 – Gálatas 5.6).

¿Y tú ya tienes la ciudadanía celestial? Quizás el resto del mundo te desestime por tal decisión, pero ten en cuenta que las bendiciones obtenidas como hijo del Altísimo son inigualables.

Hoy ora para obtenerla por medio de la fe en Cristo Jesús. Recuerda: como fiel ciudadano circuncida tu corazón llevando una vida como la de tu Salvador.

DÍA 320 - MOLLY BLOOM (ESQUÍ - ESTADOS UNIDOS)

"Jesús les dijo: 'No dejen que nadie los engañe'" (Mateo 24.4 NTV)

Especialista en esquí acrobático (freestyle), más precisamente en la modalidad de *mogul*, donde el esquiador desciende desde una pendiente escarpada sorteando baches y montículos, y realizando, al mismo tiempo, saltos acrobáticos punteados por un jurado por su dificultad técnica, Molly logró posicionarse como la tercer mejor deportista del mundo en dicha disciplina. Sin embargo, cuando llegó el momento de clasificarse a los JJOO no logró hacerlo.

La decepción fue tan grande que decidió dar, paradójicamente, un giro de 180° a su vida. Abandonó el deporte para dedicarse a estudiar derecho, mientras que, al mismo tiempo, como su mente no se encontraba del todo organizada, y para cambiar un poco los aires, comenzó a organizar partidas de póker clandestinas (ilegales) con famosos de Hollywood, a tal punto de ser reconocida como la "Reina del Póker".

Esto que comenzó como una "distracción", la mantuvo en el negocio durante ocho largos años, rodeada de millones de dólares, peligros relacionados con la mafia y luego con el FBI, quien la detuvo y la llevó a juicio donde se le embargaron sus cuentas bancarias y todos sus bienes, hecho que la llevó a la ruina financiera.

Las distracciones de este mundo pueden comenzar como una simple distracción, valga la redundancia, donde cada individuo que se somete a prácticas que van en contra de la salud, no solo físicas sino también mentales (desde el punto de vista moral), carecen del sentido dimensional de tales actos.

Las sociedades modernas se encuentran llenas de distracciones que sirven para desenfocar a la persona de una crisis social o, peor aún, de una personal. Antes con el Coliseo romano, hoy con eventos deportivos que movilizan multitudes al fanatismo, discusiones políticas, sexo e incluso religión, con el fin de ocupar la mente en asuntos de segunda importancia. Así las personas ocupan tanto tiempo en esto, que se olvidan de evaluar el rumbo que ha tomado su vida.

Jesús ya había advertido sobre el peligro de dejarse llevar por las distracciones que este mundo ofrece y cómo estas terminan afectando la espiritualidad de cada uno, diciendo: *"tengan cuidado, no sea que se les endurezca el corazón por el vicio, la embriaguez y las preocupaciones de esta vida. De otra manera, aquel día caerá de improviso sobre ustedes, pues vendrá como una trampa sobre todos los habitantes de la tierra. Estén siempre vigilantes, y oren para que puedan escapar de todo lo que está por suceder, y presentarse delante del Hijo del Hombre"* (Lucas 21.34-36 NVI).

Nuestra cultura aún se encuentra influenciada por la política del "pan y circo", donde la mayoría se preocupa más por los personajes de ficción, los políticos, los futbolistas (etc.) que por el lugar que ocupa Dios en su vida.

Hoy reflexiona cómo te encuentras viviendo ¿te encuentras distraído o atento al rumbo que el mundo está tomando para la próxima venida de Jesucristo? <u>Recuerda</u>: Nada de lo que ofrezca el mundo puede darte la verdadera felicidad.

DÍA 321 - NOMBRES

"Y dará a luz un hijo, y llamarás su nombre Jesús, porque él salvará a su pueblo de sus pecados" (Mateo 1.21 RVR60)

Repasando nombres de atletas famosos que han incurrido en el deporte de alto nivel, he notado que muchos tienen nombres que realmente llaman la atención. De más está decir que los mismos son curiosos al recitarlos en el idioma español. Algunos de ellos:
- *Dong Dong*: el chino gimnasta que ha ganado una medalla de bronce y una de oro en JJOO.
- *Tyson Gay*: famosísimo velocista estadounidense que cuenta con una medalla de plata.
- *Mariangela Perrupato*: integrante del equipo italiano de nado sincronizado.
- *Sopita Tanasan*: la tailandesa campeona olímpica en halterofilia.
- *Semen Makovich*: nadador ruso.
- *Ivet Lalóva*: velocista búlgara ganadora de campeonatos europeos.
- *Ao Gao*: aunque no lo creas, waterpolista chino.

La lista podría continuar y se volvería cada vez más interesante. Lo cierto es que el nombre que tenemos tiene un significado. Para algunos resulta ser más importante que para otros. En mi caso mis padres me han puesto Leonel que representa, entre otras cosas, a una persona perfeccionista, detallista y que practica deporte. Realmente me vi sorprendido porque muchas de las características coinciden conmigo. Y tú ¿ya sabes el significado de tu nombre? ¿Por qué tus padres decidieron llamarte de esa forma? ¿Te agrada o prefieres que te llamen por otro nombre o incluso por un sobrenombre?

En los tiempos bíblicos el nombre tenía un gran significado pues suponía rasgos de la personalidad. En muchos casos ya denotaba su misión en la Tierra. En algunos casos Dios mismo era quien les cambiaba el nombre (por ej. Jacob pasó a llamarse Israel – Génesis 35.10), en otros los padres recibían la orden de ponerle un nombre indicado por el Cielo (como a Isaac – Génesis 17.19), en pocos casos ellos mismos se lo cambiaban (Noemí pasó a llamarse Mara – Rut 1.20), pero en la mayoría eran los progenitores quienes otorgaban el nombre pretendiendo determinar su personalidad y destino desde pequeños.

Dios mismo se ha manifestado con el uso de variedad de nombres, los cuales aportan entendimiento de distintos aspectos; entre algunos se encuentran: *Adonai* (el Señor), *Elohim* (creador todopoderoso), *El-Shaddai* (el todosuficiente), *Jehová* (también JAH o YHWH, "Yo Soy", el autoexistente), *Jehová-Jireh* (el Señor proveerá), *Jehová-Sabaot* (el Señor es mi pastor), *Jehová-Shalom* (el Señor es paz). Así, cuando Israel quería resaltar una característica de Dios, utilizaba un nombre determinado que la resaltaba.

Tengas un nombre que te guste o no, lo cierto es que no determina quién eres. Tú eres el único que tienes la potestad de forjar aquello que quieres llegar a ser en la vida (desde cualquier aspecto). Tú eres el único que tienes la autoridad para decidir qué tipo de relación tener con tu Creador. Tú eres quien decide si te colocas en las manos del Alfarero para que moldee tus pasos a la eternidad.

Hoy ten presente que lo que eres no depende de lo que otros quieran o esperan de ti, sino de lo que te propongas ser. No hay otro, solo eres tú y tu decisión. <u>Recuerda</u>: ¿Qué lugar ocupará Dios en tus elecciones?

DÍA 322 - SEBASTIAN CRISMANICH
(TAEK WON DO - ARGENTINA)

"Aconteció que aquella noche Jehová le dijo: Levántate, y desciende al campamento; porque yo lo he entregado en tus manos" (Jueces 7.9 RVR60)

"Enserar y Pulir" ¿Reconoces esta célebre frase? Si sabes de lo que te estoy hablando es porque has visto la película "Karate Kid", y seguramente te has emocionado viendo a Daniel San someterse a los desopilantes entrenamientos del Sensei Miyagi.

Si tengo que elegir un momento donde viví mayor tensión viendo la película, fue en el combate final. Allí nuestro tan querido protagonista (que había aprendido las artes marciales en unas pocas semanas, y ya competía en el más alto nivel hollywoodense posible) se enfrentaba contra uno de los mayores malvados de la historia del cine: Johnny. Este temible karateka había logrado fracturarle una pierna a nuestro amigo y, lejos de ser descalificado, obtuvo ventaja en la puntuación. Mientras tanto a Miyagi se lo veía inmutable ante cualquier situación. Es así que Daniel San toma la postura de la "gruya" y asesta una patada en la cabeza ganando el título.

Esta historia ficticia me hizo recordar al combate final que tuvo Sebastián Crismanich en los JJOO de Londres 2012 ¿Por qué? Por la sencilla razón de que, mientras luchaba contra el español Nicolás Garcia, en el tercer round del encuentro, y tras un intercambio de golpes entre sí, Sebastián quedó tendido en el suelo tomándose la pierna izquierda; se había fracturado el peroné. Sin más, decide levantarse y pelear el último tramo del combate defendiendo ese punto de ventaja que tenía, para así ganar la medalla dorada.

Gedeón y el ejército israelita ya tenían ventaja. Dios les había prometido que obtendrían la victoria frente a los madianitas. Solo tenían que creer. Creer y dar el primer paso. Sin embargo tuvo que deshacerse de miles de soldados que no creyeron, aun sabiendo que ganarían. Ahora solo un puñado de 300 hombres debía comenzar una batalla contra miles de enemigos. Totalmente diezmados (por Dios mismo) avanzaron con fe y obtuvieron la victoria.

¿Cómo es que sucedió esto? Porque antes de comenzar el combate ellos ya sabían que habían ganado. Solo soportaron el momento de prueba hasta que Jehová de los Ejércitos desplegó todo su poder. La confianza de los 300 los llevó a ver tal milagro, y recibir el premio que ya se les había asegurado.

Tú eres un campeón. Dios ya te dio la victoria. El Juez soberano tiene la medalla alzada para calzártela en tu cuello y la corona para colocártela en tu cabeza. Solo tienes que creer y aceptarlo ¡Vamos! ¡Levántate del piso donde estas! ¿No has leído bien? ¡Ya has ganado!

¿Por qué nos cuesta aceptar el precioso regalo? Ya ganamos. Está ahí, solo aguanta un poco más para recibirlo.

¿Eres de los 300 que se quedaron o del resto que se fue?

Hoy decide ser como los primeros. Levántate sabiendo que ya tienes la victoria asegurada.

DÍA 323 - JULEN LOPETEGUI (FUTBOL – ESPAÑA)

"Pero el día del Señor vendrá como ladrón, en el cual los cielos pasarán con gran estruendo, y los elementos serán destruidos con fuego intenso, y la tierra y las obras que hay en ella serán quemadas" (2 Pedro 3.10 LBLA)

El asunto sucedió cuando el club Real Madrid anunció a su nuevo director técnico (Lopetegui), quien comenzaría a trabajar en sus instalaciones una vez finalizado el mundial de futbol de la FIFA. Esto generó la reacción inmediata de parte de los dirigentes del futbol español, pues Julen había firmado contrato hasta el año 2020 con el seleccionado de su país, dando a entender que había certificado un nuevo acuerdo con el club madrileño de manera oculta y paralela.

La decisión de la dirigencia lo tomó por sorpresa. Sintiéndose impotente ante tal situación, debió abandonar el campo de concentración en Rusia para dejar el lugar al nuevo director técnico que había sido enviado para sucederlo en el cargo.

Ante semejante decisión las autoridades declararon que preferían correr el riesgo de debilitarse en el mundial a tener consigo una persona que no había cumplido con los términos éticos que le correspondían.

El evento más trascendental de la historia de la humanidad será la Segunda Venida de Cristo. De eso no hay duda. El apóstol Pedro ya había declarado que la misma se asemejaría a un ladrón que ingresa a una casa a robar por la noche ¿Y por qué traería esta imagen? Justamente para prevenir al mundo cristiano que la misma lo tome por sorpresa.

Dios se conduce por evidencias; y ha dejado en la Biblia muchas evidencias que se cumplirían a lo largo del tiempo, que indicarían que su regreso estaría cerca. La pregunta obvia del día es: si supieras que esta noche un ladrón ingresaría a tu casa ¿qué recaudos tomarías? Seguramente cerrarías las puertas y ventanas y hasta llamarías a la policía (de más está decir que te mantendrías despierto). Pues esto es lo que el Señor espera de sus hijos: que cierren todas las puertas por las cuales Satanás los seduce, que se mantengan firmes en la Palabra, que estén despiertos siendo fieles y sin acostumbrarse a la zona de confort que ofrece este mundo, que llamen al Espíritu Santo para que los impresione con tal poder que su relación con el Todopoderoso se encuentre altamente afianzada.

La historia de Julen debería hacernos reflexionar sobre nuestras decisiones y las consecuencias que ello contrae; sobre la verdadera importancia de lo que decidimos tener en esta vida. Pablo declaró: *"Pero todo lo que para mí era ganancia, lo he estimado como pérdida por amor de Cristo. Y aún más, yo estimo como pérdida todas las cosas en vista del incomparable valor de conocer a Cristo Jesús, mi Señor, por quien lo he perdido todo, y lo considero como basura a fin de ganar a Cristo"* (Filipenses 3.7-8 LBLA).

Hoy vuélvete al Cielo y ora para tomar decisiones de vida eterna. Decídete por Él cada día. Deshecha la vida de este mundo. Anhela el abrazo de Cristo. Ten en cuenta que firmar contrato con Satanás es ser desleal a Aquel que ha muerto por ti y cuyo contrato no tiene fecha de vencimiento. <u>Recuerda</u>: Jesús puede volver cuando menos te lo esperes.

DÍA 324 - MOHAMED FARAH
(ATLETISMO – SOMALIA/GRAN BRETAÑA)

"Fijemos la mirada en Jesús, el iniciador y perfeccionador de nuestra fe, quien, por el gozo que le esperaba, soportó la cruz, menospreciando la vergüenza que ella significaba, y ahora está sentado a la derecha del trono de Dios" (Hebreos 12:2 NVI)

Más conocido como Mo Farah, hoy día es uno de los mejores fondistas del atletismo de elite, especializándose en 5 y 10 mil metros en pista. Nacido en Somalia, se trasladó a Gran Bretaña por la crisis que sufría su país natal. Allí fue aconsejado por su profesor de Educación Física del colegio para que se dedicara al atletismo y no al futbol, como era su deseo. Así fue que incursionó por dicho deporte desde la adolescencia, donde prontamente se convertiría en campeón juvenil del nivel escolar, luego en nacional y junior europeo, para rematar el asunto.

Ya de adulto se vio compitiendo en los JJOO de Beijing 2008, aunque sin clasificar a la final. Mientras que en los JJOO de Londres 2012 se tomaría revancha y ganaría el oro en ambas pruebas, luego los confirmaría en Rio 2016 (a pesar de caerse a mitad de la carrera finalizó primero en los 10 mil metros).

Sin duda es un ejemplo de que el deporte se hace de menor a mayor. Mo Farah ha sabido recorrer el camino del campeón, desde las bases hasta llegar a la máxima condecoración mundial.

El proceso del perfeccionamiento de la fe tiene su principio en la acción que radica en el llamamiento que le hace Dios a la persona. Dios la encuentra y, por medio del Espíritu Santo, comienza el trabajo en su corazón. A partir de que el individuo acepta el llamamiento divino, comienza la transformación del carácter que, con el tiempo, se asemeja más y más al de Cristo. Esto, a la vez, hace que el sujeto madure y tome decisiones espirituales que lo marcarán para siempre, como congregarse en la iglesia, comenzar a estudiar la biblia, hablarle a otros de las verdades que está conociendo (actividad misionera), participar de distintos eventos eclesiásticos, y hasta llegar a tomar la decisión del bautismo. Al entender que este es un paso elemental para la salvación (Marcos 16.16) prosigue con dicha fiesta espiritual, iniciando una nueva vida (ya que el "viejo hombre" ha quedado atrás, Efesios 4.24). Su camino sigue ahora haciendo discípulos, para la gloria del Cielo, predicando en su entorno familiar y social, y llevando almas para que rindan su vida al único Salvador. Quizás puedas pasar al descanso o no, pero la consumación de la fe (como la llama la versión Reina Valera), que es cuando se concreta definitivamente dicho proceso de la fe, será ver a Cristo volver y vivir por la eternidad junto a Él.

Hoy motívate pensando que estás viviendo en un crecimiento de tu fe. Ora a Dios para que cada día tu fe aumente a pesar de todo. Espera poder ver la mayor recompensa de la fe, que será encontrarte cara a cara con Jesús.

DÍA 325 - RICHARD WILLIAMS (TENIS – ESTADOS UNIDOS)

"Aférrate a tu fe en Cristo y mantén limpia tu conciencia. Pues algunas personas desobedecieron a propósito lo que les dictaba su conciencia y, como resultado, su fe naufragó" (1 Timoteo 1.19 NTV)

El barco tripulado más grande del mundo, de aquel entonces, zarpaba de Inglaterra el mediodía del 10 de Abril de 1912. Su destino era Estados Unidos, más específicamente la ciudad de Nueva York. Con un total de 2208 pasajeros, el Titanic, navegaba por aguas tranquilas, pero a una velocidad imprudente tras los avisos de presencia de icebergs en la zona. Así fue que, tan solo cuatro días más tarde, impactó con un tempano de hielo el cual produjo tal hecho catastrófico conocido por todo el mundo, en el cual solamente sobrevivirían 712 personas.

Entre los pasajeros se encontraba Richard Williams, tenista estadounidense, que regresaba a su país luego de su gira en Europa. En el incidente del 14 de Abril, Richard, aunque perteneciente a la clase alta, tuvo que saltar al agua que se encontraba en -2°C, ya que se había quedado sin poder subir al bote salvavidas.

Ya en el agua nadó hacia un bote de rescate. El médico le indicó deberían amputarle ambas piernas dado el congelamiento que presentaban, pero él se negó rotundamente. 12 semanas más tarde competiría contra Karl Howell (otro superviviente del Titanic) y, 12 años después, en los JJOO de Paris 24, ganaría la medalla de oro en dobles masculino.

El apóstol Pablo fue uno de los personajes bíblicos que experimentó al menos 4 naufragios (3 registrados en 2 Corintios 11.25 y 1 en Hechos 27-28), y de todos ellos sobrevivió ¿Quién mejor que él para hablar de semejantes hechos? Lo curioso de todo esto es que en aquel entonces utilizó la imagen del naufragio para compararlo con la pérdida de la fe.

Para entender el naufragio de la fe hay que comprender qué es la conciencia. La misma se define como el **aquí y ahora** (de allí la frase de *"tomar conciencia"*), e implica la escucha, la atención y presencia del pensamiento. Dicho de otra manera, es toda formulación mental racional que realiza un sujeto, sobre sus propios pensamientos o los del otro.

Bíblicamente la conciencia es el lugar donde se libra el conflicto cósmico entre Dios y Satanás, pues en el pensamiento radica la moción de servicio; por lo tanto la salvación, al igual que la perdición, se decide en la conciencia, en la acción mental.

Una persona que en algún momento decidió aceptar la voz del Espíritu Santo, piensa cada vez más como Cristo lo haría. De manera contraria, dicho naufragio sucede cuando se dejan estos pensamientos de lado y se hace caso omiso a la voz divina, entonces ya se deja de creer en algo concreto, pasando a hacerlo en vanidades (supersticiones, suerte, familia, fuerza propia).

Hoy concéntrate en tus pensamientos. Reflexiona sobre cómo y por qué tomas tal o cual decisión. Entregate a la voluntad divina para estar conectado con tu Creador en todas las áreas.

DÍA 326 - BLACK POWER (ESTADOS UNIDOS)

"¿Qué diremos frente a esto? Si Dios está de nuestra parte, ¿quién puede estar en contra nuestra?" (Romanos 8.31 NVI)

En los JJOO de México 68 sucedió algo pocas veces visto hasta el momento. John Carlos y Tommie Smith habían ganado la prueba de 200mts llanos en pista, obteniendo el primer y tercer puesto respectivamente. Pero no fue esto lo que los llevó a la inmortalidad, sino lo que sucedió en el momento de la premiación.

Mientras se encontraban en el podio escuchando el himno de Estados Unidos, ambos se colocaron un guante negro, agacharon la cabeza y levantaron su mano con puño cerrado. La fotografía recorrió todo el mundo transformándose en un momento icónico de la historia de los JJOO. El mensaje se había dado. El llamado Black Power (Poder Negro) se había liberado.

En aquel año la guerra de Vietnam se encontraba en pleno desarrollo, mientras que, al mismo tiempo, Estados Unidos vivía sus propios conflictos internos, los de los derechos civiles. Ese mismo año Martin Luther King Jr., líder de dicho movimiento, había sido asesinado; y en distintos estados del país se llevaban a cabo violentos disturbios raciales.

El saludo simbólico declaraba abiertamente el orgullo de pertenecer a la etnia negra, de defender sus derechos como cualquier hombre blanco, y suponer la igualdad de condiciones. Cuando los atletas se bajaron del podio fueron abucheados por el público, el COI los castigó expulsándolos de los Juegos y enviándolos a su país, donde recibieron amenazas de muerte. Solo décadas más tarde el saludo fue reconocido y celebrado como un acto de heroísmo.

En la Biblia se encuentra una de las historias que demuestran la valentía que puede tener una persona que tiene convicciones claras. Hananías, Azarías y Misael (los amigos de Daniel) se encontraban en la ciudad cuando se dio la primera orden para adorar la estatua de oro del rey de Babilonia, Nabucodonosor. Ellos fueron denunciados y tuvieron una segunda oportunidad frente a todo el pueblo, pero ellos desistieron. La respuesta fue asombrosa: *"Si nos arrojan al horno ardiente, el Dios a quien servimos es capaz de salvarnos. Él nos rescatará de su poder, su Majestad; pero aunque no lo hiciera, deseamos dejar en claro ante usted que jamás serviremos a sus dioses ni rendiremos culto a la estatua de oro que usted ha levantado"* (Daniel 3.17-18 NTV).

Ellos, al igual que los atletas afroamericanos, tuvieron que tomar una decisión delante de miles de miradas que los observaban. En ambos casos podrían haber optado por una salida fácil, conformando a la gente y a las distintas presiones, pero no lo hicieron. De lo contrario y, frente a todo pronóstico, se arriesgaron por lo que creían que era la verdad, estando dispuestos a pasar por el trago amargo de las consecuencias. Lo que nunca sabrían es que sus decisiones trascenderían las épocas.

Hoy toma la decisión correcta de servir a tu Dios sin importar las presiones que tengas a tu alrededor. <u>Recuerda</u>: Él es el mejor aliado que puedes tener en toda tu vida. Solo así tus decisiones podrán trascender hacia la eternidad.

DÍA 327 - NELSON CARDONA (ALPINISMO – COLOMBIA)

"Por tanto, no nos desanimamos. Al contrario, aunque por fuera nos vamos desgastando, por dentro nos vamos renovando día tras día" (2 Corintios 4.16 NVI)

Con tan solo 12 años tomó la decisión de irse de su hogar para internarse en las selvas del Putumayo y del Amazonas. 8 largos años más tarde volvió a su casa, ya con 20 años y hecho todo un aventurero. Aunque tuvo que pasar por un periodo de tiempo un tanto incómodo y vergonzoso (pues su familia lo había dado por muerto tras no tener noticias de su desaparición), Nelson prosiguió su camino transformándose en guarda parques por un lapso de 20 años, donde conoció a dos alpinistas que lo llevaron a transitar por tal camino.

Fue así que su carrera como alpinista comenzó a dar fruto en su vida, escalando distintas montañas, de las más altas. Pero su meta estaba en el Everest (8.848m snm), el monte más alto del planeta.

Desgraciadamente en el 2006 sufrió un accidente, en un ascenso, que lo dejó con una paraplejia. Como consecuencia estuvo sentado en silla de ruedas por 3 años. Entonces conoció a una persona que escalaba montañas sin piernas, transformándose en su fuente de inspiración.

Así fue que empezó a entrenar para poder lograr la hazaña de seguir escalando pero, al ver cómo su cuerpo sanaba pero no su pierna, intentó suicidarse. Tras esto tuvo que tomar la decisión de enfrentar sus miedos, sus rencores y resentimientos… y prepararse mentalmente para el desprendimiento de su pierna izquierda, pues había decidido amputársela para proseguir con sus sueños.

Poco a poco comenzó a entrenar con su prótesis y se animó a escalar el Aconcagua junto a soldados colombianos que también habían adquirido una discapacidad. De allí se envalentonó a escalar el Everest (convirtiéndose en el primer latinoamericano con discapacidad en ascender la montaña más grande del mundo, y el tercero de toda la población mundial) y, una vez logrado, las siete cumbres más altas.

Al igual que Cardona, en la vida espiritual no se puede pensar en tener éxito sin antes renunciar a aquello que imposibilita avanzar en materia de santidad, renunciando a todo lo que produzca un estancamiento relacional con Dios.

El versículo clave del día de hoy continua: *"Pues los sufrimientos ligeros y efímeros que ahora padecemos producen una gloria eterna que vale muchísimo más que todo sufrimiento. Así que no nos fijamos en lo visible, sino en lo invisible, ya que lo que se ve es pasajero, mientras que lo que no se ve es eterno"* (v.17-18 NVI). A lo que el texto se refiere, muchas veces el ser humano debe mirar menos en el ahora y mirar más hacia el mañana, pues los dolores del momento (causados por la fidelidad, el pecado y/o por desprenderse de una vida pecaminosa) no son eternos, sino que, contrariamente, eternas serás las recompensas por tomar decisiones adecuadas en el presente.

Hoy no cambies lo pasajero por lo eterno, deja que el futuro te consuele en el presente.

DÍA 328 - DIEGO MARADONA IV (FUTBOL – ARGENTINA)

"Diciendo a gran voz: Temed a Dios, y dadle gloria, porque la hora de su juicio ha llegado; y adorad a aquel que hizo el cielo y la tierra, el mar y las fuentes de las aguas"
(Apocalipsis 14.7 RVR60)

D10S Existe. Así es denominado el futbolista Diego Maradona por la "Iglesia Maradoniana" y por todos aquellos acérrimos fanáticos del futbol que elevan a un acto divino el hecho deportivo ¿Puedes creer que confundan a un simple mortal con la figura de Dios?

De paso, a esto se lo denomina blasfemia en la Biblia (Apocalipsis 13:2-7).

Durante la historia de la humanidad hubo (y los hay en la actualidad) muchas personas que se han creído ser Dios en múltiples circunstancias. Personas que aseguraban tener el don de sanación, o contaban con otro tipo de manifestaciones poderosas, o directamente ser una divinidad por el cargo que ocupaban.

Sin embargo hubo alguien que superó el alcance de todos ellos. Los profetas Isaías (14.12-21) y Ezequiel (28.12-15) describen la manera en la cual Lucifer, aquel ángel que se encontraba justo por debajo la Trinidad en el orden de mando, nombrado como el protector del Cielo, mientras la divinidad no estuviera allí, comenzó a tener aires de grandeza y a dar lugar a la vanidad. Sus pensamientos se dirigieron a proyectarse como un ser que bien podría ocupar su lugar por encima de Dios.

La idea de convertirse en un dios lo obnubiló de todo intento de retracción de sus actos por pedido, no solo de sus propios colegas, sino también de Dios mismo. Elena de White (Conflicto de los Siglos cap.30) comenta que se le permitió seguir por un tiempo más hasta que no hubo otra alternativa que expulsarlo del Cielo ¿Puedes imaginar el dolor del Creador al expulsar por primera vez, en toda la eternidad, a uno de sus hijos? En realidad no fue uno, aunque todo comenzó con Lucifer, pues millones de ángeles "cayeron" junto con su nuevo amo (Apocalipsis 12.4).

Fue destinado al Edén, hábitat de los primeros humanos: Adán y Eva. Allí los engañó (Génesis 3) y recibió el gobierno de este mundo, pasando a ser el nuevo príncipe (Juan 12.31) y dios de la Tierra (2 Corintios 4.4). Parte de su plan se había cumplido mas no del todo, porque hoy sus aspiraciones continúan siendo poder convertirse en el único Dios del universo entero. Aunque el Diablo conoce que su fin es la muerte eterna y que le queda poco tiempo (Apocalipsis 12.12), igualmente persiste con su fiel objetivo: desviar la adoración.

De esto se ha tratado todo: a quién dirige el ser creado la adoración, a Dios o a Satanás. La profecía de Daniel 7 y el mensaje de los 3 ángeles de Apocalipsis 14 (como conclusión del capítulo 13), por ejemplo, se refieren a esto. La ecuación es simple: se adora al Creador, al único Soberano, o a Satanás cuando, sencillamente, no se adora a Dios (ponle el nombre que quieras). Y es que al Gran Engañador no le interesa que adoren directamente a su persona; con que no se rinda culto a su enemigo le basta y sobra.

Hoy alégrate por la bendición de tener a un Dios vivo que ya ha vencido al Diablo, originador de todos los males de tu vida y del mundo. Pide al Cielo que te abra los ojos para discernir entre el camino del bien y del mal.

DÍA 329 - JUEGOS PARALÍMPICOS

"Dios me arma de fuerza y hace perfecto mi camino" (Salmos 18.32 NTV)

En 1948, y tras la iniciativa del dr. Ludwig Guttmann, se celebraba el primer evento deportivo y competitivo (en Stoke Mandeville, Inglaterra) para personas que habían sufrido algún tipo de discapacidad durante la II Guerra Mundial. La disciplina de la cual se trató fue la de tiro con arco para personas en silla de ruedas (afectados medulares), y contó con la participación de 14 hombres y 2 mujeres.

Este resultó ser un punto bisagra de la historia del deporte pues, a partir de dicho momento, se daba a conocer al mundo un método que servía tanto para la rehabilitación física y mental, como también para la inclusión social de las personas con algún tipo de discapacidad.

La idea fue transformada en un proyecto que vio su culminación en los primeros Juegos Paralímpicos realizados en Roma 60 (inmediatamente después de los finalizados JJOO celebrados en la misma ciudad), contando con la participación de 400 atletas y 24 países representados. Ya para los juegos de Montreal 76 se incluyeron otras discapacidades que iban más allá de la movilidad por silla de ruedas, y en Rio 2016 se disputarían 526 eventos en 22 deportes.

Curiosamente en la actualidad, y en muchos países, aun hoy el tema de la discapacidad sigue manteniéndose como un *tabú*, donde la generalidad de las personas tiene desconocimiento al respecto (y hasta conserva ciertos temores infundados), lo que lleva a la marginación de las personas con discapacidad, creyendo que son los débiles de la sociedad.

Si lo trasladásemos al plano espiritual, se puede apreciar que existen hermanos en la fe que se creen mejor[14]... y peor que ciertas personas para llevar a cabo el evangelio (como el caso del fariseo y el publicano – Lucas 18.19-24). Presta atención a lo que dice el apóstol Pablo: *"En cambio, Dios eligió lo que el mundo considera ridículo para avergonzar a los que se creen sabios. Y escogió cosas que no tienen poder para avergonzar a los poderosos. Dios escogió lo despreciado por el mundo —lo que se considera como nada— y lo usó para convertir en nada lo que el mundo considera importante. Como resultado, nadie puede jamás jactarse en presencia de Dios"* (1 Corintios 1.27-29 NTV).

Dios dice que nadie debe sentirse más que otro, ni tampoco menos que otro. Muchas veces Él prefiere elegir a lo menospreciado por la sociedad, a los que, aparentemente, son débiles. Así, cuando una persona dice que otra no puede lograr nada en la vida, tienen una mirada limitante, pues no logran entrever lo que Dios puede hacer en la vida de cualquier individuo. Dios es quien elige, no las personas, y lo hace no por las capacidades o las discapacidades, sino por el corazón (1 Samuel 16.7).

Hoy deja de sentirte menos (o más), pues el Rey de reyes es quien te elige para fortalecerte en el nombre de Jesús. <u>Recuerda</u>: solo en su Nombre podrás hacerte fuerte en tus debilidades.

---

14 Sentirse mejor que otro también es una debilidad.

DÍA 330 - ABBEY D'AGOSTINO
(ATLETISMO - ESTADOS UNIDOS)

"Feliz el hombre que no sigue el consejo de los malvados, ni va por el camino de los pecadores, ni hace causa común con los que se burlan de Dios, sino que pone su amor en la ley del Señor y en ella medita noche y día" (Salmos 1.1-2 DHH)

Eran las eliminatorias de los 5mil metros llanos en pista cuando Abbey chocó con una contrincante, produciendo que ambas caigan al suelo. Abbey no lo pensó dos veces. Pese a que con toda tranquilidad podría haber seguido corriendo, algo dentro suyo la hizo detenerse y dirigirse a la neozelandesa, quien se encontraba dolorida, para asistirla y darle palabras de aliento: *"Levanta. Tenemos que terminar"*. Nikki Hamblin quedó totalmente sorprendida ante tal gesto ya que nunca antes se habían cruzado en una pista (o fuera de ella). Ambas continuaron la carrera codo a codo, sin embargo resultó ser que D'Agostino había sufrido una lesión en su rodilla. Así que, a suerte de devolverle el gesto, Nikki la acompañó durante el resto de la carrera infundiéndole ánimo. Al llegar, prácticamente juntas a la meta, la estadounidense quedó tendida en la pista para luego salir de la misma en silla de ruedas.

Más tarde, en la rueda de prensa, cuando se le preguntó qué la había impulsado a detenerse en plena carrera para asistir a una contrincante, Abbey respondió: *"Aunque mis acciones fueron instintivas en aquel momento, la única forma que puedo explicarlo racionalmente es que Dios preparó mi corazón para responder así"*. Es que para esta atleta el cristianismo no es algo que se oculta. Ella ha expresado levantarse cada mañana escuchando música de adoración, lee su Biblia y lleva un diario personal de gratitud a Dios, por ejemplo.

Gracias a este gesto, que representó el verdadero "espíritu olímpico", la organización les dio el pase a la final, aunque Abbey no pudo correrla dada su lesión.

¿Sabías que la consecuencia de cumplir con los mandamientos de Dios es convertirse en una persona de influencia santa? Porque cuando nosotros estamos relacionados con Cristo inconcientemente esto se demuestra. No existe un verdadero cristiano que diga cumplir con las ordenanzas del Señor, que diga tener una vida de comunión con Él, que diga que predica y haga su culto si es indiferente para con los que los rodean, si contesta de manera hiriente y no empatiza con su prójimo.

Tú debes ser una influencia positiva para las personas que existen en tu mundo. Debes reflejar a Cristo ¿Cómo hacerlo? Simple: dedicándole tiempo a la lectura de su Palabra para conocer su voluntad, orando, congregándote, ayudando y predicando. Pero además pidiendo que el Espíritu Santo transforme tu vida. La historia de Labán y Jacob refleja este espíritu de influencia, cuando el tío le dijo a su sobrino que gracias a su presencia Dios lo había bendecido en todo (Génesis 30.27).

Hoy no tengas vergüenza de decir que Dios te está bendiciendo ni mucho menos tener miedo en bendecir a los demás por medio de tu influencia positiva de santidad. Influencia que muestre a Jesús.

DÍA 331 - ÁGNES KELETI (GIMNASIA – HUNGRÍA)

"Porque Dios traerá toda obra a juicio, juntamente con toda cosa encubierta, sea buena o sea mala" (Eclesiastés 12.14 RVR60)

Cuando Hungría cayó bajo el poder nazi, su padre, de origen judío, fue conducido a un campo de concentración en Auschwitz, donde finalmente fallecería; su madre y hermana lograron ser rescatadas por un diplomático sueco; mientras que Ágnes quedaría sola en un pueblo que despreciaba a los judíos junto al nuevo régimen de facto, siendo expulsada del club donde entrenaba y, por lo tanto, del equipo olímpico de gimnasia.

Temiendo las amenazas, que la conducirían a un campo de concentración, decidió escapar a Budapest donde recibió un pasaporte falso (que la hacía cristiana) trabajando, valientemente, como sirvienta en la casa de un general nazi. Desde allí podía robar comida para poder llevárselas a su madre y hermanos, mientras que, durante las mañanas, salía al campo para recoger a los caídos en batalla y depositarlos en una fosa común.

Finalizada la guerra, la húngara lograba rearmar su vida pero, no fue hasta la cita olímpica de Helsinki 52 (y ya con 31 años de edad), que Ágnes pudo hacer su debut olímpico ganando 4 medallas. Luego llegó Melbourne 56 donde ganaría 6 medallas más, convirtiéndose en la deportista más longeva en ganar un oro.

Como la situación de su país era dramática, pues los soviéticos lo habían ocupado, ella, junto a la mitad de su delegación, decidió no volver a Hungría, pidiendo asilo político. El resto de sus días se dedicó a dar clases de gimnasia en Israel.

Cada vez que leo y veo este tipo de historias tan dramáticas no logro comprender hasta dónde puede llegar la maldad del hombre... hasta dónde puede llegar el pecado. Usurpaciones, violaciones, asesinatos, genocidios, pandemias, guerras... ¿hasta cuándo?

El mensaje de los tres ángeles de Apocalipsis 14 indica que un juicio se acerca. El juicio que acabará con todo el sufrimiento que se vive en este tétrico mundo.

Muchos se imaginan un juicio divino que traerá una justicia similar a la humana, donde la humanidad se encontrará con un Dios que evaluará las obras realizadas en esta vida y, entonces, dará su veredicto final: los que hicieron el bien accederán al Cielo, mientras que los que no lo hicieron se irían al infierno, al tormento y aflicción eterna. Esta falacia, inventada por el mismísimo Diablo, hace cuestionar al ser humano sobre el amor de Dios.

El juicio divino es un juicio de amor para aquellos que han decidido vivir en armonía con los designios divinos, encontrando como recompensa la vida celestial, sumida en perfección y carente de pecado. Estas son personas merecedoras de tal rédito no por sus acciones sino porque depositaron su fe en Jesús, quien murió por ellos (Apocalipsis 14.12). Al mismo tiempo el juicio a los impíos también es un acto de amor, pues la muerte eterna pone punto final a la *"vana manera de vivir"* (1 Pedro 1.18 LBLA) en la que piensan, absurdamente, que son felices sumidos en el pecado, pero que distan de la misma pues Dios es el dador único de felicidad (Gálatas 5.22-23).

Hoy piensa en un juicio que está pronto a venir. Motívate para predicar de Cristo a otros. El encuentro llega pronto. *Maranatha*.

DÍA 332 - CHRIS BENOIT (LUCHA LIBRE – ESTADOS UNIDOS)

"Debe dirigir bien a su propia familia, y que sus hijos lo respeten y lo obedezcan. Pues, si un hombre no puede dirigir a los de su propia casa, ¿cómo podrá cuidar de la iglesia de Dios?" (1 Timoteo 3.4-5 NTV)

Chris era un famoso luchador del típico cuadrilátero televisivo, de los que pueden verse por las famosas cadenas internacionales de televisión por cable. Había logrado consagrarse campeón mundial del peso pesado de WWE (*World Wrestling Entertainment*) y WCW (*World Championship Wrestling*). Pero, más allá de sus títulos y distintos reconocimientos en el ring, Benoit hoy día no es recordado por esto.

Tras el nacimiento de Daniel, decidió contraer matrimonio con Nancy, la madre del pequeño. Los buenos momentos duraron poco. A los 3 años su mujer pedía el divorcio frente a las autoridades correspondientes, acusando a Chris de malos tratos en el hogar. Así y todo, poco tiempo después Nancy retiró la demanda y se reconciliaron. La historia no terminaría con final feliz.

El 22 de Junio de 2007 sucedió un hecho trágico. La policía encontró, luego de tres días, el cuerpo de Nancy sin vida, envuelto con una toalla y con una Biblia encima, como así también el cuerpo de Daniel en su habitación y con una Biblia encima suyo, y el cuerpo de Chris, autor intelectual y material de doble homicidio de su esposa e hijo, colgando por ahorcamiento.

¡Qué historia terrible! ¿Cómo puede un padre de familia quitarle la vida a su mujer e hijo? ¿Cómo tomar ese tipo de decisiones? ¿Cuál era el mensaje que habrá querido dejar al colocar una Biblia en cada cuerpo? Sin duda alguna Chris no se encontraba bien. La historia indica que la idea de un hogar no había sido establecida con claridad por ninguna de las dos partes (marido y mujer).

Trayéndolo a un plano más cercano al nuestro, y tal como se refiere el apóstol Santiago en su carta, uno bien puede asesinar a la familia con sus palabras y con sus actos, en un sentido espiritual y no necesariamente corpóreo. Frustrantemente existen muchos cristianos que, en el afán de ganar a personas para el Reino de Dios, termina perdiendo a su propia familia en el camino. Estas historias no son raras. En ocasiones el cristiano cae en el error de dedicar más tiempo para la iglesia que para su propia familia acarreando resultados desastrosos.

Para evitar que esto suceda todo hijo de Dios debería tener en cuenta la escala de prioridades: (1) Dios, (2) familia, (3) iglesia, (4) trabajo y profesión, (5) *Hobbies*. Como bien señala Pablo, un líder de la iglesia primeramente tiene que ser un líder en su hogar, ya que de la manera en la que conduce su casa podrá dirigir la casa de Dios; y el apóstol hace esta aclaración porque el hogar es la primera iglesia donde todo cristiano debe influenciar positivamente al otro en profundo amor.

Hoy ora para enfocar tus prioridades a la voluntad divina. Aprecia a tu familia, ámalos y cuídalos. <u>Recuerda</u>: una iglesia sana es el resultado de una familia sana.

DÍA 333 - HEUNG-MIN SON II (FUTBOL – COREA DEL SUR)

"Así que alégrense de verdad. Les espera una alegría inmensa, aunque tienen que soportar muchas pruebas por un tiempo breve. Estas pruebas demostrarán que su fe es auténtica. Está siendo probada de la misma manera que el fuego prueba y purifica el oro, aunque la fe de ustedes es mucho más preciosa que el mismo oro. Entonces su fe, al permanecer firme en tantas pruebas, les traerá mucha alabanza, gloria y honra en el día que Jesucristo sea revelado a todo el mundo" (1 Pedro 1.6-7 NTV)

Retomando un poco desde el punto anterior, Son había perdido una buena oportunidad de evadir el servicio militar obligatorio al no clasificarse, junto al equipo, a los octavos de final del mundial de la FIFA Rusia 2018. Pero el mandatario presidencial le daba una chance más: ganar el título de la copa asiática.

Así fue que, en la final, pudo gritar campeón tras ganarle a Japón en el tiempo de prórroga por 2-1. Sus lágrimas desahogadas conmovieron al estadio entero y a todos aquellos, que de alguna u otra manera, habían seguido su historia y que se encontraban expectantes de lo que pasaría. Final feliz para Heung-min que lo había dado todo durante tantos años; por fin podía gritar victoria y dejar de sentirse preso de la situación. A partir de aquel momento comenzaría a vivir libre, con el mayor sentido de la palabra, haciendo lo que más le gusta: jugar al futbol.

Si hay un tema de debate con un interrogante siempre abierto (hasta que se sabe la respuesta) es la prueba. Esos momentos de angustia son atravesados por los hijos de Dios donde su fe es evaluada.

En distintos pasajes de la Biblia se la compara con el fuego, pues este mantiene un símbolo purificante ¿Pero qué debe purificar el ser humano? Su carácter. Y habrá tantas pruebas como refinación de la persona Dios lo vea necesario, pues cada uno de nosotros debemos prepararnos para el reencuentro con nuestro Salvador. Esto sucede no porque tengamos un Dios que se deleite en vernos sufrir, sino en uno que realmente le importa vernos mejorar.

El apóstol señala que cuando se sale victorioso de estas situaciones la alegría será el resultado final. Alegría que deviene de un afianzamiento en la relación con el Creador. Alegría que glorifica a Aquel que, aunque bien permite el corto[15] momento de dolor, se mantiene al lado de cada uno de sus hijos para sostenerlos y acompañarlos en la tribulación.

Al igual que Son, quizás estés atravesando alguna prueba que lleva un largo tiempo sin resolverse. No te desesperes. Acuérdate que Dios tiene la respuesta. Acude a Él. Ora. Has todo lo que esté en tus manos para acercarte. Piensa qué es lo que Dios quiere que perfecciones. Aprovecha esta situación para purificar tu vida por la obra del Espíritu Santo.

Hoy arrodíllate y ora en el nombre de Jesús para que puedas comprender cuáles son los planes para ti. <u>Recuerda</u>: Solo una vez que salgas victorioso sentirás que habrá valido la pena tanta espera y estarás más preparado para la siguiente prueba.

---

15 Aunque en la vida terrenal todo momento de dolor (desde un plano subjetivo) parezca realmente ser duradero y de nunca acabar, la Biblia lo considera corto en relación a la vida eterna de gozo perpetuo que vivirá todo redimido.

DÍA 334 - LA RAZA SUPERIOR

"Y, si somos hijos, somos herederos; herederos de Dios y coherederos con Cristo, pues, si ahora sufrimos con él, también tendremos parte con él en su gloria" (Romanos 8.17 NVI)

La Alemania nazi había desarrollado un ideario sobre el ser humano al punto de que pensaron haber concebido una nueva raza humana, totalmente superior a la del resto: la *raza aria*.

Según la ideología de Hitler toda persona nace con un cúmulo de habilidades mentales, físicas y sociales que se encuentran inertes a su raza (ADN) y que, por consiguiente, se transmiten de generación en generación. Pero la misma corre el riesgo de ser alterada en caso que dos "razas" se crucen. De esta manera un individuo, perteneciente a la *raza aria*, se encontraría genéticamente preparado para superar todo tipo de circunstancia de la vida por encima de cualquier otro individuo ajeno a la misma, por más preparación que pueda llegar a tener.

Para lograr esto Hitler tomó medidas darwinistas al respecto: eliminar a judíos, romaníes, afroalemanes, gitanos, polacos, personas con discapacidad, homosexuales, entre otros (que suponían una raza inferior); utilizar la propaganda biologicista como suerte de "lavado de cerebro" con el fin de convencer a los nativos a reconstituir la nueva raza alemana; llevar a cabo el programa *Lebensborn* (fuente de vida, en alemán) donde se secuestraban niños con las características fisiológicas indicadas para la formación de los arios (test blanca, ojos azules y rubios, a grandes rasgos) donde eran formados (y "educados") en internados pertinentes (hasta madres alemanas "donaban" a sus hijos a tal empresa).

Entre tanto se celebraban los JJOO de Berlín 36, el equipo alemán excluyó a deportistas no arios, como el boxeador Erich Seelig y el tenista Daniel Prenn, pues Alemania debía demostrar que la raza superior sería la única en llegar a lo más alto del medallero olímpico.

Como ves, el tema de la discriminación racial ha sido un mal que nos ha acompañado como humanidad desde siglos (y hasta tiempos inmemoriales) hasta la actualidad. Creerse mayor que otro por status social, económico, genérico y/o profesional (etc.) es considerado pecado, *"pues Dios no muestra favoritismo"* (Romanos 2.11 NTV).

Sin embargo existirá un momento donde sí se creará una "raza superior". La misma se generará cuando Cristo vuelva por segunda vez y transforme los cuerpos y las mentes de todos los salvos (1 Corintios 15.52), entonces la vida en el Cielo solo estará conformada por una "nueva raza" totalmente superior a la que habita en este mundo; no por color de piel, ojos, cabello o aspecto físico, sino porque ya no tendrán la naturaleza pecaminosa que los hace pecadores, por lo tanto serán enteramente perfectos y andarán en la gloria de Dios mismo.

Hoy el mundo mira desde arriba a los cristianos, como creyéndose superiores a ellos. Ya Pablo declaraba: *"[...] Se nos considera la escoria de la tierra, la basura del mundo, y así hasta el día de hoy"* (1 Corintios 4.10-13 NTV), sin embargo sabemos que cuando vivamos en aquel mundo perfecto llegaremos a ser como ángeles (Lucas 20.36).

Hoy anhela esa vida que te espera en el Cielo y por la eternidad. Piensa en todo lo que podrás hacer con tu nuevo cuerpo y mente transformados por el poder de Dios.

DÍA 335 - MARKO CHESETO (ATLETISMO – KENIA)

"Y esta es la vida eterna: que te conozcan a ti, el único Dios verdadero, y a Jesucristo, a quien has enviado" (Juan 17.3 DHH)

La maratón de Nueva York (Estados Unidos) es la que mayor número de participantes reúne cada año, convirtiéndose en la más popular del mundo, con más de 50 mil participantes. Entre uno de ellos se encontraba el keniano Marko Cheseto cuya historia de vida daría vuelta al globo tras disputar la carrera.

Nacido en el país africano de Kenia, y dadas sus aptitudes para el atletismo de fondo, tanto él como su primo fueron becados para estudiar en una universidad de Alaska, estado del país cuyo maratón se viste de honores. Pero William, su primo, no pudo adaptarse al nuevo ritmo de vida y, por sobre todas las cosas, al clima. Así cayó en una depresión que lo llevó al suicidio.

Marko nunca olvidaría aquella fría mañana: *"Eran las 5 de la mañana y le dije que era demasiado temprano y que hablaría con él más tarde"*; luego habló por segunda vez con el mismo resultado. Al día siguiente lo encontró en el baño ahorcado con el cable del teléfono.

Toda esta situación alteró emocionalmente a Cheseto. Sintiéndose culpable también cayó en una profunda depresión. Una noche salió a correr en plena tormenta de nieve y nunca más regresó. En el transcurso Marko cayó inconciente en la intemperie sufriendo congelamiento de sus piernas. Fue encontrado 55hs más tarde, pero los médicos no pudieron hacer nada para salvar sus piernas, por lo que debieron amputárselas.

En la pasada edición del 2018 Cheseto, de 35 años, rompió el record mundial (en su categoría) con una marca de 2h52:33, corriendo con prótesis.

¿Cuál es la fórmula para que tu vida cambie rotundamente? ¿Cómo hacer para que de la desdicha se pase a la felicidad? Solo se necesita algo. Más bien alguien: Dios. El conocerlo es la única garantía de cambiar el destino cruel que este mundo ofrece ¿Cómo conocerlo? Para entender este concepto, primeramente debe entenderse que la palabra "conocer" se utiliza en el contexto de las relaciones sexuales entre un hombre y una mujer en matrimonio (Génesis 4.1); de esta manera puede apreciarse el grado de intimidad que Dios pretende que tengamos con Él. Al igual que marido y mujer, es una relación de amor exclusivo (1 Juan 4.8). Cuando se ama a Dios y se entiende que Él nos amó primero y nos otorgó la salvación (1 Juan 4.19) entonces se guardan sus mandamientos para lograr la victoria sobre el mundo en el nombre santo de Jesucristo (1 juan 2.3-6 + 1 Juan 5.2-6).

Hoy Dios se encuentra deseoso de que lo conozcas un poco más. Él te está invitando a tener una vida de intimidad. <u>Recuerda</u>: conocerlo implica amarlo, pasar tiempo en su presencia, guardar sus mandamientos y vencer en el nombre de Jesús para que tu vida, tal como está, de un giro *resiliente* de eterna paz, felicidad y santa vitalidad.

DÍA 336 - MOURAD LAACHRAOUI
(TAEK WON DO – BÉLGICA)

"Y todo el que haya dejado casas, o hermanos, o hermanas, o padre, o madre, o hijos o tierras por mi nombre, recibirá cien veces más, y heredará la vida eterna"
(Mateo 19.29 LBLA)

Mourad es un deportista de alto rendimiento que participó de los JJOO de Rio 2016 por primera vez en su vida. Tristemente la prensa no se focalizó en hacer conocer su nombre por lo talentoso que era, teniendo en cuenta que en Mayo de ese mismo año se había consagrado campeón europeo en su categoría (-54kg), sino que "pusieron el ojo" en su conexión familiar. Más precisamente con su hermano, Najim, que supo ser uno de los terroristas implicados en el atentado de Paris en 2015 y en el aeropuerto de Bruselas en 2016, donde se suicidó haciendo explotar una bomba que cargaba, llevándose consigo a decenas de personas.

Acosado por los medios de comunicación, Mourad decidió presentarse ante una rueda de prensa con el fin de expresar que él no tenía relación con los atentados cometidos por su hermano, que era muy diferente y que *"uno no elige a su familia"*.

¡Qué sentimiento de desarraigo tan fuerte! Pienso que si llegó a tal declaración es porque hacía tiempo que ya no quería saber más nada con él. *"La familia no se elige, los amigos sí"* es un dicho que puede verse como una realidad en este tipo de historias.

En la devoción de *"Las Hermanas Williams"* te invité a reflexionar sobre la salvación en estado puro y personal, y que no se encuentra supeditada a la herencia familiar. En el día de hoy quisiera que sigamos pensando en este concepto pero desde otra perspectiva.

Muchos se justifican al decir que han nacido en un contexto de pobreza, abuso familiar, discusiones, adicciones y excesos, ateísmo o incluso a que su familia pertenece a una religión determinada y que, por lo tanto, ir contra las tradiciones de sangre sería una afrenta que no se le perdonaría.

La promesa de la salvación cobra mayor sentido cuando no se vincula a la decisión del otro, sino única y exclusivamente en la personal ¿Puedes imaginarte que ir al Cielo y tener vida eterna dependa de lo que tu padre o madre decidiera hacer de su vida? Creo que resultaría un tanto catastrófico si Dios se manejara de esa forma.

No importa de dónde vengas, de cómo esté conformada tu familia, si es o no funcional o socialmente típica. A Dios no le interesa tu pasado o lo que has hecho; a Él le interesa cómo estás hoy. Él te llama allí donde te encuentras y te dice *"ven a mí"*. Quizás, en algunos casos, tomar la decisión de entregar la vida al único Salvador contraiga la oposición de sus más allegados. Hay también promesa para esto: bendición terrenal y vida eterna.

Hoy accede al llamado divino, no lo pienses más. Niégate a obedecer a voces humanas, por más cercanas que sean, e inclínate a la única voz que vale la pena escuchar.

DÍA 337 - GASTÓN SESSA (FUTBOL - ARGENTINA)

"Amado, no imites lo malo sino lo bueno. El que hace lo bueno es de Dios; el que hace lo malo no ha visto a Dios" (3 Juan 1.11 LBLA)

El futbol argentino ha "disfrutado" de personajes como *"El Gato"* Sessa, arquero de la primera división del futbol local, excéntrico por su juego y conocido por sus reacciones violentas durante los enfrentamientos competitivos.

La lista se encuentra compuesta por situaciones donde el futbolista tomaba del cuello al árbitro por estar disconforme por su fallo, golpear a su propio compañero de equipo en pleno partido, pelearse con el alcanza pelotas llegándolo a agredir físicamente, repartiendo patadas voladoras a las cabezas de sus contrincantes y pisotones a aquellos que quedaban tendidos en el suelo.

Inexplicablemente este "jugador", tan distante de cualquier código ético (ni hablemos del moral), aún era elogiado por su manera de atajar y muy considerado, pese a su conducta reiterativa.

No sé de dónde eres tú, pero en la Argentina el futbol es el deporte más visto y practicado. Es más, creo que debido al futbol la mayoría de las personas ni siquiera conoce las maravillas de otros deportes y, menos aún, pueden considerar que sean llamativos. Los futbolistas han sido convertidos en modelos sociales, y los chicos son los que más imitan sus conductas dentro de las canchas.

Cierta vez Mahatma Gandhi afirmó: *"Yo sería cristiano si no fuera por los mismos cristianos"*. Para él el comportamiento de los llamados hijos de Dios va en contra de lo que el mismo cristianismo enseña ¿Paradójico verdad?

Es desalentador para quien siente el deseo de unirse a un movimiento cristiano, ver como sus integrantes resultan ser la peor propaganda para el mismo. Curiosamente, aunque muchos intenten justificar sus acciones, dichas acusaciones terminan siendo verdaderas. Suele pasar que la doble vida es percibida más por la gente que se encuentra fuera de la iglesia, que por los mismos hermanos en Cristo.

Ya Jesús había advertido a las personas de aquella época que *"[...] los tropiezos son inevitables, pero ¡ay de aquel que los ocasiona! Más le valdría ser arrojado al mar con una piedra de molino atada al cuello, que servir de tropiezo a uno solo de estos pequeños"* (Lucas 17.1-2 NVI). De esta forma sencilla explicaba que, debido a la naturaleza pecaminosa, el ser humano seguirá pecando (con la responsabilidad que eso conlleva); pero hacer pecar a otro le produce una condenación mayor. Ser mal ejemplo para otros es colocarse en un punto de enfrentamiento directo con Dios.

Necesitamos recordar que nuestras vidas influyen en otras vidas (*[nos]otros*) tanto para el bien como para el mal, siendo que, con nuestras acciones, podemos levantar a alguien como derribarlo.

Hoy piensa sobre la ropa que usas, las comidas que comes, los lugares que frecuentas, el vocabulario que utilizas, los programas de televisión que miras, la música que escuchas… (etc.) ¿Cómo inciden en los que te rodean? <u>Recuerda</u>: eres llamado para ser un ser de bendición y no de maldición para los demás.

DÍA 338 - JACKSON FOLLMANN (FUTBOL – BRASIL)

"Porque todo el que invoque el nombre del Señor será salvo" (Romanos 10.13 NVI)

El arquero del equipo de futbol Chapecoense fue uno de los seis sobrevivientes de la tragedia de aquel 28 de Noviembre de 2016 (ver devocional *"Vuelo 2933"*). En una entrevista relató lo sucedido en primera persona: *"Yo me acuerdo que en aquel momento el avión se apagó y se apagaron todas las luces. [...] Solamente dio tiempo de rezar y pedir a Dios que nos protegiese. [...] En el momento que yo abrí mis ojos tenía miedo de morir. Yo solamente decía que no quería morir; sálvenme, yo gritaba pidiendo socorro, hasta que vi de lejos una linterna. Y las personas empezaron a gritar 'policía nacional', y empecé a tranquilizarme. [...] Acostado yo levanté mi mano, y el la agarro y dijo 'calma que estas a salvo ahora'".*

Luego de estar en coma por tres días le comunicaron que prácticamente no había habido sobrevivientes y que no podría jugar más al futbol debido a que había perdido la pierna izquierda a consecuencia del accidente. Fueron días muy duros para él, con decisiones difíciles que tuvo que tomar.

Hoy Jackson se autodefine como una persona feliz que agradece al Cielo la oportunidad de estar vivo, y poder contar la historia de cómo Dios obró un milagro salvándolo, dándole una segunda oportunidad en su vida para estar con su familia y amigos.

En Mateo 14.22-33 se relata el episodio en el cual, tanto Jesús como Pedro, caminaron sobre el agua. Cuando el apóstol se percató del oleaje, la lluvia y la tormenta (y que para colmo caminaba sobre el agua) le abrigó el sentimiento de temor que solo sucede cuando los ojos dejan de estar puestos en el Salvador Jesucristo. Por tal hecho se hundió. Las olas lo tapaban, el agua comenzaba a ingresar por su boca y nariz, y apenas podía respirar; con sus brazos intentaba mantenerse a flote realizando movimientos descoordinados intentando, por todos los medios, no ahogarse. En otras palabras, se estaba muriendo. *"Señor sálvame"* logró exclamar en algún momento donde pudo sacar su cabeza. El relato es tan fantástico que dice que *"Jesús enseguida le tendió la mano"* y lo salvó.

"Señor, sálvame". Creo que deberíamos usar esta expresión más de lo que estamos acostumbrados a hacerlo, por la sencilla razón de que es la única manera de ser salvos. Nótese que el relato bíblico es claro: toda persona que invoque el nombre del Señor Jesús es salvo, sus pecados son limpiados y llamado hijo de Dios; y esto sucede al instante. El accionar de Jesús deja la sensación de un Dios que se encuentra a la espera de que lo llamen y que acude al rescate sin pensarlo dos veces para dar su mano.

Hoy medita en lo maravilloso que es tener un Dios que se preocupa tanto por ti que no duda ni un segundo en sacarte y librarte de cualquier situación en la cual estés. <u>Recuerda</u>: puedes alcanzarlo tan solo con una oración.

DÍA 339 - ABEBE BIKILA PARTE II (ATLETISMO – ETIOPIA)

"Si tienes que pasar por el agua, yo estaré contigo, si tienes que cruzar ríos, no te ahogarás; si tienes que pasar por el fuego, no te quemarás, las llamas no arderán en ti"
(Isaías 43.2 DHH)

En la primera parte vimos la forma extraordinaria, en todo sentido, en la cual Bikilia se transformó en un héroe nacional, y representante de toda "África negra" tras ganar la primer medalla de oro en un juego olímpico para dicha cultura, pero pareciera ser que, de un instante al otro, la historia cambiaria drásticamente.

Luego de repetir el oro en los JJOO de Tokio 64, habiendo superado un apendicitis tan solo seis semanas antes (créeme que no sé cómo lo hizo, pues a mí me operaron de apendicitis y tardé más que dos meses en poder hacer actividad física normalmente) sin poder escuchar el himno de su país, debido a que no se conocía, regresó a Etiopía donde "intercambió" su primera medalla por un anillo de diamantes (con el emperador de turno) y el puesto de sargento. 3 meses más tarde recibió la acusación de participar de un golpe de Estado fallido, por lo que fue condenado a la horca pero, como venía "acostumbrado", nuevamente su vida dio un giro inesperado y fue indultado por el propio emperador.

En la cita olímpica de México 68 tuvo que retirarse al kilómetro 17 porque había sufrido del "mal de altura" y, al año siguiente, sufriría un accidente automovilístico que lo dejaría con una cuadriplejia.

La vida puede cambiar de un momento al otro drásticamente. Cuando ayer todo era alegría hoy puede ser tristeza. Qué terrible realidad la que experimenta el ser humano. Cuántas personas hay que tienen todo por delante, como si las puertas se les abrieran de par en par y, tras una mala decisión propia o ajena, la situación cambia dramáticamente en sentido opuesto.

Abel experimentó esta sensación al pasar de estar en un gran momento de su vida espiritual y terrenal a ser víctima del odio desmesurado de su propio hermano.

Si bien el pecado puede transformar tu vida en un instante, no olvides que Dios también puede hacerlo. El Espíritu Santo es tan poderoso que impresiona con poder a toda persona dispuesta a escucharla. En este caso, el cambio rotundo es para salvación y vida eterna.

Hoy eleva una oración para que la Trinidad impacte en tu vida de tal forma que no vuelvas a ser el mismo que ayer.

DÍA 340 - LA TREGUA OLÍMPICA

"Pero el que practica el pecado es del diablo, porque el diablo peca desde el principio. Precisamente para esto ha venido el Hijo de Dios: para deshacer lo hecho por el diablo"
(1 Juan 3.8 DHH)

Los JJOO antiguos (776 a.C. al 393 d.C.) habían adquirido un valor político ya que existían, desde aquel entonces, diversos intereses gubernamentales a raíz de que un deportista ganara una prueba. De tal forma, y para garantizar que todos los hombres preparados para tal evento puedan participar (pues no se le daba lugar a las mujeres), se determinaba una tregua sagrada, la cual era firmada por los máximos representantes políticos de cada provincia (por ejemplo Esparta y Atenas). De esta manera, durante los meses que implicaban el entrenamiento, traslado y calendario competitivo, las guerras entre las ciudades debían cesar so pena de muerte. Así se garantizaba la participación de los atletas (soldados en aquel entonces) en el Santuario de Olimpia, declarado territorio inviolable.

En lo que respecta a los JJOO modernos (a partir de 1896) han existido distintos puntapiés para lanzar treguas de paz en los periodos competitivos correspondientes. En el 2000 se logró oficializar por medio de la creación de la Fundación de la Tregua Olímpica y el Centro Internacional de la Tregua Olímpica, con sede en Atenas, Grecia. Aunque con el apoyo de las Naciones Unidas, la misma no siempre se ha respetado.

¿Y qué decir del Conflicto Cósmico? ¿De la lucha entre el bien y el mal? ¿Del enfrentamiento entre Jesús y Satanás? ¿Acaso ha habido alguna tregua? ¿En algún momento Satanás y sus ángeles han dejado de actuar, dando un momento de paz a la humanidad? O desde otra perspectiva ¿Dios, por un tiempo, ha dejado de proteger a la humanidad del daño que puede llegar a ocasionar el Diablo?

Ciertamente no existe tal cosa. No porque Dios no lo quisiera. De hecho Él le dio diversas oportunidades a los ángeles caídos (incluyendo a Lucifer/Satanás) a arrepentirse, pero ellos decidieron seguir con su conducta. Como dice el versículo, Satanás peca desde el principio y lo hará hasta el final, cuando sea destruido por Dios. De la misma manera nuestro Señor nos amó desde el principio y lo hará hasta el final, aunque seamos pecadores (1 Juan 4.11, 19) ¡Qué contraposición!

Gracias al amor que nos tiene, el apóstol Pablo declara *"pero fiel es el Señor quien [n]os fortalecerá y protegerá del maligno"* (2 Tesalonicenses 3:3 LBLA). Así es que el conflicto cósmico ha tenido su inicio en el Cielo y tendrá su fin en la Tierra, donde Cristo mismo dejó su vida, para terminar con todo sufrimiento que tal enfrentamiento genera.

Hoy agradece a Dios en oración por la promesa de poder salir victorioso ante tal guerra universal. Ponlo en primer lugar para "ganarle la pulseada al Maligno".

DÍA 341 - JASON BROWN
(FUTBOL AMERICANO – ESTADOS UNIDOS)

"Las semillas que cayeron en la buena tierra representan a los que de verdad oyen y entienden la palabra de Dios [...]" (Mateo 13.23 NTV)

El futbolista cambió los dólares, las marcas y los lujos por pepinos y papas ¿La razón? Ayudar a los socialmente más vulnerables.

Un joven norteamericano decidió retirarse del deporte, compró 400 hectáreas y comenzó a cultivar. Luego de la siembra llegó a cosechar un total de 45 toneladas de alimentos, los cuales fueron donados a aquellos necesitados. Aunque su representante piensa que ha cometido el peor error de su vida, Brown ha encontrado un trabajo en el cual se sintiera realmente útil. Y este cambio drástico no ha sido casualidad; él aseguró haber llegado a tal grado de altruismo pensando en que ha sido guiado por Dios; *"el amor es el regalo más grande que uno puede hacer en la vida"*.

Cierta vez me encontraba participando de un culto en mi iglesia cuando la persona que dirigía el tema preguntó *"¿Qué es más fácil, sembrar o cosechar?"*. Aunque ninguno de los presentes teníamos conocimientos reales (ni del todo teórico ni mucho menos empírico), esta pregunta logró ocasionar gran diversidad de opiniones. Algunos sugerían que cosechar era más fácil pues el trabajo ya estaba hecho alegando que, una vez sembrada la semilla solo había que esperar a que creciera la planta, mientras que otros aseguraban que la siembra lo era ya que a la hora de cosechar uno bien debe recorrer todo el campo seleccionando aquello que es productivo, y separándolo de lo que no lo es. Finalmente se llegó a la conclusión que la siembra es lo más dificultoso pues el terreno debe prepararse de manera acorde para la siembra de determinada semilla, la colocación de la misma, el riego, la espera, los pesticidas, etc. etc.

Otra pregunta: *"En lo referente al desarrollo de la vida ¿es más fácil sembrar o cosechar?"*. Nuevamente ocurrió un debate. Entre los presentes se llegó nuevamente a la conclusión que la siembra era lo más difícil. Pero en un momento pude expresar un pensamiento que vino a mi mente. Generalmente como humanos solemos decir que un trabajo bien realizado es producto de un gran esfuerzo previo, o que un título obtenido es el resultado de años de estudio, o que un hijo es el fruto del amor entre marido y mujer (etc.). Pero lo cierto es que, si lo pensáramos detenidamente, ¿qué es lo que marca que un momento de nuestra vida haya sido una cosecha y otra una siembra? ¿Uno siembra lo que cosecha? ¿Cuándo se siembra? ¿Cuándo se cosecha? ¿Son realmente claros estos momentos? Plasmémoslo en un ejemplo de índole espiritual: Una persona estudia la Biblia y se bautiza. Tiene cargo de iglesia, hace discípulos y además predica desde el púlpito. Pero cierta vez una desgracia en su vida lo hace apartarse de la fe por años llevando una vida completamente apartada de los caminos de Dios. Sin embargo vuelve a la iglesia, se reconcilia con Dios y parte al descanso en Cristo. Te pregunto: ¿Cuándo sembró y cuándo cosechó? Y ¿Qué sembró y qué cosechó? La verdad es que uno puede plantar distintas semillas en distintas etapas de la vida, semillas correctas y equivocadas, y llegar a cosechar distintos productos en diversos momentos.

Hoy piensa en qué estás sembrando y qué cosechando en tu vida ¿Qué estás plantando para cosechar un reencuentro con tu Salvador?

DÍA 342 - ANYIKA ONUORA (ATLETISMO - INGLATERRA)

"Al oír esto, Jesús les contestó: 'No son los sanos los que necesitan médico, sino los enfermos'" (Marcos 9.12 NVI)

Tres meses antes de ganar la medalla de bronce, en carrera de relevos 4x100m para Gran Bretaña, la joven inglesa había estado a punto de perder su vida.

Meses antes de la cita olímpica, la atleta había viajado al país de sus padres (Nigeria) donde contrajo *malaria* pero, aunque se había contagiado en aquel viaje, no fue tiempo más tarde que esta se manifestó por medio de síntomas que lograron desestabilizarla. Silenciosamente, pero sin atenuantes, la enfermedad comenzó dar pasos consistentes, generándole temblores, pérdida de equilibrio y debilidad muscular (entre otros), que la llevaron a pensar que no saldría del hospital con vida.

Cuando los médicos dieron a saber que si su temperatura corporal aumentaba tan solo un grado ella moriría, cubrieron su cama con cubitos de hielo y la mantuvieron despierta hasta que, tres horas más tarde, pudo estabilizarse.

Poco a poco su cuerpo fue respondiendo al tratamiento médico hasta llegar a reincorporarse por completo, logrando viajar a tiempo a los JJOO. El resto es historia conocida.

En la Biblia también se registra una enfermedad que se ha manifestado en el universo de manera silenciosa pero abrupta a la vez, y que lo ha debilitado al punto de la muerte, mas no pudo ya que Alguien superior a esta introdujo la cura definitiva. Hablo del pecado como enfermedad terminal y como el sacrificio de Jesús como la única cura posible.

El pecado, liderado por Satanás, fue transformado en un "ministerio de iniquidad" (2 Tesalonicenses 2.7), llevando a cabo la misión apostata, la cual se basa en ir en contra de toda voluntad divina aunque, en algunos casos, se simule cumplirla. Tal apostasía ha existido desde el comienzo del mal en el Cielo, con Lucifer como su fundador y presidente, extendiéndose por todos los tiempos históricos y llegando a nuestros días e, incluso, hasta los venideros.

¿Por qué es un misterio? Elena de White, refiriéndose al origen del mal, cita lo siguiente: *"Para muchos el origen del pecado y el por qué de su existencia es causa de gran perplejidad. Ven la obra del mal con sus terribles resultados de dolor y desolación, y se preguntan cómo puede existir todo eso bajo la soberanía de Aquel cuya sabiduría, poder y amor son infinitos. Es esto un misterio que no pueden explicarse [...].*

[...] El pecado es un intruso, y no hay razón que pueda explicar su presencia. Es algo misterioso e inexplicable; excusarlo equivaldría a defenderlo. Si se pudiera encontrar alguna excusa en su favor o señalar la causa de su existencia, dejaría de ser pecado" (Conflicto de los Siglos págs.546/7).

El misterio de iniquidad ha infectado a todo el mundo. El fin de tal enfermedad es la muerte, pero la cura está al alcance de la mano (Romanos 6.23).

Hoy vive con la esperanza de que, si bien Satanás engañará cada vez más al mundo con su despliegue de poder oculto, tu Dios ya ha ganado la batalla en la cruz. <u>Recuerda</u>: Mantente fiel para no ser engañado.

DÍA 343 - ARIEL GIACCONE (FUTBOL – ARGENTINA)

"Y lleven una vida de amor, así como Cristo nos amó y se entregó por nosotros como ofrenda y sacrificio fragante para Dios" (Efesios 5.2 NVI)

Ariel ha dejado de jugar al futbol ¿La razón? Porque decidió donarle un riñón a su hija que padecía una enfermedad que le causó un fallo renal.

Diariamente el futbolista salía de su entrenamiento para dirigirse al centro de diálisis donde su hija quedaba internada por 4hs. Al verla sufrir por semejante tratamiento y, al tener la posibilidad de darle una nueva oportunidad dándole su riñón, no lo dudó. Renunció sin titubear a su profesión para salvar a su hija.

"Voy a extrañar la pelota, pero pasa a ser algo ínfimo al lado de esto que me tocó vivir", afirmaba tras dejar el futbol profesional en su país, y asegurar que se encuentra sumamente feliz por ver a su hija recuperándose luego de la cirugía.

Estando en el Aposento Alto, Jesús junto a los 12 apóstoles, disponía de la última cena en la semana pascual. El Mesías ya había estado en este mundo por 33 años, demostrando cuál era el camino al Padre por medio de una vida de humildad y abnegación rotunda. El clímax de su vida había llegado. El momento por el cuál Dios mismo se había encarnado en hombre debía desarrollarse en las próximas horas. La Pasión tocaba a las puertas.

Allí dejó marcado uno de los ritos más simbólicos de la Biblia para que sus hijos lo practicasen en su memoria. La llamada "Santa Cena" correría la suerte de un recordatorio del plan de salvación divino, trayendo a la memoria, generación tras generación (y por la eternidad – Mateo 26.29), el sacrificio de Jesús.

Viendo cómo los seres humanos morían por causa del pecado, Dios decidió entregar su vida para salvarlos… para salvarnos. Al partir el pan sin levadura les dijo *"tomen y coman, este es mi cuerpo"* (Mateo 26.26 DHH) El pan representa la encarnación de lo divino en lo humano, de la perfección en la imperfección, de lo inmortal en lo mortal. Simboliza la grandeza de humildad al dejarlo todo en el Cielo para vivir en la pobreza de la Tierra y servir a los demás. Simboliza el cuerpo que cargaría con los pecados de la humanidad de todos los tiempos. Luego les dijo *"beban todos ustedes de esta copa, porque esto es mi sangre"* (Mateo 26.27 DHH). La sangre de Cristo simboliza la remisión de pecados, pues sin sangre el mal es incapaz de ser borrado. La sangre del cuerpo encarnado de Dios mismo en un mundo creado por sus manos. Su sangre como símbolo de esperanza.

La cena del Señor es un hecho fundamental. Tanto que representa un rebautismo espiritual para quienes ya se han bautizado, como reconciliación con el Creador, para tener parte con Él. Esto se traduce del hecho cuando Pedro dijo *"[...] Señor, no sólo mis pies, sino también las manos y la cabeza. Jesús le dijo: El que está lavado, no necesita sino lavarse los pies, pues está todo limpio"* (Juan 13.9-10 RVR60).

Hoy medita en el cuerpo y la sangre de Jesús. Piensa en lo importante que eres para Él que dio su vida por ti.

DÍA 344 - RICHARD KIERKEGAARD
(EQUITACIÓN – ARGENTINA)

"'¡Grita de alegría, hija de Sión! ¡Yo vengo a habitar en medio de ti!'—afirma el Señor"
(Zacarías 2.10 NVI)

En el 2015, mientras realizaba una prueba por debajo del nivel competitivo al que estaba acostumbrado, el joven jinete argentino de 13 años de edad sufrió un accidente que le cambiaría la vida. De repente su caballo se detuvo ante un obstáculo, produciendo la caída tanto de Richard como del animal. Todo fue tan rápido que, de un momento al otro, el caballo se puso en pie, mientras que Richard quedaba sujetado desde el cuello por las riendas.

De camino al hospital los médicos debieron realizarse reanimación cardiopulmonar (RCP) debido al paro cardíaco sufrido. Ya en el hospital estuvo en coma por dos días. Un mes después el argentino se encontraba cabalgando nuevamente. Según los médicos, había ocurrido *"un milagro"* (un dato curioso es que, aun antes de tener el alta médica, y continuando caminando con ayuda, ya estaba arriba de su caballo). Él asegura que se encuentra orgulloso de todo lo que atravesó pues lo ayudó a madurar como persona tomando una dimensión de la vida distinta.

En el 2018, tres años más tarde al incidente, compitió en los JJOO de la Juventud en Buenos Aires.

En incontables ocasiones el diario vivir coloca de manifiesto una confrontación de índole cósmica: la impotencia humana vs. la omnipotencia divina. Dicha pugna surge cada vez que el ser humano se enfrenta a problemas que tiñen su vida de tristeza, no encontrando respuestas a sus problemas, ni mucho menos esperanza a ver una solución.

Allí es donde las fuerzas humanas carecen de sentido cuando la *"suerte está echada"* (expresión que refleja la falta de dominio sobre lo sucedido y lo que sobrevendrá). Dios es un especialista en manifestarse ante tales acontecimientos, pero no puede hacerlo si la persona que sufre no se lo permite; y es en este punto donde sí cobra valor la voluntad humana. Entonces la impotencia terrenal se une por fe con la omnipotencia celestial para permitir que se obre un milagro, dando como resultado no quizás la resolución tal como se esperaba pero sí la restitución integral de la persona, que ahora caminará con fe y esperanza tomada de su Salvador (es que a partir de aquel momento cobra sentido el concepto de salvación en la vida).

¿Te has puesto a pensar qué es lo que sucede contigo que no puedes salir adelante? ¿Qué es lo que te tiene atado? ¿Por qué no puedes avanzar y te estancas en el pasado? ¿Qué es lo que pretendes de Dios y de ti mismo? ¿Lo has puesto en oración? ¿Confías en la voluntad preciosa de tu Redentor? ¿Te encuentras dispuesto a aceptar su respuesta? ¿Ves la necesidad de un reavivamiento y reforma en tu vida? ¿Estás buscando un milagro que te salve de este momento de amargura?

Hoy ora a Dios, entrégate en santidad, cumple con su voluntad y ten por seguro que tu alma encontrará paz para seguir adelante.

DÍA 345 - MIKE TOMLIN
(FUTBOL AMERICANO – ESTADOS UNIDOS)

"Espera al Señor; esfuérzate y aliéntese tu corazón. Sí, espera al Señor"
(Salmos 27.14 LBLA)

El entrenador de los Steelers, equipo de futbol americano de la NFL, ha sido puesto otra vez en la mira de los jueces deportivos por una acción tan polémica como el resto de las acciones realizadas por su equipo a lo largo de la historia.

Jacoby Jones, perteneciente al equipo contrincante (Ravens) había interceptado un pase de uno de sus compañeros, teniendo por delante una zona completamente liberada para realizar una carrera que lo llevaría a convertir la anotación de mayor puntuación. Mientras correría Tomblin, que "aparentemente" se encontraba viendo por la pantalla gigante la jugada anterior, ingresó sin percatarse de lo que sucedía al campo de juego. Tan solo con un pie en el césped bastó para que Jones debiera realizar un mínimo cambio de dirección para evitar embestirlo, cosa que resultó ser totalmente desfavorable para él y su equipo pues, ese cambio de ritmo, bastó para que un defensor lo detuviera.

Mike Tomlin no fue sancionado en el momento, por más protestas que existieron de parte de los Ravens. Ya finalizado el partido recibió una multa de 100mil dólares por tal actitud y una mancha en su legajo profesional.

Uno de los grandes errores de los seres humanos es querer ayudar a Dios en sus decisiones. De esta forma creemos que nuestras decisiones son aún mejores que las de Él. A veces estas decisiones son influenciadas por otras personas o, de lo contrario, surgen por *motus proprio*.

Dios les había prometido a Abram y a Saray que iban a tener un hijo en su vejez. Sin embargo el tiempo pasó y la promesa no se cumplía, por lo que Saray pensó tener un hijo por medio de su sierva Agar. Así fue que se la ofreció a su marido y este se acostó; ella quedó embarazada y nació Ismael. A partir de aquel entonces la familia comenzó a sufrir un suplicio tras otro, todo producido por malas decisiones que siguieron engendrando peores decisiones. Todo por intentar apurar los planes divinos. Ellos podrían haber esperado en la promesa de Dios, sin embargo en su impaciencia tomaron la decisión de "ayudar a Dios" (Génesis 16).

¿Piensas que alguna vez has cometido el mismo error que Saray, Abram y Mike? Todos ellos tomaron decisiones pensando que eran las correctas; que por medio de ellas lograrían obtener el beneficio de la victoria. A veces nos equivocamos de la misma manera. Reaccionamos ante cierta situación creyendo que es lo mejor. Evaluamos con ojos humanos pensando que no tiene nada de malo... pero nos olvidamos de consultar en los "ojos divinos". Actuamos con la fe puesta en nuestras fuerzas pero no en las de Aquel que todo lo sabe. Qué terrible decisión. Decisión o decisiones que pueden llegar a acompañarnos por el resto de nuestras vidas.

Hoy pide discernimiento espiritual para conocer y hacer la voluntad de Dios. <u>Recuerda</u>: Lo mejor que puedes hacer es esperar en las promesas que Dios te ha hecho.

DÍA 346 - KIPCHOGE KEINO (ATLETISMO – KENIA)

"En cambio, adoren a Cristo como el Señor de su vida. Si alguien les pregunta acerca de la esperanza que tienen como creyentes, estén siempre preparados para dar una explicación"
(1 Pedro 3.15 NTV)

Keino lideraba la final de los 10000m en pista, en los JJOO de México 68, cuando, faltando tan solo 2 vueltas para la final, se derrumbó en el suelo ya que estaba corriendo con un duro dolor abdominal causado por un cálculo biliar.

A pesar del dolor, cuatro días más tarde, logró la medalla de plata en los 5000m.

Sin embargo, lo más anecdótico de su historia, sucedió en la final de los 1500m. Keino quedó varado en el congestivo tránsito de la ciudad, por lo que tomó la decisión de bajarse del automóvil que lo llevaba al estadio y correr los 3km que distaban del mismo. En tales situaciones arribó a la cita, sumado a un dolor intensificado que, para cualquier otro, lo debería haber dejado fuera de la competencia. Sin importar esto, Keino perseveró. *"Me preparé física y mentalmente, por eso me fue posible ganar la medalla de oro"* dijo una vez lograda la presea dorada.

Luego de retirarse del deporte, en 1973, Kipchoge abrió un hogar para niños en Kenia y en 1999 fundó la Escuela Kip Keino, donde ofrecía educación gratuita a más de 300 niños sin acceso a la misma. En los juegos de Rio 2016 recibió el Laurel Olímpico por sus logros en educación, desarrollo cultural y paz por medio del deporte.

"Venimos a este mundo sin nada... y lo dejamos sin nada... Nuestro legado es nuestra contribución a la comunidad".

En el 2017 se cumplieron 500 años de la reforma protestante (1517) impulsado por uno de los más grandes personajes de la historia: Martin Lutero. Sin embargo es un error pensar que exclusivamente por su trabajo hoy existen iglesias protestantes. Juan Wiclef (Inglaterra), Juan Hus y Jerónimo (Praga – Rep. Checa), Ulrico Zuinglio (Suiza), los Príncipes (Alemania), Juan Calvino (Francia), Antonio Herrezuelo (España), Olaf Petri (Suecia) y muchos otros más, fueron parte de un movimiento de protesta contra del sistema de religión-Estado que dominaba la época, la cual mantenía en completa oscuridad espiritual a toda la gente.

Fueron valientes que hicieron frente al poder político y religioso, poniendo en riesgo su vida por defender, no solo la verdad de la Biblia, sino también el derecho a tener acceso a la misma, y quizás este es el mayor legado que dejaron estos hombres. Un legado que no se puede medir en valor económico, social o cultural, sino en uno cósmico.

La reforma nos recuerda de dónde venimos y hacia donde vamos.

Gracias a aquel movimiento alzado hace tiempo hoy se puede disfrutar de tener una Biblia en las manos (incluso en tu celular).

Hoy mira la Biblia que tienes a tu lado y ten en cuenta que existieron personas que derramaron sangre para que tú y yo la leamos hoy. Ese fue su legado. Y tú ¿estás dispuesto a continuar con él?

DÍA 347 - ULF TIMMERMAN (ATLETISMO – ALEMANIA)

"¡Que todo el honor y toda la gloria sean para Dios por siempre y para siempre! Él es el Rey eterno, el invisible que nunca muere; solamente él es Dios. Amén"
(1 Timoteo 1.17 NTV)

El lanzamiento de bala es una de las disciplinas atléticas que no surgió en la antigua Grecia sino que comenzó a practicarse a fines de la Edad Media tras la invención de tales elementos para la guerra. La dinámica es bastante sencilla: lanzar una bala, antiguamente de cañón (7,26kg en hombres y 4kg en mujeres), que parte desde la altura del cuello, lo más lejos posible.

La final de los JJOO de Seúl 88 daba comienzo con el que era el actual campeón mundial, Warner Gûntôr (Suiza), rompiendo su propio record en el primer lanzamiento. Entonces fue el turno del protagonista del día, quien supo superar al vigente campeón con 22.3mts. Luego lanzó Randy Barnes (USA) quien también superó el record por 10cm. Así se llegó al último lanzamiento del alemán, quien pudo romper nuevamente el record, rebasando al anterior por 8cm y coronándose campeón. Aquella final contempló 5 batidas de records por tres atletas distintos.

Hace aproximadamente unos 500 años atrás un hombre tuvo el coraje de exponer 5 declaraciones únicas que batieron las ideologías de época, en un mismo momento y lugar, para la historia del cristianismo conocido. Martin Lutero, celebre reformador, confeccionó las denominadas **5 Solas**:

1. *Sola Scriptura*: la Palabra de Dios como máxima autoridad doctrinaria (Gálatas 1:6-10). Esto quiere decir que no hay ningún otro texto o persona por fuera de la Biblia que tenga poder para declarar la Palabra de Dios. Todo lo que necesitamos saber acerca de la salvación y del Salvador se encuentra en las Sagradas Escrituras tal cual como se conocen hoy (exceptuando los libros apócrifos)
2. *Solus Christus*: la Salvación puede ser encontrada sólo en Cristo (Hechos 4:12) y no en otro intercesor como ciertas denominaciones entienden. No hay obra que salve, no hay dinero que la compre; solo la muerte y la resurrección de Jesús salvan.
3. *Sola Gratia*: la Salvación, al ser don de Dios, es recibida de forma inmerecida, como un regalo (Efesios 2:8). A esto se lo llama gracia. No hay nada que se pueda hacer para merecer la salvación; solo queda aceptarla por medio de la fe en Jesucristo.
4. *Sola Fide*: la Salvación se alcanza cuando el pecador deposita su fe creyendo en Jesús (Romanos 3:28), gracias a la justificación por la fe en Jesús, donde Él se interpone entre el pecador y el Trono Celestial. Solo de esta manera Dios Padre puede recibirnos, ya que ve las obras del Cordero en vez de las del ser humano.
5. *Soli Deo Gloria*: la Salvación de los hombres tiene el único propósito de glorificar a Dios (Efesios 1:4-6). Todo lo que se haga debería ser para la alabanza de nuestro Redentor, pues es Él quien merece tales honores.

Hoy considera estos 5 aspectos. Medita en ellos y ora pidiendo que se hagan presentes en tu vida.

DÍA 348 - MOHAMED EL-SHENAWY (FUTBOL – EGIPTO)

"Porque Dios no es injusto como para olvidarse de las obras y del amor que, para su gloria, ustedes han mostrado sirviendo a los santos, como lo siguen haciendo"
(Hebreos 6.10 NVI)

Durante la copa mundial de la FIFA disputada en Rusia 2018, uno de los patrocinadores del evento entregaba un premio al MVP del encuentro. Esta sigla en inglés (Most Valius Player) es utilizada en distintos deportes para identificar al *jugador más valioso* del encuentro.

Fue así que, en el partido por la fase de grupos, Egipto se enfrentó a Uruguay obteniendo un resultado final de 1 gol por lado. Al salir del campo de juego, el arquero egipcio Mohamed fue sorprendido con el premio del MVP del partido. Él se quedó observando el trofeo en las manos extendidas del promotor, pero siguió su camino sin tomarlo. A partir de este hecho algunos comenzaron a etiquetar dicho acto de mala educación mientras que otros lo elogiaron ¿por qué? Porque el premio otorgado lo realizaba una empresa de bebida alcohólica. El-Shenawy, que considera al alcohol contrario a lo que Dios establece como lícito de consumo, rechazó tal reconocimiento por motivos extra deportivos, prefiriendo el honor que no proviene de los hombres. Su ejemplo nos llega hasta el día de hoy.

Si prestas atención con detenimiento, el versículo clave del día de hoy dice que Dios no se olvida de aquellos que hacen el bien, aquellos que realizan buenas obras... obras que apuntan a glorificar a Dios. Me pregunto si todas las obras buenas son para su gloria... (piénsalo).

Una de las primeras necesidades que tenemos como cristianos es manifestar el amor de Dios para con los demás. De esta manera el amor del Creador recibido, es reproducido para beneficio de los otros. Y esto se realiza de forma automática e inconcientemente como resultado de la interiorización del mismo.

Realizar el bien y ayudar a otros no siempre se refiere a obras de caridad, sino que también involucra a todo acto de beneficio y ayuda espiritual hacia el otro necesitado de esto. El genuino comportamiento cristiano se genera de forma habitual a tal punto que resulta sorprendentemente llamativo a todos aquellos que no pertenecen al Camino. El testimonio que uno da diariamente, hasta en las pequeñas cosas de la vida, acercan el Cielo a la vida de esa persona ¿Eres conciente de esto?

Cuando Dios es lo primero y lo último, cuando Dios es lo más importante en la vida, cada cosa que haces, cada palabra que dices, se encuentra conectada en un engranaje que encastra en perfecta armonía con la voluntad divina. No cabe la menor duda que no se pasará por desapercibido.

Hoy tienes la posibilidad de comenzar a cambiar el mundo que te rodea. Dios es justo con aquellos que practican la justicia, el amor, el auxilio y el apoyo para otras personas. <u>Recuerda</u>: has de tu vida un púlpito.

DÍA 349 - DEREK REDMOND (ATLETISMO – INGLATERRA)

"Porque de tal manera amó Dios al mundo, que dio a su Hijo unigénito, para que todo aquel que cree en El, no se pierda, mas tenga vida eterna" (Juan 3.16 LBLA)

JJOO Barcelona 92. Semifinal de los 400m. Derek se había preparado toda su vida para este momento. Contaba con los mejores tiempos para consagrarse campeón. A la señal del juez todos los atletas se alistaron en sus puestos correspondientes, adoptando la posición de "partida baja". Al oírse el disparo comenzó la carrera que impulsaría a unos pocos a la final. Derek mantenía un paso firme, no obstante a los 250m sufriría un desgarro muscular en la cara posterior de su muslo derecho.

Inmediatamente se lo tomó con sus manos y adoptó la posición de cuclillas intentando apalear el dolor, mientras el resto de los competidores finalizaban la prueba.

Organizadores se acercaron para asistirlo, pero el corredor se los quitó de encima poniéndose abruptamente de pie. Dando saltos con su pierna izquierda avanzaba hacia la meta. Había decidido finalizar la carrera cueste lo que cueste. El público lo ovacionaba de pie mientras veía tal espectáculo.

En un momento se le acercó un hombre desde atrás y lo tomó. Era su padre, quien había bajado desde las gradas en auxilio por su hijo. Derek irrumpió en llanto. Juntos llegaron a la meta.

En un momento previsto, dentro del plan de salvación, Jesús tuvo que venir a la Tierra a morir por toda la raza humana, independientemente de recibir su afecto o su indiferencia. Dios mismo descendió del Cielo, salió de su "zona de confort" donde lo tenía todo, para asistir al ser humano. Para ayudarlo a levantarse, a sobreponerse del dolor, a seguir adelante, a completar la carrera de la fe.

Solo la *carrera* tiene sentido gracias a que Cristo bajó para enseñarnos el camino que debemos seguir. Él nos toma y nos carga (si se lo permitimos) y nos ayuda a llegar a la meta, donde el primero es todo aquel que llega tomado de su mano. De otra forma no hay posibilidades de lograrlo. No existe mérito propio en esto, todo es gracias al *hijo unigénito*.

Hoy permite que Jesús te abrace. Permite que te sostenga. Permite que te conduzca a la meta celestial.

DÍA 350 - JESSE OWENS (ATLETISMO - ESTADOS UNIDOS)

"Dios los bendice a ustedes cuando la gente les hace burla y los persigue y miente acerca de ustedes y dice toda clase de cosas malas en su contra porque son mis seguidores"
(Mateo 5.11 NTV)

De niño tuvo que emigrar con su familia, desde el sur de EEUU, por la fuerte segregación racial que se vivía. Tras una vida llena de incidentes relacionados a este hecho, sus pasos en la universidad no cambiarían mucho. Le fue rechazada la beca por ser negro, como así también alojarse en el campus y hasta poder sentarse en un restaurante a comer.

Ya dedicado al atletismo de velocidad, en 1933 Jesse Owens lograba batir 3 records mundiales e igualar otro, en un lapso de 45 minutos. Toda una promesa para el deporte.

De esta forma llegaba a los JJOO de Berlin 36 donde obtuvo el primer puesto en 100m, 200m, salto en largo (saltando 20cm antes de la marca debido a que los alemanes le habían anulado dos saltos) y carrera de relevos 4x100m.

Cuando volvió de los juegos nadie recibió al múltiple campeón, ni siquiera el presidente (como era la costumbre). Curiosamente Jesse siguió sentándose en los asientos traseros de los autobuses, siguió entrando por la puerta trasera de los hoteles y pidiendo comida para llevar. Había sido campeón, pero seguía siendo negro.

Mucha gente es discriminada en su ámbito de amigos, laboral, estudiantil e, inclusive, en su familia por decidir seguir a Cristo. Por vivir una vida cristiana.

Estos grupos sociales ponen a prueba de manera constante a los cristianos ¿Por qué asistes a la iglesia? ¿No sales a bailar, cómo te divertís? ¿Pretendes ser virgen hasta el matrimonio? Y, de esta forma, se podrían seguir enumerando muchísimas otras preguntas que las personas que no conocen la verdad, o sí, hacen. En ciertas circunstancias estas preguntas tienen el fin de conocer sobre la Biblia, en otras son de carácter hostil y cuestionador.

¿Cómo responder ante preguntas sarcásticas que atacan directamente nuestra fe? ¿Qué tipo de reacción nos invade? ¿La de defender a Dios a "capa y espada"? Miremos siempre el ejemplo que Jesús nos dejó. Responde al mal con el bien, se sumiso. Poco vale responder de forma intolerante, agresiva y poco amiga cuando se está hablando de la Palabra de Dios.

Por más que suene duro vivirlo en primera persona, experimentar esto es una señal de santidad. Una señal de que te mantienes en los caminos de Dios, porque Él mismo dijo que esto les sucedería a los que decidan seguirle.

Hoy lee las "bienaventuranzas" con el fin de tomar la mejor estrategia para responder ante el cuestionamiento de tu fe, ten en cuenta la importancia de tu testimonio, y recuerda que Dios está a tu lado, por más que los que más quieres no lo estén.

DÍA 351 - LA PERFECCIÓN FUTBOLÍSTICA (ARGENTINA)

"Yo soy el buen pastor; y conozco mis ovejas, y las mías me conocen" (Juan 10.14 RVR60)

Desde los JJOO de 1952 Argentina no ganaba una medalla de oro, por lo que hacía 52 años que no se levantaba en lo más alto su bandera nacional mientras se entonaba su himno. Así fue cómo arribó a los JJOO de Atenas 2004. En aquella cita ganaría la medalla de oro en el futbol demostrando un poderío deportivo nunca antes visto, en el cual no recibiría ni un solo gol en contra, marcando 17 goles en 6 partidos. Todo un éxito deportivo entendiendo que el grupo, conformado por múltiples personalidades, supo funcionar por el gran liderazgo de su entrenador.

En el mundo podemos encontrar cuatro tipos de temperamentos... o eso dicen los entendidos en el tema. De allí surge el carácter (las cualidades con las que uno nace) y la base de la personalidad (aquellas habilidades mentales que se construyen a partir del carácter y de las influencias externas a la persona, como la crianza, relaciones interpersonales, traumas, etc.).

Volviendo al tema del temperamento, aquí se encuentra una clasificación de los mismos (con solo algunos aspectos):

- **Sanguíneo**: Son personas cálidas y amistosas, atentas, expresivas, entusiastas... pero también indisciplinado, inestable, exagerado)
- **Colérico**: Son personas voluntariosas, visionarias, prácticas, decididas, líderes... pero también son frías y no emocionales, auto-suficientes, sarcásticas, dominantes.
- **Melancólico**: Son personas analíticas, estrategas, auto-disciplinadas... pero también susceptibles, insociables, negativas.
- **Flemático**: Son personas tranquilas, confiables, diplomáticas, objetivas... pero también carecen de motivación, indecisas, ansiosas, cobardes...

¿Con cuál de ellas te has identificado más?

¿Quieres saber algo? La realidad indica que todos tenemos una pizca de esto y una de aquello, pero siempre una cuchara de más de lo otro. Esto hace que cada uno de nosotros seamos particulares uno del otro. Estas tendencias e inclinaciones (que lejos están de ser absolutas en ninguna persona) que resultan ser bastante fijas, invariables y, por lo tanto, más difíciles de cambiar, son parte de la iglesia de Cristo.

Sí, ella no está exenta de esto, como cualquier grupo de personas, sea deportivos, laborales o religiosas. Entender que el otro es diferente a mí, es el principio para poder trabajar en armonía y cooperación mutua, sabiendo que cada uno tiene ventajas dependiendo del temperamento que tengan y que todos aportan su "grano de mostaza" en la obra del Señor.

Toda iglesia que se entregue a la custodia y dirección de Jesús tiene el éxito asegurado. Y de qué se trata tal éxito, sino en ganar almas para su gloria en un estado de convivencia de amor fraternal.

Hoy reflexiona en el temperamento que tienes. Pide a Dios que cambie aquellos aspectos que necesitan ser cambiados. Intenta potenciar aquellas cualidades positivas, no solo tuyas sino también las de tus hermanos. <u>Recuerda</u>: tu temperamento es parte de los dones que el Cielo te ha regalado.

DÍA 352 - CATERINE IBARGUEN (ATLETISMO - COLOMBIA)

"Es, pues, la fe la certeza de lo que se espera, la convicción de lo que no se ve"
(Hebreos 11.1 RVR60)

La colombiana pensaba en el retiro tras haberse ido con las manos vacías en los JJOO de Beijing 2008, luego de haber disputado las pruebas de salto en largo, triple y en alto.

Al volver a su país natal se encontraría con un nuevo entrenador que le aseguraba prepararla para una final mundial, pero para esto debía concentrarse en una sola modalidad: salto triple.

Tres años después, y tras un arduo trabajo, en 2011 ganó el tercer puesto en un mundial; en los JJOO de Londres 2012 ganaría la medalla de plata y, para los JJOO de Rio 2016 la de oro. Tras ganar el primer puesto declaraba que *"en Río las condiciones eran óptimas para aspirar a lo más alto que era oro u oro"*.

Si existe una característica que deba resaltarse frente a otras, me atrevería a decir que Débora se distinguía por las fuertes convicciones que tenía. Y, a pesar de ser mujer, no tenía temor de ejercer su cargo aun viviendo en una cultura machista, pues sabía que Jehová estaba con ella. De esta manera se fue ganando la confianza del pueblo, hasta que llegó el día en el que se reunió con Barac, otro juez, para darle un mensaje de parte de lo Alto.

Barac tuvo que recorrer más de 100km hasta llegar donde se encontraba Débora, pues vivían en tribus distintas y alejadas entre sí. Una vez escuchado el mensaje, él dio un paso hacia atrás. Dudó. En su lista de personas confiables estaba la profetisa en primer lugar y Dios... en algún otro. No poseía una convicción tan segura como la que tenía su compañera. De lo contrario, Débora sabía que no existía ninguna probabilidad de que perdieran la batalla contra sus enemigos, pues Jehová de los Ejércitos había prometido estar con ellos. Era *ganar o ganar*, no existía otra alternativa.

El día de la batalla ambos dos se encontraban delante de la fila del ejército israelita. Tras la última encomendación divina, Barac descendió a la batalla para arrasar con los cananeos.

Justamente la fe se trata de estar convencidos de que algo sucederá por más que no se vea. Caterine tuvo fe en sí misma, y en su grupo de entrenamiento, que ganaría el oro en la cita olímpica. Barac tuvo fe en Débora, sabiendo que si ella estaría en la batalla sus hombres tendrían la confianza para triunfar. Débora tuvo fe en Dios porque lo conocía y sabía que es un Dios que no miente (Números 22.19). Y tú ¿en quién tienes fe?

Hoy te invito a que tengas la oportunidad de conocer a Dios a través del estudio de su Palabra. Conócelo transitando una vida junto a su compañía. Conócelo y sabrás por qué Débora depositó su confianza en Él.

DÍA 353 - MARYAN NUH MUSE (ATLETISMO – SOMALIA)

"[...] — '¡Oh señor! ¿Qué vamos a hacer ahora?' —gritó el joven a Eliseo. — '¡No tengas miedo!' —le dijo Eliseo— '¡Hay más de nuestro lado que del lado de ellos!'"
(2 Reyes 6.15-16 NTV)

La República Federal de Somalia es un país ubicado al este del continente africano. El mismo se ha caracterizado por la cantidad de conflictos armados internos que ha sufrido, derivando en la división de múltiples facciones civiles. Hoy en día el mismo se encuentra regido bajo un gobierno transitorio y sometido a fideicomiso de tres organizaciones internacionales (Naciones Unidas – Unión Africana – Estados Unidos).

En este contexto (el cual se mantiene en la actualidad) Maryan, de 11 años en aquel entonces, debió ser evacuada de su colegio tras el avance del grupo terrorista Al Shabaab, para no volver nunca más. Raramente el país concibió una regla un tanto particular: las mujeres tenían (y hoy día lo siguen teniendo) prohibido realizar deporte. Pero para Muse esto no significó un punto final para su sueño de ser velocista de pista, por lo que siguió entrenando día tras días desde su niñez.

De esta manera se convirtió en la única mujer somalí en participar de los JJOO Rio 2016 y, aunque alcanzó el último lugar, su historia recorrió todo el globo, transformándose en una fuente de inspiración. Aunque hoy día recibe comentarios despectivos como *"eres mujer ¿por qué corres?"*, y ve cómo los mejores atletas del país emigran para tener mejores oportunidades (como el caso de Mo Farah), ella entrena en las calles mancilladas por la guerra civil de su país, liderando una nueva generación de atletas femeninas que entrenan junto a hombres, suceso rotundamente histórico.

¿Qué es poco para los hombres y qué para Dios? Como seres humanos muchas veces caemos en el error de subestimar el alcance divino. Creemos que los planes de Dios se limitan a meras cuestiones lógicas humanas cuando pensamos, por ejemplo, que somos pocos para realizar determinada salida misionera o que no bastará con la cantidad que asistimos para llevar a cabo un proyecto determinado.

Déjame decirte que las cuentas matemáticas humanas difieren un poco con las celestiales. Fíjate en los siguientes ejemplos:

1. Gedeón y tan solo 300 hombres. <u>Resultado</u>: vencieron a un ejército de miles (Jueces 7).
2. Jonás fue enviado solo a predicar el juicio divino a toda una ciudad. <u>Resultado</u>: Todos se arrepintieron (Jonás).
3. La mujer samaritana convenció al pueblo que se acercaran a escuchar al Mesías. <u>Resultado</u>: aceptaron el mensaje de salvación (Juan 4).
4. Los 70 fueron enviados en parejas a distintos pueblos y ciudades. <u>Resultado</u>: sanaron a enfermos, predicaron, expulsaron demonios (Lucas 10).

En particular uno de los sucesos que más me sorprenden es lo acontecido con Eliseo y Guezi cuando fueron rodeados por todo un ejército. Entonces el profeta oró y su discípulo pudo ver que el ejército de ángeles en carros y caballos de fuego los superaban en grandes cantidades (2 Reyes 6).

Hoy pide a Dios que obre milagros inesperados en tu vida. <u>Recuerda</u>: con lo poco Él puede hacer mucho; con una sola acción puedes alcanzar a personas que nunca te imaginarias ¿Te atreves a intentarlo?

DÍA 354 - DUTEE CHAND (ATLETISMO – INDIA)

"Mientras Cristo estuvo viviendo aquí en el mundo, con voz fuerte y muchas lágrimas oró y suplicó a Dios, que tenía poder para librarlo de la muerte; y por su obediencia, Dios lo escuchó. Así que Cristo, a pesar de ser Hijo, sufriendo aprendió lo que es la obediencia"
(Hebreos 5.7-8 DHH)

En 2014, en plena competencia, a Dutee, de 19 años de edad, se le declaró que tenía *hiperandrogenismo*[16]. Fue expulsada del certamen, luego de detectársele altos niveles de testosterona, y sometida a una prueba de género para confirmar el mismo y, por consiguiente, si era propicio o no que se encuentre compitiendo como mujer entre mujeres. Es que toda mujer que tenga dicha condición de salud, según las leyes, deberían disminuir la segregación de la hormona por medio de terapia física o bien una intervención quirúrgica. En caso contrario la competitividad oficial se vería negada (solo el 1% de las atletas de elite padecen de hiperandrogenismo).

Esta situación le produjo un derrumbe emocional en su vida pues, de un momento al otro, las miradas de escarnio se volvían hacia ella en todas partes a donde se dirigía. Los medios de comunicación se habían encargado de hacer pública su situación. A pesar de esto, y de que la Federación Internacional de Atletismo (IAF) no le permitía volver a las pistas, Dutee siguió entrenando, pues entendía que no era culpable de aquella situación y que haría todo lo posible para que se cambiara el parecer que se tenía hacia ella.

Pero cuando todo suponía un presente de oscuridad, dos mujeres llegaron a la vida de la velocista para cambiar el rumbo de los hechos. Trabajando juntas pudieron apelar a la justicia quien, luego de varios episodios judiciales, terminó fallando a favor de la india debido a que no se podía comprobar que, dicho exceso hormonal, realmente le aportara ventajas determinantes para ganar una prueba.

Gracias a que Dutee se mantuvo firme a pesar de la gran prueba, pudo volver a las competencias y clasificarse a los JJOO de Rio 2016.

En la carta a los hebreos se nos cuenta que Jesús tuvo la necesidad de orar a Dios para que lo librase de las adversidades que sufría. Pero no era una oración convencional, sino que era una con un sentimiento de dolor y angustia, pues realmente no quería atravesar por ese momento. También agrega que Dios lo escuchó por su obediencia, obediencia a aceptar su voluntad sea cual fuere.

Jesús nunca perdió la conexión con su Padre que traía desde la eternidad, ni aun cuando las pruebas de su vida mortal lo acorralaban y pareciendo ser que su misión fracasaría. Su actitud de obediencia a todos los mandatos lo convirtió en autor de vida eterna (v.9).

Hoy piensa en que si Cristo, nuestro Salvador, nunca paró de orar ni de obedecer por medio de la fe, cuánto más necesitamos imitarlo en la sumisión y dependencia celestial en los momentos de prueba y adversidad. <u>Recuerda</u>: un final feliz no depende de los planes que hayas hecho para tu vida, sino de los que Dios ha hecho para ti.

---

16 El hiperandrogenismo es una condición médica que se caracteriza porque el cuerpo de la mujer segrega una cantidad superior a lo normal de andrógenos (hormona sexual masculina dentro de las cuales está la testosterona, androsterona y androtenediona). Las mujeres que sufren de esta condición suelen tener más vello corporal, mayor masa muscular y facciones masculinas.

DÍA 355 - MARIA LORENA RAMIREZ (ATLETISMO – MÉXICO)

"Él mismo constituyó a unos, apóstoles; a otros, profetas; a otros, evangelistas; y a otros, pastores y maestros, a fin de capacitar al pueblo de Dios para la obra de servicio, para edificar el cuerpo de Cristo" (Efesios 4.11-12 NVI)

A los 22 años de edad María hizo algo totalmente impensado, quizás hasta absurdo para muchos, y claramente poco recomendado para los que están "empapados" en el tema. Ella decidió participar en un ultramaratón, el cual consta de correr un total de 50km. El dato anecdótico es que María, quien pertenece a la comunidad indígena de *Rarámuri*, México, compitió sin ningún tipo de entrenamiento formal previo y con una indumentaria totalmente inadecuada y hasta antideportiva si se quisiera (en sandalias, pollera por debajo de las rodillas, una remera larga, una gorra y una pañoleta que le colgaba del cuello). A todo esto, y sin omitir la botellita de agua que llevaba en su mano, no quería olvidarme de contarles que ganó el primer puesto de aquella competencia.

¿Cómo es que sucedió esto? La mexicana recorría entre 10 y 15km diarios caminando, y a trote, entre las sierras de su pueblo, donde trabajaba diariamente con el ganado de la familia. No por nada Rarámuri viene de las raíces *rara*, que significa pie, y *muri*, que significa correr. Es el pueblo de los "pies ligeros" o los "corredores a pie".

De la misma manera que muchos pueden preguntarse cómo pudo ser que ningún dedicado atleta haya podido ganar dicha competencia, en la vida cristiana también puede surgir tal cuestionamiento, el cual con frecuencia se concibe en dos vertientes:

1. ¿Cómo puede ser que hayan elegido a determinada persona para realizar el trabajo del cual yo estoy capacitado? ¿A qué se debe que no me lo hayan ofrecido a mí?
2. ¿Cómo es posible que me hayan pedido hacer tal o cual cosa, cuando hay otros más capacitados que yo?

¿Te suenan estos planteos? Probablemente los hayas escuchado dentro de un ámbito eclesiástico, o tú mismo lo hayas pensado.

Haciendo una exégesis bíblica, puede verse claramente que tanto en el Antiguo Testamento, como en el Nuevo, en ciertas ocasiones Dios llamaba a personas capacitadas para cumplir determinadas funciones, pero en otras circunstancias prefería llamar a personas que no lo estaban, empero estaban dispuestas a hacerlo.

Saúl era un líder nato, David un pastor de ovejas. Elías se dedicaba a ser un portavoz divino, Amos era pastor de ovejas y cultivaba higueras. Daniel fue instruido por los más sabios del reino, José salió de una cárcel. Pedro era pescador, Pablo teólogo. Como puedes ver, para Dios no hay preferencias, pues Él solo quiere un corazón dispuesto (1 Samuel 16.7).

Hoy entregate al Santo Espíritu para que te capacite para toda buena obra, para la predicación del evangelio a través de tus dones que ya conoces y para que te prepare para aquellos que están por venir.

DÍA 356 - WOJDAN SHAHERKANI
(JUDO - ARABIA SAUDITA)

"Porque en Dios no hay acepción de personas" (Romanos 2.11 LBLA)

El público la ovacionó de pie mientras ingresaba a la arena de combate no tanto por su talento (solo duró 90 segundos en la competencia) o historia deportiva sino por lo que estaba representando en aquel momento. Fue en los JJOO de Londres 2012 que hizo su presencia la primera mujer de Arabia Saudita de todos los tiempos. Aunque estuvo a punto de no participar porque la Federación Internacional de Judo (IJF) no permitía que compitiese con *hiyab* (cobertor de pelo) las negociaciones cayeron del lado de la saudí respetando así la sensibilidad cultural musulmana.

Lo que fue un hito para muchos, para sus compatriotas resultó en una polémica pues, Wojdan proviene de una cultura donde la mujer debe pedirle permiso al hombre para viajar, estudiar, casarse, ir al hospital, etc., y donde mucho menos puede utilizar ropa ajustada y estar ante la presencia de multitud de hombres.

"Las mujeres guarden silencio en las iglesias, porque no les es permitido hablar, antes bien, que se sujeten como dice también la ley. Y si quieren aprender algo, que pregunten a sus propios maridos en casa; porque no es correcto que la mujer hable en la iglesia" (1 Corintios 14.34-35 LBLA) ¡Qué texto difícil de leer! Pareciera ser que Dios discrimina, que Dios prefiere al hombre, que Dios se complace en la opresión sobre la mujer, que para Dios algunos son más importantes que otros. Pero si esto realmente es así… ¿no se contradice la Biblia? ¿Acaso Génesis no dice que Dios creó al hombre y a la mujer a Su imagen? ¿Acaso el libro de Cantares no habla del enamoramiento y del trato tierno entre ambos? ¿Acaso Dios no eligió a grandes mujeres como referentes (tales como Débora, Jael, María o Priscila)? ¿Acaso Gálatas 3.28 no dice que ya no hay ni hombre ni mujer sino que son uno en Cristo Jesús? ¿Cómo entender, sin embargo, este pasaje de la Biblia que, en nuestra cultura occidental, puede resultar tan chocante? Bueno… pienso que aun en la cultura occidental hay hombres que se regocijan al leer este texto bíblico y lo utilizan para callar a la mujer.

Para elucidar este texto se debe comprender el contexto. Hay muchos ejemplos donde incluso Pablo habla sobre el trabajo de las mujeres en la iglesia (Hechos 16.13-15; 21. 9). Ahora bien en este caso le habla a la iglesia que se encuentra en Corinto. Esta era una ciudad muy reconocida de Grecia, y las mujeres que iban a la iglesia en este país eran catalogadas de prostitutas dedicadas al servicio de los dioses. Claro, esto se refiere al culto pagano, no cristiano, pero ¿cómo dar a entender esto en una cultura y país donde el cristianismo recientemente estaba entrando? Hecho muy similar había pasado con Timoteo al circuncidarlo a causa de los judíos para poder predicarles a ellos (Hechos 15) y hasta él mismo llegó a decir que le era pertinente amoldarse a costumbres para ganar almas (1 Corintios 9.20-22).

Hoy no te consideres ser mejor que otro por tu género, título universitario, nivel sociocultural, trabajo, nacionalidad, religión, color de piel… Dios nos ama a todos por igual y está dispuesto a utilizar a cuanto Él quiera para su obra. La primera mujer fue creada a partir del hombre. Después de Adán todos los hombres nacieron, nacen y nacerán de la mujer.

<u>Recuerda</u>: Si Dios no hace favoritismos ¿tú lo harás?

DÍA 357 - JACKIE ROBINSON (BEISBOL - ESTADOS UNIDOS)

"A partir de ahora, ya no vamos a valorar a los demás desde el punto de vista humano. Y aunque antes valorábamos a Cristo de esa manera, ya no seguiremos valorándolo así"
(2 Corintios 5.16 TLA)

Aunque su pasión era el beisbol, le hizo caso a su hermano mayor quien le insistió para que prosiguiera con el atletismo. Este hecho le valió una medalla de plata en 200m en los JJOO de Berlín 36 (justo por detrás del talentosísimo Jesse Owens). La vida deportiva se vio interrumpida cuando estalló la II Guerra Mundial. Robinson decidió participar en la misma aunque nunca llegó a ser trasladado al campo de combate ya que fue encarcelado al negarse ceder el asiento a un hombre blanco y dirigirse a los asientos de atrás del autobús.

Durante largos años siguió sufriendo una fuerte discriminación a causa de su color de piel, a tal punto que incluso fue amenazado, junto con su mujer, de muerte. De hecho en aquellas épocas el racismo era tal que, por ejemplo, incluso en el beisbol existían ligas exclusivas para blancos y ligas para negros, donde jugaba Jackie. Sin embargo en 1947 sucedió un hecho inédito en el beisbol de las grandes ligas del país americano, pues saltaba a las canchas de los Brooklyn Dodgers (liga de blancos) el primer jugador afroamericano.

Jackie Robinson se convirtió en un emblema del deporte no solo por su calidad de juego sino además por haber dejado el precedente para la futura unificación de las ligas de beisbol.

La valoración que tienes sobre el otro ¿bajo qué criterios se basa? ¿Valoras al otro con criterios humanos o con criterios divinos? Qué difícil pregunta. La psicología define a las actitudes como valoraciones que realizamos de ideas, cosas y personas. Las actitudes tienen la característica de ser relativamente estables, perdurar en el tiempo; no son meras opiniones que se tienen. De esta manera las actitudes que tenemos ante los distintos objetos de la realidad son valorados de manera positiva o negativa.

Distinto es tener una actitud frente a un equipo deportivo, frente a una bicicleta, el clima, un partido político que ante una persona. Pienso que como cristiano nos olvidamos muchas veces de que lo somos ¿Cómo puedo darme cuenta de esto? Simple, tendemos a tirar la primera piedra (Juan 8.1-7) ¿Cómo valoro a la persona que tengo a mi lado incluso si se ha equivocado? ¿Qué juicio de valor imparto ante alguien que piensa y actúa diferente a mí incluso en el ámbito cristiano? ¿Lo condeno? ¿Lo estigmatizo? ¿Lo redimo? ¿Le doy otra oportunidad?

Hoy te invito a que hagas una mirada introspectiva y tomes una actitud sobre ti mismo. Comienza a tener una nueva actitud sobre los que te rodean. Míralos con los ojos de Dios que murió por cada uno de ellos y está dispuesto a perdonarlos infinitamente (Mateo 18.21-35). Míralos con compasión. Valora a cada uno con el mismo ánimo de salvación que Dios tiene para contigo. <u>Recuerda</u>: tú también eres humano.

DÍA 358 - ELBERT GONZÁLEZ (ATLETISMO – COSTA RICA)

"Alegrémonos, llenémonos de gozo y démosle gloria, porque ha llegado el momento de las bodas del Cordero. Su esposa se ha preparado" (Apocalipsis 19.7 DHH)

En 1998 el ultramaratonista Elbert Gonzalez tuvo la idea de correr 1000km por su país en un lapso de 18 días.

Cual Forrest Gump, mientras Elbert corría, aficionados del deporte, de la causa, atletas y simples transeúntes se acoplaban al trayecto por un lapso de tiempo determinado. Cuando ingresó al estadio la gente irrumpió en ovaciones. El atleta dio la vuelta olímpica y se dirigió a un pedestal donde dio unas palabras de agradecimiento al público. Pero algo más estaba por suceder.

Sencillamente esperó a que su familia subiera a donde él se encontraba para proponerle casamiento a su mujer. Pero no era una simple proposición de compromiso (de hecho junto a Norma Guerrero ya tenían cuatro hijos) sino que estaba manifestando el deseo de casarse allí mismo. El público de encontrarse en un estado eufórico por tal proposición enmudeció para esperar la respuesta de Norma. *"Sí, acepto"* dijo ella emocionada, y al instante se produjo la ceremonia de casamiento. Es que Elbert ya había planificado todo con anticipación y preparado todos los detalles.

"Este esfuerzo que hice se lo dedico a Norma. En los momentos difíciles supe que debía terminar, porque no podía defraudar la promesa que yo me hice, de casarme con ella cuando llegara al Estadio Nacional, fue la ilusión que me mantuvo vivo. Este es otro de los grandes pasos que doy en mi vida", comentó el corredor.

El casamiento representa una de las celebraciones más esperadas por las personas. Es en ese momento donde dos personas deciden hacer los votos públicos sobre su amor ante las autoridades civiles y la divina. Como cristianos entendemos que dicho compromiso excede la vida terrenal prolongándose a la celestial. Es por tal motivo que los solteros deberían estar motivados a elegir a una persona que los acompañase por toda la eternidad.

En la cultura hebrea, si bien el casamiento propiamente dicho no difería en gran manera de lo que hoy conocemos, existían ciertos pasos previos que debían considerarse. Un año antes de la ceremonia de bodas se realizaba el compromiso entre los prometidos, llevada a cabo en la casa del padre de la novia, teniendo como objetivo celebrar la firma del contrato de compromiso entre las familias. Durante los meses siguientes el novio se avocaba a preparar una casa adecuada para la novia y la futura familia que construirían. En el día de la boda, el hombre buscaba a su mujer a la casa de su suegro para llevarlo al lugar del casamiento, que era la casa de su padre.

El primer advenimiento de Jesús fue un compromiso. Él dejó la casa de su padre en el Cielo y vino a la Tierra a comprometerse con su prometida iglesia. Luego regresó al Cielo para preparar lugar para la novia mientras ella permanece en este mundo. En el segundo advenimiento Jesús regresará para llevarla a la casa de su padre.

Hoy prepárate para ese gran casamiento. Vístete de "lino fino" (v.8) para recibir al Novio. <u>Recuerda</u>: En la antigua tradición hebrea el casamiento solo ocurría cuando el hogar, el novio y la novia estaban listos.

DÍA 359 - YELENA ISINBÁYEVA PARTE II
(ATLETISMO – RUSIA)

"Cuando yo vea el arco iris en las nubes, me acordaré del pacto eterno entre Dios y toda criatura viviente sobre la tierra" (Génesis 9.16 NTV)

Quizás te parezca un tanto anticuado; quizás estés en desacuerdo con la postura ciudadana y gubernamental; quizás repudies el acto; quizás apoyes a los más vulnerables en el quid de la cuestión. El hecho es que, por lo menos hasta el año 2018 inclusive[17], Rusia alberga una ley que es protegida por su presidente Vladimir Putin, la cual prohíbe la difusión (de cualquier tipo) de las prácticas sexuales no tradicionales; es decir, que atenta contra la diversidad sexual en todos sus niveles a excepción de la heterosexualidad. Con sanciones que rondan en multas económicas, encarcelamiento, exclusión social, entre otros, el país ha sido tildado de homofóbico por el resto del mundo.

En 2013 se celebró el mundial de atletismo en dicho país y los distintos países apelaron al COI para que interviniera con los representantes correspondientes rusos para que les asegurara su seguridad a aquellos atletas que manifestaran libremente sus derechos de identidad sexual. A esto el gobierno ruso respondió que lo haría siempre y cuando aquellos atletas no lo hagan de manera propagandística, en tal caso la ley actuaria.

En tal contexto la atleta Yelena Isinbáyeva (multicampeona en salto con garrocha) criticó duramente a las atletas que habían pintado sus uñas con los colores del arcoíris, como así también hacia aquellos que portaron banderas con símiles colores. A colación dijo: *"Es una falta de respeto a nuestro país. Es una falta de respeto a nuestros ciudadanos, porque somos rusos. Quizás somos distintos al resto de los europeos y a la gente de otros lugares. Tenemos nuestro hogar y todos tienen que respetarlo. Cuando vamos a otros países, tratamos de seguir sus reglas".*

¿Sabías que los colores del orgullo gay han sido inspirados en el arcoíris y que representan la diversidad? Las personas viven colocando el arcoíris en todas partes simplemente porque luce bonito. Para la humanidad es un símbolo de, podría decirse, ternura o de algún tipo de estimulante positivo. Nada malo se relaciona al arcoíris.

Sin embargo, si lees la Biblia, te darás cuenta cuán distante se encuentra el verdadero significado del arcoíris con el que se aplica a nuestros tiempos. Cuando cesó el cataclismo Dios mismo declaró que el mundo no volvería a destruirse a causa de un diluvio, colocando su arcoíris en los cielos (Génesis 9.11-16). El arcoíris es una parte del Cielo revelada en la Tierra. Si, Dios nos ha regalado el poder presenciar algo de aquel mundo extraordinario, donde Él y sus ángeles habitan, aquí entre nosotros. El arcoíris rodea el trono del Cielo y decora la cabeza de Cristo (Ezequiel 1.28 – Apocalipsis 4.2-3). De esta manera, dicho "fenómeno natural" simboliza la misericordia de Dios en nuestras vidas, mostrándonos a un Dios que está más cerca de lo que creemos.

Hoy agradece a Dios por su misericordia. <u>Recuerda</u>: Cuando vuelvas a contemplar al arcoíris acuérdate que el Señor te está mostrando parte de aquel mundo nuevo donde pronto vivirás.

---

17 Cabe aclarar que dicha meditación ha sido escrita en 2018. Para más información sobre la ley de tolerancia de diversidad de género a partir de 2019 te invito a que la investigues por tus medios.

DÍA 360 - MARCELO BIELSA – PARTE II
(FUTBOL – ARGENTINA)

"Los perezosos ambicionan mucho y obtienen poco, pero los que trabajan con esmero prosperarán" (Proverbios 13.4 NTV)

En el 2018 el *"loco"* fue solicitado al club de futbol inglés Leeds United como nuevo entrenador del plantel. Una de las primeras cosas que hizo al arribar al club fue pedir una de sus "locuras", aunque él las denomina enseñanzas.

Marcelo envió a sus jugadores a recoger la basura del vecindario por 3 horas. Resulta ser que Bielsa había calculado cuánto debían trabajar los aficionados para pagar una entrada para ver el partido de su equipo. Dicho de otro modo, les quería transmitir a su plantel el esfuerzo que los hinchas debían hacer, cada semana, para asistir a la cancha, valorando tal empeño.

"El trabajo dignifica al hombre". Esta frase recuerda que el trabajo es fundamental en el proceso de desarrollo del carácter humano. En 1 de Tesalonicenses 3.6-14 el apóstol Pablo exhorta a los cristianos a no tener una vida ociosa, ni sumida en la vagancia, sino que les recuerda la importancia de la labor diaria. En el versículo 10 utiliza una hipérbole al declarar: *"Porque, incluso cuando estábamos con ustedes, les ordenamos: 'El que no quiera trabajar, que tampoco coma'"* (NVI) haciendo eco de lo dicho por Dios mismo a Adán (Génesis 3.17-19). Dios creó al ser humano en un ambiente perfecto, donde el trabajo diario era parte del plan divino (Génesis 1.28).

Así mismo existe un "mandamiento oculto", del cual pocas veces se habla. El cuarto mandamiento ordena separar el día Sábado como séptimo día, para dedicarlo a Dios, contemplar su creación y tener 24hs de conexión divina. Pero, al mismo tiempo, ordena trabajar el resto de los 6 días: *"Acuérdate del día de reposo para santificarlo. Seis días trabajarás y harás toda tu obra, más el séptimo día es día de reposo para el Señor [...]"* (Éxodo 20.8-10 LBLA) ¿Puedes verlo ahora con más claridad? He aquí el famoso "mandamiento oculto" del cual se hacía mención en líneas anteriores. Dios nos ha mandado a trabajar porque entiende que es necesario, no solo por lo que posibilita adquirir económicamente, sino más bien por el bien de nuestra salud física, mental y espiritual.

La mente ociosa es una puerta abierta para los malos pensamientos, "es un taller para el Diablo", pues no hay nada en ella donde el individuo se mantenga ocupado con sus pensamientos.

Hoy agradece por el trabajo que tienes entendiendo que es una bendición del Cielo para tu desarrollo como persona. Si estas falto de él, pídeselo a Dios con ruegos. <u>Recuerda</u>: Mientras cultivas los distintos valores recuerda que también el sitio donde te desempeñes es un buen lugar para predicar de las buenas nuevas de Jesús.

DÍA 361 - ERIC LIDELL (ATLETISMO – GRAN BRETAÑA)

"Al llegar el séptimo día, Dios descansó porque había terminado la obra que había emprendido. Dios bendijo el séptimo día, y lo santificó, porque en ese día descansó de toda su obra creadora" (Génesis 2.2-3 NVI)

Eric nació en China, hijo de misioneros cristianos escoceses que desempeñaban su trabajo en el país asiático. Una vez vuelto a la isla británica, fue educado en un colegio para hijos misioneros en Inglaterra. En 1920 comenzaba su carrera en ciencias exactas en Escocia, donde también comenzaría con su carrera deportiva. Primero rugby, donde se destacó en gran manera, y luego en las pruebas de velocidad de atletismo.

Lidell era un devoto cristiano que creía en la observancia del día Domingo como día de reposo instituido por Dios, a tal punto que no ejercía ningún trabajo en dicho día, ni siquiera deporte. Su meta era la predicación del evangelio, por lo que luego de correr se reunía con la gente que lo había ido a ver y les predicaba la Palabra de Dios, pues él pensaba que tenía la posibilidad de ser bueno corriendo solo porque Dios le había regalado tal don.

Tras cuatro años de entrenamiento y victorias, logró embarcarse a los JJOO de Paris 24 como parte de la delegación de atletismo de Gran Bretaña (ya que los países que la integran no son reconocidos como países independientes por el Comité Olímpico Internacional), para competir en las pruebas de velocidad, aunque era especialista en los 100m llanos.

Cuando se enteró de que las eliminatorias de los 100m era en día Domingo, desistió de competir, pese a las presiones gubernamentales que padeció en aquellos días, pues Lidell ostentaba un record que lo llevaría a la medalla de oro segura. Él afirmaba que era preciso obedecer a Dios antes que al mismísimo rey de su país.

Fue en aquel momento donde apareció un miembro de su equipo y le ofreció cederle el lugar en la prueba de 400m, aunque no era para nada su especialidad. Sorpresivamente, al disputar la carrera, se llevó una victoria totalmente inesperada batiendo el record olímpico.

Finalizados los juegos, se embarcó a China para misionar y seguir con la predicación del evangelio, donde finalmente falleció.

Si bien Eric Lidell se encontraba errado en el día semanal que separaba para adorar al Creador, el espíritu que profesaba es del todo loable y digno de imitar. Dios instituyó el Sábado, el séptimo día, como cierre perfecto de la creación. Un espacio en el tiempo semanal dedicado, apartado exclusivamente para aumentar y recargar la comunión personal y grupal entre el ser humano y su Señor.

El Sábado es tan preciso e importante que fue instituido aun antes de que existieran naciones, pueblos y religiones. Solo estaban Adán y Eva. En el Antiguo Testamento Jehová pedía que su pueblo lo guardara (Isaías 58.13-14), Jesús lo guardó mientras estuvo en la Tierra (Mateo 12.1-14), el mismo será una señal de los escogidos en el tiempo del fin (Éxodo 31.17-Apocalipsis 7.1-4) y también será guardado en el Cielo (Isaías 66.23).

Hoy agradece por la oportunidad que Dios te da de encontrarte con Él un día entero en la semana; aprovéchalo. Si aún no lo has hecho haz la prueba de un día, y veras como caen las bendiciones de lo Alto.

DÍA 362 - ADIL RAMI (FUTBOL – FRANCIA)

"[...] Quiero darle al último obrero contratado lo mismo que te di a ti ¿Es que no tengo derecho a hacer lo que quiera con mi dinero? ¿O te da envidia de que yo sea generoso?"
(Mateo 20.14-15 NVI)

En el mundial de la FIFA disputado en Rusia, en 2018, la selección campeona fue compuesta por 23 jugadores, de los cuales uno solo no ingresó ni un minuto al campo de juego. Sin embargo su personalidad y rasgos característicos, el uso de un excéntrico bigote al estilo antiguo (con puntas dobladas a sus costados), hicieron de Adil Rami uno de los personajes épicos del seleccionado galo.

Según aseguraban sus compañeros (entre ellos Mbappé y Griezmann) previo al inicio de los partidos, varios integrantes del plantel tenían por costumbre tocar su bigote, cual suerte de amuleto, con el fin de que les proporcionara buena suerte en el partido a disputarse. De hecho, su simpatía y apoyo terminó siendo una de las piezas del rompecabezas emocional del equipo.

El pitido final del árbitro sonó fuertemente en el Estadio Olímpico Luzhniki de Moscú y el francés saltó a la cancha con grito de victoria. Aunque solo en aquella ocasión haya pisado el césped de juego nadie puede quitarle la medalla de campeón del mundo, pues es indiscutible que no haya sido parte del equipo campeón.

¿Y tú qué crees? ¿Es justo que Adil se haya consagrado campeón al igual que sus compañeros que disputaron todos los partidos? ¿La medalla vale lo mismo que sus colegas que fueron decisivos en cada encuentro marcando los goles correspondientes o quitando disparos al arco? Lo pienses o no, la ley es justa. Si Adil se encontraba dentro de la lista entonces es ganador tal como los demás lo fueron.

Algo similar sucede en el plano espiritual. Jesús contó una parábola referida a un propietario de un campo que había salido en búsqueda de hombres que trabajasen su tierra por un día (Mateo 20.1-16). Fue así que, a la madrugada, fue contratando a hombres para que se alistaran en el trabajo correspondiente; pero como necesitaba más cantidad de manos, a media mañana decidió ir en búsqueda de más personas. Lo mismo sucedió al mediodía, a media y fin de tarde. Cuando llegó el momento de pagarles el salario hubo una gran sorpresa entre los obreros, pues todos habían recibido la misma suma de dinero, sin discriminar la cantidad de horas trabajadas.

Qué gran ilustración utilizó el Gran Maestro. En la vida espiritual existe un grupo de personas que ha aceptado a Jesús como su salvador desde una edad muy temprana, otros lo han hecho a partir de la juventud, como así los hay aquellos que lo han hecho en su adultez o, incluso en su vejez. También habrá otro grupo que, sin importar su franja etaria, responderá al llamado de manera satisfactoria poco tiempo antes de que Cristo vuelva a la Tierra a buscar a los redimidos ¿Qué sucederá entonces? Todos tendrán la misma recompensa: La vida eterna. Sencillo y sin favoritismos. Dios no promete mayores cosas para los que hace mucho o poco tiempo que transitan por el Camino.

Hoy reflexiona sobre esto y ponte contento por tener un Dios que otorga igualdad de oportunidades. <u>Recuerda</u>: cuanto antes te tomes de Su mano, más feliz serás en esta vida.

DÍA 363 - INSTALACIONES

"Vi además la ciudad santa, la nueva Jerusalén, que bajaba del cielo, procedente de Dios, preparada como una novia hermosamente vestida para su prometido"
(Apocalipsis 21.2 NVI)

Cuando una ciudad gana el derecho a organizar un JO comienza a poner en marcha un plan de reacondicionamiento y creación de nuevas instalaciones deportivas desde estadios, parques, villas olímpicas (donde se albergarán los equipos deportivos), centros turísticos, entre otros.

De esta manera los gobiernos invierten grandes sumas de dinero para tener todo listo con el fin de satisfacer todas las necesidades referidas; y generalmente así lo hacen.

Pero una vez que los JJOO pasan no se espera que dichas instalaciones queden en el olvido sino que puedan ser aprovechadas por próximos deportistas.

Los JJOO de Rio 2016 fueron los primeros en realizarse en América del Sur y el montaje edilicio estuvo a la altura del evento deportivo.

Notoriamente, a pocos meses de haber finalizado la cita olímpica, salieron a la luz el estado desmejorado de tales emplazamientos. La noticia impactó a todo el mundo que, de alguna u otra forma, se veía involucrado en el ámbito deportivo. Las sedes olímpicas habían sido abandonadas a su merced a costa de lo que le sobrevendría el destino. Las piletas inundadas, los campos de golf destruidos, butacas arruinadas y hasta tiradas en un depósito, el estadio mítico del Maracaná completamente decaído, con un campo de juego inutilizable y problemas para acceder al mismo, vandalismo por doquier... y así se suman el número de incongruencias encontradas. Incluso el estadio denominado *Arena do Futuro* también dejó de ser utilizado dando a entender que nunca tuvo un futuro garantizado.[18]

La Palabra de Dios enseña que Jesús, cuando ascendió al Cielo, fue a realizar los preparativos para la gran cita universal que se llevará a cabo en breve, de una vez y para siempre (Juan 14.2). Tal ciudad no fue hecha por medio de empresas multinacionales ni gobiernos corruptos; todo lo contrario: esta es *"la ciudad que tiene cimientos, cuyo arquitecto y constructor es Dios"* (Hebreos 11.10 NVI).

Si bien en Apocalipsis 21 se muestra una descripción de lo que será la Nueva Jerusalén, la realidad indica que esta es tan solo una aproximación que el apóstol Juan pudo realizar, ya que la *villa celestial* hoy no puede describirse con palabras humanas, pues se trata de *"[...] cosas que ojo no vio ni oído oyó [...]"* (1 Corintios 2.9 RVR60). Lo que es seguro que tras el paso del tiempo la misa nunca caerá en desuso ni será deshabitada o, incluso, vandalizada por el pecado (Mateo 6.19-20).

Hoy sueña con aquel momento cuando habites lejos de este mundo de sufrimiento, en un mundo ideal. <u>Recuerda</u>: Las instalaciones para los que ganarán la carrera de la fe ya están listas. No te quedes afuera.

---

18 De todas maneras Brasil no fue el único país que descuidó sus instalaciones olímpicas. Te invito a que veas el siguiente sitio web: http://noticias.arq.com.mx/Detalles/21792.html#.W80rX_IRfIU

DÍA 364 - JOHN AKHWARI (ATLETISMO - TANZANIA)

"Ustedes estaban corriendo bien. ¿Quién los estorbó para que dejaran de obedecer a la verdad?" (Gálatas 5.7 NVI)

¡Termina la carrera!

El 20 de Octubre del año 1968, en la Ciudad de México, se celebraba la clausura deportiva de los JJOO de México 68 con la maratón. El reloj marcaba las 19hs de la tarde, siendo que hacia una hora que todos los corredores habían terminado de atravesar la línea de llegada. Las medallas ya habían sido colgadas en los respectivos cuellos de los ganadores. La gente se estaba levantando de sus asientos para retirarse cuando se escuchó la "voz del estadio" decir que aún faltaba un corredor más.

¡Termina la carrera!

El tanzano John Akhwari ingresaba a la pista cargado de dolor. Es que a los pocos minutos de haber comenzado la competencia se había caído al suelo, produciéndole la luxación de su rodilla derecha y traumatismos en su hombro. Inmediatamente fue atendido recomendándole que abandonara el certamen. Sin embargo él no desistió.

¡Termina la carrera!

Con su rodilla vendada se vio obligado a caminar largos tramos del trayecto, ya que el dolor le resultaba insoportable. A la mitad de la maratón sus posibilidades estaban totalmente fuera de alcance. Al caer la noche John siguió avanzando... a veces corriendo, a veces caminando.

¡Termina la carrera!

Los aplausos comenzaron a incrementarse a medida que la gente entraba en razón de que John había ingresado a la pista para correr los 400mts finales. Al terminarlos declaro: *"mi país no me envió a 8000km de mi casa para empezar la carrera; me envió para terminarla"*.

¡Termina la carrera!

Desempleo, quiebras financieras, falsos amoríos, amigos que traicionan, gente de iglesia que decepciona, familia dividida, proyectos frustrados, accidentes domésticos, infidelidades, asaltos, crimen, angustia, depresión... y podría ocupar todos los caracteres mientras sigo colocando los infortunios que una persona puede llegar a atravesar en su vida.

¡Termina la carrera!

Realmente Dios ha dotado a las personas de una fortaleza mental lo suficientemente firme para aguantar y sobreponerse a cantidad de desgracias sobrevenidas. Cada una de ellas deja su cicatriz (principalmente por dentro) que lo acompañará hasta el fin de los tiempos de esta Tierra.

¡Termina la carrera!

¿En qué estado Cristo te encontrará cuando venga por segunda vez? ¿Qué marcas cargarás en aquel momento? ¿Cuáles ya tienes? Sea cual fuera el estado físico y mental en el cual te encuentres, lo importante será llegar. La realidad es que el pecado en este mundo te habrá marcado hasta el final. Pero nada de aquello importará cuando te encuentres con tu Salvador, quien borrará toda huella de imperfección y dolor.

¡Termina la carrera!

Él te ha enviado a este mundo para que la termines, no para que te quedes en el camino. Hoy decide volver a Cristo tal como te encuentras. A él no le importa tu condición, solo que le entregues tu vida por completo. ¡Termina la carrera… como sea, pero termínala! Pero recuerda: solo podrás hacerlo si Jesús toma el control.

DÍA 365 - LA CORONA DE LAURELES

"En el futuro me está reservada la corona de justicia que el Señor, el Juez justo, me entregará en aquel día; y no sólo a mí, sino también a todos los que aman su venida"
(2 Timoteo 4.8 LBLA)

El laurel es símbolo de la gloria, la palma lo es de la victoria y el olivo de la paz. Las hojas de diversas plantas se utilizan para coronar a los triunfadores. En los juegos de la antigüedad griegos (no solo los Olímpicos), uno de los premios o reconocimientos que recibían los ganadores de la competencia era una corona de laureles. La misma simboliza, hasta el día de hoy, honor y heroísmo, colocando a su portador en un escalafón más arriba que el resto de los demás.

En aquellas épocas al olivo se lo conocía como el árbol de *Apolo*: dios solar, de la sabiduría, de la creación artística, de la poesía, de la música y de las artes adivinatorias. La mitología griega cuenta que el laurel fue el árbol en el que se transformó la ninfa virgen *Dafne*, perseguida por *Apolo*, para huir del dios. Por lo tanto el portar con dicha corona posicionaba al deportista en un lugar de protección privilegiada para los dioses.

Solo detente a pensar en un momento cómo será entrar al Cielo. Mientras te encuentras caminando por ese camino lleno de personas que conoces muy bien, a otras solo de vista y muchísimas otras más que nunca en tu vida has visto. Ves las puertas un tanto distantes, pero mientras tanto te entretienes hablando por ahí y viendo el majestuoso paisaje cósmico a tu alrededor. Allí comienzas a pensar en aquel versículo que decía *"cosas que ojo no vio…"* (1 Corintios 2.9), hasta que te encuentras con unas puertas imponentes, de un material que nunca antes habías visto. Sin embargo todo queda nublado cuando ves que allí mismo se encuentra Jesús abriéndotelas. Ves algo más. En sus manos sostiene una corona de oro que tiene piedras preciosas y un nuevo nombre. Tú te inclinas y Él la coloca en tu cabeza diciéndote *"bien, buen siervo y fiel; sobre poco has sido fiel, sobre mucho te pondré; entra en el gozo de tu señor"* (Mateo 25.23 RVR60).

¿Puedes imaginarte esto? En el pasado, y en algunas ocasiones en el presente también, los deportistas recibían una corona de laureles como máximo galardón deportivo. En la Biblia se nos muestra que Dios tiene una corona de oro (no de hojas que se marchitan) para cada uno de los que decida ser salvo aceptando a Cristo como su salvador, como bien lo expone Pablo en su carta (1 Corintios 9.25).

Mientras que la corona de laureles representa el honor propio, la de oro apunta al único que merece el honor y la gloria: el Rey de reyes.

Hoy decide elegir la corona de la vida eterna para poder encontrarte con Jesús en el Cielo, lugar donde vivirás lo mejor de tu vida.